SÉRIE BRASIL
Ensino Médio

ENSINO MÉDIO

FÍSICA
Conceitos & contextos

3

Maurício Pietrocola Pinto de Oliveira

Licenciado em Física e mestre em Ensino de Ciências pela Universidade de São Paulo, doutor em Epistemologia e História das Ciências pela Universidade de Paris VII e livre-docente em Educação pela Universidade de São Paulo. Foi professor de Física em escolas de Ensino Médio e atualmente é professor titular da Faculdade de Educação da Universidade de São Paulo.

Alexander Pogibin

Licenciado em Física pela Universidade de São Paulo com formação complementar em Pedagogia. Foi professor de escolas públicas e particulares e atualmente participa de projetos na área de ensino de Física e Educação em geral.

Renata Cristina de Andrade Oliveira

Licenciada em Física pela Universidade de São Paulo, especialista em Ensino de Física pela Universidade Estadual de Campinas com formação complementar em Pedagogia e Psicopedagogia. Já lecionou em escolas públicas e privadas e atualmente integra a Equipe Pedagógica de Física da Secretaria da Educação do Estado de São Paulo.

Talita Raquel Luz Romero

Licenciada em Física e mestre em Ensino de Ciências pela Universidade de São Paulo. Já atuou com formação de professores na Estação Ciência da USP e no Ensino Superior de instituições particulares. Atualmente realiza pesquisa e produção de materiais didáticos no Núcleo de Pesquisa em Inovações Curriculares (Nupic – USP) e trabalha com gestão de cursos de Educação a Distância.

1ª edição

São Paulo – 2016

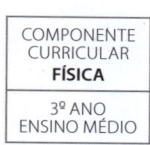

COMPONENTE
CURRICULAR
FÍSICA

3º ANO
ENSINO MÉDIO

**Editora
do Brasil**

© Editora do Brasil S.A., 2016
Todos os direitos reservados

Direção geral: Vicente Tortamano Avanso
Direção adjunta: Maria Lúcia Kerr Cavalcante Queiroz

Direção editorial: Cibele Mendes Curto Santos
Gerência editorial: Felipe Ramos Poletti
Supervisão editorial: Erika Caldin
Supervisão de arte, editoração e produção digital: Adelaide Carolina Cerutti
Supervisão de direitos autorais: Marilisa Bertolone Mendes
Supervisão de controle de processos editoriais: Marta Dias Portero
Supervisão de revisão: Dora Helena Feres
Consultoria de iconografia: Tempo Composto Col. de Dados Ltda.
Licenciamentos de textos: Cinthya Utiyama, Jennifer Xavier, Paula Harue e Renata Garbellini
Coordenação de produção CPE: Leila P. Jungstedt

Concepção, desenvolvimento e produção: Triolet Editorial e Mídias Digitais
Diretora executiva: Angélica Pizzutto Pozzani
Diretor de operações: João Gameiro
Gerente editorial: Denise Pizzutto
Editora de texto: Carmen Lucia Ferrari
Assistente editorial: Tatiana Gregório
Preparação e revisão: Amanda Andrade, Carol Gama, Érika Finati, Flávia Venezio, Flávio Frasqueti, Gabriela Damico, Juliana Simões, Leandra Trindade, Mayra Terin, Patrícia Rocco, Regina Elisabete Barbosa, Sirlei Pinochia
Projeto gráfico: Triolet Editorial/Arte
Editoras de arte: Daniela Fogaça Salvador, Débora Jóia
Assistentes de arte: Beatriz Landiosi (estag.), Lucas Boniceli (estag.)
Ilustradores: Adilson Secco, Estúdio de Bolso, Daniel das Neves, Dawidson França, Estúdio Ornitorrinco, Fabio Eugenio, Filipe Rocha, Suryara Bernardi
Cartografia: Allmaps
Iconografia: Pamela Rosa (coord.), Priscila Ferraz, Joanna Heliszkowski
Tratamento de imagens: Felipe Martins Portella e Paulo Salvador
Capa: Beatriz Marassi
Imagem de capa: HP Productions/Shutterstock.com

Dados Internacionais de Catalogação na Publicação (CIP)
(Câmara Brasileira do Livro, SP, Brasil)

Física : conceitos & contextos, 3 : ensino médio / Maurício Pietrocola...[et al.]. – 1. ed. – São Paulo : Editora do Brasil, 2016. – (Série Brasil : ensino médio)

Outros autores: Alexander Pogibin, Renata de Andrade, Talita Raquel Romero
Componente curricular: Física
ISBN 978-85-10-06445-3 (aluno)
ISBN 978-85-10-06446-0 (professor)

1. Física (Ensino médio) I. Pietrocola, Maurício. II. Pogibin, Alexander. III. Andrade, Renata de. IV. Romero, Talita Raquel. V. Série.

16-05808   CDD-530.07

Índice para catálogo sistemático:

1. Física : Ensino médio   530.07

2016
Impresso no Brasil

1ª edição / 1ª impressão, 2016
Impressão e acabamento: Intergraf Ind. Gráfica Eireli.

Rua Conselheiro Nébias, 887 – São Paulo/SP – CEP 01203-001
Fone: (11) 3226-0211 – Fax: (11) 3222-5583
www.editoradobrasil.com.br

Imagem de capa:
Radiotelescópio.

Créditos da linha do tempo (de cima para baixo e da esquerda para a direita).

Fotos da página 8: Christian Jegou Publiphoto Diffusion/SPL/Latinstock; AKG-Images/SPL/Latinstock; Dawidson França.

Fotos da página 9:CCI Archives/SPL/Latinstock; Richard Newton/Alamy/Fotoarena; A. de Gregorio/DEA/Granger/Fotoarena; Coleção Particular. Foto: The Bridgeman Art Library/Keystone Brasil; Photoresearchers/Latinstock.

Fotos da página 10: Zoonar GmbH/Alamy/Fotoarena; David Race/Alamy/Fotoarena; Werner Forman/AKG-Images/Latinstock; Julie Quarry/Alamy/Fotoarena; Coleção Particular; Coleção Particular. Foto: The Bridgeman Art Library/Keystone Brasil; Oleynik Aline/Shutterstock.com; De Agostini/Getty Images; Coleção Particular; Museo Archeologico Nazionale, Naples. Foto: The Bridgeman Art Library/Keystone Brasil; Universal History Archive/Getty Images; DEA/Getty Images.

Fotos da página 11: : Manuel Cohen/AFP; Horizon Images/Motion/Alamy/Fotoarena; Coleção Particular; Detlev Van Ravenswaay/SPL/Latinstock; Peter Horree/Alamy/Fotoarena; Coleção Particular; Photoresearchers/Getty Images; Coleção Particular; Coleção Particular; Coleção Particular; Coleção Particular.

Fotos da página 12: Philip Bird LRPS CPAGB/Shutterstock.com; Biblioteca Estense, Modena; The Bridgeman Art Library/Keystone Brasil; Hemera Technologies/Getty Images; Dawidson França; Coleção Particular; Museu delle Scienze, Florença. Foto: AKG-Images/Latinstock; Coleção Particular; Bibliothèque Nationale de France, Paris; Biblioteca Reale, Turin; Museu Nicclaus Copernicus, Frombork; Coleção Particular; Museu de História Frederiksborg, Hillerod; Coleção Particular; Coleção Particular; Coleção Particular.

Fotos da página 13: Galeria da Academia, Veneza; Bibliotheque de lInstitut de France, Paris; Bibliothèque de l'Institut de France, Paris; Coleção Particular; Coleção Particular; SPL/Latinstock; Alinari/Roger Viollet/Glow Images; Coleção Particular; Galleria Palatina, Palazzo Pitti, Florença; Monastério Stift Kremsmünster, Kremsmünste; Coleção Particular; Coleção Particular; Bibioteca Nacional, Paris; Coleção Particular; Coleção Particular; National Portrait Gallery, Londres; Coleção Particular; Coleção Particular; Ecole Polytechnique, Palaiseau; Coleção Particular; The Pushkin State Museum of Fine Arts, Moscow.

Fotos da página 14: Musee Carnavalet, Paris; Coleção Particular; GL Archive/Alamy/Fotoarena; Coleção Particular; Coleção Particular; Absente/Dreamstime.com; Davina Washington/Dreamstime.com; DEA/The Bridgeman Art Library/Keystone Brasil; National Media Museum, Bradford. Foto: The Bridgeman Art Library/Keystone Brasil; Coleção Particular; SPL/Latinstock; AKG-Images/Fotoarena; Coleção Particular; Coleção Particular; Coleção Particular; Ullstein Bild/Getty Images; Coleção Particular; Coleção Particular; Biblioteca do Congresso, Washington, D.C.; Emilio Segre Visual Archives/American Institute of Physics/SPL/Latinstock; Library of Congress/SPL/Latinstock; Coleção Particular; Granger/Fotoarena; SPL/Latinstock; AKG-Images/Latinstock; World History Archive/Alamy/Fotoarena.

Fotos da página 15: Acrevo Iconographia; NASA; Jeffrey Coolidge/Getty Images; Sebastian Kaulitzki/Shutterstock.com; Bettmann/Getty images; GlPhotoStock/Science Source/Latinstock; JPL/NASA; Alex Larbac/Tyba; NASA; Kovaleff/Dreamstime.com; NASA; Ivan Sekretarev/AP/Glow Images; Coleção Particular; Coleção Particular; Coleção Particular; Coleção Particular; Coleção Particular; Archive Pics/Alamy/Fotoarena; GL Archive/Alamy/Fotoarena; Coleção Particular; George Karger/The LIFE Images Collection/Getty Images; Hulton Archive/Getty Images; Granger/Fotoarena; Jon Brennis/The LIFE Images Collection/Getty Images; Emilio Segre Visual Archives/American Institute of Physics/SPL/Latinstock; Acervo UH/Folhapress.

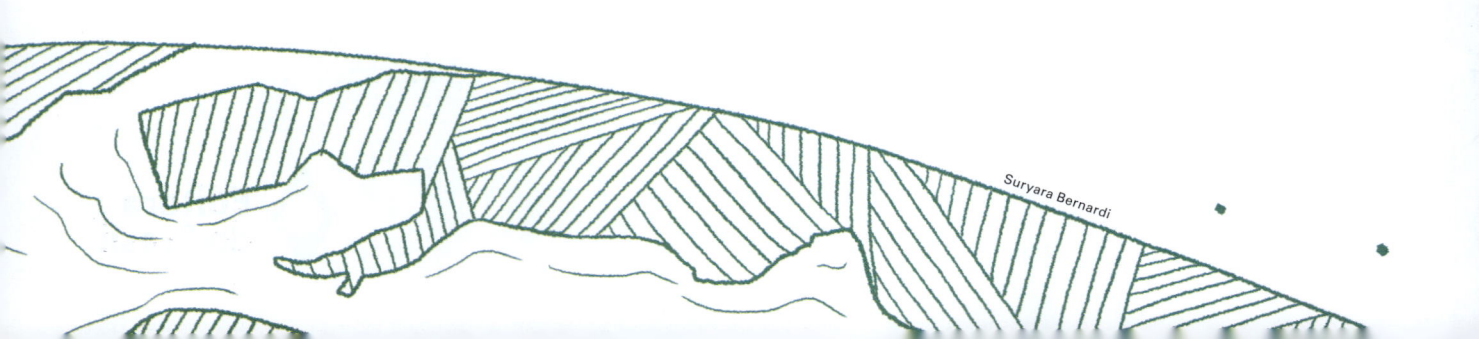

Suryara Bernardi

APRESENTAÇÃO

Caro aluno,

O mundo sempre foi palco de desafios. Na Era Pré-Histórica, permanecer vivo até os 30 anos era uma aventura das mais árduas para a espécie humana. Escapar de feras, sobreviver ao frio e ao calor excessivos, assim como obter o sustento necessário, eram tarefas das mais difíceis.

Os tempos mudaram, mas os desafios continuam presentes de outras maneiras. Alguns deles podem ser escolhidos por nós, como a travessia do Oceano Atlântico num barco a remo ou a escalada ao Monte Everest sem auxílio de tubos de oxigênio. Outros nos são impostos, como nos mantermos saudáveis e ativos por toda a vida, ou ainda tornar este mundo um lugar melhor para nós e para as futuras gerações.

O que diferencia os desafios do passado e os do presente é que cada vez mais necessitamos de nossas mentes e menos de nossos músculos para superá-los; por isso, "saber" e "saber fazer" são valorizados na vida moderna.

Os livros desta Coleção foram inspirados por este ideal, a saber, o de que o mundo deve ser visto como fonte de desafio para nossas mentes. Nele, nossa curiosidade natural se inspira para formular as mais diferentes questões, tais como: Por que um diamante brilha mais do que um pedaço de vidro? Por que durante uma forte tempestade alguns raios sobem, enquanto a maioria cai em direção à Terra? O que ocorre em um motor elétrico que, apesar de ter eficiência muitas vezes superior à de um motor a combustão, tem autonomia muito menor em relação a este último? A Física é uma das áreas mais apropriadas para oferecer respostas a essas perguntas. Esta Coleção foi escrita para auxiliar na aventura que é conhecer o mundo físico; então, esperamos que ela possa se tornar um instrumento útil para os desafios que se apresentem durante sua vida.

Os autores

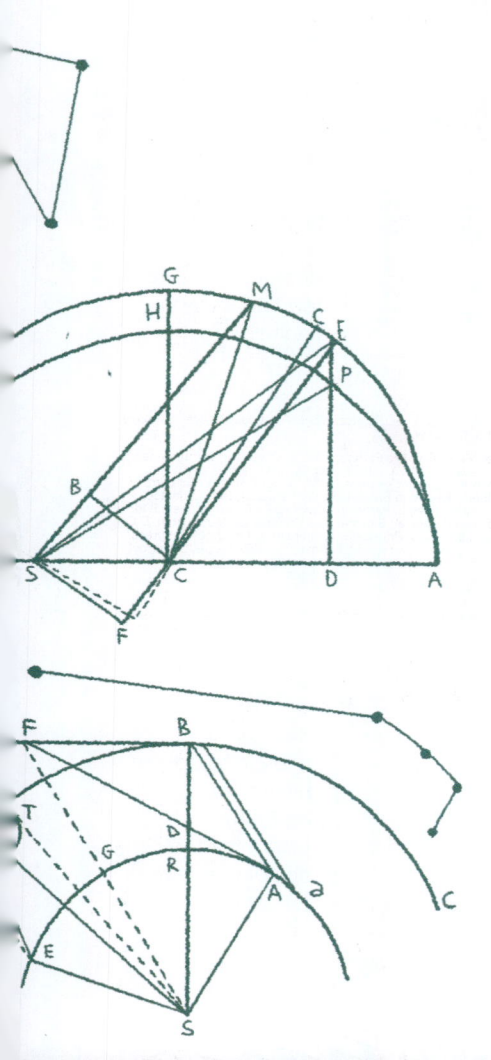

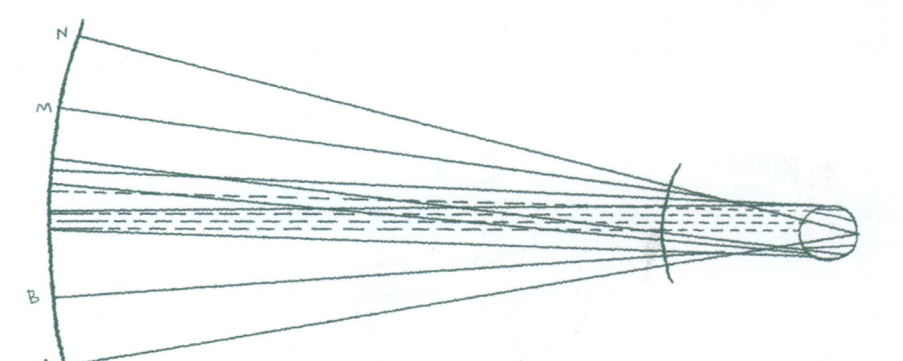

Conheça o livro

Abertura de unidade

Uma imagem representativa do tema e um texto introdutório favorecem a reflexão sobre o que se conhece a respeito do assunto que será estudado.

Lembrete

Notas rápidas ao longo da teoria, para algum reforço ou detalhe das descrições matemáticas.

Explorando o assunto

Questões para interpretação do texto ou para a problematização de um conceito recém-apresentado em um contexto diferente.

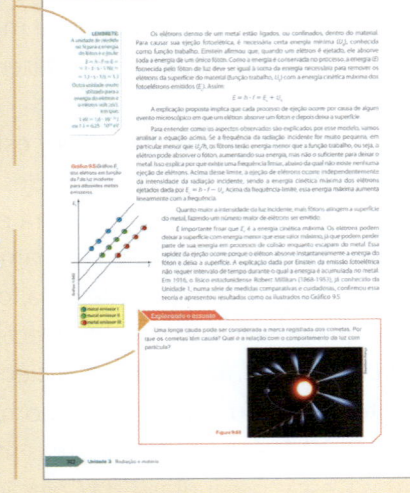

Exercícios resolvidos

Trazem estratégias de resolução e servem de apoio aos exercícios propostos.

Exercícios propostos

Exercícios para fixação do conteúdo, acompanham o desenvolvimento teórico de cada capítulo.

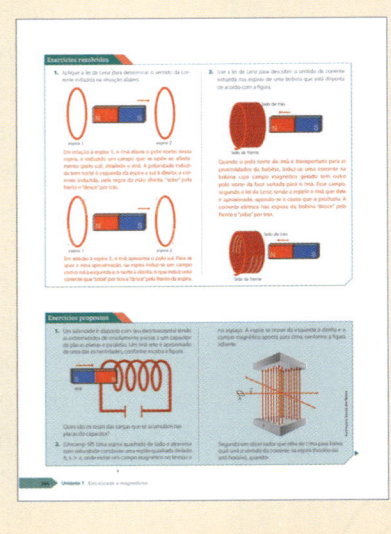

Exercícios finais

Exercícios com maior nível de complexidade conceitual ou matemática. Integram diferentes conhecimentos e exigem diferentes habilidades. Contempla também exercícios de vestibulares.

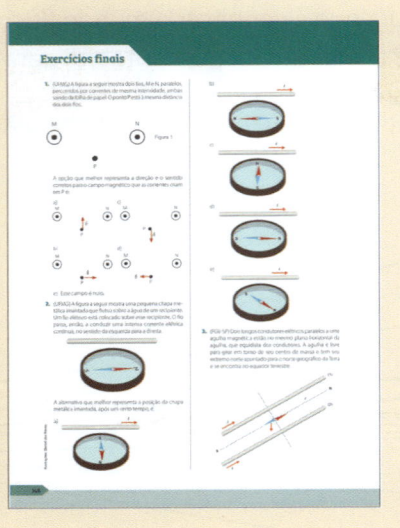

Enem

Seleção de exercícios dos últimos exames do Enem, disponibilizada ao final de cada unidade.

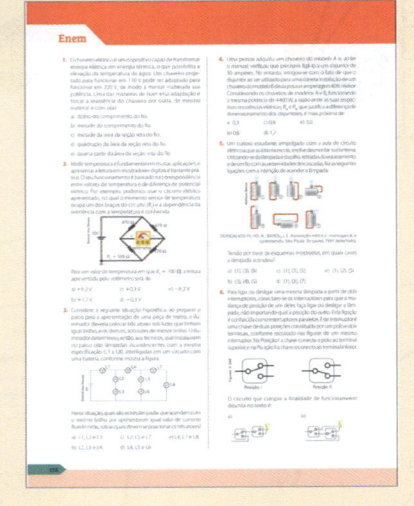

A **SÉRIE BRASIL – Ensino Médio** oferece conteúdo completo em todos os sentidos e integra objetos digitais aos materiais impressos. Acesse o portal exclusivo da coleção e aproveite o que a Editora do Brasil preparou para você.

Portal exclusivo da coleção:
www.seriebrasilensinomedio.com.br

Radu Bercan/Shutterstock.com
Imagem meramente ilustrativa.

Instruções para acesso aos conteúdos digitais

Acesse o portal exclusivo da coleção (www.seriebrasilensinomedio.com.br) e digite seu *e-mail* e senha. Caso ainda não os tenha, faça o cadastro. Digite o código abaixo para liberar o acesso:

7941334A7813596

Esse código libera o acesso dos conteúdos digitais relativos à matéria e ao ano deste livro. Informamos que esse código é pessoal e intransferível. Guarde-o com cuidado, pois é a única forma de acesso ao conteúdo restrito do portal.

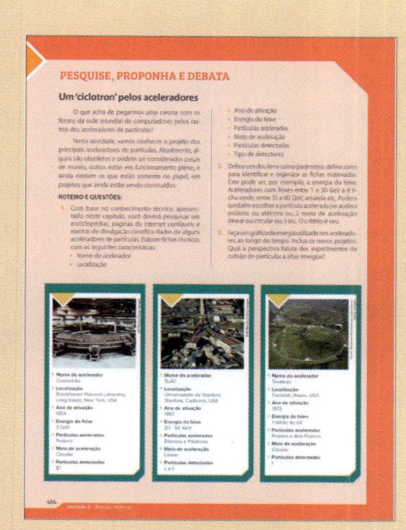

Pesquise, proponha e debata

Atividades que envolvem pesquisas em diversas fontes ou debates coletivos para proposição de ideias e argumentos.

Problema aberto

Situações-problema, em que se deve elaborar estratégias de resolução, que estimulam o desenvolvimento de habilidades investigativas.

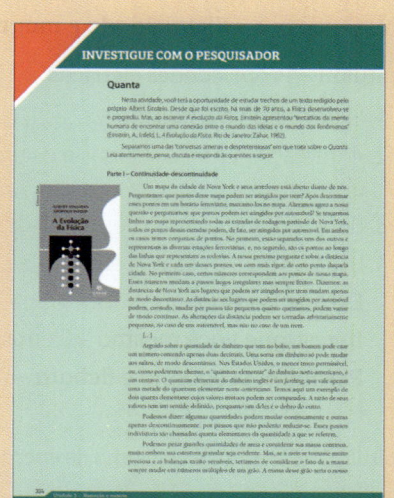

Investigue com o pesquisador

Atividade trabalhada com trechos de textos originais de importantes cientistas (ou pesquisadores) do passado.

Investigue você mesmo

Propostas de atividades experimentais com materiais de fácil acesso e que podem ser realizadas em sala de aula ou em casa.

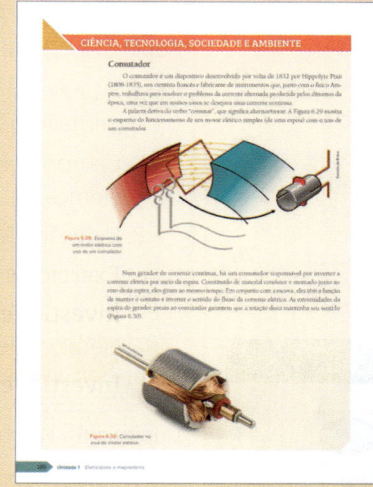

Ciência, tecnologia, sociedade e ambiente

Demonstra como a pesquisa científica pode ser aplicada para o bem-estar da sociedade, explorando as relações entre Ciência, Tecnologia, Sociedade e Ambiente (CTSA).

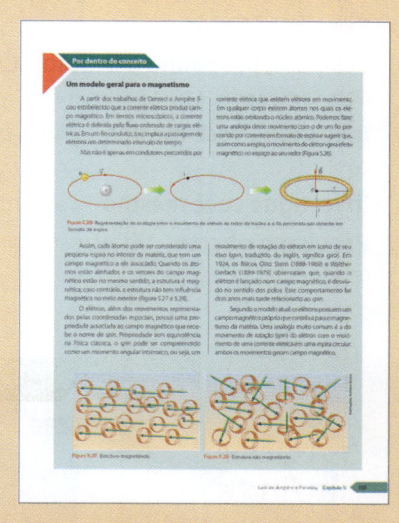

Por dentro do conceito

Apresenta detalhes mais específicos sobre um conceito estudado. Também traz valores numéricos para algumas grandezas físicas relacionadas aos conceitos.

Sumário

A FÍSICA NA HISTÓRIA

Nesta linha do tempo, você conhecerá alguns personagens, descobertas, invenções e aparatos científicos e tecnológicos que estão direta ou indiretamente vinculados ao desenvolvimento da história da Física. Esse breve passeio pelo tempo começa na Pré-História (2500000 a.C.–4000 a.C.), segue para a Idade Antiga (4000 a.C.–476 d.C.), passa pela Idade Média (476–1453), percorre a Idade Moderna (1453-1789) e chega à Idade Contemporânea (de 1789 aos nossos dias).

O objetivo desta seção é apresentar uma visão geral do contexto histórico de cada período, para convidá-lo a refletir sobre quão estreitas são as relações entre ciência, tecnologia, economia, cultura e sociedade de determinada época. Você poderá perceber, por exemplo, que o desenvolvimento da Termodinâmica, nos séculos XVIII e XIX, é fruto de inovações como a máquina a vapor, com a Revolução Industrial constituindo um estímulo à atividade científica e vice-versa.

Desejamos que sua viagem por **A Física na História** continue em muitos outros momentos e contextos além das páginas desta coleção.

▶ Período Paleolítico (2500000 a.C.–10000 a.C)

◀ Aparecimento do gênero *Homo Habilis*.

▶ Período Neolítico (10000 a.C.– 4000 a.C.)

◀ O domínio do fogo permitiu usufruir do conforto da luz artificial para a vida noturna e o calor nos períodos de inverno. Possibilitou também o desenvolvimento inicial da metalurgia.

◀ Nossos antepassados concebiam os astros e os fenômenos celestes como divindades, ou manifestações divinas, que tinham influência direta na vida de cada ser humano. Não havia distinção entre astrólogos ou astrônomos e o estudo do céu tinha motivação tanto espiritual, quanto prática.

PRÉ-HISTÓRIA: 2500000 a. C. —4000 a. C.

O desenvolvimento agrícola exigiu a observação dos ciclos da natureza, que está relacionado com a observação do céu. A agricultura e a domesticação de animais estimularam a sedentarização de grupos humanos.

As monumentais edificações megalíticas, como Callanish Stones na Escócia, eram utilizadas para observações celestes e para fins religiosos.

A invenção da roda facilitou os grandes deslocamentos.

A fabricação de ferramentas de pedra facilitou a execução de várias tarefas e contribuiu para o desenvolvimento do cérebro dos hominídeos, por exigir um raciocínio mais sofisticado na sua elaboração.

Os curandeiros podem ser considerados os primeiros de uma linhagem de investigadores experimentais e ancestrais remotos do cientista moderno.

A FÍSICA NA HISTÓRIA

EGITO ANTIGO
Pirâmides e Esfinge, construídas por volta de 2500 a.C.

GRÉCIA ANTIGA
Partenon, construído por volta de 447 a.C.

▶ Os egípcios foram o primeiro povo a fabricar vidro.

▲ Os astrônomos do Egito Antigo usavam as estrelas como referência para o posicionamento das pirâmides.

▶ Acredita-se que o Gnômon, relógio de Sol, tenha surgido no Egito Antigo e apenas posteriormente tenha sido introduzido na Grécia Antiga.

▲ Fogo, terra, ar e água eram considerados os quatro elementos fundamentais do Universo.

◀ Ampulheta, o relógio de areia, foi o primeiro marcador de tempo portátil.

Pitágoras
(570 a.C.- 496 a.C.)

Empédocles
(493 a.C.- 430 a.C.)

Demócrito
(460 a.C.-370 a.C.)

Platão
(427 a.C.- 347 a.C.)

Aristóteles
(384 a.C.- 322 a.C.)

ROMA ANTIGA
Coliseu, construído entre 70 e 90 d.C.

CHINA ANTIGA
Pagodes Brancos de Manfeilong, contruídos em 1204 a.C.

O primeiro relato do aparecimento do cometa Halley ocorreu na China da antiguidade, em 240 a.C.

O monocórdio de Pitágoras (caixa de ressonância para estudo das vibrações sonoras) uniu Música e Matemática.

Civilizações da antiga América Latina desenvolveram sofisticados calendários com base nas observações astronômicas.

Eolípila, a primeira máquina térmica, foi desenvolvida pelo grego Heron.

Atribui-se a invenção da bússola aos chineses.

Arquimedes
(287 a.C.- 212 a.C.)

Hiparco
(190 a.C.- 125 a.C.)

Lucrécio
(98 a.C.- 55 a.C.)

Plínio (23 - 79)

Cláudio Ptolomeu
(90 - 168)

O relógio da Abadia de Westminster (Londres, Inglaterra) foi um marco na contagem do tempo, possibilitando que toda a população local pudesse acompanhar a contagem das horas.

As Grandes Navegações tiveram início no período de transição entre Idade Média e Moderna e perduraram até o século XVII.

O astrolábio, inventado na Idade Antiga para medir a altura dos astros acima do horizonte, foi um instrumento marítimo essencial, sendo utilizado inclusive nas Grandes Navegações iniciadas no século XV.

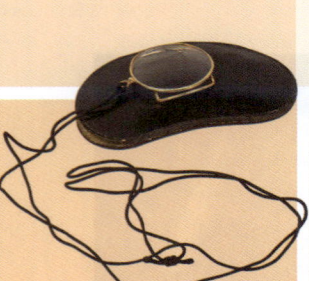
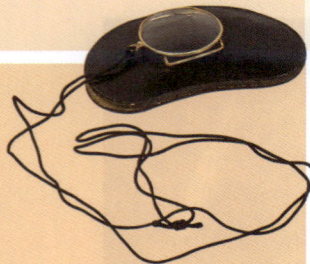

Os óculos foram desenvolvidos inicialmente com objetivo de auxiliar a leitura e tinham apenas uma lente (monóculos).

O equipamento aquático antecessor do escafandro apresentava grandes restrições de mobilidade e tinha que permanecer conectado à embarcação, porém inovou ao possibilitar o mergulho solo de 20 m de profundidade.

Galileu aprimorou a luneta e apontou o equipamento para o céu (1609).

A construção das caravelas pelos portugueses possibilitou as Grandes Navegações.

Nicolau Copérnico (1473-1543)

William Gilbert (1544-1603)

Tycho Brahe (1546-1601)

Alhazen (965-1040)

Nicolau Oresme (1323-1382)

Leonardo da Vinci (1452-1519)

Anders Celsius (1701-1744)

Charles A. Coulomb (1736-1806)

James Watt (1736-1819)

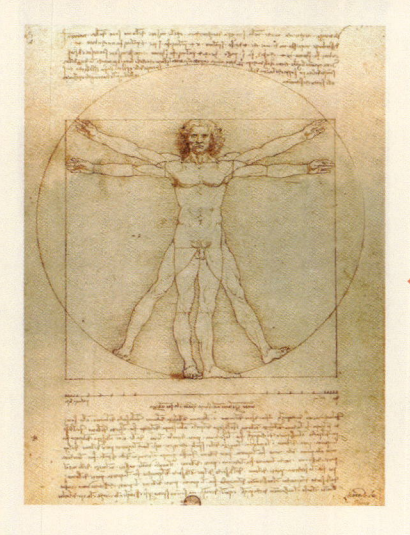

◀ Arte, Matemática e Ciência integram obra de Leonardo da Vinci, denominada *O Homem Vitruviano*.

▲ Os primeiros projetos de paraquedas e helicópteros foram desenvolvidos por Leonardo da Vinci.

▲ Barômetro foi inventado em 1643, por Evangelista Torricelli (1608 – 1647).

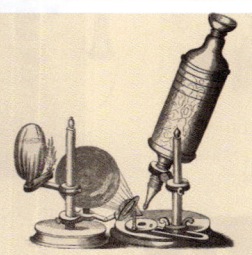

▲ Robert Hooke aprimorou o microscópio composto e observou células da cortiça (1665).

▲ Isaac Newton construiu o primeiro telescópio refletor (1670).

▲ A primeira bicicleta foi desenvolvida na França (1790).

◀ Um motor a vapor foi utilizado para movimentar um veículo pela primeira vez na França (1771).

Galileu Galilei (1564-1642)

Johannes Kepler (1571-1630)

Willebrord Snell (1580-1626)

René Descartes (1596-1650)

Edmé Mariotte (1620-1684)

Robert Boyle (1627-1691)

Christiaan Huygens (1629 -1695)

Isaac Newton (1642-1727)

Alessandro A. Volta (1745-1827)

Benjamin Thompson (1753-1814)

Thomas Young (1773-1829)

André M. Ampère (1775-1836)

Hans C. Oersted (1777-1851)

Carl F. Gauss (1777-1855)

A FÍSICA NA HISTÓRIA

▲ A Revolução Francesa (1789-1799) foi um marco na história, que deu início à Idade Contemporânea.

▲ A Revolução Industrial, que ocorreu nos séculos XVIII e XIX, foi caracterizada pela mudança do trabalho artesanal para o assalariado das fábricas.

▲ A bomba atômica foi desenvolvida inicialmente com objetivo de compreender a estrutura da matéria. O primeiro teste ocorreu em 16 de julho de 1945 na cidade de Los Álamos, Estados Unidos.

▲ A invenção da locomotiva (1804) e do barco a vapor (1807) está relacionada ao desenvolvimento da termodinâmica.

▲ O telégrafo tornou possível a comunicação a distância (1835).

▲ A invenção do telefone revolucionou a comunicação (1876).

▲ Com a criação do fonógrafo, foi possível gravar e reproduzir sons (1877).

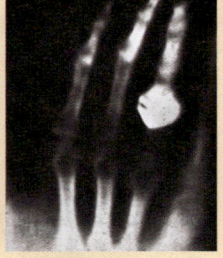

▲ A máquina fotográfica possibilitou o registro instantâneo de momentos da vida (1888).

▲ O cinema nasceu com o desenvolvimento do cinematógrafo na França (1895).

▲ A descoberta dos raios-X teve aplicação imediata na medicina (1896).

▲ Alberto Santos Dumont (1873-1932) realizou o primeiro voo com um avião motorizado (1906).

Georg Simon Ohm (1789-1854)

Michael Faraday (1791-1867)

Nicolas L. Sadi Carnot (1796-1832)

Robert W. E. Bunsen (1811-1899)

James Prescott Joule (1818-1889)

Hermann von Helmholtz (1821-1894)

Gustav Kirchhoff (1824-1887)

Hendrik Lorentz (1853-1928)

J. J. Thomson (1856-1940)

Heinrich R. Hertz (1857-1894)

Max Planck (1858-1947)

Pierre Curie (1859 – 1906) e Marie Curie (1867-1934)

Wilhelm Wien (1864-1928)

Ernest Rutherford (1871-1937)

◀ Observatório Nacional, no Rio de Janeiro. Uma das mais antigas instituições brasileiras de pesquisa, ensino e prestação de serviços tecnológicos foi fundada no início do século XIX.

O ser humano pisou em outro corpo celeste, ▶ a Lua. Em 20 de julho de 1969 aconteceu um pequeno passo para um homem, porém um grande salto para a humanidade, conforme disse o astronauta Neil Armstrong.

▲ A televisão colorida surpreendeu e encantou os telespectadores (1950).

▲ A fibra óptica foi desenvolvida por um físico indiano (1952).

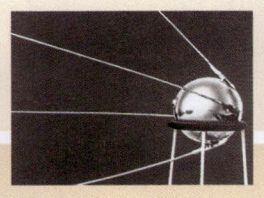

▲ Sputnik I, foi o primeiro satélite artificial lançado no espaço sideral (1957).

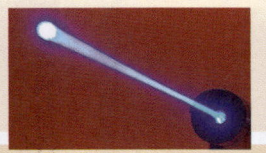

▲ O *laser* foi inicialmente desenvolvido com fins científicos, mas rapidamente foi aplicado na indústria e na medicina (1960).

▲ Lançamento da primeira sonda espacial, Mariner 2 (1962).

▲ A instalação da primeira usina termonuclear brasileira em Angra dos Reis, Rio de Janeiro (1985).

▲ Lançamento do primeiro telescópio espacial, batizado de Hubble em homenagem ao cientista (1990).

▲ A World Wide Web (www) surgiu no CERN (Organização Europeia para Pesquisa Nuclear) e revolucionou a forma e a agilidade de compartilhamento de informações e da comunicação em âmbito mundial (2001).

▲ Construção da Estação Espacial Internacional, um laboratório para pesquisas acima da superfície terrestre (início de operação em 2011).

▲ Marcos Pontes, o primeiro astronauta brasileiro a participar de uma missão espacial.

Lorde Kelvin (1824-1907)

James C. Maxwell (1831-1879)

William Crookes (1832-1919)

Josef Stefan (1835-1893)

Ludwig Boltzmann (1844-1906)

Wilhelm Röntgen (1845-1923)

Henri Becquerel (1852-1908)

Ejnar Hertzsprung (1873-1967)

Henry N. Russell (1877-1957)

Albert Einstein (1879-1955)

Niels Bohr (1885-1962)

Edwin Hubble (1889 -1953)

Louis de Broglie (1892-1987)

César Lattes (1924-2005)

ELETRICIDADE E MAGNETISMO

Jeff Kravitz/FilmMagic/Getty Images

Nossa vida está inteiramente vinculada à eletricidade. Muitas vezes somos acordados por um despertador elétrico, tomamos banho em um chuveiro elétrico, fazemos café em uma cafeteira elétrica, os semáforos que ordenam o trânsito são acionados eletricamente, os elevadores, o ar-condicionado, os computadores também precisam de eletricidade, entre tantos outros exemplos. Não ficamos praticamente nem um minuto do dia sem desfrutar as vantagens e o conforto que a eletricidade nos proporciona.

Nesta Unidade, começaremos a explorar o mundo da eletricidade e, mais adiante, veremos que o magnetismo também tem papel importante nesse campo.

Fotografia de impressionante e popular bobina de Tesla projetada e construída por Syd Klinge para o Coachella Festival, um evento de música e arte com duração de três dias que ocorre na cidade de Indio, Califórnia (Estados Unidos). Foto de 2009.

PROPRIEDADES ELÉTRICAS

Figura 1.1: Alguns materiais podem ter seus elétrons mais superficiais "arrancados" quando expostos à luz, tornando-se, assim, eletrizados, como as células fotovoltaicas (conhecidas popularmente por baterias solares).

LEMBRETE:
Nas aulas de Química, você possivelmente já deve ter se deparado com situações nas quais os átomos não estão neutros. Vamos relembrar!

O átomo (ou molécula) com **número excedente de elétrons** é denominado **ânion** ou **íon negativo**.

O átomo (ou molécula) com **número excedente de prótons** é denominado **cátion** ou **íon positivo**.

Figura 1.2: Bola de plasma sendo tocada por um dedo. A forma arredondada da bola de plasma promove a distribuição mais uniformizada das cargas elétricas. Quando se encosta o dedo, percebe-se a tendência das cargas se acumularem na região tocada. Esse fenômeno é conhecido como o "poder das pontas".

1. Eletricidade e cotidiano

A aplicação doméstica da eletricidade pode ser considerada um dos maiores avanços tecnológicos. Você já parou para pensar como seria nosso dia a dia sem ela? Geralmente, só nos lembramos de sua importância em momentos de apagão, não é mesmo? A revolução produzida pelas aplicações tecnológicas da eletricidade modificou e continuará modificando nosso modo de vida (Figuras 1.1 e 1.2).

Para entender os fenômenos elétricos, devemos adentrar o interior da matéria e compreender sua estrutura. Vamos lá?

1.1. Onde estão as cargas elétricas?

Na Grécia Antiga, acreditava-se que a matéria poderia ser dividida em partes cada vez menores até chegar ao elemento fundamental, do qual você certamente já deve ter ouvido falar: o **átomo**. Posteriormente, pesquisas científicas, sobretudo aquelas relacionadas ao estudo da eletricidade, demonstraram que o átomo é constituído de partículas menores: os elétrons, os prótons e os nêutrons (Figura 1.3).

Os prótons e os nêutrons compõem a parte central do átomo, chamada núcleo. Já os elétrons distribuem-se ao redor do núcleo, definindo uma região chamada eletrosfera. Os elétrons têm carga elétrica negativa; os prótons, carga elétrica positiva; e os nêutrons não possuem carga elétrica. O átomo é eletricamente neutro quando apresenta a mesma quantidade de prótons e elétrons, ou seja, o mesmo número de cargas positivas e negativas. Pensando que um corpo é composto de milhões e milhões de átomos, fica claro que existe um sem-número de partículas carregadas compondo a matéria.

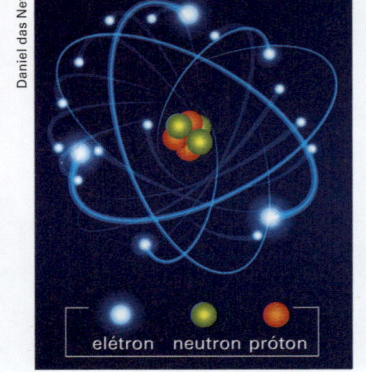

elétron   neutron próton

Figura 1.3: Representação de um átomo com as partículas que o compõem. Ilustração sem escala; cores-fantasia.

Mas qual é a medida da carga de cada partícula? A carga elétrica elementar, representada pela letra **e**, foi medida pelo físico americano Robert Millikan (Figura 1.4) no início do século XX. O valor encontrado foi:

$$e = 1{,}6 \cdot 10^{-19}\ C$$

Assim, a carga do próton é expressa por $+1{,}6 \cdot 10^{-19}\ C$, e a carga do elétron, por $-1{,}6 \cdot 10^{-19}\ C$.

No Sistema Internacional, a unidade da carga elétrica é denominada coulomb (C), em homenagem ao físico Charles Coulomb.

Convencionou-se que $1\ C = 6{,}25 \cdot 10^{18}\ e$, ou

$1\ e = 1{,}6 \cdot 10^{-19}\ C$.

Normalmente também usamos submúltiplos da unidade **coulomb**:

- 1 milicoulomb, ou $1\ mC = 10^{-3}\ C$

- 1 microcoulomb, ou $1\ \mu C = 10^{-6}\ C$

- 1 nanocoulomb, ou $1\ nC = 10^{-9}\ C$

- 1 picocoulomb, ou $1\ pC = 10^{-12}\ C$

Uma propriedade das cargas elétricas é que elas são quantizadas, isto é, a carga **q** de qualquer corpo, com um número **n** de prótons ou elétrons excedentes, é um múltiplo inteiro da carga elementar **e**, ou seja:

$$q = n \cdot e$$

Granger/Glow Images

Figura 1.4: Robert Millikan (1868-1953) realizando o famoso experimento que permitiu a determinação da carga elétrica e ficou conhecido como a gota de Millikan.

Charles Augustin de Coulomb (1736-1806), físico francês que elaborou uma lei para medir as forças de interação elétrica entre corpos carregados. A unidade coulomb (C) recebeu esse nome em sua homenagem.

Emilio Segre Visual Archives/ American Institute of Physics/ SPL/Latinstock

CIÊNCIA, TECNOLOGIA, SOCIEDADE E AMBIENTE

A gota de Millikan

Para medir a carga elétrica elementar, Robert Millikan elaborou o aparelho representado na Figura 1.5.

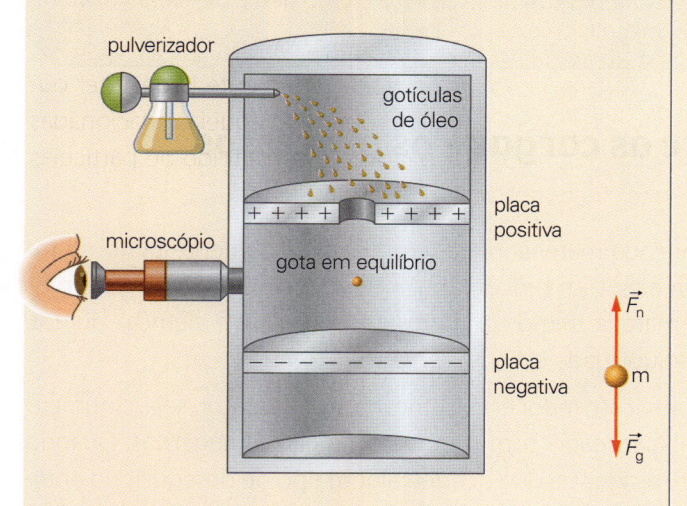

Figura 1.5: Representação simplificada do aparelho de Millikan.

Com o pulverizador, o cientista produzia e lançava uma nuvem de gotículas de óleo, eletrizadas negativamente, no interior da câmara superior. Por causa da força de atração gravitacional, as gotas adquiriam movimento descendente e algumas atravessavam o orifício de conexão entre câmaras. Na câmara central, formada por placas metálicas eletrizadas, algumas gotículas ficavam equilibradas, indício de que a força peso era igual à força elétrica. A partir do raio da gota foi possível determinar sua massa. Com esse dado, e sabendo a distância entre as placas e a quantidade de cargas de cada uma delas, foram calculadas as cargas das gotículas.

A análise de inúmeras gotas demonstrou que suas cargas eram iguais a $1{,}6 \cdot 10^{-19}\ C$ ou múltiplas desse número. Assim, ele concluiu que esse era o valor da carga elementar.

1. Qual é o significado da palavra "átomo"?

A palavra "átomo", etimologicamente, vem do grego e é formada por a, não; tomo, dividir, cortar; ou seja, é a parte não divisível da matéria.

2. Quantas cargas elétricas existem em um prego?

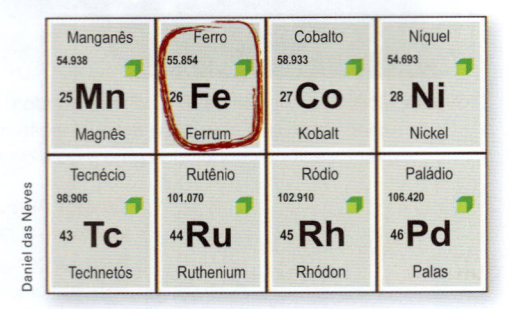

Basicamente constituído de ferro, um prego de tamanho médio tem massa aproximada de 2 g. Você provavelmente já sabe, pelas aulas de Química, que a constante de Avogadro garante que, em 1 mol de qualquer substância, existem $6,02 \cdot 10^{23}$ átomos. Assim, como 1 mol de ferro tem massa aproximada de 56 g, pode-se obter o número de átomos presentes no prego:

massa $\qquad$ nº de átomos

$$\left.\begin{array}{l} 56\ g \text{——} 6,02 \cdot 10^{23} \\ 2\ g \text{——} x \end{array}\right\} x = \frac{12,04 \cdot 10^{23}}{56} = 2,15 \cdot 10^{22} \text{ átomos}$$

Como cada átomo de ferro tem 26 elétrons e 26 prótons, no prego teremos a seguinte quantidade de cargas elétricas:

positivas: $26 \cdot 2,15 \cdot 10^{22} = 5,59 \cdot 10^{23}$ prótons

$\oplus$ negativas: $26 \cdot 2,15 \cdot 10^{22} = 5,59 \cdot 10^{23}$ elétrons

$\qquad\qquad\qquad\qquad 1,12 \cdot 10^{24}$ cargas

Apesar do grande número de cargas positivas e negativas no prego, o valor da carga total do corpo é nulo, pois no resultado total as partículas positivas se contrabalanceiam com as negativas. Caso houvesse excedente de prótons ou elétrons, a carga do corpo, positiva ou negativa, seria equivalente ao número de partículas extras.

3. Encontre, em C, a carga elétrica de um íon de cobre que perde oito elétrons numa eletrização.

A perda de oito elétrons por parte de um átomo de cobre inicialmente neutro fará com que ele tenha excesso de oito prótons e, portanto, uma carga resultante líquida de:

$q \cdot n \cdot e = 8 \cdot 1,6 \cdot 10^{-19} = 12,8 \cdot 10^{-19} = 1,28 \cdot 10^{-18}$ C

1. Qual é a origem das palavras "elétron", "próton" e "nêutron"?

2. Um corpo perdeu 500 milhões de elétrons num processo de eletrização. Qual é, em C, a carga que ele adquiriu?

3. A carga elétrica de um corpo é $-3,2\ \mu$C. Esse corpo tem falta ou excesso de elétrons? Quantos?

4. Quantos prótons e quantos elétrons possui uma lâmina de cobre de 10 g de massa? (Dados: massa atômica do Cu = 63,5 e número atômico do Cu = 29.)

5. Quantos elétrons e quantos prótons possui uma chapinha de níquel de 5 g de massa? (Dados: massa atômica do Ni = 59 e número atômico do Ni = 28.)

2. A interação entre as cargas e os processos de eletrização

As cargas elétricas presentes na matéria interagem permanentemente tanto no **interior** dos átomos quanto **entre** eles. Esse processo de interação determina diversas propriedades físicas e químicas da matéria, como condutibilidade (térmica e elétrica), dureza, maleabilidade, emissão de luz, solubilidade e oxidação.

A maior parte dos objetos ao nosso redor está eletricamente neutra, ou seja, o número de cargas positivas está contrabalanceado com o número de cargas negativas. Quando um corpo apresenta efeito elétrico significa que ocorreu algum tipo de desequilíbrio entre as cargas totais. Nesse caso, dizemos que o corpo está **eletrizado**, não importando se há excesso de elétrons ou prótons.

Você saberia explicar a relação entre os carpetes de lã e a eletricidade estática mencionada pelo gato Garfield (Figura 1.6)?

Figura 1.6

Antes de continuarmos, é importante enfatizar que os prótons, por estarem localizados no núcleo, compõem uma estrutura fixa do átomo, não podendo se deslocar no interior da matéria. Já os elétrons, que se encontram nas camadas externas da eletrosfera, estão mais "desprendidos" da estrutura atômica e podem adquirir elevado grau de mobilidade. Portanto, sempre que mencionarmos o deslocamento de cargas, estaremos nos referindo aos elétrons. Assim, a eletrização é resultado da migração de elétrons das camadas mais externas da eletrosfera, de um corpo para outro.

2.1. Arrancando e transferindo cargas elétricas: eletrização por atrito

Para compreender como ocorre a interação entre as cargas de dois corpos por meio de um processo denominado **eletrização por atrito**, podemos realizar uma investigação com um pêndulo eletrostático, apresentado na Figura 1.7.

Se você simplesmente aproximar as pontas dos canudos, não observará nada de interessante. Mas, ao esfregar ambos os canudos com um guardanapo de papel e realizar um novo teste, posicionando as pontas bem próximas, sem encostá-las, verá a repulsão deles. Não há dúvida de que os canudos foram modificados por causa do atrito com o papel.

Para explicar o que aconteceu nesse experimento, vamos nos valer das ideias de cargas elétricas. Inicialmente, os canudos continham igual número de cargas positivas e negativas, isto é, estavam neutros. Ao serem atritados, elétrons foram arrancados do papel e transferidos para os canudos; assim, o equilíbrio inicial das cargas foi desfeito, deixando-os com excesso de cargas negativas, ou seja, eletrizados negativamente (Figura 1.8).

Figura 1.7: Pêndulo eletrostático com canudo.

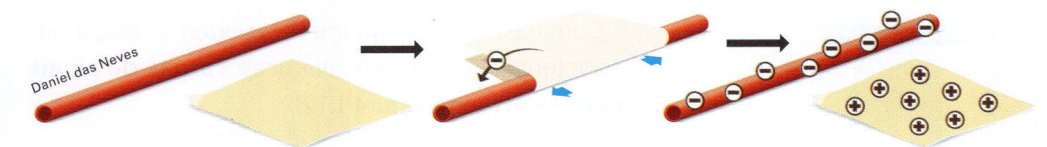

Figura 1.8: Eletrização por atrito. Ilustração sem escala; cores-fantasia.

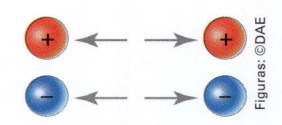

Figura 1.9: Repulsão entre cargas elétricas de sinais iguais. Ilustração sem escala; cores-fantasia.

Como os dois canudos foram atritados, ambos ficaram com cargas de mesmo sinal. Com essa investigação, podemos inferir uma das características da interação elétrica: **cargas elétricas de mesmo sinal se repelem** (Figura 1.9).

Qual carga um corpo adquire?

Foi elaborada experimentalmente uma lista chamada **série triboelétrica**, que apresenta a tendência que alguns materiais têm de doar ou receber elétrons, conforme indicado na Tabela 1.1.

Observe que o vidro vai ceder elétrons ao ser atritado com a lã, ficando com carga positiva. Já o PVC tende a receber elétrons dos outros materiais com os quais é atritado, ficando eletrizado negativamente.

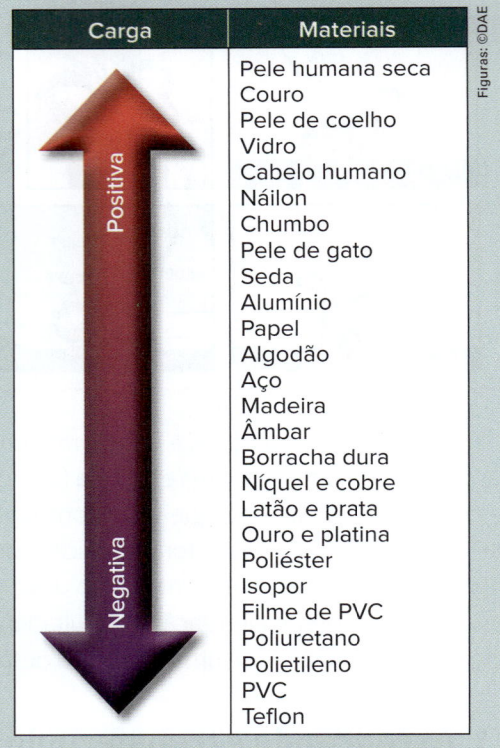

Carga	Materiais
Positiva ↑ / Negativa ↓	Pele humana seca
	Couro
	Pele de coelho
	Vidro
	Cabelo humano
	Náilon
	Chumbo
	Pele de gato
	Seda
	Alumínio
	Papel
	Algodão
	Aço
	Madeira
	Âmbar
	Borracha dura
	Níquel e cobre
	Latão e prata
	Ouro e platina
	Poliéster
	Isopor
	Filme de PVC
	Poliuretano
	Polietileno
	PVC
	Teflon

Figuras: ©DAE

Tabela 1.1: Série triboelétrica

2.2. Enganando as cargas: eletrização por indução

Será que os fenômenos eletrostáticos só ocorrem entre corpos eletrizados? Vamos investigar com outro tipo de pêndulo eletrostático: observe a Figura 1.10, na qual o canudo foi trocado por um pequeno círculo de papel-alumínio. Ao esfregar o canudo com o guardanapo de papel e aproximá-lo cuidadosamente da parte metálica, sem encostar, vemos a atração do pêndulo.

Quando o canudo eletrizado é aproximado do pêndulo metálico, as cargas negativas deste são repelidas, deixando a região próxima do canudo com uma quantidade maior de cargas positivas em relação às negativas. A atração entre as cargas positivas e negativas explica a deflexão do pêndulo, conforme representado na Figura 1.11. Apesar de o papel-alumínio continuar neutro, ao se aproximar de um corpo eletrizado, sua distribuição de cargas fica assimétrica; ao distanciarmos o canudo, porém, as cargas voltam a se distribuir homogeneamente. Nesse caso, dizemos que houve **indução elétrica**.

Com base nesse experimento, podemos inferir outra característica das cargas elétricas: **cargas de sinais opostos se atraem** (Figura 1.12).

Dotta

Figura 1.10: Pêndulo eletrostático com alumínio.

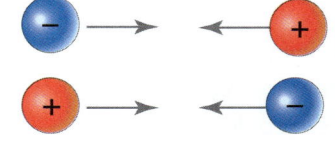

Figura 1.11: Atração entre corpos por meio da indução elétrica. Ilustração sem escala; cores-fantasia.

Figura 1.12: Cargas elétricas de sinais opostos se atraem. Ilustração sem escala; cores-fantasia.

Entretanto, também é possível eletrizar um objeto por indução ao conectá-lo a um corpo condutor muito maior que ele (em geral, a Terra, em um processo chamado aterramento). No experimento do pêndulo eletrostático, esse procedimento é feito ao tocarmos o corpo **induzido** (papel-alumínio) na presença do **indutor** (canudo eletrizado), conforme indicado na Figura 1.13. Desfeito o contato com o corpo ao qual foi conectado, teremos o círculo metálico eletrizado.

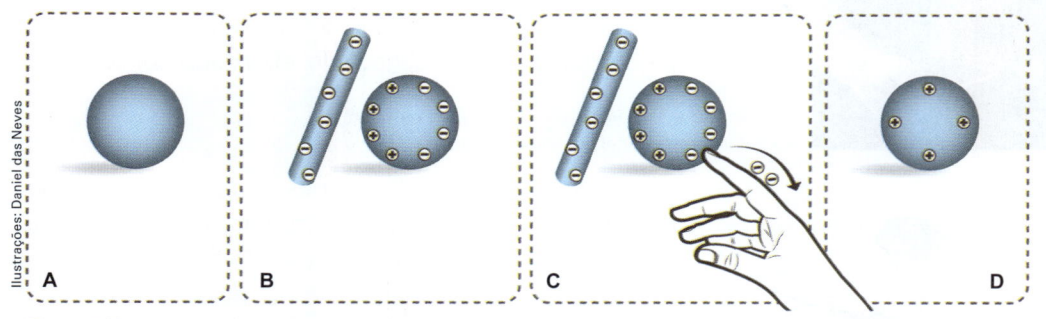

Figura 1.13: Em (a), o círculo de alumínio está neutro e com as cargas distribuídas simetricamente. Com a aproximação do indutor (b), ocorre a separação das cargas no interior do corpo induzido. Ao estabelecermos contato (c), ocorre o escoamento das cargas elétricas negativas. Desfeito o contato e afastando o canudo (d), verificamos que o corpo fica eletrizado positivamente. Ilustração sem escala.

CIÊNCIA, TECNOLOGIA, SOCIEDADE E AMBIENTE

A Xerografia

O processo de xerografia (*xerox* = "seco" + *grafia* = "escrita") foi desenvolvido em 1938 pelo químico e físico estadunidense Chester Carlson (Figura 1.14).

O método elaborado por Carlson foi engenhoso. Primeiro, ele escreveu a data e o local do experimento: "10-22-38 Astoria" (22 de outubro de 1938, Astoria, cidade localizada nos Estados Unidos), com nanquim, sobre uma lâmina de vidro. Depois, em um quarto escuro, eletrizou uma placa de zinco recoberta com enxofre, atritando-a com algodão. Em seguida, uniu as duas superfícies e as iluminou com uma fonte de luz intensa, por alguns segundos. Por causa da reação física entre a luz e a placa metálica, somente a parte protegida pela tinta permaneceu eletrizada. O passo seguinte foi retirar a lâmina de vidro e pulverizar a placa metálica com pó de uma planta rasteira (licopódio). Com um leve sopro, foi possível perceber que o pó aderiu apenas à região eletrizada. Quando Carlson pressionou uma folha de papel branco sobre o conjunto, o pó imprimiu uma cópia no papel. Esse foi o método que originou as modernas copiadoras.

Figura 1.14: Chester Carlson (1906-1968) realizando experimentos para desenvolver uma técnica eficiente de xerocópia, ao lado de uma das primeiras máquinas copiadoras.

2.3. Compartilhando cargas elétricas: eletrização por contato

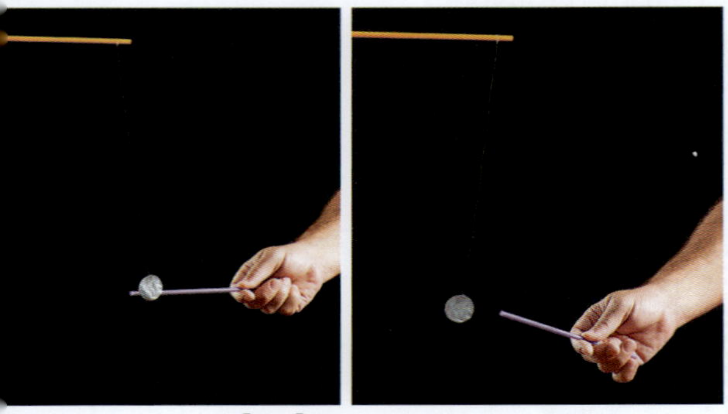

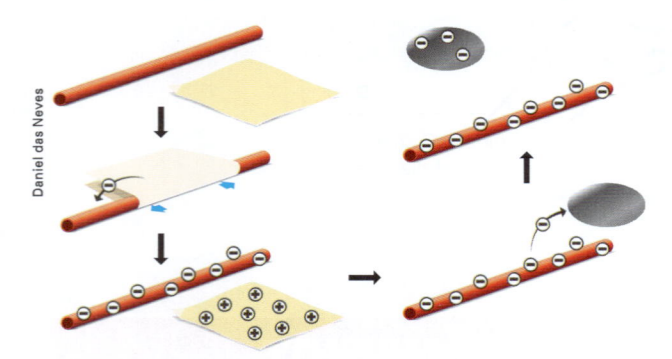

Existe ainda outra maneira de eletrizar um corpo. Ao esfregarmos o canudo com o guardanapo de papel e aproximá-lo da parte metálica do pêndulo eletrostático, após o contato ocorre a repulsão do círculo de alumínio, conforme mostram as Figuras 1.15 e 1.16.

Como explicar esse fato? Como os corpos se repelem, concluímos que ambos estão eletrizados com a mesma carga elétrica. Nessa situação, dizemos que o pêndulo foi **eletrizado por contato**.

Figuras 1.15 e 1.16: Repulsão do pêndulo eletrostático após contato com canudo eletrizado.

Fotos: Dotta

Caso fosse possível somar as cargas em excesso no canudo e no pêndulo depois do contato, o resultado seria equivalente ao valor da carga existente inicialmente apenas no canudo após a eletrização, ou seja, a carga total é a mesma. Na situação discutida, o sistema era composto de três corpos: o guardanapo de papel, o canudo e o pêndulo com alumínio. Cargas negativas foram transferidas do papel para o canudo e depois compartilhadas entre o canudo e o alumínio (Figura 1.17).

A carga também está sujeita a um princípio de conservação: **a soma algébrica das cargas elétricas positivas e negativas de um sistema eletricamente isolado é constante**.

Figura 1.17: Eletrização por atrito e por contato. A quantidade de cargas em um sistema eletricamente isolado é conservada. Ilustração sem escala; cores-fantasia.

Daniel das Neves

Por dentro do conceito

Polarização elétrica

Você sabia que é possível entortar um filete de água com um canudo eletrizado? Faça o teste. Mas cuidado para não deixar o canudo encostar na água. Observe na Figura 1.18 que o fluxo retilíneo foi desviado nas proximidades do canudo, indicando a existência de atração entre ambos. Nesse caso, ocorre um fenômeno chamado **polarização elétrica**.

Na polarização, não há um deslocamento das cargas no interior dos corpos, apenas uma mudança de posição. Veja na Figura 1.19 que a molécula de água (H_2O) é polar, ou seja, tem uma região (polo) positiva próxima dos átomos de hidrogênio e outra negativa próxima do átomo de oxigênio. Quando o canudo eletrizado negativamente é aproximado do filete de água, os "polos positivos" são atraídos em sua direção.

Figura 1.18: Atração de um filete de água por um canudo eletrizado.

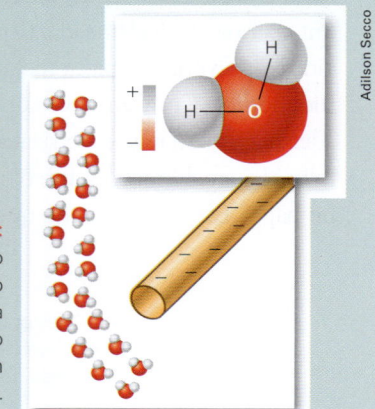

Adilson Secco

Figura 1.19: Representação do fenômeno de polarização de um filete de água com a aproximação de um corpo eletrizado. Ilustração sem escala; cores-fantasia.

Conservação das cargas elétricas

O que aconteceria se colocássemos em contato duas esferas metálicas idênticas, porém com cargas diferentes? Qual seria a carga de cada uma no final? Com base no princípio de conservação das cargas, sabemos que:

$$\sum q_{inicial} = \sum q_{final}$$

$$(q_1 + q_2)_{inicial} = (q_1 + q_2)_{final}$$

$$q_1 + q_2 = q'_1 + q'_2$$

Colocando as duas esferas em contato, as cargas se redistribuem em ambas de modo que a quantidade de carga final em cada uma seja igual, isto é:

$$q'_1 = q'_2 = q$$

$$q_1 + q_2 = q + q = 2q$$

$$q_1 + q_2 = 2q$$

$$q = \frac{q_1 + q_2}{2}$$

Assim, se os corpos forem idênticos, a quantidade final de carga será igual à média aritmética das cargas iniciais (Figuras 1.20 e 1.21):

$$q'_1 = q'_2 = \frac{q_1 + q_2}{2}$$

Ilustrações: Daniel das Neves

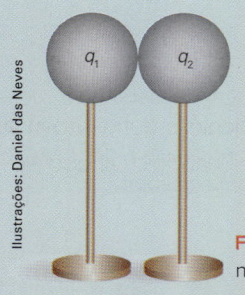

Figura 1.20: Situação inicial no momento do contato.

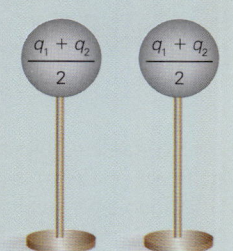

Figura 1.21: Situação final após o contato e a separação das esferas.

E se realizássemos o mesmo procedimento com esferas de tamanhos diferentes? O que aconteceria com as cargas finais? Nesse caso, elas seriam proporcionais ao raio das esferas:

$$\frac{q'_1}{R_1} = \frac{q'_2}{R_2}$$

Lembrando que a soma da carga inicial e final do sistema é constante, pois ele está isolado do exterior, pode-se mostrar que a quantidade final das cargas em cada esfera depende do raio das esferas e das cargas iniciais (Figuras 1.22 e 1.23):

$$q'_1 = \frac{R_1}{R_1 + R_2} \cdot (q_1 + q_2)$$

$$q'_2 = \frac{R_2}{R_1 + R_2} \cdot (q_1 + q_2)$$

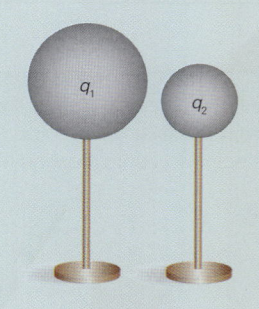

Figura 1.22: Situação inicial, no momento que antecede o contato.

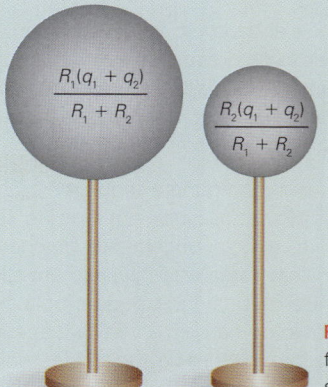

Figura 1.23: Situação final após o contato e a separação das esferas.

A conservação das cargas foi proposta pela primeira vez por Benjamin Franklin (1706-1790), jornalista, cientista e inventor estadunidense.

1. Como não percebemos fenômenos elétricos a todo instante, já que na matéria existem tantas cargas?

Cargas negativas anulam igual quantidade de cargas positivas, ou melhor, elétrons podem contrabalançar prótons. O próprio átomo é, em geral, eletricamente neutro, possuindo igual número de prótons e elétrons. Esse balanço natural entre cargas de sinais opostos explica por que a matéria normalmente não apresenta efeitos iguais aos descritos na introdução do capítulo e na seção sobre eletrização.

2. Você já ouviu estalos quando retirou uma blusa de lã em um dia seco de inverno? Caso tenha feito isso num quarto escuro, além do barulho, deve ter visto pequenas faíscas. Explique por que esse fenômeno acontece.

Nos dias secos, a lã se eletriza por atrito com o ar. Por isso, ao ser retirada, a blusa descarrega elétrons no cabelo. Esse fluxo de cargas produz estalos e faíscas, assim como acontece, em outra escala, com as nuvens antes das tempestades e durante a chuva.

3. Responda às questões.

a) Ao atritar um canudo de lanchonete em um guardanapo, que tipo de carga o canudo adquire?

O canudo fica eletrizado negativamente, com excesso de elétrons.

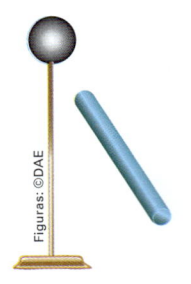

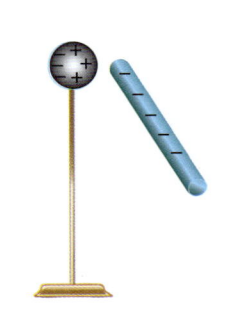

Figuras: ©DAE

b) Se você aproximar esse canudo de uma esfera oca de cobre, apoiada sobre um suporte de madeira, o que vai acontecer com as cargas dela?

Haverá separação de cargas na esfera, com excesso de prótons próximo ao canudo e excesso de elétrons no hemisfério oposto. Ocorrerá uma indução elétrica.

c) Se você tocar esse canudo na esfera oca de cobre acima descrita, o que vai acontecer com as cargas da esfera e do canudo?

Como a esfera tem área superficial bem maior que a do canudo, ela deverá absorver praticamente todas as cargas do canudo. Haverá eletrização da esfera por contato.

1. Um curioso estudante de Física aproxima, sem tocar, um corpo eletrizado com cargas positivas de um bloco condutor em forma de paralelepípedo, como mostra a figura.

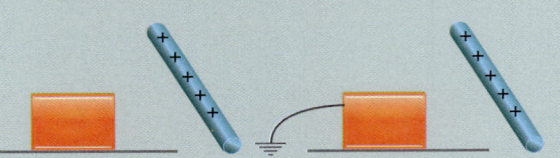

Na presença do corpo eletrizado, ele aterra rapidamente a extremidade oposta do bloco, desfazendo essa ligação logo em seguida. Posteriormente, ele afasta o corpo eletrizado do bloco. Qual é a situação final do bloco com relação às cargas elétricas? Como se chama esse processo de eletrização?

2. (Unicamp-SP) Cada uma das figuras a seguir representa duas bolas metálicas de massas iguais, em repouso, suspensas por fios isolantes. As bolas podem estar carregadas eletricamente. O sinal da carga está indicado em cada uma delas. A ausência de sinal indica que a bola está descarregada. O ângulo do fio com a vertical depende do peso da bola e da força elétrica devido à bola vizinha. Indique em cada caso se a figura está certa ou errada.

a)

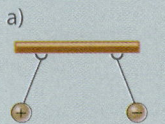

b)

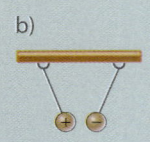

c)

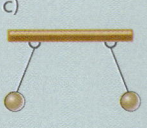

d)

e)

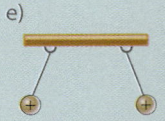

3. (Fuvest-SP) Aproximando-se uma barra eletrizada de duas esferas condutoras, inicialmente descarregadas e encostadas uma na outra, observa-se a distribuição de cargas esquematizada na figura, a seguir.

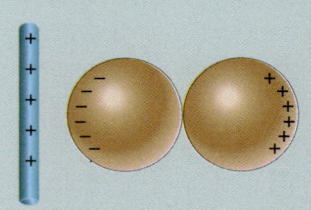

Em seguida, sem tirar do lugar a barra eletrizada, afasta-se um pouco uma esfera da outra. Finalmente, sem mexer mais nas esferas, move-se a barra, levando-a para muito longe das esferas. Nessa situação final, a alternativa que melhor representa a distribuição de cargas nas duas esferas é:

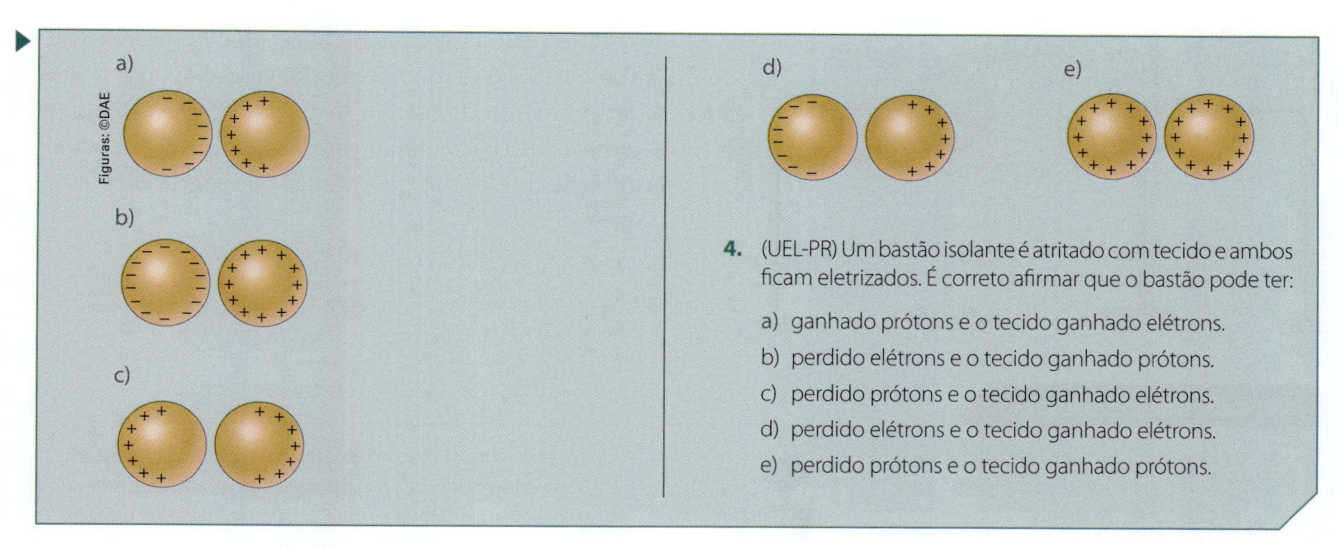

Figuras: ©DAE

a)

b)

c)

d)

e)

4. (UEL-PR) Um bastão isolante é atritado com tecido e ambos ficam eletrizados. É correto afirmar que o bastão pode ter:

a) ganhado prótons e o tecido ganhado elétrons.

b) perdido elétrons e o tecido ganhado prótons.

c) perdido prótons e o tecido ganhado elétrons.

d) perdido elétrons e o tecido ganhado elétrons.

e) perdido prótons e o tecido ganhado prótons.

3. Bons e maus condutores elétricos

Na natureza existem diversos materiais com propriedades físicas bem diferenciadas. Uma delas é a condutibilidade elétrica, que permite avaliar qual material é melhor ou pior condutor de cargas.

Para entender essa propriedade, vamos analisar o que acontece em nível microscópico. Em certos materiais, os elétrons das camadas mais externas do átomo podem se "desprender", ficando livres, e, por isso, migrar mais facilmente de um corpo para outro. Assim, os materiais que possuem mais elétrons livres têm mais facilidade para trocar cargas elétricas.

Costuma-se dividir os materiais em duas categorias relacionadas à facilidade ou à dificuldade de conduzirem cargas elétricas:

- **Condutores:** a movimentação das cargas elétricas no interior do material é livre. São exemplos os metais, em geral, e o corpo humano.

- **Isolantes:** a movimentação das cargas elétricas no interior do material é dificultada. São exemplos a borracha, a madeira, o plástico, o vidro e a cerâmica.

É preciso ressaltar que a distinção entre condutores e isolantes não é absoluta. O cabo plástico de uma chave de fenda na maioria das vezes isola os eletricistas de choques em instalações domésticas, mas não é eficiente no isolamento de redes de alta-tensão, nas quais outros equipamentos de segurança são necessários.

3.1. Fio terra

Agora que você já conhece os processos de eletrização, os condutores e os isolantes, reflita sobre a seguinte questão: por que alguns caminhões têm correntes penduradas em sua parte traseira? Por que esse é um importante item de segurança no momento de realizar o abastecimento de combustível do veículo?

Em dias secos, o atrito da lataria com as partículas do ar e de poeira em suspensão causa a eletrização dos veículos. Como os pneus são feitos de borracha, um material isolante, o caminhão permanece carregado. Se alguém encostar no veículo, corre o risco de tomar um choque, pois as cargas serão conduzidas por seu corpo. Isso pode ser perigoso em um posto de gasolina, afinal as faíscas podem gerar a combustão dos vapores de *diesel* no momento do abastecimento. Para evitar esse tipo de incidente são penduradas correntes metálicas que tocam o chão com o intuito de eliminar constantemente esse excesso de cargas elétricas do veículo, a fim de neutralizar o corpo. Essa função é conhecida como **fio terra**.

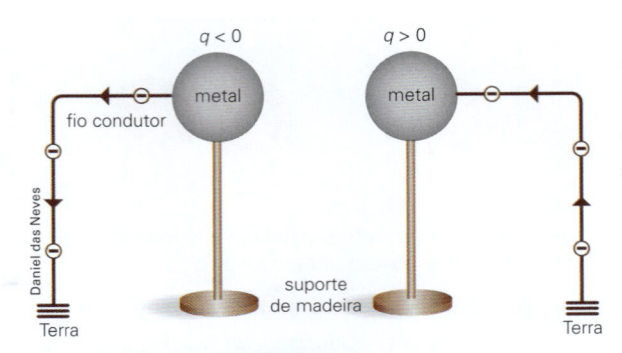

$q < 0$
$q > 0$
metal
metal
fio condutor
suporte de madeira
Terra
Terra
Daniel das Neves

O fio terra neutraliza corpos carregados negativamente ou positivamente. O que muda em cada caso é apenas o sentido do deslocamento das cargas (Figura 1.24). Devido a suas grandes dimensões, o planeta Terra pode doar ou receber qualquer quantidade de elétrons para corpos na superfície.

Figura 1.24: Representação de condução de cargas por meio de um fio terra.

Exercícios resolvidos

1. Para que serve um eletroscópio? Descreva o funcionamento de um eletroscópio de folhas.

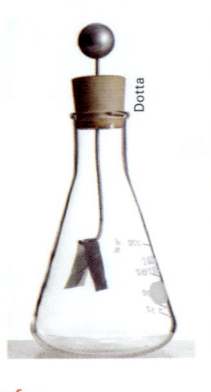

Dotta

O eletroscópio é um instrumento que detecta a presença de cargas elétricas. Uma esfera metálica (ou disco metálico) é colocada na extremidade de uma haste também metálica. Na extremidade oposta da haste, duas lâminas metálicas são atadas, e seu movimento de afastamento confirma a existência de cargas elétricas no corpo que deverá ser tocado, ou simplesmente aproximado do disco ou da esfera.

2. Responda às questões.

a) Se você aproximar um canudo plástico, atritado com um guardanapo de papel, de uma esfera metálica neutra que está apoiada num suporte de madeira, o que deverá acontecer com as cargas elétricas da esfera?

Haverá uma indução das cargas na esfera, com elétrons se concentrando no hemisfério oposto ao que se encontra o canudo, deixando uma quantidade de prótons em excesso na região do canudo, cuja carga é negativa.

b) Aterrando o hemisfério oposto ao que se encontra o canudo, qual será o sentido de movimento dos elétrons pelo fio terra?

Os elétrons fluirão da esfera para a Terra.

3. Qual é a função das pulseiras antiestáticas utilizadas por técnicos em computação?

Alguns componentes do computador são muito sensíveis a descargas elétricas. Se o corpo do técnico estiver carregado, quando ele tocar em determinadas peças, a carga fluirá para o equipamento, podendo danificá-lo. Por isso, esses profissionais utilizam pulseiras antiestáticas e, para neutralizar o próprio corpo, tocam em superfícies metálicas antes de iniciar o trabalho.

Exercícios propostos

1. (ITA-SP) Um objeto metálico carregado positivamente, com carga $+q$, é aproximado de um eletroscópio de folhas, que foi previamente carregado negativamente com carga igual a $-q$.

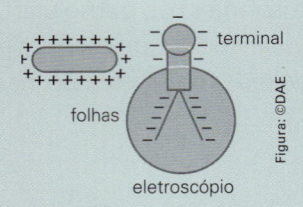

terminal
folhas
eletroscópio
Figura: ©DAE

I. À medida que o objeto for se aproximando do eletroscópio, as folhas vão se abrindo além do que já estavam.

II. À medida que o objeto for se aproximando, as folhas permanecem como estavam.

III. Se o objeto tocar o terminal externo do eletroscópio, as folhas devem necessariamente fechar-se.

Neste caso, pode-se afirmar que:

a) somente a afirmativa I é correta.

b) as afirmativas II e III são corretas.

c) as afirmativas I e III são corretas.

d) somente a afirmativa III é correta.

e) nenhuma das alternativas é correta.

2. (UFMG) Duas esferas metálicas idênticas, uma carregada com carga elétrica negativa e a outra eletricamente descarregada, estão montadas sobre suportes isolantes. Na situação inicial, mostrada na figura I, as esferas estão separadas uma da outra. Em seguida, as esferas são colocadas em contato, como se vê na figura II. As esferas são, então, afastadas uma da outra, como mostrado na figura III.

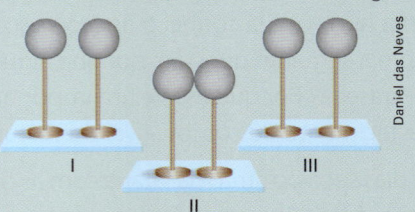

I
II
III
Daniel das Neves

Considerando-se as situações representadas nas figuras I e III, é correto afirmar que:

a) em I, as esferas se repelem e, em III, elas se atraem.

b) em I, as esferas se atraem e, em III, elas se repelem.

c) em III, não há força entre as esferas.

d) em I, não há força entre as esferas.

4. Uma lei para as cargas elétricas

Depois de nossa vasta investigação acerca do comportamento das cargas elétricas em várias situações, chegou o momento de conhecermos a lei que rege as interações eletrostáticas.

Em 1785, o físico Charles Coulomb utilizou uma balança de torção para medir a intensidade da atração ou repulsão entre corpos eletrizados. Aproximando esferas carregadas com sinais positivos e negativos e quantidades de cargas variadas, o cientista mediu a deflexão causada pela torção do fio (Figura 1.25).

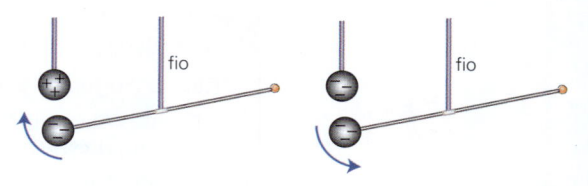

Figura 1.25: A medida da força de atração ou repulsão das esferas eletrizadas é feita pela torção do fio.

Após realizar uma série de testes cuidadosos e analisar detalhadamente os resultados, Coulomb concluiu que a **força elétrica** (F_e), de atração e repulsão, entre dois corpos eletrizados era diretamente proporcional ao produto dos módulos de suas cargas (q_1 e q_2):

$$F_e \propto |q_1| \cdot |q_2| \quad (I)$$

Observou também que a intensidade da força elétrica variava de acordo com o inverso do quadrado da distância (d) entre eles:

$$F_e \propto \frac{1}{d^2} \quad (II)$$

Portanto, relacionando as constatações I e II, concluiu que:

$$F_e = k \cdot \frac{|q_1| \cdot |q_2|}{d^2}$$

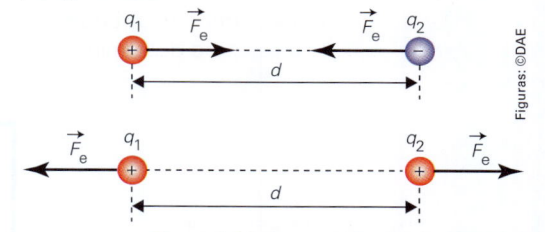

Figura 1.26: Representação das forças de interação eletrostática, atração e repulsão. Ilustração sem escala; cores-fantasia.

A constante de proporcionalidade (k) é chamada **constante eletrostática** e depende do meio em que as cargas se encontram. Seu valor para o vácuo, obtido experimentalmente, é $k = 9,0 \cdot 10^9$ Nm²/C².

Tal equação é denominada **lei de Coulomb** e expressa a intensidade da força elétrica entre duas cargas separadas por certa distância.

Como a força é uma grandeza vetorial, é necessário também determinar sua direção e sentido. No caso de duas cargas, a direção da força será dada pelo segmento de reta que passa pelo centro de ambas. O sentido dependerá dos sinais dessas cargas, pois a força poderá ser de atração ou repulsão, conforme indicado na Figura 1.26.

Vamos finalizar este capítulo com uma síntese dos principais conceitos:

I. Todo corpo tem cargas elétricas negativas e positivas; em situações de equilíbrio, podemos considerar a carga efetivamente nula.

II. As cargas que se deslocam são os elétrons e os íons (positivos e negativos).

III. Um corpo é considerado eletrizado sempre que há alteração na equivalência entre as quantidades de suas cargas negativas e positivas.

IV. Corpos eletrizados com cargas de mesmo sinal se repelem e corpos eletrizados com cargas de sinais contrários se atraem.

V. Corpos eletrizados que se aproximam de corpos neutros condutores modificam a distribuição de cargas destes, sem, contudo, eletrizá-los.

VI. A força de atração pode aparecer entre corpos eletrizados com cargas de sinais opostos e também entre corpos eletrizados e corpos neutros.

VII. A força de repulsão só existe entre corpos eletrizados com cargas de sinais equivalentes.

VIII. Os corpos em geral podem ter maior ou menor facilidade em conduzir cargas elétricas, sendo, portanto, melhores ou piores condutores.

<aside>

Explorando o assunto

No Volume 1, você conheceu a lei da gravitação universal, elaborada por Isaac Newton:

$$F_g = G \cdot \frac{m_1 \cdot m_2}{d^2}.$$

Neste capítulo, você conheceu a lei da interação eletrostática, desenvolvida por Coulomb:

$$F_e = k \cdot \frac{|q_1| \cdot |q_2|}{d^2}$$

Comente as possíveis semelhanças e/ou diferenças entre ambas.

</aside>

Charles Augustin Coulomb

Charles Augustin Coulomb (Figura 1.27), filho de Catherine e Henri Coulomb, nasceu em 14 de junho de 1736, na pequena cidade de Angoulême, localizada no sudoeste da França. Os primeiros anos de sua vida escolar foram na cidade natal, mas logo a família mudou-se para Paris, a fim de educar o pequeno Charles em uma instituição mais renomada. Depois de concluir a educação básica, ingressou na Escola Militar de Mézières no início de 1760, tornando-se engenheiro militar no fim do ano seguinte.

De 1764 a 1772, trabalhou na supervisão das obras do Forte Bourbon, em Martinica, uma província francesa localizada próximo à atual Venezuela. Nesses nove anos longe de seu país, o solitário Coulomb realizou diversos estudos e investigações sobre elasticidade de materiais, atrito das máquinas e mecânicas de estrutura.

Por problemas de saúde, voltou a morar em Paris e passou a dedicar-se exclusivamente à pesquisa científica. Realizou vários estudos nas áreas de Física, Matemática e Engenharia, mas sua grande contribuição à Ciência aconteceu em 1785, quando estabeleceu uma lei para determinar a força de interação entre as cargas elétricas.

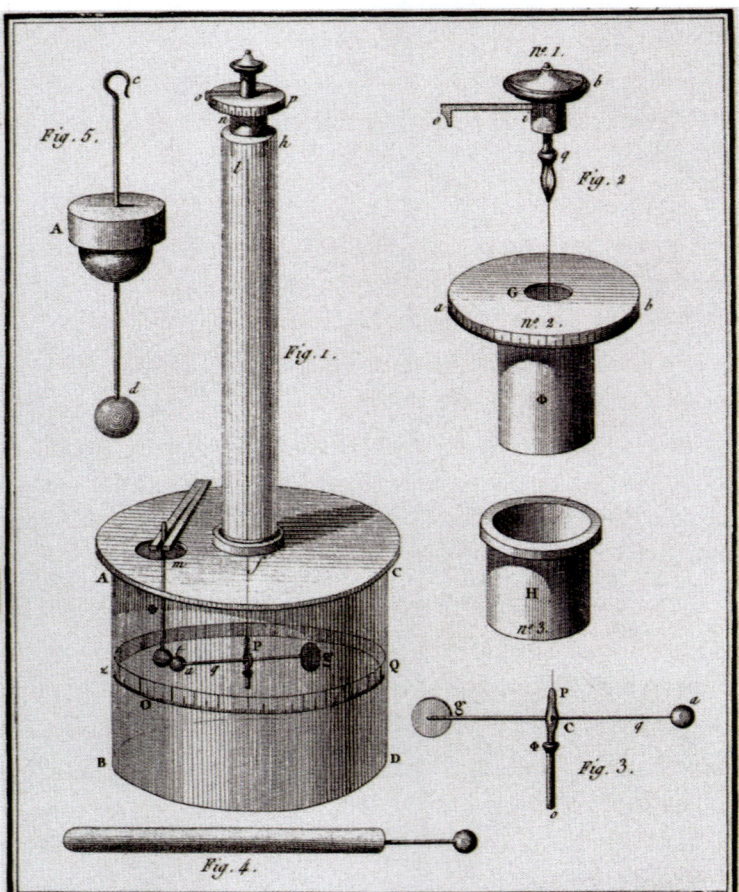

Figura 1.27: Charles Coulomb e a balança de torção.

Em 1789, com o início da Revolução Francesa, que acarretou mudanças na Academia de Ciências, instituição à qual estava vinculado, Coulomb optou por aposentar-se e continuar trabalhando em casa, na cidade de Blois, na França central. Pouco tempo depois, em 1802, retornou a Paris para trabalhar como inspetor do Instituto Nacional, onde atuou até o fim da vida, em 23 de agosto de 1806.

1. Sabe-se que, na prática, consegue-se eletrizar uma esfera metálica oca, de alguns centímetros de raio, apenas com alguns microcoulombs de carga. Por exemplo: uma esfera de 2,0 cm de raio é capaz de adquirir no máximo cerca de 0,13 μC. Qual será a intensidade da força elétrica repulsiva entre duas esferas de 2,0 cm de raio e eletrizadas com 0,10 μC cada uma, se seus centros estiverem a 50 cm de distância mútua? Despreze qualquer efeito de indução e considere $k = 9 \cdot 10^9$ Nm²/C².

$$F_e = \frac{k \cdot |q_1| \cdot |q_2|}{d^2} = \frac{9 \cdot 10^9 \cdot 0,1 \cdot 10^{-6} \cdot 0,1 \cdot 10^{-6}}{0,5^2} =$$

$$= \frac{9 \cdot 10^{-5}}{25 \cdot 10^{-2}} = 3,6 \cdot 10^{-4} \, \text{N}$$

2. Duas partículas eletrizadas com cargas iguais q repelem-se com forças de intensidade F quando separadas a uma distância d.

a) Se uma das cargas for duplicada, mantidas as demais condições, qual será, em função de F, a intensidade da nova força repulsiva?

$$\left.\begin{array}{l} F_e = k \cdot \dfrac{|q| \cdot |q|}{d^2} \\[3mm] F_e' = k \cdot \dfrac{|q| \cdot |2q|}{d^2} = 2 \cdot k \cdot \dfrac{|q| \cdot |q|}{d^2} \end{array}\right| F_e' = 2F_e$$

Portanto, a nova força será duas vezes mais intensa.

b) Se, além da duplicação de uma das cargas, houver a triplicação da outra, e a distância entre elas e o meio for mantida, qual será, em função de F, a intensidade da nova força repulsiva?

$$\left.\begin{array}{l} F_e = k \cdot \dfrac{|q| \cdot |q|}{d^2} \\[3mm] F_e'' = k \cdot \dfrac{|3q| \cdot |2q|}{d^2} = 6 \cdot k \cdot \dfrac{|q| \cdot |q|}{d^2} \end{array}\right| F_e'' = 6F_e$$

Portanto, a nova força será seis vezes mais intensa que a inicial.

3. Duas partículas, de massa m e carga q cada uma, estão penduradas em fios isolantes e bem leves, de comprimento L cada um, formando um ângulo α entre si, como mostra a figura.

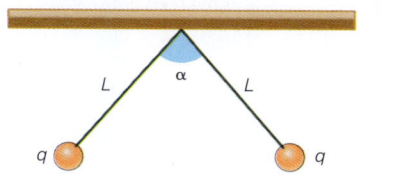

São dados os valores: $k = 9 \cdot 10^9$ Nm²/C²; $m = 10$ g; $g = 10$ m/s²; $L = 10$ cm; $\alpha = 60°$ e tg 30° = 0,577. Determine o valor de q.

As forças que agem em cada partícula são o peso, a força elétrica repulsiva e a tração no fio. Como a situação é de equilíbrio, a soma vetorial do peso com a força elétrica será equilibrada pela tração. O ângulo entre essa soma e a direção vertical, ou o peso, é de 30°. Note também que os fios da figura do enunciado formam um triângulo equilátero, sendo, portanto, $d = L$. Assim, temos:

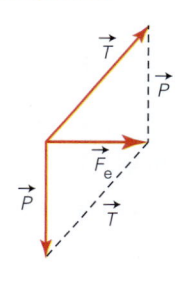

$$\text{tg } 30° = \frac{F_e}{P} \Rightarrow F_e = P \cdot \text{tg } 30°$$

$$F_e = k \cdot \frac{|q| \cdot |q|}{d^2} = m \cdot g \cdot \text{tg } 30°$$

$$F_e = \frac{k \cdot q^2}{L^2} = m \cdot g \cdot \text{tg } 30°$$

$$F_e = q^2 = \frac{m \cdot g \cdot L^2 \cdot \text{tg } 30°}{k}$$

$$q = L \cdot \sqrt{\frac{mg\,\text{tg } 30°}{k}} = 0,10 \cdot \sqrt{\frac{0,010 \cdot 10 \cdot 0,577}{9 \cdot 10^9}} =$$

$$= 2,5 \cdot 10^{-7} \, \text{C}$$

Figuras: ©DAE

1. (Vunesp-SP) Dois corpos pontuais em repouso, separados por certa distância e carregados eletricamente com cargas de sinais iguais, repelem-se de acordo com a lei de Coulomb.

a) Se a quantidade de carga de um dos corpos for triplicada, o que ocorrerá com a intensidade da força elétrica?

b) Se forem mantidas as cargas iniciais, mas a distância entre os corpos for duplicada, o que ocorrerá com a intensidade da força elétrica?

2. (FEI-SP) Duas cargas puntiformes, $q_1 = +2 \mu$C e $q_2 = -6 \mu$C, estão fixas e separadas por uma distância de 600 mm no vácuo. Uma terceira carga, $q_3 = 3 \mu$C, é colocada no ponto médio do segmento que une as cargas. Qual é o módulo da força elétrica que atua sobre a carga q_3? (Dados: constante eletrostática do vácuo: $k = 9 \cdot 10^9$ Nm²/C².)

a) 1,2 N   c) 3,6 N   e) $3,6 \cdot 10^{-3}$ N

b) 2,4 N   d) $1,2 \cdot 10^{-3}$ N

3. (UFMG) Observe a figura que representa um triângulo equilátero. Nesse triângulo, três cargas elétricas pontuais de mesmo valor absoluto estão nos seus vértices.

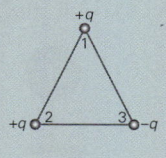

O vetor que melhor representa a força elétrica resultante sobre a carga do vértice 1 é:

a)   c)    e)

b)   d)

Exercícios finais

1. (PUC-SP) Um corpo possui $5 \cdot 10^{19}$ prótons e $4 \cdot 10^{19}$ elétrons. Considerando a carga elementar igual a $1,6 \cdot 10^{-19}$ C, esse corpo está:

a) carregado negativamente com uma carga igual a $1 \cdot 10^{-19}$ C.

b) neutro.

c) carregado positivamente com uma carga igual a 1,6 C.

d) carregado negativamente com uma carga igual a 1,6 C.

e) carregado positivamente com uma carga igual a $1 \cdot 10^{-19}$ C.

2. (UEL-PR) Uma partícula está eletrizada positivamente com uma carga elétrica de $4,0 \cdot 10^{-15}$ C. Como o módulo da carga do elétron é $1,6 \cdot 10^{-19}$ C, essa partícula:

a) ganhou $2,5 \cdot 10^4$ elétrons.

b) perdeu $2,5 \cdot 10^4$ elétrons.

c) ganhou $4,0 \cdot 10^4$ elétrons.

d) perdeu $6,4 \cdot 10^4$ elétrons.

e) ganhou $6,4 \cdot 10^4$ elétrons.

3. (UEL-PR) Uma esfera isolante está eletrizada com uma carga de $-3,2$ µC. Sabendo que a carga elementar vale $1,6 \cdot 10^{-19}$ C, é correto afirmar que a esfera apresenta:

a) excesso de $2,0 \cdot 10^{13}$ elétrons.

b) falta de $2,0 \cdot 10^{13}$ elétrons.

c) excesso de $5,0 \cdot 10^{12}$ prótons.

d) falta de $5,0 \cdot 10^{12}$ prótons.

e) excesso de $5,0 \cdot 10^{10}$ elétrons.

4. O manganês é um valioso mineral encontrado nas regiões Norte e Nordeste do Brasil e constitui um importante item na pauta de exportações de nosso país. Seu número atômico é 25 e seu mol tem cerca de 55 g. Determine o número de elétrons que tem uma pedra de 100 g de Mn. (Dado: número de Avogadro $= 6,02 \cdot 10^{23}$.)

5. (Fuvest-SP) Três esferas metálicas, M_1, M_2 e M_3, de mesmo diâmetro e montadas em suportes isolantes, estão bem afastadas entre si e longe de outros objetos. Inicialmente M_1 e M_3 têm cargas iguais, com valor Q, e M_2 está descarregada. São realizadas duas operações, na sequência indicada:

M₁   M₂   M₃

Figura: ©DAE

I. A esfera M_1 é aproximada de M_2 até que ambas fiquem em contato elétrico. A seguir, M_1 é afastada até retornar à sua posição inicial.

II. A esfera M_3 é aproximada de M_2 até que ambas fiquem em contato elétrico. A seguir, M_3 é afastada até retornar à sua posição inicial.

Após essas duas operações, as cargas nas esferas serão cerca de:

	M_1	M_2	M_3
a)	$\frac{Q}{2}$	$\frac{Q}{4}$	$\frac{Q}{4}$
b)	$\frac{Q}{2}$	$\frac{3Q}{4}$	$\frac{3Q}{4}$
c)	$\frac{2Q}{3}$	$\frac{2Q}{3}$	$\frac{2Q}{3}$
d)	$\frac{3Q}{4}$	$\frac{Q}{2}$	$\frac{3Q}{4}$
e)	Q	zero	Q

6. (UFSC) A eletricidade estática gerada por atrito é fenômeno comum no cotidiano. Pode ser observada ao pentearmos o cabelo em um dia seco, ao retirarmos um casaco de lã ou até mesmo ao caminharmos sobre um tapete. Ela ocorre porque o atrito entre materiais gera desequilíbrio entre o número de prótons e elétrons de cada material, tornando-os carregados positivamente ou negativamente. Uma maneira de identificar qual tipo de carga um material adquire quando atritado com outro é consultando uma lista elaborada experimentalmente, chamada série triboelétrica, como a mostrada abaixo. A lista está ordenada de tal forma que qualquer material adquire carga positiva quando atritado com os materiais que o seguem.

	Materiais
1	pele humana seca
2	couro
3	pele de coelho
4	vidro
5	cabelo humano
6	náilon
7	chumbo
8	pele de gato
9	seda
10	papel
11	madeira
12	latão
13	poliéster
14	isopor
15	filme de PVC
16	poliuretano
17	polietileno
18	Teflon

Com base na lista triboelétrica, assinale a(s) proposição(ões) correta(s).

a) A pele de coelho atritada com Teflon ficará carregada positivamente, pois receberá prótons do Teflon.

b) Uma vez eletrizados por atrito, vidro e seda quando aproximados não se atrair.

c) Em processo de eletrização por atrito entre vidro e papel, o vidro adquire carga de $+5$ unidades de carga, então o papel adquire carga de -5 unidades de carga.

d) Atritar couro e Teflon vai produzir mais eletricidade estática do que atritar couro e pele de coelho.

e) Dois bastões de vidro aproximados depois de atritados com pele de gato vão se atrair.

f) Um bastão de madeira atritado com outro bastão de madeira ficará eletrizado.

7. (UFRGS-RS) A superfície de uma esfera isolante é carregada com carga elétrica positiva, concentrada em um dos seus hemisférios. Uma esfera condutora descarregada é, então, aproximada da esfera isolante. Assinale, entre as alternativas abaixo, o esquema que melhor representa a distribuição final de cargas nas duas esferas.

a)  **d)**

b)  **e)**

c)

8. (UFSM-RS) Uma esfera de isopor de um pêndulo elétrico é atraída por um corpo carregado eletricamente. Afirma-se, então, que:

I. o corpo está carregado necessariamente com cargas positivas.

II. a esfera pode estar neutra.

III. a esfera está carregada necessariamente com cargas negativas.

Está(ão) correta(s):

a) apenas I.

b) apenas II.

c) apenas III.

d) apenas I e II.

e) apenas I e III.

9. (UFRJ) Uma pequena esfera carregada com uma carga Q_1 está em repouso, suspensa, por um fio ideal isolante, a um suporte. Uma segunda esfera, de mesmas dimensões e massa que a primeira, carregada com uma carga Q_2, $|Q_2| > |Q_1|$, apoiada em uma haste isolante, está abaixo da primeira, estando seus centros na mesma vertical, como ilustra a figura 1. Verifica-se, nesse caso, que a tensão T_1 no fio é maior que o módulo do peso da esfera.

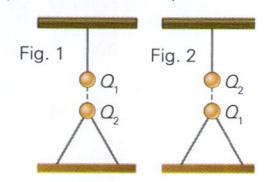

a) Determine se as cargas Q_1 e Q_2 têm mesmo sinal ou sinais contrários. Justifique sua resposta.

b) Invertendo as posições das esferas, como mostra a figura 2, a tensão no fio passa a valer T_2. Verifique se $T_2 > T_1$, $T_1 = T_2$ ou $T_1 < T_2$. Justifique.

10. (UFSC) Uma placa de vidro eletrizada com carga positiva é mantida próxima a uma barra metálica isolada e carregada com carga $+q$, conforme mostra a figura a seguir.

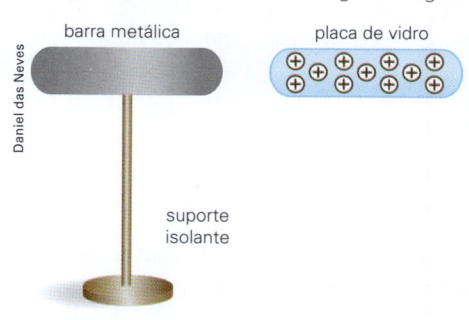

É correto afirmar que:

a) se a barra for conectada ao solo por um fio condutor, a placa de vidro for afastada e, a seguir, a ligação com o solo for desfeita, a barra ficará carregada negativamente.

b) se a barra for conectada ao solo por um fio condutor e, a seguir, for desconectada novamente, com a placa de vidro mantida próxima, a placa de vidro ficará neutra.

c) se a placa de vidro atrair um pequeno pedaço de cortiça suspenso por um fio isolante, pode-se concluir que a carga da cortiça é necessariamente negativa.

d) se a placa de vidro repelir um pequeno pedaço de cortiça suspenso por um fio isolante, pode-se concluir que a carga da cortiça é necessariamente positiva.

e) nas condições expressas na figura, a carga $+q$ da barra metálica distribui-se uniformemente sobre toda a superfície externa da barra.

11. (Unaerp-SP) Um bastão não condutor e descarregado foi atritado em uma das suas extremidades até ficar negativamente eletrizado.

Dos seguintes esquemas que representam secções longitudinais do bastão, o que melhor indica a distribuição de cargas é:

a)  **d)**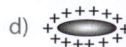

b)  **e)**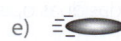

c)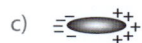

12. (Uece-CE) Considere duas esferas metálicas, X e Y, sobre suportes isolantes, e carregadas positivamente.

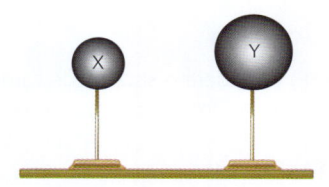

A carga de X é 2q e a de Y é q. O raio da esfera Y é o dobro do raio da esfera X. As esferas são postas em contato através de um fio condutor, de capacidade elétrica irrelevante, até ser estabelecido o equilíbrio eletrostático. Nesta situação, as esferas X e Y terão cargas elétricas respectivamente iguais a:

a) q e 2q

b) 2q e q

c) 3q/2 e 3q/2

d) q/2 e q

13. (PUC-MG) Três esferas condutoras, uma de raio R com uma carga Q, denominada esfera A, outra de raio 2R e carga 2Q, denominada esfera B, e a terceira de raio 2R e carga −2Q, denominada esfera C, estão razoavelmente afastadas.

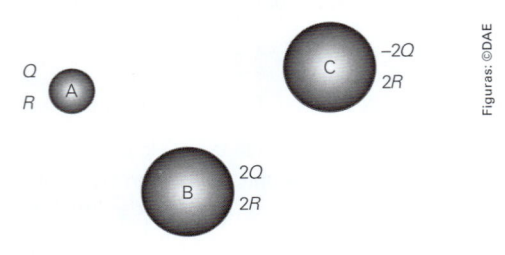

Quando elas são ligadas entre si por fios condutores longos, é correto prever que:

a) cada uma delas terá uma carga de Q/3.

b) A terá carga Q e B e C, cargas nulas.

c) cada uma terá uma carga de 5Q/3.

d) A terá Q/5 e B e C terão 2Q/5 cada uma.

e) A terá Q, B terá 2Q e C terá −2Q.

14. (Unitau-SP) Um próton em repouso tem uma massa igual a $1,67 \cdot 10^{-27}$ kg e uma carga elétrica igual a $1,60 \cdot 10^{-19}$ C. O elétron, por sua vez, tem massa igual a $9,11 \cdot 10^{-31}$ kg. Colocados a uma distância d um do outro, verifica-se que há uma interação gravitacional e uma interação eletromagnética entre as duas partículas. Se a constante de gravitação universal vale $6,67 \cdot 10^{-11}$ Nm²/kg², pode-se afirmar que a relação entre a atração gravitacional e elétrica, entre o próton e o elétron, vale aproximadamente:

a) $4,4 \cdot 10^{-15}$

b) $4,4 \cdot 10^{-30}$

c) $4,4 \cdot 10^{-45}$

d) $4,4 \cdot 10^{-40}$

e) zero

15. (Unicamp-SP) Considere o sistema de cargas na figura. As cargas +Q estão fixas e a carga −q pode mover-se somente sobre o eixo x. Solta-se a carga −q, inicialmente em repouso, em x = a.

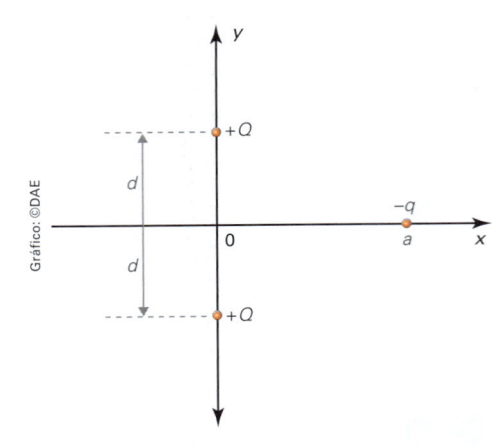

a. Em que ponto do eixo x a velocidade de −q é máxima?

b. Em que ponto(s) do eixo x a velocidade de −q é nula?

16. (UEL-PR) A força de repulsão entre duas cargas elétricas puntiformes, que estão a 20 cm uma da outra, é 0,030 N. Esta força aumentará para 0,060 N se a distância entre as cargas for alterada para

a) 5,0 cm   c) 14 cm   e) 40 cm

b) 10 cm   d) 28 cm

17. (Vunesp-SP) Duas bolinhas iguais, de material dielétrico, de massa m, estão suspensas por fios isolantes de comprimento L, presos no ponto P (ver figura a seguir).

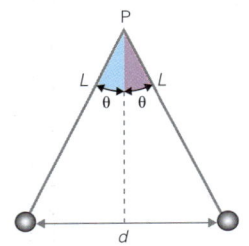

As bolinhas são carregadas com cargas q, iguais em módulo e sinal, permanecendo na posição indicada. Calcule o ângulo θ em função de m, g, q, d e k (permitividade elétrica do ar).

18. (UEL-PR) Duas esferas idênticas, com cargas elétricas $+5,0 \cdot 10^{-6}$ C e $-1,0 \cdot 10^{-6}$ C, a uma distância D uma da outra, se atraem mutuamente. Por meio de uma pinça isolante foram colocadas em contato e, a seguir, afastadas a uma nova distância d, tal que a força de repulsão entre elas tenha o mesmo módulo da força de atração inicial. Para essa situação, a relação $\dfrac{D}{d}$ vale:

a) $\sqrt{\dfrac{4}{5}}$

b) $\sqrt{\dfrac{5}{4}}$

c) $\sqrt{2}$

d) 2

e) $2\sqrt{2}$

INVESTIGUE VOCÊ MESMO

Eletroscópio

Vamos construir dois eletroscópios, instrumentos que possibilitam inferir qualitativamente a presença de cargas elétricas.

MATERIAIS

- Papel-cartão
- 3 colchetes do tipo bailarina
- 3 canudos
- 2 copos descartáveis pequenos
- Massa de modelar
- Fiapos de papel de seda (de bala de coco)
- Guardanapo de papel
- Fita adesiva
- Tesoura
- Compasso
- Régua
- Lápis
- Lasca longitudinal de rolha de cortiça
- Lasca longitudinal de rolha de borracha
- Grafite para lapiseira
- Clipe para papel
- Palito de dente

ROTEIRO E QUESTÕES

Como detectar cargas elétricas e investigar sua condução?

- Utilize o papel-cartão para desenhar e recortar um retângulo de 8 × 4 cm e um círculo com raio de 2 cm.
- Com fita adesiva, cole um canudo na face não acetinada do retângulo e somente uma das pontas de um fiapo do papel de bala de coco na face acetinada.
- Fixe um colchete no centro do círculo, deixando a face acetinada em contato com a cabeça do colchete.
- Em seguida, prenda o círculo ao retângulo por meio das pernas do colchete.
- Por fim, faça um furinho na base do copo, encaixe o canudo e coloque um pouco de massa de modelar para prendê-lo e dar estabilidade ao conjunto.
- Seu eletroscópio está pronto e deve ter ficado similar ao indicado na figura.
- Para realizar a parte II desta atividade, você deve construir mais um igual a esse.

PARTE I – UTILIZANDO O ELETROSCÓPIO

Vamos compreender como funciona o eletroscópio e como ele responde à presença das cargas elétricas.

- Esfregue o canudo com o guardanapo de papel a fim de eletrizá-lo.
- Aproxime o canudo eletrizado da cabeça do colchete sem encostar. Descreva e explique o que aconteceu.
- Agora encoste o canudo eletrizado no colchete. Descreva e explique o que aconteceu.

PARTE II – CONDUÇÃO DE CARGAS

Agora vamos investigar a condução das cargas elétricas utilizando diferentes tipos de material.

- Posicione dois eletroscópios próximos, mas sem encostá-los.
- Depois, use um colchete do tipo bailarina, totalmente aberto, para conectar os discos, conforme indicado na figura a seguir.
- Encoste um canudo eletrizado no disco de apenas um dos eletroscópios. Descreva e explique, no caderno, o que aconteceu.
- Repita o procedimento conectando os discos com a lâmina de rolha e outros materiais, como lasca de rolha de borracha, grafite, clipe, palito de dente, entre outros. Descreva e explique o que aconteceu em cada situação.
- Atenção! Antes de realizar cada troca de material, é necessário tocar o dedo nos discos dos eletroscópios para descarregá-los. Como costuma ser denominado esse procedimento?

Arranjo experimental.

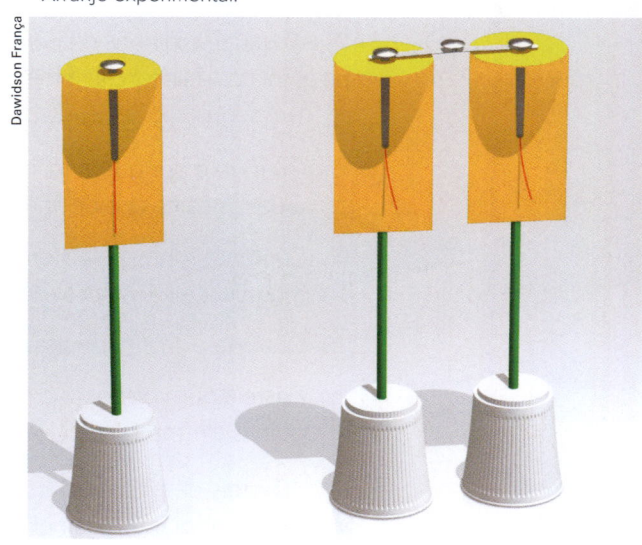

Dawidson França

PESQUISE, PROPONHA E DEBATA

Máquinas eletrostáticas

Os fenômenos eletrostáticos são conhecidos desde a Antiguidade. Tales de Mileto, filósofo grego do século IV a.C., percebeu que o âmbar amarelo (resina vegetal de origem fóssil), após ser atritado com peles de animais ou tecidos, atraía corpos leves como pedaços de linha, pelos, palha e sementes. A palavra "eletricidade" é derivada do grego *elektron*, que significa "âmbar".

Durante as investigações deste capítulo, tratamos de situações que envolveram produção de pequenas quantidades de carga elétrica, assim como fez Tales. Mas será possível produzi-las em grandes quantidades?

Figura 1.28: Que tal um beijo de arrepiar os cabelos, literalmente?

F. Roy Kemp/Getty Images

Discussão

Pesquise em bons *sites*, em revistas de divulgação científica e nos livros da biblioteca de sua escola para encontrar informações sobre a história, os tipos e usos dos geradores eletrostáticos. A seguir, são apresentadas algumas questões com o objetivo de orientar sua busca.

1. Quando e por quem foi inventado o primeiro gerador eletrostático? Como eram geradas as cargas nesse aparelho?

2. Comente sobre a estrutura de outras máquinas eletrostáticas mais sofisticadas, como as máquinas eletrostáticas de Nollet, Van Marum e Cuthbertson, Wimshurst e Van de Graaff.

3. Qual era a finalidade desses equipamentos?

4. Existe algum dispositivo que pode armazenar as cargas elétricas geradas nessas máquinas eletrostáticas?

Depois de pesquisar os itens propostos, redija um pequeno texto, selecione imagens para elaborar um painel e, com o professor, organize uma exposição na escola.

CAPÍTULO

2

CIRCUITOS E CONSUMO DE ENERGIA ELÉTRICA

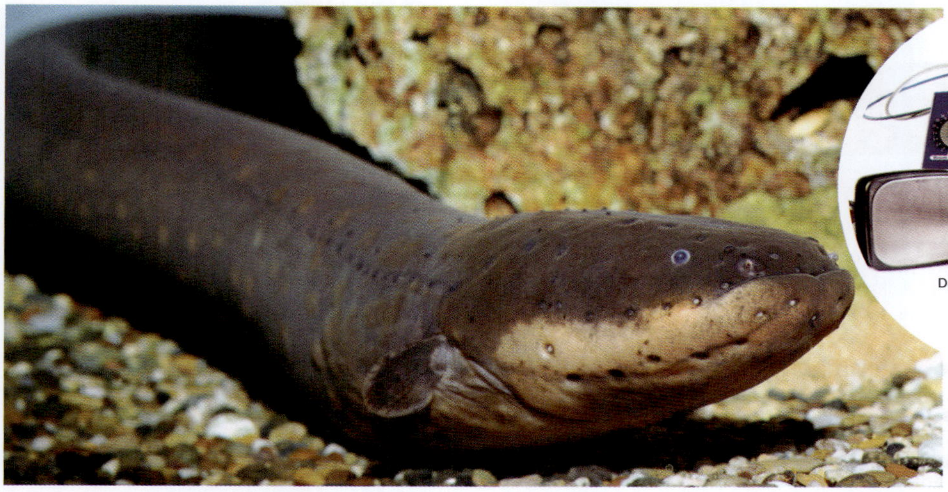

Norbert Wu/Minden Pictures/Corbis/Fotoarena

Figura 2.1: Existem várias espécies de peixes-elétricos na América do Sul. Eles possuem um corpo alongado, com cerca de 2 metros, e realizam descargas elétricas que podem ser fatais para seres humanos. Uma espécie típica da região amazônica é o poraquê, também conhecido como enguia elétrica.

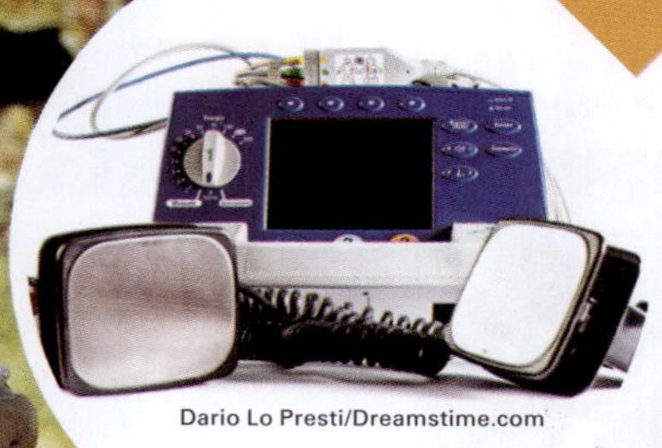

Dario Lo Presti/Dreamstime.com

Figura 2.2: O desfibrilador é um equipamento utilizado para reverter paradas cardiorrespiratórias por meio de um choque controlado. Trata-se de uma tecnologia que utiliza capacitores, isto é, dispositivos que armazenam cargas elétricas para posterior descarga no corpo do paciente.

1. Corrente elétrica

A palavra "corrente" pode significar o fluxo de algo. No caso de um rio, por exemplo, quando dizemos que a correnteza está forte, queremos nos referir a uma grande quantidade de água que flui. E a palavra "elétrica" está associada às cargas elétricas presentes na matéria (Figuras 2.1 e 2.2). Assim, podemos começar a pensar sobre o conceito de **corrente elétrica** como um **fluxo ordenado de cargas** (Figuras 2.3 e 2.4).

O movimento de cada carga pode ter certa variação, desde que o deslocamento efetivo (soma do movimento de todas as cargas) ocorra em uma mesma direção e em um mesmo sentido. Veja algumas situações a seguir.

- **Lâmpada**: para a emissão de luz, faz-se passar um fluxo de elétrons no interior do filamento.
- **Oxirredução**: reação química em que um fluxo de íons (cargas elétricas) é gerado entre dois metais (eletrodos). Esse processo acontece nas pilhas.
- **Raio**: fluxo de elétrons entre nuvens ou entre uma nuvem e o solo pelo ar (Figura 2.5).

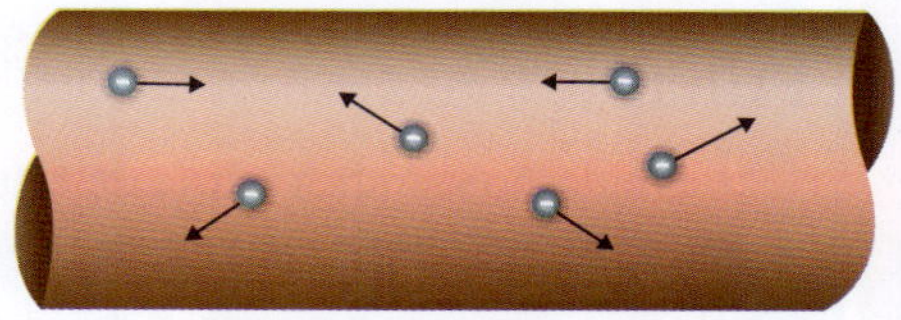

Figura 2.3: Representação de cargas negativas em um fio condutor sem movimento ordenado. Nesse caso, não há corrente elétrica. Ilustração sem escala; cores-fantasia.

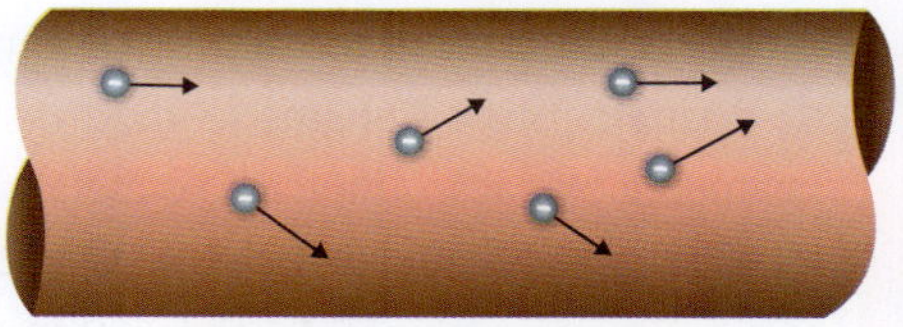

Figura 2.4: Representação do fluxo ordenado de cargas elétricas negativas em um fio condutor. Nesse caso, há corrente elétrica. Ilustração sem escala; cores-fantasia.

Ilustrações: Daniel das Neves

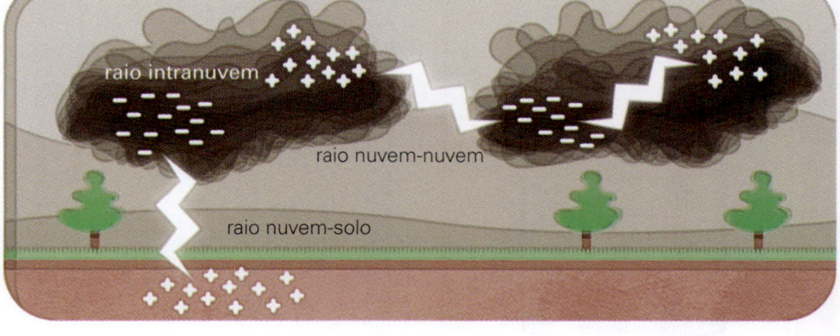
raio intranuvem
raio nuvem-nuvem
raio nuvem-solo

Estúdio de Bolso

Figura 2.5: A maioria dos raios desce em direção ao solo, mas eles também podem partir do alto de arranha-céus ou de antenas no topo de montanhas e subir em direção ao céu. Ilustração sem escala; cores-fantasia.

Seria possível medir a intensidade da corrente elétrica acrescentando uma seção transversal no condutor (Figura 2.6). Caso contássemos o número de elétrons, teríamos como resultado a intensidade do fluxo da carga a cada instante. Matematicamente, a **intensidade da corrente elétrica (i)** é obtida pela razão entre a quantidade de carga efetiva (Q) que atravessa a seção durante certo tempo (Δt):

$$i = \frac{Q}{\Delta t}$$

Figura 2.6: Cargas elétricas atravessando uma seção do condutor. Ilustração sem escala; cores-fantasia.

Sendo a quantidade de carga medida em coulomb (C) e o intervalo de tempo medido em segundo (s), a unidade de medida da intensidade da corrente elétrica é C/s. No SI, convencionou-se que o valor unitário dessa grandeza seria denominado **ampère** (A). Assim, 1 C/s = 1 A.

Também é comum usarmos submúltiplos da unidade de medida ampère:

- 1 miliampère ou 1 mA = 10^{-3} A
- 1 microampère ou 1 μA = 10^{-6} A
- 1 nanoampère ou 1 nA = 10^{-9} A
- 1 picoampère ou 1 pA = 10^{-12} A

CIÊNCIA, TECNOLOGIA, SOCIEDADE E AMBIENTE

Pilhas

Oxidação significa perda de elétrons e redução significa ganho de elétrons. Quando esses fenômenos acontecem simultaneamente, a reação é denominada oxirredução. Essa reação pode acontecer, por exemplo, quando dois metais diferentes são colocados em contato em uma solução ácida ou alcalina. Nessas condições, o metal menos nobre (aquele que tem maior tendência de doar elétrons e é chamado ânodo) sofrerá espontaneamente oxidação, enquanto o metal mais nobre (que tem maior tendência de receber elétrons e é chamado cátodo) sofrerá redução. Se conectarmos os dois metais por um fio condutor, verificaremos uma corrente elétrica fluindo (Figura 2.7).

Na pilha do físico italiano Alessandro Volta (1745--1827), elaborada em 1800, placas de prata (o ânodo, equivalente ao polo negativo) e zinco (cátodo, equivalente ao polo positivo) eram intercaladas com papel mata-borrão (um tipo de papel-filtro) embebido em salmoura (solução alcalina), formando pilhas de Ag + Zn + papel + Ag + Zn + papel... (daí a origem do nome desse aparato). Nesse conjunto também ocorria o processo de oxirredução; assim, quando um fio condutor era conectado aos terminais da pilha, surgia uma corrente elétrica (Figura 2.8). Com 20 conjuntos empilhados, o cientista relatou que sentia choques leves; já com o dobro de pilhas eram produzidos choques dolorosos e até insuportáveis.

As pilhas atuais seguem o mesmo princípio, porém a combinação dos materiais é diversificada. Além do zinco, há pilhas com chumbo, manganês, lítio, níquel, cádmio e mercúrio.

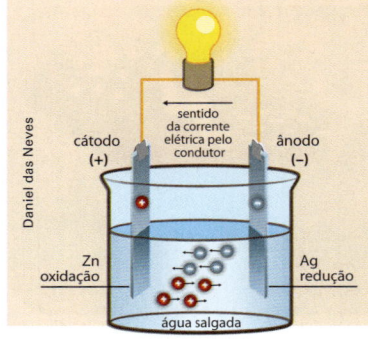

Figura 2.7: Representação da corrente de cátions e ânions (íons positivos e negativos) na eletrólise.

sentido da corrente elétrica pelo condutor

cátodo (+)   ânodo (–)

Zn oxidação   Ag redução

água salgada

Figura 2.8: Pilha desenvolvida pelo físico italiano Alessandro Volta, em 1800.

Sheila Terry/SPL/Latinstock

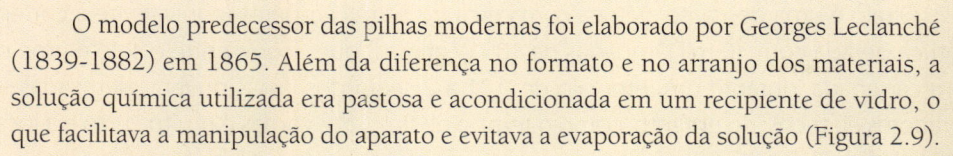

O modelo predecessor das pilhas modernas foi elaborado por Georges Leclanché (1839-1882) em 1865. Além da diferença no formato e no arranjo dos materiais, a solução química utilizada era pastosa e acondicionada em um recipiente de vidro, o que facilitava a manipulação do aparato e evitava a evaporação da solução (Figura 2.9).

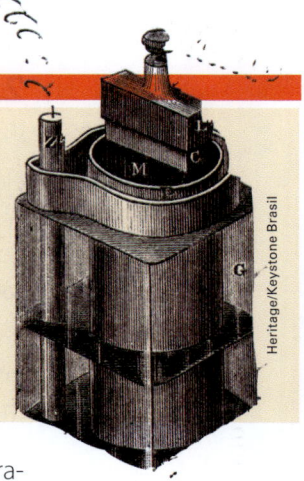

Figura 2.9: Pilha de Leclanché, de 1865, predecessora das pilhas modernas, também chamadas pilhas secas.

Heritage/Keystone Brasil

É comum classificarmos uma corrente elétrica em dois tipos, levando em consideração o sentido de propagação:

- **Corrente contínua**: representada pela sigla CC ou DC (do inglês *direct current*), é um fluxo de cargas em um único sentido. Esse tipo de corrente é produzido principalmente por pilhas, baterias e células fotovoltaicas.

- **Corrente alternada**: representada por CA ou AC (do inglês *alternating current*), é um fluxo oscilante de cargas que ora se movimenta em um sentido, ora em outro. A corrente alternada é fornecida pelas usinas geradoras de energia elétrica para as residências e as indústrias. No Brasil, essa alternância ocorre 60 vezes a cada segundo, originando uma corrente alternada de 60 Hz.

Exercícios resolvidos

1. Quando uma lâmpada é acesa, 400 trilhões de elétrons atravessam seu filamento em 20 microssegundos. Sabendo que a carga de cada elétron é $1,6 \cdot 10^{-19}$ C, determine a intensidade da corrente elétrica através desse filamento.

Se a carga de um elétron é $e = 1,6 \cdot 10^{-19}$ C, a carga de 400 trilhões de elétrons será:

$Q = n \cdot e = 400 \cdot 10^{12} \cdot 1,6 \cdot 10^{-19} = 6,4 \cdot 10^{-5}$ C

Essa carga atravessa o filamento em $20 \cdot 10^{-6}$ s. A corrente elétrica terá, então, a intensidade:

$$i = \frac{Q}{\Delta t} = \frac{6,4 \cdot 10^{-5}}{20 \cdot 10^{-6}} = 3,2 \text{ A}$$

2. Na eletrólise a que é submetida uma solução aquosa de cloreto de sódio (NaCl), 500 bilhões de íons positivos de Na^+ se dirigem para o cátodo, enquanto outros 500 bilhões de íons negativos de Cl^- se dirigem para o ânodo em 0,50 s. Considerando a carga de cada íon $1,6 \cdot 10^{-19}$ C, determine a intensidade da corrente elétrica através dessa solução.

A carga total geradora de corrente é a soma de todas as cargas que se movimentam, ou seja, 1000 bilhões de íons: $n = 1,0 \cdot 10^{12}$ cargas.

$Q = n \cdot e = 1,0 \cdot 10^{12} \cdot 1,6 \cdot 10^{-19} = 1,6 \cdot 10^{-7}$ C

No intervalo de tempo de 0,50 s, temos:

$$i = \frac{Q}{\Delta t} = \frac{1,6 \cdot 10^{-7}}{0,50} = 3,2 \cdot 10^{-7} \text{ A}$$

Exercícios propostos

1. Qual é o valor da corrente elétrica de uma descarga elétrica durante uma tempestade? Estima-se que $1,5 \cdot 10^{23}$ elétrons se desloquem das nuvens em direção ao solo em 0,80 s.

2. Alguns equipamentos muito sensíveis são percorridos por correntes muito pequenas, da ordem de microampères. Determine a ordem de grandeza da carga que passa através desses equipamentos por segundo. Qual é o número de elétrons nesse caso?

3. Num chuveiro elétrico, aparece a inscrição 25 A. Sabendo que seu interior é constituído basicamente de um fio metálico enrolado onde há circulação de elétrons de condução, calcule a quantidade de carga e o número de elétrons livres que passam por ele durante um banho de 20 min.

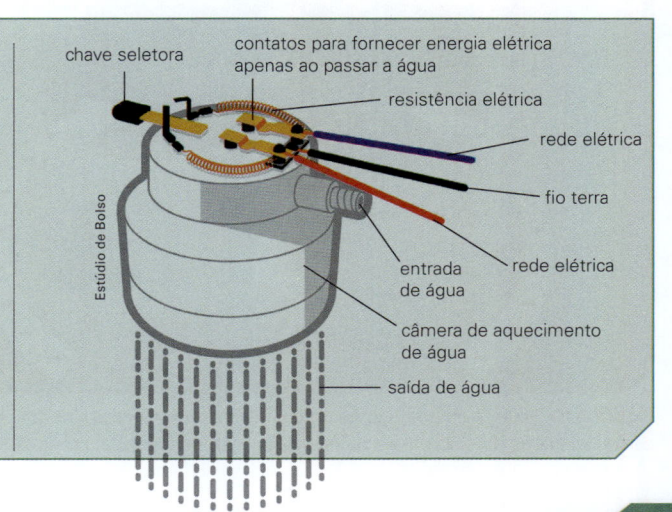

chave seletora
contatos para fornecer energia elétrica apenas ao passar a água
resistência elétrica
rede elétrica
fio terra
entrada de água
rede elétrica
câmera de aquecimento de água
saída de água

Estúdio de Bolso

2. Geradores elétricos

O raio é uma descarga elétrica com cerca de 30 mil ampères (equivalente à corrente elétrica gerada com 30 mil lâmpadas de 100 W acesas) que ocorre entre o solo e uma nuvem carregada, durante um intervalo de 0,01 a 2 segundos. Essas nuvens eletrizadas são geradores elétricos; no entanto, como o tempo de fluxo das cargas é muito curto e a localização dos raios é instável, o aproveitamento dessa fonte de energia elétrica é inviável.

Por causa das colisões e do atrito entre pequenos cristais de gelo e gotas de água no interior das nuvens das tempestades, elas ficam eletrizadas com cargas negativas na parte mais baixa. Essa extensa região eletrizada que fica mais próxima ao solo acaba gerando uma área positivamente carregada, por indução elétrica, na superfície terrestre. Porém, o ar é um isolante elétrico e, para romper essa barreira entre nuvem e solo, é necessário acumular uma quantidade de cargas muito grande. O limite de isolamento é superado quando a diferença de potencial elétrico chega a $3 \cdot 10^6$ V para cada metro de ar que separa a nuvem do solo.

Por dentro do conceito

Rigidez dielétrica

No capítulo anterior, classificamos os materiais em isolantes e condutores de corrente elétrica. Entretanto, essa divisão não é tão simples assim, pois o comportamento de cada material depende da diferença de potencial ao qual é submetido. Assim, os materiais isolantes também podem ser denominados **dielétricos**, por tornarem-se condutores quando submetidos a altas tensões. A **rigidez dielétrica** é a grandeza que mensura essa condição. Veja alguns valores na Tabela 2.1.

Tabela 2.1: Rigidez dielétrica de alguns materiais

Material	Rigidez dielétrica (10^6 V/m)
ar	3
parafina	10
náilon	14
vidro refratário	14
papel	16
baquelite	24
isopor	24
antiaderente	60

Fonte: TIPLER, P. A. *Física para cientistas e engenheiros*: eletricidade e magnetismo. Rio de Janeiro: LTC, 1995. v. 3.

Estúdio de Bolso

Figura 2.10: Situação hipotética na qual um dispositivo é capaz de transportar as cargas elétricas do solo para a nuvem. Ilustração sem escala; cores-fantasia.

Depois que a nuvem é descarregada, vai aparecer outro raio na mesma região somente depois que todo o processo de eletrização ocorrer de novo. Por isso, é comum a expressão popular "um raio não cai duas vezes no mesmo lugar". Mas imagine uma situação hipotética em que seja possível criar um dispositivo capaz de retirar as cargas elétricas que chegam ao solo e recolocá-las de volta na nuvem (Figura 2.10). Dessa forma, seria gerada e mantida uma descarga elétrica ininterrupta e constante. Poderíamos chamar esse aparato hipotético de **gerador elétrico**.

Perceba que, nessa situação, o fluxo de cargas constante relaciona-se com a presença de dois polos (regiões) permanentemente positivos ou negativos. Portanto, um gerador elétrico precisa ser capaz de manter dois polos opostos para produzir corrente elétrica. Não é possível elaborar um aparato que realize tal procedimento entre nuvens e solo, mas é possível construir equipamentos que produzam correntes elétricas em menor escala.

Um gerador é caracterizado por sua **tensão elétrica**, ou **diferença de potencial elétrico (ddp)**, grandeza representada pela letra U e cuja unidade de medida é o **volt** (V).

A pilha é um gerador muito comum no cotidiano. Ela acumula cargas positivas e negativas em dois polos por meio de reações químicas. Como sua polaridade nunca muda, o fluxo de carga tem sempre um único sentido, gerando **correntes contínuas**.

Geradores de diversas tensões são facilmente encontrados no dia a dia. As pilhas (em seus diferentes tamanhos: AAA, AA e D) fornecem 1,5 V entre seus terminais. As baterias do tipo botão fornecem 3 V, e as baterias de automóveis 12 V. Além das baterias de vários outros equipamentos eletrônicos, existem geradores de maior porte, como as usinas produtoras de energia elétrica, responsáveis pela tensão de 110 V ou 220 V nas tomadas. Diferentemente das baterias, as usinas elétricas geram tensão alternada. Seu funcionamento será abordado mais adiante.

Por dentro do conceito

Diferença de potencial elétrico (ou tensão elétrica)

Para que seja produzida uma corrente elétrica de longa duração que mantenha os equipamentos em funcionamento, é importante que o gerador conserve o acúmulo de carga em seus polos quando conectados. A tensão elétrica é a responsável por assegurar essa condição. Assim, quando uma pilha é ligada à lâmpada de uma lanterna, por exemplo, também será produzida uma diferença de potencial nos terminais do equipamento. Como neste momento ainda não é possível definir rigorosamente esse conceito, vamos apenas dar uma ideia do que isso significa por meio de uma analogia com a diferença de potencial gravitacional.

Tanto a força de atração gravitacional quanto a força elétrica realizam trabalho sobre os corpos ou as cargas ao deslocá-los de A para B, conforme indicado na Figura 2.11.

O trabalho da força elétrica (τ) é uma grandeza importante para a quantificação da diferença de potencial elétrico (U), definida por:

$$U = \frac{\tau}{\Delta q}$$

Sendo o trabalho medido em joule (J) e a quantidade de cargas transportadas medida em coulomb (C), a unidade de medida da tensão elétrica é J/C. No SI, convencionou-se que a unidade dessa grandeza seria o volt (V). Assim, $1\ V = 1\ J/C$.

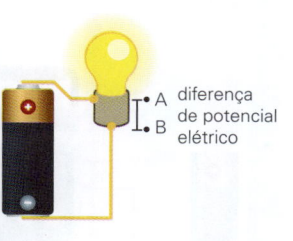

diferença de potencial gravitacional

diferença de potencial elétrico

Daniel das Neves

Figura 2.11: Analogia entre potencial gravitacional e elétrico.

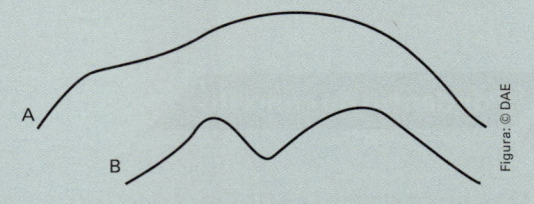
3. Caracterizando algumas grandezas e elementos elétricos

Um circuito elétrico simples pode ser representado de várias maneiras. Uma delas é mostrar como o vemos (Figura 2.12). Outra é apresentá-lo como uma representação simbólica (Figura 2.13). E ainda podemos compará-lo com outras situações – aqui, optamos por fazer uma analogia com um sistema mecânico (Figura 2.14). A vantagem de estudar algumas situações por meio de analogias é que começamos a compreender o novo conceito (desconhecido) com base no que já conhecemos.

Ilustrações: Daniel das Neves

Figuras 2.12, 2.13 e 2.14: Situação real, representação simbólica e por analogia.

Por meio das várias representações, podemos conhecer os elementos principais de um circuito elétrico simples:

- É preciso haver uma fonte de tensão – nesse caso, a pilha. A esteira da analogia faz o papel de fonte de energia e funciona graças à ação de uma manivela.

- A força elétrica realiza trabalho sobre as cargas no interior dos condutores e induz uma corrente elétrica em seu interior. Na analogia, a ação da força da gravidade é responsável pelo movimento da corrente de bolinhas nas canaletas.

- No aparelho elétrico receptor, a energia elétrica é convertida em som pela vibração do alto-falante. Na analogia, o movimento das bolas é convertido em som pela colisão das esferas no interior do conduíte.

Para facilitar a representação dos elementos dos circuitos elétricos, é usual utilizar símbolos (Tabela 2.2).

Tabela 2.2: Representação simbólica de alguns elementos dos circuitos elétricos			
Componente eletrônico	Símbolo	Componente eletrônico	Símbolo
condutor		resistor	⎓ ou
pilha		reostato (resistências variáveis presentes em *dimmers* e chuveiros)	
bateria (associação de pilhas)		receptor	
fonte de tensão alternada		amperímetro (medidor de corrente elétrica)	Ⓐ
chave ou interruptor	circuito aberto / circuito fechado	voltímetro (medidor de tensão elétrica)	Ⓥ
disjuntor e fusível		ohmímetro (medidor de resistência elétrica)	Ω
lâmpada	⊗ ou	LED ou diodo emissor de luz	+ ▷ – ou + ▷ –

3.1. Resistores elétricos

Resistores elétricos são aparatos que têm como função principal a conversão de energia elétrica em térmica (Figura 2.15).

Para entender como ocorre o aquecimento elétrico, pense em vários carros tentando acessar uma via estreita ao mesmo tempo no horário de maior trânsito do dia. A possibilidade de colisões é maior do que em horários de menor fluxo de veículos, certo? Essa comparação é válida para a corrente elétrica no fio condutor: quanto maior a resistência imposta para o trânsito das cargas negativas, maior o número de colisões entre elas. A energia das colisões é convertida em calor, causando o aquecimento da fiação. Esse fenômeno é denominado **efeito Joule**, ou **aquecimento térmico da corrente**. O ferro de passar roupas, o chuveiro e a cafeteira elétrica são exemplos de aparelhos cuja alta resistência é a principal característica, já que sua função é converter energia elétrica em energia térmica.

Figura 2.15: Exemplo de resistor.

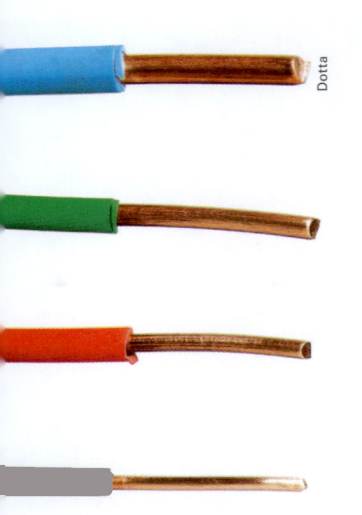

3.2. Resistência elétrica e a Segunda lei de Ohm

O físico alemão Georg Ohm (1789-1854) descobriu experimentalmente que a **resistência elétrica** *(R)* oferecida por um fio condutor à passagem de corrente pode ser relacionada às seguintes características:

- **Comprimento do fio condutor** *(L)*: quanto maior a extensão do fio, maior o caminho a ser percorrido pela corrente e, portanto, maior a resistência elétrica (Figura 2.16).

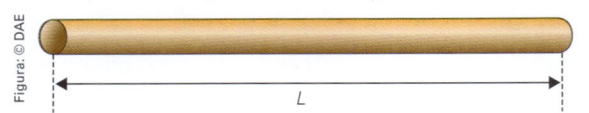

Figura 2.16: Representação de um comprimento *L* de um fio condutor.

- **Espessura do fio condutor** *(A)*: representada pela seção transversal do fio. Quanto mais espesso é o fio, mais facilmente a corrente pode circular, portanto, a resistência é menor (Figura 2.17).

- **Material do fio condutor** *(ρ)*: conforme investigamos no Capítulo 1, alguns materiais conduzem cargas elétricas com mais eficiência que outros. Essa característica é denominada **resistividade** e representada pela letra grega rô *(ρ)*.

Figura 2.17: Observe a diferença entre a bitola (espessura de cabo) de cada condutor.

A Tabela 2.3 apresenta a resistividade de alguns materiais.

Tabela 2.3: Resistividade à temperatura ambiente			
Material	**Resistividade** ρ $(10^{-8}\ \Omega \cdot m)$	**Material**	**Resistividade** ρ $(10^{-8}\ \Omega \cdot m)$
prata	1,6	platina	10,8
cobre	1,7	estanho	11,5
ouro	2,4	ferro	12,0
alumínio	2,8	constantan (60% Cu, 40% Ni)	50,0
tungstênio	5,6	mercúrio	96,0
zinco	5,9	nicromo (15-25% Cr, 19-80% Ni)	110,0
bronze	6,7	carvão	1 500
latão	8,0	grafite	4 000 a 8 000
níquel	8,7	/////////////////////////	/////////////////////////

Fontes: TIPLER, P. A. *Física para cientistas e engenheiros*: eletricidade e magnetismo. Rio de Janeiro: LTC, 1995. v. 3, GRUPO DE REELABORAÇÃO DO ENSINO DE FÍSICA. *Física 3*: eletromagnetismo. 3. ed. São Paulo: Edusp, 1998.

Matematicamente, a resistência *(R)* ao fluxo das cargas é diretamente proporcional ao comprimento *(L)* do fio e inversamente proporcional à sua espessura *(A)*.

$$R \propto \frac{L}{A}$$

Utilizando uma constante de proporcionalidade adequada para cada tipo de material, essa proporção pode ser escrita como uma igualdade. A constante, nesse caso, é a resistividade:

$$R = p \cdot \frac{L}{A}$$

Essa equação é denominada **Segunda lei de Ohm**. A unidade de medida da resistência elétrica é o **ohm**, representado pela letra grega ômega maiúscula (Ω).

Georg Simon Ohm (1789-1854), físico e matemático alemão que desenvolveu importantes investigações e teorias sobre a condução elétrica. A unidade ohm (Ω) recebeu esse nome em sua homenagem.

3.3. Resistência elétrica e a Primeira lei de Ohm

O que aconteceria com o fluxo de água nas torneiras de sua casa se os canos de PVC fossem substituídos por canudos de refresco? Ou então se o abastecimento de água fosse interrompido, impedindo que a caixa-d'água permanecesse cheia? Em ambos os casos, a corrente de água diminuiria, pois na primeira situação a tubulação muito estreita causaria maior resistência à passagem da água e, no segundo caso, ocorreria a diminuição da pressão do fluxo, por causa do esvaziamento do reservatório.

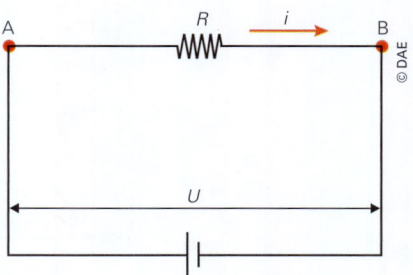

Figura 2.18: Representação simbólica de um circuito elétrico simples.

O comportamento da corrente elétrica que percorre um fio condutor é equivalente. A intensidade do fluxo das cargas depende tanto da resistência oferecida pelo fio condutor como da tensão elétrica imposta pelo gerador. Na analogia com o sistema hidráulico de uma residência, a espessura do cano ilustra a resistência imposta pelo fio condutor, que depende de características próprias, e a pressão da água simboliza a tensão elétrica (Figura 2.18).

No caso de um circuito elétrico, já discutimos que a corrente elétrica é inversamente proporcional à resistência do condutor, ou seja, quanto maior a resistência, menor a corrente:

$$i \propto \frac{1}{R} \text{ (I)}$$

Quanto maior for a diferença de potencial (ddp) nos terminais da bateria ou da tomada, maior será a corrente elétrica que circulará pelo condutor. Assim, temos que:

$$i \propto U \text{ (II)}$$

Por essas duas relações de proporcionalidade, I e II, podemos relacionar as grandezas tensão (U), corrente (i) e resistência elétrica (R):

$$U = R \cdot i$$

Essa expressão matemática é denominada **Primeira lei de Ohm**. Mudando o arranjo dessa expressão, obtemos a resistência ou a corrente elétrica:

$$R = \frac{U}{i} \quad \text{ou} \quad i = \frac{U}{R}$$

Sendo a tensão elétrica medida em volt (V) e a corrente elétrica medida em ampère (A), a unidade de medida da resistência elétrica é V/A. No SI, convencionou-se que o valor unitário dessa grandeza é denominado ohm. Assim, 1 Ω = 1 V/A.

Condutores ôhmicos

Para a maior parte dos condutores elétricos a relação expressa pela Primeira lei de Ohm é de proporcionalidade direta, ou seja, R é uma constante para cada condutor.

$$\frac{U}{i} = R = \text{constante}$$

Condutores desse tipo, como os metais utilizados para fazer a fiação das redes elétricas, são chamados de condutores ôhmicos, indicados no Gráfico 2.1. Os materiais para os quais essa relação não é válida são chamados condutores não ôhmicos, indicados no Gráfico 2.2. Um exemplo disso são as lâmpadas incandescentes.

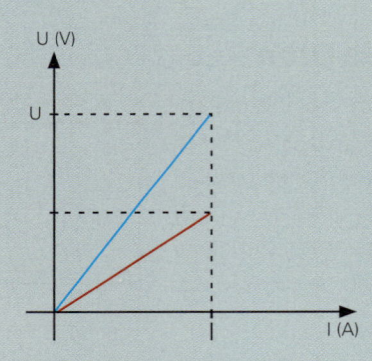
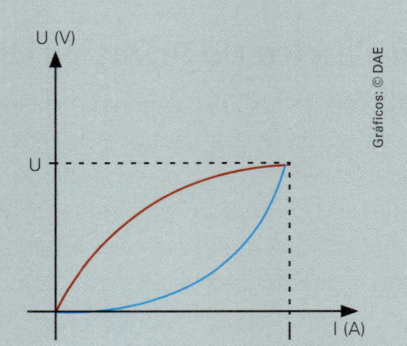

Gráficos: © DAE

Gráficos 2.1 e 2.2: : Representação gráfica de dois condutores ôhmicos e dois condutores não ôhmicos.

3.4. Potência elétrica

No Volume 2 desta coleção vimos que a potência é uma grandeza relacionada ao tempo gasto para a realização de determinado trabalho:

$$P_{ot} = \frac{\tau}{\Delta t} \quad \text{(I)}$$

Mas como utilizar essa expressão para calcular a potência elétrica? Nas seções anteriores, conhecemos uma equação que pode nos fornecer o trabalho da força eletrostática:

$$U = \frac{\tau}{\Delta q} \Rightarrow \tau = U \cdot \Delta q \quad \text{(II)}$$

Além disso, a variação da quantidade de carga pode ser obtida por:

$$i = \frac{\Delta q}{\Delta t} \Rightarrow \Delta q = i \cdot \Delta t \quad \text{(III)}$$

Substituindo (III) em (II), temos que:

$$\tau = U \cdot i \cdot \Delta t \ (IV)$$

Substituindo (IV) em (I), temos a expressão para a potência elétrica:

$$P = i \cdot U$$

Lembrando que 1 V = 1 J/C e que 1 A = 1 C/s, verificamos que 1 A · 1 V = 1 C/s · J/C = = 1 J/s, unidade de medida da potência no SI (vimos que 1 J/s = 1 W é a unidade mais corriqueira para a medida da potência).

Além disso, lembrando que $U = R \cdot i$, podemos expressar essa grandeza por:

$$P = R \cdot i^2 \ \text{ou} \ P = \frac{U^2}{R}$$

Por dentro do conceito

A lei de Joule e a potência dissipada

No Volume 2 desta coleção, estudamos o trabalho de James P. Joule sobre o cálculo do equivalente mecânico do calor, lembra-se? Além dessa importante contribuição para a Termodinâmica, Joule estudou a transformação de energia elétrica em energia térmica.

Em 1840, formulou uma lei que relaciona a quantidade de calor Q produzida em um condutor com a passagem de corrente elétrica por determinado intervalo de tempo. Essas grandezas podem ser relacionadas a partir da equação:

$$Q = R \cdot i^2 \cdot \Delta t$$

Por essa razão, o aquecimento térmico da corrente ficou conhecido como efeito Joule. A potência dissipada por um resistor também pode ser obtida pela lei de Joule para o efeito térmico da corrente:

$$Q = R \cdot i^2 \cdot \Delta t \Rightarrow Q\Delta t = R \cdot i^2 \Rightarrow P = R \cdot i^2$$

Exercícios resolvidos

1. Um cilindro reto de latão, cuja resistividade vale $8,0 \cdot 10^{-8}\,\Omega$m, tem área de seção transversal de $2,0\,\text{mm}^2$. Se a geratriz do cilindro medir $2,0\,\text{cm}$, qual será, em Ω, sua resistência?

É preciso converter as unidades de área e de comprimento:
$A = 2,0\,\text{mm}^2 = 2,0 \cdot 10^{-6}\,\text{m}^2$
$L = 2,0\,\text{cm} = 2,0 \cdot 10^{-2}\,\text{m}$
Assim, a resistência será dada por:
$$R = \frac{8,0 \cdot 10^{-8} \cdot 2,0 \cdot 10^{-2}}{2,0 \cdot 10^{-6}} = 8,0 \cdot 10^{-4}\,\Omega$$

2. A tabela a seguir mostra como variou a corrente elétrica através de um resistor em função da respectiva ddp a que o resistor ficou sujeito.

U (V)	0	1,5	3,0	4,5	6,0	7,5	9,0
i (A)	0	0,3	0,6	0,9	1,2	1,5	1,8

Levante a curva característica ($U \times i$) do resistor e classifique-o em ôhmico ou não ôhmico.

Transportando os dados para um plano cartesiano, obtém-se uma reta cuja declividade vale 5,0 V/A. Trata-se, portanto, de um resistor ôhmico cuja resistência vale 5,0 Ω.

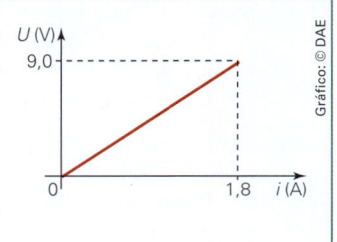

3. Uma lâmpada traz em seu bojo a especificação 25 W-120 V. Determine a intensidade da corrente elétrica que atravessa seu filamento em condições normais de uso.

"Condições normais de uso" significa que a lâmpada está ligada à rede de 120 V e dissipa uma potência de 25 W. Então:

$$P = i \cdot U \Rightarrow i = \frac{P}{U} = \frac{25}{120} = 0,21\,\text{A}$$

4. Qual é a resistência de um resistor ôhmico que, quando ligado a uma bateria de 12 V, dissipa uma potência de 60 W?

A corrente elétrica que atravessa o resistor é dada por:

$$P = i \cdot U \Rightarrow i = \frac{P}{U} = \frac{60}{12} = 5\ \text{A}$$

Sua resistência, então, é:

$$U = R \cdot i \Rightarrow R = \frac{U}{i} = \frac{12}{5} = 2,4\ \Omega$$

Um modo alternativo para determinar a resistência é usar a expressão:

$$P = \frac{U^2}{R} \Rightarrow R = \frac{U^2}{P} = \frac{12^2}{60} = 2,4\ \Omega$$

Exercícios propostos

1. Um resistor ôhmico em forma de cilindro reto, feito de tungstênio ($\rho = 5,6 \cdot 10^{-8}\ \Omega \cdot \text{m}$), apresenta comprimento de 16 cm e 0,0028 Ω de resistência. Determine, em mm², a área de sua seção transversal.

2. Um resistor ôhmico tem resistência elétrica de 400 Ω. Seu formato é cilíndrico de 1,6 cm de geratriz e 2,0 mm² de área transversal. Determine a resistividade de que é feito seu material.

3. Um fio de cobre ($\rho = 1,7 \cdot 10^{-8}\ \Omega \cdot \text{m}$) apresentando 1,0 mm² de área transversal em sua forma de cilindro, com resistência de 85 Ω, é considerado um resistor ôhmico. Qual é seu comprimento?

4. A tabela a seguir mostra a variação nos valores da corrente elétrica que atravessa um resistor em função das tensões a que ele é submetido.

U (V)	0	2,0	4,0	6,0	8,0	10,0	12,0
i (10^{-3} A)	0	20	32	42	50	56	60

Trace o gráfico tensão $\times$ corrente relativo à tabela e classifique o resistor em ôhmico ou não ôhmico. Avalie o valor de sua resistência elétrica.

5. Um resistor cilíndrico e ôhmico tem 2,5 cm de comprimento e 1,0 mm² de área transversal. Ao ser submetido a uma tensão de 6,0 V, ele é atravessado por uma corrente elétrica de 50 mA de intensidade. Determine, em $\Omega \cdot \text{m}$, a resistividade de seu material.

6. O gráfico da tensão em função da corrente elétrica (curva característica) de um resistor é apresentado a seguir.

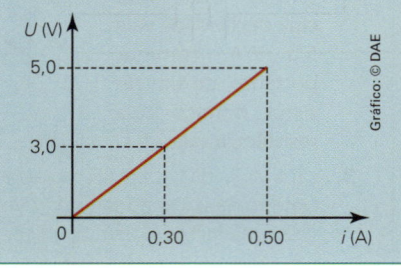

Gráfico: © DAE

Sabe-se que o resistor é feito de carvão e tem 3,4 cm de comprimento. Qual é sua área transversal? (Dado: resistividade do carvão = $1,5 \cdot 10^{-5}\ \Omega \cdot \text{m}$)

7. Um resistor ôhmico cilíndrico feito de cobre ($\rho = 1,7 \cdot 10^{-8}\ \Omega \cdot \text{m}$) tem área transversal de 0,1 mm² e comprimento de 2,2 m. Qual é a intensidade da corrente elétrica que o atravessa quando ele fica exposto a uma tensão de 6,0 V?

8. O chuveiro elétrico está aquecendo a água em demasia, por isso você muda a posição da chave de "inverno" para "verão".

desligado — inverno — verão

Fotos: Dotta

a) Explique por que ocorre a diminuição de temperatura.

b) Nessa situação, o que acontece com a intensidade da corrente elétrica que circula pela resistência: aumenta ou diminui?

9. Um resistor ôhmico cilíndrico feito de constantan ($\rho = 50 \cdot 10^{-8}\ \Omega \cdot \text{m}$), de 50 cm de comprimento, tem 0,04 mm² de área transversal. Determine a potência que ele dissipa ao ser ligado numa ddp de 12 V.

10. Certo resistor ôhmico de resistência 48 Ω, ao ser ligado numa fonte de tensão, é atravessado por uma corrente elétrica de intensidade 20 mA. Calcule a energia que ele dissipa por efeito Joule, em 30 m de funcionamento.

4. Circuitos elétricos

Agora que você já sabe que um circuito elétrico envolve basicamente a conexão de um equipamento elétrico a uma fonte de tensão por meio de fios condutores com ou sem presença de chave, vamos explorar com mais detalhes as características e as grandezas de variados arranjos.

4.1. Circuito simples

Com base na discussão realizada na seção anterior, como você montaria um circuito simples? Primeiro, vamos elaborar a representação esquemática utilizando os símbolos (Figura 2.19).

Veja que a lâmpada é conectada ao gerador por fios condutores e que o circuito pode ser fechado ou aberto quando ligamos ou desligamos a chave, respectivamente.

Com esse esboço, é possível desenvolver uma montagem com elementos reais (Figuras 2.20 e 2.21).

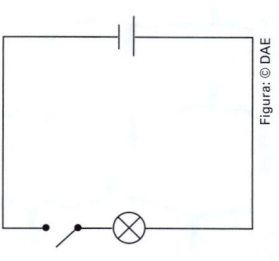

Figura 2.19: Representação esquemática de um circuito simples.

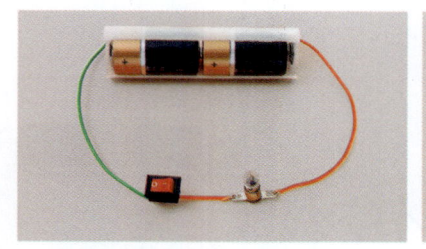 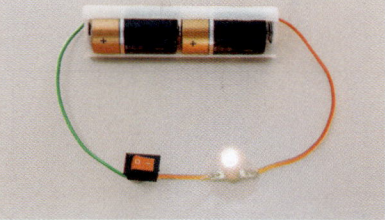

Figuras 2.20 e 2.21: Circuito simples aberto (lâmpada apagada) e fechado (lâmpada acesa).

Quando a chave é aberta, a passagem da corrente elétrica é interrompida e a lâmpada apaga. Quando a chave é fechada, o fluxo de cargas volta a existir e a lâmpada acende. As luminárias de mesa e os abajures são exemplos de circuitos simples que utilizam a rede elétrica residencial como fonte.

E o que acontece se for retirada uma das pilhas da montagem? Quando as duas pilhas estão associadas, é gerada uma tensão elétrica de 3 V, que corresponde à tensão exigida pela lâmpada para seu adequado funcionamento. Quando uma das pilhas é retirada, essa tensão cai para 1,5 V; consequentemente, a corrente também decresce e o brilho da lâmpada diminui (Figura 2.22).

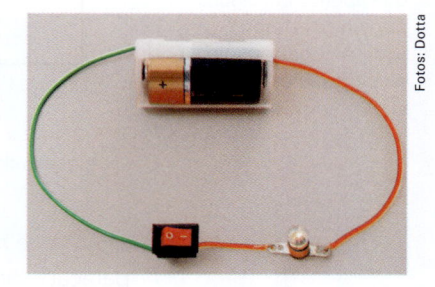

Figura 2.22: Veja a diferença no brilho da lâmpada quando a ddp é menor.

Exercício resolvido

Represente simbolicamente um circuito simples em que um resistor R está conectado a uma associação de duas pilhas. Se nesse circuito as pilhas são de 1,5 V cada uma e o resistor tem resistência constante de 120 Ω, qual é a intensidade da corrente elétrica que passa através dele?

As pilhas associadas estabelecem uma tensão nos terminais do resistor:

$U = 2 \cdot 1,5 = 3,0$ V

A corrente que o atravessa vale:

$U = R \cdot i \Rightarrow 3 = 120 \cdot i \Rightarrow$

$\Rightarrow i = \dfrac{3}{120} = \dfrac{1}{40} = 0,025$ A

Explorando o assunto

O que ocorre quando um equipamento que funciona com tensão nominal de 220 V é ligado em 110 V? E com um aparelho para tensão de 110 V ligado em uma tomada que fornece 220 V?

Exercícios propostos

1. No circuito da figura, as pilhas são de 1,5 V cada uma. Sabe-se que, ao fechar a chave, a corrente elétrica que passa através da lâmpada é de 0,030 A. Determine o valor da resistência do filamento da lâmpada.

2. Analise as situações.

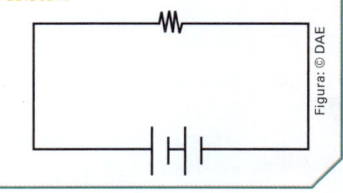
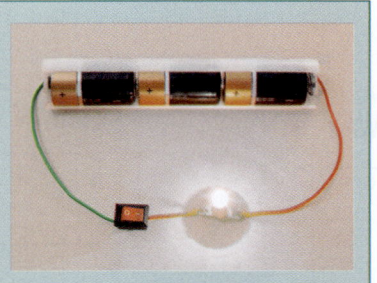

   a) Se você conectar, a uma bateria de automóvel (12 V), uma lâmpada em cujo bojo conste a especificação 60 W-120 V, o que você espera que aconteça?

   b) Supondo que a lâmpada seja um resistor ôhmico, qual será a intensidade da corrente que vai atravessá-la quando ligada à bateria?

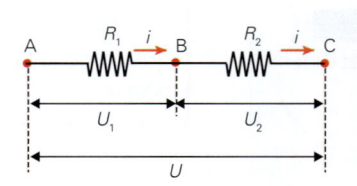
Schab/Shutterstock.com

Figura 2.23: Por que, quando uma lâmpada do pisca-pisca queima, o funcionamento das outras é afetado? Antes de responder a essa pergunta, é preciso deixar claro que apenas em alguns pisca-piscas isso acontece, geralmente, quando são arranjos mais simplificados e de baixo custo.

4.2. Associação em série

Como você montaria um circuito com duas lâmpadas em série? Uma dica é pensar no significado da palavra "série", que pode ser compreendida como fila ou sequência de lâmpadas, similar ao pisca-pisca (Figura 2.23).

Primeiro vamos realizar a representação simbólica (Figura 2.24). O próximo passo será a elaboração da montagem do arranjo (Figura 2.25).

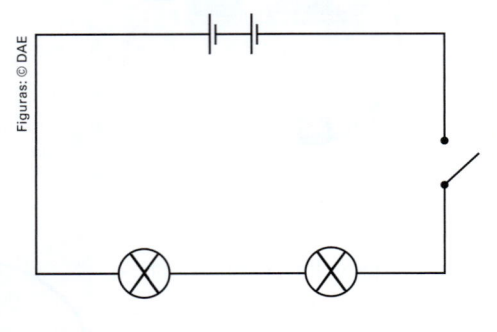
Figuras: © DAE

Figura 2.24: Representação esquemática de um circuito em série.

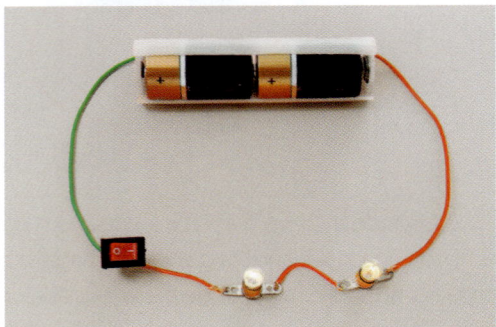
Fotos: Dotta

Figura 2.25: Circuito em série.

Você notou alguma diferença no brilho das lâmpadas do circuito em série em comparação com o circuito simples? Ficou mais fraco, não é? Talvez alguém possa sugerir que se retire uma lâmpada para restaurar o brilho da lâmpada solitária. Veja, na Figura 2.26, o que acontece quando se faz isso. A lâmpada que permaneceu conectada apagou pois, nesse caso, o caminho da corrente foi interrompido, ou seja, o circuito foi aberto.

Na associação em série, temos um único caminho para a passagem da corrente elétrica, por isso todos os elementos resistivos são percorridos pela **mesma** corrente elétrica. Por outro lado, a tensão elétrica é **dividida** entre os elementos resistivos do circuito em série (Figura 2.27). Consequentemente, com as duas lâmpadas em série, o brilho da lâmpada ficou mais fraco se comparado com o observado no circuito simples.

Fazendo um circuito com quatro pilhas, o brilho voltaria a ser intenso, pois nesse caso é fornecida uma tensão de 6 V para a associação de lâmpadas. Teríamos uma situação similar a essa substituindo as duas lâmpadas de 3 V por uma lâmpada de 6 V (Figura 2.28).

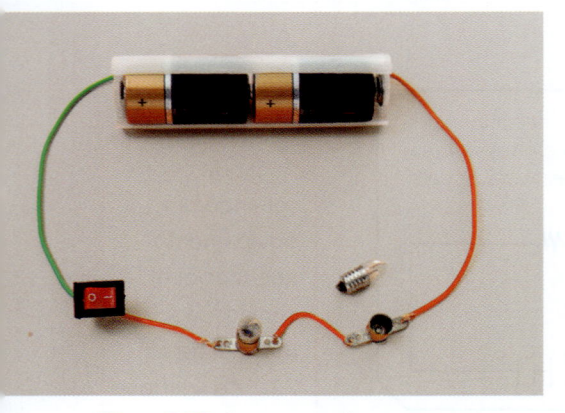

Figura 2.26: Circuito em série sem uma das lâmpadas. A retirada da lâmpada interrompeu a circulação da corrente elétrica.

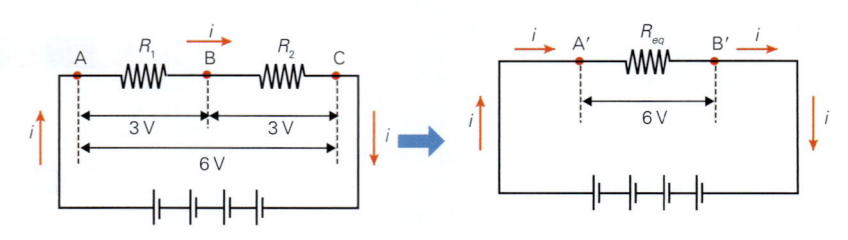

Figura 2.27: Representação de um circuito em série com as grandezas associadas: corrente, tensão e resistência elétrica.

Figura 2.28: Associação em série e resistência equivalente.

Nesse novo caso, temos que:

$$U_{AC} = U_{AB} + U_{BC}$$

Lembrando que $U_{AB} = R \cdot i$, temos que:

$$U_{AC} = R_1 \cdot i + R_2 \cdot i$$

Portanto, para a nova lâmpada:

$$U_{A'B'} = R_{eq} \cdot i \Rightarrow R_{eq} = \frac{U_{A'B'}}{i} = \frac{U_{AC}}{i} = \frac{R_1 \cdot i + R_2 \cdot i}{i} = R_1 + R_2$$

Esse único resistor substituto é denominado **resistor equivalente** e, para o caso dos circuitos em série, sua resistência é obtida pela soma das resistências elétricas de todos os resistores associados:

$$R_{eq} = R_1 + R_2 + R_3 + \dots + R_n$$

Exercícios resolvidos

1. Dois resistores idênticos, de 45 Ω cada um, são associados em série e ligados a uma bateria de 9 V. Determine a intensidade da corrente elétrica que os atravessa e a ddp nos terminais de cada resistor.

   A resistência equivalente à associação dos dois resistores vale:
   $R_{eq} = R_1 + R_2 = 45 + 45 = 90\,\Omega$

   Ligada à bateria de 9 V, a associação será percorrida por uma corrente:
   $U = R \cdot i \Rightarrow i = \dfrac{U}{R} = \dfrac{9}{90} = 0,10\,A$

   A ddp nos terminais de cada resistor será:
   $U = R \cdot i = 45 \cdot 0,10 = 4,5\,V$

2. Dois resistores de 30 Ω e 60 Ω são associados em série e ligados a uma bateria de 9,0 V. Determine:

   a) a intensidade da corrente elétrica através do circuito;

   A resistência equivalente da associação terá o valor de:
   $R_{eq} = R_1 + R_2 = 30 + 60 = 90\,\Omega$
   Ligada à bateria de 9,0 V, a associação será percorrida por uma corrente de:

   $U = R \cdot i \Rightarrow i = \dfrac{U}{R} = \dfrac{9}{90} = 0,10\,A$

   b) a ddp nos terminais de cada resistor;

   A ddp nos terminais do resistor de 30 Ω será dada por:
   $U' = R \cdot i = 30 \cdot 0,10 = 3,0\,V$
   A ddp nos terminais do resistor de 60 Ω será dada por:
   $U'' = R \cdot i = 60 \cdot 0,10 = 6,0\,V$
   Note que a soma das tensões nos terminais dos dois resistores é igual à tensão fornecida pela bateria.

   c) a potência dissipada em cada resistor e na associação.

   O resistor de 30 Ω, exposto a uma tensão de 3,0 V, dissipará a potência:
   $P' = i \cdot U' = 0,10 \cdot 3,0 = 0,30\,W$
   No resistor de 60 Ω, exposto a uma tensão de 6,0 V, a potência dissipada será:
   $P'' = i \cdot U'' = 0,10 \cdot 6,0 = 0,60\,W$
   A potência total será:
   $P = P' + P'' = 0,30 + 0,60 = 0,90\,W$

Exercícios propostos

1. Três resistores de 4,0 Ω, 6,0 Ω e 10 Ω são associados em série e ligados a um gerador de 12 V. Determine a intensidade da corrente elétrica que os percorre e a ddp nos terminais de cada um.

2. Dado o circuito da figura, em que $R_1 = 100\,\Omega$, $R_2 = 150\,\Omega$ e $R_3 = 250\,\Omega$ e a tensão do gerador é $U = 6,0\,V$, determine:

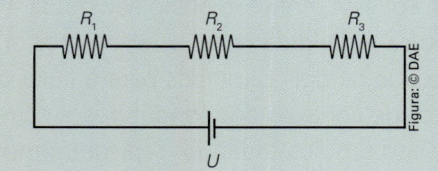

Figura: © DAE

   a) a intensidade da corrente elétrica através de R_2;

   b) a ddp nos terminais de R_2;

   c) a potência que cada resistor dissipa.

3. Um enfeite de árvore de Natal consta de um circuito em série, de 20 lâmpadas idênticas, que funciona normalmente ligado à rede elétrica de 120 V. Cada lâmpada dissipa 2 mW de potência.

   a) Qual é a intensidade da corrente elétrica através do circuito?

   b) Qual é a resistência elétrica de cada lâmpada?

4.3. Associação em paralelo

Durante a investigação das associações em série, você pode ter se perguntado: Por qual razão, quando queima uma lâmpada em casa, nada acontece com as outras? Ao contrário das associações em série, os circuitos residenciais apresentam mais de um caminho para a corrente elétrica circular: são as associações em **paralelo**. Vamos investigar como isso funciona.

Conforme fizemos anteriormente, vamos partir da representação simbólica, para depois fazer a montagem real (Figuras 2.29 e 2.30).

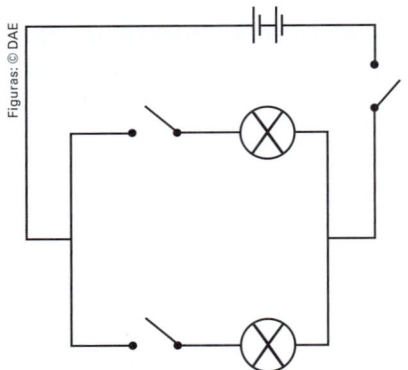

Figura 2.29: Representação esquemática de um circuito em paralelo.

Figura 2.30: Circuito em paralelo.

Como é o brilho das lâmpadas quando o circuito está todo fechado? Igual ao brilho da lâmpada unitária do circuito simples, não é? E, se abrirmos a chave geral do circuito, o que acontecerá? As duas lâmpadas se apagarão (Figura 2.31). Fechando o circuito e abrindo a conexão de apenas uma das lâmpadas, observaremos que a outra lâmpada ficará acesa (Figura 2.32). Ao desconectarmos uma das lâmpadas, também verificaremos que a outra lâmpada continuará acesa (Figura 2.33).

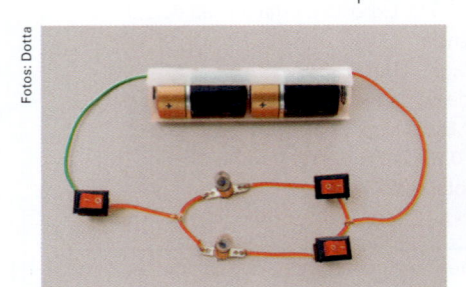

Figura 2.31: Circuito em paralelo com a chave geral aberta.

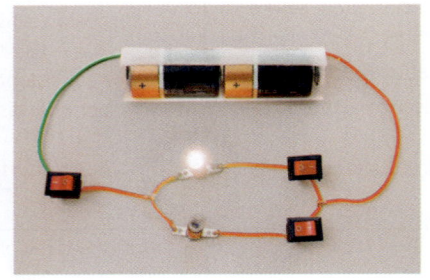

Figura 2.32: Circuito em paralelo com uma das chaves aberta.

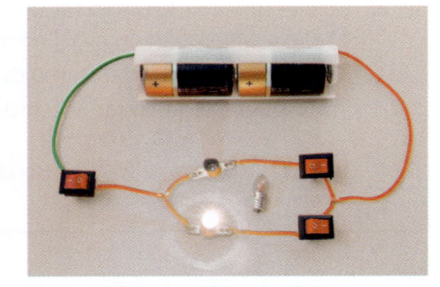

Figura 2.33: Circuito em paralelo sem uma das lâmpadas.

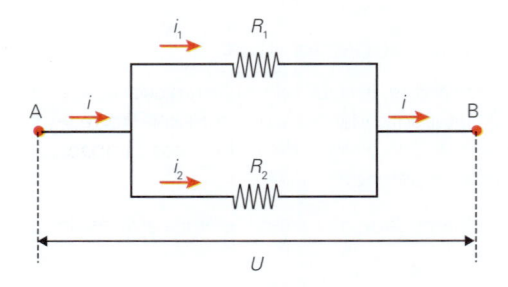

Figura 2.34: Representação de um circuito em paralelo com as grandezas associadas.

Na associação em paralelo, a tensão fornecida aos elementos resistivos é a **mesma**, pois ambos estão conectados de forma independente nas pilhas. Por esse motivo, o brilho não muda. Mas, nesse caso, a corrente elétrica é **dividida** entre os elementos do circuito. Na Figura 2.34, note que há dois caminhos para o fluxo de cargas. Ao chegar aos pontos de conexão dos condutores, a corrente total divide-se em i_1 e i_2. Caso um dos caminhos seja interrompido, nada acontecerá com a outra passagem, que é independente.

Nos circuitos com ligação em paralelo, podemos substituir o conjunto de resistores por outro equivalente. Lembrando que $i = \dfrac{U}{R}$, temos que:

$$i = i_1 + i_2 \Rightarrow i = \frac{U_{AB}}{R_1} + \frac{U_{AB}}{R_2}$$

Portanto, a resistência equivalente será:

$$U_{AB} = R_{eq} \cdot i \Rightarrow \frac{U_{AB}}{R_{eq}} = i \Rightarrow \frac{U_{AB}}{R_{eq}} = \frac{U_{AB}}{R_1} + \frac{U_{AB}}{R_2} \Rightarrow \frac{1}{R_{eq}} = \frac{1}{R_1} + \frac{1}{R_2}$$

Assim, dizemos que o inverso da resistência equivalente, para o caso dos circuitos em paralelo, é obtido pela soma dos inversos das resistências dos resistores associados (Figura 2.35):

$$\frac{1}{R_{eq}} = \frac{1}{R_1} + \frac{1}{R_2} + \frac{1}{R_3} + \ldots + \frac{1}{R_n}$$

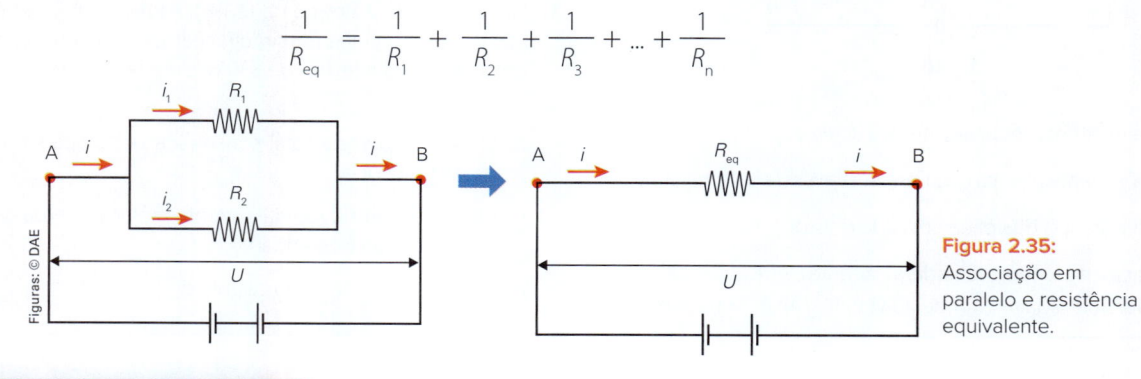

Figuras: © DAE

Figura 2.35: Associação em paralelo e resistência equivalente.

Exercícios resolvidos

1. Dois resistores, um de resistência $10\ \Omega$ e outro de $30\ \Omega$, são associados em paralelo e ligados a uma fonte geradora de 120 V, como mostra a figura.

Determine:

a) a resistência equivalente da associação;

A resistência equivalente é dada por:

$$\frac{1}{R_{eq}} = \frac{1}{R_1} + \frac{1}{R_2} = \frac{1}{10} + \frac{1}{30} =$$

$$= \frac{3+1}{30} = \frac{4}{30} = \frac{2}{15}\ R_{eq} = 7{,}5\ \Omega$$

b) a corrente elétrica total e a corrente elétrica que passa através de cada resistor;

Para calcular a corrente total, usamos a lei de Ohm para a associação:

$$U = R \cdot i \Rightarrow 120 = 7{,}5 \cdot i \Rightarrow i = \frac{120}{7{,}5} = 16\ A$$

Para calcular a corrente que passa através de cada resistor, usamos a lei de Ohm também:

$$U = R' \cdot i' \Rightarrow 120 = 10 \cdot i' \Rightarrow i' = \frac{120}{10} = 12\ A$$

$$U = R'' \cdot i'' \Rightarrow 120 = 30 \cdot i'' \Rightarrow i'' = \frac{120}{30} = 4\ A$$

c) a potência dissipada em cada resistor.

A potência dissipada pelo resistor de $10\ \Omega$ será dada por:

$$P' = i' \cdot U = 12 \cdot 120 = 1\,440\ W$$

A potência dissipada pelo resistor de $30\ \Omega$ será dada por:

$$P'' = i'' \cdot U = 4{,}0 \cdot 120 = 480\ W$$

A potência dissipada pela associação também será dada por:

$$P = i \cdot U = 16 \cdot 120 = 1\,920\ W$$

e corresponde à soma das potências dissipadas em cada resistor.

2. Dois chuveiros idênticos são ligados ao mesmo tempo numa residência. As especificações de cada um são: 220 V e 6 000 W. Sua instalação é correta, isto é, em paralelo na rede de 220 V.

a) Qual é a corrente elétrica que passa através de cada um?

Pelo valor nominal, podemos determinar a corrente à qual o resistor do chuveiro está sujeito:

$$P = i \cdot U \Rightarrow 6\,000 = i \cdot 220 \Rightarrow i = \frac{6\,000}{220} = 27{,}3\ A$$

$$i_{total} = 2 \cdot i = 54{,}6\ A$$

b) Qual é a resistência nominal de cada um? E a resistência equivalente?

Pela lei de Ohm:

$$U = R \cdot i \Rightarrow 220 = R \cdot 27{,}3 \Rightarrow R = \frac{220}{27{,}3} = 8{,}0\ \Omega$$

$$R_{eq} = 4{,}0\ \Omega$$

c) Se um deles for desligado, qual será a corrente elétrica que passará através do outro?

Uma vez que ele continuará ligado em 220 V, a corrente elétrica que passará através do outro chuveiro continuará sendo de 27,3 A, dissipando a potência de 6 000 W.

1. Dado o circuito abaixo, em que $R_1 = R_2 = 20\,\Omega$, $R_3 = 30\,\Omega$ e U = 120 V, determine:

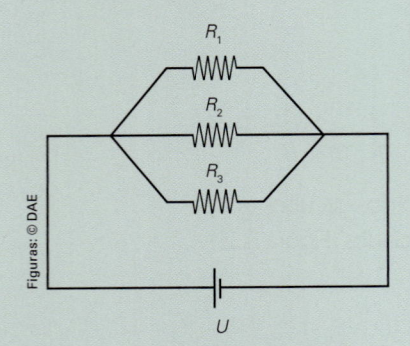

a) a resistência equivalente do circuito;

b) a corrente elétrica que passou através de cada resistor;

c) a potência dissipada em cada resistor.

2. Na associação representada, a corrente elétrica que passa através de cada resistor de 20 Ω é de 0,40 A. Determine:

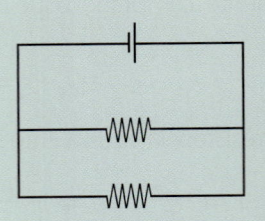

a) a ddp nos terminais do gerador;

b) a potência consumida pelo circuito.

3. Numa residência em que a tensão na rede é única, de 220 V, estão funcionando simultaneamente um chuveiro de 4 400 W, um televisor de 330 W e um ferro elétrico de 1 100 W.

a) Qual é a potência total consumida pelos aparelhos dessa residência?

b) Qual é a intensidade da corrente elétrica que passa através da caixa de entrada?

c) Qual é a resistência equivalente desse circuito?

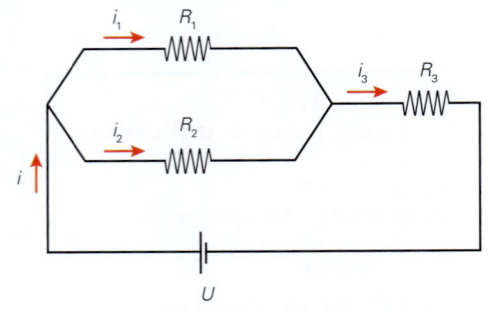

Figura 2.36: Representação de um circuito em paralelo com as grandezas associadas.

4.4. Associações mistas

Como o próprio nome diz, são associações em que os resistores aparecem ligados em série e em paralelo no mesmo circuito (Figura 2.36). Para determinar a resistência equivalente dos circuitos mistos, devemos associar cada conjunto de resistores diretamente ligados entre si, independentemente do tipo de ligação (em série ou em paralelo), simplificando cada parte da conexão até chegar a um resistor único e equivalente que substitua todo o conjunto.

Instrumentos de medida das grandezas elétricas

Para medir a corrente, a tensão e a resistência elétrica, é preciso utilizar instrumentos específicos.

Amperímetro: usado para medir a corrente elétrica. O equipamento deve ser inserido em série no circuito elétrico, ou seja, para medir a corrente elétrica, deve ser atravessado por ela (Figura 2.37). Podemos interpretar o amperímetro como um "contador" do número de elétrons livres que passam por ele a cada segundo. Como o aparelho não deve influenciar a corrente que circula pelo condutor, sua resistência interna precisa ser a menor possível, para produzir uma queda de tensão insignificante.

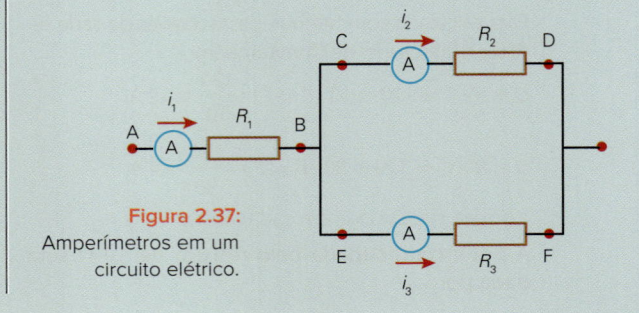

Figura 2.37: Amperímetros em um circuito elétrico.

Voltímetro: utilizado para medir a tensão elétrica. O equipamento deve ser inserido em paralelo com o resistor, já que sua função é medir a tensão entre dois pontos – os terminais do resistor, nesse caso (Figura 2.38). Da mesma forma que o amperímetro, o voltímetro não deve influenciar o circuito; assim, deve ter a maior resistência interna possível, fazendo com que a corrente que o atravesse seja insignificante, não alterando a corrente original do circuito.

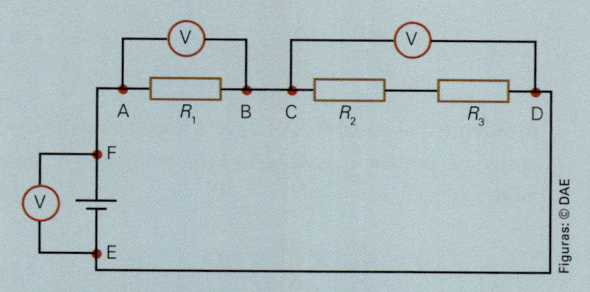

Figura 2.38: Voltímetros em um circuito elétrico.

Ohmímetro: utilizado para medir a resistência elétrica. Para a correta medição, o equipamento deve ser conectado aos terminais do resistor, em paralelo com o componente (Figura 2.39). Além disso, é necessário manter a chave do circuito aberta para que o equipamento não seja danificado ou ocorram interferências na medida.

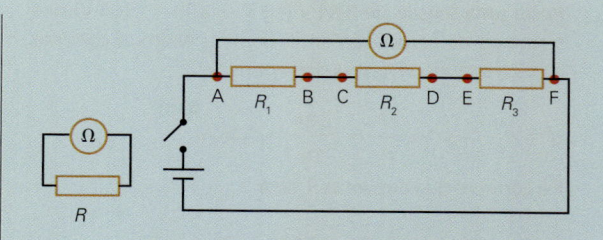

Figura 2.39: Ohmímetro conectado a um resistor e ohmímetro em um circuito elétrico, medindo a resistência equivalente à associação em série.

Esses três aparelhos costumam ser encontrados em um único equipamento, chamado multímetro, no qual podemos selecionar a função que precisamos utilizar: amperímetro, voltímetro ou ohmímetro, com diferentes escalas de corrente, tensão e resistência (Figura 2.40).

Figura 2.40: Multímetro.

Exercícios resolvidos

1. Determine a resistência equivalente deste circuito, ligado a uma bateria de 12 V. Calcule a corrente elétrica que passa através de cada resistor, sabendo que: $R_1 = 6,8\ \Omega$ e $R_2 = 16\ \Omega$, em paralelo com $R_3 = 4,0\ \Omega$.

R_2 em paralelo com R_3 resulta em um resistor equivalente de:

$$\frac{1}{R_{2,3}} = \frac{1}{R_2} + \frac{1}{R_3} = \frac{1}{16} + \frac{1}{4} =$$

$$= \frac{1+4}{16} = \frac{5}{16} \Rightarrow R_{2,3} = 3,2\ \Omega$$

Resta associar $R_{2,3}$ em série com R_1:
$R_{eq} = R_1 + R_{2,3} = 6,8 + 3,2 = 10\ \Omega$

A corrente que o gerador lança para o circuito vale:

$$U = R \cdot i \Rightarrow i = \frac{U}{R} = \frac{12}{10} = 1,2\ A$$

A tensão nos terminais de R_1 será:
$U' = R_1 \cdot i = 6,8 \cdot 1,2 = 8,16\ V$

Explorando o assunto

Em linguagem coloquial, usam-se as palavras "voltagem" e "amperagem" para tratar de determinadas características de equipamentos ou instalações elétricas. Essas palavras referem-se a quais grandezas físicas?

Resta uma tensão de 3,84 V (12 V − 8,16 = 3,84 V) nos terminais da associação de R_2 com R_3. Assim, a corrente elétrica através de R_2 será dada por:

$$U'' = R_2 \cdot i'' \Rightarrow i'' = \frac{U''}{R_2} = \frac{3,84}{16} = 0,24 \text{ A}$$

E a corrente que atravessa R_3 será:

$$U''' = R_3 \cdot i''' \Rightarrow i''' = \frac{U'''}{R_3} = \frac{3,84}{4,0} = 0,96 \text{ A}$$

2. Calcule a resistência equivalente do circuito abaixo e a corrente elétrica que passa através de cada resistor. A ddp da fonte é de 12 V. (Dados: $R_1 = 10 \ \Omega$, $R_2 = 30 \ \Omega$ e $R_3 = 60 \ \Omega$.)

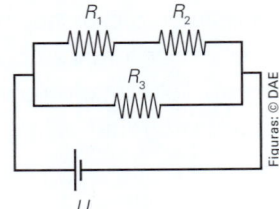

Figuras: © DAE

Os resistores $R_1 = 10 \ \Omega$ e $R_2 = 30 \ \Omega$ estão em série. Sua resistência equivalente $R_{1,2}$ vale:

$$R_{1,2} = R_1 + R_2 = 10 + 30 = 40 \ \Omega$$

Essa resistência equivalente parcial está em paralelo com R_3; a resistência equivalente do circuito será:

$$\frac{1}{R_{eq}} = \frac{1}{R_{1,2}} + \frac{1}{R_3} = \frac{1}{40} + \frac{1}{60} =$$

$$= \frac{3}{120} + \frac{2}{120} = \frac{5}{120} = \frac{1}{24} = R_{eq} = 24 \ \Omega$$

Se a tensão da fonte é de 12 V, a corrente lançada será de:

$$U = R \cdot i \Rightarrow i = \frac{U}{R_{eq}} = \frac{12}{24} = 0,5 \text{ A}$$

A corrente que passa através de R_3 é imediatamente determinada porque R_3 está ligado à mesma tensão do gerador:

$$U = R_3 \cdot i'' \Rightarrow i'' = \frac{U}{R_3} = \frac{12}{60} = 0,2 \text{ A}$$

A corrente que passa através de R_1 e R_2 será de 0,3 A (0,5 − 0,2 = 0,3 A).

Exercícios propostos

1. Calcule a resistência equivalente e as correntes que passam através de cada resistor no circuito a seguir. $R_1 = 12 \ \Omega$ está em série com a associação paralela de $R_2 = 40 \ \Omega$ com $R_3 = 10 \ \Omega$. A ddp da fonte é de 120 V.

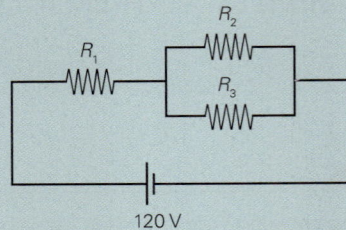

120 V

2. Calcule a resistência equivalente do circuito proposto e a corrente que passa através de cada resistor. $R_1 = 40 \ \Omega$ está em série com $R_2 = 80 \ \Omega$ e ambos estão em paralelo com $R_3 = 30 \ \Omega$. O gerador fornece 12 V de ddp.

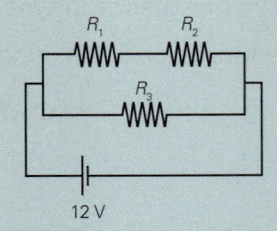

12 V

3. Calcule a resistência equivalente e a corrente elétrica que passa através de cada resistor no circuito a seguir. $R_1 = R_2 = 10 \ \Omega$ estão em série entre si; $R_3 = 20 \ \Omega$ está isolado em paralelo com os demais; $R_4 = 5 \ \Omega$ e $R_5 = 15 \ \Omega$ estão em série entre si. A bateria é de 12 V.

$\frac{20}{3}$

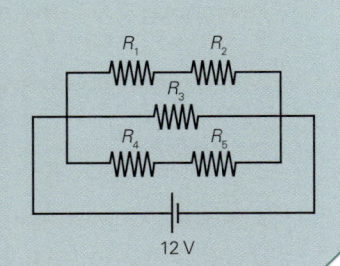

12 V

5. Resistência interna e força eletromotriz

Os aparelhos elétricos chamados receptores são aparatos que recebem a energia elétrica e a convertem em outras formas: luminosa, mecânica (som e movimento) e térmica. Os motores, os eletrodomésticos e os eletroportáteis em geral são exemplos de receptores. Nessas transformações, a energia total é conservada, mas apenas uma parte da energia elétrica inicial é efetivamente utilizada, enquanto a outra parte é dissipada, sobretudo por calor e atrito entre as peças.

Isso acontece porque os geradores e os receptores reais (em contraposição a modelos ideais) têm uma resistividade elétrica que pode ser considerada uma resistência interna, intrínseca dos aparelhos. Por isso, seu rendimento é sempre inferior a 100%.

Como já vimos, a potência útil, isto é, a potência de fato fornecida ao sistema, é resultado da potência total gerada menos a potência dissipada:

$$P_{\text{útil}} = P_{\text{total}} - P_{\text{dissipada}}$$

Sabemos também que a potência elétrica fornecida é obtida por $P = i \cdot U$ e a potência dissipada por um resistor pode ser calculada por $P = R \cdot i^2$. Então, representando a **resistência interna** por r, temos que:

$$P_{\text{útil}} = P_{\text{total}} - P_{\text{dissipada}}$$
$$P_{\text{fornecida}} = P_{\text{gerador}} - P_{\text{resistência interna}}$$
$$i \cdot U_{\text{AB}} = i \cdot U_{\text{gerador}} - r \cdot i^2$$
$$U_{\text{AB}} = U_{\text{gerador}} - r \cdot i$$

A tensão total produzida pelo gerador, isto é, sua tensão nominal, também é chamada **força eletromotriz (fem)**, representada pela letra grega épsilon (ε). Portanto, podemos reescrever a equação acima como:

$$U = \varepsilon - r \cdot i$$

Essa expressão é conhecida como **equação do gerador.** Um gerador ideal possui resistência interna desprezível ($r = 0$), portanto $U_{\text{AB}} = \varepsilon$. Caso o gerador inserido no circuito não seja ideal, sua representação deverá incluir a resistência interna (Figura 2.41).

Os receptores elétricos realizam uma função contrária à dos geradores: enquanto estes convertem energia química em elétrica, aqueles convertem energia elétrica em outra forma útil (como mecânica, luminosa, sonora) e também dissipam uma parte dessa energia na forma de calor. Por isso, a tensão do receptor é denominada **força contraeletromotriz (fcem)**, sendo representada por ε', com a **resistência interna**, nesse caso, representada por r'.

Encontramos a **equação do receptor** seguindo o mesmo raciocínio usado para o gerador:

$$P_{\text{útil}} = P_{\text{total}} - P_{\text{dissipada}}$$
$$P_{\text{receptor}} = P_{\text{recebida}} - P_{\text{resistência interna}}$$
$$i \cdot U_{\text{receptor}} = i \cdot U_{\text{AB}} - r' \cdot i^2$$
$$U_{\text{AB}} = U_{\text{receptor}} + r' \cdot i$$
$$U = \varepsilon' + r' \cdot i$$

Figura 2.41: Resistência interna e da força eletromotriz do gerador.

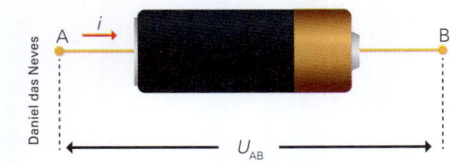

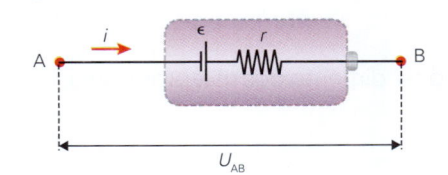

Daniel das Neves

A representação do receptor é semelhante à do gerador (Figura 2.42). Contudo, note que o caminho da corrente elétrica é indicado do terminal positivo (maior potencial) para o terminal negativo (menor potencial), representando consumo de energia.

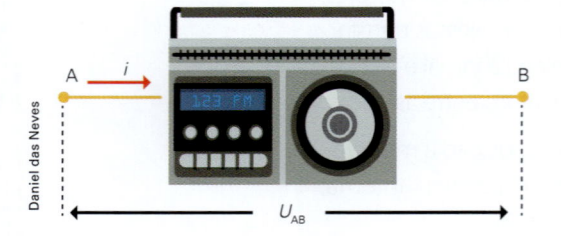
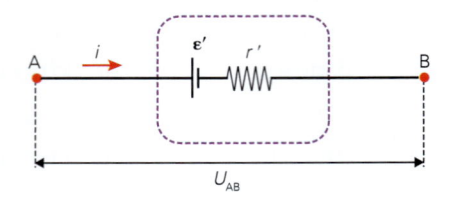

Daniel das Neves

Figura 2.42: Resistência interna e da força contraeletromotriz do receptor.

Tratemos agora das curvas características dos geradores e dos receptores, obtidas por meio do gráfico que relaciona a tensão com a corrente elétrica.

A equação do gerador ($U = \varepsilon - r \cdot i$) é do 1º grau decrescente (pois a variável r é precedida de um sinal negativo); a representação genérica da curva característica do gerador é indicada no Gráfico 2.3. O ponto de interseção da reta com o eixo das ordenadas indica a fem, e o ponto de interseção com o eixo das abscissas indica a corrente de curto-circuito, isto é, a corrente que percorre o gerador quando seus polos são conectados a um circuito de resistência nula, sem diferença de potencial $\left(U = 0 \Rightarrow i_{cc} = \dfrac{\varepsilon}{r}\right)$. O coeficiente angular da reta indica a resistência interna do gerador.

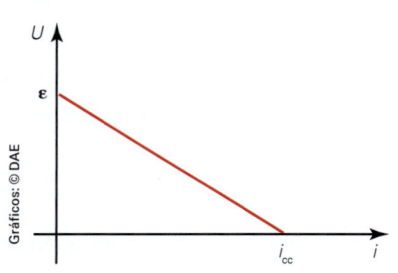

Gráficos: © DAE

Gráfico 2.3: Representação gráfica da equação do gerador.

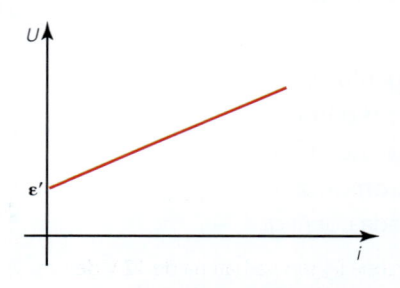

Gráfico 2.4: Representação gráfica da equação do receptor.

Já a curva característica do receptor é uma reta crescente, obtida pela equação $U = \varepsilon' + r \cdot i$. A representação genérica da curva característica do gerador é indicada no Gráfico 2.4. A interseção com o eixo vertical indica a fcem, espécie de tensão útil consumida. Embora a reta tenha a tendência de crescer para o infinito, do ponto de vista matemático é fisicamente limitada, pois o receptor é danificado quando submetido à alta-tensão e à elevada corrente.

O rendimento de qualquer aparelho pode ser obtido pela razão entre a potência útil (de fato gerada ou consumida) e a potência total:

$$\eta = \frac{P_{\text{útil}}}{P_{\text{total}}} = \frac{i \cdot U_{AB}}{i \cdot \varepsilon}$$

Portanto, podemos calcular o rendimento dos geradores com base em seus parâmetros intrínsecos e do circuito:

$$\eta = \frac{U}{\varepsilon}$$

E o rendimento dos receptores será:

$$\eta = \frac{\varepsilon'}{U}$$

1. Uma bateria de automóvel, cuja fem é de 13,5 V, fornece 12 V ao sistema elétrico do carro no momento em que a corrente elétrica que circula pelo sistema é de 5,0 A.

a) Qual é a resistência interna da bateria?

Substituindo os dados na função do gerador:
$U = \varepsilon - r \cdot i$
$12 = 13,5 - r \cdot 5,0 \Rightarrow -1,5 = -5,0 \cdot r \Rightarrow r = 0,30\,\Omega$

b) Escreva sua função e trace sua curva característica.

$U = \varepsilon - r \cdot i \Rightarrow U = 13,5 - 0,30 \cdot i$
$0 = 13,5 - 0,30 i_{cc} \Rightarrow i_{cc} = 45\,A$

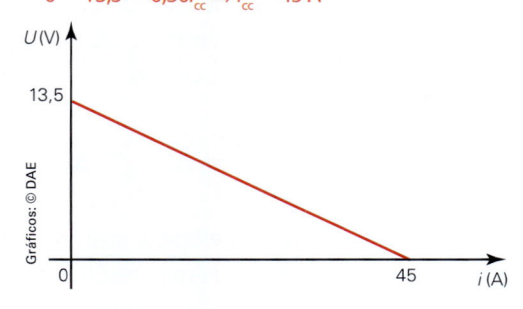

Gráficos: © DAE

c) Determine a potência que o sistema elétrico consome nas condições descritas.

A potência útil, de fato lançada no circuito elétrico, é dada por:
$P_{útil} = i \cdot U = 5,0 \cdot 12 = 60\,W$

d) Calcule o rendimento de operação da bateria.

O rendimento:
$\eta = \dfrac{U}{\varepsilon} = \dfrac{12}{13,5} = 0,89\,(89\%)$

e) Se os terminais da bateria forem ligados diretamente um ao outro, o que deverá acontecer?

Teremos um curto-circuito, uma vez que U_{AB} será nula.
A corrente de curto-circuito será dada por $i_{cc} = \dfrac{\varepsilon}{r} =$

$= 45\,A$ e representa o ponto de interseção da reta com o eixo das correntes, raiz da função do gerador.

2. Um liquidificador doméstico, ao ser ligado na rede de 120 V, gera potência útil de 324 W quando atravessado por uma corrente de 3,0 A.

a) Determine a potência que ele consome e seu rendimento nessa operação.

A potência total e o rendimento:
$P_{total} = i \cdot U = 3,0 \cdot 120 = 360\,W$

$\eta = \dfrac{P_{útil}}{P_{total}} = \dfrac{324}{360} = 0,90\,(90\%)$

b) Calcule sua fcem e sua resistência interna.

A diferença entre as potências de consumo e a potência útil fornece a potência dissipada:
$P_{diss} = P_{total} - P_{útil} = 360 - 324 = 36\,W$

Essa potência pode ser expressa por:
$P_{diss} = r' \cdot i^2 \Rightarrow 36 = r' \cdot (3,0)^2 \Rightarrow r' = 4,0\,\Omega$

Obtemos a fcem da função do receptor:
$U = \varepsilon' + r' \cdot i \Rightarrow 120 = \varepsilon' + 4,0 \cdot 3,0 \Rightarrow \varepsilon' = 120 - 12 = 108\,V$

c) Escreva a função desse liquidificador e trace sua curva característica.

$U = \varepsilon' + r' \cdot i \Rightarrow U = 108 + 4,0 \cdot i$

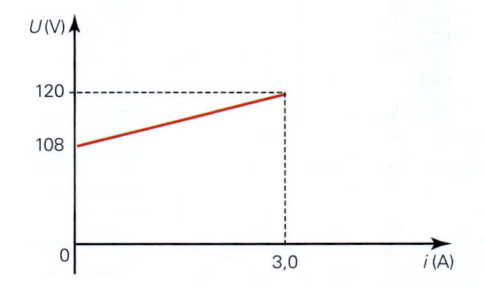

1. A fem de uma pilha é de 1,59 V e, quando ela alimenta uma calculadora com 1,50 V, fornece uma corrente de 4,0 mA.

a) Calcule a resistência interna dessa pilha.

b) Escreva a função da pilha e trace sua curva característica.

c) Calcule a corrente de curto-circuito da pilha.

d) Calcule o rendimento dessa operação.

2. Uma bateria fornece 9 V a um circuito elétrico, o qual consome uma potência de 27 W. O rendimento da operação é de 95%.

a) Determine a fem e a resistência interna da bateria.

b) Determine a intensidade da corrente elétrica lançada pela bateria.

c) Calcule a corrente de curto-circuito.

d) Trace sua curva característica.

3. Um *CD player* funciona ligado na bateria de 12 V de um carro, quando fornece uma potência de 20 W ao aparelho, atravessado por 2,0 A de corrente.

a) Calcule a fcem e a resistência interna do *CD player*.

b) Escreva a equação do aparelho e trace sua curva característica.

4. Um motor elétrico funciona ligado a um gerador que lhe fornece 6,0 V e uma corrente de 1,5 A. O motor, por estar gasto, opera com rendimento de 75%.

a) Calcule sua fcem e sua resistência interna.

b) Determine a potência útil e a potência dissipada nessa operação.

6. Consumo de energia elétrica

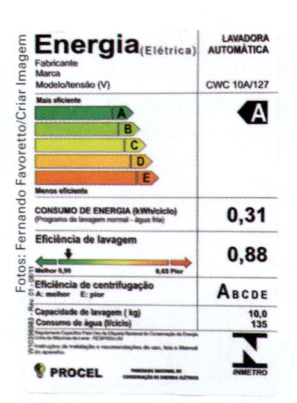

Figuras 2.43 e 2.44: Etiqueta e selo do Procel.

Quando se adquire um aparelho elétrico deve-se ficar atento à etiqueta nacional de conservação de energia e ao selo Procel de economia de energia (Figuras 2.43 e 2.44). As certificações de eficiência energética, instituídas em 1993, refletem a preocupação nacional com a redução do consumo energético e, consequentemente, com o equilíbrio na economia do país e a preservação do ambiente.

É possível conhecer mais sobre os aparelhos elétricos utilizados cotidianamente observando a potência informada pelo fabricante, disponível no manual do consumidor ou na etiqueta de especificações (Figura 2.45). Para obter o consumo de energia elétrica, precisamos relacionar essa potência com o tempo que o aparelho permanece em uso:

$$P = \frac{\Delta E}{\Delta t} \Rightarrow \Delta E = P \cdot \Delta t$$

No cálculo da energia elétrica, costuma-se expressar a potência em kW e o tempo em *h*, resultando na unidade kWh (quilowatt-hora), que você pode encontrar na conta de consumo de energia elétrica enviada para sua residência todo mês (Figura 2.46).

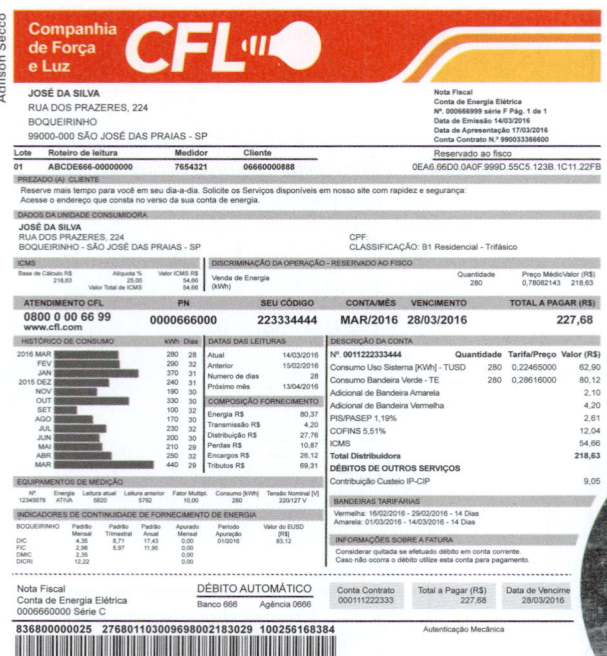

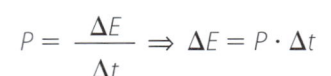
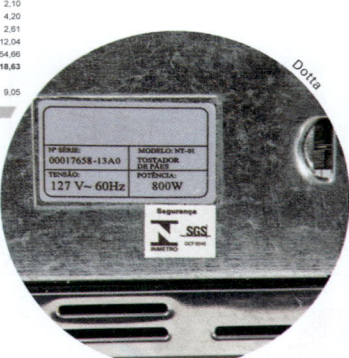

Figura 2.45: Etiquetas com especificações técnicas são aplicadas em todos os aparelhos eletrônicos.

Figura 2.46: Observe que o consumo é medido em kWh.

CIÊNCIA, TECNOLOGIA, SOCIEDADE E AMBIENTE

Muita energia ao pisar ou pular

Para tentar reduzir o consumo de energia elétrica e entreter os clientes, uma casa noturna de Roterdã, na Holanda, chamada Club Watt, encontrou uma forma diferente de gerar energia elétrica: utilizando o movimento das pessoas sobre a pista de dança (Figura 2.47). Quando alguém se movimenta, as placas do piso movem-se para baixo e apertam cristais piezelétricos, os quais têm a propriedade de produzir cargas elétricas ao serem comprimidos. Baterias conectadas ao sistema armazenam energia, que pode ser usada nas luzes do local.

Figuras 2.47: Club Watt.

1. A conta de luz de uma residência apresenta consumo de 250 kWh. Expresse esse valor em joules.

Para essa conversão, devemos primeiro converter as horas em segundos: 1 h = 3 600 s. Assim:
$1 \text{ kWh} = 1 \text{ kW} \cdot 1 \text{ h} = 1000 \text{ W} \cdot 3600 \text{ s} = 3,6 \cdot 10^6 \text{ J}$
Portanto:
$250 \text{ kWh} = 250 \cdot 3,6 \cdot 10^6 = 9,0 \cdot 10^8 \text{ J}$

2. Ao contrário das pilhas, as tomadas fornecem energia elétrica de forma ilimitada. Comente essa afirmação.
A inesgotabilidade da energia elétrica é apenas uma impressão causada pelo acesso fácil a esse bem em nossa vida moderna. Na verdade, as tomadas de nossa casa só são capazes de manter um aparelho ligado o dia todo se, na outra "ponta" da rede elétrica, a usina geradora de energia elétrica estiver em constante funcionamento.

Quando ocorrem os "apagões", aprendemos da forma mais dura que os processos que transformam e transportam energia útil ao consumo doméstico são sempre limitados.

3. O televisor de LCD de uma residência consome 150 W quando conectado à rede de 120 V.

a) Qual é, em kWh, a energia que ele consome por mês se ficar ligado 5 horas por dia?

Pela relação entre potência e tempo (5 h · 30 dias), temos:
$\Delta E = P \cdot \Delta t = 150 \cdot 5 \cdot 30 = 22,5 \text{ kWh}$

b) Qual é a intensidade da corrente elétrica que o atravessa?

Pela relação entre potência e corrente elétrica, temos:
$P = i \cdot U \Rightarrow 150 = i \cdot 120 \Rightarrow i = 1,25 \text{ A}$

1. A potência gerada por uma usina hidrelétrica é de 600 MW. Qual é a energia gerada por essa usina em um dia? Expresse-a em kWh e em J.

2. Um *micro system* traz a inscrição 9 W-110 V. Quais são os valores da corrente elétrica e da energia que ele consome em 4 h de funcionamento?

3. A resistência de um dispositivo é constante, de valor 0,60 Ω, e ele funciona normalmente sob tensão de 6,0 V. Que potência ele dissipa e quanto de energia ele gasta em 15 min?

4. Qual é o horário mais crítico no fornecimento de energia das cidades brasileiras?

5. (Fuvest-SP) Na maior parte das residências que dispõem de sistemas de TV a cabo, o aparelho que decodifica o sinal permanece ligado sem interrupção, operando com uma potência aproximada de 6 W, mesmo quando a TV não está ligada. O consumo de energia do decodificador, durante um mês (30 dias), seria equivalente ao de uma lâmpada de 60 W que permanecesse ligada, sem interrupção, durante:

a) 6 h   d) 60 h

b) 10 h   e) 72 h

c) 36 h

7. Corrente elétrica e segurança

Provavelmente você ou alguma pessoa conhecida já presenciou um repentino apagão na residência quando vários aparelhos resistores estavam sendo usados ao mesmo tempo e pode ser que também já tenha tomado um choque elétrico. Situações que envolvem circuitos elétricos residenciais exigem mais segurança do que as situações didáticas que estudamos até agora. A seguir, vamos tratar dos elementos que funcionam como "guarda-costas" dos aparelhos e da rede elétrica das residências e dos efeitos fisiológicos que resultam dos choques elétricos.

7.1. Disjuntor e fusível

Como a passagem de corrente provoca o aquecimento dos condutores (por efeito Joule), um dos principais cuidados no dimensionamento de uma instalação doméstica é garantir que os fios não esquentem demais e acabem pegando fogo. Portanto, ao elaborar o projeto da rede elétrica de uma casa, é preciso estimar o número e o tipo de aparelhos que podem integrar cada circuito, para saber que espessura de fio (também conhecida como bitola) deve ser utilizada. Esse cuidado evita que a fiação seja superaquecida.

Outra medida de segurança fundamental é a presença do disjuntor geral (também chamado chave de força ou de luz) e dos disjuntores dos circuitos no quadro de distribuição. Eles têm a função de cortar a corrente elétrica de toda a rede, ou apenas de uma parte, em caso de sobrecarga da fiação.

Em geral, os disjuntores são feitos de lâminas bimetálicas que se dilatam em determinada temperatura, impedindo a passagem da corrente elétrica quando o valor-limite é ultrapassado. Por isso, eles desligam antes que haja superaquecimento.

Nos circuitos menores, presentes no interior de equipamentos eletrônicos, usa-se um elemento equivalente chamado fusível. Esse dispositivo possui um fio com baixo ponto de fusão. Quando a corrente ultrapassa o valor estabelecido, esse filamento derrete e, por isso, abre o circuito, evitando danos a outros componentes.

É importante ressaltar que o valor estabelecido para o limite da corrente em disjuntores e fusíveis é menor que o valor da corrente máxima suportada pelo circuito elétrico.

Exercício resolvido

De que maneira se pode atenuar o efeito Joule nas linhas de transmissão desde as usinas geradoras até os centros de consumo?

Aumentando a espessura dos fios condutores e a tensão, e diminuindo a intensidade da corrente elétrica.

Exercícios propostos

1. Por que a "queda" da chave geral é muito comum em imóveis com fiação antiga?

2. Quando você troca o resistor do chuveiro elétrico para obter mais "calor", é comum que o disjuntor desligue. Por que isso ocorre? O que fazer para evitar esse inconveniente?

7.2. Choque elétrico

Apesar de todo o conforto que o uso da energia elétrica nos proporciona, existe um fator perigoso: os choques elétricos. Quando se toca nos polos de um gerador ou fonte e/ou se fecha um circuito, uma corrente elétrica circula pelo corpo. Os danos dependem da intensidade, da duração e da região do organismo atravessada pela corrente (Tabela 2.4).

Tabela 2.4: Efeitos da corrente elétrica no corpo humano		
Corrente elétrica* (60 Hz)	**Duração**	**Efeitos mais graves****
0 a 0,5 mA	qualquer	nenhum
0,5 a 2 mA	qualquer	limiar de percepção
2 a 10 mA	qualquer	dor, contração e descontrole muscular
10 a 25 mA	minutos	contração muscular, dificuldade respiratória e aumento da pressão arterial
25 a 50 mA	segundos	paralisia respiratória, fibrilação ventricular e inconsciência
50 a 200 mA	mais de um ciclo cardíaco	fibrilação ventricular, inconsciência, paralisia respiratória e marcas visíveis na região de contato com a fonte elétrica
acima de 200 mA	menos de um ciclo cardíaco	fibrilação ventricular, inconsciência e marcas visíveis
acima de 200 mA	mais de um ciclo cardíaco	parada cardíaca reversível, inconsciência e queimaduras
* As faixas de valores para a corrente elétrica são muito aproximadas e devem praticamente ser consideradas como ordens de grandeza. ** Grande probabilidade de ocorrência.		

Fonte: GREF. *Física 3*: eletromagnetismo. 3. ed. São Paulo: Edusp, 1998. p. 348.

Segurando os polos de uma pilha, por exemplo, você não sente nada, pois a corrente é contínua e de baixa intensidade. Mas, tratando-se de corrente alternada, não é preciso tocar os dois polos de uma tomada para levar um choque. Quando tocamos apenas um deles (correspondente ao fio fase) e estamos com os pés descalços no chão, um circuito é formado (Figura 2.48). Contudo, nesse tipo de choque, a corrente não passa pelo coração, por isso as consequências são pouco severas. Se estivéssemos calçados, ou seja, com os pés isolados, nada aconteceria (Figura 2.49).

Já quando o contato é feito com as duas mãos nos dois polos da tomada (seja fase-neutro ou fase-fase), a corrente circula pelo corpo, passando pelo coração, e pode causar consequências graves e até a morte. Em situações como essa, o isolamento com o chão é completamente ineficiente (Figura 2.50).

Ilustrações: Filipe Rocha

Os pássaros que pousam nos fios não tomam choque pelo mesmo motivo. Como as duas patas estão sobre um mesmo fio, eles estão seguros; porém, caso pousassem em dois fios ao mesmo tempo, o choque seria inevitável.

Também existem situações em que os choques podem salvar vidas, como é o caso do aparelho de marca-passo e dos desfibriladores, que provocam uma corrente elétrica controlada que percorre o corpo humano a fim de corrigir (e induzir) o ritmo cardíaco.

Figuras 2.48, 2.49 e 2.50: Com os pés descalços, se tocarmos um dos polos, um circuito é formado, causando choque. Quando a pessoa está isolada, não há fluxo de corrente elétrica por seu corpo. Mas, caso esteja fechando um circuito com o solo, a corrente poderá percorrer seu organismo, causando diversos danos, e até mesmo ser fatal.

Exercícios resolvidos

1. Qual é a melhor medida de segurança para mexer na rede elétrica de uma residência e não ser vítima de um choque?

   Desligar o disjuntor de entrada (chave geral) antes de qualquer ação e religá-lo somente depois do conserto.

2. Um sapato de borracha nos protege de tomar choque?

   Depende da intensidade da voltagem, da corrente e da qualidade da proteção (sola de borracha dos calçados). Por isso, evite qualquer contato com a rede elétrica. Teoricamente, se o contato for somente com um fio fase, não ocorrerá o choque, pois há um isolamento. Já se o contato for entre dois fios fase ou entre um fio fase e o fio terra, não há isolamento e ocorrerá o choque.

Exercícios propostos

1. Quando uma pessoa toma um choque, ela pode sofrer algum dano permanente? Se sim, qual?

2. Você conhece alguém que tenha sofrido um choque? Se sim, quais foram as sensações ou consequências disso?

3. A resistência do corpo humano com a pele seca é de aproximadamente 100 000 Ω; com a pele molhada, ela cai para 1 000 Ω. Encontre a corrente elétrica que atravessa o corpo de uma pessoa se ela tocar os dois polos de uma tomada cuja tensão nominal é de 110 V em ambas as condições. Quais seriam as consequências do choque?

4. Repita a resolução da questão anterior supondo que a tensão nominal da tomada seja de 220 V.

Exercícios finais

1. Numa nuvem de chuva há acúmulo de elétrons em sua base e excesso de prótons em seu topo. Quando a quantidade de carga se torna muito grande, ocorre uma descarga elétrica ou raio. De onde veio a energia necessária para produzir o raio?

2. (Vunesp-SP) Mediante estímulo, $2 \cdot 10^5$ íons de K+ atravessam a membrana de uma célula nervosa em 1,0 milissegundo. Calcule a intensidade dessa corrente elétrica, sabendo que a carga elementar é $1,6 \cdot 10^{-19}$ C.

3. (UEL-PR) Pela secção reta de um condutor de eletricidade passam 12,0 C a cada minuto. Nesse condutor, a intensidade da corrente elétrica, em ampères, é igual a

   a) 0,08   c) 5,0   e) 12

   b) 0,20   d) 7,2

4. (Vunesp-SP) A figura é a intersecção de um plano com o centro C de um condutor esférico e com três superfícies equipotenciais ao redor desse condutor.

   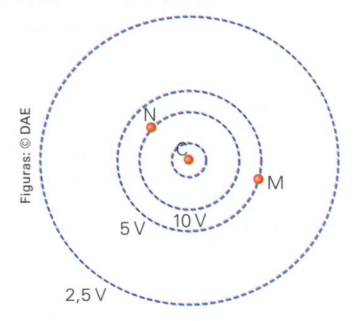

   Figuras: © DAE

   Uma carga de $1,6 \cdot 10^{-19}$ C é levada do ponto M ao ponto N. O trabalho realizado para deslocar essa carga foi de

   a) $3,2 \cdot 10^{-20}$ J   d) $4,0 \cdot 10^{-19}$ J

   b) $16,0 \cdot 10^{-19}$ J   e) $3,2 \cdot 10^{-19}$ J

   c) $8,0 \cdot 10^{-19}$ J

5. (Unifesp) Na figura, as linhas tracejadas representam superfícies equipotenciais de um campo elétrico; as linhas cheias I, II, III, IV e V representam cinco possíveis trajetórias de uma partícula de carga q, positiva, realizadas entre dois pontos dessas superfícies, por um agente externo que realiza trabalho mínimo.

   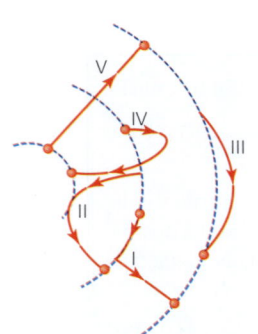

A trajetória em que esse trabalho é maior, em módulo, é:

   a) I.   c) III.   e) V.

   b) II.   d) IV.

6. A rigidez dielétrica do ar vale $3 \cdot 10^6$ V/m. Qual é a máxima tensão que deve existir entre a superfície terrestre e uma nuvem a 3 000 m de altitude para que não haja descarga elétrica?

7. O papel é usado como isolante elétrico em determinados tipos de capacitor. Sua rigidez dielétrica é de $16 \cdot 10^6$ V/m. Se a tensão máxima que deve haver entre as armaduras do capacitor é de 0,050 V, qual deve ser a espessura do dielétrico?

8. A tensão máxima que deve haver entre as paredes de um dielétrico é de 1,5 V. Suas paredes estão distantes 2,0 mm uma da outra. Determine a rigidez dielétrica do material que isola as paredes.

9. (Fatec-SP) Por um resistor faz-se passar uma corrente elétrica i e mede-se a diferença de potencial U. Sua representação gráfica está esquematizada abaixo.

   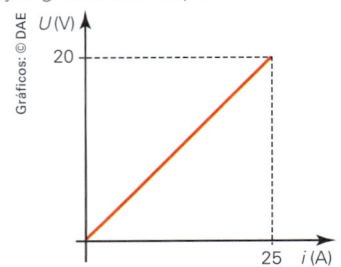

   Gráficos: © DAE

   A resistência elétrica, em ohms, do resistor é:

   a) 0,8   c) 800   e) 80

   b) 1,25   d) 1 250

10. (Cesgranrio-RJ) A intensidade da corrente elétrica que percorre um componente eletrônico, submetido a uma ddp constante, varia, em função do tempo, de acordo com o gráfico a seguir:

    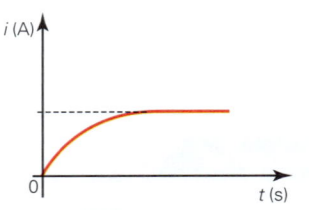

    Sobre a resistência elétrica desse componente, é correto afirmar que, com o passar do tempo, ela:

    a) decresce uniformemente.

    b) aumenta uniformemente.

    c) tende para zero.

    d) tende para um valor constante.

    e) tende para infinito.

11. (Cesgranrio-RJ) Um fio cilíndrico de comprimento L e raio de seção reta r apresenta resistência R. Um outro fio, cuja resistividade é o dobro da primeira, o comprimento é o triplo e o raio $\dfrac{r}{3}$, terá resistência igual a:

a) $\dfrac{R}{54}$

c) $6R$

e) $54R$

b) $2R$

d) $18R$

12. (Unicamp-SP) Uma lâmpada incandescente (100 W, 120 V) tem um filamento de tungstênio de comprimento igual a 31,4 cm e diâmetro $4,0 \cdot 10^{-2}$ mm². A resistividade do tungstênio à temperatura ambiente é de $5,6 \cdot 10^{-8}$ Ωm.

a) Qual a resistência do filamento quando ele está à temperatura ambiente?

b) Qual a resistência do filamento com a lâmpada acesa?

13. (Unicamp-SP) Um aluno necessita de um resistor que, ligado a uma tomada de 220 V, gere 2 200 W de potência térmica. Ele constrói o resistor usando fio de constantan nº 30 com área de seção transversal de $5,0 \cdot 10^{-2}$ mm² e condutividade elétrica de $2,0 \cdot 10^6$ (Ωm)$^{-1}$. (Dado: condutividade $C = \dfrac{1}{\rho}$.)

a) Que corrente elétrica passará pelo resistor?

b) Qual será a sua resistência elétrica?

c) Quantos metros de fio deverão ser utilizados?

14. (Unicamp-SP) Uma cidade consome $1,0 \cdot 10^8$ W de potência e é alimentada por uma linha de transmissão de 1 000 km de extensão cuja voltagem, na entrada da cidade, é 100 000 volts. Esta linha é constituída de cabos de alumínio cuja área da seção reta total vale $A = 5,26 \cdot 10^{-3}$ m². A resistividade do alumínio é $\rho = 2,63 \cdot 10^{-8}$ Ωm.

a) Qual a resistência dessa linha de transmissão?

b) Qual a corrente total que passa pela linha de transmissão?

c) Que potência é dissipada na linha?

15. (Unicamp-SP) Considere os seguintes equipamentos operando na máxima potência durante uma hora: uma lâmpada de 100 W, o motor de um Fusca, o motor de um caminhão, uma lâmpada de 40 W, um ferro de passar roupas.

a) Qual das lâmpadas consome menos energia?

b) Que equipamento consome mais energia?

c) Coloque os cinco equipamentos em ordem crescente de consumo de energia.

16. (Unitau-SP) Por um condutor de resistência 5,0 Ω passam $6,0 \cdot 10^2$ C de carga durante 1,0 min. A quantidade de calor desenvolvida no condutor é:

a) $3,0 \cdot 10^4$ J

c) $5,0 \cdot 10^4$ J

e) $7,0 \cdot 10^4$ J

b) $4,0 \cdot 10^4$ J

d) $6,0 \cdot 10^4$ J

17. Quatro pilhas comuns de 1,5 V cada uma são associadas em série e alimentam uma lâmpada de lanterna cuja especificação é 9 V-12 W. Determine a corrente elétrica que deverá percorrê-la quando conectada a essa associação de pilhas. Suponha a lâmpada ôhmica.

18. (Fuvest-SP) Uma estudante quer utilizar uma lâmpada (dessas de lanterna de pilhas) e dispõe de uma bateria de 12 V. A especificação da lâmpada indica que a tensão de operação é 4,5 V e a potência elétrica utilizada durante a operação é de 2,25 W. Para que a lâmpada possa ser ligada à bateria de 12 V, será preciso colocar uma resistência elétrica, em série, de aproximadamente:

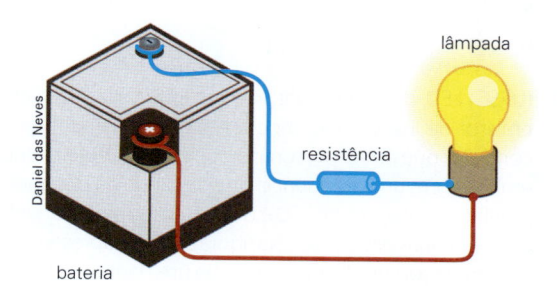

a) 0,5 ohms

c) 9,0 ohms

e) 15 ohms

b) 4,5 ohms

d) 12 ohms

19. (PUC-SP) No circuito da figura abaixo, A é um amperímetro e V um voltímetro, supostos ideais, cujas leituras são, respectivamente:

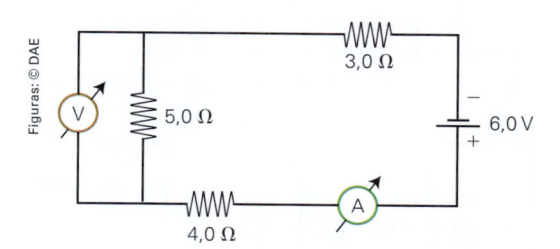

a) 6,0 A e 0,5 V

d) 1,0 A e 2,0 V

b) 3,0 A e 1,0 V

e) 0,5 A e 2,5 V

c) 2,0 A e 1,5 V

20. (UEL-PR) Considere os valores indicados no esquema a seguir, que representa uma associação de resistores.

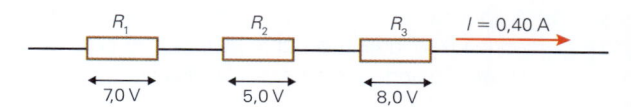

O resistor equivalente dessa associação, em ohms, vale:

a) 8

c) 20

e) 50

b) 14

d) 32

Exercícios finais

21. (PUC-SP) Considerando o circuito a seguir e sabendo que a diferença de potencial através do resistor R é 4V, determine o valor de R.

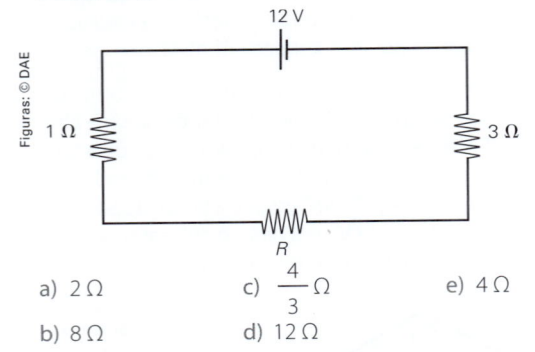

Figuras: © DAE

a) $2\,\Omega$

b) $8\,\Omega$

c) $\dfrac{4}{3}\,\Omega$

d) $12\,\Omega$

e) $4\,\Omega$

22. (UFSC) LED, do inglês *Light Emitting Diode*, ou seja, diodo emissor de luz, é um componente eletrônico, um semicondutor que ao ser percorrido por uma corrente elétrica emite luz em uma frequência que depende da dopagem. A grande vantagem do LED é o baixo consumo de energia e as pequenas dimensões. Na figura abaixo é apresentado, de forma esquemática, o circuito de uma lanterna de LED. Esta lanterna é composta por três pilhas em série, de 1,5 V cada uma, e por seis LEDs idênticos. A lanterna funciona da seguinte forma: ao acioná-la pela primeira vez, a chave 1 é ligada; ao acioná-la pela segunda vez, a chave 2 é ligada; ao acioná-la pela terceira vez, as duas chaves são desligadas. Os LEDs em questão possuem uma resistência desprezível. A única limitação técnica para o funcionamento de um LED é a corrente elétrica que o percorre. Vamos admitir que, para que um LED funcione perfeitamente, a corrente elétrica que o percorre deva ser de 20,0 mA. Para garantir isso, um resistor de resistência R é associado ao LED.

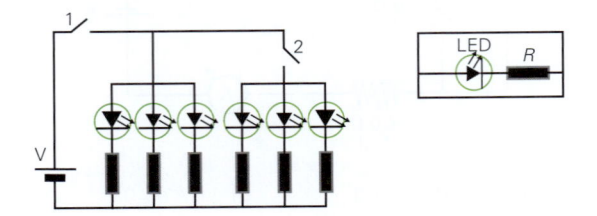

Com base no exposto, assinale a(s) proposição(ões) correta(s).

a) O resistor associado em série ao LED possui uma resistência de 225,0 Ω.

b) A corrente elétrica que percorre a chave 2, quando acionada, é igual à corrente elétrica que percorre a chave 1 quando somente ela é acionada.

c) A corrente elétrica que percorre a chave 1 é igual à corrente elétrica que percorre a chave 2, quando ambas estão acionadas.

d) Os três LEDs ligados à chave 2 estão em série com os outros três LEDs.

e) Ao acionar a chave 1, a resistência do circuito é de 75,0 Ω; ao acionar a chave 2, a resistência do circuito passa a ser de 150,0 Ω.

f) A função do resistor neste circuito é limitar a corrente elétrica que percorre o LED.

23. (Fatec-SP) No circuito esquematizado, o amperímetro A e o voltímetro V são ideais, e a resistência R é igual a 10 Ω.

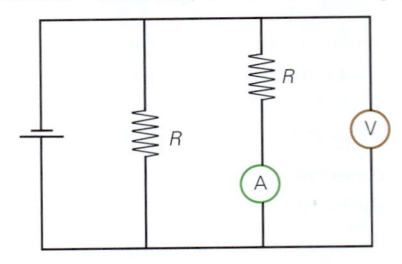

Se a marcação em A é de 2,0 A, a marcação em V é igual a:

a) 2,0 V

b) 4,0 V

c) 10 V

d) 20 V

e) 40 V

24. (Fuvest-SP) São dados dois fios de cobre de mesma espessura e uma bateria de resistência interna desprezível em relação às resistências dos fios. O fio A tem comprimento c e o fio B tem comprimento $2c$. Inicialmente, apenas o fio mais curto, A, é ligado às extremidades da bateria, sendo percorrido por uma corrente I. Em seguida, liga-se também o fio B, produzindo-se a configuração mostrada na figura a seguir.

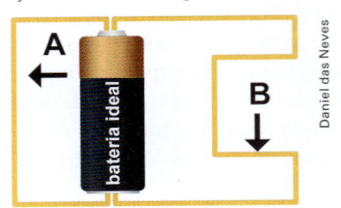

Daniel das Neves

Nessa nova situação, pode-se afirmar que:

a) a corrente no fio A é maior do que I.

b) a corrente no fio A continua igual a I.

c) as correntes nos dois fios são iguais.

d) a corrente no fio B é maior do que I.

e) a soma das correntes nos dois fios é I.

25. Numa rede residencial (127 V) foram ligados o chuveiro (5 500 W), o ferro de passar roupas (1 200 W) e um secador de cabelo (900 W), até que o disjuntor da casa desarmou. Calcule o valor da corrente elétrica no circuito da casa e explique por que isso aconteceu.

26. (Fuvest-SP) O circuito elétrico do enfeite de uma árvore de Natal é constituído de 60 lâmpadas idênticas (cada uma com 6 V de tensão e resistência de 30 Ω) e uma fonte de tensão de 6 V e potência de 18 W, que liga um conjunto de lâmpadas de cada vez, para produzir o efeito pisca-pisca.

Considerando que as lâmpadas e a fonte funcionam de acordo com as especificações fornecidas, calcule:

a) a corrente que circula através de cada lâmpada quando acesa.

b) o número máximo de lâmpadas que podem ser acesas simultaneamente.

27. Um motorista está conduzindo à noite um automóvel e liga seu sistema básico de iluminação. O sistema consiste de 2 faróis com lâmpadas de 35 W cada um, 2 lanternas traseiras com lâmpadas de 5 W cada uma e luz de placa de identificação com 2 lâmpadas de 5 W cada uma também. Considere a ddp da bateria de 12 V e determine a potência total de consumo do sistema, a intensidade da corrente elétrica total através do sistema e a resistência equivalente da associação.

28. (Fuvest-SP) Em uma aula de Física, os estudantes receberam duas caixas lacradas, C e C', cada uma delas contendo um circuito genérico, formado por dois resistores (R_1 e R_2), ligado a uma bateria de 3 V de tensão, conforme o esquema da figura abaixo.

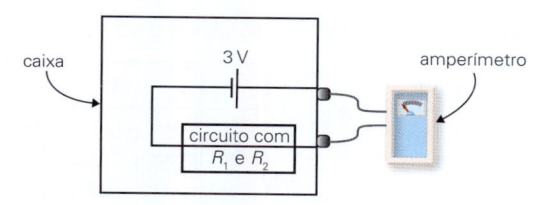

Das instruções recebidas, esses estudantes souberam que os dois resistores eram percorridos por correntes elétricas não nulas e que o valor de R_1 era o mesmo nas duas caixas, bem como o de R_2. O objetivo do experimento era descobrir como as resistências estavam associadas e determinar seus valores. Os alunos mediram as correntes elétricas que percorriam os circuitos das duas caixas, C e C', e obtiveram os valores $I = 0,06$ A e $I' = 0,25$ A, respectivamente.

a) Desenhe para cada caixa um esquema com a associação dos resistores R_1 e R_2.

b) Determine os valores de R_1 e R_2. Desconsidere a resistência interna do amperímetro.

29. (Fuvest-SP) No circuito da figura abaixo, a diferença de potencial, em módulo, entre os pontos A e B é de:

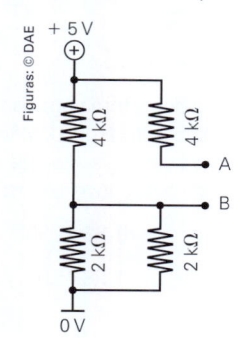

a) 5 V   c) 3 V   e) 0 V

b) 4 V   d) 1 V

30. (Fuvest-SP) No circuito a seguir, quando se fecha a chave S, provoca-se:

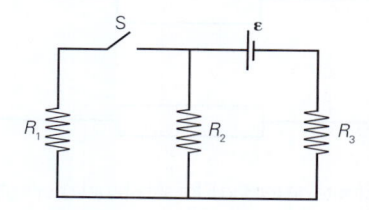

a) aumento da corrente que passa por R_2.

b) diminuição do valor da resistência R_3.

c) aumento da corrente em R_3.

d) aumento da voltagem em R_2.

e) aumento da resistência total do circuito.

31. (Cesgranrio-RJ) No circuito a seguir, cada resistência é igual a 1,0 Ω e o gerador é uma pilha de 1,5 V.

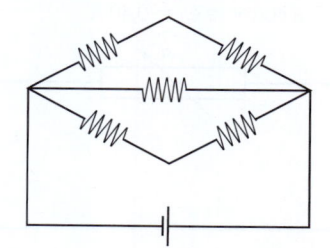

A corrente total estabelecida pelo gerador é:

a) 1,0 mA   c) 3,0 mA   e) 5,0 mA

b) 2,0 mA   d) 4,0 mA

32. (Vunesp-SP) Um amperímetro ideal A, um resistor de resistência R e uma bateria de fem ε e resistência interna desprezível estão ligados em série. Se uma segunda bateria, idêntica à primeira, for ligada ao circuito como mostra a linha tracejada da figura a seguir:

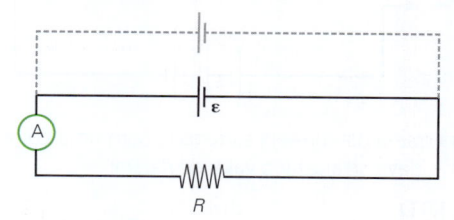

a) a diferença de potencial no amperímetro aumentará.

b) a diferença do potencial no amperímetro diminuirá.

c) a corrente pelo resistor aumentará.

d) a corrente pelo resistor não se alterará.

e) a corrente pelo resistor diminuirá.

Exercícios finais

33. (PUCC-SP) Uma fonte de tensão ideal F, cuja força eletromotriz é 12 volts, fornece uma corrente elétrica de 0,50 ampère para um resistor R, conforme indica o esquema a seguir.

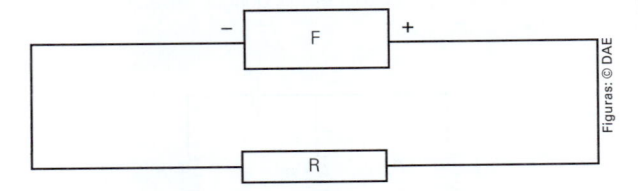

Se essa fonte de tensão F for substituída por outra, também de 12 volts, a corrente elétrica em R será de 0,40 ampère. A resistência interna da nova fonte de tensão é, em ohms, igual a:

a) 0,10   c) 1,2   e) 6,0

b) 0,60   d) 3,0

34. (Vunesp-SP) É dado o circuito a seguir, em que ε é uma bateria de fem desconhecida e resistência interna r também desconhecida e R é uma resistência variável. Verifica-se que, para $R = 0$, a corrente no circuito é $i_0 = 4,0$ A e, para $R = 13,5\ \Omega$, a corrente é $i = 0,40$ A.

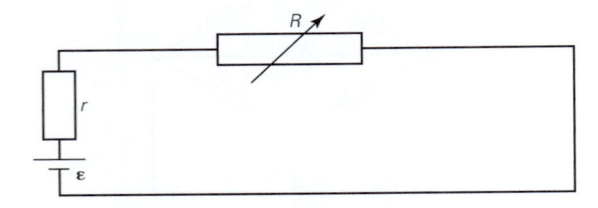

Calcule a fem ε da bateria e a sua resistência interna r.

35. (Cesgranrio-RJ) No circuito esquematizado a seguir, tem-se um gerador G, que fornece 60 V sob corrente de 8,0 A, uma bateria com fem de 12 V e resistência interna de 1,0 Ω, e um resistor variável R.

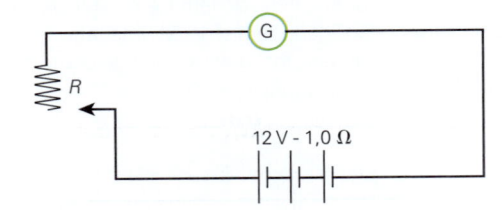

Para que a bateria seja carregada com uma corrente de 8,0 A, deve-se ajustar o valor de R para:

a) 1,0 Ω   d) 4,0 Ω

b) 2,0 Ω   e) 5,0 Ω

c) 3,0 Ω

36. Uma lanterna opera alimentada por uma pilha de fem igual a 1,5 V e resistência interna de 0,20 Ω. Determine a energia consumida por sua lâmpada ôhmica de resistência 1,0 Ω em 1,0 min.

37. (Fuvest-SP) Em uma aula de laboratório, os alunos determinaram a força eletromotriz ε e a resistência interna r de uma bateria. Para realizar a tarefa, montaram o circuito representado na figura abaixo e, utilizando o voltímetro, mediram a diferença de potencial V para diferentes valores da resistência R do reostato. A partir dos resultados obtidos, calcularam a corrente I no reostato e construíram a tabela apresentada a seguir.

(Note e adote: Um reostato é um resistor de resistência variável. Ignore efeitos resistivos dos fios de ligação do circuito.)

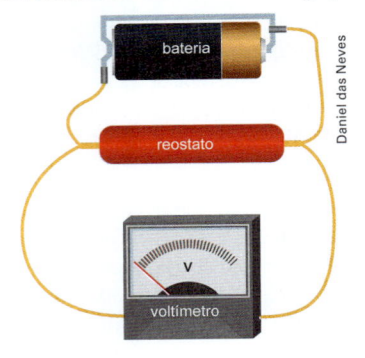

a) Complete a tabela com os valores da corrente I.

V (V)	R (Ω)	I (A)
1,14	7,55	0,15
1,10	4,40	
1,05	2,62	0,40
0,96	1,60	
0,85	0,94	0,90

b) Faça o gráfico de V em função de I.

c) Determine a força eletromotriz ε e a resistência interna r da bateria.

38. (Vunesp-SP) As companhias de eletricidade geralmente usam medidores calibrados em quilowatt-hora (kWh). Um kWh representa o trabalho realizado por uma máquina desenvolvendo potência igual a 1 kW durante 1 hora. Numa conta mensal de energia elétrica de uma residência com 4 moradores, leem-se, entre outros, os seguintes valores:

CONSUMO (kWh) – 300

TOTAL A PAGAR (R$) – 75,00

Cada um dos 4 moradores toma um banho diário, um de cada vez, num chuveiro elétrico de 3 kW. Se cada banho tem duração de 5 minutos, o custo ao final de um mês (30 dias) da energia consumida pelo chuveiro é de:

a) R$ 4,50   d) R$ 22,50

b) R$ 7,50   e) R$ 45,00

c) R$ 15,00

39. (Fuvest-SP) A figura adiante mostra um circuito construído por um gerador ideal e duas lâmpadas incandescentes A e B, com resistências R e $2R$, respectivamente, e no qual é dissipada a potência P.

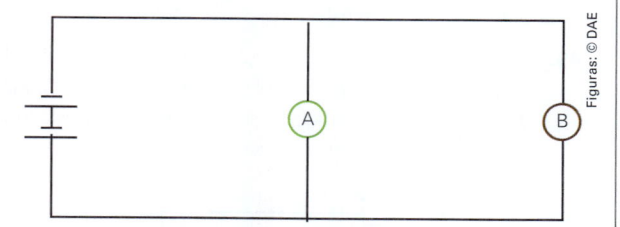

Figuras: © DAE

Num dado instante, a lâmpada B queima-se. A potência que passará a ser dissipada pelo sistema será igual a:

a) $\dfrac{P}{2}$

d) $3\,\dfrac{P}{2}$

b) $2\,\dfrac{P}{3}$

e) $2P$

c) P

40. (Uerj) O gráfico mostra a variação da corrente eficaz, em ampères, de um aquecedor elétrico que operou sob tensão eficaz de 120 V, durante 400 minutos.

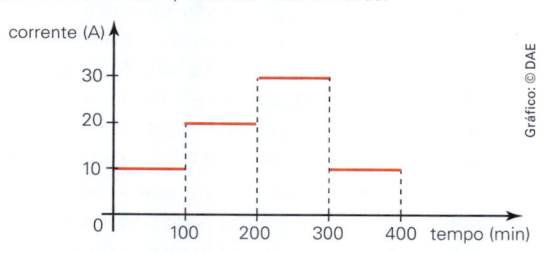

Gráfico: © DAE

a) Se o custo da energia elétrica é de 20 centavos de real por quilowatt-hora, determine o custo, em reais, da energia cedida ao aquecedor durante os 400 minutos indicados.

b) Se $\dfrac{1}{3}$ da energia total cedida ao aquecedor, nos primeiros 42 minutos de funcionamento, foi utilizada para aquecer 10 litros de água, determine a variação de temperatura da água. Utilize o calor específico da água como $4{,}2 \cdot 10^3$ J/kg °C.

41. (Unicamp-SP) Um forno de micro-ondas opera na voltagem de 120 V e corrente de 5,0 A. Colocaram-se neste forno 200 mL de água à temperatura de 25 °C. Para simplificar, adote 1,0 cal = 4,0 J.

a) Qual a energia necessária para elevar a temperatura da água a 100 °C?

b) Em quanto tempo esta temperatura será atingida?

42. (Ufes) Um aquecedor resistivo, de resistência $R = 5{,}5\ \Omega$, é incrustado em um imenso bloco de gelo, cuja temperatura é constante e igual a 0 °C. O aquecedor é mantido ligado por 32 segundos, através da chave S, a uma fonte de força eletromotriz $\varepsilon = 110$ V, como mostra a figura a seguir. A chave é, então, desligada, após decorrido esse intervalo de tempo.

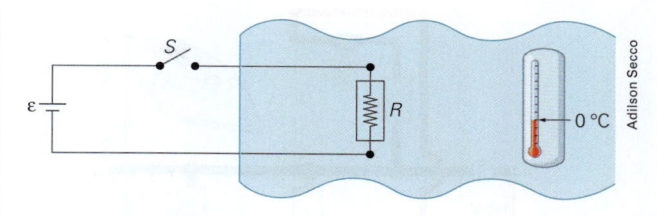

Adilson Secco

Sabendo-se que o calor latente de fusão do gelo é 80 cal/g e considerando-se que 1 cal vale aproximadamente 4 joules, a quantidade de gelo derretido é

a) 2 gramas.

d) 220 gramas.

b) 8 gramas.

e) 880 gramas.

c) 55 gramas.

43. (Fuvest-SP) No medidor de energia elétrica usado na medição do consumo de residências, há um disco, visível externamente, que pode girar. Cada rotação completa do disco corresponde a um consumo de energia elétrica de 3,6 watt-hora. Mantendo-se, em uma residência, apenas um equipamento ligado, observa-se que o disco executa uma volta a cada 40 segundos. Nesse caso, a potência "consumida" por esse equipamento é de, aproximadamente:

(A quantidade de energia elétrica de 3,6 watt-hora é definida como aquela que um equipamento de 3,6 W consumiria se permanecesse ligado durante 1 hora.)

a) 36 W

d) 324 W

b) 90 W

e) 1 000 W

c) 144 W

44. (Vunesp-SP) Duas pilhas idênticas, de fem 1,5 volt cada uma e resistência interna desprezível, são ligadas como mostra a figura adiante.

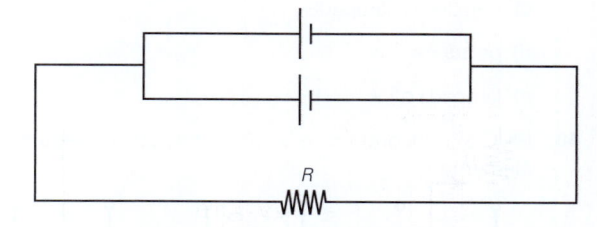

Que energia deverá fornecer cada pilha para que uma quantidade de carga de 120 coulombs passe pelo resistor de resistência R?

45. Dois chuveiros elétricos têm potências $P_1 = 5{,}0$ kW e $P_2 = 6{,}0$ kW quando ligados à tomada com tensão de 220 V. Esses dispositivos são essencialmente resistores ôhmicos. Em uma residência com dois banheiros, qual será a potência total consumida pelos dois chuveiros ligados simultaneamente em paralelo? E se a ligação for em série?

46. (Fuvest-SP) Um circuito doméstico simples, ligado à rede de 110 V e protegido por um fusível F de 15 A, está esquematizado adiante.

Exercícios finais

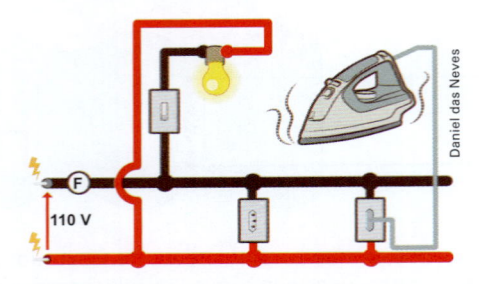

A potência máxima de um ferro de passar roupas que pode ser ligado, simultaneamente, a uma lâmpada de 150W, sem que o fusível interrompa o circuito, é aproximadamente de:

a) 1100 W   c) 1650 W   e) 2500 W

b) 1500 W   d) 2250 W

47. (Fuvest-SP) No circuito elétrico residencial a seguir esquematizado, estão indicadas, em watts, as potências dissipadas pelos seus diversos equipamentos. O circuito está protegido por um fusível, F, que funde quando a corrente ultrapassa 30 A, interrompendo o circuito.

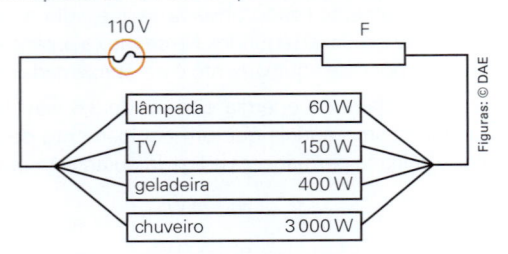

lâmpada	60 W
TV	150 W
geladeira	400 W
chuveiro	3 000 W

Que outros aparelhos podem estar ligados ao mesmo tempo que o chuveiro elétrico sem "queimar" o fusível?

a) geladeira, lâmpada e TV.

b) geladeira e TV.

c) geladeira e lâmpada.

d) geladeira.

e) lâmpada e TV.

48. (PUC-SP) Encontram-se à sua disposição os seguintes elementos.

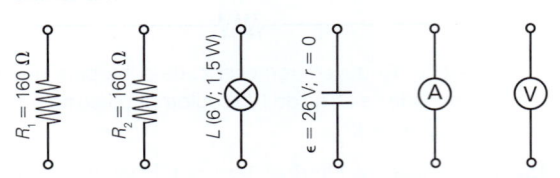

De posse desses elementos monte um circuito de tal forma que:

a) a lâmpada funcione de acordo com suas especificações;

b) o amperímetro ideal registre a corrente que passa pela lâmpada;

c) o voltímetro ideal indique a queda de potencial na resistência equivalente à associação de R_1 e R_2.

É importante que você comente e justifique a montagem de um circuito, através de uma sequência lógica de ideias. Desenvolva todos os cálculos necessários. Não se esqueça de justificar também o posicionamento dos aparelhos, bem como suas leituras.

49. (UFSC) Numa rede elétrica, submetida a uma tensão de 110 V, foi instalado um fusível de 30 A. Quantas lâmpadas de 100 W poderão ser ligadas simultaneamente nesta rede sem risco de queimar o fusível?

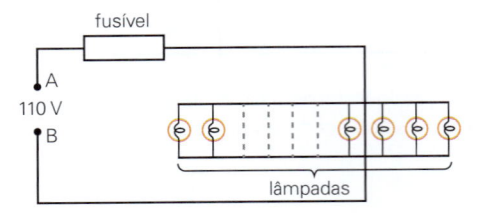

50. (Fuvest-SP) A figura abaixo representa, de forma esquemática, a instalação elétrica de uma residência, com circuitos de tomadas de uso geral e circuito específico para um chuveiro elétrico. Nessa residência, os seguintes equipamentos permaneceram ligados durante 3 horas a tomadas de uso geral, conforme o esquema da figura: um aquecedor elétrico (Aq) de 990 W, um ferro de passar roupas de 980 W e duas lâmpadas, L_1 e L_2, de 60 W cada uma. Nesse período, além desses equipamentos, um chuveiro elétrico de 4 400 W, ligado ao circuito específico, como indicado na figura, funcionou durante 12 minutos. Para essas condições, determine:

(Note e adote: A tensão entre fase e neutro é 110 V e, entre as fases, 220 V. Ignorar perdas dissipativas nos fios. O símbolo ● representa o ponto de ligação entre dois fios.)

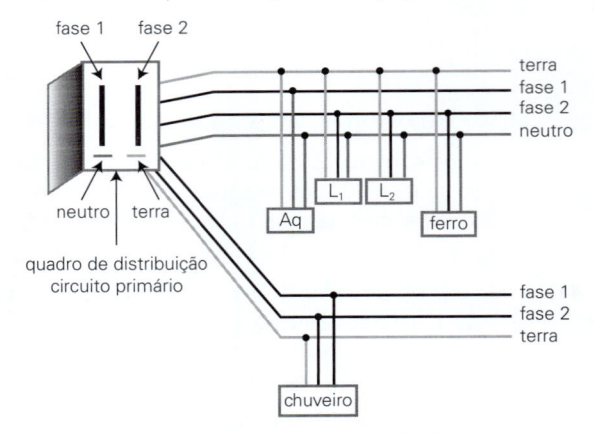

a) a energia total, em kWh, consumida durante esse período de 3 horas;

b) a corrente elétrica que percorre cada um dos fios fase, no circuito primário do quadro de distribuição, com todos os equipamentos, inclusive o chuveiro, ligados;

c) a corrente elétrica que percorre o condutor neutro, no circuito primário do quadro de distribuição, com todos os equipamentos, inclusive o chuveiro, ligados.

Pesquise, proponha e debata

Conta de consumo de energia elétrica

Vamos investigar a conta de consumo de energia elétrica de sua residência e compreender em detalhes as tarifas e os impostos cobrados pela concessionária responsável pelo fornecimento. Para tanto, será necessário providenciar uma conta de luz dos últimos meses.

Analise a conta e responda às perguntas a seguir no caderno. No fim desta atividade, você vai conhecer melhor o consumo de energia elétrica de sua família e poderá pensar em estratégias para economizar.

1. A conta é referente a que mês e ano? Qual foi o consumo de energia elétrica nessa data?

2. Qual foi a data-limite para pagamento sem multas? E o valor total a pagar até a data do vencimento?

3. Qual foi o valor do imposto cobrado (ICMS)? E o valor pago pelo consumo faturado?

4. Qual foi a tarifa (preço) cobrada por 1 kWh? E o valor efetivo pago por unidade de consumo de energia elétrica?

5. Qual foi a média diária do consumo de energia elétrica na residência? E o valor médio diário pago pela energia elétrica?

6. Analise o gráfico do histórico de consumo e indique em quais meses ocorreram maior e menor consumo de energia elétrica. Apresente hipóteses para justificar essa diferença.

Medidor de consumo de energia elétrica, popularmente chamado de relógio de luz.

Pilhas e baterias caseiras

Vimos que para construir uma pilha, basta que dois metais com diferentes afinidades eletrônicas sejam mergulhados em meio ácido ou alcalino.

MATERIAL

- 4 limões ou 4 batatas
- 4 clipes para papel ou 4 pregos
- 4 pedaços de fio de cobre sem a cobertura esmaltada ou plástica
- 1 lâmpada tipo pingo-d'água de 3 V com soquete ou 1 LED

- copos descartáveis pequenos para serem usados como suporte
- fio tipo cabinho
- estilete
- lixa
- multímetro

ROTEIRO E QUESTÕES

Como construir uma pilha e uma bateria caseiras?

- Você pode cortar os limões e as batatas ao meio ou usá-los inteiros.
- Usando a lixa ou estilete retire a cobertura esmaltada ou a capa plástica do fio de cobre.
- Espete dois metais diferentes (pedaços de fio de cobre e dos clipes ou pregos) nos vegetais, de forma que não fiquem encostados.
- Selecione a função correspondente a tensão contínua no multímetro, encoste as pontas do equipamento nos terminais da pilha caseira e faça a leitura da tensão.
- Seu resultado foi igual às medidas obtidas por outros colegas? O que pode ter causado as diferenças de valores?
- Para produzir uma bateria, basta fazer uma associação em série com duas ou mais pilhas.
- Depois de montar um conjunto capaz de gerar tensão próxima a 3 V, ligue sua bateria à lâmpada ou ao LED (fique atento à polaridade desse componente eletrônico!).

Pilha de limão e batata.

Fotos: Dotta

Bateria feita com as associações de pilhas de limão.

Labirinto elétrico

Nesta atividade os conhecimentos relacionados aos circuitos mistos serão utilizados para realizar um desafio eletrizante.

MATERIAL

- Pedaço de isopor ou tampa de caixa de papelão
- Fios do tipo cabinho
- 1 suporte para 2 pilhas do tipo AA
- 2 pilha de 1,5 V do tipo AA
- 1 LED de alto brilho
- 1 minissirene de 3 V com sinal contínuo

- 1 mini-interruptor do tipo SPST (2 pinos)
- Arame flexível
- Ferro de soldar
- Estanho para solda
- Estilete
- Fita adesiva ou cola para isopor

ROTEIRO

Como construir uma pilha e uma bateria caseiras?

A tampa da caixa de sapato ou a placa de isopor devem ser utilizadas como suporte para a montagem. O arame flexível será usado para confeccionar a argola com cabo e o labirinto metálico.

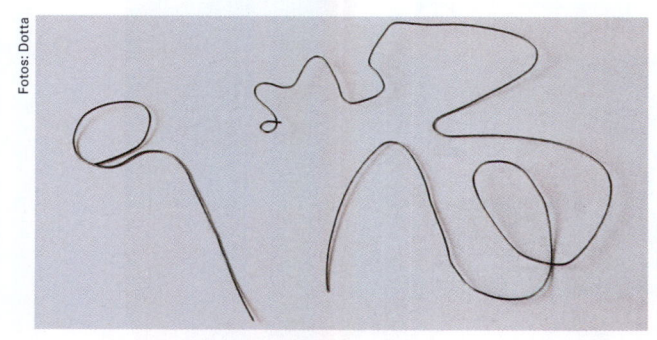

Fotos: Dotta

Partes do arranjo experimental.

Com o ferro de soldar aquecido, o estanho e os fios, faça as ligações dos componentes eletrônicos conforme esquematizado na figura. Comece conectando o fio vermelho (que já vem conectado ao suporte para pilhas no polo positivo) a um dos pinos do mini-interruptor e deixe o fio preto (que também está conectado ao suporte para pilhas no polo negativo) solto.

Não se esqueça de retirar a capa plástica das extremidades dos fios antes de fazer as conexões. Atenção também para a polaridade do LED e da sirene: as hastes maiores correspondem aos polos positivos e as menores, aos negativos.

Para finalizar a montagem, conecte o fio solto da sirene no labirinto metálico e o fio solto do suporte da pilha no cabo da argola. Se necessário, aumente o tamanho do fio para facilitar a mobilidade do conjunto.

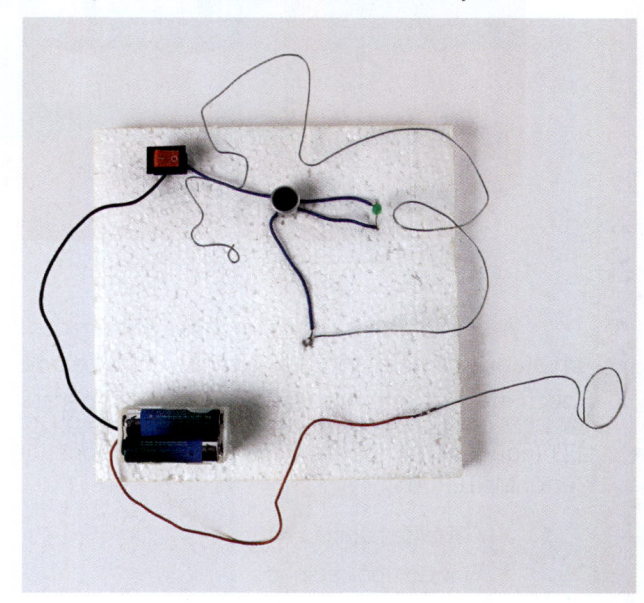

Arranjo experimental finalizado.

Sua montagem está pronta! Agora é hora de ligar o interruptor e iniciar o desafio.

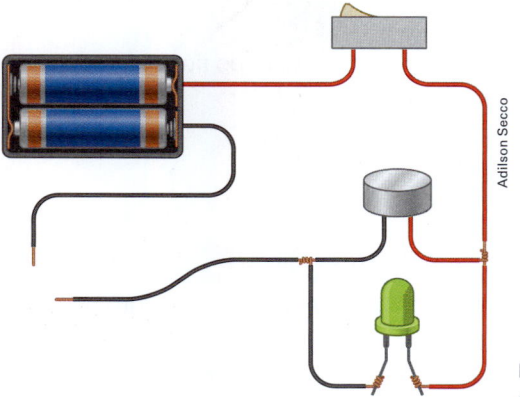

Adilson Secco

Esquema da montagem do experimento, com as conexões entre os componentes eletrônicos.

Instalação elétrica residencial

A proposta desta atividade é elaborar uma **maquete** com a instalação elétrica das lâmpadas de uma casa que tenha estrutura similar à representada na figura.

Estúdio de Bolso

Sugestão de estrutura da maquete.

A sala deve ter duas lâmpadas conectadas a dois interruptores que possam ligá-las ou desligá-las simultaneamente e dispostas em diferentes paredes. Os outros cômodos devem ter apenas uma lâmpada conectada a um interruptor. Além disso, será necessário acrescentar uma chave geral, localizada no quadro de distribuição de energia elétrica, pela qual se pode ligar e desligar todo o conjunto.

MATERIAIS:

- Caixa de papelão
- Fios do tipo cabinho
- 1 suporte para 2 pilhas do tipo D
- 2 pilhas de 1,5 V do tipo D
- 5 lâmpadas de 3 V com soquetes
- 4 mini-interruptores do tipo SPST (2 pinos)

- 2 mini-interruptores do tipo SPDT (3 pinos)
- Ferro de soldar
- Estanho para solda
- Estilete
- Fita adesiva
- Supercola

Desenhar o projeto do circuito no papel é uma boa forma de começar o desenvolvimento da proposta. É importante solicitar ao professor a avaliação do projeto antes de iniciar a montagem. Caso seja desejável ampliar a casa ou desenvolver outros ambientes, também é possível, basta usar a imaginação e verificar a possibilidade de fazer o circuito desejado.

PROPRIEDADES MAGNÉTICAS DA MATÉRIA

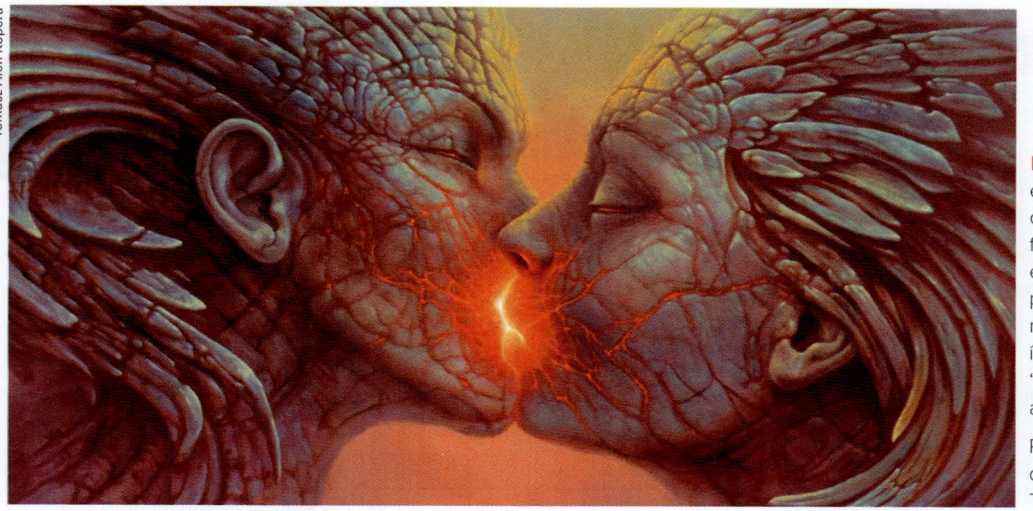

Tomasz Alen Kopera

Figura 3.1: Há muita especulação sobre a origem da palavra **imã**. Em francês e em espanhol, ela significa amante. Isso pode parecer estranho, mas durante certa época os ímãs eram tratados como "pedras amantes", pois atraíam uns aos outros.

Pintura surrealista do artista polonês Tomaz Alen Kopera.

1. Ímãs e bússolas

O desejo do saber científico relacionado aos ímãs está presente em diversos gêneros literários e é responsável pelos mais variados anseios e sensações. Por exemplo, Gabriel García Márquez, em seu livro *Cem anos de solidão*, conta a história de José Arcadio Buendía, que em sua cidadezinha, longe de tudo, alimentava a curiosidade científica analisando e estudando inovações trazidas pelos ciganos de lugares que, segundo ele, eram o futuro, o ideal, onde o novo acontecia.

> Primeiro trouxeram o imã. [...] [Melquíades] fez uma truculenta demonstração pública daquilo que ele mesmo chamava de a oitava maravilha dos sábios alquimistas da Macedônia. Foi de casa em casa arrastando dois lingotes metálicos, e todo mundo se espantou ao ver que os caldeirões, os tachos, as tenazes e os fogareiros caíram do lugar [...]. "As coisas têm vida própria [...] tudo é questão de despertar sua alma."

> MÁRQUEZ, Gabriel García. *Cem anos de solidão*. 39. ed. Rio de Janeiro: Record, 1994. p. 8.

Zuma Press/Easypix Brasil

Figura 3.2: Magneto, personagem da Marvel Comics, é um mutante que pode controlar qualquer tipo de metal e tem o poder de manipular campos magnéticos.

A magia dos fenômenos científicos, assim como suas explicações, encanta a todos. Relatos mais antigos sobre os ímãs, encontrados em manuscritos gregos, contam as maravilhas de um minério de ferro descoberto por um grupo de peregrinos. Uma das evidências indicativas do poder dessa pedra, considerado sobrenatural, era a atração de sucessivos anéis de ferro sem nenhuma explicação visível. Assim Sócrates escreveu:

> Há uma divindade contida na pedra que produz os movimentos que Eurípedes chama de imã [...] Essa pedra não somente atrai anéis de ferro, mas também dá a eles um poder similar de atrair outros anéis [...] e o poder de suspensão de cada um deles deriva da pedra. De modo similar, uma Musa primeiro inspira ela própria alguns homens, e a partir deles uma série de outras pessoas são suspensas, adquirem a inspiração.

> In: TAYLOR, Lloyd W. *Physics*. The pioneer science – Light, electricity. New York: Dover Publications, 1941. v. II, p. 578. (Tradução dos autores).

Dr. Albert. J. Copley/Visuals Unlimited/Corbis/Fotoarena

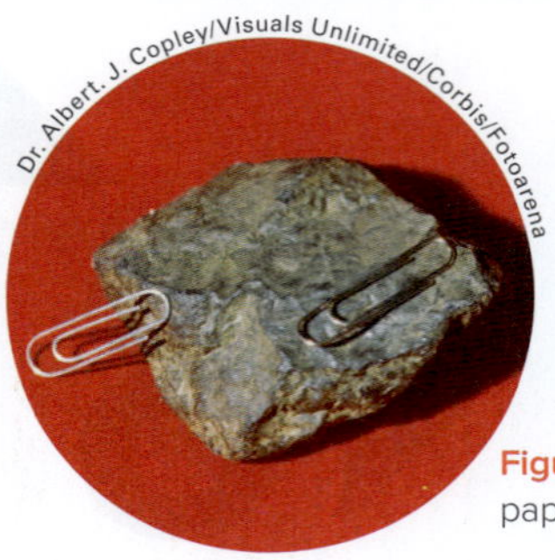

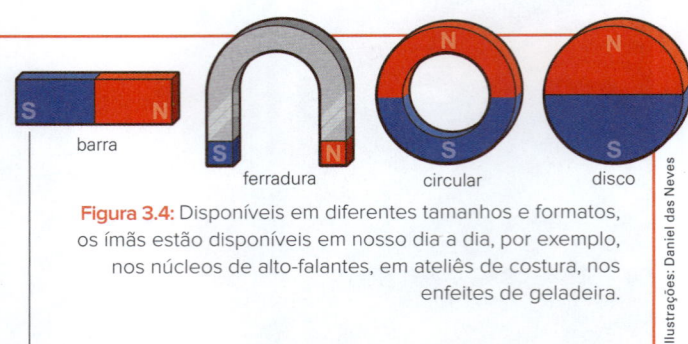

Você já deve ter brincado com ímãs. Eles são muito interessantes, pois interferem uns nos outros sem se tocarem. Podem atrair outros objetos e nada parece deter sua capacidade de "puxar" e "empurrar" uns aos outros (Figura 3.3).

Figura 3.3: O minério de magnetita é um ímã natural capaz de atrair clipes de papel, que adquirem propriedades magnéticas e atraem outros clipes.

Explorando o assunto

Para explorar as propriedades magnéticas dos ímãs, reúna os seguintes materiais:

- Ímãs em geral (Figura 3.4)
- Clipes de papel
- Objetos em geral

Explore-os livremente, mas tente formular perguntas objetivas e testar hipóteses para respondê-las. Por exemplo:

1. Ímãs atraem todos os tipos de corpo?
2. Ímãs atraem todos os metais?
3. Ímãs atraem ímãs? Em quais condições?
4. Ímãs repelem ímãs? Em quais condições?

S
N
barra
S
N
ferradura
N
S
circular
N
S
disco

Figura 3.4: Disponíveis em diferentes tamanhos e formatos, os ímãs estão disponíveis em nosso dia a dia, por exemplo, nos núcleos de alto-falantes, em ateliês de costura, nos enfeites de geladeira.

Ilustrações: Daniel das Neves

5. Existe alguma forma de impedir que um ímã atraia outro?
6. Um objeto pode se tornar um ímã? Quantos clipes de papel podem ser pendurados num mesmo ímã?

S
N
$\vec{F}$
$\vec{F'}$
S
N
$\vec{F}$
S
N
N
S
$\vec{F'}$

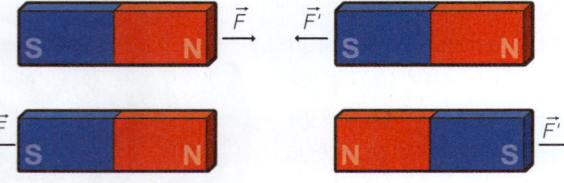

Figura 3.5: As forças que atuam nos ímãs são originadas de uma interação, portanto, de um par ação-reação.

O que torna um ímã um objeto intrigante é o fato de ele ser capaz de atrair outros corpos e interagir com outros ímãs. Se você já explorou os ímãs, deve ter percebido que eles podem atrair vários objetos – clipes, alfinetes, palhas de aço – e são capazes tanto de atrair como de repelir outros ímãs, dependendo da posição em que se encontram.

Chamamos as extremidades de um ímã de polos (Figura 3.5). Se desfizermos uma palha de aço e a colocarmos em contato com um ímã em forma de barra, observaremos que os fragmentos são mais fortemente atraídos por essas regiões extremas, ou seja, pelos polos do ímã (Figura 3.6). O mesmo ocorre se colocarmos um ímã numa caixa de pregos. Ao ser retirado, os pregos estarão grudados em seus polos.

Chamamos de **magnetismo** o campo da Física que descreve e interpreta as propriedades magnéticas da matéria.

Dotta

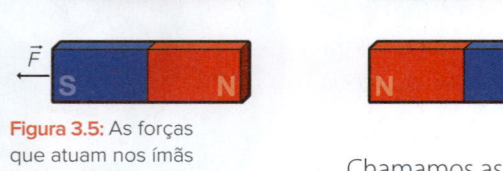

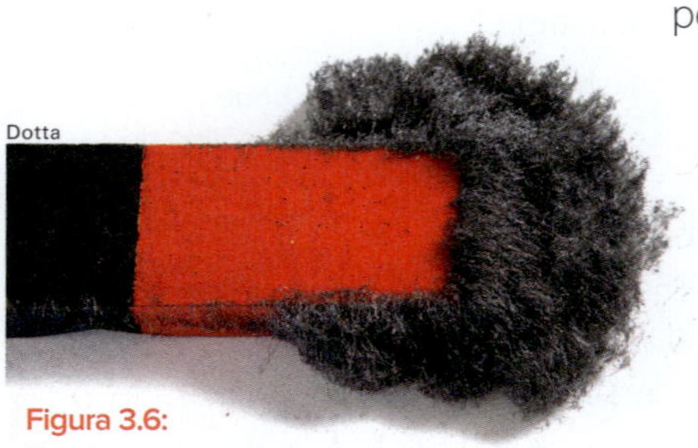

Figura 3.6: Fragmentos de palha de aço sendo atraídos pelo polo de um ímã em forma de barra.

1.1. Imantação

Em geral, utilizam-se os termos **imantação** ou **magnetização** como forma de dizer que um corpo adquiriu propriedades, temporárias ou permanentes, de um ímã.

Embora a lista seja grande, a maioria desses objetos tem ferro em sua composição. Assim, como uma primeira classificação, definimos como:

- **ferromagnéticos**: materiais fortemente atraídos por ímãs;
- **não ferromagnéticos**: materiais que não são fortemente atraídos por ímãs.

Mais adiante, detalharemos outros tipos de material.

1.2. Monopolo magnético?

Se você brincou muito com ímãs, pode ser que já tenha quebrado algum deles. Se nunca quebrou, ainda é tempo! Não entenda mal nosso convite: não se trata de "vandalismo científico", mas de fazer um experimento. Porém, podemos usar a criatividade e a imaginação e quebrar, pelo menos simbolicamente, um ímã.

O que você acha que aconteceria se quebrássemos o ímã longitudinalmente? Será que obteríamos um ímã com um único polo? E se o quebrássemos na transversal em vários pedaços? O que obteríamos?

Quando partimos um ímã em dois pedaços, temos dois novos ímãs. Isso não é surpreendente? Vamos colocar o problema em outros termos: um ímã tem pelo menos dois polos: norte e sul. Se por algum motivo quisermos separar o polo norte do polo sul, perceberemos que isso é impossível (Figura 3.7).

Figura 3.7: Independentemente de quantas subdivisões fizermos, seja na transversal, seja na longitudinal, é impossível separar os polos de um ímã.

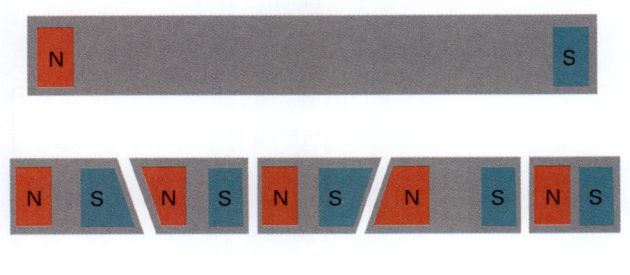

corte transversal

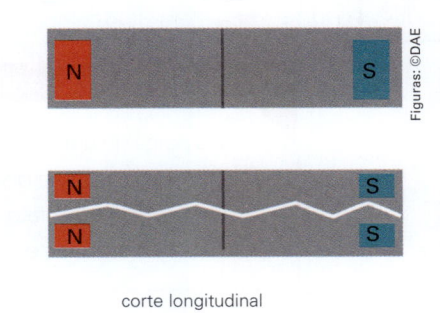
corte longitudinal

Figuras: ©DAE

1.3. Interação de ímãs e bússolas

Se você já teve a oportunidade de manipular ímãs, as afirmações apresentadas não devem ter lhe causado estranheza. Mas algo que nem sempre percebemos é que eles têm tudo a ver com bússolas.

Ao longo dos séculos, encontramos diversos estudiosos que, ao descreverem como iniciaram sua relação com o conhecimento científico, demonstram seu encantamento com ímãs e bússolas. Por exemplo, o físico Albert Einstein (1879-1955) conta, em suas *Notas autobiográficas*, sua estranheza diante da experiência com uma bússola. No original, em alemão, ele escreve sua reação com a palavra *wundern*, que pode ser traduzida como "milagre":

Jim Barber/Corbis/Fotoarena

> Aos 4 ou 5 anos, experimentei esse sentimento quando meu pai mostrou-me uma bússola. O fato de a agulha comportar-se de uma certa forma não se encaixava entre os tipos de ocorrências que podiam ser colocados no mundo inconsciente dos conceitos (eficácia produzida pelo "toque" direto). Lembro-me ainda – ou pelo menos creio que me lembro – que essa experiência causou-me uma impressão profunda e duradoura. Devia haver algo escondido nas profundezas das coisas.
>
> EINSTEIN, Albert. *Notas autobiográficas*. Trad. Aulyde S. Rodrigues. 4. ed. Rio de Janeiro: Nova Fronteira, 1982. p. 9.

Você já deve ter visto uma bússola e saber que ela foi um dos primeiros equipamentos usados para localização (Figura 3.8). Mas talvez você ainda não saiba que bússolas são constituídas de um pequeno ímã em forma de agulha montado numa estrutura de modo a não receber muito atrito do suporte que o mantém.

zodebala/iStockphoto.com

Figura 3.8: Bússola analógica e bússola digital.

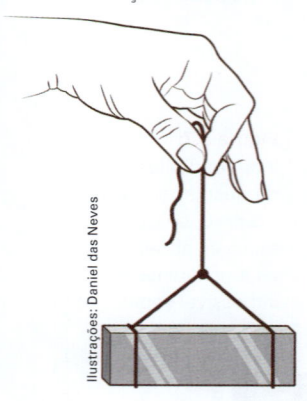

Figura 3.9: Um ímã pendurado se orienta na direção norte-sul.

Por exemplo, ao amarrarmos um ímã, de preferência em forma de barra e comprido, em uma linha e o pendurarmos de forma que possa se movimentar livremente, ele se orientará na direção norte-sul do lugar. A região do ímã voltada para o norte geográfico é o polo norte do ímã e a outra é seu polo sul (Figura 3.9).

Por ser magnética, uma bússola pode sofrer interferência de outros ímãs, por isso ela somente apontará para a direção norte-sul se não houver ímãs em suas proximidades (Figura 3.10).

Não é difícil entender por que as bússolas eram tão bem protegidas no início da Era das Navegações, nos séculos XV e XVI. Elas podiam perder a imantação ou ser atraídas por outros ímãs e metais colocados em suas proximidades.

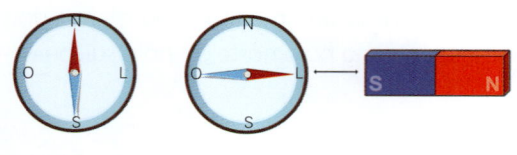

Figura 3.10: Quando livres de quaisquer interferências, as bússolas apontam para o norte. Se houver interferências externas, como a presença de um ímã, elas terão seu comportamento alterado.

Explorando o assunto

Os polos de um ímã recebem os nomes norte e sul pelo fato de a agulha de uma bússola apontar para o norte e o sul geográficos da Terra.

Pensando nesse fato, reflita: se a Terra puder ser considerada um ímã, onde estão os polos magnéticos norte e sul do planeta?

Exercícios resolvidos

1. Imagine um ímã em barra colocado próximo a uma esfera de ferro.

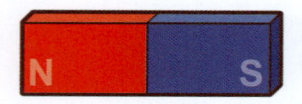

Com relação à figura, qual(is) afirmação(ões) é (são) verdadeira(s)?

I. A esfera deverá ficar imantada.

II. A esfera será atraída pelo ímã.

III. A esfera não será atraída nem repelida pelo ímã.

IV. A força com que o ímã é atraído pela esfera é mais intensa do que a força com que a esfera é atraída pelo ímã.

V. Se a esfera tocar no ímã, ficará imantada também.

VI. Se a esfera for feita de cobre ou alumínio, não será atraída nem repelida pelo ímã.

Somente as afirmações II e VI são corretas. A proximidade da esfera com o ímã não fará com que ela fique imantada. As forças com que a esfera e o ímã se atraem constituem um par de ação e reação, tendo a mesma intensidade.

2. Se uma bússola for aproximada de um prego, como mostra a figura, ela:

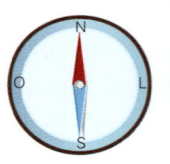 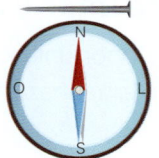

a) deverá imantar o prego.

b) sofrerá um desvio de sua direção original.

c) fará com que o prego se oriente na mesma direção dela.

d) não interagirá com o prego.

e) atrairá o prego com uma força de pequena intensidade.

Alternativa e. Como o prego tem ferro em sua composição, existe uma interação entre ele e a bússola. Quanto à orientação, o prego poderá se alinhar com a bússola somente se estiver suspenso por seu centro de massa e livre de qualquer atrito. A agulha da bússola não sofrerá movimento algum, pois, por causa da interação com o prego, sua orientação original não é afetada.

3. "A agulha de uma bússola nada mais é que um ímã cujo polo norte sempre aponta para o norte magnético da Terra." Comente essa sentença.

A afirmação está errada, pois o polo norte da agulha magnética (imantada) aponta para o polo sul magnético da Terra, localizado na região do Polo Norte geográfico do planeta.

1. (UFSM-RS) Considere as afirmações a seguir, a respeito de ímãs.

I. Convencionou-se que o polo norte de um ímã é aquela extremidade que, quando o ímã pode girar livremente, aponta para o norte geográfico da Terra.

II. Polos magnéticos de mesmo nome se repelem e polos magnéticos de nomes contrários se atraem.

III. Quando se quebra, ao meio, um ímã em forma de barra, obtêm-se dois novos ímãs, cada um com apenas um polo magnético.

Está(ão) correta(s)

a) apenas I.

b) apenas II.

c) apenas III.

d) apenas I e II.

e) apenas II e III.

2. Aproximando-se um ímã de uma bolinha de alumínio, observa-se que a bolinha:

a) é repelida pelo polo sul e atraída pelo polo norte.

b) é atraída pelo polo sul e repelida pelo polo norte.

c) é repelida pela região compreendida entre os polos.

d) é atraída por qualquer dos polos.

e) não é atraída nem repelida por qualquer dos polos.

3. (Ufscar-SP) Duas bússolas são colocadas bem próximas sobre uma mesa, sob influência exclusiva de suas próprias agulhas.

Assinale qual dos esquemas representa uma configuração de repouso estável, possível, das agulhas dessas bússolas.

a)
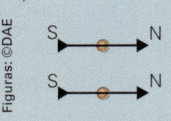

d)
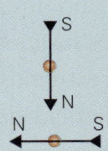

b)
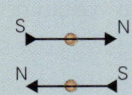

e)
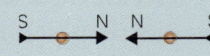

c)
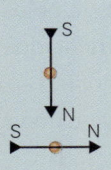

4. (Ufal) Uma peça em forma de U, imantável mas inicialmente desmagnetizada, fica um dia inteiro encostada num ímã em forma de barra, como indica o esquema a seguir.

Após separar-se a peça do ímã, mantém-se o ímã próximo da peça em três posições relativas, indicadas em I, II e III.

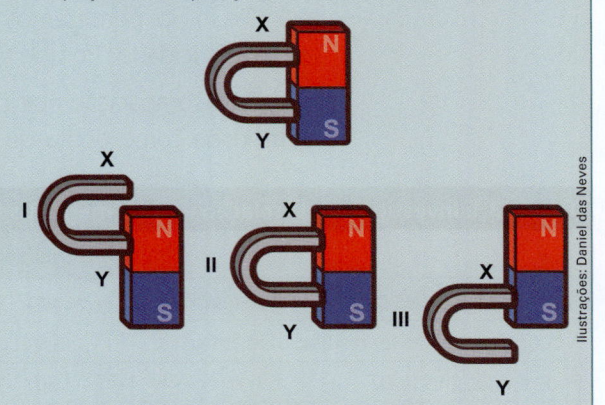

Nas posições indicadas nos esquemas, o ímã e a peça estão se repelindo somente em:

a) I b) II c) III d) I e II e) I e III

5. (Ufscar-SP) Um menino encontrou três pequenas barras homogêneas e, brincando com elas, percebeu que, dependendo da maneira como aproximava uma da outra, elas se atraíam ou se repeliam. Marcou cada extremo das barras com uma letra e manteve as letras sempre voltadas para cima, conforme indicado na figura.

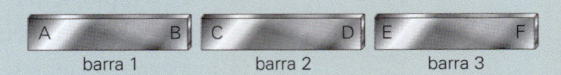

Passou, então, a fazer os seguintes testes:

I. Aproximou o extremo B da barra 1 com o extremo C da barra 2 e percebeu que ocorreu atração entre elas.

II. Aproximou o extremo B da barra 1 com o extremo E da barra 3 e percebeu que ocorreu repulsão entre elas.

III. Aproximou o extremo D da barra 2 com o extremo E da barra 3 e percebeu que ocorreu atração entre elas.

Verificou, ainda, que, nos casos em que ocorreu atração, as barras ficaram perfeitamente alinhadas. Considerando que em cada extremo das barras, representado por qualquer uma das letras, possa existir um único polo magnético, o menino concluiu, corretamente, que:

a) as barras 1 e 2 estavam magnetizadas e a barra 3, desmagnetizada.

b) as barras 1 e 3 estavam magnetizadas e a barra 2, desmagnetizada.

c) as barras 2 e 3 estavam magnetizadas e a barra 1, desmagnetizada.

d) as barras 1, 2 e 3 estavam magnetizadas.

e) necessitaria de mais um único teste para concluir sobre a magnetização das três barras.

2. Uma visão microscópica do magnetismo

Até aqui discutimos como ímãs e bússolas interagem entre si. Atribuímos esse comportamento a uma propriedade chamada magnetismo. Mas o que é o magnetismo? A seguir, vamos começar a responder a essa pergunta, mas não concluiremos nossa resposta neste capítulo, e sim no Capítulo 4.

De início, pensaremos nas relações que o magnetismo tem com a eletricidade. Por que a eletricidade? Porque parece haver semelhança entre elas. Veja na Tabela 3.1.

Essa comparação nos indica que podemos empregar nossos conhecimentos acerca da eletricidade como ponto de partida para entender o magnetismo. Vejamos também o trecho transcrito de *A evolução da Física*, de Albert Einstein e Leopold Infeld, escrito em 1938. Trata-se de um livro de divulgação científica em que os autores discutem o que pode ser entendido por magnetismo com base na observação do comportamento de ímãs. No trecho, dois experimentos são descritos: (1) a atração e a repulsão de ímãs, e (2) a impossibilidade do isolamento de um dos polos de um ímã.

Tabela 3.1: Investigação da relação entre o magnetismo e a eletricidade	Eletricidade	Magnetismo
Apresenta situações de atração e de repulsão?	sim	sim
A ocorrência pode ser resultado de atrito?	sim	não
Pode causar choques?	sim	não
Atrai reduzido número de materiais?	não	sim
Pode ser usado como bússola?	não	sim

Podemos tentar moldar uma teoria do magnetismo baseada na teoria dos fluidos elétricos. Isso é sugerido pelo fato de que aqui, como nos fenômenos eletrostáticos, temos atração e repulsão. Imaginem-se dois condutores esféricos possuindo cargas iguais, uma positiva e outra negativa. Aqui "iguais" significa ter o mesmo valor absoluto; $+5$ e -5, por exemplo, têm o mesmo valor absoluto. Admitamos que essas esferas sejam ligadas por meio de um isolante, tal como um bastão de vidro. Essa disposição pode ser esquematicamente representada por uma seta dirigida do condutor negativamente carregado para o condutor positivo. Chamaremos a todo o conjunto dipolo elétrico. É claro que dois dipolos como esses se comportariam exatamente como os ímãs da experiência (1).

Se imaginarmos a nossa invenção como um modelo de um ímã real, poderemos dizer, admitindo a existência de fluidos magnéticos, que um ímã nada mais é do que um dipolo magnético, tendo em seus extremos dois fluidos de tipos diferentes. Essa teoria simples, imitando a teoria da eletricidade, é adequada para uma explicação da primeira experiência. Haveria atração em uma das extremidades, repulsão na outra e um equilíbrio de forças iguais e opostas no meio.

Mas que dizer no tocante à segunda experiência? Quebrando o bastão de vidro no caso do dipolo elétrico, obtemos dois polos isolados. O mesmo deverá dar-se no caso da barra de ferro do dipolo magnético, contrariamente aos resultados da segunda experiência. Assim, essa contradição nos força a introduzir uma teoria algo mais sutil.

Em vez de nosso modelo anterior, podemos imaginar que o ímã consiste em polos magnéticos elementares muito pequenos, que não podem ser partidos em polos separados. A ordem reina no ímã em seu todo, pois todos os dipolos são orientados da mesma maneira. Vemos imediatamente por que o corte de um ímã ocasiona o aparecimento de dois polos novos nas novas extremidades, e por que essa nova teoria aprimorada explica os fatos tanto da experiência (1) como da experiência (2). [...]

EINSTEIN, Albert; INFELD, Leopold. *A evolução da Física*. Rio de Janeiro: Zahar, 1962. p. 71-72.

Sobre o texto de Einstein e Infeld, responda às seguintes perguntas.

1. No primeiro parágrafo do trecho transcrito, os autores descrevem uma situação envolvendo dois condutores com cargas de sinais opostos. Faça um desenho representando a situação e os dois polos (dipolo) elétricos.

2. E para os ímãs? Faça também um desenho representando a atração entre os dois polos (dipolo) magnéticos.

3. No fim do primeiro parágrafo, os autores afirmam: "É claro que dois dipolos como esses se comportariam exatamente como os ímãs da experiência". Mostre como isso é possível.

2.1. Domínios magnéticos

O magnetismo manifestado por alguns materiais deriva de propriedades em nível microscópico. Os compostos de ferro, por exemplo, possuem regiões em que os átomos apresentam relativa organização magnética. Essas regiões são chamadas **domínios magnéticos**.

Vimos que os polos de um ímã são indissociáveis, pois não podemos separar os polos norte e sul (ou dipolo magnético). Por isso, é comum representá-los por uma seta, na qual a ponta representa o polo norte, e a base, o polo sul.

A fotografia a seguir (Figura 3.11) foi obtida por meio de uma técnica especial, que permite visualizar as regiões de um material em que há manifestação magnética, ou seja, seus domínios.

Quando um ímã externo é aproximado do material, os dipolos dos domínios magnéticos no interior dele passam a ter outra configuração, organizando-se em razão dessa interação.

Cada figura a seguir representa o mesmo pedaço de ferro sob ação de efeitos magnéticos externos cada vez mais intensos, como se o ímã externo fosse trocado por um cada vez maior (Figura 3.12).

Observe a variação da estrutura dos domínios magnéticos no interior do corpo: as flechas pretas indicam a orientação da magnetização. Abaixo de cada figura, as flechas vermelhas indicam a orientação da magnetização resultante.

O aumento da organização dos domínios magnéticos é verificado pelo aumento da área de determinados domínios. O material da Figura 3.12, por exemplo, era inicialmente não magnetizado; foi submetido à ação de uma magnetização externa cada vez mais intensa, e os domínios com dipolos com a mesma orientação (para a direita) foram aumentados. Quanto mais perceptível a orientação de domínios nessa direção, maior a intensidade da magnetização do objeto. Observe, por último, que nem todos os domínios magnéticos são alinhados pela ação de um ímã externo; alguns ficam com áreas diminutas em relação à configuração inicial.

Figura 3.11: Fotomicrografia que permite a visualização dos domínios ferromagnéticos de um ferrofluido feito a partir de nanopartículas de ferro misturadas a um óleo e a outras substâncias surfactantes.

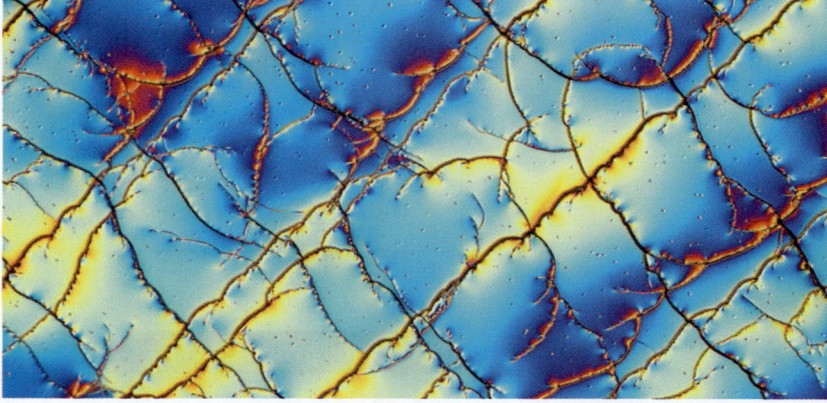

Alfred Pasieka/SPL/Latinstock

Figura 3.12: Variação dos domínios magnéticos por ação externa.

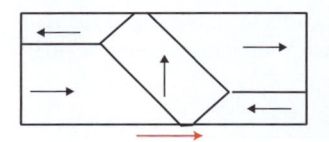

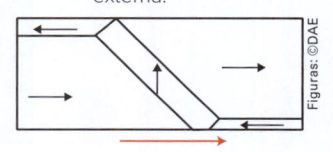

Figuras: ©DAE

Podemos usar dipolos como vetores: adicioná-los e subtraí-los. Por exemplo, nas figuras a seguir apresentamos um material ferromagnético em duas situações diferentes. Na primeira, em seu estado natural e, na segunda, com um ímã em suas proximidades.

A barra ferromagnética da Figura 3.13 possui vários domínios magnéticos que, no conjunto, não conferem efeito magnético ao objeto, tendo uma magnetização líquida, ou resultante, nula. Isso ocorre porque seus domínios magnéticos estão orientados ao acaso.

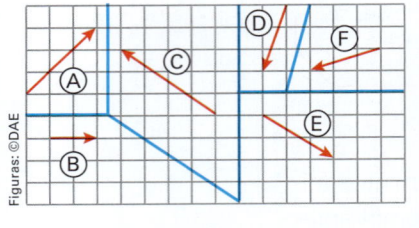
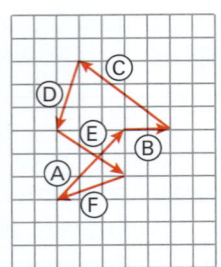

Figura 3.13: Representação de um material ferromagnético em seu estado natural.

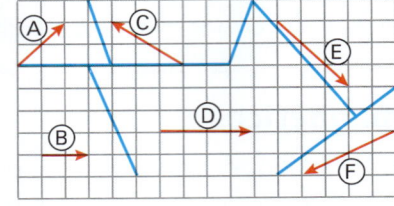
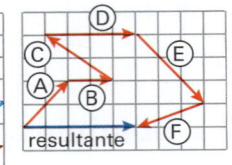

Figura 3.14: Representação de um material ferromagnético com um ímã em suas proximidades.

Já a barra da Figura 3.14 foi submetida à ação de um ímã externo e tornou-se magnética. Note que os domínios magnéticos tiveram uma tendência ao alinhamento para a direita, refletindo na magnetização total do material.

Resumindo, um material pode não ter efeito magnético em nível macroscópico, mas terá algum efeito magnético em nível microscópico.

Exercícios resolvidos

1. O que se entende por domínio magnético?

Domínio magnético é uma região com a propriedade de apresentar certa organização magnética, isto é, ter seus dipolos magnéticos dotados de mesma orientação.

2. Usando a noção de domínios magnéticos, explique por que alguns materiais são atraídos por ímãs e outros, não.

Nos materiais atraídos por ímãs, os domínios magnéticos apresentam uma orientação resultante em uma mesma direção do ímã, enquanto nos demais essa orientação é aleatória.

Exercícios propostos

1. Por que nem todos os materiais cujos átomos individualmente têm efeito magnético são atraídos por um ímã?

2. Explique a alteração que ocorre na estrutura de um bloco de ferro que o faz ser atraído por um ímã.

3. Explique, com o auxílio da noção de domínio magnético, por que uma agulha de costura pode se transformar em agulha de bússola.

4. Se um corpo quadrado fosse colocado sob o ímã ilustrado a seguir, como ficariam as orientações dos domínios magnéticos em seu interior? Represente-as com setas.

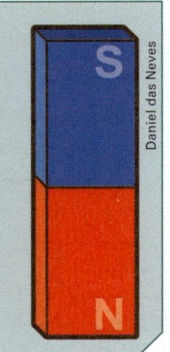

O cientista na História

William Gilbert

A compreensão definitiva dos fenômenos elétricos e magnéticos foi iniciada no século XVI com os trabalhos do médico inglês William Gilbert (Figura 3.15). Poderíamos nos perguntar: Por que um médico se interessaria por esses fenômenos? Porque, desde que foram descobertos, eles despertam a curiosidade de muitos por seus efeitos aparentemente mágicos. Além disso, desde os tempos de Gilbert até hoje, há especulações sobre as propriedades terapêuticas dos ímãs. Talvez essas especulações aliadas à curiosidade natural tenham motivado Gilbert a investigar e escrever o livro *De Magnete*, que é considerado o primeiro livro com caráter científico sobre Eletricidade e Magnetismo.

Editado em latim em 1600, *De Magnete* traz uma clara distinção entre Eletricidade e Magnetismo. Nele, Gilbert estabelece, com base em fatos experimentais, o magnetismo terrestre ao afirmar que a Terra se comporta como um grande ímã (Figura 3.16). Ele chegou a construir um modelo magnético para demonstrar suas hipóteses. Com uma porção de magnetita, construiu uma esfera e mostrou que uma agulha imantada colocada sobre ela se comporta como as bússolas em diferentes locais na superfície terrestre. Isso o levou a concluir que o magnetismo da Terra se devia ao fato de ela ser um ímã.

Gilbert faleceu em Londres no dia 10 de dezembro de 1603, de peste bubônica.

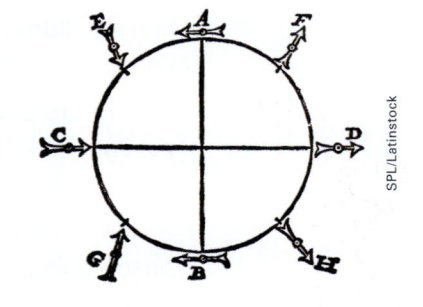

Figura 3.15:
William Gilbert
(1544-1603).

SPL/Latinstock

Figura 3.16:
Representação da direção assumida pela agulha da bússula em diferentes pontos da Terra. A linha AB é o equador, C é o polo Norte magnético (Ártico) e D o polo magnético Sul (Antártida).

3. Classificação de substâncias magnéticas e indução magnética

Poucas são as substâncias que são magnetizadas naturalmente. A grande maioria dos ímãs existentes hoje no comércio é artificial, pois se tornaram magnéticos pela ação de outros ímãs. Chamamos de **indução magnética** o processo de imantação de outros corpos originalmente não magnetizados. Dependendo do tipo de material, a indução magnética pode ocorrer de três maneiras diferentes:

Indução paramagnética: é aquela na qual um corpo induzido fica com uma imantação de mesma orientação do ímã (indutor), Figura 3.17.

Daniel das Neves

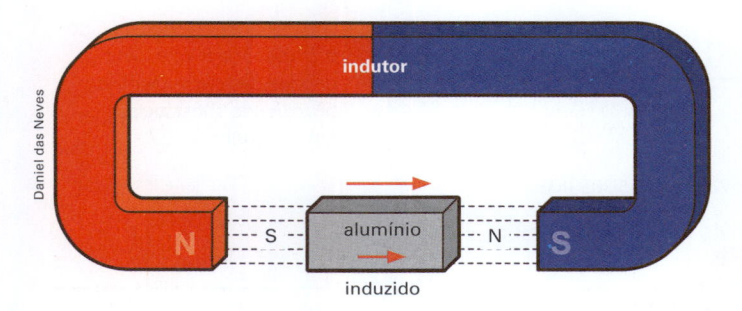

indutor

N   S   alumínio   N   S

induzido

Figura 3.17: Observe que a orientação da magnetização (dipolos) do induzido é igual à magnetização externa do indutor.

Podemos perceber que os polos magnéticos no induzido são gerados de modo a serem atraídos pelos polos do indutor (norte-sul/norte-sul). Então, substâncias paramagnéticas se magnetizam pela ação de um ímã externo e são **atraídas** por ele. São exemplos: alumínio ferroso-amoniacal, alumínio, chumbo, cloreto cúprico, cloreto férrico, oxigênio.

Indução diamagnética: nesta indução, o indutor produz no induzido uma magnetização (dipolo) com orientação contrária, ou seja, nas substâncias diamagnéticas ocorre o oposto das substâncias paramagnéticas (Figura 3.18).

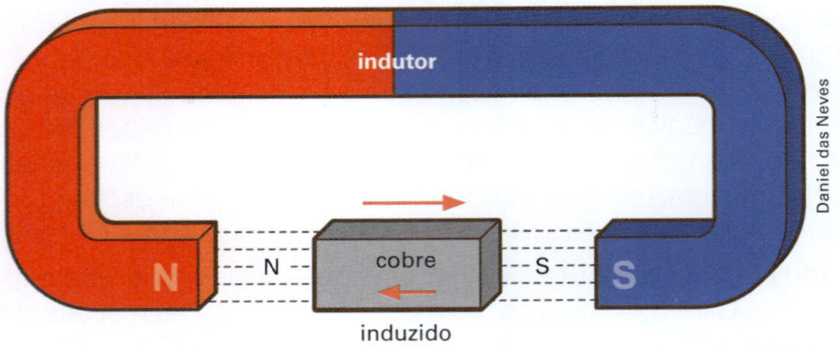

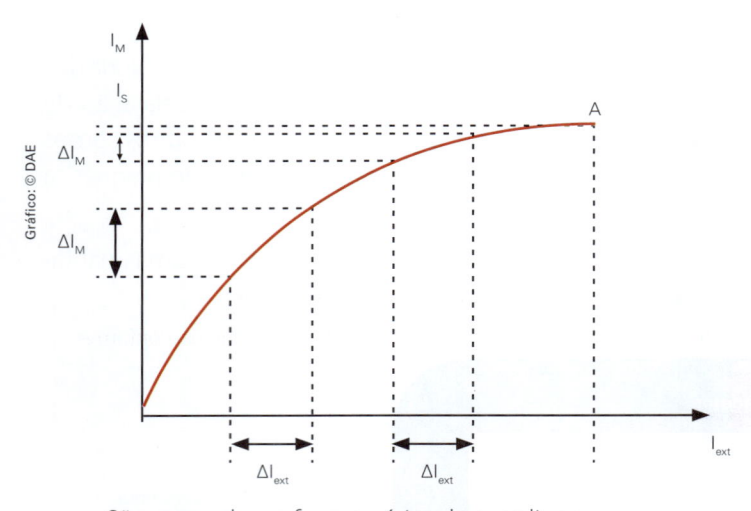

Figura 3.18: Observe que a orientação da magnetização (dipolos) do induzido é oposta à magnetização externa do indutor.

Daniel das Neves

Podemos verificar que os polos magnéticos no induzido são gerados de modo a serem **repelidos** pelos polos do indutor (norte-norte/sul-sul). São exemplos: grafite, bismuto, cobre, prata, zinco, mercúrio, nitrogênio.

Indução ferromagnética: as substâncias ferromagnéticas são imantadas como as paramagnéticas. No entanto, o efeito da indução é muito mais intenso. A relação pode chegar a ser 100 vezes maior do que em uma substância paramagnética.

Além disso, num material ferromagnético, a imantação não é proporcional à intensidade do magnetismo do ímã externo. No gráfico, vemos que a curva da intensidade da magnetização da substância induzida I_M cresce de maneira quase proporcional à intensidade magnética externa I_{ext}. No entanto, a partir de determinado ponto, à medida que I_{ext} aumenta, a magnetização do induzido não acompanha mais tal crescimento, atingindo um valor máximo. Nessa situação, pode-se aumentar o I_{ext} sem que a imantação da substância varie. O ponto A no Gráfico 3.1 é dito ponto de saturação.

Gráfico 3.1: O gráfico ao lado é um esboço feito a partir de medidas experimentais envolvendo substâncias ferromagnéticas.

São exemplos: o ferro e várias de suas ligas.

Exercício resolvido

Como se chamam os materiais que apresentam efeitos magnéticos fortes? E os que apresentam efeitos fracos ou imperceptíveis?

Os de efeitos magnéticos fortes são os materiais ferromagnéticos; os de efeitos fracos são os paramagnéticos e diamagnéticos.

1. Três pregos são alinhados com um ímã reto, como indica a figura.

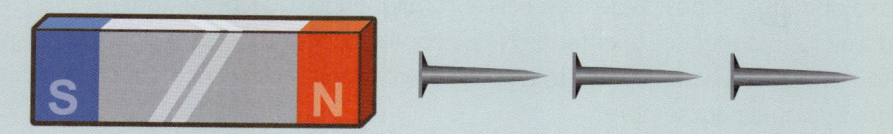

Indique a polaridade que aparece em cada extremidade de cada prego, supondo que estes sejam feitos de:

a) ferro; b) latão.

2. (FGV-SP) Os ímãs 1, 2 e 3 foram cuidadosamente seccionados em dois pedaços simétricos, nas regiões indicadas pela linha tracejada.

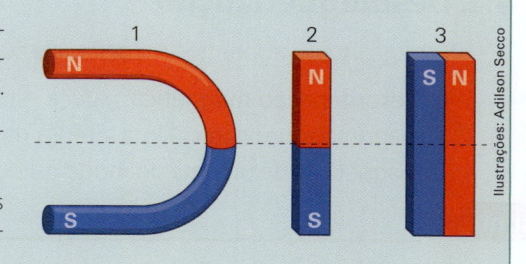

Ilustrações: Adilson Secco

Analise as afirmações referentes às consequências da divisão dos ímãs:

I. Todos os pedaços obtidos desses ímãs serão também ímãs, independentemente do plano de secção utilizado;

II. Os pedaços respectivos dos ímãs 2 e 3 poderão se juntar espontaneamente nos locais da separação, retomando a aparência original de cada ímã;

III. Na secção dos ímãs 1 e 2, os polos magnéticos ficarão separados mantendo cada fragmento um único polo magnético.

Está correto o contido apenas em

a) I b) III c) I e II d) I e III e) II e III

3. (PUC-MG) Um ímã permanente, em forma de "ferradura", cujos polos norte e sul estão indicados na figura a seguir, é dividido em três partes.

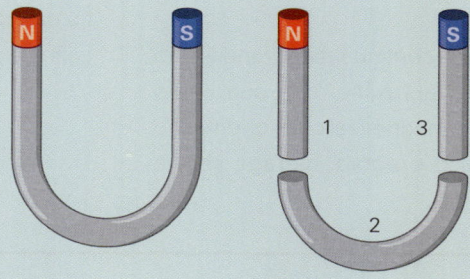

É CORRETO concluir que:

a) a parte 1 terá apenas o polo norte e a parte 2 terá apenas o polo sul.

b) as partes 1 e 2 formarão novos ímãs, mas a parte 3 não.

c) as partes 1, 2 e 3 perderão suas propriedades magnéticas.

d) as partes 1, 2 e 3 formarão três novos ímãs, cada uma com seus polos norte e sul.

4. (UFPE) Considere um ímã permanente e uma barra de ferro inicialmente não imantada, conforme a figura a seguir.

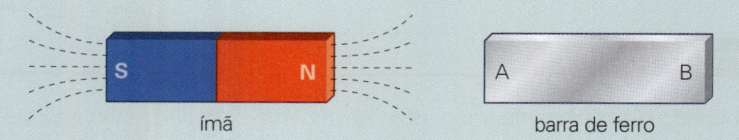

ímã barra de ferro

Ao aproximarmos a barra de ferro do ímã, observa-se a formação de um polo ******* em A, um polo ******* em B e uma ******* entre o ímã e a barra de ferro.

A alternativa que preenche respectiva e corretamente as lacunas da afirmação anterior é

a) norte, sul, repulsão d) norte, sul, atração

b) sul, sul, repulsão. e) sul, norte, repulsão.

c) sul, norte, atração.

4. Ímãs permanentes e temporários

Nas discussões anteriores sobre as propriedades magnéticas da matéria, vimos que os ímãs são objetos compostos de materiais ferromagnéticos que, por algum motivo, tiveram seus domínios magnéticos orientados. Nesse contexto, podemos fazer algumas perguntas: quanto tempo dura essa orientação dos domínios magnéticos? Ou de maneira mais simples: um ímã dura para sempre?

A imantação dos ímãs pode ser muito efêmera ou permanecer por muito tempo. Isso depende basicamente do material do qual são feitos e das condições a que estão submetidos.

4.1. Desmagnetização

Vamos discutir agora três maneiras de conceber a desmagnetização de um ímã.

- **Desordenação magnética**: parece estranho, mas a ação de um ímã é capaz de desmagnetizar um corpo. Uma intensa magnetização externa pode alterar os domínios magnéticos de um ímã de modo que este não tenha mais magnetização resultante.

Explorando o assunto

Para estudarmos o processo de desmagnetização, vamos precisar dos seguintes materiais:

- Pedaço de fio de níquel-cromo com cerca de 10 cm
- Bússola
- Ímã com polos bem definidos

Aproxime o fio de níquel-cromo de um dos polos do ímã. Ele fica magnetizado, pois passa a interferir na orientação da bússola.

Tomando o cuidado de continuar segurando o fio pela mesma extremidade, aproxime-o do outro polo do ímã. Note que ele se magnetiza com orientação contrária ao primeiro caso e agora interage com a bússola de maneira inversa.

Continuando a segurar o fio de Ni-Cr pela mesma extremidade, aproxime-o do ímã, fazendo o percurso ao lado (Figura 3.19).

Em seguida, aproxime a extremidade do fio da bússola. Você verá que não há nenhuma magnetização resultante no fio, que foi desmagnetizado por causa da ação desordenada do ímã.

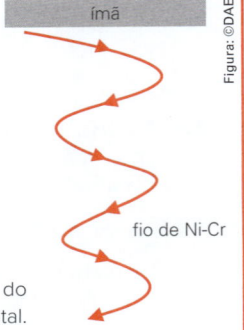

Figura: ©DAE

Figura 3.19: Representação do procedimento experimental.

- **Ação mecânica**: pancadas em ímãs podem desorganizar o alinhamento dos dipolos magnéticos. Verifica-se isso de maneira prática quando, em alguns casos, os ímãs perdem a magnetização ao sofrerem quedas.

Explorando o assunto

Continuando o experimento, magnetize novamente o fio Ni-Cr (não importa o sentido) e, depois, golpeie a extremidade magnetizada sobre a borda de uma mesa algumas vezes. Aproxime a extremidade do fio da bússola e veja que ela não interfere mais nesta última.

- **Temperatura**: uma das principais condições para a manutenção da magnetização de um ímã é a temperatura. Aumentando-se a temperatura, a magnetização diminui. Isso indica que um ímã tende a permanecer mais tempo magnetizado se estiver em temperaturas mais baixas.

Por fim, verifique como a temperatura é um fator importante na desmagnetização. Para tanto, além dos materiais usados anteriormente, vamos precisar de:

- ▸ Arame mais rígido
- ▸ Vela e fósforo
- ▸ Arame fino e flexível

A haste (o arame rígido) deve ser na forma de "L" e servirá como suporte.

Pegue o pedaço de Ni-Cr e amarre-o no fio metálico. Para melhorar o experimento, enrole-o algumas vezes. Faça a montagem indicada na Figura 3.20, mas mantenha ainda a vela apagada. O fio metálico com o Ni-Cr deve ficar sob a ação do ímã e manter-se inclinado em relação à vertical.

Agora, acenda a vela e veja que o pedaço de Ni-Cr deixa de ser atraído pelo ímã, pois foi desmagnetizado pelo calor da chama.

Os materiais que se imantam com grande facilidade são basicamente aqueles compostos de ferro. Certas ligas de ferro permitem a fabricação de bons ímãs permanentes. Uma delas é o Alnico, composto de ferro, alumínio, níquel, cobre e cobalto. No entanto, nem tudo que contém ferro é magnetizável. Por exemplo, certos tipos de aço inoxidável, que contém 74% de ferro em sua composição, não apresentam propriedade magnética.

Na época das Grandes Navegações, as agulhas das bússolas podiam ser feitas de uma liga metálica que não conservava a magnetização por longos períodos. Por isso, elas precisavam ser remagnetizadas por um ímã depois de alguns dias. Poucos tripulantes de um navio podiam chegar perto e/ou manusear a bússola, que era facilmente danificada. Assim, quem mexesse na bússola de forma indevida era severamente punido (Figura 3.21).

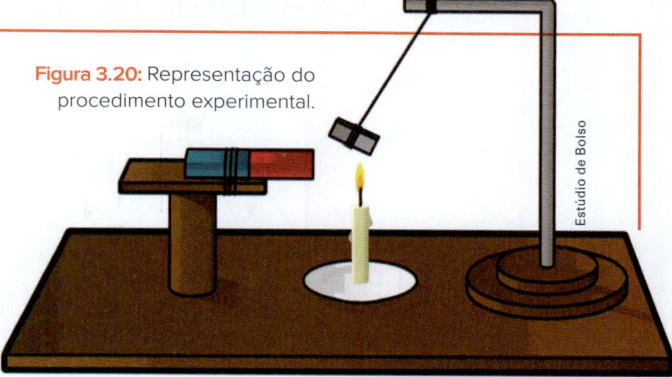

Figura 3.20: Representação do procedimento experimental.

Estúdio de Bolso

Mary Evans Picture Library/Glow Images

De punitione rebellium nautarum.

Figura 3.21: Gravura da Idade Média que representa o castigo imposto a quem danificasse a bússola em um navio.

Por dentro do conceito

Temperatura de Curie

Pode-se entender a relação da temperatura com a magnetização lembrando do modelo cinético da matéria. Os átomos e as moléculas presentes em uma substância não estão parados, mas se movimentando incessantemente. A temperatura é uma medida macroscópica dessa agitação microscópica das partículas. Quando se afirma que um ímã tem em parte seus domínios magnéticos orientados, não se discute muito sobre a dificuldade em alinhá-los. A temperatura é o principal fator que dificulta esse processo, pois, quanto mais agitação houver, maior será a dificuldade em orientar os domínios magnéticos.

Tabela 3.2	
Substância	T_{curie} (K)
cobalto (Co)	1 388
ferro (Fe)	1 043
níquel (Ni)	627
brometo de cromo (CrBr3)	37

Para cada substância existe um valor de temperatura em que a magnetização desaparece, chamado temperatura de Curie. A Tabela 3.2 apresenta os valores da temperatura de Curie para algumas substâncias.

4.2. Histerese e armazenamento de informação

Outro uso prático muito importante dos ímãs é a possibilidade de armazenamento de informações.

Para tanto, precisamos primeiro entender que uma substância magnética induzida guarda informações do agente externo indutor.

Volte ao gráfico apresentado anteriormente, em que foi mostrado como a indução de uma substância varia em função da indução externa.

Vamos traduzir o que o Gráfico 3.2 representa: partindo do zero, a intensidade magnética externa, que pode ser controlada, cresce até o valor de saturação I_{ext_s}. A curva OP indica a relação entre o crescimento de I_M (intensidade da magnetização do material induzido)

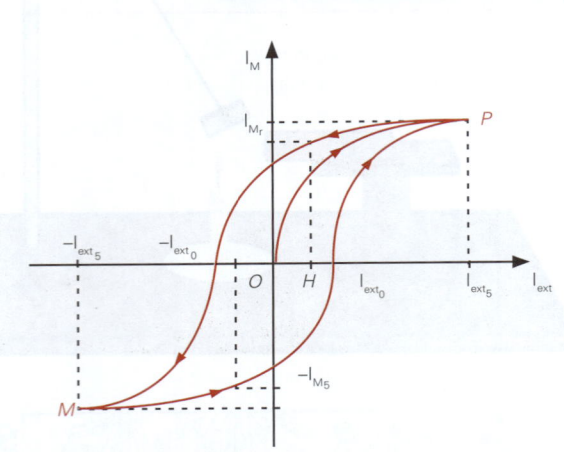

Gráfico 3.2: Curvas de magnetização.

em função de I_{ext} (intensidade da magnetização externa). Em seguida, diminuímos o I_{ext} até que ele se anule novamente. Observe que, à medida que diminuímos I_{ext}, a relação com o I_M passa a ser dada por outra curva PM. O valor I_{Mr} indica uma imantação que permanece no material mesmo depois de a ação do agente externo cessar. O valor de I_{Mr} tem relação direta com a imantação externa.

Chamamos a curva acima de **histerese**. Ela representa o comportamento do processo de indução magnética de uma substância em função da ação de um agente magnético externo.

CIÊNCIA, TECNOLOGIA, SOCIEDADE E AMBIENTE

Gravação magnética

Você já deve ter ouvido falar que um computador armazena informações em linguagem binária, ou seja, em sequências de um e zero. Isso de fato é verdade, e nos discos rígidos de computadores, chamados *hard disc* (HD), essas informações são gravadas por meio de magnetismo (Figura 3.22).

Quando o HD roda, a cabeça de leitura reconhece as magnetizações positivas e negativas por atração ou repulsão, identificando assim a sequência. Obtém-se também a intensidade da magnetização analisando a intensidade da força. Mas, ao contrário do que algumas pessoas pensam, a tecnologia de gravação magnética não é recente, é um modo básico de armazenamento de informação utilizado há muitos anos. Entretanto, diversos aprimoramentos nesses dispositivos têm diminuído seu tamanho, aumentado a quantidade de informação gravada e a durabilidade desses aparelhos, além de deixá-los mais velozes tanto para gravar quanto para encontrar o que foi gravado.

Figura 3.22: Detalhes do interior de um HD. Na peça central consta o disco de gravação e na parte inferior a placa de comando.

Como são feitas as gravações? Os dispositivos de armazenamento magnético usam mídias revestidas de material ferromagnético, o óxido de ferro, que, quando é exposto a um agente magnético, é magnetizado de forma fácil e permanente.

Tratando especificamente de gravação magnética em discos rígidos, o óxido de ferro fica em um disco rígido, bem polido, que armazena as informações em trilhas e setores que facilitam a localização da informação desejada (Figura 3.23).

Um motor de alta velocidade é usado para girar a mídia e ler as informações nela gravadas, por meio de um dispositivo chamado cabeça, que nada mais é do que um pequeno agente magnético (eletroímã), ou seja, um núcleo de ferro revestido de um fio enrolado que aplica um fluxo magnético ao material ferromagnético da mídia para a gravação.

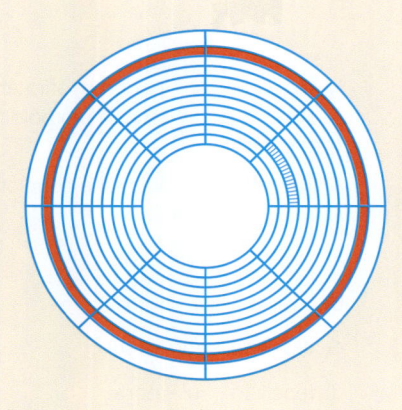

Figura 3.23: O óxido de ferro é aplicado em um disco rígido, bem polido, que armazena as informações em trilhas (vermelho) e setores (azul).

Exercícios resolvidos

1. De que maneiras pode-se desmagnetizar um objeto?

As três maneiras mais comuns para desmagnetizar um objeto são: desordenar seus dipolos na presença de um ímã, golpear mecanicamente suas extremidades ou aquecer o objeto até que a temperatura de Curie seja atingida.

2. O que se entende por histerese magnética?

Histerese magnética é a propriedade de determinados materiais de se manter magnetizados mesmo depois de terem sido desmagnetizados.

Exercícios propostos

1. Por que um pedaço de Ni-Cr perde sua magnetização se o afastarmos e o aproximarmos de um ímã, num movimento de vaivém?

2. Observa-se que, à temperatura de 1000 °C, um pedaço de cobalto pode ser magnetizado, mas que isso não ocorre com um pedaço de ferro. Como se explica esse fato?

3. Explique o que ocorre com os domínios magnéticos do material de um objeto quando ele é desmagnetizado com choques mecânicos.

4. Um estudante dispõe de dois pequenos blocos metálicos: um de ferro e outro de níquel. Desejando imantá-los, ele os deposita em um forno a 500 ºC. Relate o que acontecerá com a magnetização de cada um dos blocos quando for estabelecido o equilíbrio térmico dos blocos com o forno.

Exercícios finais

1. Têm-se três barras, AB, CD, EF, aparentemente idênticas. Experimentalmente, constata-se que:

• a extremidade A atrai a extremidade D;

• A atrai a extremidade C;

• D repele a extremidade E.

Então:

a) AB, CD e EF são ímãs.

b) AB é ímã, CD e EF são de ferro.

c) AB é de ferro, CD e EF são ímãs.

d) AB e CD são de ferro, EF é ímã.

e) CD é ímã, AB e EF são de ferro.

2. (Fuvest-SP) Três ímãs iguais em forma de barra, de pequena espessura, estão sobre um plano. Três pequenas agulhas magnéticas podem girar nesse plano e seus eixos de rotação estão localizados nos pontos A, B e C. A direção assumida pelas agulhas, representadas pela figura I, é mais bem descrita pelo esquema:

Figura I

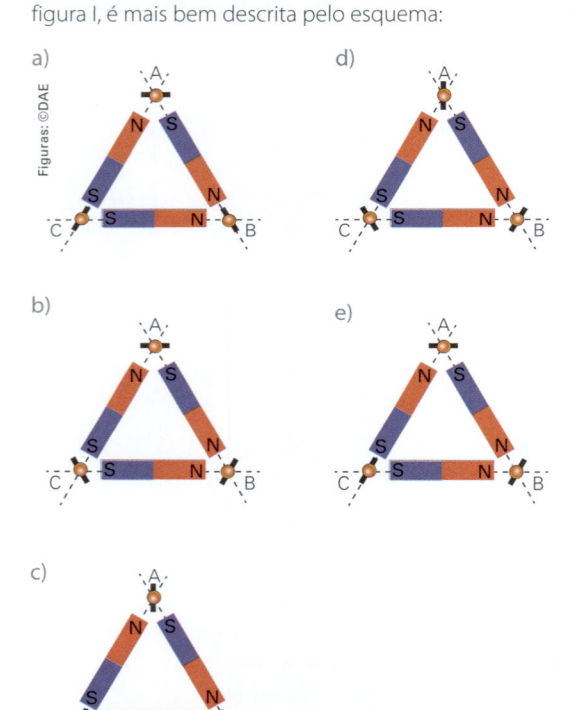

3. (UFRGS-RS) A figura (a) representa uma metade magnetizada de uma lâmina de barbear, com os polos norte e sul indicados respectivamente pelas letras N e S. Primeiramente, esta metade de lâmina é dividida em três pedaços, como indica a figura (b). A seguir, os pedaços 1 e 3 são colocados lado a lado, como indica a figura (c).

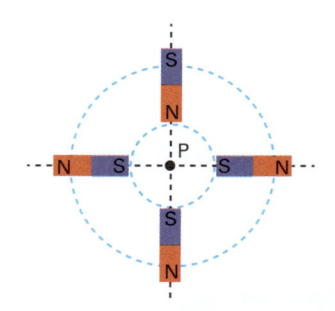

Nessas condições, podemos afirmar que os pedaços 1 e 3 se ******, pois P assinala um polo *******, e Q, um polo *******.

A alternativa que preenche corretamente as lacunas na afirmativa anterior é:

a) atrairão – norte – sul

b) atrairão – sul – norte

c) repelirão – norte – sul

d) repelirão – sul – norte

e) atrairão – sul – sul

4. (Fuvest-SP) Quatro ímãs iguais em forma de barra, com as polaridades indicadas, estão apoiados sobre uma mesa horizontal, como na figura, vistos de cima.

Uma pequena bússola é também colocada na mesa, no ponto central P, equidistante dos ímãs, indicando a direção e o sentido magnético dos ímãs em P. A figura que melhor representa a orientação da agulha da bússola é:

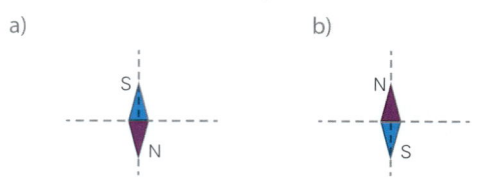

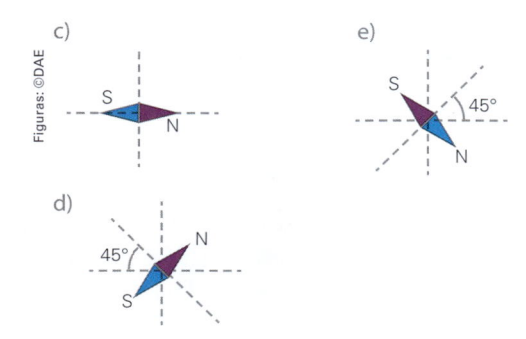

c)

S
N

Figuras: ©DAE

e)

S
45°
N

d)

45°
N
S

5. Não se podem separar os polos norte e sul de um ímã. Justifique esse fato usando a noção de domínios magnéticos.

6. Uma agulha não apresenta propriedade magnética (não atrai outros corpos), mas pode atrair outros corpos quando estiver muito próxima de um ímã. Justifique esse fato pela noção de domínios magnéticos.

7. Veja a figura a seguir e explique por que o segundo prego permanece atraído apesar de não estar encostado no ímã. Use um desenho representando os dipolos magnéticos nos corpos.

Ulrich Baumgarten/Getty Images

8. Na situação do exercício anterior, o que acontecerá com o segundo prego se o ímã for lentamente afastado do primeiro prego?

9. Alguns pregos são colocados próximo de um ímã reto, como mostra a figura.

Indique os polos magnéticos que aparecem nas extremidades de cada prego.

10. No início do período das Grandes Navegações europeias, as tempestades eram muito temidas. Além da fragilidade dos navios, corria-se o risco de ter a bússola danificada no meio do oceano.

Sobre esse fato, é correto afirmar que:

01. A agitação do mar podia danificar permanentemente a bússola.

02. A bússola, assim como os metais (facas e tesouras), atraía raios que a danificavam.

04. O aquecimento do ar produzido pelos raios podia desmagnetizar a bússola.

08. As gotas de chuva eletrizadas pelos relâmpagos podiam danificar a bússola.

16. A influência magnética produzida pelo raio podia desmagnetizar a bússola.

32. A forte luz produzida nos relâmpagos desmagnetizava a bússola, que ficava geralmente no convés.

11. Um bloco de alumínio em forma de paralelepípedo foi inserido entre os polos norte e sul de um ímã em forma de ferradura, como mostra a figura.

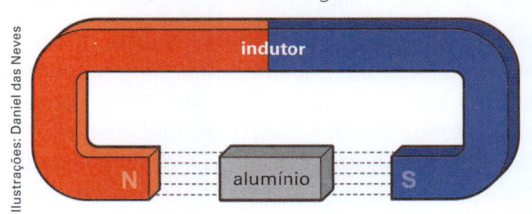

indutor

N   alumínio   S

Ilustrações: Daniel das Neves

Pode-se afirmar corretamente que no interior do bloco:

a) não haverá formação de dipolos magnéticos.

b) haverá formação de dipolos magnéticos com a mesma orientação do ímã.

c) haverá formação de dipolos magnéticos com orientação oposta à do ímã.

d) a formação de dipolos magnéticos ocorrerá somente se o bloco for atritado com o ímã.

e) a formação de dipolos magnéticos fica condicionada ao meio em que se encontra o sistema.

12. Um estudante desejava grudar um recado na porta da geladeira de casa. Não tendo com que prender o recado, lembrou-se de um ímã guardado na gaveta de sua escrivaninha. Apanhou-o e foi surpreendido pelo fato de ele não parar grudado, mas cair invariavelmente no chão. Pensou, então, em reimantá-lo. Para tanto, ele deveria:

a) bater com um martelo numa extremidade do ímã.

b) aquecer o ímã no forno.

c) atritá-lo com um pedaço de ferro nos dois sentidos.

d) atritá-lo com um pedaço de ferro apenas em um sentido.

e) resfriá-lo na geladeira.

13. Desejando desmagnetizar um bloco de ferro, um estudante de Física inseriu-o no interior de um forno capaz de atingir 250 °C. Após certo tempo, suficiente para o bloco entrar em equilíbrio térmico com o forno, o estudante retirou-o de lá e verificou que:

a) o bloco estava parcialmente desmagnetizado.

b) não havia o menor vestígio de magnetização no bloco.

c) nada havia que indicasse ter ocorrido a desmagnetização do bloco.

d) o bloco estava totalmente desmagnetizado.

e) perdeu seu tempo, pois não se deve aquecer um bloco de ferro para desmagnetizá-lo, e sim resfriá-lo.

O magnetismo e a Terra

A Terra pode ser vista como um grande ímã. Isso é inferido por meio do efeito magnético que se manifesta pela orientação da agulha magnética de uma bússola.

Se deixamos suspensa apenas a agulha magnética de uma bússola (ou um ímã em barra) em seu centro de gravidade, de modo que possa girar livremente, observamos que ela tende a se orientar. A extremidade que se volta para a região do norte geográfico é denominada polo norte (N) e a que se volta para o sul geográfico, polo sul (S). No entanto, o norte magnético para onde a agulha ou o ímã se direcionam não se situa exatamente no Polo Norte geográfico terrestre, pois o eixo magnético terrestre não coincide com o eixo de rotação, sendo de 13° o ângulo formado entre eles.

Chamamos declinação magnética o ângulo entre a direção do norte geográfico e a do norte magnético para determinado ponto da superfície da Terra. No passado, o fato de o eixo magnético terrestre não coincidir com o eixo de rotação da Terra deixava muitos marinheiros assustados pela variação da direção da agulha ao longo da superfície do planeta. Com isso, tentou-se mapear as declinações magnéticas ao longo da superfície, gerando mapas com linhas isogônicas,

ou seja, com mesma declinação, com o objetivo de localizar um ponto na Terra. Mas, como elas apresentavam variações locais (por conta das características do lugar) e temporais, o método não teve sucesso. Hoje, aviadores e marinheiros, para se orientar em viagens de longa distância, corrigem a leitura da bússola por causa da declinação do polo magnético terrestre em relação ao polo geográfico.

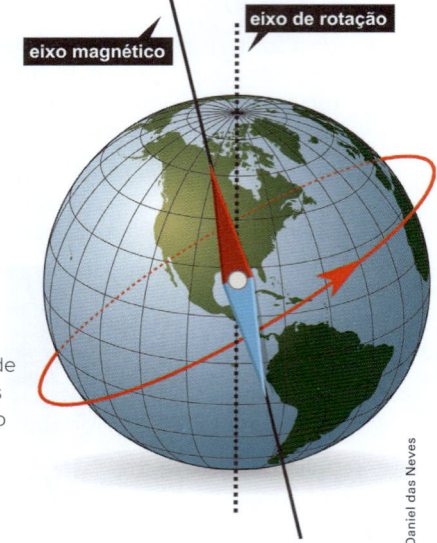

O eixo magnético, que define os polos magnéticos, e o eixo de rotação, que define os polos geográficos, não são coincidentes.

Os mapas das linhas de declinação magnética são atualizados entre cinco e dez anos, pois a localização dos polos magnéticos da Terra se altera.

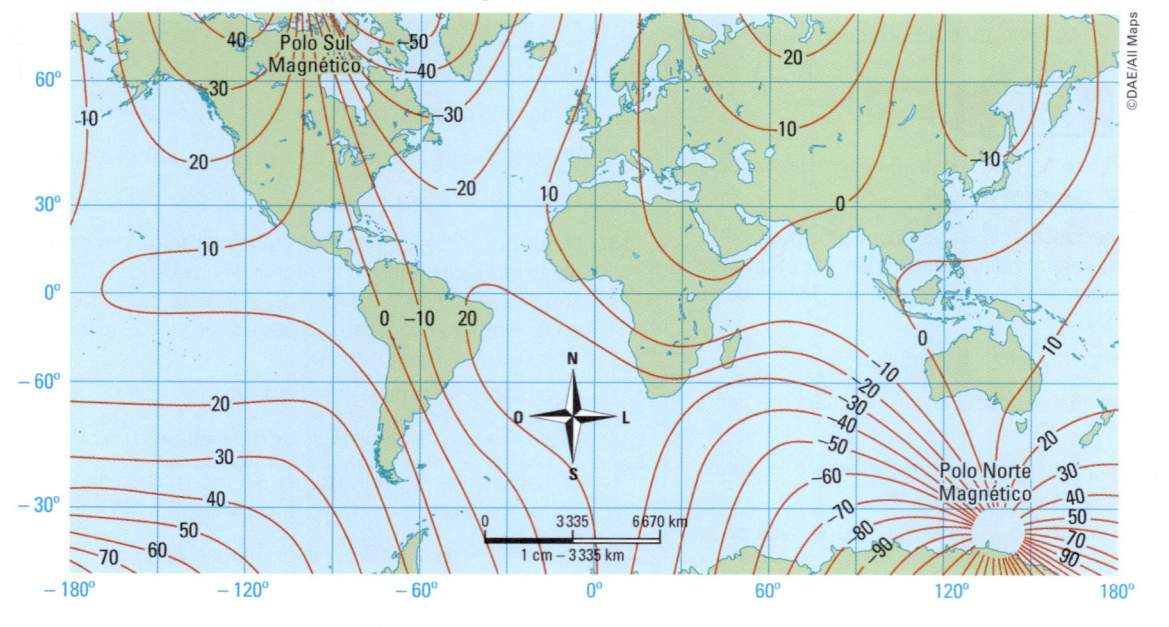

GRAF, Rudolf F. *Safe and Simple Electrical Experiments.* New York: Dover Publications INC., 1964.

MATERIAIS

- Bússola
- Compasso
- Régua
- 1 folha de papel
- 1 ímã em forma de barra
- 1 rolha de cortiça
- 1 agulha metálica de tricô
- 1 agulha de costura
- 2 copos de vidro

Como vimos, o magnetismo terrestre é sentido em toda a extensão do planeta, e sua intensidade varia, sendo máxima nos polos e mínima no Equador. Essa variação pode ser verificada por meio da inclinação de uma agulha magnetizada. Mas qual é a relação dessa inclinação com a intensidade?

ROTEIRO E QUESTÕES

Qual é o comportamento do magnetismo terrestre?

PARTE I – BÚSSOLA

- Para simular o comportamento de uma bússola, pegue o ímã em barra e coloque-o no centro da folha de papel.
- Em seguida, com a ajuda do compasso, faça um círculo pouco maior em diâmetro que o ímã em barra. Com a régua, trace uma linha no centro do círculo que coincida com o centro do ímã e escreva N (norte) na parte superior e S (sul) na inferior.
- Como ilustrado, faça 12 círculos pequenos ao redor do primeiro com o compasso.

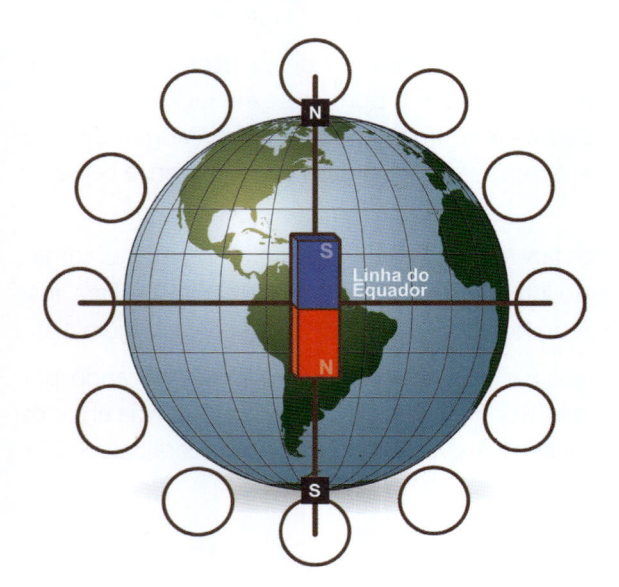

- Com o ímã no centro do círculo maior, que representa nosso globo terrestre, posicione a bússola em cada um dos 12 círculos pequenos e anote a direção da agulha da bússola para cada ponto.

PARTE II – INCLINAÇÃO MAGNÉTICA

E o que dizer da inclinação e da intensidade do magnetismo terrestre no lugar onde você mora ou estuda? Como podemos definir?

- Passe a agulha de tricô desmagnetizada através da rolha de cortiça e coloque a agulha de costura em ângulo reto com a de tricô.
- Apoie a agulha de costura sobre os dois copos de vidro e ajuste a posição da agulha de tricô de modo que esta permaneça na vertical, na horizontal ou em qualquer ângulo em que você a posicione; enfim, é preciso que ela esteja em equilíbrio.
- Após o ajuste, retire o conjunto do apoio dos copos e magnetize a agulha de tricô com o ímã em barra. Raspe levemente em apenas um sentido uma parte da agulha com o polo norte do ímã e a outra metade com o polo sul.

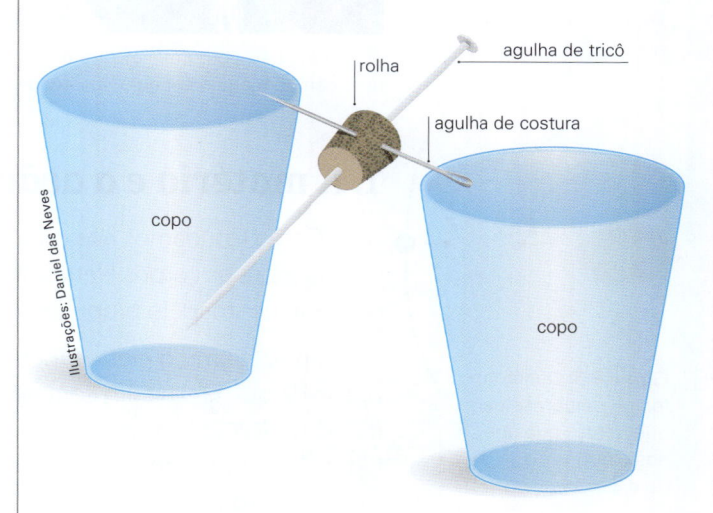

Antes de posicionar a agulha de costura sobre o copo, responda:

1. De acordo com a primeira parte da atividade, para onde é esperado que o polo sul da agulha de tricô aponte?

Agora, posicione a agulha de costura novamente sobre os copos.

2. Qual é, aproximadamente, o ângulo com a horizontal de inclinação da agulha? Você concorda com esse valor?

CAPÍTULO 4

CAMPO ELÉTRICO E MAGNÉTICO

John Minchillo/AP Photo/Glowimages

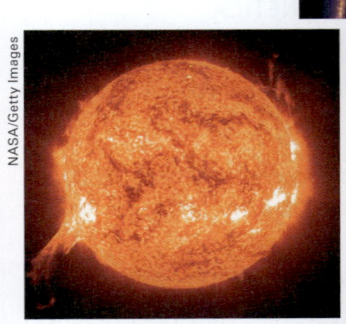

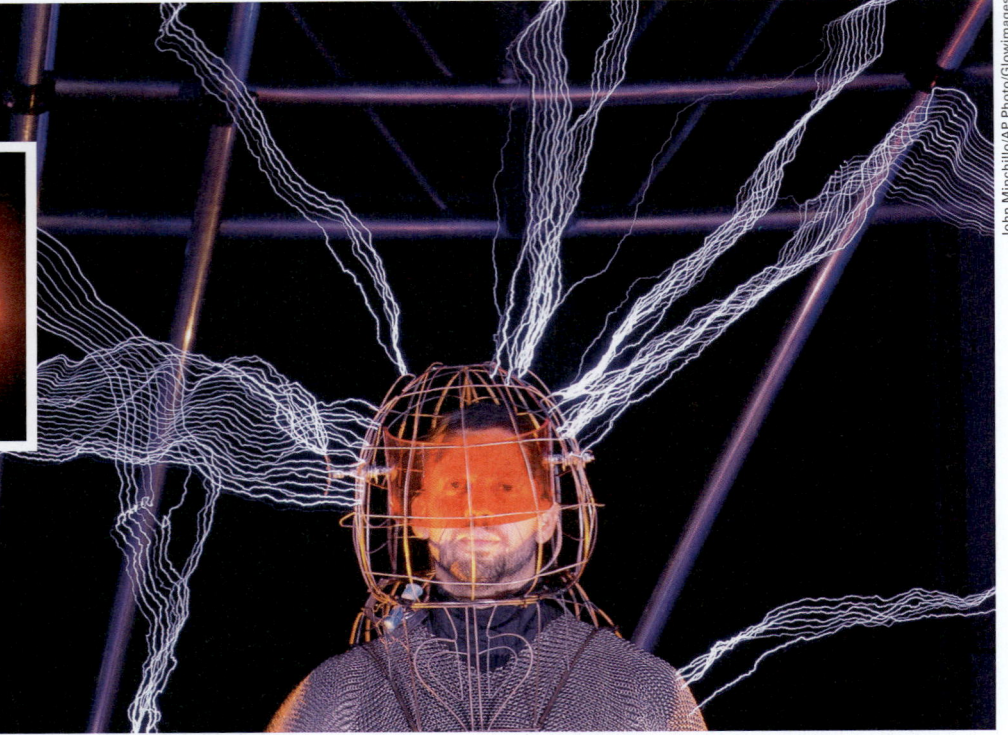

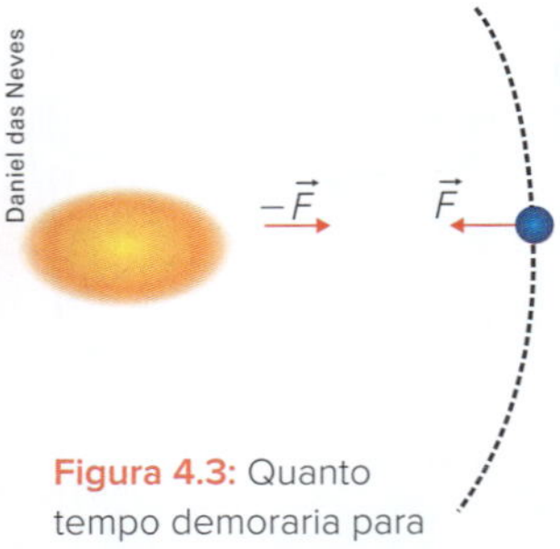

Figura 4.1: Essa fotografia mostra o efeito de blindagem elétrica, uma interessante implicação prática do fato de o campo elétrico ser nulo no interior de um condutor.

NASA/Getty Images

Figura 4.2: Fotografia de uma grande explosão solar. Observe que, ao explodir, a matéria, composta principalmente de prótons e elétrons, segue uma trajetória definida pelas linhas de campo magnético.

Daniel das Neves

Figura 4.3: Quanto tempo demoraria para que a força que age nos elétrons deixasse de existir?

Explorando o assunto

Como foi obtido o tempo que a luz do Sol leva para chegar à Terra?

1. A matéria e a ação a distância

Como estudamos nos capítulos iniciais deste volume, as primeiras investigações realizadas sobre os corpos eletrizados permitiram à Ciência desvendar o interior da matéria e construir um modelo propondo a existência das cargas elétricas (Figuras 4.1 e 4.2).

Então, como o elétron "percebe" a presença dos prótons que estão no núcleo? Lembre-se de que não há um contato entre essas partículas e, portanto, a interação é transmitida a distância. Essa distância elétron-núcleo varia de um átomo para outro. Para o átomo de hidrogênio, por exemplo, que é composto de apenas um próton e um elétron, é cerca de 0,628 angstrom ($1 \text{ Å} = 1 \cdot 10^{-10}$ m).

Essa questão tem o objetivo de nos fazer refletir sobre se a interação entre as cargas elétricas é instantânea ou se demora certo intervalo de tempo para se manifestar. Para ilustrarmos isso, suponha que o núcleo se desintegre totalmente, desaparecendo (Figura 4.3).

A mesma pergunta pode ser colocada para as interações gravitacionais, trocando, por exemplo, o núcleo do átomo pelo Sol e o elétron pela Terra. Nesse caso, a distância entre os corpos é muito grande; para se ter uma ideia, a luz leva cerca de 8 minutos para percorrê-la.

A interação mediada: linhas de força de Faraday

A situação proposta anteriormente foi inspirada num caloroso debate ocorrido em meados do século XIX, envolvendo o emergente cientista, Michael Faraday. Na época, acreditava-se que os corpos interagiam instantaneamente a distância no espaço, como havia sido proposto por Isaac Newton (1642-1727) no século XVII. A Lua, por exemplo, era atraída pela força gravitacional da Terra, e vice-versa. Nessa concepção, se a Terra desaparecesse, cessaria instantaneamente a força gravitacional agindo sobre a Lua, que deixaria de descrever sua órbita original.

Faraday foi um dos primeiros a questionar essa ideia. Para ele, deveria haver no espaço algum ente físico que pudesse "informar" a existência de uns corpos aos outros. Ele manifestou publicamente seu desagrado pelas ideias de ação a distância de Newton, apresentando resultados empíricos (comprovados por experimentos) que, segundo sua interpretação, confirmavam a teoria de que as interações entre os corpos precisariam de um mediador.

Um elemento que desempenhou papel importante na elaboração do conceito de linhas de força por Faraday é o modo como limalha de ferro (pó ou partículas de um metal quando limado) se distribui ao redor de objetos imantados. Para ele, a distribuição dessas partículas indicava linhas de forças que deveriam interagir com a matéria no sentido de orientá-las segundo uma direção particular. Essas linhas ao redor da matéria seriam um possível modo físico de transmissão de força (Figura 4.4).

Figura 4.4: Um ímã em forma de barra é colocado sobre uma placa de vidro. Quando uma porção de limalhas de ferro é salpicada no entorno do ímã, elas se alinham de maneira particular.

As linhas formadas com a limalha de ferro foram denominadas **linhas de força** por Faraday e indicam a direção que a agulha da bússola tomaria se fosse colocada naquele ponto (Figura 4.5). A representação das linhas de força também indica a localização dos polos norte e sul do ímã, assim como sua intensidade. Esse sentido é indicado com flechas que convencionalmente apontam do sul para o norte da bússola. Assim, as linhas de força de um ímã sempre saem de seu polo norte e entram em seu polo sul (Figura 4.6).

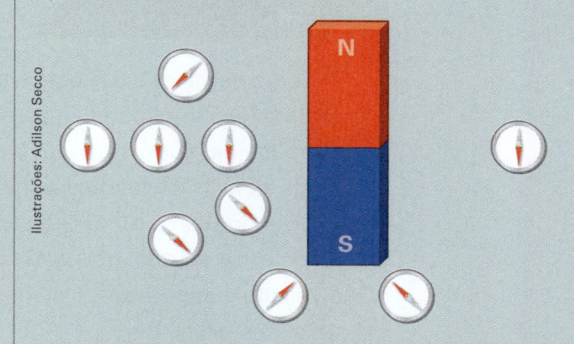

Figura 4.5: Ao distribuirmos bússolas ao redor de um ímã em forma de barra, observaremos que a agulha das bússolas assume as mesmas direções das limalhas de ferro no ponto em que foram colocadas.

As linhas de força, mesmo que não representadas, vão além, ultrapassando o plano da folha do livro. Para verificar isso, experimente aproximar a bússola ao redor de todo o ímã e observar que ela indica a direção e o sentido das linhas de força que podem ser imaginadas em todo o espaço além do plano do papel.

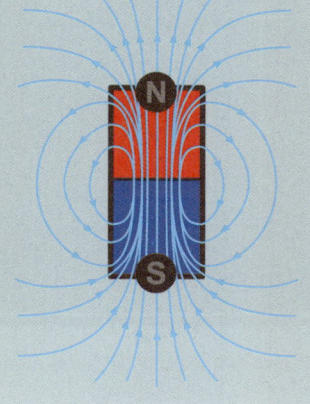

Figura 4.6: Substituindo a limalha de ferro e as bússolas por linhas que indicam o sentido e a direção das linhas de força idealizadas por Faraday, sabemos a localização dos polos.

2. O conceito de campo

O conceito das linhas de força, elaborado por Michael Faraday (Figura 4.7), foi muito criativo e permitiu o aprofundamento do conhecimento das interações entre ímãs e cargas elétricas. No entanto, essa teoria não era muito útil quando se tentava determinar a intensidade dos efeitos elétricos e magnéticos da matéria no espaço ao seu redor.

A noção de linhas de força foi posteriormente incorporada ao conceito de **campo**, proposto no início do século XIX pelo físico e matemático escocês James Maxwell (1831-1879). Esse conceito permite reinterpretar as interações entre cargas, entre ímãs e entre massas. Ele é a manifestação da ação de uma carga, massa ou dipolo magnético de um corpo no espaço.

Figura 4.7 Michael Faraday (1791-1867), físico inglês com diversos trabalhos importantes na área do eletromagnetismo.

Explorando o assunto

Como na maioria dos conceitos em Física, nomes são inspirados em palavras de uso corrente. O significado não científico da palavra "campo" pode nos ajudar a entender um pouco os motivos que levaram os cientistas a escolhê-la para nomear tal conceito. Vamos pensar no futebol, esporte tão popular em nosso país. Todo jogo de futebol envolve jogadores (11 de cada time), regras (previstas no código da Fifa) e um local (um campo onde existam dois gols, marcações e a bola). As ações dos jogadores se desenvolvem no campo e são limitadas pelas regras. Assim, o campo de futebol é o local das interações desse jogo.

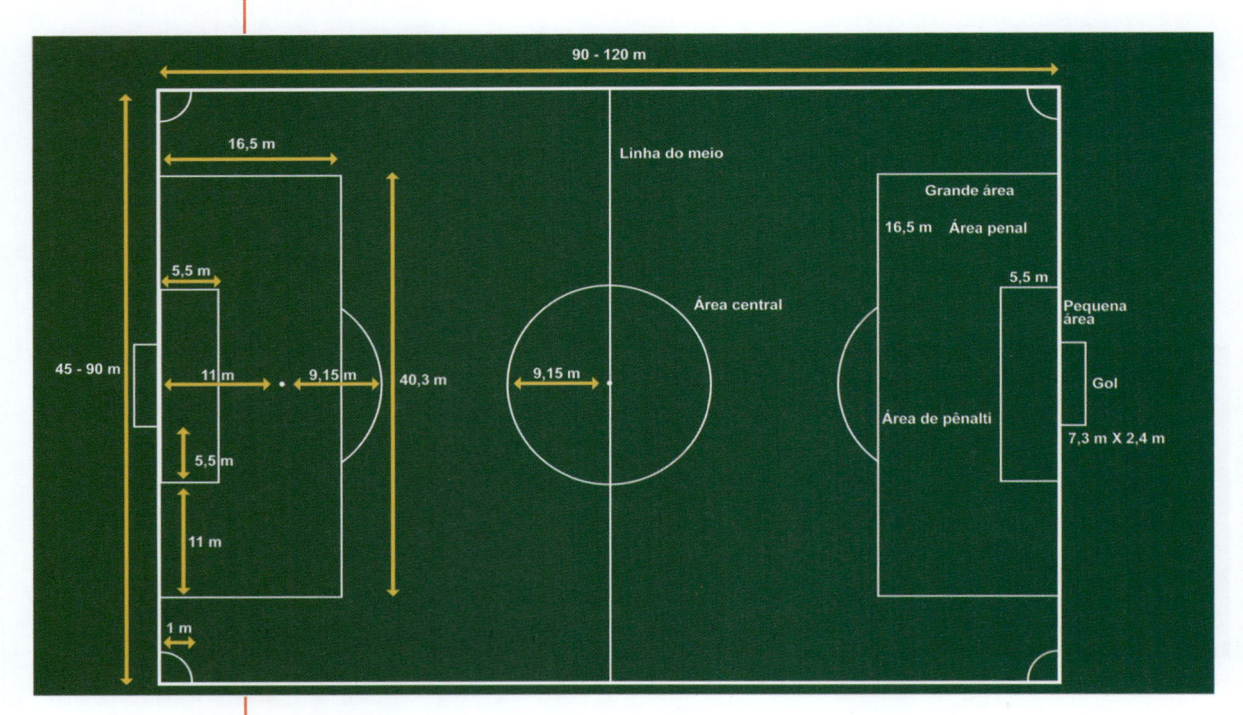

Figura 4.8: Delimitações das áreas de um campo de futebol.

O campo de futebol, que pode ter de 90 a 120 m de comprimento e 45 a 90 m de largura, delimita a área de ação dos jogadores (Figura 4.8). Além disso, cada jogador pode ser considerado uma fonte de influência e, de acordo com sua posição, ter maior ou menor influência, sem fronteiras definidas, mas que respeitam as posições técnicas e as regras do jogo. Por exemplo, o lateral direito tem uma função definida (maior influência) dentro de uma região do campo de futebol, mas nada impede que ele se dirija ao ataque para fazer um gol. Assim, o campo de atuação e de influência de cada time é o somatório do campo de atuação e de influência dos jogadores que o compõem. E ambos os times têm seu campo de atuação e de influência delimitado pelo campo de futebol.

Nesse cenário, temos algumas similaridades com o conceito de campo em Física. Por exemplo, podemos tentar estabelecer relações analógicas entre os elementos de um jogo de futebol descritos anteriormente e o caso da interação gravitacional entre a Terra e a Lua (Tabela 4.1).

Tabela 4.1: Relações analógicas entre o futebol e a interação gravitacional entre a Terra e a Lua	
Futebol	**Interação gravitacional**
jogadores	massa dos corpos envolvidos: a Terra e a Lua
regras	a lei que determina a intensidade da força gravitacional depende da massa da Terra e da Lua e da distância entre elas
posição e ação do jogador	campo gravitacional
campo	espaço

O conceito de campo, originado nos estudos sobre o eletromagnetismo, foi aplicado em outros ramos da Física. Neste momento, podemos destacar o campo em três interações diferentes:

- **Gravitacional**: manifesta-se pela interação de massas por meio da força peso ou gravitacional.

- **Elétrica**: manifesta-se pela interação entre cargas elétricas por meio da força elétrica.

- **Magnética**: manifesta-se pela interação de um corpo (ou partícula) magnetizado pela força magnética (Tabela 4.2).

Tabela 4.2: Interações mediadas por campo		
Campo gravitacional	**Campo magnético**	**Campo elétrico**
A Terra, assim como qualquer outro corpo com massa, modifica o espaço à sua volta pela presença do campo gravitacional. A força de atração entre um corpo e nosso planeta é a manifestação desse campo sobre o corpo.	Um ímã é capaz de atrair corpos a grandes distâncias. Ímãs são porções de matéria com um campo magnético associado. Todo ímã modifica o espaço à sua volta pela presença de seu campo magnético.	Uma carga elétrica imersa no campo elétrico gerado por outra de sinal oposto é atraída em sua direção, assim como um pequeno pedaço de papel é atraído por um pente eletrizado. Essa força provém da interação do campo elétrico com a segunda carga.

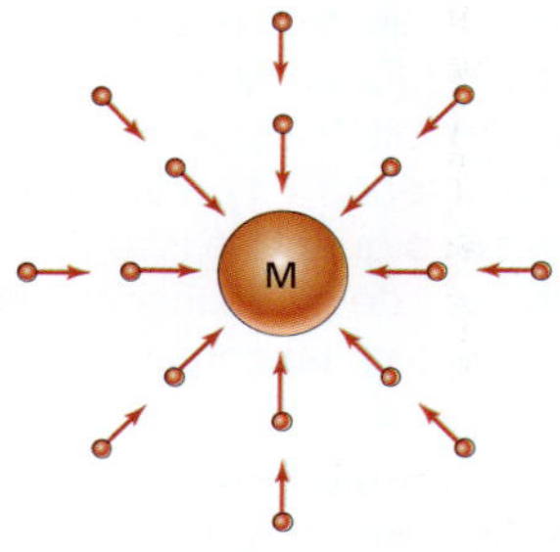

Figuras: ©DAE

Figura 4.9: Representação vetorial do campo gravitacional.

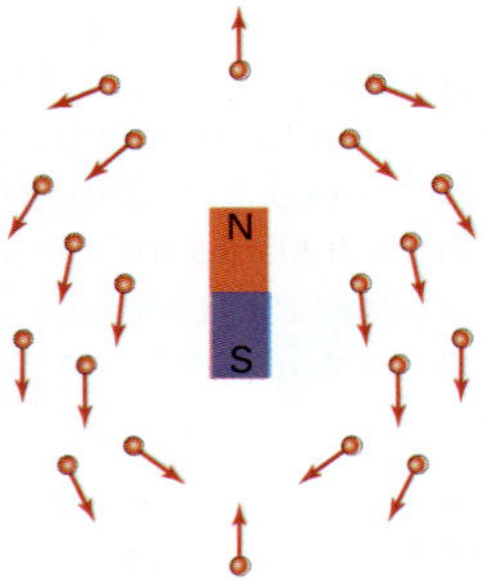

Figura 4.10: Representação vetorial do campo magnético.

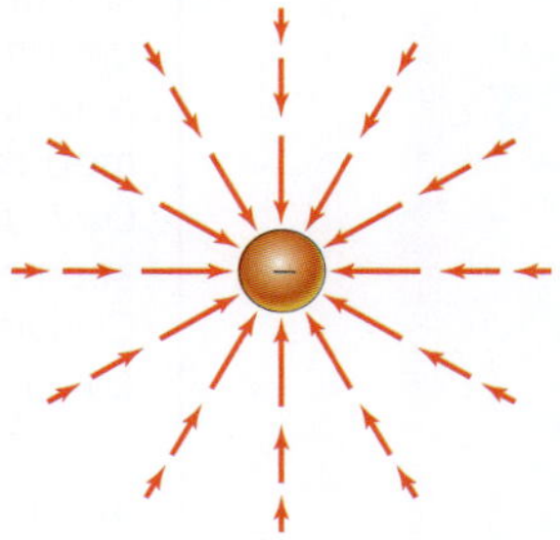

Figura 4.11: Representação vetorial do campo elétrico (carga negativa).

Com base no que discutimos, podemos definir **campo** como uma propriedade adquirida pelo espaço e gerada pela presença de uma massa, carga elétrica ou de um corpo magnetizado. Ele deve ser considerado real, embora não seja material.

O cientista na História

Michael Faraday

Terceiro filho de Elizabeth Faraday e do ferreiro Robert Faraday, Michael nasceu em 22 de setembro de 1791, em Surrey, na Inglaterra. Quando tinha 5 anos, mudou-se com os pais e o irmão para Londres, num período que o país sofria as consequências da Revolução Francesa e a situação da família era ruim. Em relação à sua formação inicial, ele descreveria mais tarde: "Minha educação foi do tipo mais comum, consistindo de pouco mais que rudimentos da leitura, escrita e aritmética em uma escola diurna comum" (Baldinato, p. 33).

Figura 4.12:
Faraday, em laboratório com experimentos de eletromagnetismo.

Começou a trabalhar jovem, com 13 anos, numa livraria, onde foi aprendiz de encadernador. Prestou serviços de entrega e recados e recolheu jornais pelas ruas. Como encadernador, várias cópias do livro *The improvement of the mind* [O aperfeiçoamento da mente], de Isaac Watts, de 1741, passaram por suas mãos. Obra muito lida e conhecida durante o século XVIII, aparentemente seus ensinamentos vinham ao encontro dos interesses de Faraday, pois tratava do aperfeiçoamento da percepção mental, por meio de exercícios ordenados e da prática sistemática da observação.

Em 1812, Faraday anotou cuidadosamente quatro conferências do químico Humphry Davy (1778-1829) a que assistiu na Royal Institution e enviou uma cópia primeiro ao presidente da Royal Society e, meses depois, ao conferencista. Em ambas as cartas, pedia um emprego qualquer relacionado à Ciência. A empolgação de Faraday diante dessas palestras foi registrada em cartas enviadas ao amigo Benjamin Abbott: "Não se surpreenda, meu caro Abbott, pelo entusiasmo com o qual acolhi esta nova teoria [...] eu vi o próprio Davy a defendendo. Eu o vi apresentar experimentos conclusivos quanto a isso e o ouvi acomodar aqueles experimentos à teoria, explicando-os e impondo de modo incontestável. Convicção, senhor, me chocou e fui compelido a confiar nele, e com tal confiança veio a admiração" (Baldinato, p. 39).

Um ano depois, após nove anos trabalhando na livraria, Faraday tornou-se auxiliar de laboratório de Humphry Davy na Royal Institution. Em seus anos de trabalho com Humphry, Faraday aprendeu a analisar os problemas científicos e adquiriu traquejo experimental num dos laboratórios mais bem equipados da Inglaterra.

Datam de 1821 os primeiros trabalhos independentes de Faraday, que envolviam a empolgação científica da época: a descoberta do eletromagnetismo, divulgada por Hans Christian Orsted, em 1820. Sua dedicação às pesquisas em eletromagnetismo teve anos de intensa produção interrompidos por outros anos de afastamento total. (Figura 4.12).

Em 1821, casou-se com Sarah Barnard, começou a fazer conferências e sucedeu Davy na superintendência do laboratório, tornando-se membro da Royal Society, em 1824. Durante esses anos, sempre trabalhou com a química, até que, em 1831, com a descoberta da indução magnética, deu início às pesquisas físicas. As conferências de Faraday, inicialmente esporádicas e depois semanais, estavam sempre cheias e mostravam um Faraday que sabia se comunicar com diferentes tipos de público de modo apropriado, organizado e rico em analogias (Figura 4.13).

Duas das contribuições de Faraday para o desenvolvimento do eletromagnetismo merecem destaque: a descoberta experimental da indução eletromagnética e a elaboração teórica, fundamentada na teoria de campo, do conceito de linhas de força. No entanto, é importante destacar que essas contribuições não nasceram da noite para o dia; pelo contrário, das primeiras investigações sobre o eletromagnetismo à lei da indução passaram-se 10 anos. "A trajetória percorrida por Faraday até chegar à elaboração de lei da indução mostra que seus progressos dependeram muito mais de trabalho de pesquisa, de leitura e estudo, de seu interesse e esforços, do que de uma superioridade intelectual incomum" (Dias e Martins, p. 518).

Faraday pode ser considerado um bom exemplo de que o fazer científico exige muita pesquisa, administração dos resultados positivos e negativos, investigações de hipóteses e ideias, diálogos e até mesmo conflitos com outros cientistas.

Depois de 38 anos de trabalho na Royal Institution, Faraday se aposentou. Morreu em 25 de agosto de 1867, em Londres.

Fontes de pesquisa: DIAS, Valéria Silva e MARTINS, Roberto de Andrade. Michael Faraday: o caminho da livraria à descoberta da indução eletromagnética. *Ciência & Educação*, v. 10, n. 3, 2004, p. 517-30; BALDINATO, José Otavio. *A química segundo Michael Faraday*: um caso de divulgação científica no século XIX. Dissertação de Mestrado. São Paulo: FE/IF/IQ/IB-USP, 2009.

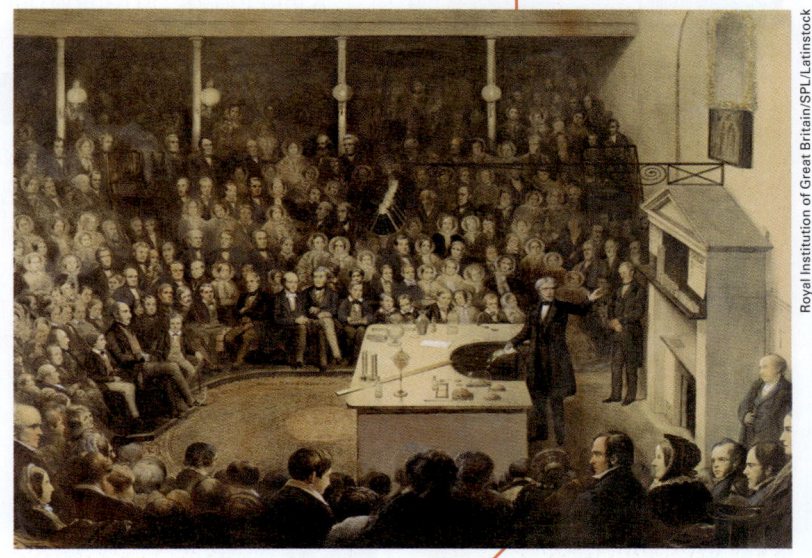

Royal Institution of Great Britain/SPL/Latinstock

Figura 4.13: Faraday em atividade destinada a crianças, realizada na Royal Institution em Londres.

Exercício resolvido

Explique o conceito de campo.

Campo é uma propriedade física adquirida por um conjunto de pontos de certa região do espaço. Por exemplo, se em determinada região do espaço houver atração gravitacional sobre corpos dotados de massa, dizemos que nessa região existe um campo gravitacional, ou, se em uma região do espaço houver ar exercendo pressão sobre corpos que nela estejam imersos, dizemos que existe ali um campo de pressão atmosférica.

Exercício proposto

O significado não científico da palavra "campo" pode nos ajudar a entender um pouco os motivos que levaram os cientistas a escolhê-la para nomear tal conceito. Em análises políticas, é comum o emprego da expressão "esfera de influência" ou "campo de influência" política de um país para avaliar sua importância em relação aos outros países e regiões do mundo.

a) O campo de influência política, nesse caso, é limitado como o campo de jogo no caso do futebol?

b) Podemos definir intensidade de influência política? Exemplifique.

3. Características dos campos de interação

Prosseguiremos com o estudo dos campos procurando caracterizá-los melhor com grandezas físicas bem definidas. Daqui para a frente, quando nos referirmos ao termo "campo", tenha em mente que se trata de campo de interação, seja ele gravitacional, elétrico ou magnético.

Para deixar mais claras as características dos campos, vamos propor perguntas e respondê-las tomando a interação gravitacional como exemplo.

> Onde está o campo gravitacional da Terra?

O campo gravitacional da Terra está em todo o espaço, em torno dela e até mesmo em seu interior. Ele é responsável por manter a Lua e os satélites artificiais em órbita, assim como por manter os objetos presos à sua superfície e por desafiar pássaros, insetos e máquinas voadoras a permanecer no ar.

A intensidade do campo gravitacional varia com a distância: quanto mais distante do planeta, menor ela é (Figura 4.14).

> Que ente físico é fonte do campo gravitacional?

Todo corpo que possui massa (existem partículas sem massa) tem a ele associado um campo gravitacional. Mostramos a seguir duas representações do campo gravitacional: o da Terra e o de uma maçã (Figura 4.15). Nesse tipo de diagrama, a diminuição da intensidade da cor preta indica a diminuição da intensidade do campo. Note que os campos vão perdendo intensidade à medida que nos afastamos dos corpos, mas estendem-se infinitamente. Em geral, não levamos em conta os campos gravitacionais produzidos por pequenos corpos, visto que são extremamente fracos em comparação com o campo gravitacional da Terra.

Figura 4.14: Fotografia da Terra e da Lua vistas do espaço.

Daniel das Neves

Figura 4.15: Representação do campo gravitacional da Terra e de uma maçã.

O campo gravitacional de um corpo é indissociável de sua massa, trazendo-a consigo. Outra característica notável do campo gravitacional é que, além de sua extensão ser infinita, ele não pode ser barrado, atuando no interior de qualquer objeto.

> Como podemos representar o campo gravitacional?

Existem várias maneiras de representar um campo de interação, como o gravitacional. Na discussão anterior, usamos um efeito de cor para indicar algumas de suas características. Vale destacar que, para uma caracterização correta, definimos um vetor, o **vetor campo gravitacional**, que determina três qualidades do campo em determinado ponto do espaço: **intensidade**, **direção** e **sentido**.

Desse modo, uma boa representação é aquela que leva em consideração os vetores campo gravitacional no espaço ao redor da massa. Isso pode ser feito pela representação dos próprios vetores campo gravitacional ou pelas linhas de campo gravitacional, que são tangentes a esses vetores (Figura 4.16).

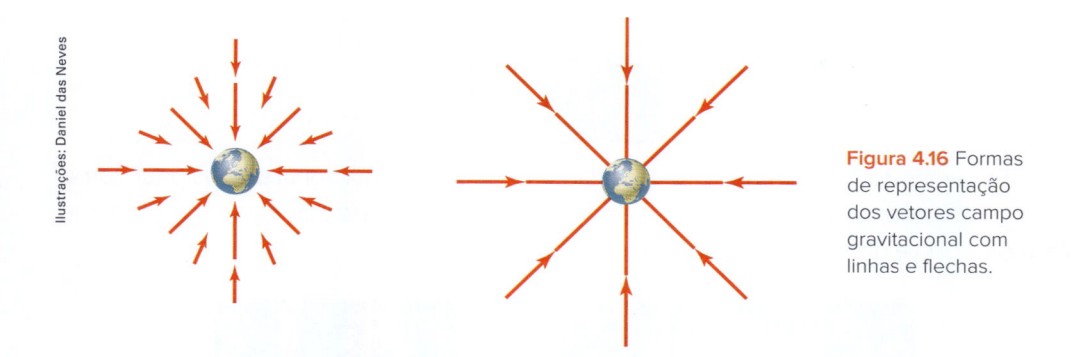

Ilustrações: Daniel das Neves

Figura 4.16 Formas de representação dos vetores campo gravitacional com linhas e flechas.

Observe que, no caso gravitacional, os vetores têm direção radial, isto é, todos apontam na direção do centro do planeta. Por isso, qualquer corpo com massa no espaço ao seu redor é atraído por uma força de mesma direção e mesmo sentido.

> O campo tem alguma relação com a força gravitacional?
> Como determinar a intensidade do campo?

Essa pergunta foi parcialmente respondida no início deste capítulo, quando discutimos a ideia de Faraday sobre ação a distância. Naquele momento, deixamos claro que, para Faraday, o Sol, por exemplo, não poderia agir a distância sobre a Terra, mas deveria existir algo intermediário entre eles. Em termos modernos, o campo é a entidade física responsável por essa interação. Usando essa concepção, a Terra interage com o campo gravitacional produzido pelo Sol, e disso se manifesta a força que atua sobre ela e a mantém orbitando o Sol (Figura 4.17).

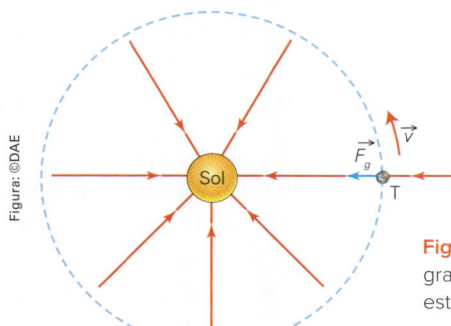

Figura: ©DAE

Figura 4.17: Representação do campo gravitacional do Sol e da força que este exerce sobre a Terra.

Figura 4.18: Um corpo qualquer de massa m, que podemos chamar de corpo de prova, ao interagir com o campo do planeta é submetido a uma força gravitacional $\vec{F}_g$.

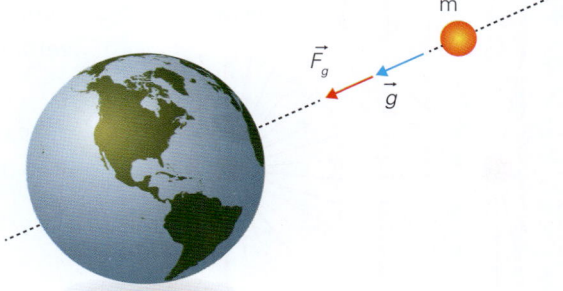

Para determinar a intensidade do campo gravitacional ($\vec{g}$) da Terra, vamos considerar a situação representada na Figura 4.18.

Assim, lembramos que:

$$\vec{F}_g = m \cdot \vec{g}$$

A força gravitacional também pode ser expressa da seguinte forma:

$$G \cdot \frac{m \cdot M}{d^2} = m \cdot g$$

Logo:

$$g = G \cdot \frac{M}{d^2}$$

Essa expressão nos fornece a intensidade do campo gravitacional de qualquer corpo a determinada distância (d). Observe que o valor depende apenas da massa do corpo que gera o campo e decresce com o quadrado da distância.

> O campo gravitacional de um corpo pode ser perturbado ou bloqueado pela presença de outros corpos?

Não. O campo gravitacional de um corpo não é perturbado pela presença de outro corpo.

Na maior parte das situações, pelo menos as que envolvem dois corpos dotados de massa, os campos gravitacionais se superpõem no espaço. Dizemos, porém, que são os corpos que interagem entre si, e não os campos. Os campos são os meios, os instrumentos pelos quais as cargas interagem; eles medeiam a interação (Figura 4.19).

Figura 4.19: O campo gravitacional da maçã existe, mesmo sendo extremamente fraco em comparação com o da Terra, assim como existe a força exercida pela maçã sobre o planeta.

3.1. Campo elétrico

O campo elétrico existe na região de partículas eletricamente carregadas, ou seja, cargas elétricas são fontes de campo elétrico. Assim, quando qualquer carga de prova é inserida na região de um campo elétrico, ela passa a atuar sobre ambas as forças (interação) de natureza elétrica.

Assim como a Terra (de massa M) é o corpo gerador ou fonte do vetor campo gravitacional ($\vec{g}$) nos exemplos anteriores, vamos considerar uma única partícula eletricamente carregada com carga **Q**. Sabemos que essa partícula gera um campo elétrico na região onde está e, como os campos de interação podem ser representados por vetores, definimos o **vetor campo elétrico** $\vec{E}$ com três atributos: direção, sentido e intensidade.

Para Q positiva, a direção de $\vec{F}$ é radial (a partir de Q) e seu sentido é de afastamento (repulsão). Para cargas positivas, essa orientação coincide com os vetores campo elétrico ($\vec{E}$) em qualquer posição (Figura 4.20).

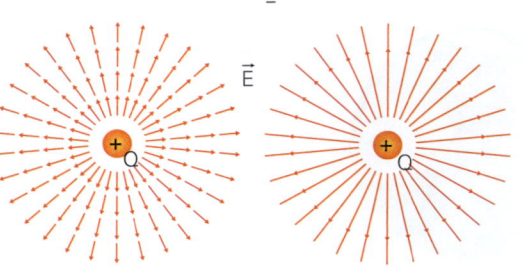

Figura 4.20: Representação do campo elétrico gerado pela carga Q positiva por meio dos vetores campo elétrico e das linhas de força. Dizemos que o campo elétrico de cargas puntiformes positivas tem direção radial e sentido de afastamento.

Para Q negativa, a direção de $\vec{F}$ é radial (a partir de Q) e seu sentido é de aproximação. Para cargas negativas, essa orientação coincide com os vetores campo elétrico ($\vec{E}$) em qualquer posição (P) (Figura 4.21).

Mas como determinar a intensidade do campo elétrico?

A força elétrica ($\vec{F}_{el}$) é resultado da ação do campo gerado por Q sobre a carga de prova (q), o que nos permite escrever:

$$\vec{F}_{el} = q \cdot \vec{E}$$

Como já conhecemos a expressão para a força resultante da interação de duas cargas, podemos escrever a intensidade do campo elétrico gerado pela carga fonte Q:

$$E = \frac{F_{el}}{q} \Rightarrow E = \frac{k \cdot \dfrac{q \cdot Q}{d^2}}{q} \Rightarrow E = k \cdot \frac{Q}{d^2}$$

A unidade usada para medir campo elétrico no SI é newton por coulomb (N/C).

Na Figura 4.23 temos representações das linhas de força produzidas por cargas elétricas de mesmo sinal e intensidade.

As linhas representadas são simétricas, pois têm a mesma intensidade de carga; assim, a densidade das linhas é a mesma para cada uma das cargas.

E se desenvolvermos esse estudo com cargas elétricas de sinais opostos? Como será a representação das linhas de força para cargas de mesma intensidade?

A configuração continua simétrica em relação ao ponto médio entre as duas cargas, mas nesse caso as linhas de força começam na carga positiva e acabam na carga negativa. Lembre-se de que os vetores são de aproximação!

E no caso de cargas elétricas com sinais e intensidades diferentes? Elas guardam uma semelhança com as representações acima, mas passam a ser assimétricas. Nesse caso, a densidade das linhas é diferente para cada uma das cargas: quanto maior a intensidade da carga, maior a densidade de linhas em suas proximidades (Figura 4.24).

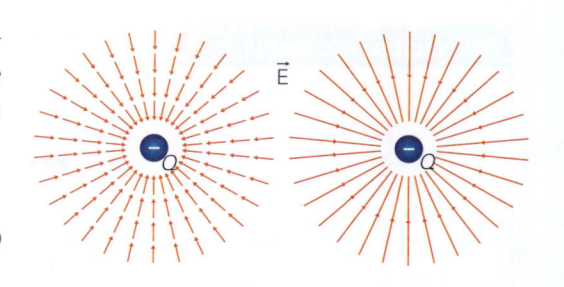

Figura 4.21: Representação do campo elétrico gerado pela carga Q negativa por meio dos vetores campo elétrico e das linhas de força. Dizemos que o campo elétrico de cargas puntiformes negativas tem direção radial e sentido de aproximação.

Richard Megna/Fundamental Photographs

Figura 4.22: Corpos pequenos (pontuais) são carregados eletricamente com cargas de mesmo sinal. O experimento forma "linhas" denominadas por Faraday como Linhas de Força. Note que as linhas de força divergem no ponto simétrico entre as cargas.

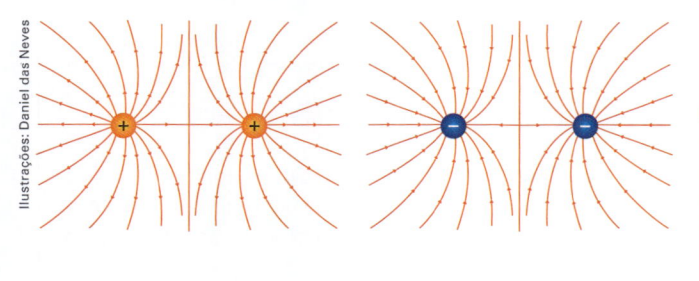

Ilustrações: Daniel das Neves

Figura 4.23: Linhas de força de cargas de mesmo sinal e intensidade.

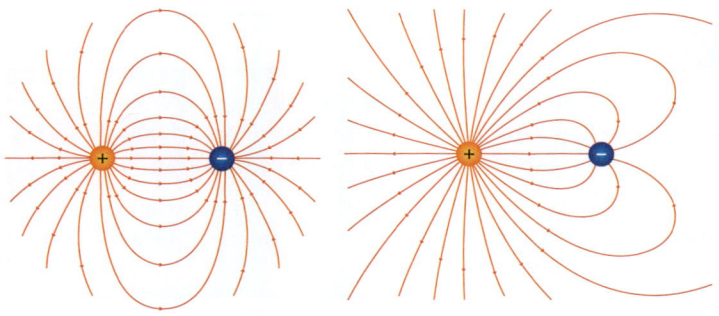

Figura 4.24: Linhas de força de cargas de sinais e intensidades diferentes.

1. Considere duas cargas puntiformes que geram campos elétricos num mesmo ponto e cujas intensidades são $E_1 = 3,0 \cdot 10^5$ N/C e $E_2 = 4,0 \cdot 10^5$ N/C, como mostra a figura.

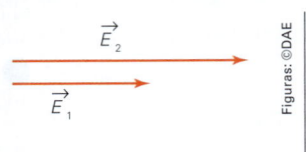

Figuras: ©DAE

a) Como podemos determinar a intensidade e a orientação do campo resultante nesse ponto?

Nesse caso, como os campos apontam para o mesmo sentido, é fácil perceber que o campo resultante terá a intensidade dada pela soma algébrica das intensidades dos campos componentes. Assim, a intensidade do campo resultante será de $7,0 \cdot 10^5$ N/C e apontará no sentido de ambos.

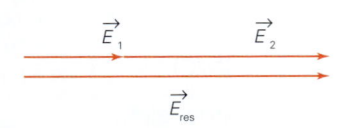

b) E no caso de campos que apontam para sentidos opostos?

Se duas cargas gerarem campos de intensidades $E_1 = 3,0 \cdot 10^5$ N/C e $E_2 = 4,0 \cdot 10^5$ N/C, conforme mostra a figura seguinte, o campo resultante terá a intensidade dada pela diferença entre as intensidades dos componentes, pois eles apontam para sentidos contrários. O sentido do campo resultante será o de E_2, porque este é mais intenso.

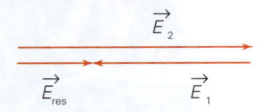

Imaginemos agora que as cargas geradoras estejam numa posição tal que os segmentos que definem as distâncias das cargas até o ponto em questão formem um ângulo reto e que os campos por elas gerados tenham intensidades $E_1 = 3,0 \cdot 10^5$ N/C e $E_2 = 4,0 \cdot 10^5$ N/C, como mostra a figura.

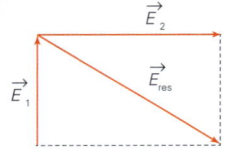

A intensidade do campo resultante será obtida pela aplicação do teorema de Pitágoras:

$$E_{res} = \sqrt{E_1^2 + E_2^2} = \sqrt{(3,0 \cdot 10^5)^2 + (4,0 \cdot 10^5)^2} =$$
$$= \sqrt{(9 + 16) \cdot 10^{10}} = \sqrt{25 \cdot 10^{10}} = 5,0 \cdot 10^5 \text{ N/C}$$

2. Um corpo de 5,0 kg encontra-se em certa região próxima da Terra, onde um dinamômetro acusa 25 N para seu peso. Qual é a distância dessa região ao centro da Terra? Qual é a altitude dessa região em relação ao nível do mar?

Se o corpo pesa 25 N tendo 5,0 kg de massa é porque, no local onde ele está, o campo gravitacional vale $g = $ peso/massa $= 25/5,0 = 5,0$ N/kg. A posição dessa região relativamente ao centro da Terra é dada por:

$g = \dfrac{G \cdot M}{d^2}$, em que G é a constante de gravitação

universal $(6,7 \cdot 10^{-11}$ Nm²/kg²$)$ e M é a massa do Sol $(2 \cdot 10^{30}$ kg$)$.

$$5,0 = \frac{6,7 \cdot 10^{-11} \cdot 6 \cdot 10^{24}}{d^2} \Rightarrow d^2 = \frac{40 \cdot 10^{13}}{5,0} = 8,0 \cdot 10^{13} \Rightarrow$$
$$\Rightarrow d = 8,9 \cdot 10^6 \text{ m}$$

Como o raio da Terra é 6 340 km (ou $6,34 \cdot 10^6$ m), a altitude dessa região é $2,56 \cdot 10^6$ m, ou seja, 2 560 km acima do nível do mar.

3. Em determinado local, no vácuo, uma partícula eletrizada com carga $2,0 \cdot 10^{-6}$ C sofre uma força elétrica de 8,0 N de intensidade. Sabe-se que o campo elétrico responsável pelo aparecimento dessa força é gerado por outra carga pontual, de $4,0 \cdot 10^{-6}$ C. Se a constante dielétrica do vácuo vale $9 \cdot 10^9$ Nm²/C², determine a intensidade desse campo e a distância da carga geradora até a carga de prova.

A relação entre a força elétrica exercida sobre a carga de prova e a intensidade do campo gerado pela "carga-mãe" (geradora) é:

$$F_{el} = q \cdot E \Rightarrow E = \frac{F_{el}}{q} \Rightarrow E = \frac{8,0}{2,0 \cdot 10^{-6}} = 4,0 \cdot 10^6 \text{ N/C}$$

Para calcular a distância pedida, devemos lembrar que o campo elétrico gerado por uma partícula puntiforme é dado por:

$$E = \frac{k \cdot Q}{d^2} \Rightarrow d^2 = \frac{k \cdot Q}{E} = \frac{9 \cdot 10^9 \cdot 4,0 \cdot 10^{-6}}{4,0 \cdot 10^6} =$$
$$= 9,0 \cdot 10^{-3} \Rightarrow d = 9,5 \cdot 10^{-2} \text{ m} = 9,5 \text{ cm}.$$

É importante ter em mente que carga positiva gera campo divergente, apontando para fora da carga, e carga negativa gera campo convergente, apontando para dentro da carga.

Exercícios propostos

1. Uma partícula de massa m está eletrizada com carga positiva q e encontra-se em equilíbrio eletrostático e mecânico em um ponto onde há dois campos de interação atuando: um elétrico e outro gravitacional.

Determine a relação entre as intensidades desses campos, em função de m e q.

2. Uma pequena esfera eletrizada, localizada no vácuo $(k = 9 \cdot 10^9$ N $\cdot$ m²/C²$)$, gera um campo elétrico convergente, de intensidade $4,5 \cdot 10^5$ N/C, a 10 cm de seu centro. Determine o sinal e o valor da carga dessa esfera.

3. Determine a intensidade, a direção e o sentido do campo elétrico resultante no ponto *P* de cada uma das distribuições a seguir. Considere $Q_1 = 5,0 \cdot 10^{-5}$ C, $Q_2 = -5,0 \cdot 10^{-5}$ C e $d = 20$ cm. O meio é o vácuo, onde $k = 9 \cdot 10^9$ Nm²/C².

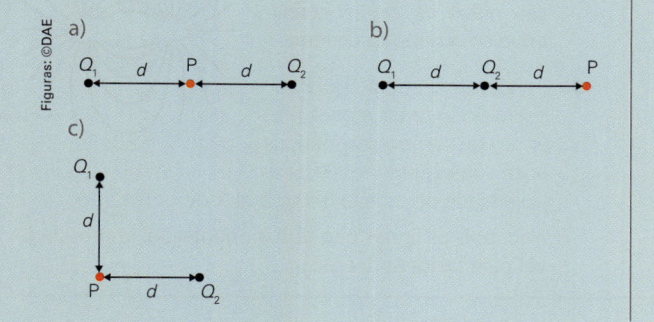

4. Há uma pequena região no espaço, entre a Terra e a Lua, em que o campo gravitacional resultante da ação de ambas é nulo. Admitindo que a massa da Terra equivale a cerca de 81 vezes a massa da Lua e que a distância entre ambas é de 384 000 km, localize a distância dessa região ao centro da Terra.

5. A figura ilustra duas partículas eletrizadas com cargas $Q_1 = +8,0$ μC e $Q_2 = -2,0$ μC, situadas a uma distância mútua $d = 20$ cm, no vácuo. Determine o ponto *P* em que a intensidade do campo elétrico resultante da presença dessas cargas é nula.

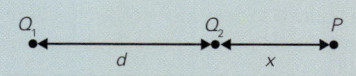

3.2. Campo magnético

À medida que aproximamos uma bússola de um ímã o efeito deste sobre a agulha aumenta. Com base nisso, podemos definir a grandeza física que caracteriza, em cada ponto, o campo magnético gerado por um corpo magnetizado. Essa grandeza recebe o nome de **vetor campo magnético ($\vec{B}$)** e caracteriza a direção, o sentido e a intensidade do campo em determinado ponto. Podemos então associar a cada ponto do campo magnético um vetor que em módulo representa a intensidade do efeito magnético.

Observe atentamente os vetores representados na Figura 4.25. O que ocorre com o módulo da intensidade desses vetores à medida que nos aproximamos do ímã? Compare-os quanto ao módulo, à direção e ao sentido. Podemos observar que os pontos H e F, equidistantes do ímã, possuem mesma direção, mesmo sentido e mesmo módulo. E ao compararmos os vetores nos pontos A e B?

Observe que a direção é sempre tangente às linhas do campo magnético, e o sentido é do polo norte para o polo sul, fora do ímã, e do polo sul para o polo norte, dentro do ímã.

Na Figura 4.25, percebemos que a intensidade varia de acordo com o tamanho dos vetores; entretanto, sua medida não é direta, isto é, precisamos medir outras grandezas para obter a intensidade do campo elétrico. Nos próximos capítulos, veremos algumas expressões que nos permitem realizar esse cálculo (Figura 4.26).

No Sistema Internacional, o módulo do vetor campo magnético é denominado **tesla** ($1 \text{ T} = \text{kg/A} \cdot s^2$).

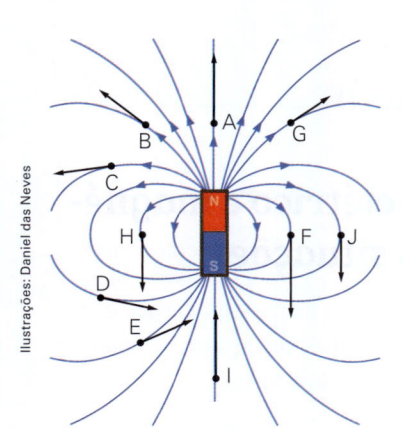

Figura 4.25: Representação de um ímã em forma de barra, das linhas do campo magnético e dos vetores campo magnético para alguns pontos em seu entorno.

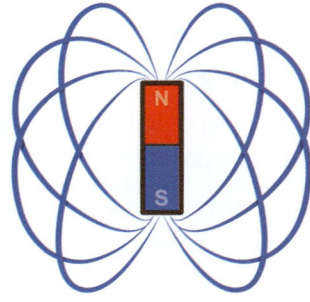

Figura 4.26: As linhas de campo magnéticas, apesar de representadas num plano (desenho numa folha de papel ou limalhas sobre um plano), distribuem-se no espaço.

LEMBRETE:
As linhas de campo são meios de representar os campos de interação, em particular o campo elétrico e o magnético. Dentre suas características, destacamos:

1. Em cada ponto de uma linha de campo, a direção de vetor campo é obtida pela tangente à linha nesse ponto determinado.

2. A intensidade do campo pode ser estimada pela densidade das linhas de campo em determinada região.

Nikola Tesla (1856-1943), nascido em um vilarejo da atual Croácia, é considerado um dos grandes inventores de sua época na área da engenharia e da eletrotécnica. A unidade tesla (T) recebeu esse nome em sua homenagem.

1. Qual é a diferença entre linhas de força e linhas de campo?

As linhas de força são uma representação qualitativa dos campos de interação. Por meio delas, obtemos a orientação da força que agiria sobre um corpo colocado na região; elas são aplicadas, principalmente, a campos gravitacionais e elétricos. As linhas de campo também são representações qualitativas dos campos, mas não são equivalentes às de força. Por exemplo, em um campo magnético, a força que age sobre uma partícula eletrizada não tem a direção da linha de campo.

2. Na figura a seguir, você consegue identificar que tipo de campo está sendo representado (elétrico ou magnético)?

Não é possível identificar, pois não há especificação se o que se encontra espalhado são grãos de algum cereal em óleo ou limalha de ferro.

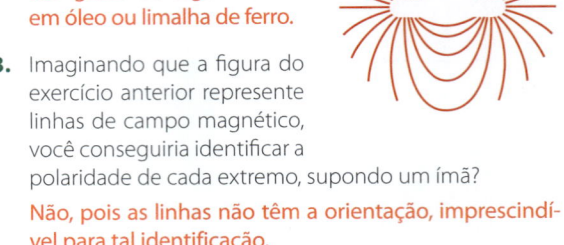

3. Imaginando que a figura do exercício anterior represente linhas de campo magnético, você conseguiria identificar a polaridade de cada extremo, supondo um ímã?

Não, pois as linhas não têm a orientação, imprescindível para tal identificação.

1. (UEL-PR) A agulha de uma bússola assume a posição indicada na figura ao lado quando colocada numa região onde existe, além do campo magnético terrestre, um campo magnético uniforme e horizontal.

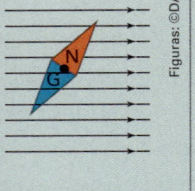

Figuras: ©DAE

Considerando a posição das linhas de campo uniforme desenhadas na figura, o vetor campo magnético terrestre na região pode ser indicado pelo vetor:

a) ↗   b) → c) ↓   d) ← e) ↑

2. Um ímã em forma de barra é depositado sobre uma mesa de tampo horizontal, como mostra a figura.

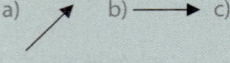

Entre os pontos selecionados, aponte aquele em que a intensidade do campo magnético é menor.

a) A   b) B   c) C   d) D   e) E

3. (Ufal) Dois ímãs idênticos, em forma de barra, são fixados paralelamente.

No ponto médio P, equidistante dos dois ímãs, como mostra a figura, o vetor campo magnético resultante deve ser representado pelo vetor:

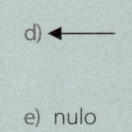

a) ↑

b) ↓

c) →

d) ←

e) nulo

4. Aplicações do conceito de campo elétrico e magnético na descrição física de outras situações

Vimos que campo é o conceito que permite entender como as massas, cargas e corpos magnetizados interagem. Vamos, dessa forma, tratar de algumas situações envolvendo corpos eletrizados e magnetizados e usar os campos por eles produzidos.

Antes, porém, vale resumir alguns pontos:

I. Podemos representar os campos por linhas de campo ou pelos vetores, que permitem uma caracterização ponto a ponto;

II. Os vetores do campo podem ser somados e subtraídos para a determinação do campo resultante em um ponto do espaço.

Veja como isso se aplica nos casos a seguir.

4.1. Cargas superficiais em condutores

Os condutores têm um comportamento muito particular quando são carregados eletricamente: as cargas em excesso se instalam em sua superfície exterior. Tomemos como exemplo uma eletrização por contato de um corpo metálico com cargas negativas (Figura 4.27).

Esse fato pode ser explicado pela repulsão mútua das cargas na superfície do condutor. Depois de estabelecido o equilíbrio, que chamamos de equilíbrio eletrostático, não há mais fluxo de cargas na superfície do condutor e qualquer ponto dela tem o mesmo potencial elétrico. Com a distribuição de carga pela superfície, a densidade superficial de carga (concentração) pode variar ponto a ponto, dependendo da forma (curvatura) do corpo.

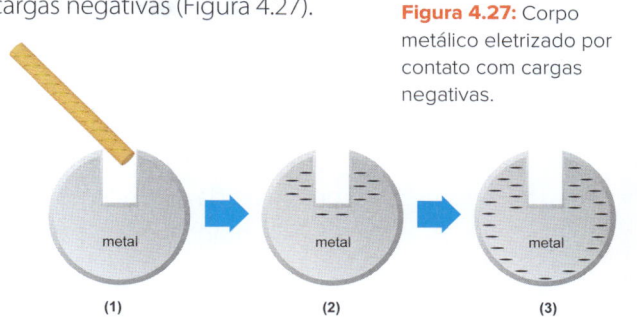

Figura 4.27: Corpo metálico eletrizado por contato com cargas negativas.

Por dentro do conceito

O poder das pontas e os para-raios

Os para-raios foram inspirados na propriedade dos corpos denominada poder das pontas.

Na Figura 4.28, note que a distribuição de cargas na superfície do condutor depende de sua forma. Assim, há muito tempo se descobriu, empiricamente, que as pontas concentravam mais cargas na superfície, como podemos observar ao comparar o ponto A com o ponto B indicados na figura. Isso significa dizer que em regiões de pequena curvatura há maior densidade superficial de cargas; por isso, o campo elétrico na região A e nas outras regiões pontiagudas é mais intenso que o campo elétrico na região B e nas outras regiões mais planas. Desse modo, mesmo que a quantidade de carga no condutor não seja elevada, o campo elétrico nas regiões pontiagudas pode ser grande o suficiente para atingir o valor da rigidez dielétrica do ar. Nesse caso, o ar atmosférico torna-se condutor e é percorrido por uma corrente elétrica. Isso explica, por exemplo, por que existe maior probabilidade de um raio atingir uma árvore isolada num pasto ou uma pessoa sozinha num mar calmo.

O para-raios nada mais é que um material bom condutor pontiagudo ligado a uma placa enterrada no solo. Quando uma nuvem eletrizada passa sobre ele, o campo elétrico entre a proximidade da ponta do para-raios e a nuvem se intensifica e ultrapassa o valor da rigidez dielétrica do ar. O ar torna-se condutor e uma descarga elétrica corre entre a nuvem e a ponta do para-raios. Ao atingi-lo, essa descarga é conduzida direto para a placa enterrada no solo, sem causar danos. Veja a seguir na Figura 4.29.

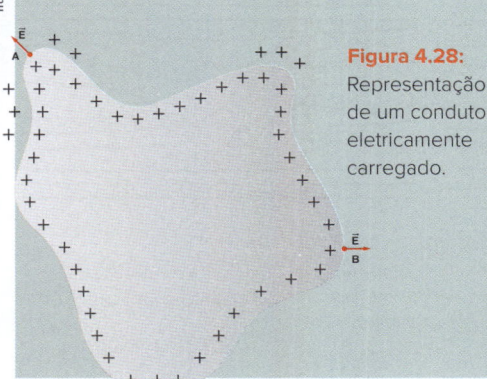

Figura 4.28: Representação de um condutor eletricamente carregado.

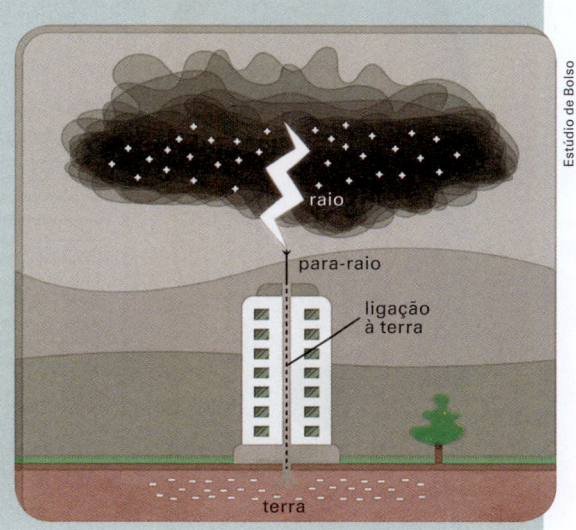

Figura 4.29: Ilustração de um sistema de proteção contra descargas atmosféricas.

Ilustrações: Daniel das Neves

Estúdio de Bolso

4.2. Campo no interior de condutores

Vimos que as cargas em excesso de um corpo condutor se distribuem em sua superfície. Por causa disso, a ação dessas cargas no interior do condutor elétrico é nula; em outras palavras, o campo elétrico em qualquer ponto do interior é zero.

Como exemplo, considere uma casca esférica na qual se distribuem uniformemente cargas elétricas e uma carga pontual num ponto P qualquer do interior dela. Na esfera, a partir do ponto P, não necessariamente concêntrico à casca, podemos definir duas áreas com carga total Q_1 e Q_2, respectivamente. Note que as áreas A_1 e A_2 são proporcionais ao quadrado da distância ao ponto P ($A_1 \propto D^2$; $A_2 \propto d^2$), assim como as quantidades de carga Q_1 e Q_2, proporcionais à área.

Portanto, a resultante do campo elétrico no ponto P, por conta das contribuições das duas áreas da casca esférica, é zero, pois depende da quantidade de carga total de cada área da casca esférica e do inverso do quadrado da distância (Figura 4.30).

Figura 4.30: Qualquer que seja o ponto P, o campo elétrico resultante no interior de um condutor é zero.

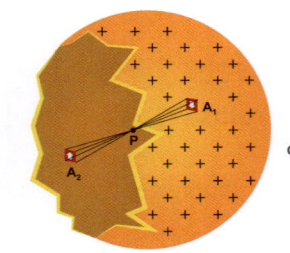 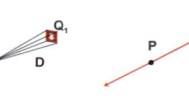 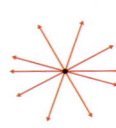

Daniel das Neves

Sendo o campo elétrico nulo no ponto P, as forças sobre uma carga pontual colocada sobre esse ponto também se anulam. Fisicamente, cada casca esférica contribui com forças elétricas iguais em módulo, mas com sentidos opostos. Fazer uma demonstração completa dessa propriedade dos condutores elétricos está fora dos limites desta obra, mas vale dizer que ela serve para condutores de qualquer formato e para qualquer ponto no interior do corpo.

Mesmo quando imerso em um campo elétrico externo, o campo elétrico no interior do condutor continua nulo (Figura 4.31).

A seguir, demonstra-se por meio de um experimento que o campo elétrico no interior dos condutores é nulo. Para isso, uma carga pontual e um cilindro são eletrizados e sobre eles são jogadas sementes de grama. As orientações adquiridas pelas sementes representam as linhas de força. Note que, no interior do anel, elas não se alinham. O fato de o condutor ser oco não altera o fato de o campo em seu interior ser nulo, caso o corpo seja maciço (Figura 4.32).

Figura 4.32: O anel e a barra estão eletricamente carregados com cargas de sinais opostos. Na região entre esses elementos, os pequenos corpos condutores estão alinhados, fato que não ocorre dentro do anel, onde o campo é nulo.

Ted Kinsman/Science Source/Latinstock

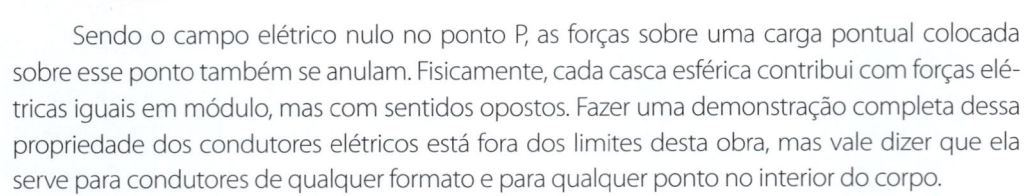

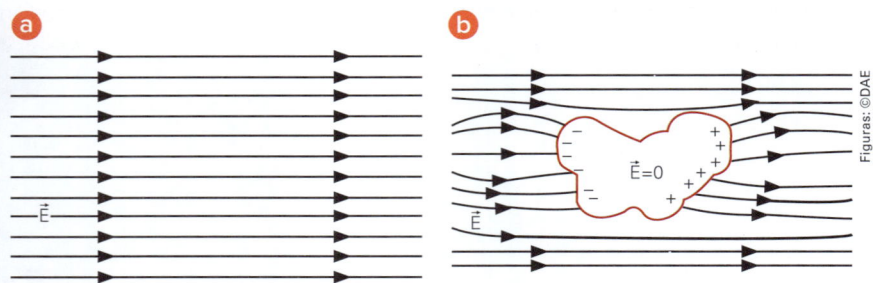

Figura 4.31: (a) Campo elétrico uniforme externo ao condutor; (b) campo elétrico nulo no interior do condutor e deformações em torno do corpo.

Figuras: ©DAE

Blindagem eletrostática

O fato de o campo elétrico num condutor ser nulo inspira algumas implicações práticas importantes, como a representada nas Figuras 4.33a e 4.33b.

Figuras 4.33a e 4.33b: Durante uma tempestade, um dos locais mais seguros para ficar é no interior de um carro. Como toda a sua estrutura é feita de materiais condutores, mesmo que ele seja atingido por um raio, o interior é preservado de ações elétricas.

O cientista Nikola Tesla colocou à prova o efeito de blindagem quando ele mesmo se instalou dentro de uma superfície elétrica não contínua, como uma grade ou gaiola. Tais equipamentos construídos (ou não) com intenção de blindar efeitos elétricos recebem tradicionalmente o nome de gaiola de Faraday (Figura 4.34).

Figura 4.34: Nikola Tesla, em fotografia de 1901.

Explorando o assunto

Campo magnético

Quando estudamos a estrutura dos ímãs, no capítulo anterior, vimos que o campo magnético de um ímã é resultado, em última instância, da ação dos pequenos domínios magnéticos no interior dos corpos. Esses campos magnéticos podem ser somados vetorialmente. Por exemplo, quando falamos da intensidade do campo de um ímã, estamos de fato nos referindo à soma de todas as contribuições de cada domínio. Mas podemos também pensar na resultante do campo de dois ímãs. Para tanto, reúna os seguintes materiais:

- Dois ímãs iguais em forma de barra
- Folha de caderno
- Bússola
- Lápis
- Régua

Aproxime os ímãs e identifique os lados que se atraem e se repelem para determinar o norte e o sul de cada um deles. Se quiser, faça uma marcação no polo norte de cada ímã.

Na folha de caderno, trace duas linhas perpendiculares, como indicado na Figura 4.35. Posicione os ímãs de modo que o lado norte dos dois aponte para o ponto de interseção das linhas traçadas e eles mantenham uma distância diagonal de pelo menos 5 cm.

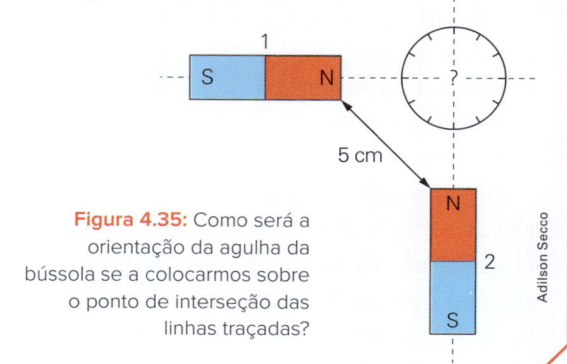

Figura 4.35: Como será a orientação da agulha da bússola se a colocarmos sobre o ponto de interseção das linhas traçadas?

Para compreendermos como se comportará a agulha da bússola, precisamos saber como se somam campos magnéticos. Se retirássemos o ímã 2, a agulha da bússola apontaria na direção horizontal, para o norte do ímã 1. Se tirássemos o ímã 1 e recolocássemos o ímã 2, a agulha da bússola apontaria na direção vertical, para o norte do ímã 2.

Agora, ao colocarmos os dois ímãs, supostamente iguais e equidistantes da bússola, os campos gerados pelos ímãs 1 e 2 sobre a agulha se somarão. As características do campo resultante sobre a agulha podem ser obtidas pela adição dos vetores campo magnético de cada ímã (Figura 4.36, a seguir).

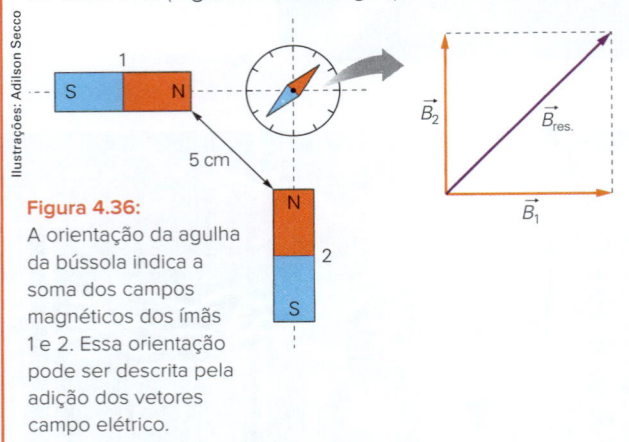

Figura 4.36:
A orientação da agulha da bússola indica a soma dos campos magnéticos dos ímãs 1 e 2. Essa orientação pode ser descrita pela adição dos vetores campo elétrico.

Se começarmos a distanciar o ímã 2, a intensidade de seu campo no ponto onde está a bússola diminui até que deixe de influenciar a posição da agulha e esta indique somente o campo do ímã 1.

Cargas superficiais em condutores

Mesmo que a constatação experimental de que as cargas elétricas num condutor se instalam em sua superfície mais externa tenha sido feita há muitos séculos, é interessante realizar um experimento para verificar como esse fenômeno ocorre na prática. Para isso, providencie:
- ▶ Papel sulfite
- ▶ Papel-celofane ou fiapo de papel de bala de coco
- ▶ Cola
- ▶ 2 canudos de refresco
- ▶ Massa de modelar
- ▶ Guardanapo de papel

Pegue o papel sulfite e corte um pequeno retângulo de 10 cm × 20 cm. Em seguida, corte 6 tiras bem pequenas do celofane com cerca de 3 cm de comprimento; 3 delas devem ser coladas ao longo de uma das faces do retângulo e 3 na outra face.

Passe cola nos dois lados menores do retângulo, de maneira que ao enrolá-lo para formar um cilindro ele fique fixo (Figura 4.37).

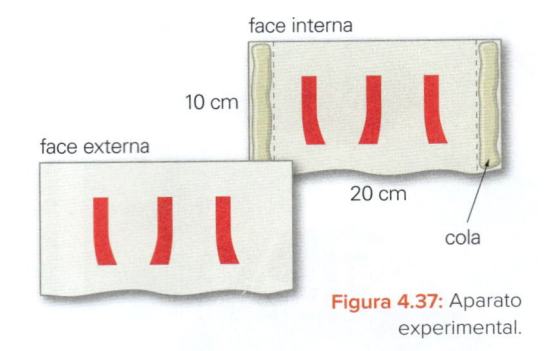

Figura 4.37: Aparato experimental.

Cole o cilindro em um canudo de refresco. Depois, tente fixá-lo sobre uma superfície; a massa de modelar pode ser bastante útil nesse procedimento (Figura 4.38).

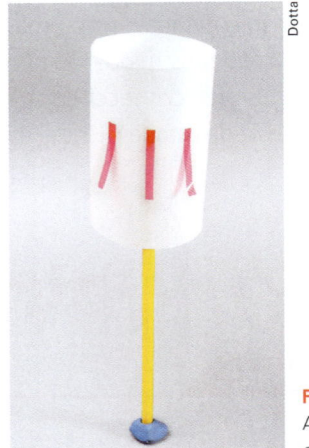

Figura 4.38: Aparato experimental.

Agora você terá de eletrizar o cilindro. Se necessário, retorne ao primeiro capítulo para relembrar os processos de eletrização. Atrite rapidamente o guardanapo de papel contra o outro canudo de refresco algumas vezes e encoste-o no cilindro.

Você deverá observar que apenas as tiras externas são repelidas, o que mostra que as cargas se encontram na superfície exterior do condutor. Para ter certeza disso, no processo de eletrização, introduza o canudo na face interna do cilindro.

Blindagem eletrostática

Você também pode explorar a blindagem eletrostática com materiais simples, como canudo, papel, guardanapo e duas peneiras, uma de plástico e outra metálica.

Para realizar o teste, cubra os papéis com uma peneira de metal e aproxime o canudo eletrizado. Nesse caso, nada acontece. Afaste a peneira metálica e observe que a atração eletrostática ocorre e os papéis são atraídos para o canudo (Figuras 4.39 e 4.40).

Por fim, substitua a peneira de metal por uma de plástico e repita o procedimento (Figura 4.41).

Figura 4.40: Com a peneira de metal, nada acontece, pois ela "blinda" a ação do canudo eletrizado sobre os papéis.

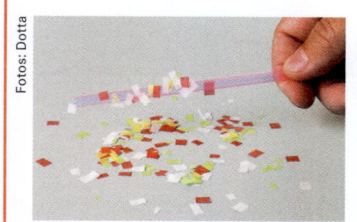

Fotos: Dotta

Figura 4.39: Nos testes que realizamos anteriormente, um canudo de refresco eletrizado atrai alguns pedacinhos de papel picado.

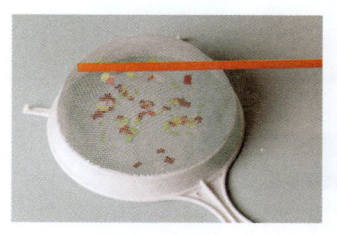

Figura 4.41: Com a peneira de plástico, os papéis continuam sendo atraídos pelo canudo eletrizado, uma vez que o plástico é um material isolante.

Exercícios resolvidos

1. Sabe-se que o campo elétrico no interior de corpos ocos eletrizados e com cargas em equilíbrio é nulo. Esboce o gráfico da intensidade do campo elétrico no interior e nas imediações de uma esfera oca eletrizada em equilíbrio. Admitindo que o campo bem próximo à superfície tenha intensidade dada por $E = \dfrac{KQ}{R^2}$, em que R é o raio da esfera, determine sua intensidade na própria superfície.

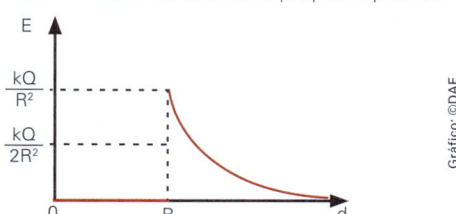

Gráfico: ©DAE

Como não se conhece o valor do campo na própria superfície do condutor, admite-se que seja dado pela média aritmética dos valores nos pontos bem próximos à superfície, que são zero, no interior da esfera, e $\dfrac{KQ}{R^2}$, em seu exterior, ou seja:

$$E_{sup} = \frac{E_1 + E_2}{2} = \frac{0 + \dfrac{K \cdot Q}{R^2}}{2} = \frac{K \cdot Q}{2 \cdot R^2}$$

2. Na superfície de uma esfera metálica, oca e eletrizada, registra-se que uma carga de prova de $8,0 \cdot 10^{-6}$ C sofre uma força repulsiva de 400 N de intensidade. Sabe-se que o raio da superfície esférica é de 20 cm. Dado: $k = 9 \cdot 10^9$ Nm²/C².

a) Qual a intensidade do campo elétrico gerado por essa esfera nas suas proximidades?

b) Qual a carga distribuída pela superfície dessa esfera?

c) Qual a intensidade do campo elétrico num ponto situado a 10 cm do centro da esfera?

a) $E = \dfrac{F_{el}}{q} = \dfrac{400}{8,0 \cdot 10^{-6}} = 50 \cdot 10^6 = 5,0 \cdot 10^7$ N/C

b) $E = \dfrac{kQ}{R^2} \Rightarrow Q = \dfrac{ER^2}{k} = \dfrac{5,0 \cdot 10^7 \cdot 0,2^2}{9 \cdot 10^9} = 2,2 \cdot 10^{-4}$ C

c) O ponto em questão é interno à esfera; em todos os pontos internos, o campo elétrico é nulo.

Exercícios propostos

1. Sabe-se que a elipse da figura está eletrizado negativamente. Descreva como seria a configuração do campo elétrico em suas imediações e em seu interior. Se quiser, faça um esboço em seu caderno.

2. O campo elétrico na superfície de uma esfera oca, de raio 10 cm, tem intensidade de $4,5 \cdot 10^5$ N/C. A esfera se encontra no ar, cuja constante elétrica tem praticamente o mesmo valor da do vácuo, $9 \cdot 10^9$ Nm²/C².

a) Determine o valor da carga distribuída pela esfera.

b) Determine a intensidade do campo elétrico num ponto externo localizado a 10 cm da superfície da esfera.

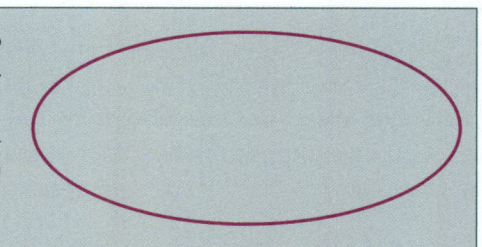

3. (UEPG-PR) Uma carga elétrica puntiforme Q gera um campo elétrico numa determinada região do espaço. Considerando um ponto P a uma distância *r* da carga Q, assinale o que for correto.

(01) A intensidade do vetor força elétrica que age sobre a carga de prova q_o é inversamente proporcional à intensidade do vetor campo elétrico.

(02) O sentido do vetor campo elétrico é o do vetor força elétrica que age sobre a carga de prova q_o, colocada no ponto P.

(04) A intensidade do vetor campo elétrico é inversamente proporcional ao quadrado da distância *r*.

(08) O campo elétrico será nulo no ponto P se a carga de prova q_o tiver sinal contrário ao da carga Q.

(16) Se o sentido do vetor campo elétrico for de afastamento da carga Q, então a carga de prova q_o tem sinal contrário ao da carga Q.

Por dentro do conceito

Unidade de campo magnético

A unidade do campo magnético no Sistema Internacional é tesla (T) e no sistema CGS é Gauss (G), que podem ser transformadas pela relação: 1 G = 0,0001 T. Medidas de campo magnético de pequenos dispositivos podem ser feitas por um instrumento que recebe o nome de *teslameter* ou *gaussmeter*. Esse instrumento permite medir a densidade de fluxo magnético que atravessa uma seção circular (anel) que faz parte do aparelho (Figura 4.42).

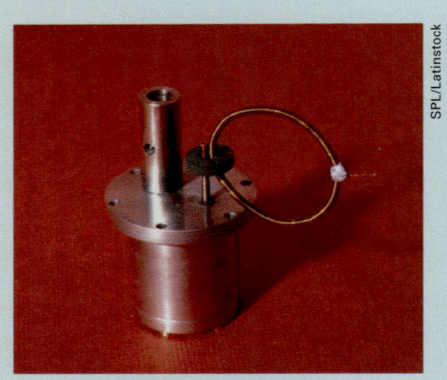

SPL/Latinstock

Figura 4.42: *Teslameter* ou *gaussmeter*, instrumento para medir o campo magnético.

Campos magnéticos gerados pelo movimento de cargas elétricas no interior dos planetas e das luas são considerados fracos; os campos de nuvens interestelares, estrelas e galáxias são mais fortes. Corpos e dispositivos de nosso cotidiano apresentam campos magnéticos menores.

Vamos conhecer algumas intensidades de campo magnético:

Tabela 4.3: Valores da intensidade do campo magnético	
Exemplo de corpo	**Intensidade do campo magnético**
cérebro humano	0,01 - 0,1 µG
coração humano	5 µG
galáxia (Via Láctea)	10 µG
vento solar	50 µG
abelhas	0,25 µG
tubarões e baleias	0,5 µG
monitor de computador	2 mG (30 cm)
nuvem interestelar	1 - 4 mG
Terra	0,30 - 0,60 G
imãs de refrigeradores	10 G
Júpiter	4,0 - 14 G
estrela de nêutrons	10^{12} G

Extraído de: <www.scantech7.com/emf-rf-magnetic-electric-field-sound-noise-radiation-safety-levels-dallas-fort-worth-houston-austin/>. Acesso em: 28 jun. 2016.

Na Tabela 4.3, podemos ver, por exemplo, que o campo magnético de uma estrela de nêutrons é 100 bilhões (10^{11}) de vezes maior do que o campo magnético de um ímã de geladeira, e cerca de 10 trilhões de vezes (10^{13}) mais forte do que o campo magnético da Terra.

Valem ainda os múltiplos e os submúltiplos das grandezas:

• 1 milligauss (mG) = 0,001 G = 100 nanoTesla = 100 nT

• 1 microgauss (µG) = 0,000 001 G = 0,1 nanoTesla = 0,1 nT

3.3. Campo magnético terrestre

Até meados do século XX, acreditava-se que o magnetismo terrestre estendia-se por todo o espaço. No entanto, pesquisas mais recentes usando sondas espaciais demonstraram que o campo magnético terrestre se limita a uma região de seu entorno chamada **magnetosfera**. Essa camada é fortemente influenciada pelo Sol. A Figura 4.43 mostra as linhas do campo magnético da Terra e a interação com o vento solar (partículas carregadas). Observe que, do lado exposto aos raios solares, a camada é menor do que do outro lado.

O Instituto Nacional de Pesquisas Espaciais (Inpe), em São José dos Campos (SP), reúne um dos grupos brasileiros de pesquisas geomagnéticas. A página principal do grupo destaca que seus estudos:

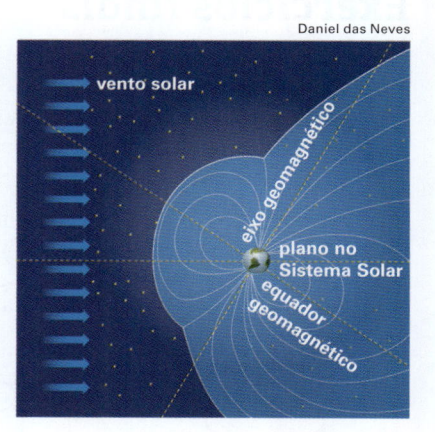

Daniel das Neves

Figura 4.43: Magnetosfera. Ilustração sem escala; cores-fantasia.

> [...] baseiam-se na realização de medidas das variações temporais do campo magnético terrestre observadas na superfície da Terra. Essas variações resultam da soma de duas contribuições distintas: uma de origem externa (considerada primária e gerada por correntes elétricas fluindo na ionosfera e na magnetosfera) e outra interna (secundária, induzida pelas variações externas em materiais condutores no interior da Terra).

Disponível em: <www.dge.inpe.br/geoma/html/home.html>. Acesso em: 21 jan. 2016.

As medidas do magnetismo terrestre, como as apresentadas no Mapa 4.1, são obtidas em diversos países por grupos de pesquisa.

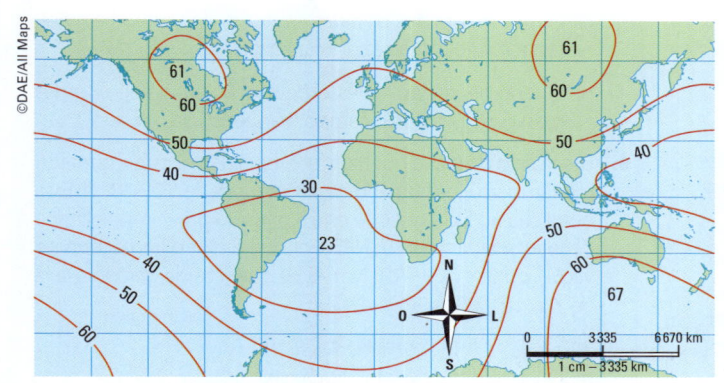

©DAE/All Maps

Mapa 4.1: Linhas geomagnéticas.

OLIVEIRA, Kepler de; SARAIVA, Maria de Fátima. *Astronomia e Astrofísica*. São Paulo: Livraria da Física, 2004. Disponível em: <http://astro.if.ufrgs.br/esol/esol. html>. Acesso em: 16 fev. 2016.

PROJETO DE ENSINO DE FÍSICA. *Eletromagnetismo*. São Paulo: USP/MEC/FENAME/ PREMEN, 1971.

Explorando o assunto

O que dizer dos demais corpos celestes? Eles têm campo magnético? Como podemos verificar a existência ou não de campo magnético nesses corpos?

Exercícios resolvidos

1. Qual a influência do vento solar sobre o campo magnético terrestre?

O vento solar, constituído por partículas eletrizadas, faz com que a configuração do campo não seja simétrica ao longo da superfície da Terra. O mapa 4.1 realça a distribuição das linhas do campo.

2. A intensidade do campo magnético da Terra é a mesma em todos os pontos de sua superfície?

Não. Medidas feitas em vários locais revelaram que a intensidade do campo magnético varia ponto a ponto por diferenças locais de composição e de tempo.

Exercícios propostos

1. Qual é a influência do Sol sobre o campo magnético terrestre?

2. Você diria que o campo magnético terrestre é estático, isto é, sua intensidade é sempre a mesma num mesmo ponto da Terra?

3. O que é magnetosfera?

4. Existe campo magnético na superfície de outros planetas ou em satélites naturais, como a Lua?

Exercícios finais

1. (FEI-SP) Duas cargas puntiformes, $q_1 = +6\ \mu C$ e $q_2 = -2\ \mu C$, estão separadas por uma distância d. Assinale a alternativa que melhor represente as linhas de força entre q_1 e q_2:

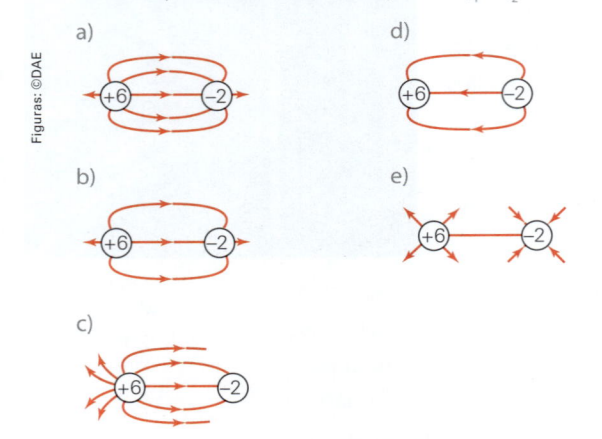

2. (Udesc-SC) Na figura a seguir aparece a representação, por linhas de força, do campo elétrico numa certa região do espaço.

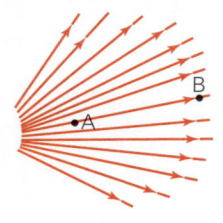

a) Diga onde a intensidade do campo elétrico é maior: nas proximidades do ponto A ou nas proximidades do ponto B? Justifique sua resposta.

b) Suponha que uma partícula carregada positivamente seja largada em repouso no ponto A. A tendência da partícula será se deslocar para a direita, para a esquerda ou permanecer em repouso? Justifique sua resposta.

c) Responda à pergunta anterior, **b**, considerando agora uma partícula carregada negativamente. Justifique sua resposta.

3. (Vunesp-SP) Nas demonstrações populares de supercondutividade elétrica, é comum a exibição de um ímã "flutuando" sobre o material supercondutor. Neste caso, a configuração das linhas de campo magnético em torno do ímã fica semelhante à da figura.

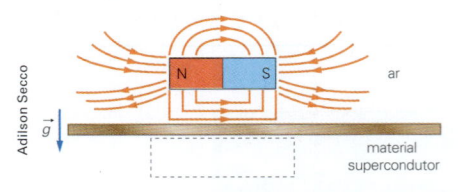

Para explicar a existência de uma força igual e oposta ao peso do ímã, e que o mantém suspenso, pode-se imaginar que a função do supercondutor equivale a colocar um "ímã imagem" em seu lugar, igual ao ímã real e convenientemente orientado dentro da região tracejada. O "ímã imagem", em conjunto com

o ímã real, criaria na região externa ao supercondutor a configuração de linhas de campo indicada na figura. A representação adequada do "ímã imagem" dentro da região tracejada é:

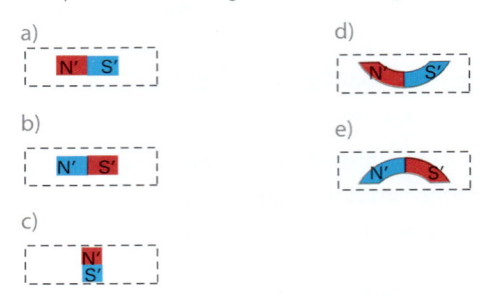

4. Na superfície da Lua há um campo gravitacional de intensidade 1,6 N/kg. Qual é o peso de um objeto na Lua que pesa 49 N na superfície da Terra? (Dado: $g_{Terra} = 9,8$ N/kg.)

5. (UFMG) As afirmativas estão relacionadas com forças e campos observados na natureza. Assinale a afirmativa incorreta.

a) O campo magnético da Terra possibilita a utilização de bússolas como instrumentos de orientação.

b) A atração de pedacinhos de papel por um pente atritado no cabelo se deve a uma força de natureza elétrica.

c) O movimento dos planetas em torno do Sol é uma manifestação de uma força gravitacional.

d) O fenômeno das marés é devido à atração de grandes massas de água pelo campo magnético da Lua.

6. Uma carga de prova puntiforme é repelida por outra, puntiforme também, com uma força de intensidade $5,0 \cdot 10^2$ N. Essa outra cria no local em que está a primeira um campo elétrico de intensidade $4,0 \cdot 10^5$ N/C. Considere que o fato ocorra no vácuo, onde $k = 9 \cdot 10^9$ Nm^2/C^2, e que a carga geradora seja de $1,0 \cdot 10^{-10}$ C.

a) Qual é o valor da carga de prova?

b) Qual é a distância entre as cargas?

7. A 10 cm de uma carga geradora de $6,0 \cdot 10^{-6}$ C está uma carga de prova de $4,0 \cdot 10^{-6}$ C. Ambas estão no vácuo, onde $k = 9 \cdot 10^9$ Nm^2/C^2.

a) Qual é a intensidade do campo elétrico no local em que está a carga de prova?

b) Qual é a intensidade da força repulsiva entre ambas?

8. (Unirio-RJ) A figura a seguir mostra como estão distanciadas, entre si, duas cargas elétricas puntiformes, Q e $4Q$, no vácuo.

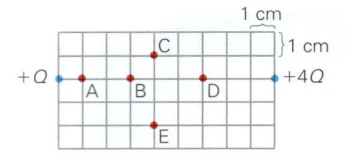

Pode-se afirmar que o módulo do campo elétrico (E) é nulo no ponto:

a) A   b) B   c) C   d) D   e) E

9. (UPM-SP) As cargas puntiformes $q_1 = 20\ \mu C$ e $q_2 = 64\ \mu C$ estão fixas no vácuo ($k_0 = 9 \cdot 10^9\ Nm^2/C^2$), respectivamente nos pontos A e B. O campo elétrico resultante no ponto P tem intensidade de:

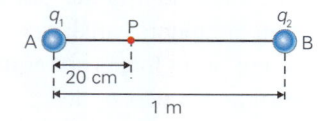

a) $3{,}0 \cdot 10^6$ N/C

b) $3{,}6 \cdot 10^6$ N/C

c) $4{,}0 \cdot 10^6$ N/C

d) $4{,}5 \cdot 10^6$ N/C

e) $5{,}4 \cdot 10^6$ N/C

10. Duas cargas puntiformes de valores $3{,}0 \cdot 10^{-6}$ C e $-4{,}0 \cdot 10^{-6}$ C estão no vácuo a uma distância mútua de 0,5 m. Use $k = 9 \cdot 10^9\ Nm^2/C^2$ e determine a intensidade do campo elétrico que cada uma cria no ponto onde está situada a outra.

11. (Vunesp-SP) Duas partículas com carga $5 \cdot 10^{-6}$ C cada uma estão separadas por uma distância de 1 m. Dado $k = 9 \cdot 10^9\ Nm^2/C^2$, determine:

a) a intensidade da força elétrica entre as partículas;

b) o campo elétrico no ponto médio entre as partículas.

12. (Fuvest-SP) Duas pequenas esferas, com cargas elétricas iguais, ligadas por uma barra isolante, são inicialmente colocadas como descrito na situação I. Em seguida, aproxima-se uma das esferas de P, reduzindo-se à metade sua distância até esse ponto, ao mesmo tempo que se duplica a distância entre a outra esfera e P, como na situação II.

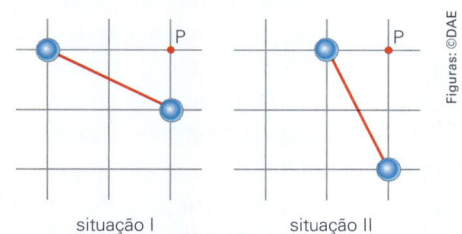

situação I   situação II

Figuras: ©DAE

O campo elétrico em P, no plano que contém o centro das duas esferas, possui, nas duas situações indicadas,

a) mesma direção e intensidade.

b) direções diferentes e mesma intensidade.

c) mesma direção e maior intensidade em I.

d) direções diferentes e maior intensidade em I.

e) direções diferentes e maior intensidade em II.

13. Uma partícula com carga positiva $+Q$ é fixada em um ponto, atraindo outra partícula com carga negativa $-q$ e massa m, que se move em uma trajetória circular de raio R, em torno da carga positiva, com velocidade de módulo constante.

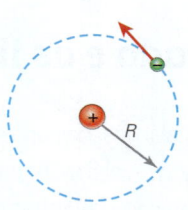

Não há nenhuma forma de dissipação de energia; portanto, ocorre a conservação da energia mecânica no sistema de cargas. Despreze qualquer efeito gravitacional e releve a constante eletrostática igual a k.

a) Determine o módulo da velocidade v com que a carga negativa orbita a carga positiva.

b) Determine o período e a frequência do movimento circular da carga negativa em torno da carga positiva.

14. Considere k a constante eletrostática, G a constante de gravitação universal e um sistema de dois corpos idênticos, de mesma massa M e cargas de mesma intensidade $+Q$ dispostos na mesma vertical, como mostra a figura. Se o corpo inferior estiver fixo e o corpo superior estiver em equilíbrio estático, qual deverá ser a relação $\dfrac{M}{Q}$?

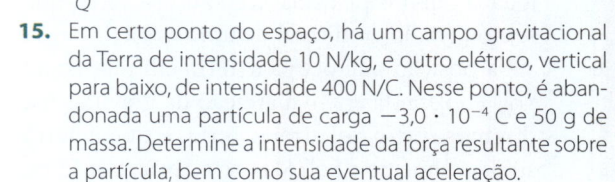

15. Em certo ponto do espaço, há um campo gravitacional da Terra de intensidade 10 N/kg, e outro elétrico, vertical para baixo, de intensidade 400 N/C. Nesse ponto, é abandonada uma partícula de carga $-3{,}0 \cdot 10^{-4}$ C e 50 g de massa. Determine a intensidade da força resultante sobre a partícula, bem como sua eventual aceleração.

16. (Cefet-MG) Uma bússola, em perfeito estado de funcionamento, encontra-se em uma determinada região e adquire a orientação mostrada na figura 1.

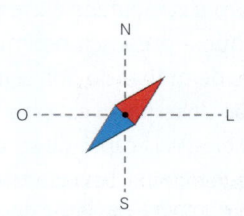

Essa situação torna-se possível desde que um ímã tenha sido colocado próximo à bússola, conforme ilustrado em

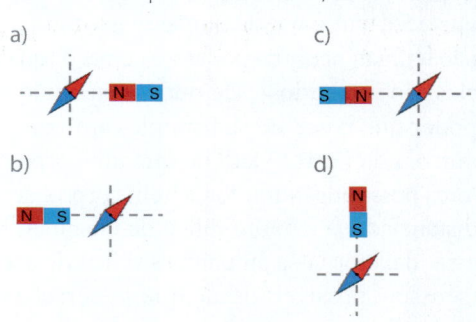

Ação mediada e as linhas de campo

Neste capítulo, falamos bastante sobre o cientista inglês Michael Faraday, que, além de grande experimentador, deixou a representação das linhas de campo em seu legado. Nesta atividade, propomos a leitura de um de seus textos em que reforça a crença em uma interação mediada para as forças gravitacionais entre dois corpos. Leia um extrato da obra *Experimental Researches in Electricity*, vol. III, escrita em 1855, e responda em seu caderno as questões propostas a seguir.

Para aqueles que admitem a lei de Newton sem procurar mais à frente, a noção de força de gravitação estipula que a matéria atrai a matéria com uma intensidade inversamente proporcional ao quadrado da distância. Consideremos então certa massa de matéria (ou uma partícula), que para nosso propósito será o Sol, e um globo igual a um dos planetas, como nossa Terra, que seja ou criado ou trazido de uma longa distância até a posição que ocupa a Terra em relação ao Sol. É exercida então a atração da gravitação e diremos que o Sol atrai a Terra, e que a Terra atrai igualmente o Sol. Mas, se o Sol atrai a Terra, essa força de atração deve nascer da presença da Terra perto do Sol ou na ausência da Terra deve ter preexistido no Sol.

No primeiro caso, parece extremamente difícil imaginar que a presença repentina da Terra, a 95 milhões de milhas do Sol, sem que a simples justaposição deles possa causar a mínima ligação física entre eles, seja capaz de suscitar no Sol uma potência que não existiria até então. Em relação à gravidade, a Terra deve ser considerada como se estivesse anteriormente tão inerte quanto o Sol; ela já não tem o poder indutor sobre o Sol que o Sol tem sobre ela: supõe-se que um e outro não tenham nenhum poder no começo [quando eles são separados]. De onde vem então esse poder que nasce de sua simples aproximação ou coexistência? O fato de que um corpo sem força possa engendrar força num corpo que está distanciado já é muito difícil de imaginar. Mas essa ideia torna-se ainda mais difícil de aceitar (se isso é possível) desde que se perceba que ela implica a criação de uma força. Uma força pode ser desviada, contrariada por outra força, parcial ou inteiramente canalizada, até mesmo convertida em outra força (por aquilo que nós sabemos); mas ela não pode ser nem criada nem aniquilada, ou suprimida (isto é, tornada inexistente sem ação equivalente). A conversão da força é de agora em diante uma ideia bem estabelecida na cabeça dos filósofos; e penso que, no seu conjunto, eles concordam em afirmar que a criação ou a aniquilação da força é tão impossível quanto a criação ou a aniquilação da matéria. Ora, se nós representássemos o Sol sozinho no espaço sem exercer nenhuma força de gravitação em seu exterior e outra esfera igualmente no espaço estando na mesma condição e se, aproximando-as uma da outra, supuséssemos que cada um tem por efeito e o outro exerce uma ação, apenas pelo fato de suas presenças mútuas – então, o que nós supomos não é uma simples criação de potência, mas uma dupla criação; com efeito, supõe-se que cada um dos dois objetos passa de um estado anteriormente inerte a um estado de poder [power]. Desde que os dois objetos se separam, eles passam, em virtude dessa mesma hipótese, a um estado sem poder, o que equivale a uma aniquilação da força. É claro que o argumento desenvolvido a propósito do Sol e da Terra, ou de qualquer par de corpos em interação, é recíproco; e também que a variação da atração, segundo o grau de aproximação dos dois corpos, implica o mesmo gênero de criação e aniquilação do poder que requer a criação ou a aniquilação de um ou de outro dos dois corpos agentes.

Tal é, me parece, a conclusão à qual não se pode deixar de chegar, que a atração do Sol sobre a Terra tem por causa a presença da Terra (e a atração da Terra sobre o Sol, a presença do Sol). Resta então apenas uma alternativa: um poder, ou uma fonte eficiente de poder, deve preexistir no Sol (ou na Terra) antes que a Terra (ou o Sol) tenha estado presente. Desse ponto de vista, parece-me que em virtude da conservação da força existem apenas três casos possíveis: ou a força de gravitação do Sol, quando ela está dirigida para a Terra, deve provir de outro corpo do qual ela tenha sido retirada; ou ela deve consumir uma forma nova de força para se desenvolver com força de gravitação; ou, enfim, ela deve ter sempre existido no espaço infinito se estendendo em torno do Sol. O primeiro caso nunca foi considerado e dificilmente pode passar por provável. O segundo caso, aquele de uma nova forma de poder, também não pode ser considerado em relação à gravidade. Tentei por experiências estabelecer uma ligação entre gravidade e eletricidade, mas meus resultados foram completamente negativos. Resta o terceiro caso, a saber que o poder está sempre presente em torno do Sol e no espaço infinito ao redor, que ele tenha ou não corpos secundários sobre os quais a gravitação possa agir; e isso não vale somente para o Sol, mas também para toda partícula de matéria existente. Creio poder conceber, sem infringir a conservação da força, o fato de que exista constantemente no espaço uma "condição necessária à ação" [estado necessário à ação], desde que em relação ao Sol a Terra não está no lugar. Creio que é isso que Newton procurava na gravidade; que, do ponto de vista filosófico, é aquilo que é geralmente admitido a propósito da luz, do calor e dos fenômenos de racionamento; e que (em um senso mais geral e mais vasto) é aquilo sobre o que nossa atenção é direcionada no momento atual de maneira limitadora e instrutiva, pelos fenômenos de eletricidade e de magnetismo.

FARADAY, Michael. *Experimental Researches in Electricity*. London, 1855. v. 3. p. 571-4.

QUESTÕES

1. A que força Faraday se refere no primeiro parágrafo?

2. Faraday nega uma das hipóteses feitas sobre a origem da força exercida pelo Sol na Terra. Explique esse argumento com suas próprias palavras.

3. No último parágrafo, Faraday cria condições para negar as ideias até então aceitas. Qual a base de seus argumentos? Explore o texto para melhorar a sua compreensão.

Filipe Rocha

INVESTIGUE VOCÊ MESMO

Eletroscópio eletrônico

MATERIAIS

- 1 bateria de 9 V
- 1 grampo para ligação (ou clipe) para bateria de 9 V
- 1 resistor de 270 Ω
- 3 resistores de 1 MΩ
- 1 LED de alto brilho
- 1 FET (transistor de efeito de campo) F8515 ou BF245
- 1 pedaço de placa-padrão para circuito integrado com cerca de 5 cm × 4 cm
- Ferro de soldar
- Estanho para solda
- Estilete
- Régua de acrílico
- 2 folhas de papel-toalha

ROTEIRO E QUESTÕES

Como detectar cargas elétricas? Ou como detectar um corpo eletrizado?

A placa para circuito integrado deve ser utilizada como suporte para a montagem esquematizada na figura a seguir.

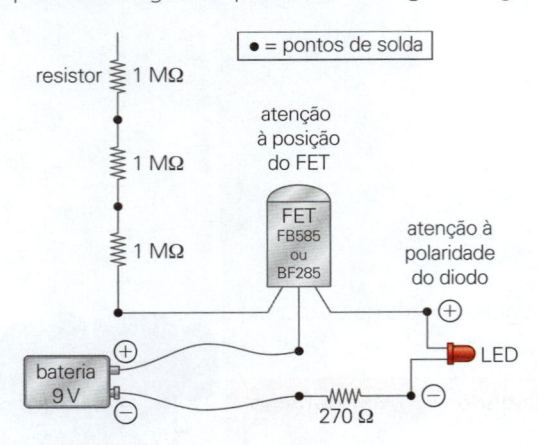

▶ Com o ferro de soldar aquecido e o estanho, faça uma ligação em série dos três resistores de 1 MΩ. Espete a associação de resistores na placa de circuito integrado e solde a ponta do conjunto à extremidade do FET. Em seguida, solde a extremidade oposta do FET à ponta do LED. Fique atento à polaridade do diodo (figura a seguir).

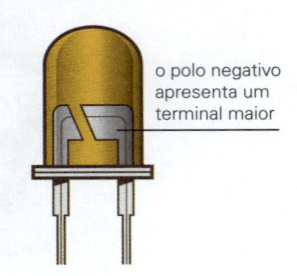

o polo negativo apresenta um terminal maior

▶ Solde a outra ponta do LED a uma das pontas do resistor de 270 Ω. Solde também a outra ponta do resistor de 270 Ω ao fio preto do grampo para a ligação da bateria. Para finalizar a montagem, solde a ponta central do FET ao fio vermelho do grampo para a ligação da bateria (Figuras a, b e c).

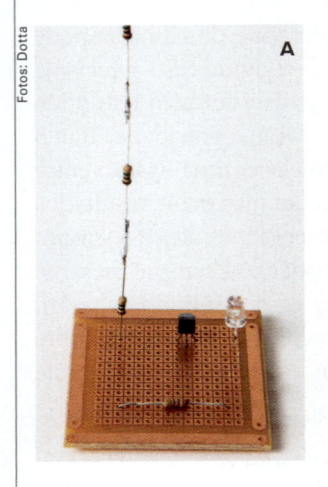
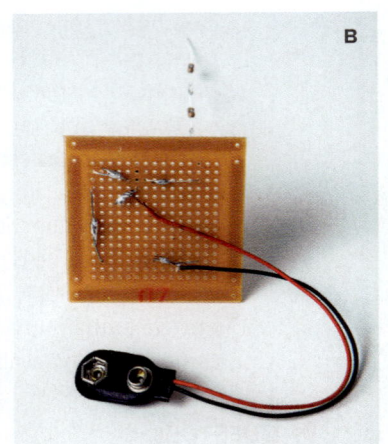

▶ Conecte a bateria no grampo e seu eletroscópio estará pronto!

▶ Agora, eletrize a régua de acrílico, atritando-a ao papel toalha, aproxime-a do eletroscópio e veja o que acontece. Aproxime também um objeto neutro e verifique se o fenômeno é diferente.

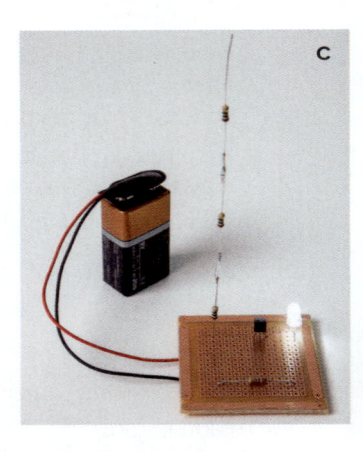

Caso esteja usando roupa de material sintético, aproxime o eletroscópio do corpo e esfregue suas mãos no tecido. Algo aconteceu no aparato?

1. O que é um eletroscópio?

2. Como o eletroscópio "sente" a presença da régua eletrizada?

3. Por qual razão um corpo neutro não causa nenhuma mudança no LED da montagem?

4. Com base nas observações realizadas, descreva a localização e a intensidade do campo elétrico da régua eletrizada. Depois, faça um desenho representando o campo elétrico da régua eletrizada.

LEIS DE AMPÈRE E FARADAY

Figura 5.1: A energia elétrica é uma das principais aplicações da indução eletromagnética.

Figura 5.2: A guitarra é uma aplicação do eletromagnetismo. Para produzir o som, a *pick-up* magnética montada sob as cordas da guitarra "sente" a vibração das cordas de aço e emite um sinal para um amplificador e um alto-falante.

1. A unificação entre eletricidade e magnetismo – primeiros passos

Um ponto importante que não deve ter passado despercebido por você é a proximidade entre aspectos da eletricidade e do magnetismo (Figura 5.1 e 5.2). Já apontamos algumas relações entre eles antes e agora vamos reanalisar essas relações tendo em vista os novos conceitos que aprendemos, como campo.

Acompanhe as semelhanças e as diferenças na descrição de alguns pontos da eletricidade e do magnetismo.

	Eletricidade	Magnetismo
Propriedade de atrair objetos	sim	sim
Apresenta situações de atração e de repulsão	sim	sim
A ocorrência pode ser resultado de atrito	sim	não
Pode causar choques	sim	não
Atrai reduzido número de materiais	não	sim
Pode ser usado como bússola	não	sim
Polos podem ser separados	sim	não
Temperatura pode fazer o efeito desaparecer	não	sim

Essas semelhanças também não passaram despercebidas a alguns cientistas dos séculos XVIII e XIX. Vários deles buscaram uma conexão entre essas duas áreas da Física. Benjamin Franklin (1706-1790) chegou a estudar relatos que indicavam que faíscas e raios durante tempestades modificavam agulhas de bússolas e que objetos metálicos como facas se tornavam magnéticos. Muitos pesquisadores acreditavam ter produzido ímãs descarregando garrafas de Leyden em agulhas de aço. Apesar de nenhum desses fatos ter tido ampla aceitação na época, eles fornecem indícios de que havia uma expectativa de união entre eletricidade e magnetismo.

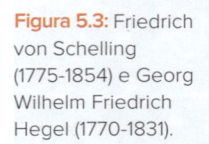

O início do século XIX foi palco de um movimento filosófico que pregava uma concepção de mundo unificada. Autores como Friedrich von Schelling e Georg Wilhelm Friedrich Hegel acreditavam que todos os fenômenos da natureza eram apenas manifestações de uma única força (Figura 5.3). Essa tendência os levava a defender que deveriam ser buscadas relações mais próximas entre as grandes áreas da Ciência.

No entanto, nem todos encontraram apenas semelhanças entre eletricidade e magnetismo. René Just Haüy (1743-1822), em seu *Traité élémentaire de Physique* (Paris: Imprimerie de Delance et Lesueur, 1803. v. I, p. 76), notou diferenças como: "a eletricidade se manifesta aos nossos olhos por jatos de luz, por faíscas barulhentas; o magnetismo age tranquilamente e em silêncio".

Figura 5.3: Friedrich von Schelling (1775-1854) e Georg Wilhelm Friedrich Hegel (1770-1831).

1.1. Experimento de Oersted

O efeito magnético da corrente elétrica

Hans Christian Oersted, um cientista dinamarquês do início do século XIX adepto da filosofia natural, foi o primeiro a evidenciar objetivamente o efeito magnético de uma corrente elétrica (Figura 5.4). Em 1820, Oersted alinhou um fio condutor na direção norte-sul dada pela agulha de uma bússola localizada sob o fio. Quando ele fez o contato de uma pilha de Volta com os terminais do fio, uma corrente elétrica começou a circular pelo fio e a agulha da bússola foi movida bruscamente na direção leste-oeste (Figura 5.5).

Figura 5.4: Hans Christian Oersted (1777-1851).

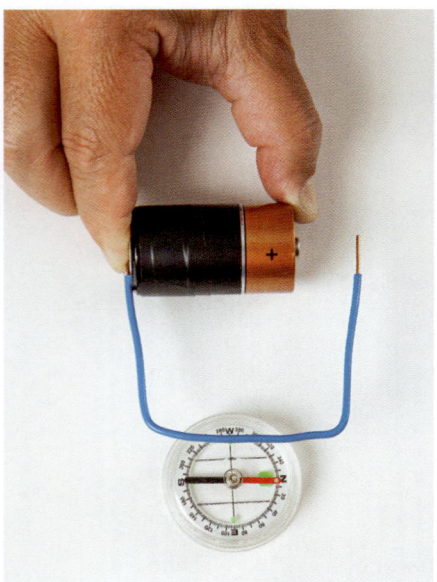
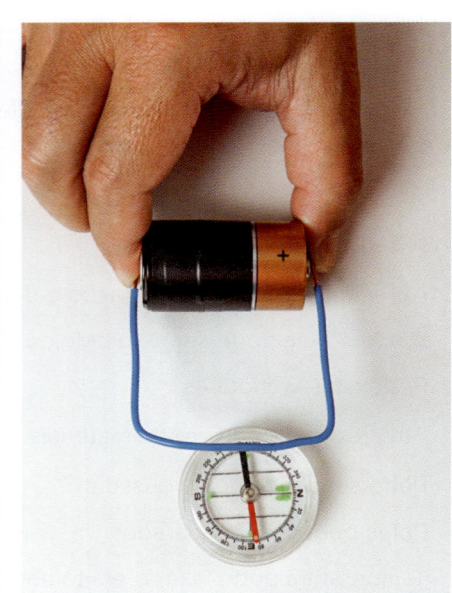

Figura 5.5: Montagem moderna do experimento de Oersted.

Oersted descreve assim sua recém-descoberta:

> A consequência principal é que a agulha imantada é desviada de sua posição de equilíbrio pela ação do aparelho voltaico, e que este efeito se produz quando o circuito está fechado e não quando ele está aberto; é por ter deixado o circuito aberto que célebres físicos não puderam conseguir, há alguns anos, nas tentativas deste gênero [...] coloca-se em comunicação as extremidades opostas do aparelho voltaico por meio de um fio de metal que [...] nós chamaremos de condutor...; e nós daremos o nome de conflito elétrico às ações donde este condutor e o espaço que o envolve são a sede...."

> "Oersted e a descoberta do eletromagnetismo", artigo de junho de 1820, citado por MARTINS, R. A. Oersted e a descoberta do eletromagnetismo. Cadernos de História e Filosofia da Ciência, Campinas, n. 10, p. 89-114, 1986.

Oersted fez ainda diversos estudos envolvendo esse experimento e pôde obter outras conclusões:

- o efeito magnético aparece tão logo a corrente começa a circular no fio;
- o efeito magnético cessa tão logo o circuito é interrompido;
- a inversão da corrente faz a agulha da bússola inverter de sentido.

Esse experimento foi, de alguma forma, acidental, mas é certo que Oersted estava interessado na união dos fenômenos elétricos e magnéticos e em observações que lhe permitissem levar a cabo suas intenções. Referindo-se a isso, Louis Pasteur (1822-1895) disse: "no campo da experimentação, os acidentes favorecem os que têm a mentalidade preparada" (HOLTON, G.; ROLLER, D. H. D. *Fundamentos de la Física Moderna – Introducción Histórico--Filosófica al Estudio da la Física*. Barcelona: Editorial Reverté, 1963. p. 552).

Explorando o assunto

Leia o extrato do texto no qual Oersted comunicou seu resultado e responda:

▶ O que devemos entender por aparelho voltaico?

▶ Explique o significado do seguinte trecho: "por ter deixado o circuito aberto que célebres físicos não puderam conseguir, há alguns anos, nas tentativas deste gênero".

2. Campo magnético gerado por correntes elétricas

Em síntese, dizemos que qualquer fio percorrido por corrente tem efeito magnético por produzir um campo ao seu redor.

Se no lugar de uma bússola fosse usada limalha de ferro para mapear o entorno do fio percorrido por uma corrente elétrica, observaríamos que esta se alinha com as linhas de campo (Figura 5.6).

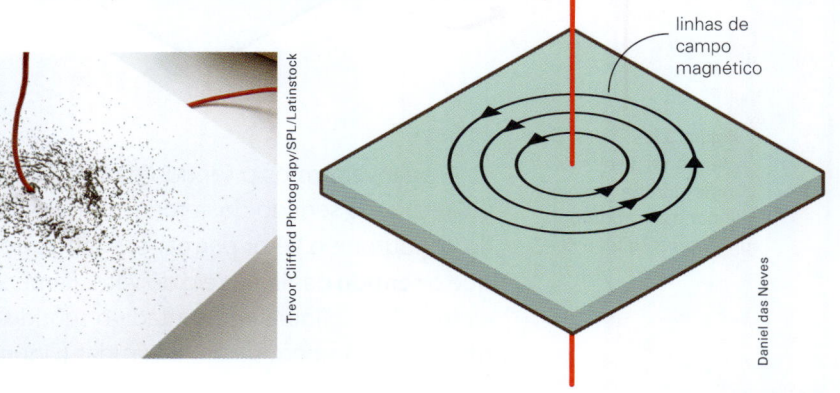

Figura 5.6: As linhas de campo magnético podem ser inferidas pela configuração particular da limalha de ferro colocada ao redor de um fio condutor de corrente elétrica.

linhas de campo magnético

Trevor Clifford Photograpy/SPL/Latinstock

Daniel das Neves

A limalha de ferro nos permite perceber que as linhas de campo magnético são **fechadas**, **concêntricas** com o condutor e situadas em planos perpendiculares a ele (Figura 5.7).

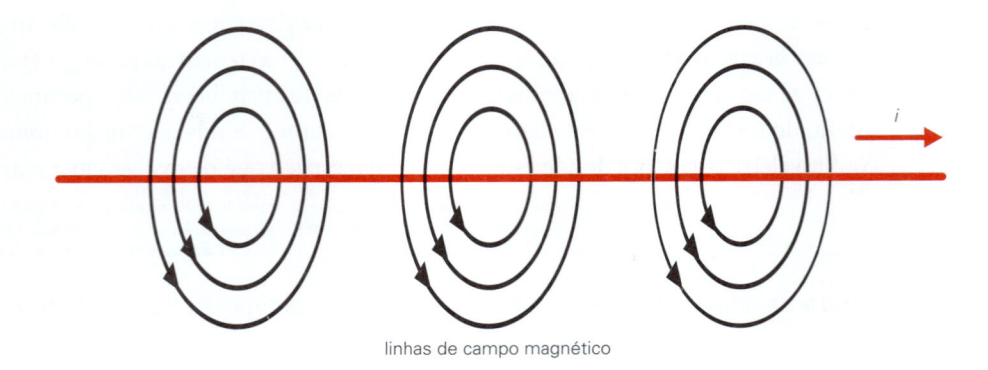

linhas de campo magnético

Figura 5.7: As linhas de campo são fechadas e concêntricas em relação ao fio por onde passa a corrente elétrica.

A associação da eletricidade com o magnetismo, antes entendidos como de naturezas diferentes, passou a se chamar **eletromagnetismo**, sendo uma definição unificada dos dois conceitos da Física.

2.1. Direção e sentido do campo magnético

Dizemos que o campo magnético gerado por um fio linear percorrido por uma corrente elétrica "roda" em torno dele. Se escolhermos uma das linhas de campo representadas pela limalha de ferro e um ponto P qualquer sobre ela para posicionarmos uma bússola, observaremos que a **direção** do vetor campo magnético $\vec{B}$ se alinha com a agulha da bússola. Com isso, podemos ver que o vetor $\vec{B}$ é tangente à linha de campo (Figura 5.8).

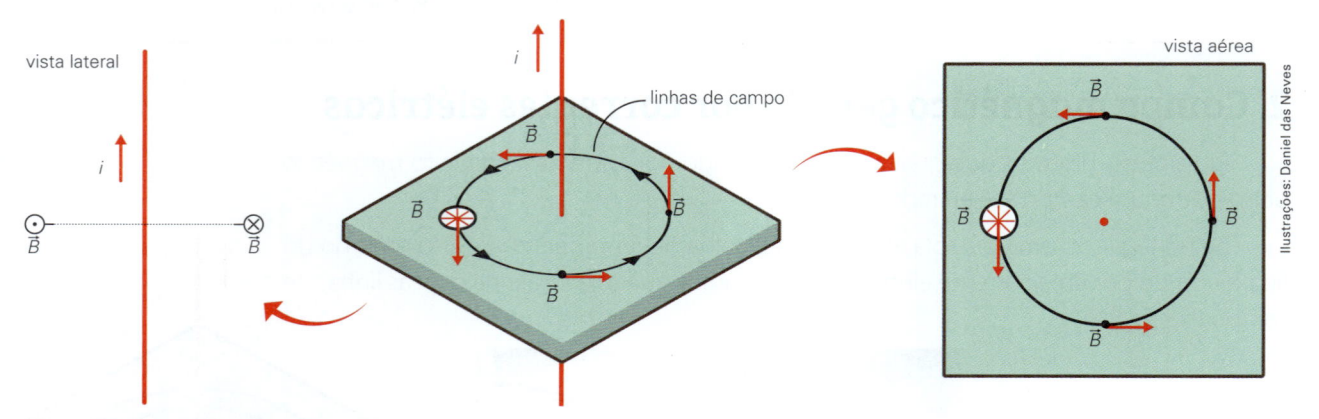

Figura 5.8: O vetor B é tangente à linha de campo gerada por um fio linear percorrido por uma corrente elétrica.

Se invertermos o sentido da corrente, o que ocorre com as linhas de campo? E com a direção e o sentido do vetor campo magnético $\vec{B}$? As linhas continuam concêntricas ao fio condutor e o vetor permanece tangente à linha de campo. Porém, é importante notar que o **sentido** das linhas e o do vetor campo magnético dependem do sentido da corrente elétrica. Se na figura apresentada o sentido da corrente fosse oposto, as linhas de campo magnético também seriam invertidas (Figura 5.9, na próxima página).

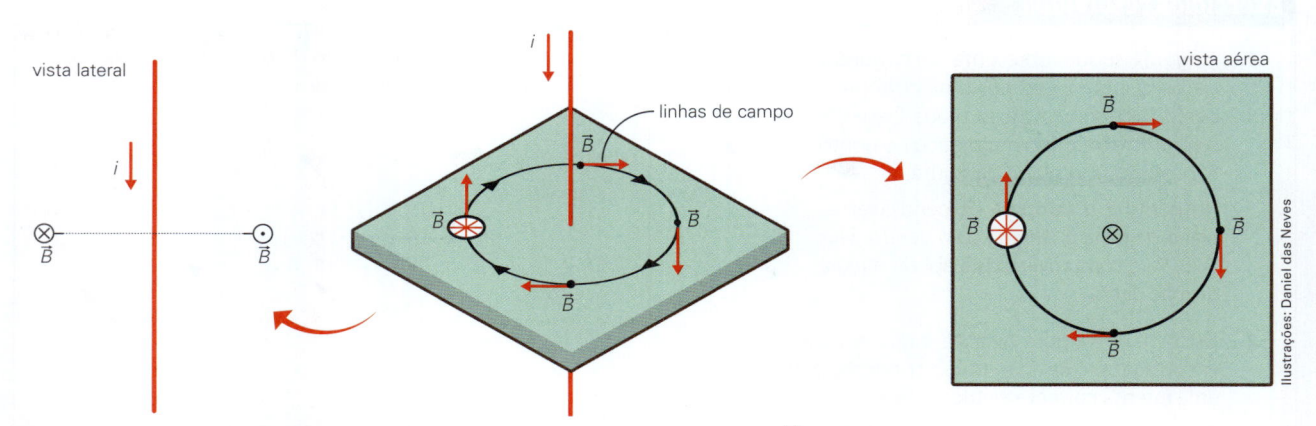

Figura 5.9: Quando se inverte o sentido da corrente, o sentido das linhas e do vetor $\vec{B}$ também inverte.

Nas Figuras 5.8 e 5.9, observe como os sentidos norte sul indicados pela bússola são opostos quando consideramos a inversão no sentido da corrente. Como vimos, o sentido do vetor campo magnético $\vec{B}$ é o mesmo que o apontado pelo polo norte da bússola.

Como podemos, sem auxílio de uma bússola, determinar o sentido do campo magnético? Há um artifício usado para essa determinação que se chama **regra da mão direita**. Ela fornece a direção e o sentido do vetor em cada ponto do entorno do fio, o que deveria ser obtido, formalmente, por uma expressão matemática mais complexa. Para aplicar tal regra, basta você imaginar-se segurando o fio com a mão direita e indicando o sentido da corrente com o polegar. O sentido do campo magnético é automaticamente indicado pelos outros dedos em cada ponto na região do fio (Figura 5.10).

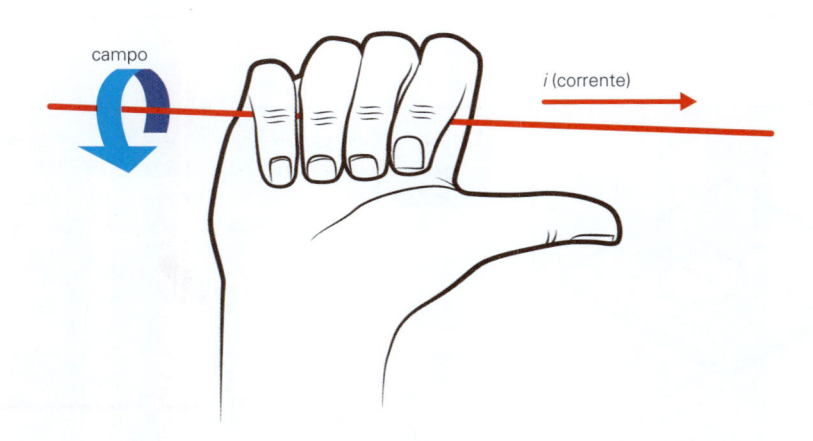

Figura 5.10: Ilustração da regra da mão direita.

A regra da mão direita, usada para determinar o sentido das linhas de campo, pode parecer algo arbitrário: "Por que não regra da mão esquerda?", poderia perguntar um canhoto. Essa questão, aparentemente simples, esconde uma enorme complexidade decorrente das **convenções** em Física. Artifícios como esse embutem interconexões entre as formas adotadas para tratar os conceitos físicos. No caso, a regra descrita está ligada a uma característica importante do produto vetorial, um tipo de operação com vetores.

1. A figura a seguir representa um condutor retilíneo, percorrido por uma corrente i, conforme a convenção indicada. Desenhe o sentido do campo magnético no ponto P localizado no plano da figura.

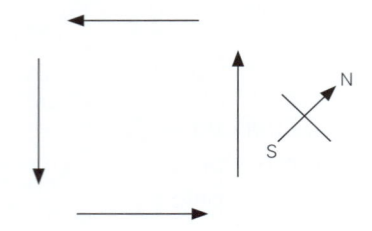

No ponto P, o campo é perpendicular ao plano da folha e dirigido para dentro dela; ⊗ B. Para comprovar, basta aplicar a regra da mão direita.

2. (Fuvest-SP) A figura adiante indica 4 bússolas que se encontram próximas a um fio condutor, percorrido por uma intensa corrente elétrica.

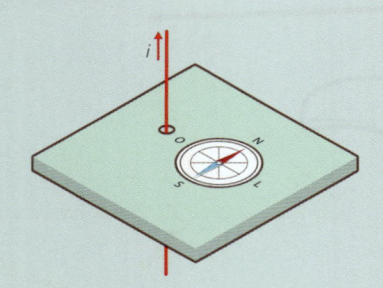

a) Represente, na figura, a posição do condutor e o sentido da corrente.
O fio está no centro da figura e perpendicular ao plano do papel. A corrente que flui por ele tem sentido "saindo do papel".

b) Caso a corrente cesse de fluir, qual será a configuração das bússolas? Faça a figura correspondente.
Com a ausência de corrente elétrica, as agulhas das bússolas devem passar a apontar para a região do norte geográfico, perto de onde se encontra atualmente o norte magnético.

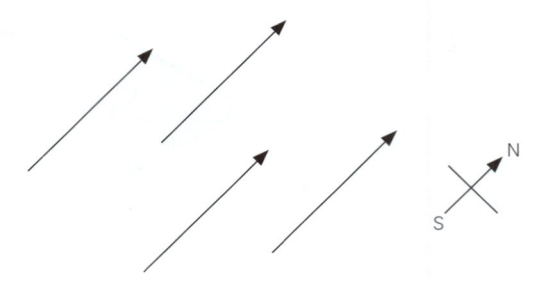

3. A regra da mão direita pode ser aplicada nas mais diversas situações, não se restringindo a um fio retilíneo. Assim, considere um fio disposto de modo circular, como mostra a figura, percorrido por uma corrente elétrica no sentido horário.

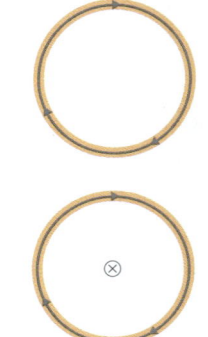

Determine a orientação do campo magnético gerado por essa corrente na região central do fio.

Aplicando a regra da mão direita em cada pedaço do fio circular, nota-se que na parte interna da circunferência o campo é dirigido para "dentro" da folha de papel. Em toda a região interna dessa circunferência, o campo magnético terá essa orientação.

Figuras: ©DAE

1. (Uece) Um fio metálico, retilíneo, vertical e muito longo, atravessa a superfície de uma mesa, sobre a qual há uma bússola, próxima ao fio, conforme a figura ao lado.

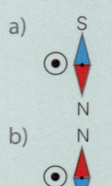

Fazendo passar uma corrente elétrica contínua i no sentido indicado, a posição de equilíbrio estável da agulha imantada, desprezando o campo magnético terrestre, é:

a)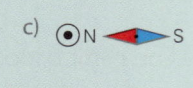

b)

c) ⊙N ◄► S

d) ⊙S ◄► N

2. (PUC-SP) Na experiência de Oersted, o fio de um circuito passa sobre a agulha de uma bússola. Com a chave C aberta, a agulha alinha-se como mostra a figura 1. Fechando-se a chave C, a agulha da bússola assume nova posição (figura 2).

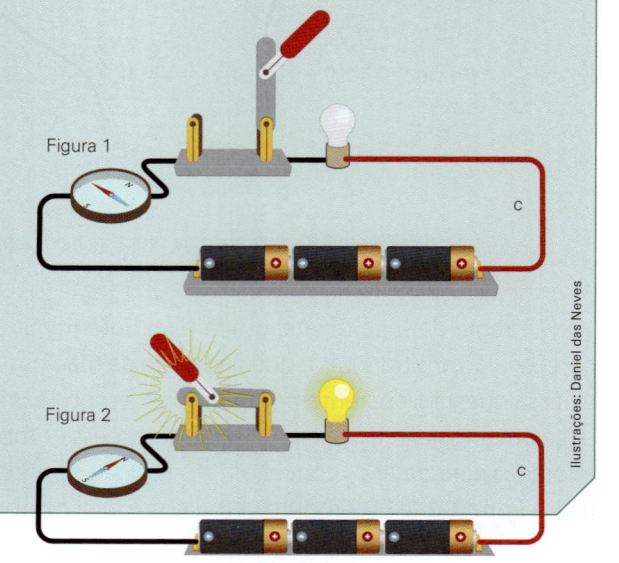

Figura 1

Figura 2

Ilustrações: Daniel das Neves

A partir desse experimento, Oersted concluiu que a corrente elétrica estabelecida no circuito

a) gerou um campo elétrico numa direção perpendicular à da corrente.

b) gerou um campo magnético numa direção perpendicular à da corrente.

c) gerou um campo elétrico numa direção paralela à da corrente.

d) gerou um campo magnético numa direção paralela à da corrente.

e) não interfere na nova posição assumida pela agulha da bússola que foi causada pela energia térmica produzida pela lâmpada.

3. (UFRGS-RS) A figura a seguir representa uma vista superior de um fio retilíneo, horizontal, conduzindo corrente elétrica i no sentido indicado. Uma bússola, que foi colocada abaixo do fio, orientou-se na direção perpendicular a ele, conforme também indica a figura.

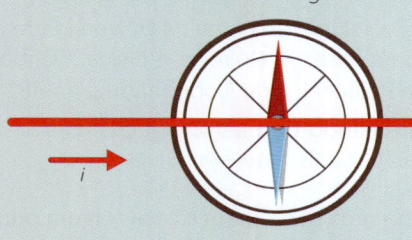

Imagine, agora, que se deseje, sem mover a bússola, fazer sua agulha inverter a orientação indicada na figura. Para obter esse efeito, considere os seguintes procedimentos.

I. Inverter o sentido da corrente elétrica i, mantendo o fio na posição em que se encontra na figura.

II. Efetuar a translação do fio para uma posição abaixo da bússola, mantendo a corrente elétrica i no sentido indicado na figura.

III. Efetuar a translação do fio para uma posição abaixo da bússola e, ao mesmo tempo, inverter o sentido da corrente elétrica i.

Desconsiderando-se a ação do campo magnético terrestre, quais desses procedimentos conduzem ao efeito desejado?

a) Apenas I.

b) Apenas II.

c) Apenas III.

d) Apenas I e II.

e) I, II e III.

4. (Fuvest-SP) A figura representa 4 bússolas apontando, inicialmente, para o polo norte terrestre. Pelo ponto O, perpendicularmente ao plano do papel, coloca-se um fio condutor retilíneo e longo.

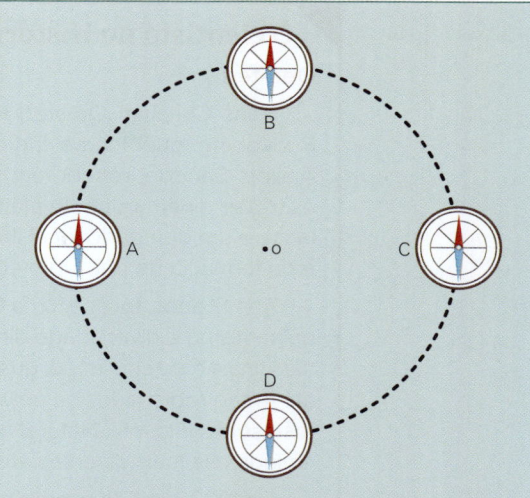

Ao se fazer passar pelo condutor uma corrente elétrica contínua e intensa no sentido do plano do papel para a vista do leitor, permanece praticamente inalterada somente a posição:

a) das bússolas A e C.

b) das bússolas B e D.

c) das bússolas A, C e D.

d) da bússola C.

e) da bússola D.

5. (Mackenzie-SP) Uma espira circular condutora é percorrida por uma corrente elétrica de intensidade i e perfura ortogonalmente uma superfície plana e horizontal, conforme a figura. O segmento CD, pertencente ao plano da superfície, é diâmetro dessa espira e o segmento AB, também pertencente a esse plano, é perpendicular a CD, assim como EF é perpendicular a GH e ambos coplanares aos segmentos anteriores.

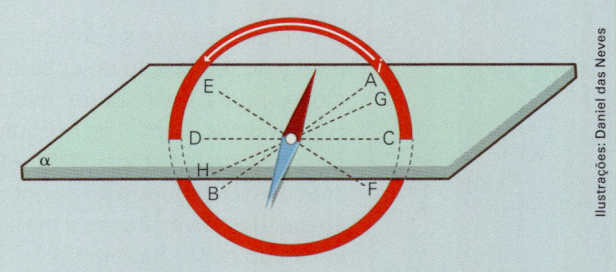

Ilustrações: Daniel das Neves

Se apoiarmos o centro de uma pequena agulha imantada sobre o centro da espira, com liberdade de movimento, ela se alinhará a:

a) AB

b) CD

c) EF

d) GH

e) um segmento diferente desses mencionados.

O cientista na História

Oersted

Hans Christian Oersted nasceu no dia 14 de agosto de 1777 no pequeno vilarejo de Rudkobing, que fica na ilha de Langeland, na Dinamarca. Tanto Oersted como seu irmão, Anders Sandoe, receberam notável educação básica. Os vizinhos lhes ensinaram a ler e escrever dinamarquês e alemão, um morador estudante de teologia lhes ensinou grego e latim, e um delegado local lhes ensinou francês e inglês. Por meio dos mais variados livros e da farmácia do pai, Oersted também aprendeu Química e Física.

Aos 17 anos, foi aceito na Universidade de Copenhague, e sua história como aluno indica brilhantismo e diversidade de interesses. Graduou-se como farmacêutico em 1797. Seus exames finais e de seu irmão, que concluiu seus estudos em 1798, superaram todos os resultados até então registrados na universidade. Doutorou-se em Filosofia dois anos depois e em sua tese sobre Filosofia Natural fez uma descrição crítica das ideias de Kant. Nesse período, fez amigos nas mais diversas áreas: Ciência, Artes e Política.

Em 1800, quando exercia a profissão de farmacêutico, realizou um trabalho não remunerado na farmácia da Faculdade de Medicina de Copenhague. No mesmo ano, após contato com os trabalhos de Alessandro Volta (1745-1827), começou a fazer experimentos sobre eletricidade (Figura 5.11). Um ano depois, com uma bolsa de estudos, pôde visitar outros países e assim conheceu cientistas e intelectuais que acompanharam e influenciaram seu trabalho.

Voltou à Dinamarca, em 1804, como professor universitário de Física na Universidade de Copenhague e desenvolveu importantes trabalhos na área de Química e Física. Também ajudou a montar um excelente laboratório na Escola Politécnica de Copenhague, em 1829.

A descoberta e as contribuições de Oersted ao estudo do Eletromagnetismo são de enorme importância, mas costumam ser minimizadas por dois motivos:

> "(1) seu trabalho é geralmente descrito como uma descoberta casual (algum outro que tivesse a sorte de colocar primeiro uma bússola perto de um condutor teria ganho a fama de descobridor do eletromagnetismo); (2) os aspectos quantitativos do fenômeno não foram desenvolvidos por Oersted, e sim por Ampère, Biot, Savart e outros. A análise cuidadosa desse episódio mostra no entanto ser necessário muito mais do que sorte para a descoberta do eletromagnetismo".

> MARTINS, Roberto de Andrade. "Orsted e a descoberta do eletromagnetismo". *Cadernos de História e Filosofia da Ciência*. vol. 10, 1986, p. 89.

Oersted sempre se preocupou com a divulgação científica. Em 1824, fundou uma sociedade para a disseminação do conhecimento da Ciência, em particular da prática experimental. O motivo para a descoberta de Oersted ser descrita como acidental ocorreu em uma de suas conferências, depois da qual um estudante de nome Hansteen escreve uma carta endereçada a Michael Faraday (1791-1867) contando a perplexidade de Oersted ao ver a agulha de uma bússola sobre o fio condutor ligado a uma forte pilha de Volta oscilar com força. Mas, apesar dessa versão ser a mais conhecida, o próprio Orsted conta uma versão diferente em um artigo publicado em 1827:

> "No inverno de 1819-1820, ele (Oersted) apresentou um curso de conferências sobre eletricidade, galvanismo e magnetismo, diante de uma audiência previamente familiarizada com os princípios da filosofia natural. [...] O plano da primeira experiência consistia em fazer a corrente de um pequeno aparelho galvânico de frascos, comumente usado em suas conferências, passar através de um fio de platina muito fino, colocado sobre uma bússola coberta com vidro. A experiência foi preparada, mas como ele foi impedido de ensaiá-la antes da aula, planejou adiá-la para

outra oportunidade; no entanto, durante a conferência, pareceu-lhe mais forte a probabilidade de seu sucesso, e assim realizou a primeira experiência na presença da audiência. A agulha magnética, embora fechada em uma caixa, foi perturbada; mas, como o efeito era muito fraco, e deveria parecer muito irregular, antes da descoberta de sua lei, a experiência não impressionou fortemente o público".

MARTINS, Roberto de Andrade. "Orsted e a descoberta do eletromagnetismo". *Cadernos de História e Filosofia da Ciência*. vol. 10, 1986, p. 99.

Coleção Particular. Foto: The Bridgeman Art Library/Keystone Brasil

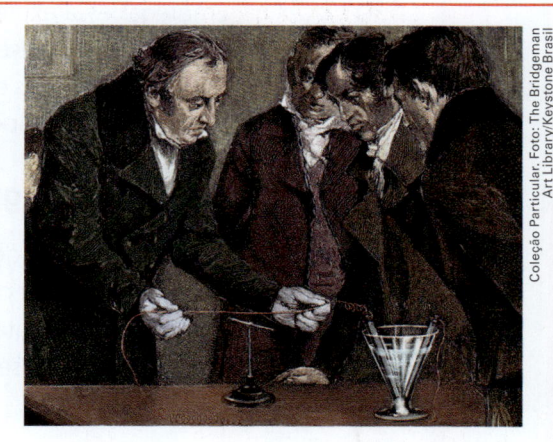

Figura 5.11: Oersted em uma demonstração pública.

Oersted faleceu em Copenhague em março de 1851. Em homenagem a ele, a unidade de medida da intensidade do campo magnético no sistema CGS (centímetro-grama-segundo) recebeu seu nome.

2.2. Intensidade do campo magnético

Vimos as características do campo gerado por corrente elétrica, mas ainda falta abordar a questão de sua intensidade. A primeira expressão que possibilitou a determinação da intensidade do campo foi obtida por Jean-Baptiste Biot e Félix Savart em 1820 (Figura 5.12).

Trata-se de uma lei geral, obtida por meio de analogias com a lei de Coulomb e os estudos de Oersted, Ampère e outros. Faremos uma descrição simplificada utilizando um conceito de cálculo avançado: os elementos infinitesimais. Analisamos o efeito magnético de um elemento de fio condutor percorrido por corrente, considerado infinitamente pequeno, e somamos todos esses elementos para obter o efeito integral. Se considerarmos elementos infinitamente pequenos de segmentos ΔL de um fio condutor de uma corrente i, cada um desses elementos ΔL será responsável por gerar um campo magnético ΔB. Para um ponto P qualquer a uma distância d do fio condutor, podemos determinar a intensidade do vetor $\overrightarrow{\Delta B}$ pela expressão:

Royal Institution of Great Britain/SPL/Latinstock

Dawidson França

Figura 5.12: Os físicos franceses Jean-Baptiste Biot (1774-1862) e Félix Savart (1791-1841).

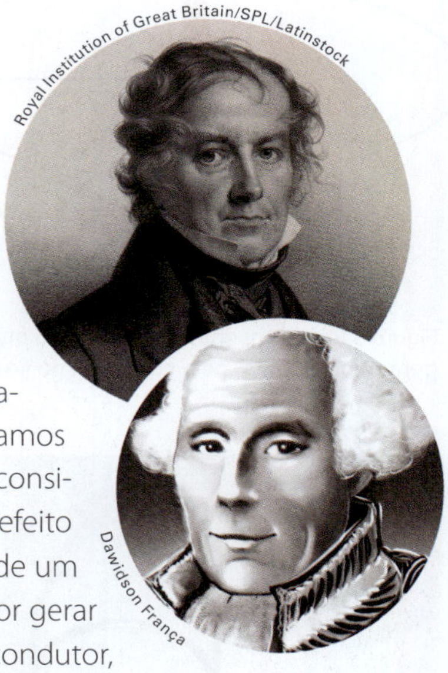

$$\Delta B = \frac{\mu}{4 \cdot \pi} \cdot \frac{i \cdot \Delta L}{d^2} \cdot sen\ \theta$$

Nela, θ é o ângulo entre a direção do elemento de fio ΔL e a distância d, e μ é a permeabilidade magnética do meio que envolve o condutor (Figura 5.13). A permeabilidade magnética é medida no Sistema Internacional em tesla-metro por ampère (T · m/A). No vácuo e no ar, essa grandeza é constante e vale $4 \cdot \pi \cdot 10^{-7}$ T · m/A.

Daniel das Neves

Figura 5.13: Esquema com as variáveis pertinentes para a determinação da intensidade do campo elétrico no ponto P, segundo a lei de Biot-Savart. No caso, o campo gerado no ponto P é perpendicular ao plano da folha do livro e "entra" por ele.

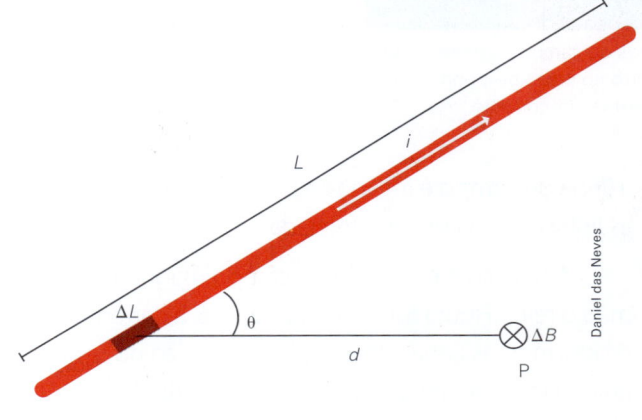

Empregar essa expressão requer habilidades matemáticas fora dos propósitos desta obra. Mais adiante, apresentaremos uma maneira de determinar a intensidade do campo magnético em situações específicas, aplicável em casos em que se conheça de antemão a forma das linhas de campo.

2.3. O campo magnético em algumas situações

A forma das linhas de campo e a intensidade do campo magnético gerado por um fio condutor percorrido por corrente elétrica dependem, entre outras coisas, da maneira como esse é disposto. Apresentamos a seguir alguns formatos de fios muito estudados, seja pela facilidade de produção, seja pelas linhas de campo magnético que produzem.

Fio retilíneo e infinito

O fio reto e longo, supostamente infinito para a descrição física, foi aquele apresentado acima, no experimento de Oersted. Como as linhas de campos são concêntricas ao fio, passaremos a denominar r a distância de um ponto P ao fio medida sobre a reta perpendicular ao fio que passa por esse ponto (Figura 5.14).

A intensidade do campo magnético gerado pelo fio pode ser determinada pela lei de Biot-Savart. Como na próxima seção aprofundaremos a discussão sobre essa situação, no momento vamos apenas apresentar a expressão que fornece o módulo do vetor $\vec{B}$ no ponto P:

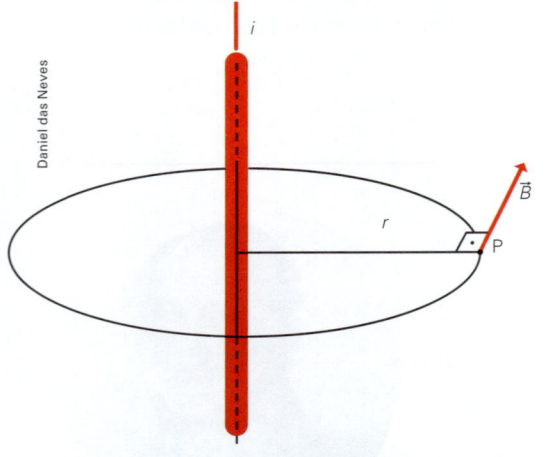

Figura 5.14: Representação do campo magnético ($\vec{B}$) gerado no ponto P pela corrente i no fio retilíneo e infinito.

$$B = \frac{\mu \cdot i}{2 \cdot \pi \cdot r}$$

Espira circular

Chamamos de espiras os fios em forma de circunferência. Lembrando que, para um fio retilíneo, as linhas de campo são concêntricas; assim, cada elemento infinitesimal da espira produz também linhas concêntricas. A configuração final das linhas de campo na região da espira resulta da contribuição de todos os elementos do fio, isto é, a cada ponto do espaço temos de levar em consideração o campo que cada "pedacinho" do fio gerou. A forma das linhas de campo em uma espira pode ser observada com a fotografia da limalha de ferro colocada sobre o plano no qual passa uma espira condutora de corrente (Figura 5.15).

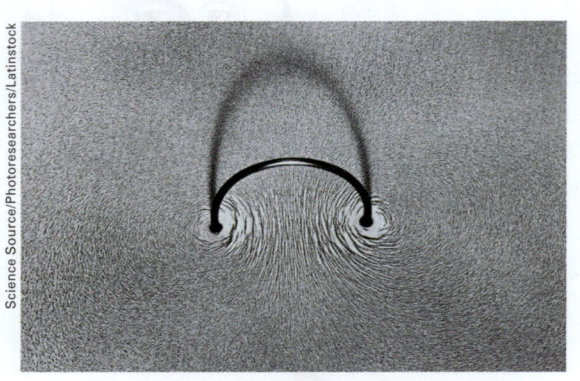

Figura 5.15: Indicação das linhas de campo magnético pela configuração da limalha de ferro no plano perpendicular ao de uma espira plana percorrida por corrente.

É interessante notar e comparar que, no centro da espira, a linha de campo é retilínea e perpendicular ao seu plano (eixo da espira) e, próximo ao fio, as linhas são circulares e fechadas.

A direção e o sentido do campo magnético podem ser obtidos pela mesma regra da mão direita (Figura 5.17). Na Figura 5.16, a corrente passa pelo ponto A do plano imaginário produzindo as linhas de campo magnético no sentido anti-horário. Em B, a corrente passa pelo plano, e as linhas de campo magnético "rodam" no sentido horário.

Como a linha de campo magnético no centro da espira é perpendicular ao seu eixo, o vetor campo magnético também tem a mesma orientação. O módulo desse vetor, ou seja, a intensidade do campo magnético no **centro** da espira, pode ser obtido pela lei de Biot-Savart.

Nesse caso, o ângulo θ é igual a 90°, pois, para cada elemento de fio ΔL, o ângulo entre este e a distância ao ponto P no centro da espira é reto. Sendo sen 90° = 1 e a distância ao ponto P igual ao raio (r) da espira, temos:

$$\Delta B = \frac{\mu}{4 \cdot \pi} \cdot \frac{i \cdot \Delta L}{r^2}$$

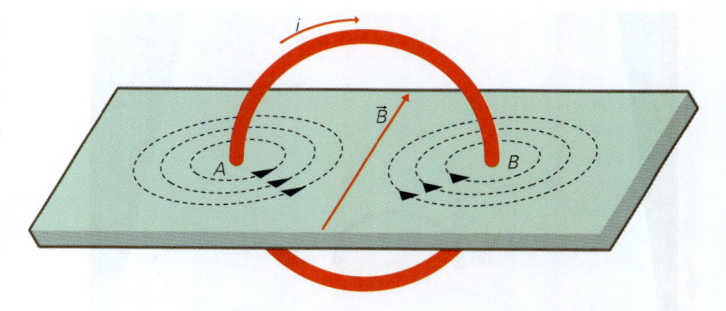

Figura 5.16: Representação das linhas de campo magnético em torno de uma espira circular percorrida por corrente.

Essa expressão determina a intensidade do campo para cada "pedacinho" do fio. Para obter a intensidade total, devemos somar todos os elementos do fio. É comum usar a letra grega Σ (sigma) para indicar a soma de várias parcelas.

Assim, a intensidade do campo no centro da espira vale:

$$B = \Sigma \Delta B$$

$$B = \Sigma \frac{\mu}{4 \cdot \pi} \cdot \frac{i \cdot \Delta L}{r^2} = \frac{\mu i}{4 \cdot \pi \cdot r^2} \Sigma \Delta L$$

Os termos constantes, como não dependem das parcelas a serem somadas, podem ser colocados em evidência, "saindo" do somatório. Este resulta da soma de todos os elementos do fio, ou seja, é o próprio comprimento da circunferência do fio. Sendo Δ (delta) ΣL o comprimento da espira ($\Sigma \Delta L = 2 \cdot \pi \cdot r$), temos:

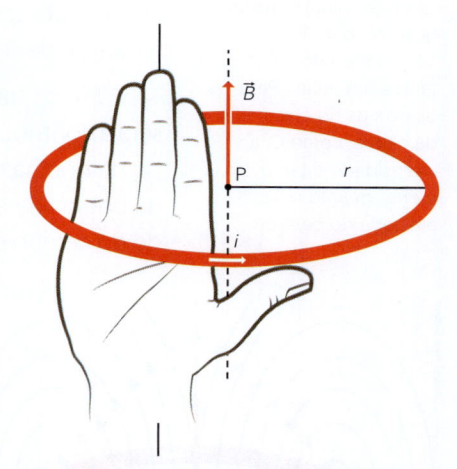

Figura 5.17: Direção e sentido do campo magnético determinado pela regra da mão direita aplicada para espira circular.

$$B = \frac{\mu \cdot i}{4 \cdot \pi \cdot r^2} \cdot 2 \cdot \pi \cdot r \Rightarrow \boxed{B = \frac{\mu \cdot i}{2 \cdot r}}$$

Para obter o campo magnético integral, devemos somar os vetores campo magnético gerados por cada elemento da espira. Conforme observamos na Figura 5.18, as linhas de campo podem ajudar nesse sentido.

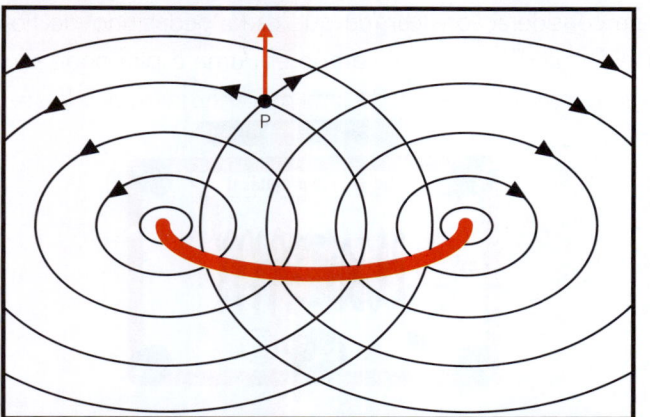 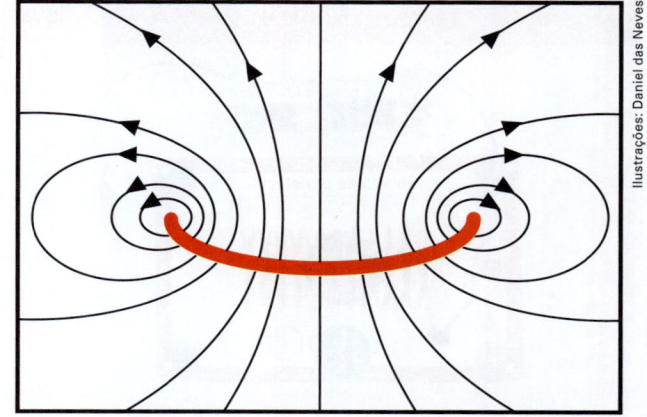

Figura 5.18: As linhas de campo resultantes de dois elementos da espira e a sobreposição delas em um ponto P. Considerando essas duas contribuições ponto a ponto, obtemos a configuração final.

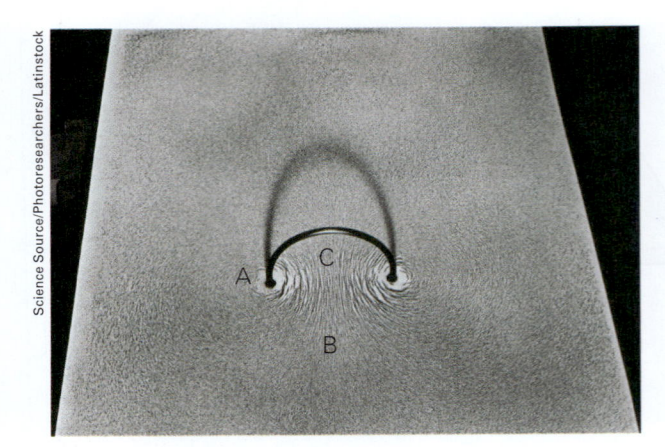

Science Source/Photoresearchers/Latinstock

Figura 5.19: Em A, como a densidade de linhas (limalha) é maior que no ponto B, a intensidade do campo também é maior. Para os pontos no eixo da espira, como C, a intensidade é tanto menor quanto mais afastada do centro.

É fácil afirmar que a intensidade do campo magnético diminui à medida que nos afastamos da corrente elétrica. Além de chegarmos a essa conclusão pela expressão acima, a Figura 5.19 mostra como as linhas de campo magnético são menos concentradas em pontos distantes da espira. Isso nos permite inferir qualitativamente a intensidade do campo pela densidade das linhas de campo. O que podemos dizer sobre a intensidade do campo nos pontos A, B e C?

Bobina

Chamamos de bobina plana (ou bobina chata) um rolo de fio condutor com várias espiras sobrepostas umas às outras e concêntricas. Nessa configuração, sua espessura (ou altura) pode ser desprezada e considerado muito menor o raio das espiras.

Em se tratando de uma série de espiras, o campo magnético de uma bobina plana será a contribuição do campo magnético dado pelas várias espiras, sendo as linhas de campo da bobina similares às de uma espira (Figura 5.20). O vetor campo magnético no centro da bobina é perpendicular ao seu plano, e a intensidade é dada pelo produto da intensidade do campo de uma espira pelo número *N* de espiras que compõem a bobina:

$$B = N \cdot \frac{\mu \cdot i}{2 \cdot r}$$

Daniel das Neves

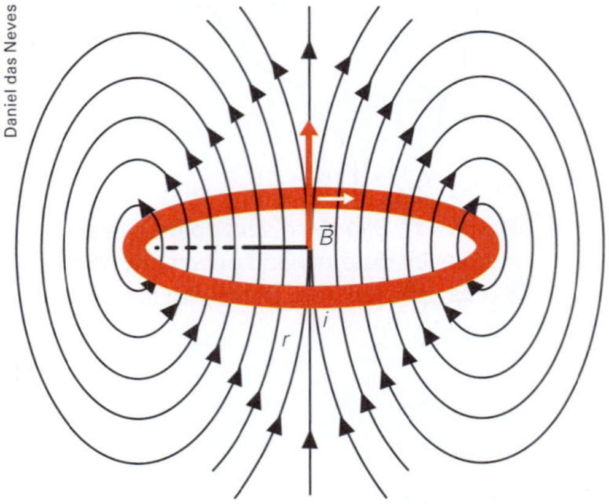

Figura 5.20: Representação das linhas de campo magnético em torno de uma bobina percorrida por corrente.

Solenoide

Um solenoide é uma série de espiras conectadas que compõem um cilindro. Assim, seu comprimento é da mesma ordem de grandeza (ou maior) que o raio das espiras. Quando percorrido por corrente elétrica, um solenoide apresenta linhas de campo magnético dentro e fora dele (Figura 5.21).

Sem corrente	Com corrente

Fotos: Dotta

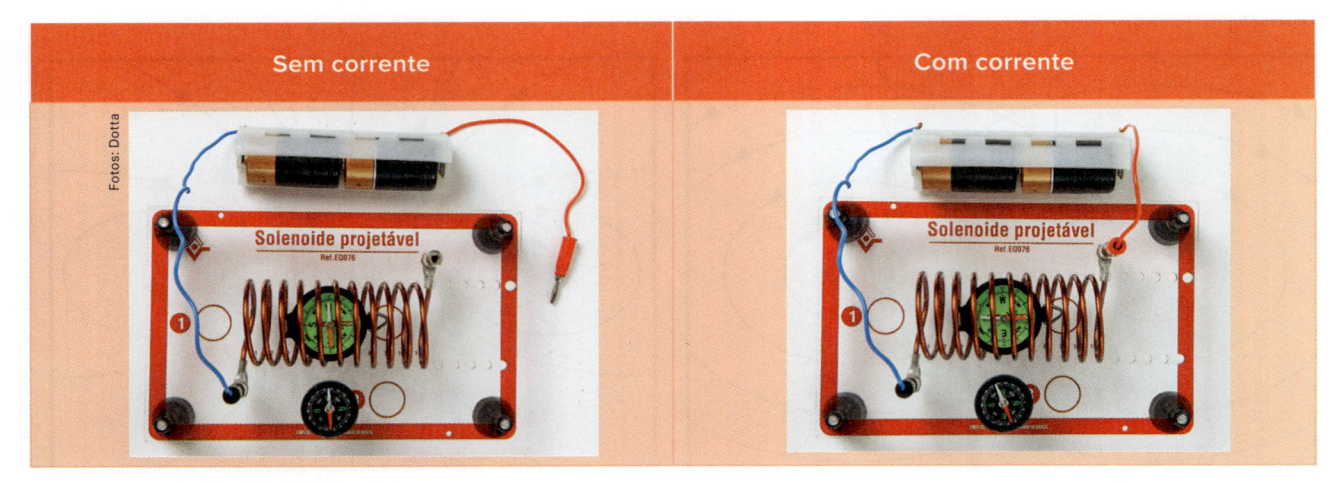

Figura 5.21: Sem corrente, a agulha de ambas as bússolas indica o mesmo sentido. Com corrente, a agulha do interior fica na horizontal e aponta para um lado; a de fora também fica na horizontal, porém aponta para o outro lado.

Usando limalha de ferro, conseguiremos uma representação de sua configuração. Note que essas linhas se assemelham às linhas geradas por um ímã em forma de barra (Figura 5.22).

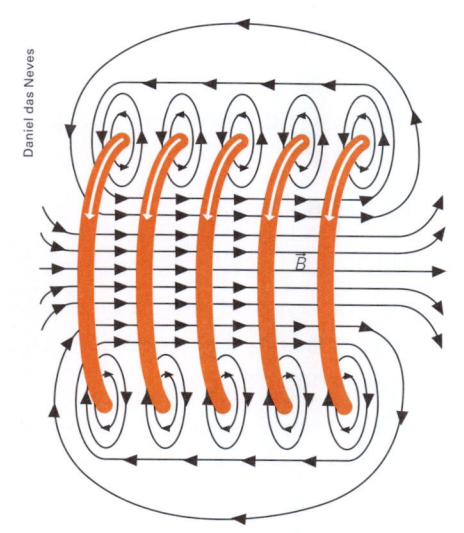

Figura 5.22: Representação das linhas de campo magnético em torno de um solenoide e indicação dessas linhas pela configuração da limalha de ferro no plano do eixo de um solenoide percorrido por corrente.

Note que as linhas de campo magnético dentro do solenoide são praticamente uniformes, paralelas ao seu eixo. Na região onde os fios penetram o plano, quase não há linhas, pois o campo gerado por uma espira é anulado pelo campo gerado pela espira seguinte.

O vetor $\vec{B}$ no interior de um solenoide sempre tem a direção do eixo do solenoide e, com a regra da mão direita, podemos determinar seu sentido. Para isso, imagine-se segurando uma das espiras com o dedo polegar no sentido da corrente que a percorre. A direção e o sentido do vetor campo magnético são dados pelos quatro dedos em qualquer ponto.

A intensidade do campo magnético no interior de um solenoide também pode ser obtida pela lei de Biot-Savart:

$$B = \mu \cdot \frac{N}{L} \cdot i$$

Nessa expressão, N é o número de espiras e L, o comprimento do solenoide.

O campo magnético gerado por um solenoide pode ser considerado uniforme somente em sua região central.

2.4. A lei de Ampère

De maneira geral, os físicos e os cientistas sempre se moveram pela busca de unificação, o que pode ocorrer em diversos níveis.

Para a descrição unificada dos fenômenos elétricos e magnéticos, uma lei física consistente deve ser capaz de tratar matematicamente as variáveis relevantes de ambas as áreas. Uma das leis mais elegantes do eletromagnetismo foi desenvolvida graças aos estudos do físico francês André-Marie Ampère e ficou conhecida como lei de Ampère (Figura 5.23).

Figura 5.23: André-Marie Ampère (1775-1836).

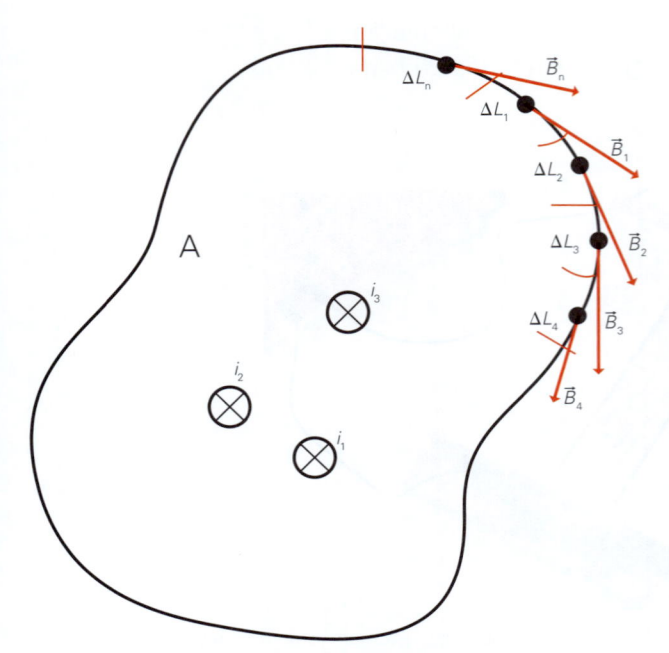

Imagine uma região qualquer do espaço onde haja correntes elétricas e campos magnéticos. Suponha uma linha (caminho) fechada qualquer que limite uma região A do espaço. De acordo com a lei de Ampère, o produto de cada pequeno pedaço (ΔL_n) dessa linha multiplicado pela projeção do campo magnético (B_n) sobre ela será igual ao valor da corrente elétrica total (i_{total}), que "perfura" a região A multiplicada pela permeabilidade magnética (μ) do meio que envolve o condutor (Figura 5.24):

$$\sum \Delta L_n \cdot B_n \cdot cos\theta = \mu_0 \cdot i_{total}$$

Nessa expressão, considere que $i_{total} = i_1 + i_2 + i_3...$

É importante notar que, como nos interessa a projeção do vetor $\vec{B}$ sobre cada elemento da linha, há necessidade de considerar o cosseno do ângulo entre eles.

Veja que essa expressão contém as grandezas físicas que relacionam o campo magnético, a corrente elétrica e a dimensão (comprimentos). Ao tentarmos aplicá-la em qualquer situação, veremos que ela pode ser tão complicada quanto a lei de Biot-Savart. Mas em algumas situações – por exemplo, nas quais conhecemos previamente a forma do campo magnético – ela se tornará simples. A dica é saber escolher a linha fechada para aplicá-la.

Figura 5.24: Representação da lei de Ampère aplicada à região A delimitada pela linha.

No caso do fio retilíneo, sabemos que as linhas de campo magnético são concêntricas ao fio e que o vetor campo magnético é tangente a elas em cada ponto (Figura 5.25). Vamos tomar como linha fechada uma circunferência de raio r para aplicar a expressão. Assim, teremos:

$$\sum \Delta L_n \cdot B_n \cdot cos\theta = \mu \cdot i$$

Analogamente ao que fizemos para a lei de Biot-Savart, podemos simplificar os termos da expressão. Como o módulo de B não muda ao longo da linha escolhida, podemos retirar o somatório. Além disso, sendo sempre tangente à linha escolhida, faz com que $\theta = 90° \Rightarrow cos\ 90° = 1$. Do lado direito da igualdade, temos somente o produto $\mu \cdot i$.

$$B \sum \Delta L_n \cdot 1 = \mu \cdot i$$
$$B \cdot 2 \cdot \pi \cdot r = \mu \cdot i$$
$$B = \frac{\mu \cdot i}{2 \cdot \pi \cdot r}$$

Essa é a mesma expressão que obtivemos pela lei de Biot-Savart. Com base nela, concluímos que o campo magnético varia de intensidade com o inverso da distância.

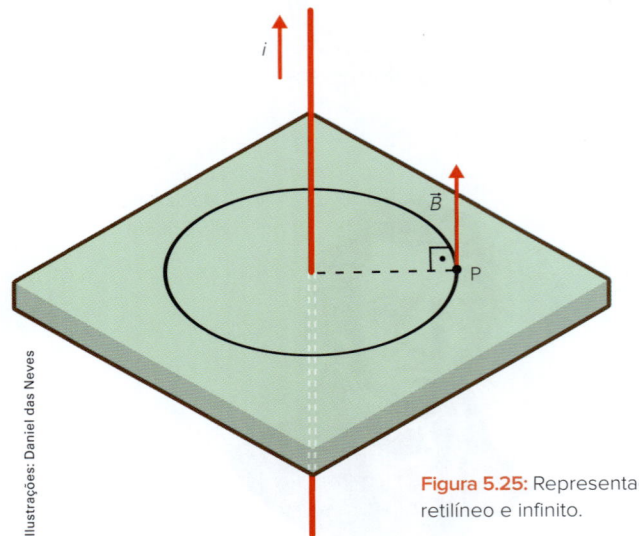

Figura 5.25: Representação da lei de Ampère aplicada ao fio retilíneo e infinito.

Um modelo geral para o magnetismo

A partir dos trabalhos de Oersted e Ampère ficou estabelecido que a corrente elétrica produz campo magnético. Em termos microscópicos, a corrente elétrica é definida pelo fluxo ordenado de cargas elétricas. Em um fio condutor, isso implica a passagem de elétrons em determinado intervalo de tempo.

Mas não é apenas em condutores percorridos por corrente elétrica que existem elétrons em movimento. Em qualquer corpo existem átomos nos quais os elétrons estão orbitando o núcleo atômico. Podemos fazer uma analogia desse movimento com o de um fio percorrido por corrente em formato de espira e sugerir que, assim como a espira, o movimento do elétron gera efeito magnético no espaço ao seu redor (Figura 5.26).

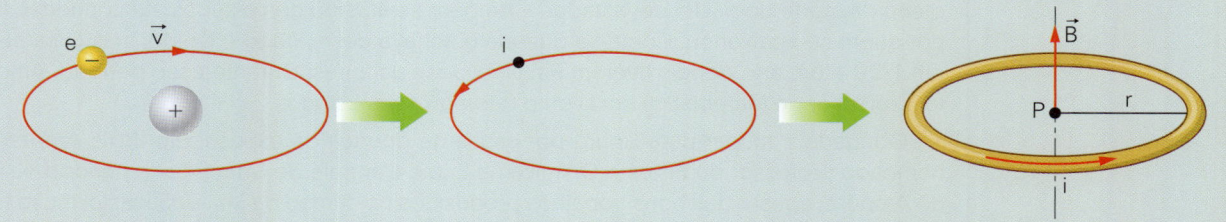

Figura 5.26: Representação da analogia entre o movimento do elétron ao redor do núcleo e o fio percorrido por corrente em formato de espira.

Assim, cada átomo pode ser considerado uma pequena espira no interior da matéria, que tem um campo magnético a ele associado. Quando os átomos estão alinhados e os vetores do campo magnético estão no mesmo sentido, a estrutura é magnética; caso contrário, a estrutura não tem influência magnética no meio exterior (Figuras 5.27 e 5.28).

O elétron, além dos movimentos representados pelas coordenadas espaciais, possui uma propriedade associada ao campo magnético que recebe o nome de *spin*. Propriedade sem equivalência na Física clássica, o *spin* pode ser compreendido como um momento angular intrínseco, ou seja, um movimento de rotação do elétron em torno de seu eixo (*spin*, traduzido do inglês, significa giro). Em 1924, os físicos Otto Stern (1888-1969) e Walther Gerlach (1889-1979) observaram que, quando o elétron é lançado num campo magnético, é desviado no sentido dos polos. Esse comportamento foi dois anos mais tarde relacionado ao *spin*.

Segundo o modelo atual, os elétrons possuem um campo magnético próprio que contribui para o magnetismo da matéria. Uma analogia muito comum é a do movimento de rotação (*spin*) do elétron com o movimento de uma corrente elétrica em uma espira circular: ambos os movimentos geram campo magnético.

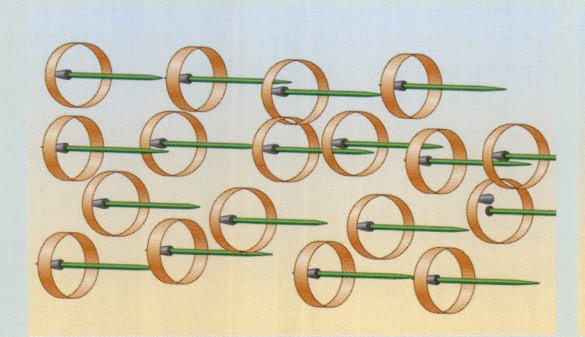

Figura 5.27: Estrutura magnetizada.

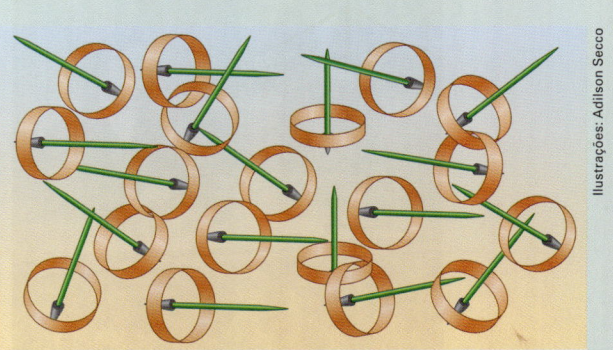

Figura 5.28: Estrutura não magnetizada.

Ilustrações: Adilson Secco

O cientista na História

Ampère

André-Marie Ampère, nascido em janeiro de 1775 numa aldeia perto de Lyon, na França, foi um dos muitos cientistas que refletiram sobre o eletromagnetismo em sua época (Figura 5.29). Seu pai era um homem próspero e se preocupava com a educação do filho, que, apesar de não frequentar a escola, cultivou o gosto pelo latim, pela literatura francesa e por várias áreas da Ciência. Com apenas 13 anos, confiante de sua capacidade, escreveu e submeteu seu primeiro trabalho à Académie de Lyon, propondo uma resolução ao problema de construir uma linha com o mesmo comprimento do um arco de um círculo. Como o trabalho não foi publicado, porque Ampère não havia estudado cálculo diferencial, ele começou a estudar os trabalhos de filósofos, físicos e matemáticos, como Jean Le Rond d'Alembert (1717-1783), Leonhard Paul Euler (1707-1783), Johann Bernoulli (1667-1748) e Joseph-Louis Lagrange (1736-1813).

Em 1791, durante a Revolução Francesa, o pai de Ampère foi preso e guilhotinado. O efeito da morte do pai foi devastador, e Ampère se afastou dos estudos até conhecer Julie, por quem se apaixonou. Conta-se que ela o achava desajeitado e tímido, mas casaram-se em 1799 e um ano depois tiveram um filho, Jean-Jacques. Durante esse período, Ampère foi professor de Matemática em Lyon e retomou seus estudos.

Obrigado a mudar para Bourg por causa da doença da esposa, em 1802, Ampère foi nomeado professor de Física e Química na École Centrale de Bourg. Esse período da vida de Ampère, apesar dos bons trabalhos produzidos no campo da Matemática, foi muito triste – sua esposa faleceu em julho de 1803.

A vida profissional de Ampère como professor e pesquisador era muito produtiva. Em 1804, foi nomeado professor e investigador em Matemática, mesmo sem ter qualificação formal. Em 1809, foi nomeado professor de matemática da École Polytechnique, onde permaneceu até 1828, quando foi convidado a trabalhar para a Université de France, onde permaneceu até sua morte, em 1836.

Em 1820, apenas uma semana depois de ter recebido o anúncio dos experimentos de Oersted, Ampère apresentou um trabalho à Académie des Sciences de Paris, no qual respondia a uma nova pergunta feita por ele com base no resultado de Oersted:

> "Quando M. Oersted descobriu a ação que uma corrente exerce sobre um ímã, foi certamente possível que alguém tivesse suspeitado da existência de uma ação mútua entre dois circuitos elétricos onde passava corrente; mas isto não era uma consequência necessária, pois uma barra de ferro macio também atua numa agulha magnetizada, apesar de não haver uma ação mútua entre duas barras de ferro macio".
>
> Projeto Harvard, p. 74.

O trecho mostra que Ampère logo se voltou à possibilidade de entender se uma corrente elétrica poderia exercer ação sobre outra corrente elétrica e que esse tipo de pergunta não era óbvio na época.

Sheila Terry/SPL/Latinstock

Figura 5.29: Ampère e Arago, em experimentos que demonstravam a relação entre a eletricidade e o magnetismo.

1. Uma espira circular de 2,0 cm de raio é percorrida por uma corrente de 0,50 A de intensidade, no sentido anti-horário de quem olha para ela de frente.

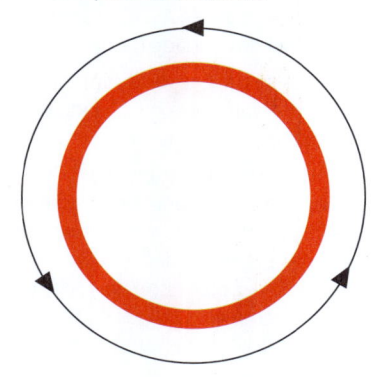

Tal espira se encontra no ar ($\mu_0 = 4 \cdot \pi \cdot 10^{-7}$ T · m/A). Determine a intensidade do campo magnético gerado em seu centro e sua orientação.

A intensidade do campo será dada por:

$$B = \frac{\mu_0 \cdot i}{2 \cdot r} = \frac{4 \cdot \pi \cdot 10^{-7} \cdot 0,50}{2 \cdot 0,02} = 50 \cdot \pi \cdot 10^{-7} =$$

$$= 5 \cdot \pi \cdot 10^{-6} \text{ T}$$

A regra da mão direita indica que o campo é dirigido perpendicularmente à folha de papel, apontando para fora de seu plano: ⊙ B.

2. Se você tiver de substituir o solenoide indicado na figura por um ímã que produza exatamente o mesmo efeito magnético, onde estarão os polos norte e sul desse ímã?

Se o sentido da corrente elétrica for invertido, o que acontecerá com as linhas de campo?

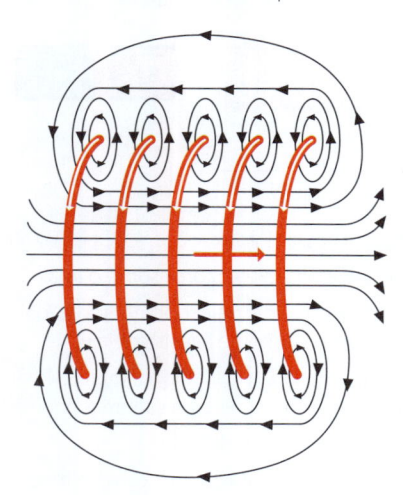

Para responder a essa questão, podemos levar em conta a orientação das linhas e o campo. O eixo do ímã deverá coincidir com o eixo do solenoide, e os polos do ímã estarão nas posições indicadas:

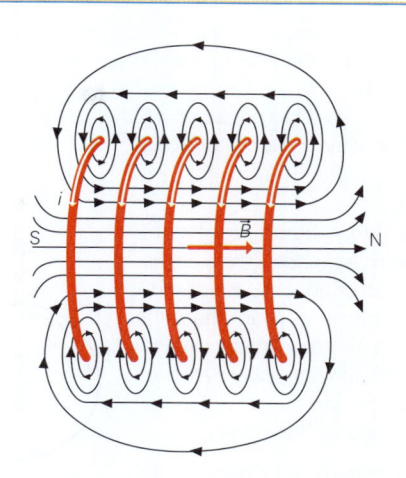

Se o sentido da corrente elétrica for invertido, a direção do campo magnético permanecerá a mesma, mas o sentido será invertido. Podemos notar que o campo magnético de um solenoide é análogo ao campo magnético de um ímã. A orientação das linhas de campo depende do sentido da corrente elétrica.

3. Um fio de cobre, reto e extenso, é percorrido por uma corrente $i = 3,0$ A. Qual é a intensidade do vetor campo magnético originado em um ponto à distância de 0,50 m do fio? (Dados: $\mu_0 = 4 \cdot \pi \cdot 10^{-7}$ T · m/A.)

A intensidade do campo magnético próximo a um fio retilíneo e longo, no vácuo ou no ar, é dada por:

$$B = \frac{\mu_0 \cdot i}{2 \cdot \pi \cdot r} = \frac{4 \cdot \pi \cdot 10^{-7} \cdot 3,0}{2 \cdot \pi \cdot 0,50} = 12 \cdot 10^{-7} = 1,2 \cdot 10^{-6} \text{ T}$$

4. Uma espira percorrida por uma corrente elétrica representada na figura a seguir é aproximada lentamente de uma bússola. Qual é o efeito provocado na bússola?

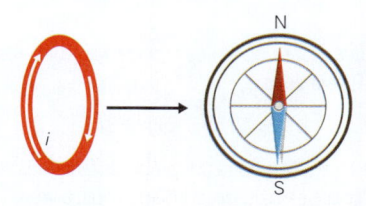

O polo norte da bússola será deslocado para a esquerda, pois a espira percorrida por corrente gera um campo magnético de direção horizontal apontado para a esquerda.

Nesse caso, o lado esquerdo da espira funciona como um polo sul e o direito, como um polo norte. A agulha da bússola alinha-se com ele.

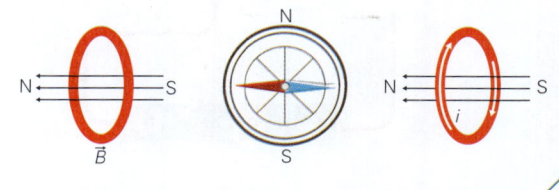

1. (FEI-SP) Um fio condutor retilíneo muito longo, imerso em um meio cuja permeabilidade magnética é $\mu = 6\pi \cdot 10^{-7}$ Tm/A, é percorrido por uma corrente i. A uma distância $r = 1$ m do fio, sabe-se que o módulo do campo magnético é 10^{-6} T. Qual é a corrente elétrica i que percorre o fio?

a) 3,333 A   b) 6π A   c) 10 A   d) 1 A   e) 6 A

2. (UFSCar-SP) A figura representa uma bússola situada 2,0 cm acima de um fio condutor retilíneo, L, muito comprido. A agulha está orientada na direção do campo magnético terrestre local e ambos, agulha e fio, são paralelos e estão dispostos horizontalmente.

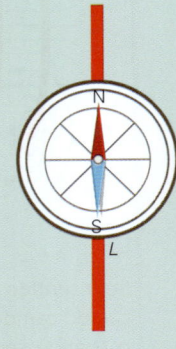

O fio é ligado a uma fonte de tensão contínua e passa a ser percorrido por uma corrente elétrica contínua de intensidade 3,0 A, no sentido sul-norte da Terra. Em consequência, a agulha da bússola gira de um ângulo θ em relação à direção inicial representada na figura. (Dado: permeabilidade magnética do ar: $4\pi \cdot 10^{-7}$ T · m/A.)

a) Qual a intensidade do campo magnético gerado pelo condutor, na altura onde se encontra a bússola, e em que sentido ocorre o deslocamento angular da agulha: horário ou anti-horário?

b) Sabendo que a intensidade do campo magnético terrestre no local é $6,0 \cdot 10^{-5}$ T, determine a tangente do ângulo θ.

3. (Uece-CE) A figura representa dois fios bastante longos (1 e 2) perpendiculares ao plano do papel, percorridos por correntes de sentido contrário, i_1 e i_2, respectivamente.

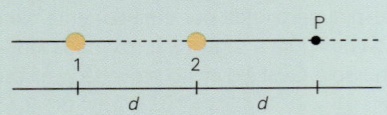

A condição para que o campo magnético resultante, no ponto P, seja zero é

a) $i_1 = i_2$ b) $i_1 = 2i_2$ c) $i_1 = 3i_2$ d) $i_1 = 4i_2$

4. (PUC-SP) A figura mostra um prego de ferro envolto por um fio fino de cobre esmaltado, enrolado muitas vezes ao seu redor. O conjunto pode ser considerado um eletroímã quando as extremidades do fio são conectadas aos polos de um gerador, que, no caso, são duas pilhas idênticas, associadas em série.

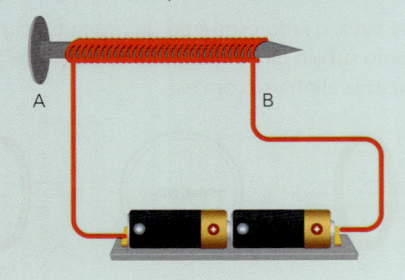

A respeito do descrito, fazem-se as seguintes afirmações:

I. Ao ser percorrido por corrente elétrica, o eletroímã apresenta polaridade magnética. Na representação da figura, a extremidade A (cabeça do prego) será um polo norte e a extremidade B será um polo sul.

II. Ao aproximar-se um prego de ferro da extremidade A do eletroímã e outro da extremidade B, um deles será atraído e o outro será repelido.

III. Ao substituir-se o conjunto de duas pilhas por outro de seis pilhas idênticas às primeiras, também associadas em série, a intensidade do vetor campo magnético no interior e nas extremidades do eletroímã não sofrerá alteração, uma vez que esse valor independe da intensidade da corrente elétrica que circula no fio.

Está correto apenas o que se afirma em

a) I e II

b) II e III

c) I e III

d) I

e) III

5. Um solenoide ideal, de comprimento 50 cm e raio 1,5 cm, contém 2 000 espiras e é percorrido por uma corrente de 3,0 A. A permeabilidade magnética do local em que se encontra o circuito vale $4 \cdot \pi \cdot 10^{-7}$ T · m/A. Tal corrente gera um campo magnético uniforme B no interior do solenoide. Qual é o valor de B ao longo do eixo do solenoide?

6. (UFMG) Na figura, estão representadas uma bobina (fio enrolado em torno de um tubo de plástico) ligada em série com um resistor de resistência R e uma bateria. Próximo à bobina, está colocado um ímã, com os polos norte (N) e sul (S) na posição indicada. O ímã e a bobina estão fixos nas posições mostradas na figura.

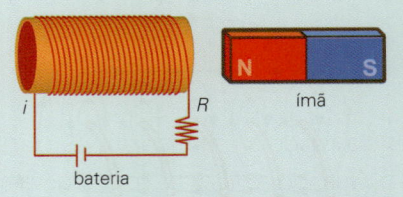

Com base nessas informações, é CORRETO afirmar que

a) a bobina não exerce força sobre o ímã.

b) a força exercida pela bobina sobre o ímã diminui quando se aumenta a resistência R.

c) a força exercida pela bobina sobre o ímã é diferente da força exercida pelo ímã sobre a bobina.

d) o ímã é repelido pela bobina.

7. Determine a intensidade do campo magnético gerado por um feixe de 200 trilhões de elétrons passando por uma região a cada 10^{-8} s, num ponto localizado a 500 Å de seu caminho. (Dados: $e = 1,6 \cdot 10^{-19}$ C; $\mu_0 = 4 \cdot \pi \cdot 10^{-7}$ T · m/A.)

3. Indução eletromagnética e a lei de Faraday

Se a corrente elétrica pode produzir magnetismo (efeito magnético), será que o campo magnético é capaz de gerar corrente elétrica em um fio? Foi um raciocínio semelhante a esse que levou os cientistas, no início do século XIX, a buscar meios de produzir corrente elétrica através do magnetismo.

Três cientistas, de forma independente e quase ao mesmo tempo, conseguiram abordar o tema e obter resposta para essa pergunta: o estadunidense Joseph Henry (1797-1878), o russo Heinrich Friedrich Emil Lenz (1804-1865) e o inglês Michael Faraday (1791-1867). Vamos nos limitar a apresentar as pesquisas de Faraday pelo fato de ele ter empreendido uma notável série de estudos visando desvendar o fenômeno da indução eletromagnética, como ficou conhecida a produção de corrente elétrica por meio do campo magnético.

3.1. O contexto do trabalho de Faraday

Tudo parece ter começado com um convite do editor da revista *Annals of Philosophy* para que Faraday escrevesse um resumo das experiências e teorias sobre eletromagnetismo realizadas em 1820. Faraday, então assistente do químico Humphry Davy (1778-1829), assumiu a tarefa com a seriedade que marcaria sua carreira de cientista. Depois de ler tudo que havia sido publicado, resolveu investigar mais o assunto por própria conta. A intenção de compreender o fenômeno para escrever com mais propriedade transformou-se num vasto programa de pesquisa cujos resultados ofereceram à Ciência moderna o que viria a ser uma das leis fundamentais do eletromagnetismo (Figura 5.30).

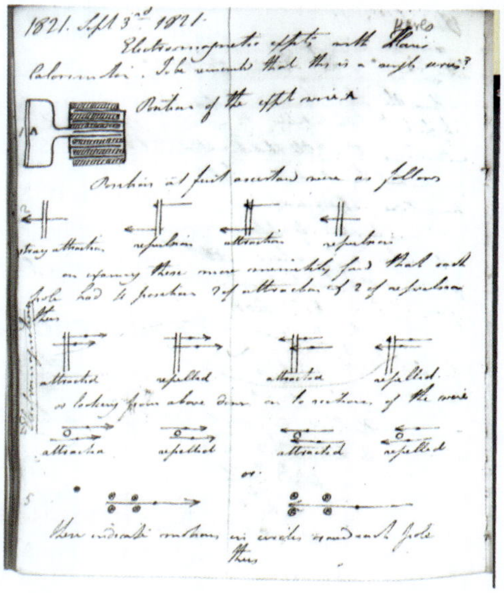

No caderno de experimentos que Faraday mantinha, quase como um diário onde anotava todas as descrições de seus estudos, existem vários relatos nos anos posteriores a 1824 sobre tentativas de obter correntes elétricas por meio de fenômenos magnéticos. No entanto, até 1831, quando elaborou o experimento que vamos apresentar a seguir, ele não obteve resultado positivo.

Figura 5.30: Manuscrito de Faraday sobre o primeiro experimento bem-sucedido sobre indução eletromagnética.

Funcionamento: dois conjuntos de espiras, A e B, eram enrolados em um mesmo corpo de ferro em forma de anel. O fio que compunha a espira A era ligado a uma bateria, e o fio da espira B era ligado a um medidor de corrente elétrica (amperímetro ou galvanômetro) (Figura 5.31). Quando se ligava e se desligava a chave do circuito A, o medidor ligado ao circuito B registrava uma marcação. Um aspecto importante a considerar é que o registro da corrente pelo amperímetro no segundo ramo de espiras só acontecia instantes depois que o circuito A era ligado ou desligado.

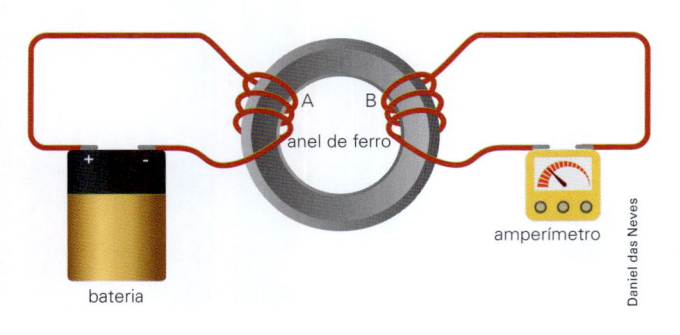

anel de ferro

amperímetro

bateria

Figura 5.31: Esquema que ilustra a montagem original de Faraday com objetivo de obter corrente elétrica por meio do magnetismo.

Resultado: com base nesse experimento, podemos inferir que, quando se faz uma corrente circular no conjunto de espiras A, uma corrente elétrica é induzida no conjunto de espiras B.

Essa foi a primeira evidência da **indução eletromagnética**. O termo "indução" pode ser entendido pelo fato de aparecer corrente elétrica nas espiras B provocada pela ação do conjunto das espiras A.

3.2. Indução eletromagnética

Dado o conhecimento da indução de corrente elétrica de um circuito para outro, podemos nos perguntar: qual é a causa da indução eletromagnética? Provavelmente, essa pergunta também foi feita por Faraday logo após a constatação de seu experimento, e, assim como ele, outros cientistas passaram a buscar explicações. E a resposta não estava muito distante...

Sabemos que, quando uma corrente elétrica percorre um fio condutor, ela gera um campo magnético ao seu redor. Ao ligarmos e desligarmos um circuito, ora temos corrente elétrica, ora não; em outras palavras, ora temos campo magnético, ora não. Assim, quando se abre e se fecha um circuito elétrico, percebe-se um "aparecer-desaparecer" do campo magnético. Essa foi a resposta para a origem da indução eletromagnética.

Vamos discutir a indução por meio da descrição a seguir, em que apresentamos uma possível explicação para o fenômeno, colocando em pauta hipóteses e procedimentos experimentais para sua comprovação.

Explicação do fenômeno

O aparecimento/desaparecimento do campo magnético no circuito A ligado à bateria é o responsável pela geração (indução) da corrente elétrica no circuito B.

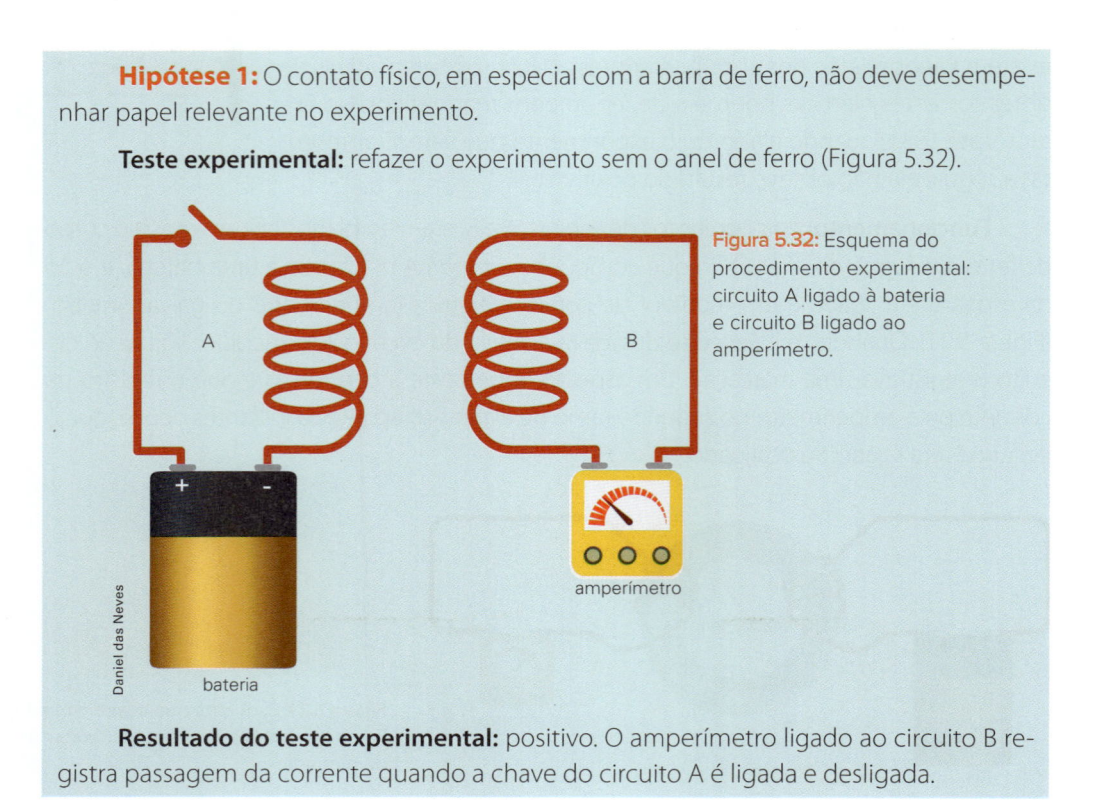

Hipótese 1: O contato físico, em especial com a barra de ferro, não deve desempenhar papel relevante no experimento.

Teste experimental: refazer o experimento sem o anel de ferro (Figura 5.32).

Figura 5.32: Esquema do procedimento experimental: circuito A ligado à bateria e circuito B ligado ao amperímetro.

A

B

amperímetro

Daniel das Neves

bateria

Resultado do teste experimental: positivo. O amperímetro ligado ao circuito B registra passagem da corrente quando a chave do circuito A é ligada e desligada.

Hipótese 2: Se o fenômeno está associado ao campo magnético, a maneira de geração do campo magnético pode ser outra que não por meio de uma corrente elétrica.

Teste experimental: refazer a montagem substituindo o circuito de espiras A por um ímã. A proposta é construir um solenoide oco e ligar o amperímetro às espiras.

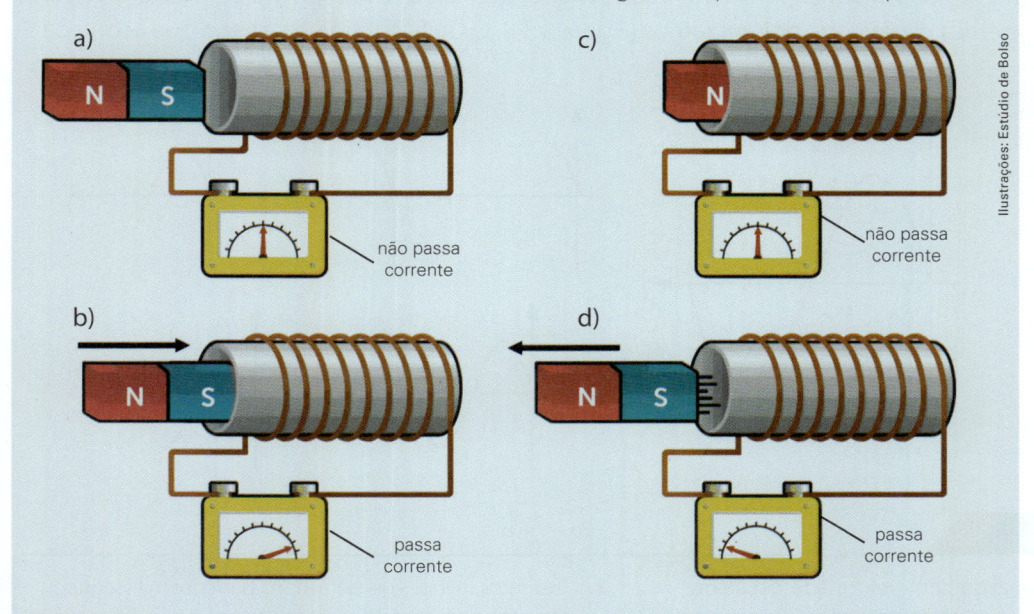

Ilustrações: Estúdio de Bolso

Figura 5.33: Nesse experimento, verificou-se que, enquanto o ímã estava em repouso, independentemente se dentro ou fora do solenoide, não induzia corrente elétrica nas espiras. Entretanto, sempre que o ímã se movia em relação ao solenoide, o amperímetro registrava corrente elétrica, ora em dado sentido, ora em outro.

Resultado do teste experimental: positivo. O amperímetro ligado ao circuito registra passagem da corrente quando o ímã é aproximado ou afastado (Figura 5.33).

Vamos detalhar alguns aspectos essenciais no fenômeno de indução magnética para tentar obter uma lei geral, expressa matematicamente, que o descreva. Dos resultados obtidos, é importante observar que o aparecimento da corrente elétrica induzida se deve à **variação do campo magnético**. Enquanto o ímã esteve em repouso, não se observou corrente no circuito. No experimento de Faraday, houve variação do campo magnético quando se ligou e desligou o circuito. Na situação com o ímã, o movimento deste provocava uma variação do campo magnético no interior do solenoide.

Vamos retomar essa situação e representar o campo magnético, por meio das linhas de campo, ao longo do tempo.

Figura 5.34: Representação do movimento do ímã dentro de um solenoide. No detalhe, observe como varia a densidade das linhas de campo magnético em uma seção transversal do solenoide. Dependendo do sentido do movimento do ímã se define o sentido da corrente.

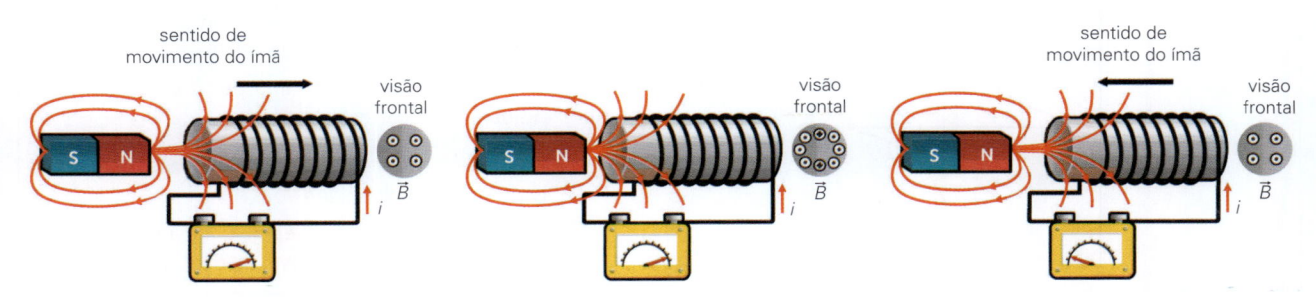

O movimento de vaivém do ímã provoca uma variação na quantidade de linhas de campo magnético que atravessam a seção transversal do solenoide, o que significa dizer que também ocorre uma variação na intensidade do campo. No primeiro movimento, a intensidade do campo magnético aumenta e a corrente está em dado sentido; no movimento de volta, a corrente altera seu sentido. Quando o movimento é completo, a corrente elétrica oscila entre dois extremos (Figura 5.34). O Gráfico 5.1 ajuda a ver o que acontece

Gráfico 5.1: Corrente induzida ao longo do tempo.

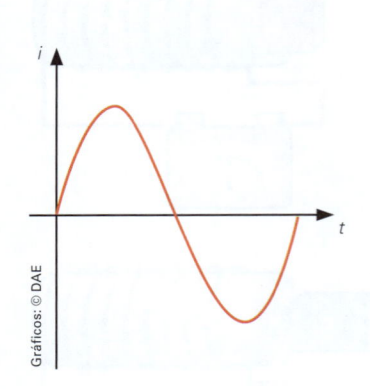
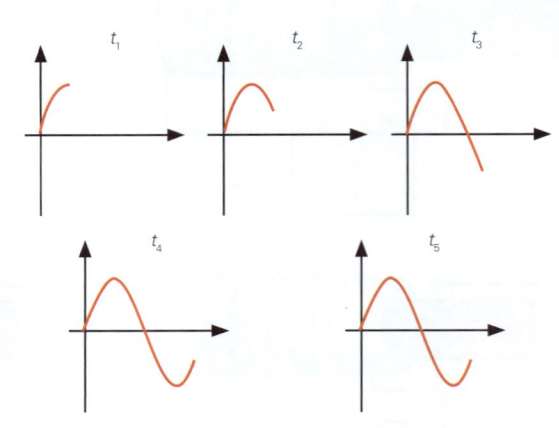

Gráficos: © DAE

Exercícios resolvidos

1. Um ímã reto é deslocado com velocidade constante na direção do eixo de um solenoide em que ambas as extremidades de suas espiras estão conectadas a um amperímetro. A polaridade sul do ímã é conduzida até a entrada do solenoide, sendo afastada a seguir, também com velocidade constante.

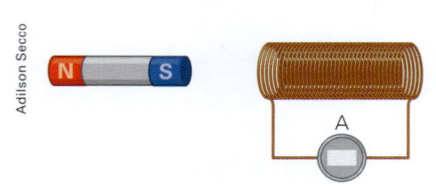

Adilson Secco

Esboce o gráfico da intensidade da corrente elétrica induzida lida no amperímetro em função do tempo.

Durante a aproximação do ímã, a intensidade da corrente elétrica aumenta até o instante em que se dá a inversão no sentido do movimento; durante o afastamento, a corrente tem o sentido oposto ao inicial e diminui de intensidade à medida que o ímã é levado para longe do solenoide.

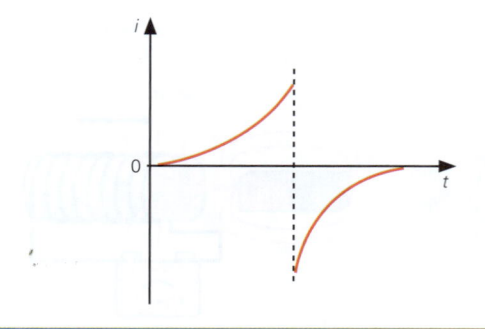

2. Trezentos milhões de elétrons passam por milissegundo por um condutor que se encontra no vácuo. Determine a intensidade do campo magnético gerado por esses elétrons a uma distância de 10^{-3} mm do condutor. (Dados: $e = 1,6 \cdot 10^{-19}$ C; $\mu_0 = 4 \cdot \pi \cdot 10^{-7}$ T · m/A.)

O campo magnético gerado pela passagem desses elétrons pode ser imaginado como um campo nas imediações de um fio retilíneo percorrido por corrente elétrica. Assim, teremos:

$q = n \cdot e = 300 \cdot 10^6 \cdot 1,6 \cdot 10^{-19} = 4,8 \cdot 10^{-11}$ C

$i = \dfrac{q}{\Delta t} = \dfrac{4,8 \cdot 10^{-11}}{1,0 \cdot 10^{-3}} = 4,8 \cdot 10^{-8}$ A

$B = \dfrac{\mu_0 \cdot i}{2 \cdot \pi \cdot r} = \dfrac{4 \cdot \pi \cdot 10^{-7} \cdot 4,8 \cdot 10^{-8}}{2 \cdot \pi \cdot 10^{-3} \cdot 10^{-3}} = 9,6 \cdot 10^{-9}$ T

3. Considere um ímã cujo polo norte é aproximado do eixo de um solenoide.

a) Durante essa aproximação, o que deve acontecer com o solenoide?

Ao ser aproximado do solenoide, o ímã induz corrente nas espiras dele, a qual deve circular em dado sentido.

b) O que deve ocorrer enquanto o ímã estiver sendo transportado pelo interior do solenoide?

Durante a passagem do ímã por dentro do solenoide não há corrente induzida.

c) O que deve acontecer durante e após a saída do ímã do interior do solenoide?

Durante a saída e logo depois dela, a corrente induzida terá o sentido oposto ao de entrada.

1. Em certo instante t_0, a chave C do circuito esquematizado abaixo é ligada, assim permanecendo até o instante t_1, quando é desligada.

   Esboce o gráfico que representa qualitativamente a intensidade da corrente elétrica registrada no amperímetro A.

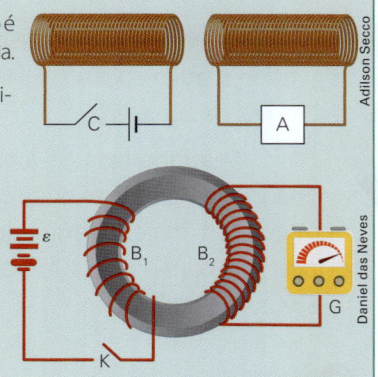

2. (Vunesp-SP) A figura representa uma das experiências de Faraday que ilustram a indução eletromagnética, em que $\mathbf{\varepsilon}$ é uma bateria de tensão constante, K é uma chave, B_1 e B_2 são duas bobinas enroladas num núcleo de ferro doce e G é um galvanômetro ligado aos terminais de B_2, que, com o ponteiro na posição central, indica corrente elétrica de intensidade nula.

   Quando a chave K é ligada, o ponteiro do galvanômetro se desloca para a direita e

   a) assim se mantém até a chave ser desligada, quando o ponteiro se desloca para a esquerda por alguns instantes e volta à posição central.

   b) logo em seguida volta à posição central e assim se mantém até a chave ser desligada, quando o ponteiro se desloca para a esquerda por alguns instantes e volta à posição central.

   c) logo em seguida volta à posição central e assim se mantém até a chave ser desligada, quando o ponteiro volta a se deslocar para a direita por alguns instantes e volta à posição central.

   d) para a esquerda com uma oscilação de frequência e amplitude constantes e assim se mantém até a chave ser desligada, quando o ponteiro volta à posição central.

   e) para a esquerda com uma oscilação cuja frequência e amplitude se reduzem continuamente até a chave ser desligada, quando o ponteiro volta à posição.

3. (PUC-RS) O fenômeno da indução eletromagnética é usado para gerar praticamente toda a energia elétrica que empregamos. Supondo-se um condutor em forma de espira retangular contido num plano, uma corrente elétrica é induzida através dele quando ele é submetido a um campo

   a) magnético variável e paralelo ao plano do condutor.

   b) magnético constante e perpendicular ao plano do condutor.

   c) magnético variável e não paralelo ao plano do condutor.

   d) elétrico constante e paralelo ao plano do condutor.

   e) elétrico constante e perpendicular ao plano do condutor.

3.3. Sentido da corrente induzida

Pela descrição dos experimentos envolvendo a indução eletromagnética, afirmamos que a corrente elétrica induzida circula em sentidos opostos. Isto é, dependendo do sentido de movimento do ímã, a corrente tem seu sentido de circulação alterado.

Como os estudos da indução eletromagnética foram inicialmente empíricos, a determinação do sentido da corrente elétrica induzida foi experimental. Os resultados descritos a seguir levam em consideração um ímã se movendo na direção do eixo de um solenoide, espira ou outro enrolamento de fio (Figura 5.35). O sentido de circulação da corrente, horário ou anti-horário, é dado em relação à face do enrolamento voltada para o ímã.

- Quando o polo **norte** de um ímã se **aproxima** do circuito formado por espiras circulares, a corrente gerada é no sentido **anti-horário**.

- Quando o polo **sul** de um ímã se **aproxima** do mesmo circuito, a corrente elétrica é no **sentido horário**.

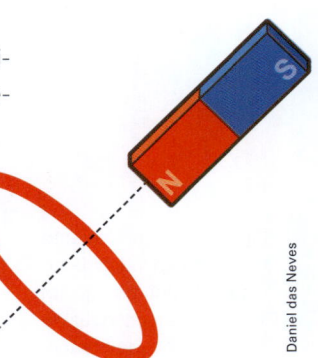

Figura 5.35: Ímã se movendo na direção do eixo de uma espira.

Se modificarmos o sentido do movimento do ímã, isto é, se, em vez de aproximarmos, afastarmos seus respectivos polos, o sentido da corrente elétrica também mudará.

A formulação teórica para o comportamento da corrente induzida foi dada pelo físico e químico russo Heinrich Lenz (Figura 5.36), tendo por isso recebido o nome de lei de Lenz.

Segundo essa lei, a corrente elétrica induzida de um circuito gera um campo magnético tal que se opõe à variação externa a ela. Observe as duas situações a seguir, em que um ímã é aproximado de uma espira, ora com o polo norte voltado para uma das faces, ora com o polo sul (Figura 5.37).

Figura 5.36:
Heinrich Friedrich Emil Lenz (1804-1865).

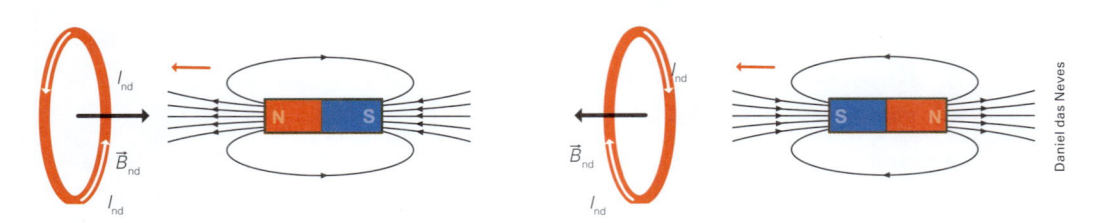

Figura 5.37: (a) Ímã aproximado de uma espira com o polo norte voltado para uma de suas faces. (b) Ímã aproximado de uma espira com o polo sul voltado para uma de suas faces.

Se a ideia é se opor à variação magnética, na situação (a) a corrente induzida na espira deve compensar o aumento do campo magnético gerado pela aproximação do ímã (lembre-se de que, quanto mais perto, mais intenso o campo magnético). A corrente induzida na espira circula no sentido anti-horário e gera um vetor campo magnético B_{ind} para a direita, que se subtrai ao campo magnético crescente do ímã. Caso o polo norte do ímã se afaste da espira, a corrente induzida será no outro sentido.

Na situação (b), o polo sul do ímã se aproxima da espira. A corrente induzida na espira também gera um campo magnético que se opõe à variação do campo magnético, que agora está orientado ao contrário. A corrente induzida na espira circula no sentido horário para gerar um vetor campo magnético B_{ind} para a esquerda. Caso o polo sul do ímã se afaste da espira, a corrente induzida será no outro sentido.

Assim como a regra da mão direita, existem alguns artifícios para determinarmos (ou lembrarmos) o sentido da corrente em relação à variação do campo magnético. Um deles é colocar flechinhas nas pontas das letras N e S, que representam o polo do ímã que se aproxima da face de um circuito. Novamente, o sentido horário ou anti-horário é dado em relação à face voltada ao ímã (Figura 5.38).

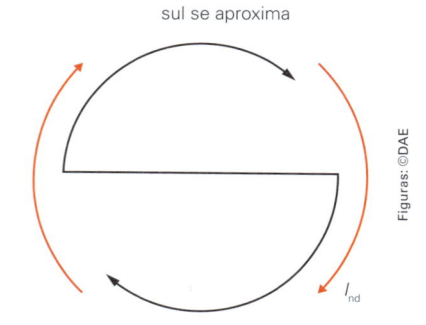

norte se aproxima

sul se aproxima

Figura 5.38: (a) Corrente elétrica induzida no sentido anti-horário. (b) Corrente elétrica induzida no sentido horário.

É possível fazer um teste experimental semelhante ao de Faraday e verificar o surgimento de corrente elétrica induzida mesmo sem pilhas ou baterias. Para tanto, separe:

- ▶ Ímã em forma de barra
- ▶ 8 m de fio condutor
- ▶ Bússola

Una as duas pontas do fio condutor para obter um circuito fechado. Posicione a bússola numa das extremidades do circuito e movimente o ímã na outra extremidade, como indicado na Figura 5.39. Os efeitos da corrente são evidenciados pela deflexão da agulha magnética da bússola.

O ímã não pode estar próximo da bússola, para que não tenha efeito direto na deflexão, uma vez que desejamos observar o efeito magnético da corrente elétrica que circula no fio quando movimentamos o ímã.

Vamos aprimorar esse experimento e aumentar o efeito de deflexão que acabamos de observar? Para isso, enrole o fio para que tenhamos duas bobinas planas (B_1 e B_2) a uma distância de 1,5 m uma da outra. Use o mesmo fio unido anteriormente de maneira que ambos os enrolamentos continuem ligados. A bússola deverá ser colocada horizontalmente, no centro da bobina B_1; por isso, é interessante que a bobina tenha o mesmo diâmetro da bússola.

Com as bobinas prontas, pegue a B_1, já com a bússola inserida, e procure a posição em que a agulha da bússola coincide com o diâmetro da bobina e fixe-a na mesa. Afaste a B_2 ao máximo e coloque o ímã na direção de seu eixo. Observe atentamente o que ocorre com a agulha da bússola quando você coloca o ímã no centro da B_2. Nada ocorre! Isso porque é preciso que haja variação do campo magnético sobre a bobina B_2 para que o efeito magnético resulte na deflexão da agulha da bússola na outra bobina.

Agora, aproxime rapidamente o ímã do centro da B_2. A agulha sofrerá um pequeno desvio e então voltará a alinhar-se ao diâmetro da B_1, indicando que deve ter circulado corrente. O mesmo ocorre ao afastarmos rapidamente o ímã do centro da B_2. No entanto, o sentido do desvio não é o mesmo!

Aproxime e afaste rápida e sucessivamente o ímã do centro da B_2. O efeito magnético da corrente induzida por conta do movimento do campo magnético do ímã no interior da segunda bobina será evidenciado pela deflexão da bússola. A intensidade dessa corrente será tão maior quanto maior for a velocidade com que se aproxima e se afasta o ímã. Faça o teste: varie a velocidade de aproximação e afastamento do ímã da espira e observe como será a deflexão da agulha.

Lembre-se de que o sentido da corrente induzida depende do sentido de movimento (aproximação e afastamento) do polo do ímã. Repita o movimento de vaivém invertendo o polo que se aproxima e se afasta do centro da bobina.

Figura 5.39: Durante todo o procedimento, é preciso certificar-se de que as bobinas estão fixas à mesa.

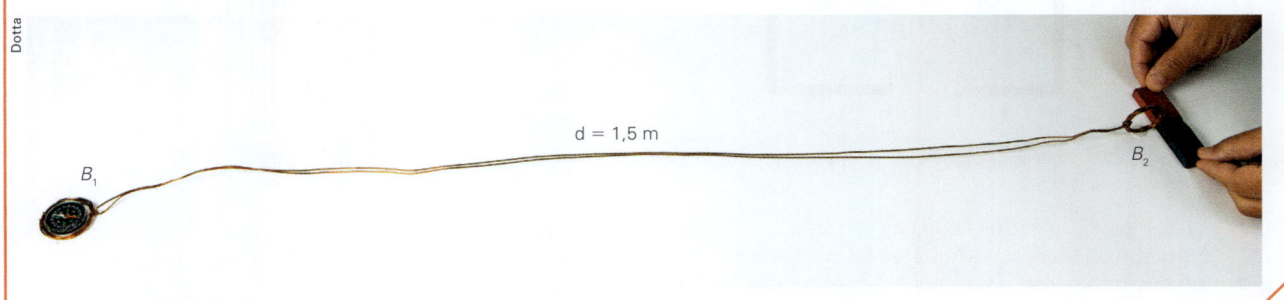

Dotta

1. Aplique a lei de Lenz para determinar o sentido da corrente induzida na situação abaixo.

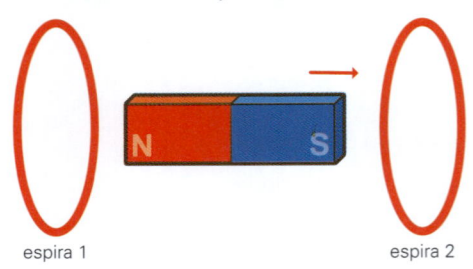

espira 1　　　　　espira 2

Em relação à espira 1, o ímã afasta o polo norte; nessa espira, é induzido um campo que se opõe ao afastamento (polo sul), atraindo o ímã. A polaridade induzida tem norte à esquerda da espira e sul à direita; a corrente induzida, pela regra da mão direita, "sobe" pela frente e "desce" por trás.

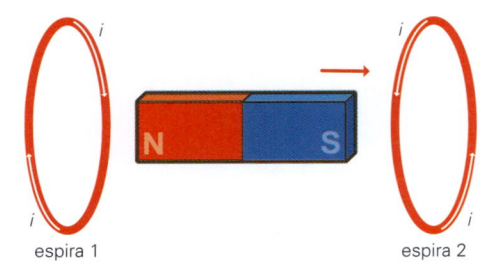

espira 1　　　　　espira 2

Em relação à espira 2, o ímã aproxima o polo sul. Para se opor a essa aproximação, na espira induz-se um campo com o sul à esquerda e o norte à direita, o que induz uma corrente que "sobe" por trás e "desce" pela frente da espira.

2. Use a lei de Lenz para descobrir o sentido da corrente induzida nas espiras de uma bobina que está disposta de acordo com a figura.

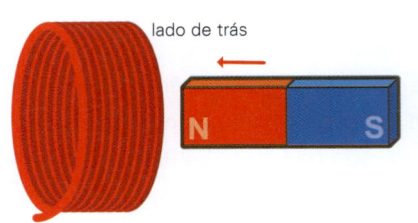

lado de trás

lado da frente

Quando o polo norte do ímã é transportado para as proximidades da bobina, induz-se uma corrente na bobina cujo campo magnético gerado tem outro polo norte da face voltada para o ímã. Esse campo, segundo a lei de Lenz, tende a repelir o ímã que dele é aproximado, opondo-se à causa que o produziu. A corrente elétrica nas espiras da bobina "desce" pela frente e "sobe" por trás.

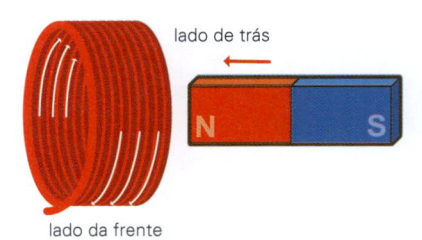

lado de trás

lado da frente

1. Um solenoide é disposto com seu eixo horizontal tendo as extremidades de enrolamento presas a um capacitor de placas planas e paralelas. Um ímã reto é aproximado de uma das extremidades, conforme mostra a figura.

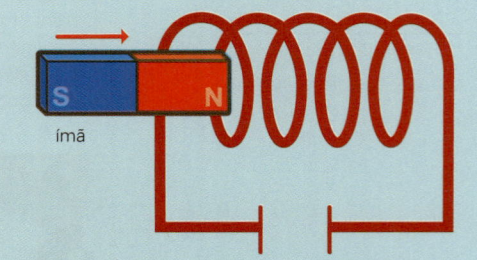

ímã

Quais são os sinais das cargas que se acumulam nas placas do capacitor?

2. (Unicamp-SP) Uma espira quadrada de lado a atravessa com velocidade constante uma região quadrada de lado b, $b > a$, onde existe um campo magnético no tempo e no espaço. A espira se move da esquerda à direita e o campo magnético aponta para cima, conforme a figura adiante.

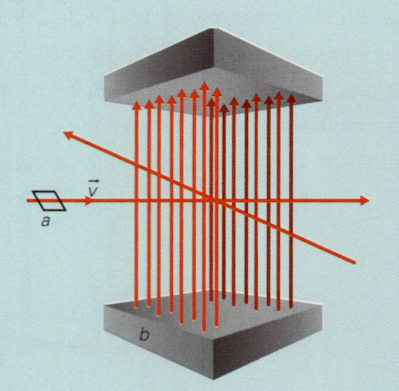

Ilustrações: Daniel das Neves

Segundo um observador que olha de cima para baixo, qual será o sentido da corrente na espira (horário ou anti-horário), quando:

a) ela está entrando na região;

b) ela está no meio da região;

c) ela está saindo da região.

3. (Ufes) A figura a seguir mostra um ímã movendo-se, com velocidade constante *v*, ao longo do eixo, que passa pelo centro de uma espira retangular, perpendicularmente a seu plano. A espira é formada por um fio condutor e por uma resistência *R*.

O polo norte do ímã está voltado para a espira. Enquanto o ímã estiver aproximando-se da espira, é CORRETO afirmar que a corrente induzida nela é

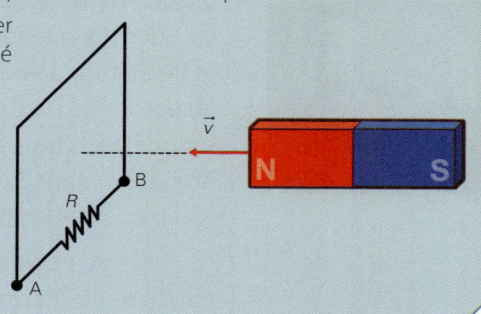

a) nula, porque a espira é retangular.

b) nula, porque a velocidade do ímã é constante.

c) diferente de zero, mas seu sentido não pode ser determinado.

d) diferente de zero, e seu sentido, através da resistência, é de A para B.

e) diferente de zero, e seu sentido, através da resistência, é de B para A.

3.4. Variação do fluxo magnético e tensão elétrica induzida

Até aqui vimos que a variação do campo magnético pode induzir o aparecimento de uma corrente elétrica em determinado circuito e discutimos o sentido em que a corrente circula. Falta agora determinar sua intensidade.

Para tratar da variação do campo magnético, vamos definir uma grandeza que nos auxiliará na descrição matemática: o **fluxo magnético** (ϕ). O fluxo magnético é definido pelo produto da intensidade do campo magnético (*B*) medida em cada ponto de uma superfície multiplicado pelo valor da área da superfície (*A*) e pelo cosseno do ângulo θ entre o segmento normal (*n*) à superfície e o vetor $\vec{B}$ (Figura 5.40).

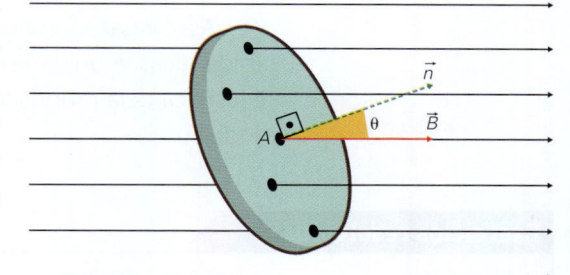

$$\phi_B = B \cdot A \cdot \cos \theta$$

Note que o cosseno do ângulo θ indica uma projeção do vetor campo magnético no meio na direção perpendicular à espira. Nos casos-limite, teremos um fluxo máximo para $\theta = 0°$ (cos 0° = 1) e fluxo magnético nulo para $\theta = 90°$ (cos 90° = 0) (Figura 5.41).

Figura 5.40: Representação do fluxo magnético de linhas de campo magnético que atravessam a área *A*.

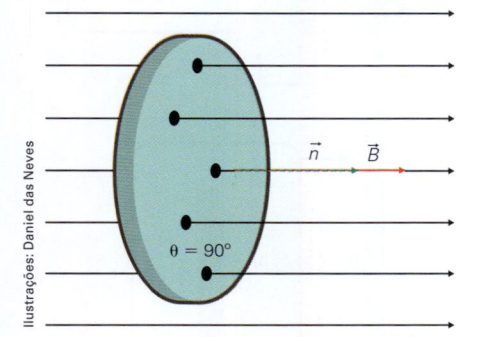

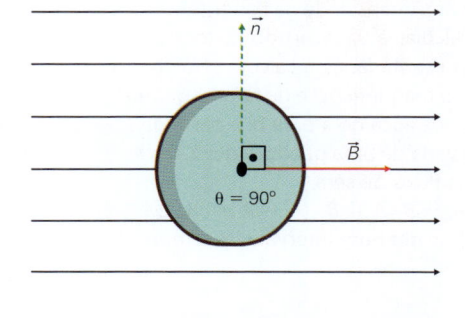

Ilustrações: Daniel das Neves

Figura 5.41: Representação do fluxo máximo de linhas de campo magnético que atravessam a área A quando $\theta = 0°$ e $\theta = 90°$.

Wilhelm Eduard Weber (1804-1891), físico experimental alemão. A unidade weber (Wb) recebeu esse nome em sua homenagem.

SPL/Latinstock

A unidade do fluxo do campo magnético no Sistema Internacional é **weber**, representada por Wb (1 Wb = 1 T $\cdot$ m^2).

Agora que temos o conceito de fluxo magnético definido, podemos obter uma expressão para a indução eletromagnética. Mas antes vamos chamar a atenção para um ponto: no experimento de Faraday, assim como nos demais que relatamos, dissemos que uma corrente elétrica era induzida pela variação do campo magnético. Essa é uma maneira de sintetizar o fenômeno revelado por Faraday; entretanto, vale observar que, se uma corrente elétrica apareceu no fio condutor, uma diferença de potencial elétrico (tensão) deve ter aparecido no circuito. Quando tratamos de circuitos elétricos percorridos por corrente, sempre havia uma bateria ou uma pilha como fonte de tensão elétrica. No caso da variação do campo magnético abordado neste capítulo, não havia nenhuma fonte de tensão agindo no fio onde a corrente induzida se manifestou.

Assim, podemos inferir que a corrente induzida foi efeito do aparecimento de uma tensão nesse fio. Como essa corrente não é produzida por uma bateria/pilha, daremos a ela o nome de tensão induzida.

A lei de indução eletromagnética, ou lei de Faraday, relaciona justamente a **tensão induzida (ε)** com a **variação do fluxo magnético ($\Delta\phi_B$)** que atravessa a espira em determinado intervalo de tempo (Δt).

$$\varepsilon = -N \cdot \frac{\Delta\phi_B}{\Delta t}$$

A expressão fornece a tensão elétrica induzida em uma bobina constituída de N espiras idênticas. A unidade da tensão induzida é, no SI, V (volt). O sinal negativo na expressão se justifica pela própria lei de Lenz, em que a fem induzida tende a se opor à causa que a produziu.

Exercícios resolvidos

1. Uma situação que pode ser estudada neste momento é o movimento de uma espira em uma região com campo magnético. Considere uma espira de formato retangular em movimento com velocidade $\vec{v}$ em uma região do espaço com um campo magnético uniforme $\vec{B}$. A espira se move perpendicularmente às linhas de campo.

Da entrada da espira nessa região de campo à sua completa imersão, o fluxo magnético varia uniformemente e induz, na espira, uma corrente elétrica por causa da indução de uma força eletromotriz entre os terminais da espira.

Supondo que a espira seja feita de um material com resistência elétrica R, como podemos determinar a intensidade da corrente?

Primeiro, vamos calcular a variação do fluxo magnético por unidade de tempo para a situação representada. Esse cálculo será em função da velocidade $\vec{v}$, da intensidade do campo magnético B e de fatores geométricos.

Quando a espira se desloca de a para b, a parte da área do circuito ocupada pelo campo magnético varia de uma quantidade: $\Delta A = A_b - A_a = L \cdot d$.

Então, a variação do fluxo $\Delta\phi$ será:

$\Delta\phi = \phi_b - \phi_a = B \cdot A_b - B \cdot A_a = B \cdot (A_b - A_a) = B \cdot \Delta A = B \cdot L \cdot d$

Se o deslocamento se der num intervalo de tempo Δt, em que $v = \Delta p/\Delta t \Rightarrow d = v \cdot \Delta t$, teremos:

$\Delta\phi = B \cdot L \cdot v \cdot \Delta t$

A razão $\Delta\phi/\Delta t$ é, por definição, a força eletromotriz induzida ε. Assim:

$\varepsilon = -\dfrac{\Delta\phi}{\Delta t} = -B \cdot L \cdot v$

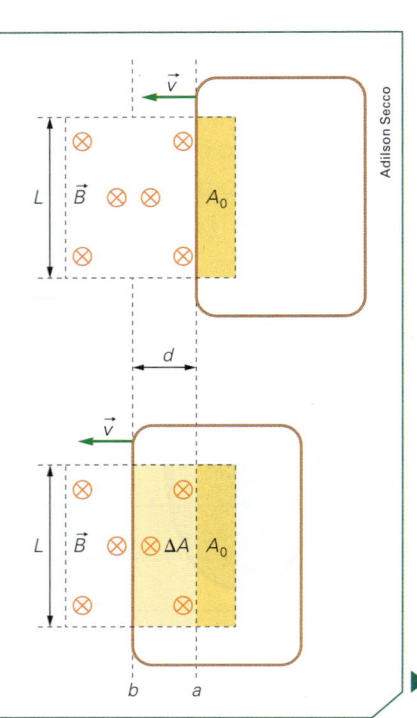

Adilson Secco

Essa expressão depende linearmente da intensidade do campo, do comprimento do fio e de sua velocidade. Por exemplo, quanto mais rápido for o movimento da espira, maior será a tensão induzida: se dobrarmos a velocidade da espira, dobra-se a tensão.

Para o cálculo numérico, vamos considerar o comprimento da espira $L = 3{,}0$ cm, o campo magnético $B = 4{,}0 \cdot 10^{-3}$ T, a velocidade da espira $v = 0{,}25$ m/s, supostamente constante, e a resistência $R = 2{,}5\ \Omega$. Isso implica uma tensão induzida ε de:

$\varepsilon = -B \cdot L \cdot v = -4{,}0 \cdot 10^{-3} \cdot 3{,}0 \cdot 10^{-2} \cdot 0{,}25 = -3{,}0 \cdot 10^{-5}$ V

A corrente elétrica induzida será:

$\varepsilon = R \cdot i \Rightarrow i = \dfrac{\varepsilon}{R} = \dfrac{3{,}0 \cdot 10^{-5}}{2{,}5} = 1{,}2 \cdot 10^{-5}$ A

2. Uma espira circular tem raio de 5,0 cm e está imersa num campo magnético de intensidade $B = 4{,}5 \cdot 10^{-3}$ T. Determine, em Wb, o módulo dos fluxos magnéticos máximo e mínimo através dessa espira.

Para o cálculo do fluxo, precisamos saber a intensidade do campo, a área da espira e sua orientação com relação ao campo. Assim:

$A = \pi \cdot r^2 = \pi \cdot (5{,}0 \cdot 10^{-2})^2 = 25 \cdot \pi \cdot 10^{-4}$ m²

O fluxo mínimo é zero ($\phi_{min} = 0$) para o ângulo entre a normal e o campo de 90° ou 270°, pois cos 90° = cos 270° = 0.

E tem módulo máximo:

$\phi_{máx} = B \cdot A \cdot \cos\Theta = 4{,}5 \cdot 10^{-3} \cdot 25 \cdot \pi \cdot 10^{-4} \cdot 1 = 3{,}5 \cdot 10^{-5}$ Wb para o ângulo entre a normal e o campo de 0° ou 180°, pois cos 0° = 1 e cos 180° = −1.

3. Um ímã está rodando nas proximidades de uma espira. Qual é a corrente induzida?

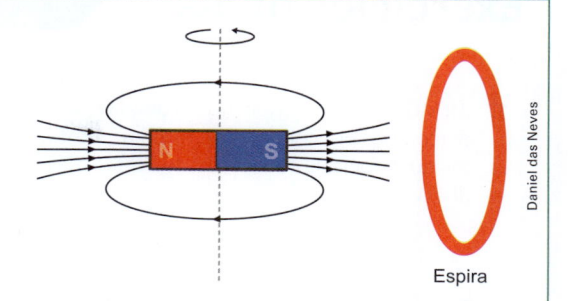

Espira

Daniel das Neves

Nessa montagem, vamos fazer algumas considerações que nos permitam realizar o cálculo. Suporemos que a área da seção reta do ímã seja igual à área da espira e que esta se encontre muito próximo ao ímã, sem, no entanto, tocá-lo. As linhas de campo magnético que saem dos polos do ímã são praticamente paralelas ao seu eixo.

Nessas condições, podemos calcular o fluxo da seguinte maneira: $\phi = B \cdot A$, valor máximo quando o ímã está de frente para a espira, e $\phi = 0$, quando o ímã está posicionado paralelamente à espira. Assim, a variação do fluxo é dada por $\Delta\phi = B \cdot A$ a cada giro de um quarto de volta do ímã. Como a cada volta ou período serão quatro variações completas de fluxo por período T, a fem induzida será dada pelo quociente entre as quatro variações de fluxo $\Delta\phi$ e o período T, ou pelo produto das quatro variações de fluxo pela frequência f:

$\varepsilon = -N \cdot \dfrac{\Delta\phi_B}{\Delta t} = 1 \cdot \dfrac{4 \cdot B \cdot A}{T} = -4 \cdot B \cdot A \cdot f$

Se a espira apresentar uma resistência elétrica R, a corrente induzida será dada por

$i = \dfrac{\varepsilon}{R} = -\dfrac{4 \cdot B \cdot A \cdot f}{R}$

Exercícios propostos

1. (UFG-GO) Considere uma região do espaço em que a intensidade do campo magnético esteja variando em função do tempo, como mostrado no gráfico. Uma espira de área $A = 8{,}0$ cm² e resistência $R = 5{,}0\ \Omega$ é colocada nessa região, de tal maneira que as linhas de campo sejam normais ao plano dessa espira.

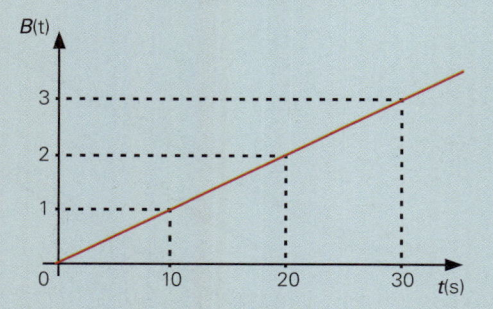

a) Determine o fluxo magnético através da espira, em função do tempo.

b) Calcule a corrente induzida na espira.

2. (Unicamp-SP) Uma espira quadrada de lado $a = 0{,}20$ m e resistência $R = 2{,}0\ \Omega$ atravessa com velocidade constante $v = 10$ m/s uma região quadrada de lado $b = 0{,}50$ m, onde existe um campo magnético constante de intensidade $B = 0{,}30$ tesla. O campo penetra perpendicularmente no plano do papel e a espira se move no sentido de x positivo, conforme indica a figura adiante.

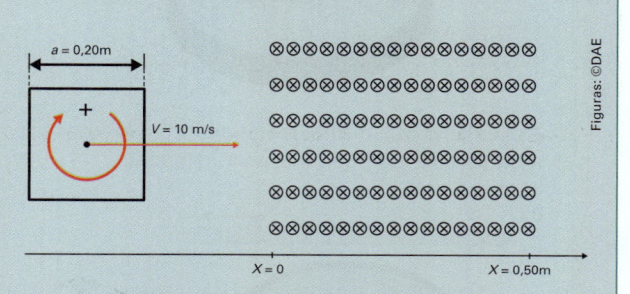

Figuras: ©DAE

Considerando o sentido horário da corrente elétrica como positivo, faça um gráfico da corrente na espira em função da posição de seu centro. Inclua valores numéricos e escala no seu gráfico.

Exercícios finais

1. (UFMG) A figura a seguir mostra dois fios, M e N, paralelos, percorridos por correntes de mesma intensidade, ambas saindo da folha de papel. O ponto P está à mesma distância dos dois fios.

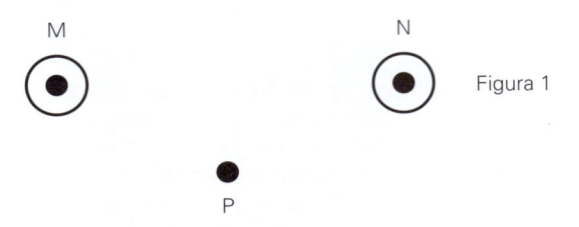

Figura 1

A opção que melhor representa a direção e o sentido corretos para o campo magnético que as correntes criam em P é:

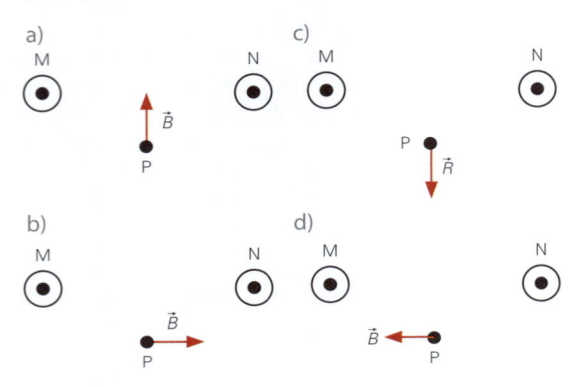

e) Esse campo é nulo.

2. (UFMG) A figura a seguir mostra uma pequena chapa metálica imantada que flutua sobre a água de um recipiente. Um fio elétrico está colocado sobre esse recipiente. O fio passa, então, a conduzir uma intensa corrente elétrica contínua, no sentido da esquerda para a direita.

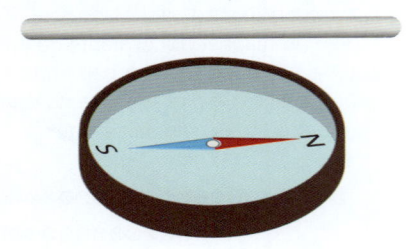

A alternativa que melhor representa a posição da chapa metálica imantada, após um certo tempo, é:

a)

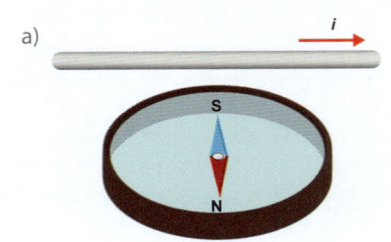

b)

c)

d)

e)

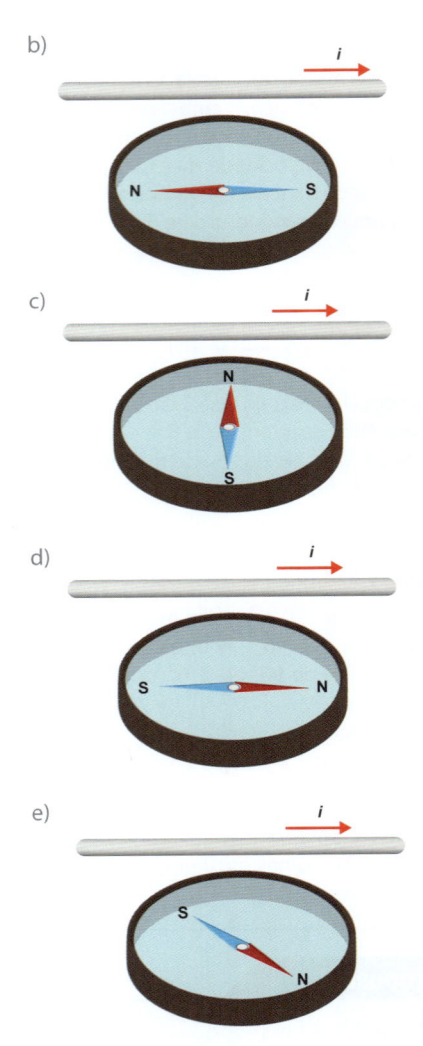

3. (FGV-SP) Dois longos condutores elétricos paralelos a uma agulha magnética estão no mesmo plano horizontal da agulha, que equidista dos condutores. A agulha é livre para girar em torno de seu centro de massa e tem seu extremo norte apontado para o norte geográfico da Terra e se encontra no equador terrestre.

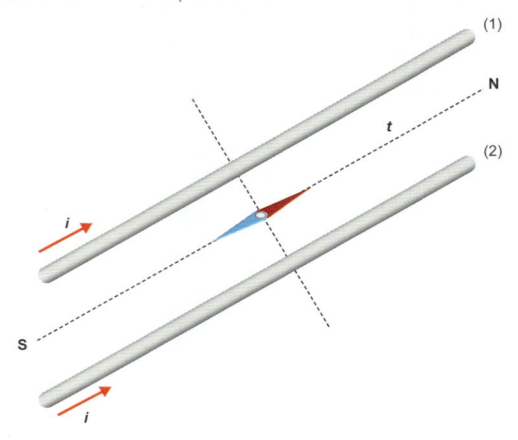

Quando nos condutores se manifesta corrente do sul para o norte geográfico e de mesma intensidade, o polo norte da agulha tende a

a) deslocar-se para baixo.

b) permanecer em repouso.

c) deslocar-se para cima.

d) deslocar-se para leste.

e) deslocar-se para oeste.

4. (Fuvest-SP) Três fios verticais e muito longos atravessam uma superfície plana e horizontal, nos vértices de um triângulo isósceles, como na figura desenhada no plano. Por dois deles (D' e B'), passa uma mesma corrente que sai do plano do papel e, pelo terceiro (X), uma corrente que entra nesse plano.

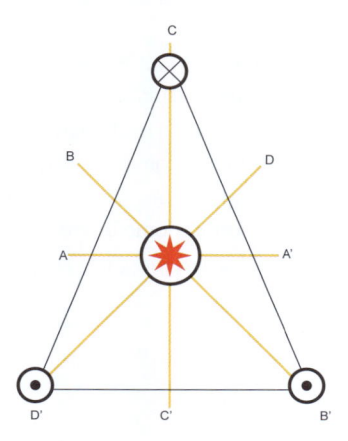

Desprezando-se os efeitos do campo magnético terrestre, a direção da agulha de uma bússola, colocada equidistante deles, seria mais bem representada pela reta

a) AA'   c) CC'

b) BB'   d) DD'

e) perpendicular ao plano do papel.

5. (Fuvest-SP) Uma bússola é colocada sobre uma mesa horizontal, próxima a dois fios compridos, F_1 e F_2, percorridos por correntes de mesma intensidade. Os fios estão dispostos perpendicularmente à mesa e a atravessam.

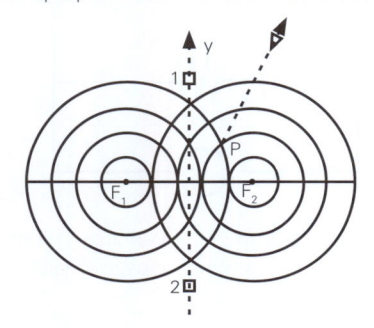

Quando a bússola é colocada em P, sua agulha aponta na direção indicada. Em seguida, a bússola é colocada na posição 1 e depois na posição 2, ambas equidistantes dos fios. Nessas posições, a agulha da bússola indicará, respectivamente, as direções

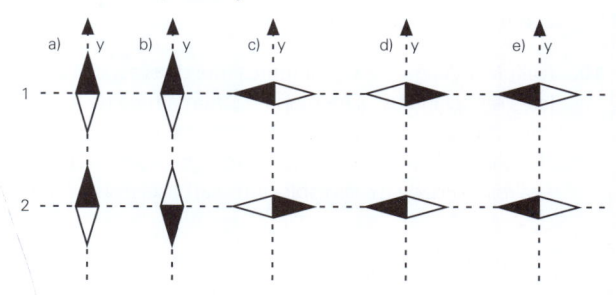

6. Um fio de cobre, reto e extenso é percorrido por uma corrente $i = 2,5$ A. Qual é a intensidade do vetor campo magnético originado em um ponto à distância $d = 0,60$ m do fio? (Dado: $\mu_0 = 4 \cdot \pi \cdot 10^{-7}$ T · m/A.)

7. (Unicamp-SP) A corrente elétrica contínua em uma dada linha de transmissão é de 4 000 A. Um escoteiro perdido, andando perto da linha de transmissão, tenta se orientar utilizando uma bússola. O campo magnético terrestre é de $5,0 \cdot 10^{-5}$ T perto da superfície da Terra. A permeabilidade magnética é $\mu_0 = 4\pi \cdot 10^{-7}$ T · m/A.

a) Se a corrente está sendo transmitida no sentido leste para oeste, qual é o sentido do campo magnético gerado pela corrente perto do chão? Justifique sua resposta.

b) A que distância do fio o campo gerado pela corrente terá o módulo igual ao do campo magnético terrestre?

8. Dois condutores retos, extensos e paralelos estão separados por uma distância $d = 2,0$ cm e são percorridos por correntes elétricas de intensidades $i_1 = 1,0$ A e $i_2 = 2,0$ A, com os sentidos indicados na figura. (Dado: permeabilidade magnética do vácuo $= 4 \cdot \pi \cdot 10^{-7}$ T · m/A.)

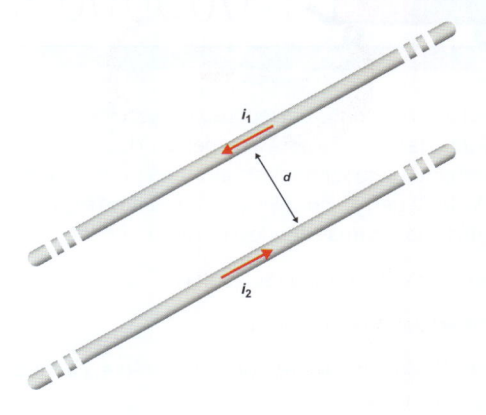

Se os condutores estão situados no vácuo, qual é a intensidade e qual é a orientação do vetor campo magnético no ponto P localizado a 1,0 cm de cada fio?

9. Duas espiras circulares, de raios $r = 0,01$ m e $R = 1,0$ m, têm o centro comum e estão situadas no mesmo plano. Pela espira maior passa uma corrente constante i no sentido horário. Determine o sentido e a intensidade da corrente que deve passar pela espira menor para que o campo no centro comum seja nulo.

10. (Ufla-MG) A figura a seguir representa duas espiras circulares e coplanares, alimentadas por uma mesma fonte e constituídas de fios de mesma secção transversal com resistividade elétrica diferentes. O fio da espira externa possui alta resistividade e o da espira interna, baixa resistividade.

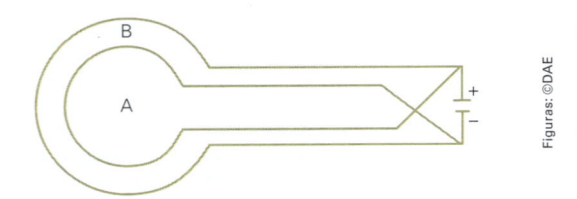

Figuras: ©DAE

Considerando como região A o espaço dentro da espira interna e região B o espaço entre as espiras, então pode-se afirmar que o vetor campo magnético resultante está:

a) saindo da região A, entrando na região B.

b) saindo da região A, saindo da região B.

c) entrando na região A, saindo da região B.

d) entrando na região A, entrando na região B.

e) nulo na região A, saindo da região B.

11. (UFSCar-SP) A figura representa um solenoide, sem núcleo, fixo a uma mesa horizontal. Em frente a esse solenoide, está colocado um ímã preso a um carrinho que se pode mover facilmente sobre essa mesa, em qualquer direção.

Daniel das Neves

Estando o carrinho em repouso, o solenoide é ligado a uma fonte de tensão e passa a ser percorrido por uma corrente contínua cujo sentido está indicado pelas setas na figura. Assim, é gerado no solenoide um campo magnético que atua sobre o ímã e tende a mover o carrinho

a) aproximando-o do solenoide.

b) afastando-o do solenoide.

c) de forma oscilante, aproximando-o e afastando-o do solenoide.

d) lateralmente, para dentro do plano da figura.

e) lateralmente, para fora do plano da figura.

12. Pretende-se construir um solenoide supercondutor que gere um campo magnético de 10 T. Se o solenoide tiver 2 mil espiras por metro, qual será a corrente necessária? (Dado: $\mu_0 = 4 \cdot \pi \cdot 10^{-7}$ T · m/A.)

13. Um solenoide apresenta 5 mil espiras num comprimento de 4,0 cm. Outro solenoide, com o mesmo núcleo, tem 600 espiras distribuídas em 3,0 cm. Determine a relação entre as intensidades das correntes elétricas que devem percorrer um e outro para que os campos magnéticos gerados em seu interior tenham a mesma intensidade.

14. (Uerj) Considere a situação em que um menino enrola várias espiras de um fio condutor de eletricidade ao redor de uma barra de ferro.

Leia, agora, as afirmações abaixo:

I. Se a barra for de material isolante, ela se comportará como um condutor.

II. Se a barra de ferro for um magneto, uma corrente elétrica circulará pelas espiras.

III. Se uma corrente elétrica circular pelas espiras, a barra de ferro se comportará como um isolante.

IV. Se uma corrente elétrica circular pelas espiras, a barra de ferro se comportará como um magneto.

A afirmativa que se aplica à situação descrita é a de número:

a) I.

b) II

c) III

d) IV.

15. (Unifesp-SP) A figura representa uma bateria, de força eletromotriz E e resistência interna $r = 5,0$ Ω, ligada a um solenoide de 200 espiras.

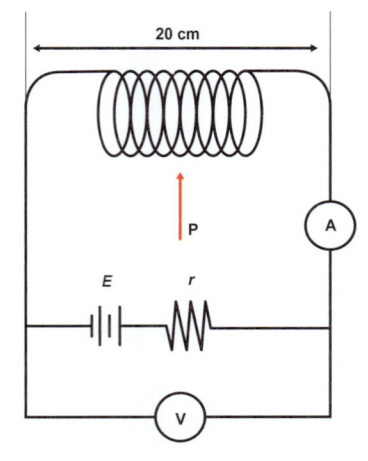

Sabe-se que o amperímetro marca 200 mA e o voltímetro marca 8,0 V, ambos supostos ideais.

(Dados: $\mu_0 = 4\pi \cdot 10^{-7}$ Tm/A.)

a) Qual o valor da força eletromotriz da bateria?

b) Qual a intensidade do campo magnético gerado no ponto P, localizado no meio do interior vazio do solenoide?

16. (Unicamp-SP) Em 2011 comemoram-se os 100 anos da descoberta da supercondutividade. Fios supercondutores, que têm resistência elétrica nula, são empregados na construção de bobinas para obtenção de campos magnéticos intensos. Esses campos dependem das características da bobina e da corrente que circula por ela.

a) O módulo do campo magnético B no interior de uma bobina pode ser calculado pela expressão $B = \mu_0 ni$, na qual i é a corrente que circula na bobina, n é o número de espiras por unidade de comprimento e o $\mu_0 = 1{,}3 \cdot 10^{-6} Tm$. Calcule B no interior de uma bobina de 25 000 espiras, com comprimento $L = 0{,}65$ m, pela qual circula uma corrente $i = 80$ A.

b) Os supercondutores também apresentam potencial de aplicação em levitação magnética. Considere um ímã de massa $m = 200$ g em repouso sobre um material que se torna supercondutor para temperaturas menores que uma dada temperatura crítica T_C. Quando o material é resfriado até uma temperatura $T < T_C$, surge sobre o ímã uma força magnética $\vec{F}_m$. Suponha que $\vec{F}_m$ tem a mesma direção e sentido oposto ao da força peso $\vec{P}$ do ímã, e que, inicialmente, o ímã sobe com aceleração constante de módulo $a_R = 0{,}5$ m/s², por uma distância $d = 2{,}0$ mm, como ilustrado na figura abaixo. Calcule o trabalho realizado por $\vec{F}_m$ ao longo do deslocamento d do ímã.

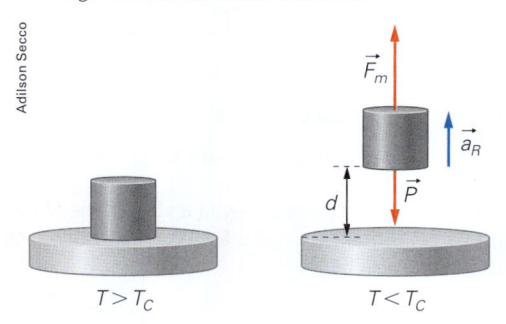

Adilson Secco

$T > T_C$ $T < T_C$

17. (UFRGS-RS) Selecione a alternativa que preenche corretamente as lacunas no texto abaixo.
Materiais com propriedades magnéticas especiais têm papel muito importante na tecnologia moderna. Entre inúmeras aplicações, podemos mencionar a gravação e a leitura magnéticas, usadas em fitas magnéticas e discos de computadores. A ideia básica na qual se fundamenta a leitura magnética é a seguinte: variações nas intensidades de campos **********, produzidos pela fita ou pelo disco em movimento, induzem ********** em uma bobina existente no cabeçote de leitura, dando origem a sinais que são depois amplificados.

a) magnéticos | magnetização

b) magnéticos | correntes elétricas

c) elétricos | correntes elétricas

d) elétricos | magnetização

e) elétricos | cargas elétricas

18. (PUC-RS) O fenômeno da indução eletromagnética é usado para gerar praticamente toda a energia elétrica que empregamos. Supondo-se um condutor em forma de espira retangular contido num plano, uma corrente elétrica é induzida através dele quando ele é submetido a um campo

a) magnético variável e paralelo ao plano do condutor.

b) magnético constante e perpendicular ao plano do condutor.

c) magnético variável e não paralelo ao plano do condutor.

d) elétrico constante e paralelo ao plano do condutor.

e) elétrico constante e perpendicular ao plano do condutor.

19. (PUC-PR) Um ímã natural está próximo a um anel condutor, conforme a figura.

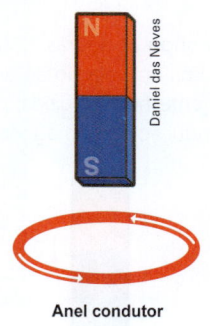

Daniel das Neves

Anel condutor

Considere as proposições:

I. Se existir movimento relativo entre eles, haverá variação do fluxo magnético através do anel e corrente induzida.

II. Se não houver movimento relativo entre eles, existirá fluxo magnético através do anel, mas não corrente induzida.

III. O sentido da corrente induzida não depende da aproximação ou afastamento do ímã em relação ao anel.

Estão corretas:

a) todas

b) somente III

c) somente I e II

d) somente I e III

e) somente II e III

Exercícios finais

20. (Unifesp-SP) A figura representa uma espira condutora quadrada, apoiada sobre o plano *xz*, inteiramente imersa num campo magnético uniforme, cujas linhas são paralelas ao eixo *x*.

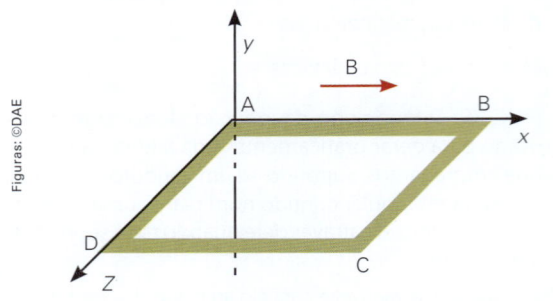

Nessas condições, há dois lados da espira em que, se ela for girada tomando-os alternativamente como eixo, aparecerá uma corrente elétrica induzida. Esses lados são:

a) AB ou DC.

b) AB ou AD.

c) AB ou BC.

d) AD ou DC.

e) AD ou BC.

21. Um aluno desenhou as figuras 1, 2, 3 e 4, indicando a velocidade do ímã em relação ao anel de alumínio e o sentido da corrente nele induzida, para representar um fenômeno de indução eletromagnética.

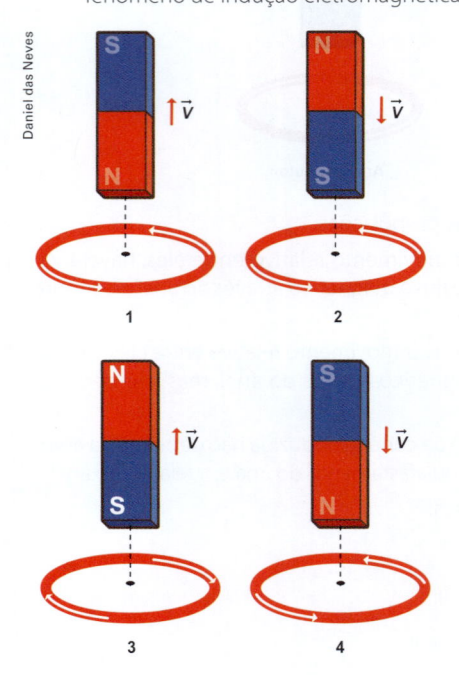

A alternativa que representa uma situação fisicamente correta é

a) 1

b) 2

c) 3

d 4

22. (UFMG) Nesta figura, representa-se um ímã prismático, com seu polo norte voltado para baixo. Esse ímã foi abandonado e cai passando pelo centro de uma espira circular situada em um plano horizontal.

Sejam i_1 e i_2, respectivamente, as correntes na espira quando o ímã se aproxima e quando se afasta dela.

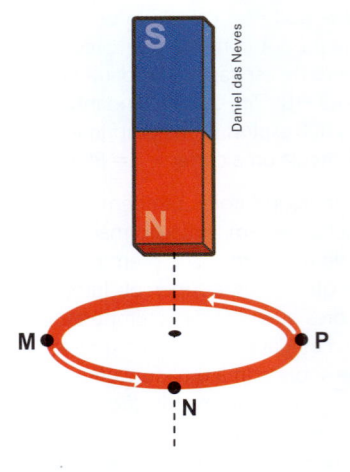

Sobre as correntes na espira, pode-se afirmar que

a) i_1 está no sentido MNP, e i_2, no sentido MPN.

b) i_1 está no sentido MPN, e i_2, no sentido MNP.

c) i_1 está no sentido MNP, e i_2 é nula.

d) i_1 e i_2 estão ambas no sentido MNP.

e) i_1 e i_2 estão ambas no sentido MPN.

23. (Unifesp-SP) A figura representa a vista de perfil de uma espira condutora retangular fechada, que pode girar em torno do eixo *XY*.

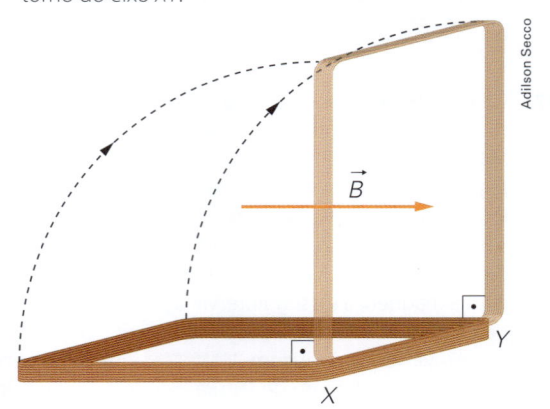

Se essa espira for girada de 90°, por uma força externa, de forma que seu plano, inicialmente paralelo às linhas do campo magnético uniforme B, se torne perpendicular a essas linhas, pode-se afirmar que

a) aparece uma corrente elétrica induzida na espira, que gera um campo magnético que se opõe a essa rotação.

b) aparece uma corrente elétrica induzida na espira, que gera um campo magnético que favorece essa rotação.

c) aparece uma corrente elétrica oscilante induzida na espira, que gera um campo magnético oscilante.

d) aparecem correntes elétricas induzidas de sentidos opostos em lados opostos da espira que, por isso, não geram campo magnético.

e) aparecem correntes elétricas induzidas de mesmo sentido em lados opostos que, por isso, não geram campo magnético.

24. (Vunesp-SP) Na figura, f_1 e f_2 representam fios condutores paralelos que conduzem a mesma corrente $i_0 =$ constante. ABCD é uma espira de cobre, quadrada, no mesmo plano dos fios. Nas condições do problema, podemos afirmar que:

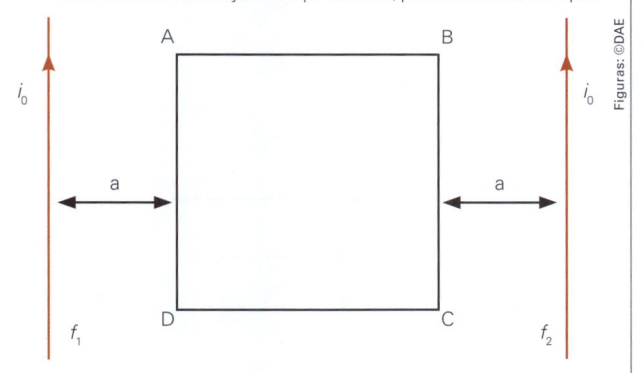

Figuras: ©DAE

a) aparece na espira uma corrente "i" constante, no sentido A → B.

b) aparece na espira uma corrente "i" crescente com o tempo, no sentido A → B.

c) na espira a corrente é nula.

d) aparece na espira uma corrente "i" constante, no sentido B → A.

e) aparece na espira uma corrente "i" crescente com o tempo, no sentido B → A.

25. (UFPR) Uma espira quadrada de lado 0,30 m é atravessada por um campo magnético uniforme perpendicular ao plano da espira. O campo magnético varia só em módulo, passando de um valor inicial igual a 0,20 T para um valor final igual 0,80 T num intervalo de tempo $\Delta t = 0,04$ s.

a) Calcule o fluxo do campo magnético através da espira no instante inicial e no instante final.

b) Se houvesse uma pequena abertura num dos lados da espira, determine a diferença de potencial entre as extremidades dessas aberturas, devido ao fenômeno da indução no intervalo Δt.

26. (UFMG) Esta figura mostra uma espira retangular, de lados $a = 0,20$ m e $b = 0,50$ m, sendo empurrada, com velocidade constante $v = 0,50$ m/s, para uma região onde existe um campo magnético uniforme $B = 0,10$ T, entrando no papel.

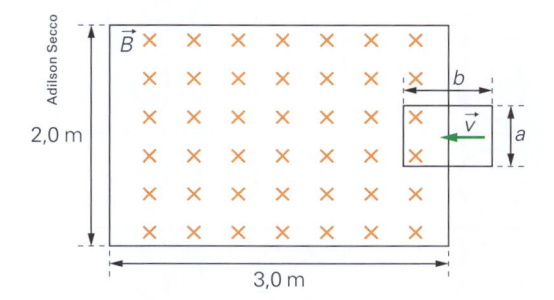

Considerando-se o instante mostrado na figura,

a) Indique o sentido da corrente induzida na espira. Justifique sua resposta.

b) Determine o valor da força eletromotriz induzida na espira.

c) Sabendo-se que a espira atravessa completamente a região onde existe o campo magnético, determine o tempo durante o qual será percorrida por corrente induzida a partir do instante em que começa a entrar no campo magnético.

27. Em uma experiência, um longo fio de cobre foi enrolado, formando dois conjuntos de espiras, E_1 e E_2, ligados entre si e mantidos muito distantes um do outro. Em um dos conjuntos, E_2, foi colocada uma bússola, com a agulha apontando para o norte, na direção perpendicular ao eixo das espiras.

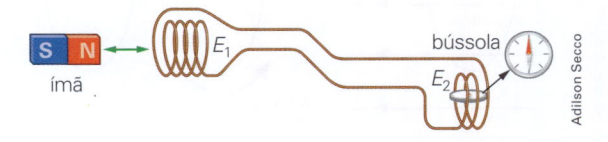

A experiência consistiu em investigar possíveis efeitos sobre essa bússola, causados por um ímã que é movimentado ao longo do eixo do conjunto de espiras E_1. Foram analisadas três situações:

I. Enquanto o ímã é empurrado para o centro do conjunto das espiras E_1.

II. Quando o ímã é mantido parado no centro do conjunto das espiras E_1.

III. Enquanto o ímã é puxado, do centro das espiras E_1, retornando à sua posição inicial.

Exercícios finais

Um possível resultado a ser observado, quanto à posição da agulha da bússola, nas três situações dessa experiência, poderia ser representado por

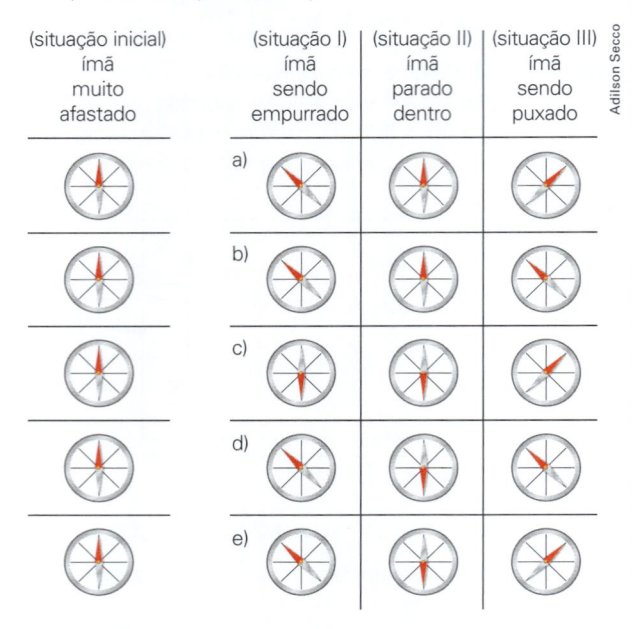

O eixo do conjunto de espiras E_2 tem direção leste-oeste.

28. (UFV-MG) A figura a seguir ilustra duas situações diferentes nas quais uma mesma espira fechada pode se encontrar. Na situação 1 a espira se encontra numa região com campo magnético B. Na situação 2 a mesma espira se encontra próxima de uma outra espira, esta, por sua vez, percorrida por uma corrente i.

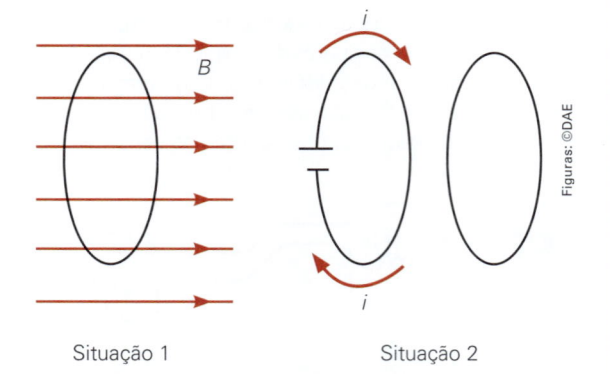

Situação 1 Situação 2

Dentre as alternativas a seguir relacionadas, assinale a única na qual será gerada corrente elétrica na espira fechada:

a) campo magnético B intenso e constante.

b) corrente elétrica i grande e constante.

c) campo magnético B fraco e constante.

d) corrente elétrica i pequena e constante.

e) campo magnético B fraco e variável.

29. (UFV-MG) Uma bobina metálica quadrada move-se com velocidade constante, da região 1 até a região 2, regiões nas quais o campo magnético é nulo. Durante o movimento a bobina passa através da região sombreada, onde existe um campo magnético uniforme e constante B.

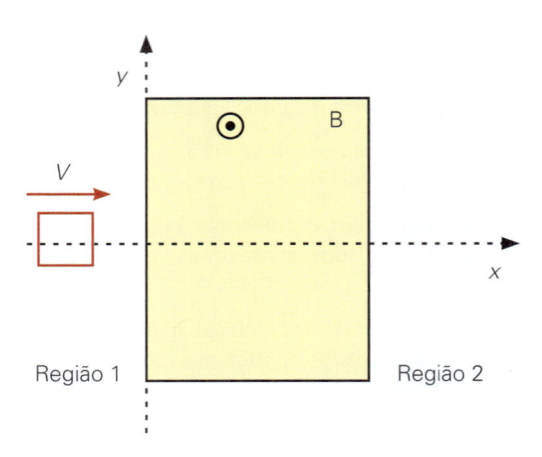

Região 1 Região 2

O gráfico que melhor representa a variação da força eletromotriz induzida (fem) na bobina, em função da coordenada x, é:

a)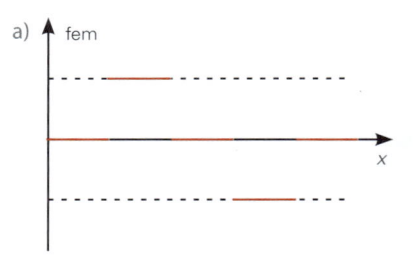

b)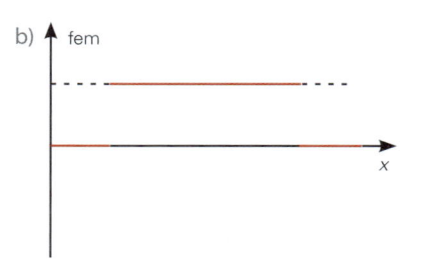

c)

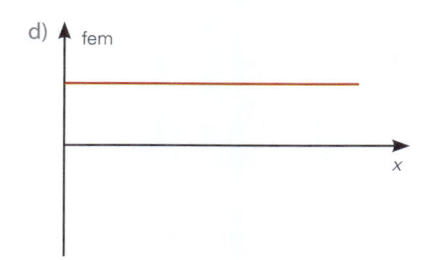

fem

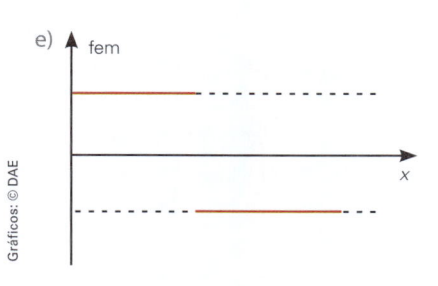

fem

Gráficos: © DAE

30. (Fuvest-SP) É possível acender um LED movimentando-se uma barra com as mãos? Para verificar essa possibilidade, um jovem utiliza um condutor elétrico em forma de U, sobre o qual pode ser movimentada uma barra M, também condutora, entre as posições X_1 e X_2. Essa disposição delimita uma espira condutora, na qual é inserido o LED, cujas características são indicadas na tabela ao lado. Todo o conjunto é colocado em um campo magnético B (perpendicular ao plano dessa folha e entrando nela), com intensidade de 1,1 T. O jovem, segurando em um puxador isolante, deve fazer a barra deslizar entre X_1 e X_2. Para verificar em que condições o LED acenderia durante o movimento, estime:

a) A tensão V, em volts, que deve ser produzida nos terminais do LED para que ele acenda de acordo com suas especificações.

b) A variação $\Delta\varepsilon$ do fluxo do campo magnético através da espira, no movimento entre X_1 e X_2.

c) O intervalo de tempo $\Delta\varepsilon$, em t, durante o qual a barra deve ser deslocada entre as duas posições, com velocidade constante, para que o LED acenda.

Note e adote: A força eletromotriz induzida $\in$ é ε tal que $\in = -\Delta\varepsilon/\Delta t$.

LED (diodo emissor de luz)	
Potência	24 mW
Corrente	20 mA
Luminosidade	2 Lumens

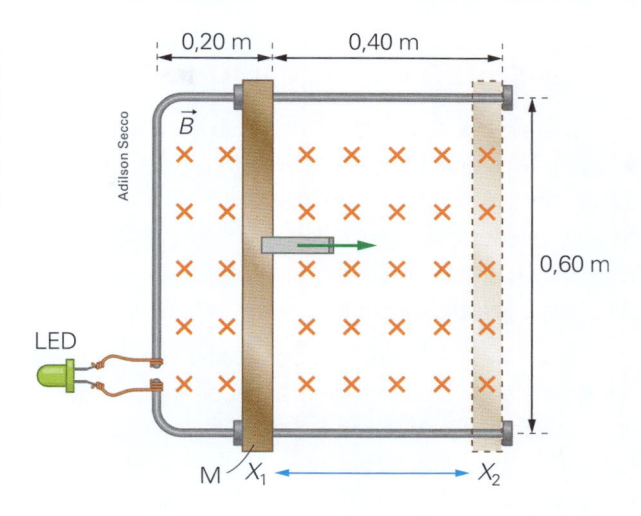

31. (UFSC) O campo magnético B através de uma única espira com diâmetro de $\dfrac{80,0}{\sqrt{\pi}}$ cm e resistência de 8,0 Ω varia com o tempo, como mostrado no gráfico abaixo.

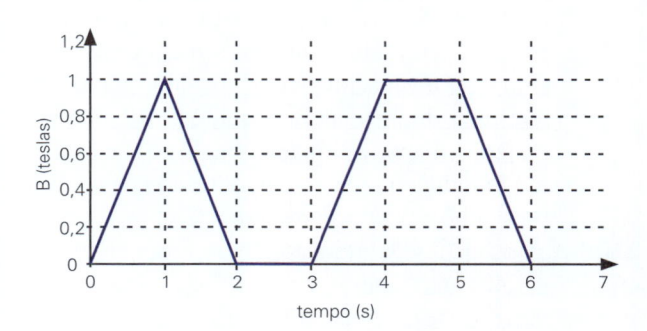

Assinale a(s) proposição(ões) CORRETA(S).

01. A força eletromotriz induzida é máxima no intervalo de tempo entre $t = 4$ s e $t = 5$ s.

02. A força eletromotriz induzida no intervalo entre $t = 0$ s e $t = 1$ s é de 1,0 V.

04. O gráfico do fluxo magnético que atravessa a espira pode ser traçado a partir do gráfico de B em função de t.

08. A corrente induzida no intervalo entre $t = 5$ s e $t = 6$ s é de 0,02 A.

16. A força eletromotriz induzida no intervalo entre $t = 1$ s e $t = 2$ s é de -0,16 V.

32. A força eletromotriz pode ser calculada com base na lei de Ampère.

Unificação da eletricidade e do magnetismo

A análise do fenômeno da indução eletromagnética resultou de pesquisas simultâneas na Inglaterra, na Rússia e na América do Norte. Foi um dos fatos de maior impacto na história recente da humanidade, porque está na origem de grande parte das aplicações tecnológicas da eletricidade, como a geração de eletricidade em larga escala.

Em 1822, dois anos depois de o dinamarquês Hans Oersted evidenciar a possibilidade de "converter" eletricidade em magnetismo, o cientista inglês Michael Faraday já manifestava em seus escritos a relação do magnetismo com a eletricidade. Após várias tentativas, no ano de 1831 ele alcançou seu objetivo: produzir corrente elétrica por meio do movimento de um eletroímã no interior de um solenoide.

O texto a seguir é parte da descrição das pesquisas realizadas por Faraday. Talvez você tenha alguma dificuldade em interpretá-lo, pois há termos e expressões do século XIX. Por isso, sempre que necessário consulte um dicionário. Inicialmente, concentre-se nos trechos sublinhados e tente interpretar o que significa cada um deles. Depois da leitura, responda com seus colegas, em grupo, às questões referentes a esse tema.

CORRENTES INDUZIDAS

1. O poder que a tensão elétrica tem de causar um estado elétrico oposto em sua vizinhança foi expresso pelo (a) termo geral Indução; este, recebido na linguagem científica, pode também com propriedade ser usado no mesmo sentido geral para expressar a capacidade que correntes elétricas têm de induzir qualquer estado particular na matéria em sua vizinhança imediata, de outro modo indiferente. É esse significado que eu me proponho a usar no presente artigo.

2. (a) Alguns efeitos da indução de correntes elétricas já foram reconhecidos e descritos: como os da magnetização; os experimentos de Ampère de trazer um disco de cobre próximo a uma espira plana; sua repetição com eletromagnetos dos experimentos extraordinários de Arago, e talvez alguns outros. (b) Parece ainda improvável que eles pudessem ser todos os efeitos que a indução através de correntes poderia produzir; particularmente como, ao dispensar o ferro, desaparece quase a totalidade deles, mas ainda (c) uma infinidade de corpos, exibindo fenômenos definidos como indução com eletricidade de tensão, ainda permanecem sendo influenciados pela indução de eletricidade em movimento.

[...]

4. Essas considerações, com suas consequências, (a) a esperança de obter eletricidade do magnetismo ordinário, estimularam-me em diversas épocas a investigar experimentalmente o efeito indutivo das correntes elétricas. Cheguei ultimamente a resultados positivos; e não apenas tive minhas esperanças realizadas, como obtive uma chave que me pareceu abrir uma explicação completa do fenômeno magnético de Arago, e também descobrir um novo estado, que provavelmente deve ter uma grande influência em alguns dos mais importantes efeitos das correntes elétricas.

5. (a) São esses resultados que pretendo descrever, não como foram obtidos, mas de maneira que deem uma visão mais concisa do todo.

[...]

6. Cerca de (a) 26 pés de fio de cobre de um vigésimo de polegada de diâmetro foram enrolados em volta de um cilindro de madeira como uma bobina, e as (b) diferentes espiras foram impedidas de se tocar por um fino barbante interposto entre elas. Essa bobina foi coberta com morim, e então um segundo fio foi aplicado da mesma maneira. Desse modo, 12 bobinas foram superpostas, cada uma contendo um comprimento médio de fio de 27 pés, e todas na mesma direção. (c) A primeira, a terceira, a quinta, a sétima, a nona e a décima primeira dessas bobinas eram conectadas em suas extremidades, final com final, de modo a formar uma única bobina; (d) as outras foram conectadas de modo semelhante; e (e) assim duas bobinas principais foram produzidas proximamente interpostas, tendo a mesma direção, não se tocando em nenhum ponto, e cada uma contendo 155 pés de comprimento de fio.

7. (a) Uma dessas bobinas foi conectada a um galvanômetro, e a outra, a uma bateria voltaica de 10 pares de placas de quatro polegadas quadradas, com cobre duplo e bem carregadas; ainda (b)

não podia ser observada sensivelmente a mais leve deflexão da agulha do galvanômetro.

8. (a) Construiu-se uma bobina composta [dupla] similar, consistindo seis comprimentos de cobre e seis de fio de ferro flexível. (b) A bobina resultante de ferro continha 214 pés de fio, e a bobina de cobre, 208 pés; (c) mas, quando a corrente passou pela bobina de cobre ou pela de ferro, nenhum efeito pôde ser percebido no galvanômetro.

9. (a) Nesse e em muitos outros experimentos semelhantes, nenhuma diferença na ação de qualquer tipo apareceu entre ferro e outros metais.

10. (a) Fios de cobre de 213 pés de comprimento foram enrolados em um grande bloco de madeira; outros 213 pés de fio semelhante foram interpostos como uma espiral entre as voltas do primeiro rolo, impedindo o contato metálico entre os dois. (b) Uma dessas bobinas foi conectada a um galvanômetro, e a outra, a uma bateria de uma centena de pares de placas de quatro polegadas quadradas, com cobre duplo, e bem carregada. (c) Quando o contato foi feito, houve um repentino e muito leve efeito no galvanômetro, e houve também um leve efeito semelhante quando o contato com a bateria foi desfeito. Mas, ainda que (d) a corrente voltaica continuasse atravessando a bobina, nenhum efeito galvanométrico nem nenhum efeito como indução sobre a outra bobina puderam ser percebidos, apesar de a força ativa da bateria ter demonstrado ser formidável (grande), por seu aquecimento todo e pelo brilho da descarga quando ocorre através do carvão.

11. (a) A repetição do experimento com uma bateria de 120 pares de placas não produziu efeito diferente.

Mas foi averiguada em ambos, (b) neste e no anterior, que a leve deflexão da agulha que ocorreu no momento de completar a conexão foi sempre em uma direção, e que a igualmente leve deflexão produzida quando o contato foi desfeito era na outra direção; e também que esses efeitos aconteceram quando as primeiras bobinas foram usadas (6,8).

12. (a) Os resultados que obtive nesse tempo com ímãs levaram-me a acreditar que a corrente da bateria através de uma espira, na verdade, induz uma corrente semelhante através da outra espira, (b) mas que continua por apenas um instante e participa mais da natureza da onda elétrica atravessada a partir do choque de uma garrafa de Leyden comum que da corrente de uma bateria voltaica, e (c) então poderia magnetizar uma agulha de aço, embora isso raramente afete o galvanômetro.

13. (a) a expectativa foi confirmada: substituindo o galvanômetro por uma bobina oca pequena, enrolada num tubo circular de vidro e introduzindo nela uma agulha de aço, estabelecendo contato como antes entre a bateria e o fio indutor, e removendo a agulha então antes de desfazer o contato da bateria, a agulha tornou-se magnetizada.

14. Quando o contato de bateria foi restabelecido primeiro, e depois uma agulha não magnetizada foi introduzida na pequena bobina e posteriormente o contato com a bateria foi desfeito, a agulha magnetizou aparentemente em um grau igual ao anterior, mas os polos eram do tipo contrário.

15. Os mesmos efeitos foram obtidos usando as grandes bobinas compostas descritas anteriormente.

FARADAY, Michael. *Experimental Researches in Electricity*. London, 1855. v. I. (Tradução dos autores).

QUESTÕES

1. Faça um relato esquemático da pesquisa de Faraday descrita no texto. Comece pelo problema que lhe interessava e termine com a resposta obtida. Use frases, diagramas, desenhos e palavras do próprio texto. A ideia é ser capaz de explicar o trabalho de pesquisa realizado.

2. Faraday conseguiu a indução de uma corrente pelo movimento do eletroímã. Das características listadas a seguir, quais você acha que o trabalho relatado revela? Justifique sua resposta.

   a) Inspiração

   b) Persistência

   c) Originalidade (pesquisava algo que ninguém conhecia ou fazia)

   d) Cuidado experimental

   e) Sorte

3. Em relação à tecnologia e ao desenvolvimento científico e social, qual é a importância dos trabalhos de Oersted e Faraday?

4. Supondo que os resultados obtidos por Oersted e Faraday não tivessem sido obtidos por ninguém até hoje, o que seria diferente em sua vida?

Eletroímã

Nesta atividade, vamos construir um solenoide e aproveitar o campo magnético gerado por ele para atrair objetos metálicos, tal qual um ímã. Essa aplicação é conhecida como eletroímã.

Por permitir que controlemos sua magnetização, os eletroímãs são mais utilizados do que os imãs naturais. Entre suas inúmeras aplicações, destacamos motores, geradores, telefones, rádios, campainhas residenciais, pontes rolantes para transporte de peças de ferro e aço etc. Esses exemplos ilustram a importância que a compreensão do Eletromagnetismo tem atualmente em nossa vida.

O primeiro eletroímã para fins comerciais podia levantar 4 kg e foi inventado na Inglaterra em 1824. Hoje em dia os eletroímãs suportam até 23 toneladas de ferro.

MATERIAIS

- 1 papel-alumínio
- 1 tubo de plástico de caneta
- 2 parafusos ou pregos grandes
- 1 lixa
- clipes de papel
- 2 pilhas tipo D
- fio de cobre esmaltado
- 2 suportes individuais para pilha tipo D

ROTEIRO E QUESTÕES

Como construir um solenoide e utilizar o campo magnético gerado por ele? Podemos controlar sua magnetização?

- Para construirmos um potente eletroímã, vamos trabalhar com as diferentes variáveis físicas relevantes para seu funcionamento. Durante cada etapa, elaborem uma tabela indicando as mudanças observadas; por exemplo, a quantidade total de alfinetes que foram atraídos.

- Na montagem e no desenvolvimento da atividade, tenha os seguintes cuidados: assim que ligar a pilha, aproxime a ponta do eletroímã de uma porção de alfinetes. Conte e registre quantos serão atraídos por ele e desconecte a pilha. Faça esse procedimento com cuidado, porém de maneira bem rápida, pois o circuito está em curto e a pilha se descarregará facilmente.

PARTE I – NÚCLEO DO SOLENOIDE

Qual o melhor núcleo para o solenoide do eletroímã?

- Separe o parafuso, o papel-alumínio, o tubo de caneta, o fio de cobre, um suporte individual e uma pilha.

- Prepare três solenoides com 30 espiras cada, tendo como núcleo o prego, o papel-alumínio moldado em forma de cilindro e o tubo de caneta, conforme indicado na figura. O núcleo de papel-alumínio deve ser feito bem enrolado e apertado, com o mesmo diâmetro do prego.

- Lixe as pontas do fio que estarão em contato com os polos das pilhas antes de conectá-las e ligar seu eletroímã. Aproxime cada um dos eletroímãs dos alfinetes.

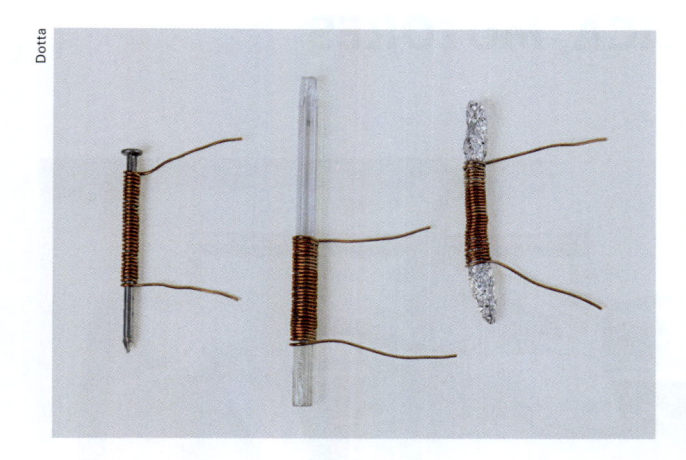

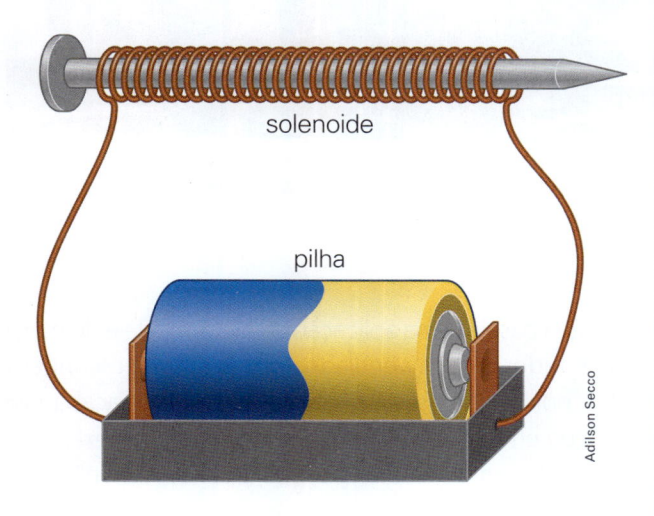

solenoide

pilha

Ao testar os núcleos diferentes com o mesmo número de espiras, reproduza em seu caderno a tabela a seguir e complete-a com o número de alfinetes atraídos em cada situação.

1. O que ocorre? Procure explicar as diferenças observadas em função da mudança do núcleo do solenoide.

PARTE II – NÚMERO DE ESPIRAS DO SOLENOIDE

Qual a relação entre o número de espiras e a intensidade do eletroímã?

Tipo de núcleo	Tensão elétrica	Nº de espiras	Nº de clipes
Alumínio			*****
Parafuso	1,5 V	30	*****
Tubo de caneta			*****

▶ Separe o núcleo que constituiu o melhor solenoide do teste anterior, o fio de cobre, um suporte individual e uma pilha. Prepare outros dois solenoides desse mesmo núcleo: um com 100 espiras e outro com 200 espiras.

▶ Não esqueça de lixar as pontas do fio que estarão em contato com os polos das pilhas antes de conectá-las. Aproxime cada um dos eletroímãs dos clipes.

Neste teste, avaliamos a importância do número de espiras na potência do eletroímã. Novamente, reproduza e complete a tabela em seu caderno.

Tipo de núcleo	Tensão elétrica	Nº de espiras	Nº de clipes
*****	1,5 V	100	*****
		200	*****

2. Qual a diferença entre a força magnética em um solenoide com 100 espiras e outro com 200 espiras? Para efetuar essa comparação, considere quantos clipes cada um içou quando o guincho foi acionado.

PARTE III – TENSÃO ELÉTRICA

Qual a relação entre a tensão e a intensidade do eletroímã?

▶ Separe o melhor solenoide do teste anterior, mais um suporte individual e outra pilha.

▶ Prepare o eletroímã com as duas pilhas em paralelo e depois com as duas pilhas em série.

▶ Aproxime cada um dos eletroímãs dos alfinetes e avalie sua potência.

Neste teste, avaliamos a influência da tensão elétrica no eletroímã.

Tipo de núcleo	Nº de espiras	Quantidade de pilhas e tipo de ligação	Nº de alfinetes
*****	*****	1	*****
		2 em paralelo	*****
		2 em série	*****

3. Houve mudança entre o eletroímã com uma pilha, com duas pilhas em paralelo e com duas pilhas em série? Por que você acha que isso ocorreu?

4. Que diferença faz a tensão na intensidade da força magnética do eletroímã?

CAPÍTULO

6

FORÇA MAGNÉTICA, MOTORES E GERADORES

Figura 6.1: Instalado no painel dos automóveis, atrás do miolo da chave de contato, o comutador de ignição e partida é o dispositivo responsável por ligar o veículo.

Figura 6.2: A primeira corrida da Fórmula E ocorreu em 2014. Os carros, totalmente elétricos, podem ter no máximo 200 kW de potência e atingir 225 km/h.

1. Força magnética

Grande parte da tecnologia cotidiana baseia-se na aplicação da eletricidade e do magnetismo (Figuras 6.1 e 6.2). Um liquidificador ou um ventilador, por exemplo, escondem motores com fios de cobre enrolados, por onde passa a corrente elétrica que acaba por gerar campos magnéticos. A produção de energia elétrica em grande escala, por exemplo, é consequência da aplicação da indução eletromagnética. As usinas hidrelétricas utilizam o movimento da água para fazer girar enormes geradores eletromagnéticos e produzir corrente elétrica que alimenta cidades.

Um dos primeiros indícios da relação entre a eletricidade e o magnetismo foi o fato de uma corrente elétrica movimentar a agulha de uma bússola. Aprofundando essa questão, podemos dizer que esse movimento da agulha da bússola é explicado pela ação de uma **força magnética** aplicada sobre ela.

Explorando o assunto

Para estudarmos a ação da força magnética, vamos precisar de:

- Ímã em forma de ferradura
- Placa de isopor
- Fio de cobre esmaltado
- Fios condutores
- Pilha
- Arame flexível
- Arruela
- Bússola
- Lixa

Sobre a placa de isopor, arrume o arame de maneira que forme um suporte para o fio se movimentar livremente, como indica a Figura 6.3, na próxima página. As pontas do fio de cobre em contato com o arame metálico precisam ser lixadas. Esse fio deve ser moldado como parte de uma espira quadrada com hastes compridas que fiquem suspensas nos suportes.

Com o auxílio da bússola, determine os polos norte e sul do ímã e coloque-os sobre a arruela, que servirá apenas como suporte. Deixe o polo sul na parte superior e o polo norte na parte inferior.

Monte seu arranjo de modo que a parte do fio de cobre (segmento AB) passe pela região onde o campo magnético do ímã é mais intenso. O objetivo é fazer a corrente elétrica percorrer o fio de cobre. Para isso, cada um dos cabos elétricos precisa estar conectado ao arame e a um dos terminais da pilha (veja novamente a Figura 6.3).

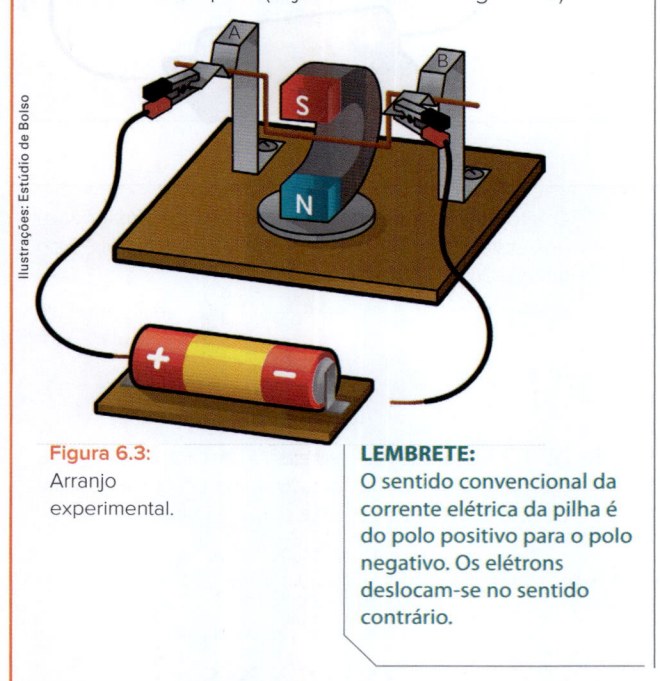

Figura 6.3: Arranjo experimental.

LEMBRETE:
O sentido convencional da corrente elétrica da pilha é do polo positivo para o polo negativo. Os elétrons deslocam-se no sentido contrário.

Ao fechar o circuito elétrico, você vai perceber que o fio de cobre se movimentará para "fora" do ímã. Esse movimento é explicado pela ação de uma força aplicada sobre ele. A força magnética depende do campo magnético e da corrente elétrica que passa pelo fio.

O que ocorre quando invertemos o sentido da corrente? Se você fechar o circuito elétrico colando a pilha ao contrário, observará que o sentido da força magnética se inverterá e o fio de cobre se movimentará para "dentro" do ímã.

E se invertemos o sentido do campo magnético? Observe, na Figura 6.4, o que ocorre com a força magnética ($\vec{F}_{mag}$) para cada um dos sentidos da corrente quando invertemos a orientação do ímã em nossa montagem.

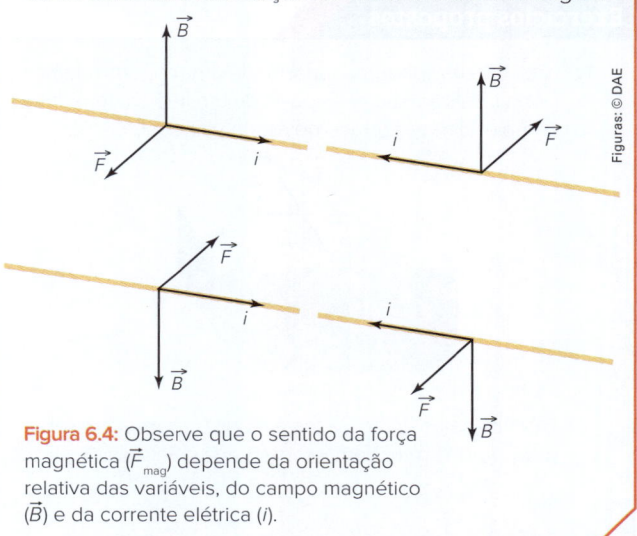

Figura 6.4: Observe que o sentido da força magnética ($\vec{F}_{mag}$) depende da orientação relativa das variáveis, do campo magnético ($\vec{B}$) e da corrente elétrica (i).

Nas situações descritas, apresentamos diferentes configurações para o campo magnético ($\vec{B}$), para a força magnética ($\vec{F}_{mag}$) e para o sentido da corrente (i).

Um primeiro ponto a destacar são as três direções envolvidas na situação: a direção do campo magnético, a direção do fio (sentido da corrente elétrica) e a direção da força magnética, que são perpendiculares entre si. Existem modos de determinar as direções e os sentidos relativos entre essas três grandezas; para tanto, vamos nos servir de alguns artifícios. Um deles é usar a mão direita: a palma da mão aberta indica o sentido da força magnética ($\vec{F}_{mag}$), o polegar indica a direção e o sentido da corrente elétrica (i), e os dedos indicam a direção e o sentido do campo magnético ($\vec{B}$). Essa regra ficou conhecida como **regra do tapa** (Figura 6.5).

Outro artifício comumente utilizado é a **regra da mão esquerda**. Nela, o campo magnético ($\vec{B}$) acompanha o indicador; o dedo médio, a corrente elétrica (i); e o polegar, a força magnética ($\vec{F}_{mag}$) (Figura 6.6).

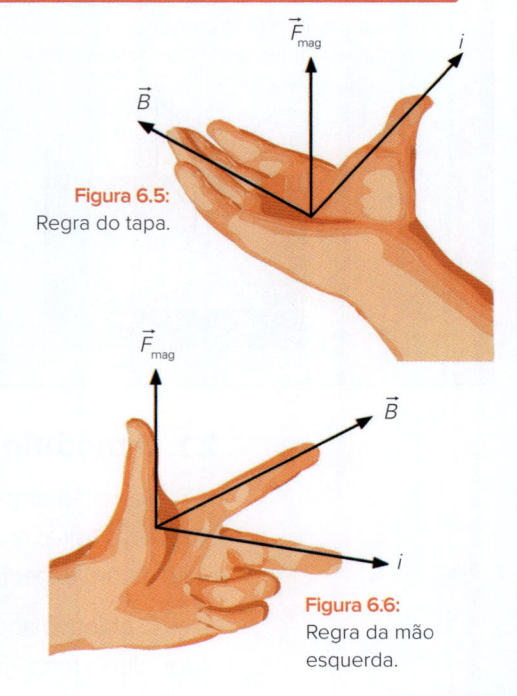

Figura 6.5: Regra do tapa.

Figura 6.6: Regra da mão esquerda.

No esquema ao lado, considere que a pilha tenha sido conectada ao circuito fazendo uma corrente elétrica contínua percorrê-lo no sentido convencional (a extremidade esquerda da pilha é seu terminal positivo).

Esquematize o efeito que aparecerá sobre o trecho AB do fio condutor.

A corrente elétrica deve percorrer o trecho AB de A para B, ou seja, para a direita. O campo magnético está orientado de N para S, portanto, para cima. Aplicando a regra do tapa ou a da mão esquerda, observamos que a palma da mão está dirigida para fora do ímã, ou, ainda, para fora do plano da folha.

Essa situação pode ser esquematizada como na figura ao lado.

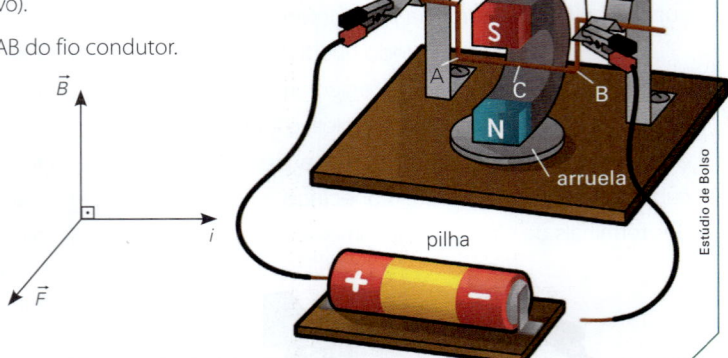

Estúdio de Bolso

Exercícios propostos

1. (UEL-PR) Um condutor, suportando uma corrente elétrica i, está localizado entre os polos de um ímã em ferradura, como está representado no esquema a seguir.

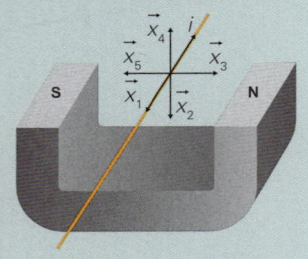

Entre os polos do ímã, a força magnética que age sobre o condutor é mais bem representada pelo vetor

a) x_1 b) x_2 c) x_3 d) x_4 e) x_5

2. (UFMG) A figura a seguir mostra uma bateria que gera uma corrente elétrica i no circuito. Considere uniforme o campo magnético entre os polos do ímã.

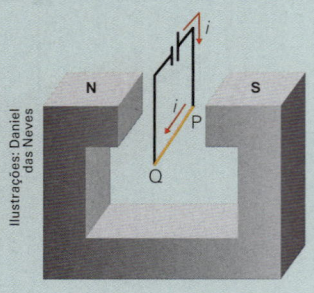

Ilustrações: Daniel das Neves

O vetor que representa, corretamente, a força magnética que esse campo exerce sobre o trecho horizontal PQ do fio situado entre os polos do ímã é:

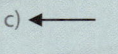

a) →   c) ←   e) Essa força é nula.

b) ↑   d) ↓

3. (UFMT) A figura a seguir representa um campo magnético B vetorial, entrando na folha. Uma partícula A apresenta uma velocidade v e se dirige para o campo.

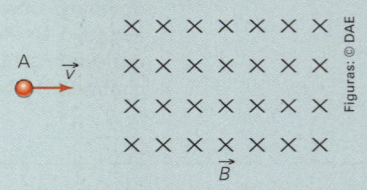

Figuras: © DAE

Com base em sua análise da figura, julgue os itens a seguir, escrevendo nos parênteses (V) se for verdadeiro ou (F) se for falso.

(•) Se A estiver carregada positivamente, sua trajetória será desviada para cima ao atravessar o campo.

(•) Se A estiver carregada negativamente, sua trajetória será desviada para fora da folha da prova ao atravessar o campo.

(•) Independentemente da sua carga, sua trajetória não será desviada ao atravessar o campo.

(•) Se A estiver neutra, atravessará o campo sem sofrer desvio.

1.1. O módulo da força magnética

Na seção anterior, estudamos que a **força magnética** ($\vec{F}_{mag}$) depende de outras duas grandezas físicas: a corrente elétrica e o campo magnético. Fomos capazes de mostrar, por meio de um experimento, a direção e o sentido dessa força.

O objetivo agora é apresentar uma maneira de determinar a intensidade (módulo do vetor) dessa força magnética.

Vamos começar tratando de um caso bem simples representado na Figura 6.7.

A expressão matemática que permite determinar o valor da força magnética, conhecida como força de Lorentz, é:

$$F_{mag} = B \cdot i \cdot L \cdot \text{sen } \theta$$

Nessa expressão, a força magnética é medida em newton (N); o campo magnético externo ao fio, em tesla (T); a corrente elétrica que percorre o condutor, em ampère (A); e o comprimento do fio condutor, em metro (m).

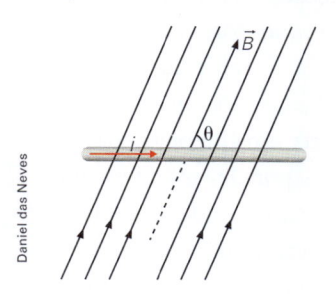

Quando analisamos a expressão, verificamos que a força é diretamente proporcional à intensidade do campo magnético ou da corrente elétrica. Assim, quanto mais intenso for um deles, maior será a força magnética aplicada no fio. Da relação entre a direção do campo e a direção dada pela orientação do fio, vemos que, quando ambas são paralelas, isto é, $\theta = 0°$ (ou 180°), a intensidade da força magnética é nula (sen 0° = 0 $\Rightarrow F_{mag} = 0$).

Figura 6.7: Um fio condutor retilíneo de comprimento *L* é colocado na presença de um campo magnético *B* constante, cuja direção, sentido e módulo não variam (a). Representação das variáveis que permitem determinar o valor da força magnética (b).

LEMBRETE:
A expressão sen θ deve ser entendida como a maneira de tomar a projeção do comprimento *L* do fio na direção perpendicular a $\vec{B}$, ou vice-versa. O campo magnético a que nos referimos não é o campo magnético gerado pela passagem da corrente elétrica pelo fio condutor no qual atua a força magnética. Trata-se de um campo magnético externo, gerado por outro fio percorrido por corrente ou ímã, por exemplo.

CIÊNCIA, TECNOLOGIA, SOCIEDADE E AMBIENTE

A balança de Ampère

Em 1820, André-Marie Ampère realizou um experimento no qual se podia estimar a ação (força) mútua aplicada entre dois fios percorridos por correntes. Ele concebeu um aparato para medir correntes, composto de dois fios horizontais, que ficou conhecido como balança de Ampère. Enquanto um era mais longo e fixo, o outro era preso a um suporte que podia girar em torno de um eixo vertical. Assim, quando uma corrente passava pelos dois fios, uma força se estabelecia entre eles e fazia o menor movimentar o eixo. O peso em um dos pratos poderia ser equilibrado ajustando a força magnética entre os fios condutores. Como o peso no prato era conhecido, quando obtido o equilíbrio, a corrente elétrica que percorria os fios podia ser calculada (Figura 6.8).

Basicamente, essa balança permitia medir a força estabelecida quando se produzia corrente elétrica nos dois fios. Ao medir a força, calculava-se a corrente elétrica. Essa aplicação foi uma das primeiras formas de quantificar a corrente elétrica. Para isso, Ampère considerou várias condições entre os fios, mas duas delas são particularmente importantes:

Figura 6.8: Balança de Ampère.

1) as correntes se propagam no mesmo sentido;

2) as correntes se propagam em sentidos opostos.

Nessa série de experimentos, ele pôde mostrar como um fio percorrido por corrente produz campo magnético ao seu redor e exerce força sobre o outro fio, também percorrido por corrente, como se fossem ímãs a se atrair e se repelir. Os fios, portanto, ficam sujeitos à força magnética: um fio interage com o campo magnético gerado pela corrente do outro e vice-versa. Veja a explicação de Ampère sobre os objetivos do experimento e como ele os interpretou:

"Quando se descobre um novo tipo de ação, até então desconhecido, o primeiro objetivo do físico deve ser o de determinar os principais fenômenos que resultam desta ação e as circunstâncias em que ela se produz; a tarefa seguinte é a de encontrar um meio de aplicar o cálculo matemático, representando por fórmulas o valor das forças que exercem, uns sobre os outros, os elementos constituintes dos corpos onde este gênero de ação se manifesta.

Assim que descobri que dois condutores, nos quais circulam correntes, agem um sobre o outro, ou se atraindo ou se repelindo, e que identifiquei e descrevi as ações que eles exercem em situações diferentes em que podem se encontrar, uns em relação aos outros, procurei exprimir o valor da força atrativa ou repulsiva de dois de seus elementos (ou partes infinitamente pequenas), a fim de poder deduzir pelos métodos conhecidos de integração a ação que tem lugar entre duas porções finitas de condutores dados.

A impossibilidade de realizar diretamente experiências com porções infinitamente pequenas de circuitos nos obriga, necessariamente (a partir de observações feitas sobre fios condutores de grandeza finita e de forma adequada), a permitir que se infira delas a lei de ação mútua de duas porções infinitamente pequenas. É preciso, pois, fazer uma hipótese sobre o valor da ação mútua das duas porções infinitamente pequenas, deduzir dela a ação que deve resultar para os condutores de grandeza finita e modificar a hipótese até que os resultados do cálculo estejam de acordo com as observações."

Projeto de Ensino de Física. *Eletromagnetismo*. v. 4, p. 20.

Por dentro do conceito

A unidade de corrente elétrica, o ampère, pode ser definida pela balança de Ampère, que permite estimar a ação (força) mútua aplicada entre dois fios percorridos por correntes, é ainda hoje utilizada e notabilizou seu idealizador. Vimos que a unidade básica da corrente elétrica, 1 A, equivale a 1 coulomb por segundo (1 C/s). Mas essa forma de definir o ampère não serve como meio prático de medida, visto que é necessária a medida de carga elétrica. Trata-se de uma definição interna ao sistema de unidade. A determinação experimental do ampère é feita com a balança de corrente, definindo-se 1 A como a corrente elétrica que percorre fios retilíneos e longos, distantes 1 metro, sobre os quais atua uma força de $2 \cdot 10^{-7}$ N.

Ampère demonstrou experimentalmente como um fio percorrido por corrente produz ao seu redor campo magnético e exerce força sobre o outro fio, também percorrido por corrente, como se fossem ímãs a se atrair e se repelir (Figura 6.9).

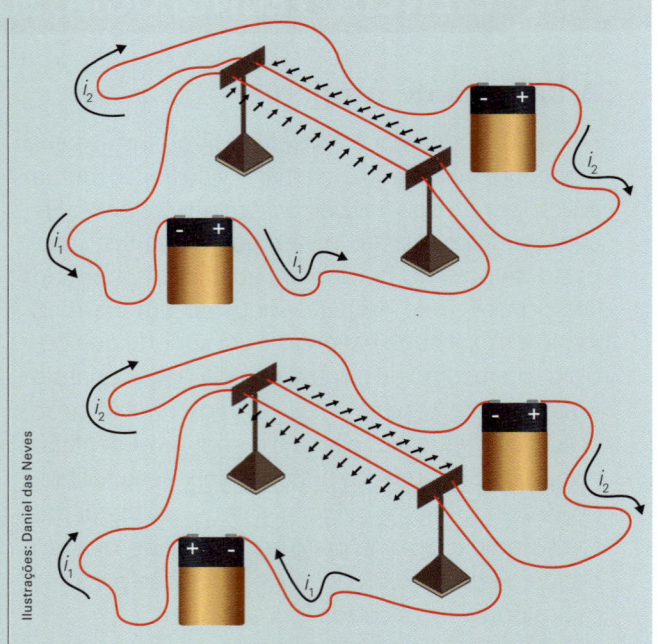

Ilustrações: Daniel das Neves

Figura 6.9: (a) Se as correntes elétricas têm o mesmo sentido, a força entre os fios é de atração. (b) Caso contrário, se as correntes elétricas têm sentidos opostos, a força é de repulsão.

A força magnética que surge nos condutores pode ser calculada por meio da expressão deduzida anteriormente, mas antes vamos relembrar como se determina a intensidade do campo magnético gerado por um fio condutor de corrente elétrica. Pela lei de Ampère, temos que:

$$B = \frac{\mu \cdot i}{2 \cdot \pi \cdot d}$$

Nessa expressão, d é a distância entre o ponto distante do fio cuja intensidade do campo se deseja conhecer. Como queremos analisar a interação do campo magnético de um dos fios sobre o outro, o valor de d será a distância entre eles.

A ação do campo magnético do fio 1 é constante sobre o fio 2, assim como a ação do campo magnético do fio 2 é constante sobre o fio 1, porque os fios são paralelos e a distância entre eles é constante. Ao passar corrente elétrica, a intensidade da força magnética sobre cada um dos fios condutores pode ser calculada por:

$$F_{mag1} = i_1 \cdot L \cdot B_2 \cdot \text{sen } 90° = i_1 \cdot L \cdot B_2 =$$

$$= i_1 \cdot L \cdot \frac{\mu \cdot i_2}{2 \cdot \pi \cdot d} = \frac{\mu \cdot i_2 \cdot i_1 \cdot L}{2 \cdot \pi \cdot d}$$

$$F_{mag2} = i_2 \cdot L \cdot B_1 \cdot \text{sen } 90° = i_2 \cdot L \cdot B_1 =$$

$$= i_2 \cdot L \cdot \frac{\mu \cdot i_1}{2 \cdot \pi \cdot d} = \frac{\mu \cdot i_2 \cdot i_1 \cdot L}{2 \cdot \pi \cdot d}$$

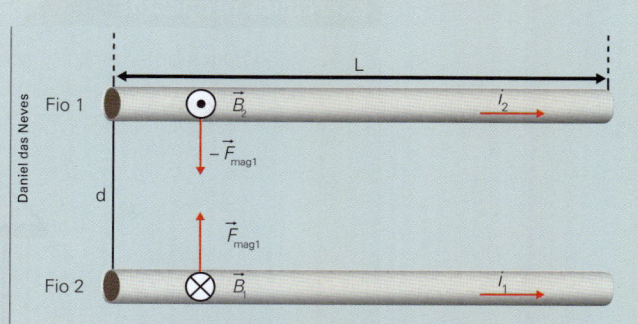

Daniel das Neves

Figura 6.10: Representação das forças de atração entre dois fios paralelos percorridos por correntes elétricas com o mesmo sentido. O sentido da força magnética depende do sentido das correntes elétricas.

Portanto, as forças magnéticas têm a mesma intensidade. E sua orientação, como já vimos, depende do sentido relativo das correntes elétricas (Figura 6.10).

$$F_{mag} = \frac{\mu \cdot i_1 \cdot i_2 \cdot L}{2 \cdot \pi \cdot d}$$

Por unidade de comprimento de fio, podemos reescrever a expressão tendo em cada fio uma força igual a:

$$\frac{F_{mag}}{L} = \frac{\mu \cdot i_1 \cdot i_2}{2 \cdot \pi \cdot d}$$

Exercícios resolvidos

1. Um fio retilíneo muito longo conduz uma corrente elétrica contínua de intensidade 4,5 A. O fio está imerso numa região em que há um campo magnético de intensidade $2,0 \cdot 10^{-7}$ T, como mostra a figura.

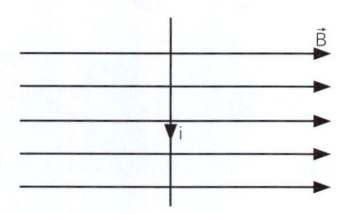

Determine a intensidade, a direção e o sentido da força magnética que age sobre cada pedaço de 20 cm do fio mencionado.

A orientação da força magnética é dada pela regra do tapa ou da mão esquerda: a corrente elétrica, sendo orientada para baixo, e o campo magnético, para a direita, resultam em força para fora do plano do papel, simbolizada com um ponto $\odot$.

A intensidade dessa força é dada pela relação: $F_{mag} = B \cdot i \cdot L$, uma vez que a direção da corrente é perpendicular às linhas do campo magnético.

$$F_{mag} = B \cdot i \cdot L \Rightarrow F = 2,0 \cdot 10^{-7} \cdot 4,5 \cdot 0,20 = 1,8 \cdot 10^{-7} \text{ N}$$

2. Dois fios paralelos bem longos conduzem correntes elétricas de intensidades 4,0 A e 6,0 A, de mesmo sentido, como mostra a figura. A distância que os separa é de 5,0 cm, e o meio em que se encontram é o vácuo ($\mu_0 = 4 \cdot \pi \cdot 10^{-7}$ T · m/A):

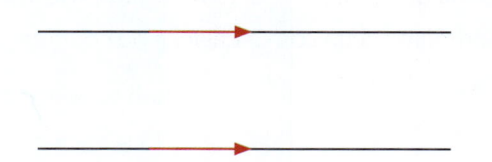

Figuras: ©DAE

Determine a intensidade, a direção e o sentido das forças de interação entre esses fios para um hipotético comprimento de 40 cm cada um.

Quando as correntes têm o mesmo sentido, as forças são atrativas e suas intensidades são dadas por:

$$F_{mag} = \frac{\mu \cdot i_1 \cdot i_2 \cdot L}{2 \cdot \pi \cdot d} = \frac{4\pi \cdot 10^{-7} \cdot 4,0 \cdot 6,0 \cdot 0,40}{2 \cdot \pi \cdot 0,05} = 3,84 \cdot 10^{-5} \text{ N}$$

1. (UFPE) Um segmento de fio reto, de densidade linear $7 \cdot 10^{-2}$ kg/m, encontra-se em repouso sobre uma mesa, na presença de um campo magnético horizontal, uniforme, perpendicular ao fio e de módulo 20 T, conforme a figura.

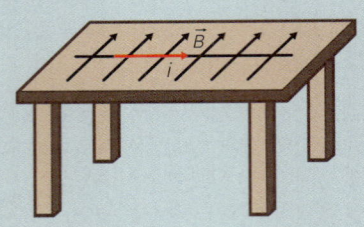

Determine a maior corrente, em mA, que pode passar no fio, no sentido indicado na figura, sem que o fio perca contato com a mesa. ($g = 10$ m/s²)

2. (Unicamp-SP) Um fio condutor rígido de 200 g e 20 cm de comprimento é ligado ao restante do circuito através de contatos deslizantes sem atrito, como mostra a figura adiante. O plano da figura é vertical. Inicialmente a chave está aberta. O fio condutor é preso a um dinamômetro e se encontra em uma região com campo magnético de 1,0 T, entrando perpendicularmente no plano da figura.

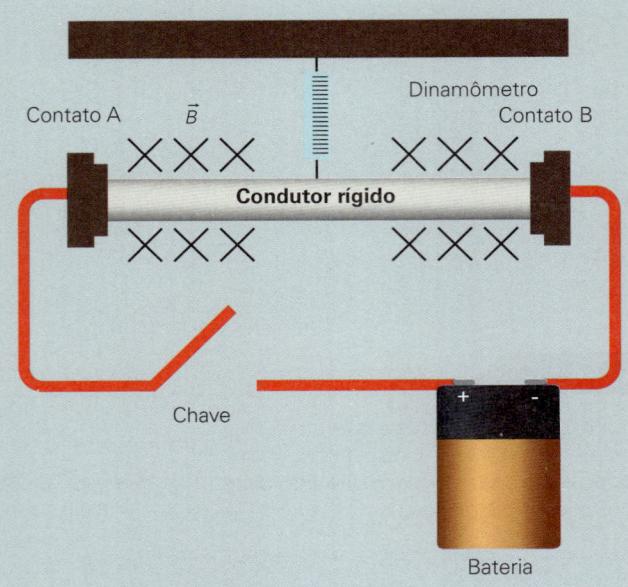

a) Calcule a força medida pelo dinamômetro com a chave aberta, estando o fio em equilíbrio.

b) Determine a direção e a intensidade da corrente elétrica no circuito após o fechamento da chave, sabendo-se que o dinamômetro passa a indicar leitura zero.

c) Calcule a tensão da bateria sabendo-se que a resistência total do circuito é de 6,0 Ω.

3. (Fuvest-SP) Um circuito é formado por dois fios muito longos, retilíneos e paralelos, ligados a um gerador de corrente contínua como mostra a figura a seguir. O circuito é percorrido por uma corrente constante i.

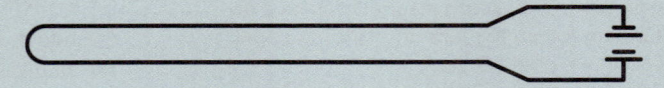

Pode-se afirmar que a força de origem magnética que um trecho retilíneo exerce sobre o outro é:

a) nula.

b) atrativa e proporcional a i.

c) atrativa e proporcional a i^2.

d) repulsiva e proporcional a i.

e) repulsiva e proporcional a i^2.

4. (PUCC-SP) Dois condutores retos, extensos e paralelos, estão separados por uma distância d = 2,0 cm e são percorridos por correntes elétricas de intensidades $i_1 = 1,0$ A e $i_2 = 2,0$ A, com os sentidos indicados na figura a seguir.

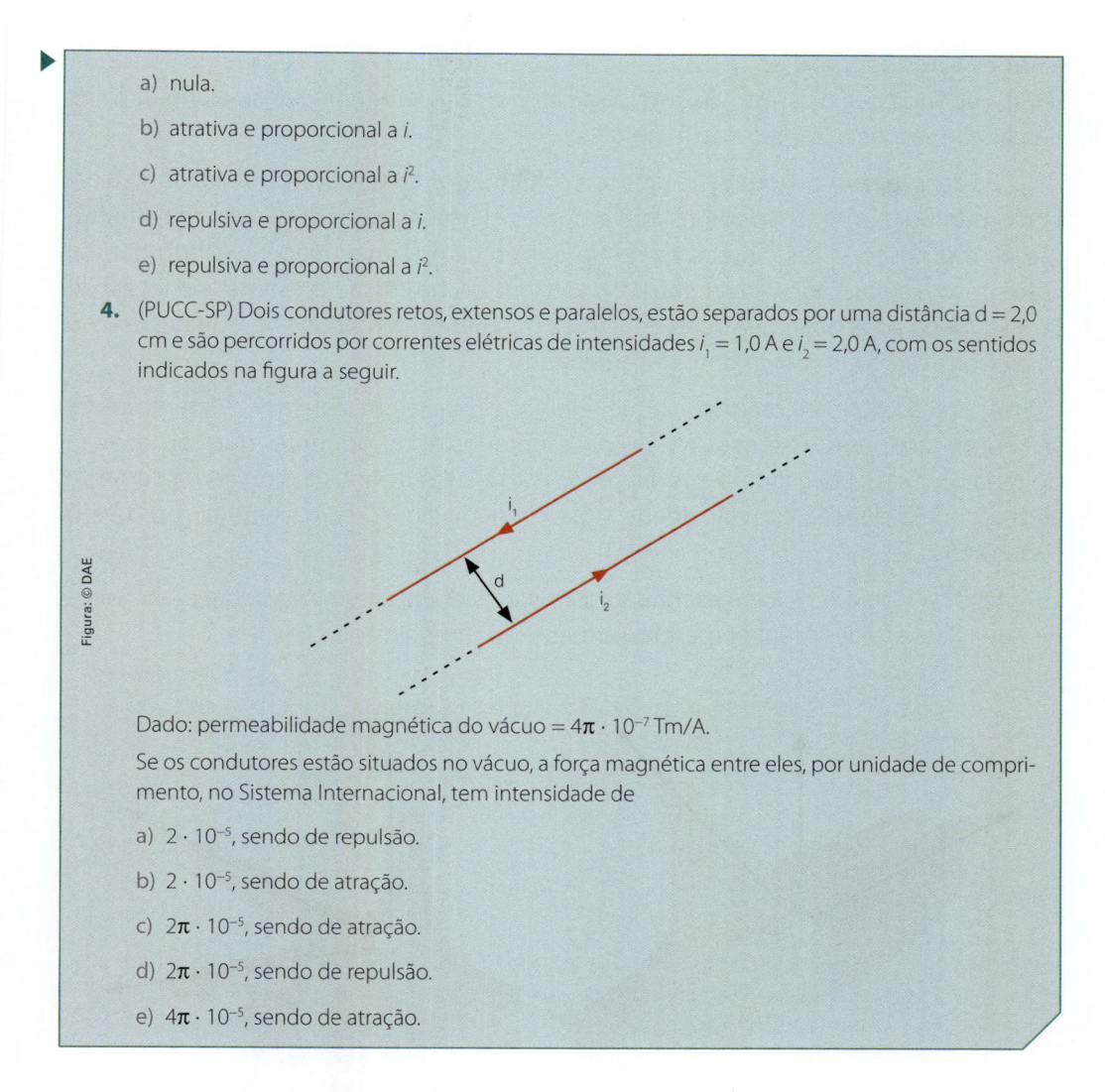

Figura: © DAE

Dado: permeabilidade magnética do vácuo = $4\pi \cdot 10^{-7}$ Tm/A.

Se os condutores estão situados no vácuo, a força magnética entre eles, por unidade de comprimento, no Sistema Internacional, tem intensidade de

a) $2 \cdot 10^{-5}$, sendo de repulsão.

b) $2 \cdot 10^{-5}$, sendo de atração.

c) $2\pi \cdot 10^{-5}$, sendo de atração.

d) $2\pi \cdot 10^{-5}$, sendo de repulsão.

e) $4\pi \cdot 10^{-5}$, sendo de atração.

1.2. Força magnética em nível microscópico

Em toda a discussão anterior, abordamos a interação do campo magnético com correntes elétricas que percorriam fios condutores retilíneos. Entretanto, ainda não apresentamos um modelo para explicar o aparecimento da força magnética sobre o fio.

Para isso, precisamos lembrar que uma corrente elétrica é, de fato, um fluxo ordenado de cargas elétricas que atravessam uma área em determinado intervalo de tempo.

Assim, quando falamos de um fio metálico percorrido por uma corrente elétrica e imerso em um campo magnético, devemos considerar microscopicamente um fluxo de elétrons seguindo no sentido contrário ao da corrente convencional. Da interação dessas cargas em movimento com o campo magnético resulta a força magnética.

Na Figura 6.11 temos uma corrente elétrica i que percorre o fio condutor da direita para a esquerda, o que significa que os

Figura 6.11: Fio metálico percorrido por corrente elétrica e imerso em campo magnético.

Daniel das Neves

elétrons livres do metal do fio se deslocam no sentido inverso (da esquerda para a direita). Suponha que o campo magnético na região seja perpendicular ao plano da folha de papel e saia dela (representado pelo ⊙).

De acordo com o modelo, se uma força magnética no fio age apenas quando ele é percorrido por corrente, podemos inferir que os elétrons de condução em movimento são os responsáveis pela interação do fio com o campo magnético. Quando não há corrente, o resultado do movimento dos elétrons de condução presentes no metal do fio não induz ao aparecimento de uma força magnética (lembre-se de que nesse caso os elétrons estão em movimento desordenado).

A direção da força magnética que age nas cargas elétricas em movimento pode ser obtida adaptando-se os artifícios apresentados anteriormente, que são a regra do tapa ou a da mão esquerda. A diferença é que substituímos a direção da corrente elétrica *i* pela direção da velocidade *v* de propagação da carga elétrica positiva *q* (Figura 6.12).

Veja na Figura 6.13 a representação da força magnética que atua sobre duas cargas ($+q$ e $-q$) que se deslocam perpendicularmente ao campo magnético.

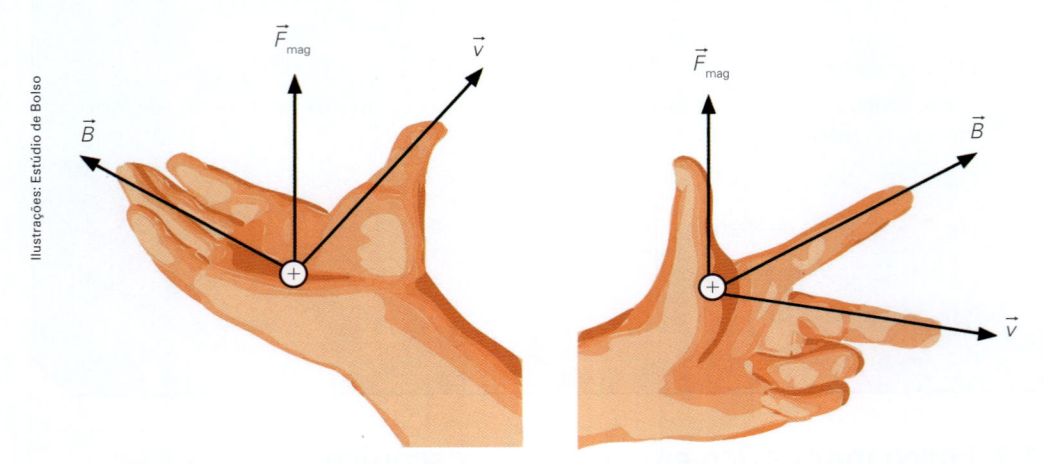

Figura 6.12: Representação das regras do tapa e da mão esquerda para a interação de uma carga positiva *q*, deslocando-se com velocidade $\vec{v}$ em região com campo magnético $\vec{B}$. Para a carga negativa, o sentido da força magnética é inverso.

Figura 6.13: Cargas positivas e negativas em movimento na presença de campo magnético uniforme. As forças apresentam o mesmo sentido, pois de uma representação para outra houve a inversão do sentido do campo e a do sinal da carga elétrica.

Já estudamos a interação da corrente elétrica em um condutor com campo magnético. Com base na expressão da intensidade da força magnética que apresentamos, podemos escrever outra quando consideramos o movimento de cargas pontuais. Nela, substituímos a corrente elétrica pela razão da variação de carga elétrica com o intervalo de tempo ($i = \dfrac{\Delta q}{\Delta t}$):

$$F_{mag} = i \cdot L \cdot B \cdot \operatorname{sen} \theta = \frac{\Delta q}{\Delta t} \cdot L \cdot B \cdot \operatorname{sen} \theta$$

Observe que a razão $\dfrac{L}{\Delta t}$ pode ser interpretada como a velocidade média com que as cargas percorrem o condutor de comprimento L. Dessa forma, o módulo da força magnética que surge quando uma carga elétrica q se movimenta numa região em que há campo magnético $\vec{B}$, formando um ângulo θ com a direção de sua velocidade v, pode ser obtido pela expressão:

$$F_{mag} = q \cdot v \cdot B \cdot \text{sen } \theta$$

Nesse caso, a intensidade da carga é medida em coulomb (C); a velocidade da carga, em metro por segundo (m/s), e o ângulo θ são definidos pelas direções entre $\vec{v}$ e $\vec{B}$ (Figura 6.14).

Agora, podemos apresentar a unidade de campo magnético pela razão:

$$\dfrac{N}{C \cdot \dfrac{m}{s}}$$

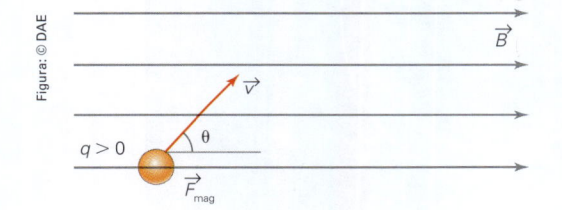

Figura: © DAE

Figura 6.14: Representação do movimento de uma carga +q em uma região do espaço com determinado $\vec{B}$. O seno do ângulo θ pode ser entendido como a projeção da velocidade $\vec{v}$ na direção perpendicular a $\vec{B}$, ou vice-versa.

Por dentro do conceito

Cinturão de Van Allen

A Terra recebe continuamente, de todo o espaço, sobretudo do Sol, feixes de partículas carregadas de grande energia. Por conta do campo magnético de nosso planeta, muitas dessas partículas são defletidas, ficam presas e passam a percorrer trajetórias em espiral ao longo de linhas de força do campo magnético terrestre.

São duas as zonas do campo magnético terrestre onde há grande concentração dessas partículas. Elas são chamadas cinturão de radiação de Van Allen, em homenagem ao cientista responsável por sua descoberta, o estadunidense James Alfred van Allen (1914-2006). Os prótons, em sua maioria, são aprisionados no cinturão interno, que se situa entre 1 mil e 5 mil quilômetros de altura e concentra a maior quantidade de partículas na faixa dos 3 mil quilômetros de altura. O cinturão externo aprisiona elétrons e se situa entre 15 mil e 25 mil quilômetros de altitude; sua energia atinge várias centenas de milhares de elétrons-volt. Nos cinturões, as partículas carregadas (principalmente prótons e elétrons) deslocam--se rapidamente e algumas vezes conseguem romper a barreira formada pelo cinturão, aproximando-se dos polos magnéticos da Terra (Figura 6.15).

As auroras boreais e austrais, que costumam ocorrer no Hemisfério Norte e no Sul, são partículas de alta energia, principalmente provindas do Sol, que atravessam o cinturão de Van Allen e atingem a atmosfera. Essas partículas excitam os gases existentes na atmosfera, e estes emitem radiação luminosa (Figura 6.16).

Figura 6.15: Esquema das possíveis trajetórias de partículas carregadas no campo magnético terrestre. Ilustração sem escala; cores-fantasia.

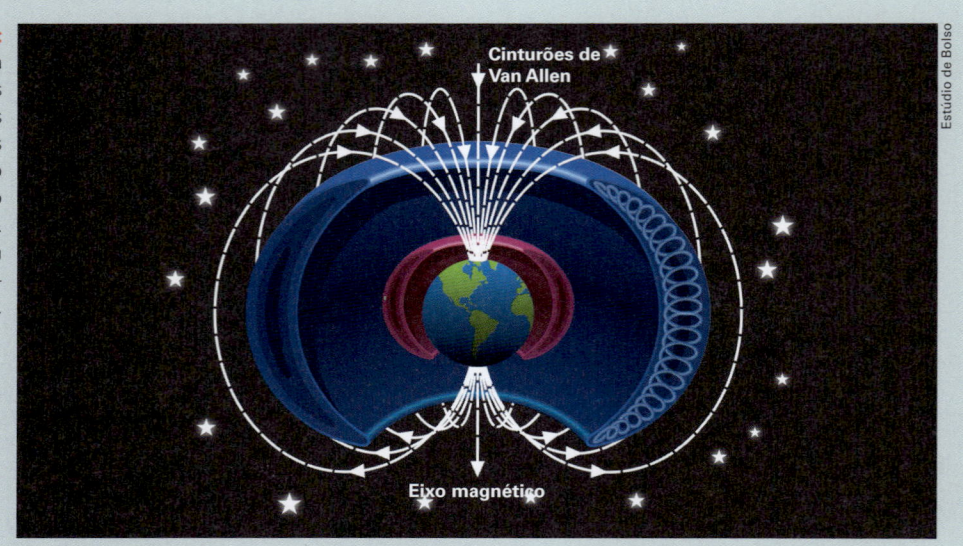

Figura 6.16: Aurora boreal em Tromso, Noruega. Foto de 2016.

1. (Unesp-SP) A figura a seguir representa as trajetórias, no interior de um campo magnético uniforme, de um par de partículas pósitron-elétron, criadas no ponto P durante um fenômeno no qual a carga elétrica total é conservada.

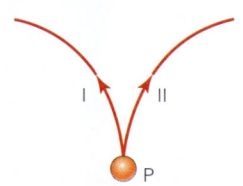

Considerando que o campo magnético é perpendicular ao plano da figura e aponta para o leitor, responda:

a) Qual das partículas, I ou II, é o pósitron e qual é o elétron?

A partícula II é um pósitron, e a I é um elétron.

O campo tem a orientação ⊙. A corrente elétrica associada ao movimento das partículas é para cima. Pela regra da mão esquerda, a força magnética é inicialmente para a direita sobre uma carga positiva (no caso, o pósitron) e para a esquerda sobre uma carga negativa (o elétron).

b) Explique como se obtém a resposta.

A orientação da força magnética pode ser obtida pela regra da mão esquerda.

2. (Unesp-SP) Uma partícula de massa m e carga $q > 0$ penetra numa região do espaço onde existem um campo elétrico $\vec{E}$ e um campo de indução magnética $\vec{B}$ (vetorial), ambos constantes e uniformes. A partícula tem velocidade $\vec{v}_0$ paralela ao eixo y; $\vec{B}$ é paralelo a z e $\vec{E}$ é paralelo a x, com os sentidos indicados.

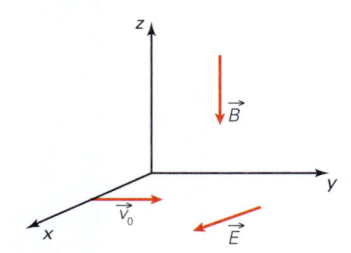

a) Calcule a relação entre $\vec{B}$ e $\vec{E}$ para que a partícula continue em movimento retilíneo.

Para a partícula prosseguir em linha reta, é necessário que a força elétrica seja anulada pela força magnética:

$$F_e = F_{mag} \Rightarrow q \cdot E = q \cdot v_0 \cdot B \Rightarrow E = B \cdot v_0 \text{ ou } B = \frac{E}{v_0}$$

b) Explique por que o movimento retilíneo da partícula não pode ser acelerado.

O movimento não é acelerado porque a resultante das forças agentes sobre a partícula é nula.

1. (PUC-SP) Um elétron com velocidade inicial v_0 atravessa sucessivamente as regiões (I), (II) e (III) da figura abaixo, terminando o trajeto com velocidade $v > v_0$.

Que tipo de campo é aplicado em cada região e com que direção e sentido?

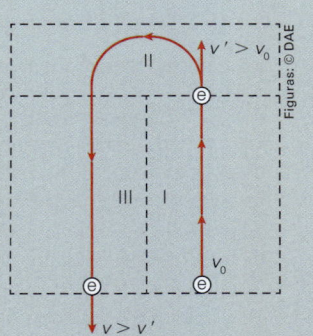

Figuras: © DAE

a) Na região I o vetor campo elétrico se dirige para baixo; na região II o vetor campo magnético está saindo perpendicularmente ao plano da figura; na região III o vetor campo elétrico também se dirige para baixo.

b) Na região I o vetor campo elétrico se dirige para cima; na região II o vetor campo elétrico está se dirigindo para a esquerda do observador; na região III o vetor campo elétrico se dirige para baixo.

c) Na região I o vetor campo magnético se dirige para cima; na região II o vetor campo elétrico está se dirigindo para a esquerda do observador; na região III o vetor campo magnético se dirige para baixo.

d) Na região I o vetor campo elétrico se dirige para baixo; na região II o vetor campo magnético está saindo perpendicularmente ao plano da figura; na região III o vetor campo elétrico se dirige para cima.

e) Na região I o vetor campo elétrico se dirige para baixo; na região II o vetor campo magnético está entrando perpendicularmente ao plano da figura; na região III o vetor campo elétrico está saindo perpendicularmente ao plano da figura.

2. (ITA-SP) Uma partícula com carga q e massa M move-se ao longo de uma reta com velocidade v constante numa região onde estão presentes um campo elétrico de 500 V/m e um campo de indução magnética de 0,10 T. Sabe-se que ambos os campos e a direção de movimento da partícula são mutuamente perpendiculares. A velocidade da partícula é:

a) 500 m/s

b) constante para quaisquer valores dos campos elétrico e magnético.

c) $\left(\dfrac{M}{q} \right) 5,0 \cdot 10^3$ m/s

d) $5,0 \cdot 10^3$ m/s

e) Faltam dados para o cálculo.

3. (PUC-SP) Lança-se um elétron nas proximidades de um fio comprido percorrido por uma corrente elétrica i e ligado a uma bateria. O vetor velocidade v do elétron tem direção paralela ao fio e sentido indicado na figura a seguir.

Sobre o elétron, atuará uma força magnética F, cuja direção e sentido serão mais bem representados pelo diagrama.

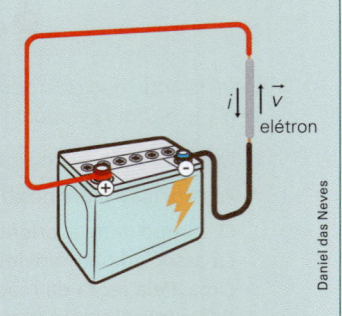

Daniel das Neves

 a) $\vec{F}$ →

 d) $\vec{F}$ ⊙

 b) ← $\vec{F}$

 e) ↓ $\vec{F}$

 c) $\vec{F}$ ⊗

4. (Unicamp-SP) Um campo magnético uniforme, $B = 5,0 \cdot 10^{-4}$ T, está aplicado no sentido do eixo y. Um elétron é lançado através do campo, no sentido positivo do eixo z, com uma velocidade de $2,0 \cdot 10^5$ m/s. (Dado: carga do elétron $e = -1,6 \cdot 10^{-19}$ C)

a) Qual é o módulo, a direção e o sentido da força magnética sobre o elétron no instante inicial?

b) Que trajetória é descrita pelo elétron?

c) Qual é o trabalho realizado pela força magnética?

5. (UFSC) A figura representa um espectrômetro de massa, dispositivo usado para a determinação da massa de íons. Na fonte F, são produzidos íons, praticamente em repouso. Os íons são acelerados por uma diferença de potencial V_{AB}, adquirindo uma velocidade v, sendo lançados em uma região onde existe um campo magnético uniforme B. Cada íon descreve uma trajetória semicircular, atingindo uma chapa fotográfica em um ponto que fica registrado, podendo ser determinado o raio R da trajetória.

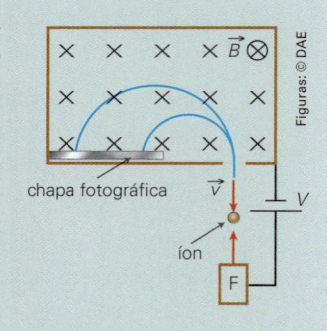

Figuras: © DAE

Considerando a situação descrita, assinale a(s) proposição(ões) correta(s):

01. A carga dos íons, cujas trajetórias são representadas na figura, é positiva.

02. A energia cinética E_c que o íon adquire, ao ser acelerado pela diferença de potencial elétrico V_{AB}, é igual ao trabalho realizado sobre ele e pode ser expressa por $E_c = qV_{AB}$, onde q é a carga do íon.

04. A carga dos íons, cujas trajetórias são representadas na figura, tanto pode ser positiva como negativa.

08. O raio da trajetória depende da massa do íon, e é exatamente por isso que é possível distinguir íons de mesma carga elétrica e massas diferentes.

16. Mesmo que o íon não apresente carga elétrica, sofrerá a ação do campo magnético que atuará com uma força de direção perpendicular à sua velocidade v.

2. Motores elétricos

O que aparelhos elétricos como liquidificador, ventilador e furadeira têm em comum em seu funcionamento? Pense um pouco... Pois bem, todos apresentam um componente que entra em rotação chamado de motor elétrico.

Os motores elétricos são talvez a maior aplicação tecnológica da eletricidade. Junto com os geradores eletromagnéticos, que estudaremos a seguir, transformaram completamente o modo de vida no século XX. Esses motores, cuja invenção data do século XIX, foram os responsáveis por tornar mais simples a realização de diversas tarefas, como refrigerar e triturar os alimentos, lavar roupas, entre muitas outras.

Assim como acontece com a maioria das tecnologias, diferentes mentes engenhosas e criativas se debruçaram sobre desafios técnicos para desenvolver aparelhos úteis empregando princípios científicos. Imerso em suas pesquisas e procurando uma aplicação prática para o eletromagnetismo, Michael Faraday, em meados dos anos 1820, desenvolveu o rotor eletromagnético, um aparato capaz de produzir movimento por meio de corrente elétrica.

Em uma das versões do rotor de Faraday, um ímã em forma de barra gira no sentido das linhas de campo elétrico gerado por um fio condutor de corrente elétrica. Na segunda montagem, a haste por onde passa corrente elétrica gira em torno de um ímã. Os recipientes são preenchidos por mercúrio para garantir uma corrente mais intensa (Figura 6.17).

Apesar de o princípio ser o mesmo, foram necessárias muitas décadas para que se chegasse à versão do motor elétrico como conhecemos hoje.

Os elementos básicos de um motor elétrico moderno já estavam presentes no rotor de Faraday: ímã, bobina (fio condutor imerso em mercúrio) e corrente elétrica compõem um sistema integrado que funciona em ciclos e produz movimento.

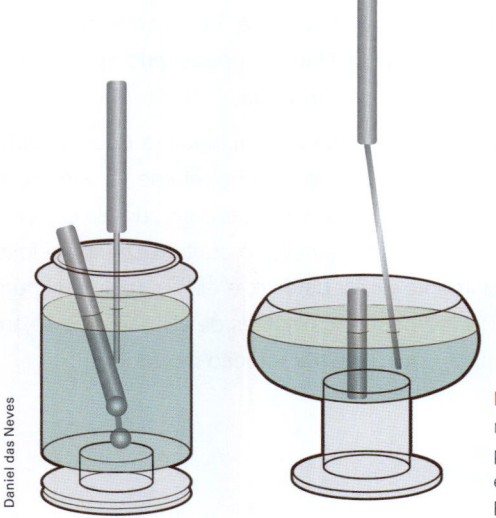

Daniel das Neves

Figura 6.17: Duas montagens diferentes para o rotor eletromagnético de Faraday.

2.1. O motor elétrico didático

Acreditamos que melhor do que descrever um motor elétrico é convidar você a construir um, pois nesse processo poderemos manusear cada uma das partes e compreender suas funções no correto funcionamento do motor.

No "Explorando o assunto" a seguir, propomos a construção de um motor elétrico didático.

Vamos construir um motor elétrico buscando discutir seu princípio de funcionamento e os conceitos eletromagnéticos envolvidos. Para tanto, separe os seguintes materiais:

- 2 clipes de papel
- 1 pilha do tipo D (1,5 V)
- 1 ímã em barra
- Fita adesiva
- Bússola
- Lixa
- 90 cm de fio de cobre esmaltado (número 26)

Figura 6.18: Em um dos eixos da bobina, somente parte do fio deve ser lixada para a retirada do esmalte, que serve de protetor e isolante elétrico.

Inicie a montagem do motor elétrico construindo uma bobina circular com o fio de cobre esmaltado. Conte e anote o número de espiras de sua bobina. Nas proximidades desta, deixe aproximadamente 2 cm, que servirão de eixo de rotação do motor. O comprimento da bobina e de suas extremidades deve ser igual ao comprimento da pilha, cujo corpo pode servir de molde.

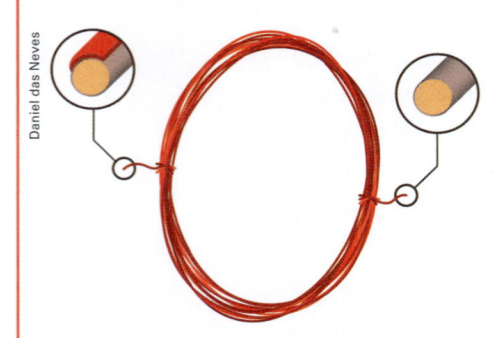

Para colocar o motor em funcionamento, será preciso que pela bobina percorra corrente elétrica. Entretanto, não se esqueça de que o esmalte do fio da bobina é isolante elétrico. Assim, para que o contato elétrico seja possível, você deve lixar as extremidades dos eixos da bobina, como mostra a Figura 6.18. De um dos eixos, você deve lixar todo o fio; do outro, deve lixar somente um lado.

Para apoiar a bobina, faça duas hastes com os clipes de papel, conforme o formato indicado na Figura 6.19. Fixe as hastes na pilha com a fita adesiva. Elas devem ter altura um pouco maior que o diâmetro da bobina. A pilha servirá como fonte de energia elétrica e produzirá corrente elétrica na bobina quando esta for apoiada.

O ímã em forma de barra deve ser mantido próximo da bobina. Você pode tentar inicialmente colocá-lo sobre a pilha. Dependendo do ímã utilizado, é necessário aproximá-lo ou afastá-lo da bobina. Neste caso, você pode segurá-lo sobre ela.

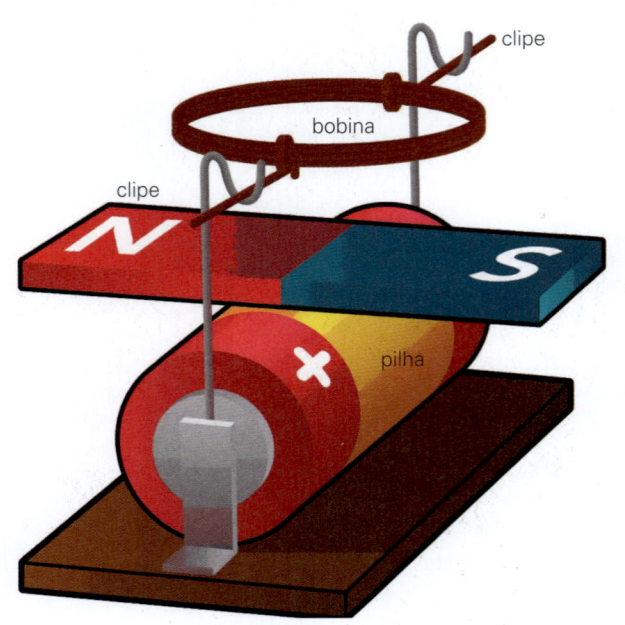

Para finalizar sua montagem, apoie a bobina sobre o suporte. Caso ela não entre diretamente em movimento, forneça um impulso inicial para que ela complete uma volta. Dessa maneira, o contato elétrico é feito alternadamente em cada eixo, e ela vai girar continuamente. Talvez pequenos ajustes de alinhamento sejam necessários para a melhor rotação da bobina.

Figura 6.19: Arranjo experimental. O ímã em barra deve ser posicionado próximo à bobina e perpendicular a seu eixo.

Um fator técnico essencial para o correto funcionamento desse tipo de motor diz respeito ao contato entre os terminais da bobina e as escovas, nome dado às ligações entre a fonte de tensão elétrica e a bobina (Figura 6.20). As escovas ficam em pontos no eixo de rotação do motor, como os clipes de papel em nosso arranjo experimental.

A necessidade das escovas ou do lixamento diferenciado dos eixos pode ser compreendida se pensarmos no que ocorre em um giro da bobina. Ela começa a girar porque a corrente elétrica que por ela circula interage com o campo do ímã, e isso implica o aparecimento de um par de forças magnéticas que produz um torque e a faz girar no sentido horário.

Observe, na Figura 6.21, o que acontece quando a bobina do motor dá meia-volta. Note que as forças dos lados **a** e **b** se invertem em relação à posição inicial. Assim, logo depois da passagem da bobina pelo plano vertical, as forças magnéticas invertem de sentido em relação às posições anteriores e podem frear o movimento se não lixarmos corretamente os eixos da bobina.

SPL/Latinstock

Figura 6.20: Escovas na parte interna de um motor elétrico.

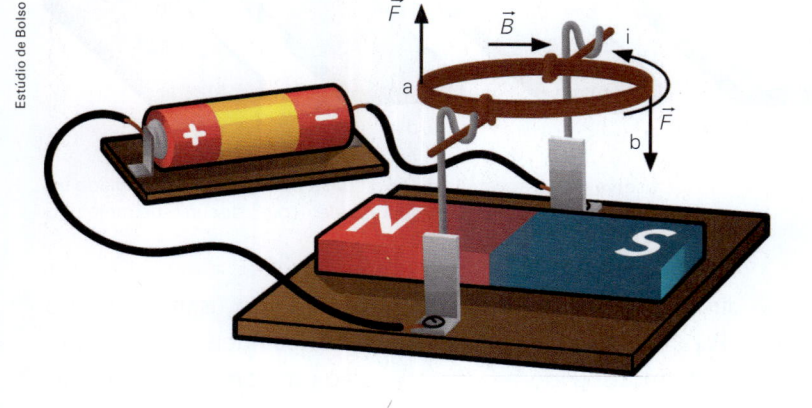

Estúdio de Bolso

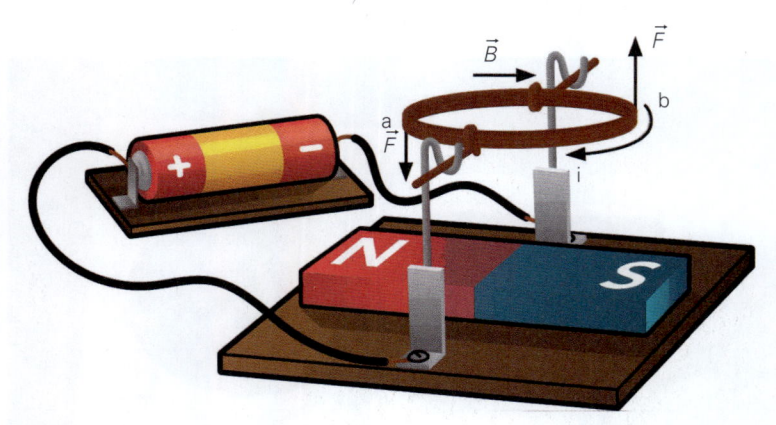

Figura 6.21: Quando a bobina do motor dá meia-volta, as forças e o sentido da corrente se invertem.

Por isso a necessidade do artifício de lixar apenas um dos lados do eixo da bobina. Assim, no momento em que as forças magnéticas começam a freá-la, o apoio do fio de cobre no suporte é feito pela parte esmaltada, que, sendo isolante, impede a passagem de corrente. Sem o fluxo de elétrons, a força magnética é inexistente.

Nas figuras 6.22a, 6.22b e 6.22c, a corrente elétrica circula na bobina, e as forças magnéticas que agem em seus lados opostos fazem com que ela descreva o movimento de giro. Nas figuras 6.22d e 6.22e, não há contato elétrico (veja que o esmalte do fio impede tal contato) e a corrente não circula. Sem a ação da força magnética, a bobina segue no "embalo" obtido antes para se recolocar novamente na posição **a**.

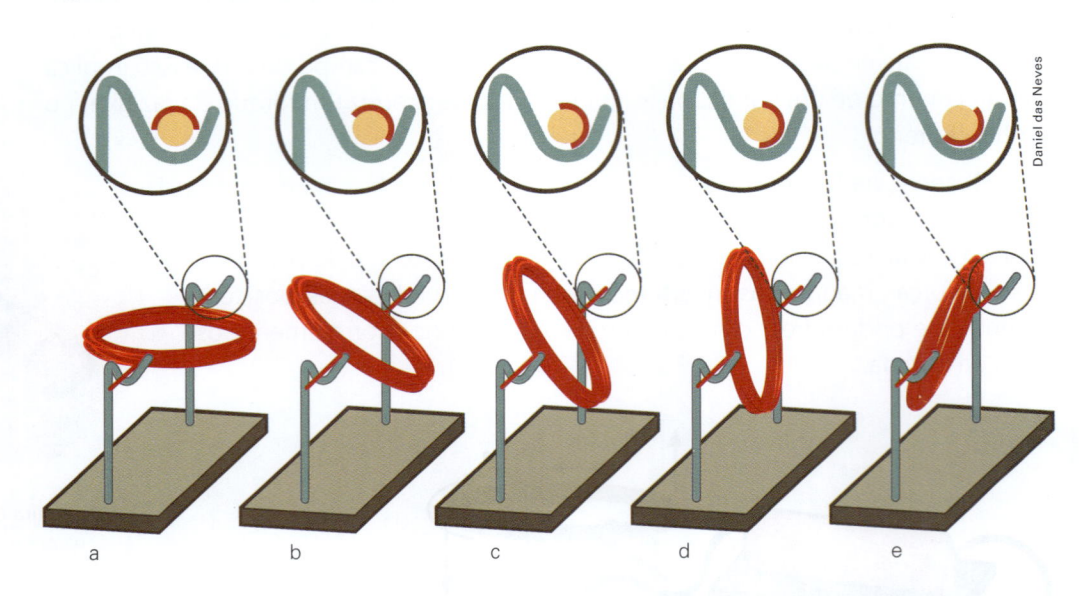

a   b   c   d   e

Figura 6.22: Observe o que acontece no eixo com a parte esmaltada apoiada em uma das hastes onde é feito o contato elétrico no decurso de meio giro.

Como sua eficiência diminui muito, os motores comerciais não usam esse tipo de artifício para as escovas. Para melhorar a eficiência, usam vários núcleos de espiras, distribuídos ao longo do giro do motor (Figura 6.23), ou então um comutador, que faz a corrente inverter de sentido a cada volta.

Figura 6.23: Equipamento com vários núcleos de espiras, distribuídas ao longo do giro do equipamento.

1. O funcionamento dos motores elétricos baseia-se no princípio do torque provocado por um binário de forças agentes sobre uma espira atravessada por corrente elétrica e imersa num campo magnético.

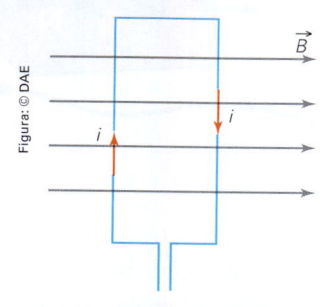

Figura: © DAE

Considere a espira retangular esquematizada acima, de comprimento 8,0 cm e largura total de 5,0 cm, imersa num campo magnético uniforme de intensidade $1,0 \cdot 10^{-2}$ T, paralelo ao plano do papel, apontando para a direita e percorrida por uma corrente contínua e constante de 2,0 A. Calcule o torque resultante sobre a espira na situação descrita.

Como o campo magnético é orientado para a direita, a regra da mão esquerda nos leva à conclusão de que o ramo esquerdo tende a penetrar no plano da folha, e o ramo direito, a sair desse plano.

O valor absoluto do torque (momento) de cada força é dado por:

$$M_1 = F_1 \cdot d = B \cdot i \cdot L \cdot d =$$

$$= 1,0 \cdot 10^{-2} \cdot 2,0 \cdot 8,0 \cdot 10^{-2} \cdot 2,5 \cdot 10^{-2} = 4,0 \cdot 10^{-5} \text{ Nm}$$

Nessa expressão, d é o braço da força em relação ao eixo de rotação. O torque total, considerando os dois ramos, vale:

$$M = 2 \cdot M_1 = 8,0 \cdot 10^{-5} \text{ Nm}$$

2. Se o número de espiras da questão anterior for aumentado, passando a constituir uma bobina de n espiras superpostas, o que deverá acontecer com o torque resultante?

O torque fica multiplicado por n. E, em tese, a potência do motor também é multiplicada por n.

1. (UFG-GO) O vetor campo magnético B, produzido por ímãs naturais ou por correntes circulando em fios, possui inúmeras aplicações de interesse acadêmico, prático, industrial e tecnológico. Em relação a algumas dessas aplicações, pode-se afirmar que

(***) o princípio de funcionamento de um motor elétrico é baseado no fato de que uma espira, conduzindo uma corrente elétrica i, quando colocada em uma região onde $B \neq 0$, com seu plano paralelo às linhas de B, gira devido ao torque produzido pelo campo magnético sobre a espira.

(***) em um espectrômetro de massa, partículas de mesma carga e massas diferentes podem ser separadas e identificadas de acordo com o raio da trajetória circular que elas descrevem, quando lançadas perpendicularmente em direção a uma região onde $B \neq 0$, uma vez que o raio da trajetória é inversamente proporcional à massa da partícula.

(***) em um gerador de eletricidade, a rotação de uma espira, colocada numa região onde $B \neq 0$, faz variar o fluxo magnético através dela, induzindo uma corrente elétrica na espira.

(***) campos magnéticos transversais ao movimento de elétrons, num tubo de TV, são responsáveis pelo direcionamento desses elétrons para diferentes pontos na tela do televisor, gerando a imagem vista pelo telespectador.

2. A espira de um galvanômetro tem lados de 2,0 cm e está imersa num campo magnético uniforme de intensidade $5,0 \cdot 10^{-3}$ T paralelamente às suas linhas. Determine o momento resultante do binário de forças que atua sobre a espira quando percorrida por uma corrente constante de 50 mA.

3. Um motor elétrico é constituído por um enrolamento de 400 espiras retangulares de 10 cm de comprimento por 6 cm de largura, imersas paralelamente às linhas de um campo magnético de $5,0 \cdot 10^{-3}$ T. Determine o torque inicial resultante sobre essa bobina quando percorrida por uma corrente de 1,6 A.

3. Geradores

3.1. Geradores simples: dínamo e alternador

A corrente elétrica produzida por pilhas e baterias, dependendo de seu consumo, esgota-se com relativa rapidez. Assim, produzir corrente elétrica em grande escala comercial foi o grande obstáculo para a utilização dos motores elétricos.

Inventado quase simultaneamente por Michael Faraday e Joseph Henry em 1832, o dínamo foi o primeiro aparato a produzir corrente elétrica estacionária, ou pelo menos enquanto houvesse o fornecimento de energia mecânica.

O primeiro gerador de corrente elétrica estacionário, o dínamo de disco de Faraday, era composto de um disco de cobre que rodava entre os polos de um ímã, com um circuito ligado por escovas recebendo a corrente elétrica de modo contínuo (Figura 6.24).

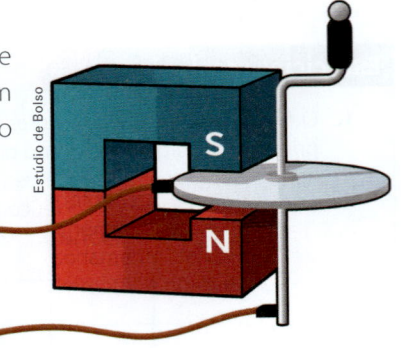

Figura 6.24: Esquema do dínamo de disco de Faraday.

Explorando o assunto

Indução eletromagnética

Dois conjuntos de espiras, A e B, foram enrolados em um mesmo corpo de ferro em forma de anel. O fio que compunha a espira A foi ligado a uma bateria, e o fio da espira B, ligado a um medidor de corrente elétrica (amperímetro ou galvanômetro) (Figura 6.25). Quando se ligava e se desligava a chave do circuito A, o medidor ligado ao circuito B registrava uma marcação. Um aspecto importante a ser considerado é que o registro da corrente pelo amperímetro no segundo ramo de espiras só acontecia instantes depois que o circuito A era ligado ou desligado.

Resultado: com base nesse experimento, podemos inferir que, quando se faz uma corrente circular no conjunto de espiras A, uma corrente elétrica é induzida no conjunto de espiras B.

Essa foi a primeira evidência da indução eletromagnética. O termo "indução" pode ser entendido pelo fato de aparecer corrente elétrica nas espiras B provocada pela ação do conjunto das espiras A.

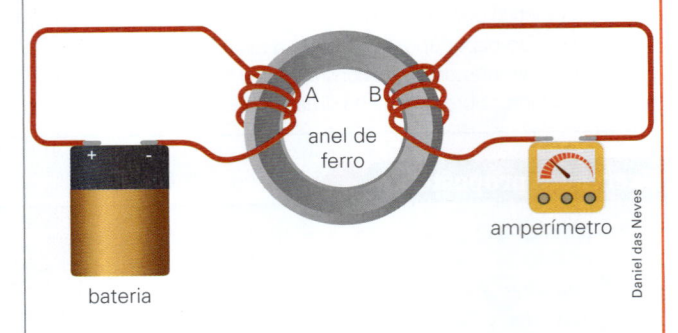

Figura 6.25: Esquema que ilustra a montagem original de Faraday com o objetivo de obter corrente elétrica por meio do magnetismo.

A base física do funcionamento dos geradores está na indução eletromagnética, em que a variação do fluxo magnético induz uma corrente elétrica em um condutor. O dínamo serviu de base para praticamente todos os outros tipos de gerador que foram construídos, mesmo os mais atuais.

Esse dispositivo pode ser encontrado em pneus de bicicletas, por exemplo, e aproveita a energia mecânica para acender uma pequena lâmpada. Os dínamos são considerados geradores mais simples e geram corrente contínua por meio de um dispositivo chamado comutador. Os geradores elétricos simples, sem o comutador, que geram corrente alternada são conhecidos como alternadores.

Na Figura 6.26 temos uma representação didática da principal parte de um alternador. Um ímã permanente produz um campo magnético B. Inserida nessa região existe uma espira que pode ser girada pela ação externa. Ligado à espira, há um circuito que pode receber e armazenar a corrente induzida. Quando a espira é posta a girar, seu fluxo magnético varia, gerando a corrente.

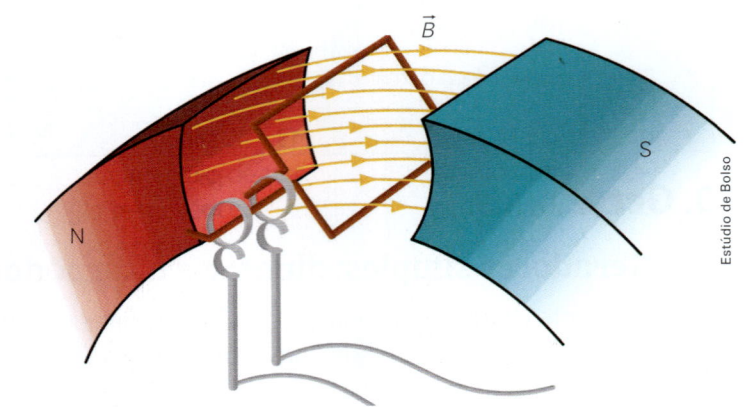

Figura 6.26: Esquema de um gerador simples (alternador), com uma única espira girando no sentido anti-horário. É interessante observar as escovas que ligam a espira ao circuito: são dois anéis condutores que fazem a conexão com os dois terminais da espira.

É importante notar que a tensão e a corrente induzida na espira são alternadas. Isso acontece por causa de seu movimento de rotação. Nesse movimento, a espira tem suas faces alternadas em relação à direção do campo magnético. Se escolhermos arbitrariamente uma de suas faces, ora o polo norte estará em sua direção, ora o polo sul. A Figura 6.27 mostra como se comporta a corrente no circuito alimentado pelo gerador da página anterior.

Observe a relação entre a posição da espira e a intensidade da corrente elétrica associada a cada instante do gráfico. No primeiro instante, a espira começa a se mover no sentido anti-horário; o fluxo magnético é máximo, e a corrente elétrica medida começa a aumentar por causa da variação do fluxo. No terceiro instante, a espira gira 90° e o fluxo cai a zero, pois não há linhas de campo atravessando-a; a corrente atinge seu valor máximo, pois a variação do fluxo também é máxima. No quarto instante, a espira passa dos 90° e o fluxo magnético volta a crescer, porém com sinal contrário; nesse caso, a tensão induzida se inverte, e os elétrons que compõem a corrente são freados, invertendo o sentido do movimento após algum tempo. O quinto instante representa a espira com um giro de 180° em relação à posição inicial; aqui o fluxo volta a ser máximo, mas com sinal contrário ao inicial. A tensão induzida é máxima, e a corrente, invertendo de sentido, volta a ser nula. No instante seguinte, é como se o processo recomeçasse, mas com sinal contrário: a corrente, volta a crescer, porém em sentido, contrário, com valor negativo no gráfico.

Se você olhar atentamente para esses gráficos, verá que eles lembram uma função matemática muito conhecida: a função seno. A função que expressa o valor da corrente e da tensão induzidas em relação ao tempo é:

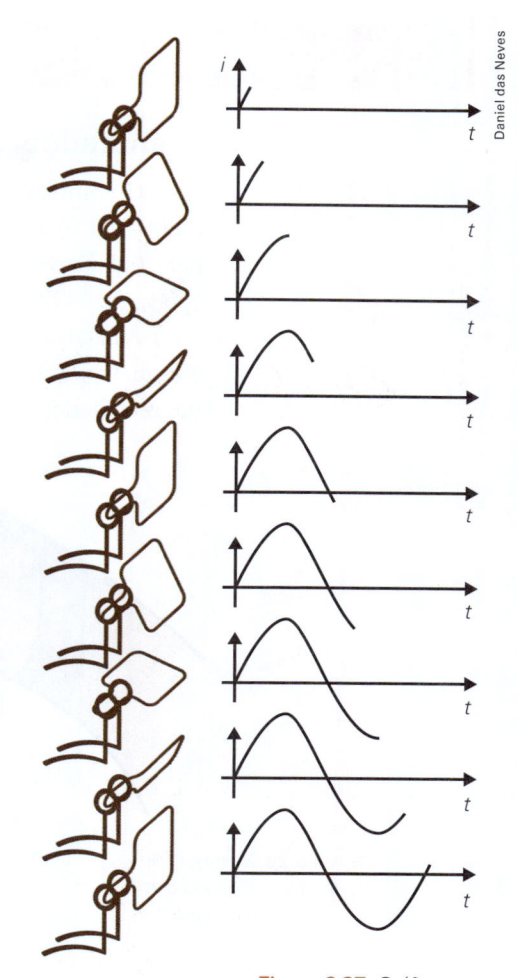

Figura 6.27: Gráficos da corrente elétrica em um gerador.

$$e_{induzida} = e_{máx} \cdot \text{sen}\,(2 \cdot \pi \cdot f \cdot t)$$

Se voltarmos ao dínamo ligado ao pneu da bicicleta, compreenderemos melhor seu funcionamento. No dínamo, há um ímã ligado a um eixo que gira ao ser apoiado no pneu da bicicleta em movimento. Nessa rotação, o eixo movimenta o ímã e faz variar o fluxo magnético em uma bobina ao seu redor. Essa variação de fluxo induz uma corrente elétrica no circuito, que acende a pequena lâmpada da lanterna (Figura 6.28).

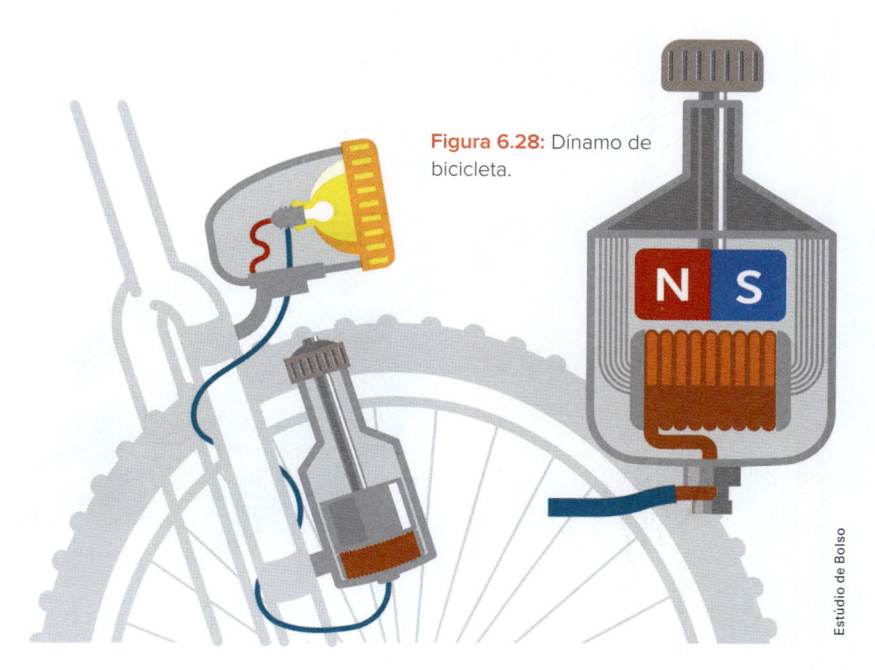

Figura 6.28: Dínamo de bicicleta.

Comutador

O comutador é um dispositivo desenvolvido por volta de 1832 por Hippolyte Pixii (1808-1835), um cientista francês e fabricante de instrumentos que, junto com o físico Ampère, trabalhava para resolver o problema da corrente alternada produzida pelos dínamos da época, uma vez que em muitos casos se desejava uma corrente contínua.

A palavra deriva do verbo "comutar", que significa alternar/trocar. A Figura 6.29 mostra o esquema do funcionamento de um motor elétrico simples (de uma espira) com o uso de um comutador.

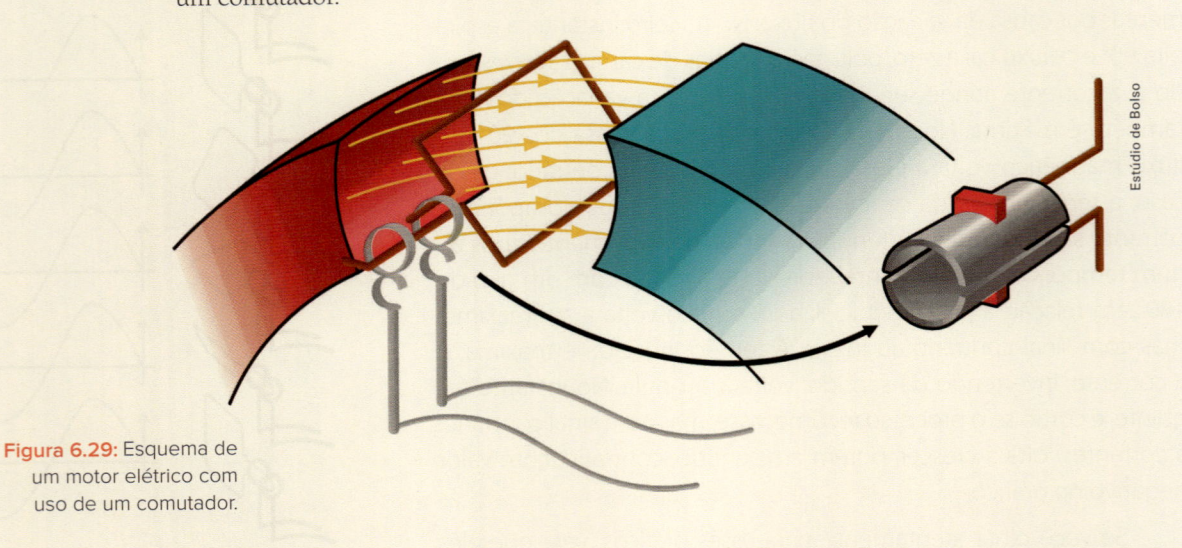

Figura 6.29: Esquema de um motor elétrico com uso de um comutador.

Num gerador de corrente contínua, há um comutador responsável por inverter a corrente elétrica por meio da espira. Constituído de material condutor e montado junto ao eixo desta espira, eles giram ao mesmo tempo. Em conjunto com a escova, eles têm a função de manter o contato e inverter o sentido do fluxo da corrente elétrica. As extremidades da espira do gerador presas ao comutador garantem que a rotação desta mantenha seu sentido (Figura 6.30).

Figura 6.30: Comutador no eixo do motor elétrico.

Quando falamos dos experimentos que levaram à descoberta do eletromagnetismo, citamos lances de sorte. Isso também não foi diferente para a aplicação prática da energia elétrica. Muitas vezes, sorte em Ciência significa estar preparado para interpretar como inspiração ou solução fatos que para muitos passam despercebidos. Por exemplo, relata-se que durante a Exposição Universal de Viena de 1873, na montagem de um estande, um funcionário ligou de maneira equivocada dois dínamos. A corrente elétrica gerada pelo primeiro deles, que era acionado mecanicamente, fez o segundo se movimentar como um motor elétrico. O equívoco foi rapidamente percebido pelos responsáveis como uma solução: **um dínamo pode ser invertido em motor**. O projeto do estande foi modificado e uma cachoeira foi adaptada como meio de mover um dos dínamos, cuja corrente elétrica podia pôr em movimento um motor para realizar determinada tarefa (Figura 6.31).

Você pode experimentar usar um dínamo como motor e um motor como dínamo. Para isso, vai precisar de:

- 1 dínamo de bicicleta
- 1 motor elétrico de carrinho de brinquedo
- 2 pilhas de 1,5 V
- Fios condutores
- 1 LED

Experimento 1 Encoste o dínamo no polo negativo de uma pilha. Associe a outra pilha em série com essa. Use um pedaço de fio para conectar a outra saída do dínamo no polo livre da segunda pilha (Figura 6.32).

Ao abrir e fechar rapidamente o circuito, você notará que o dínamo, projetado para fornecer energia elétrica por meio de uma ação mecânica, vai girar seu eixo tal qual um motor.

Experimento 2 Conecte o LED aos terminais do motor por meio dos fios condutores (Figura 6.33).

Ao girar o eixo do motor com os dedos, você notará que o LED piscará por poucos instantes. Lembre-se de que o motor elétrico é projetado para gerar movimento por meio da energia elétrica, e não o contrário, como acabamos de fazer.

Figura 6.32: Arranjo do Experimento 1.

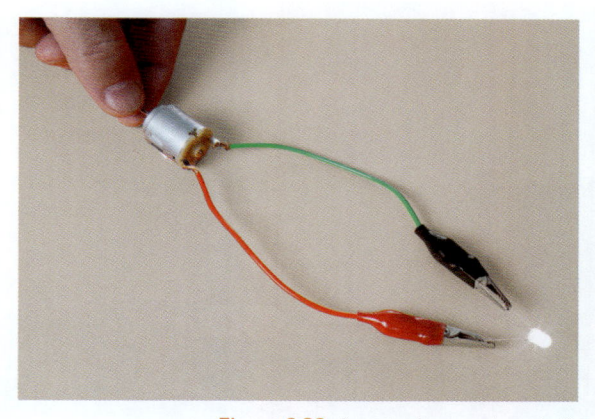

Figura 6.33: Arranjo do experimento 2.

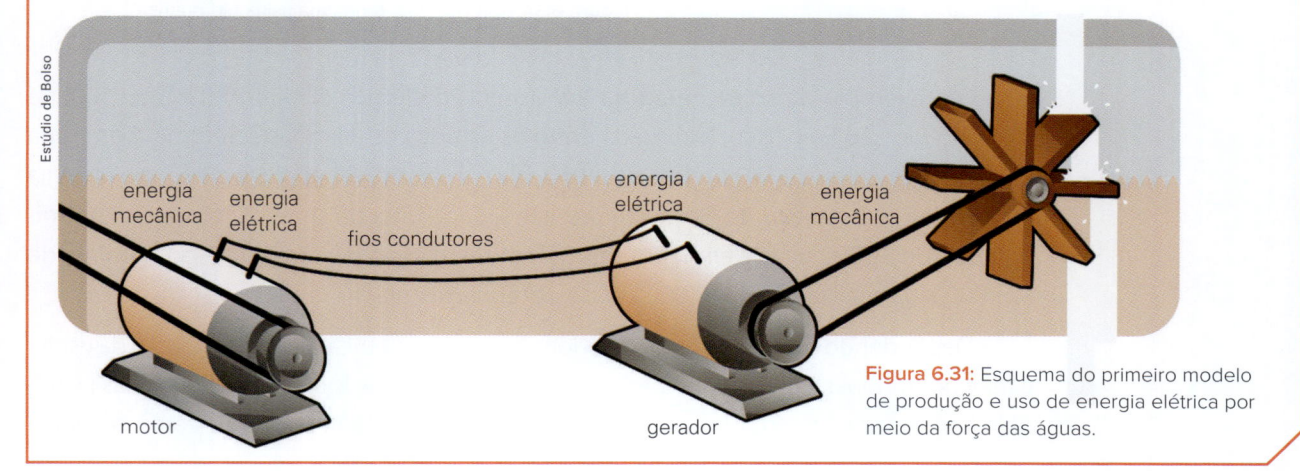

energia mecânica · energia elétrica · fios condutores · energia elétrica · energia mecânica

motor · gerador

Figura 6.31: Esquema do primeiro modelo de produção e uso de energia elétrica por meio da força das águas.

3.2. Centrais elétricas

O mecanismo de produção da energia elétrica que abastece as cidades tem como base o fenômeno de indução eletromagnética. O funcionamento de uma usina geradora de energia elétrica é essencialmente como o de um gerador simples (alternador), porém em maior escala e complexidade.

Nos geradores de uma central hidrelétrica, por exemplo, ocorre a transformação de energia potencial gravitacional das águas de uma represa em energia elétrica, manifestada pela corrente elétrica transmitida até nossa residência. Nesse processo, a água acumulada nos reservatórios passa por grandes dutos na base das barragens e põe as turbinas (grandes pás giratórias) em funcionamento. Os eixos dessas turbinas estão ligados a grandes alternadores elétricos, que, em essência, são equivalentes a espiras girando dentro de um campo magnético e responsáveis por transformar a energia cinética de rotação em energia elétrica. A frequência da tensão elétrica será a mesma da produzida pelo movimento da turbina, que pode ser definida previamente e controlada (Figura 6.34).

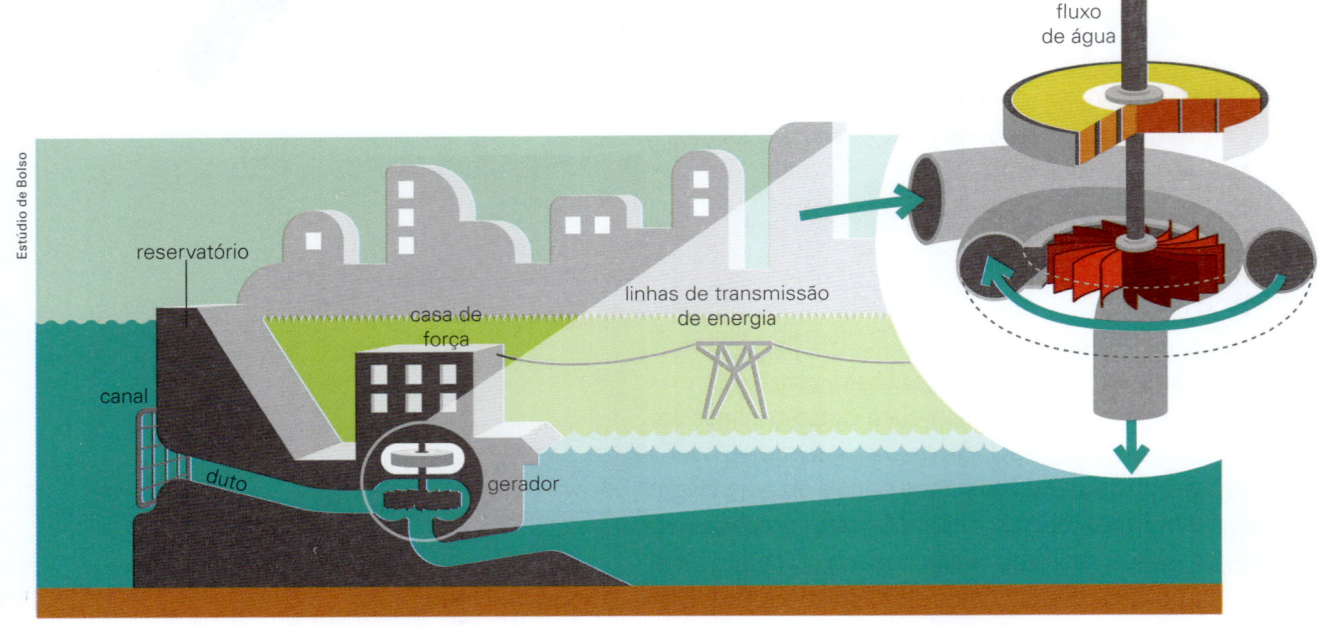

Figura 6.34: Representação de uma usina hidrelétrica.

Um exemplo de usina geradora é a Usina Hidrelétrica do Xingó (Figura 6.35), na Bacia do Rio São Francisco, localizada entre os estados de Alagoas e Sergipe. Com uma barragem de cerca de 140 metros de altura, ela é responsável por 25% de toda a energia consumida nos estados do Nordeste brasileiro. Cada uma de suas 12 comportas permite vazão de 33 000 m³/s e alimenta seis geradores, cada qual com potência nominal de 527 000 kW, totalizando 3 162 000 kW de potência instalada.

Dependendo do tipo da usina geradora de energia elétrica, a movimentação da espira é feita por turbinas, cujo movimento é obtido pela queda da água de barragens nas usinas hidrelétricas; por jatos de vapor de água nas usinas termelétricas ou nucleares; ou ainda pelo vento, movimento do ar, nas usinas eólicas. Independentemente do tipo de usina geradora, a ideia é sempre a mesma: faz-se variar o fluxo magnético em determinada região do espaço em que existe um circuito elétrico pronto para distribuir a corrente elétrica induzida. Essa corrente induzida é então aproveitada para o funcionamento de aparelhos elétricos. Nas usinas, por causa do grande porte dos elementos do gerador, não são utilizados ímãs permanentes, mas eletroímãs, que podem ter sua intensidade controlada.

Figura 6.35: Usina Hidrelétrica de Xingó. Foto de 2013.

Exercícios resolvidos

1. Quais são as principais diferenças entre dínamos e alternadores?
Dínamos e alternadores são dispositivos que geram energia elétrica por meio de energia mecânica. Dínamos geram correntes contínuas; alternadores geram correntes alternadas.

2. Em um arranjo experimental simples, uma bobina de n espiras, de área interna A, está inserida em um campo magnético uniforme de intensidade B, tendo suas extremidades conectadas a um voltímetro. Ela é posta a girar com uma frequência f em torno de seu eixo diametral perpendicular às linhas de indução de B. Expresse, em função das grandezas acima, a fem induzida ε lida no voltímetro.

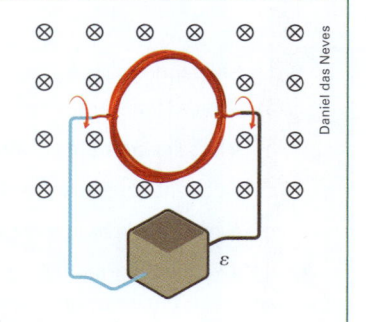

A lei de indução eletromagnética ou lei de Faraday relaciona justamente a tensão induzida (ε) com a variação do fluxo magnético ($\Delta\Phi$) que atravessa a espira em determinado intervalo de tempo (Δt).

A força eletromotriz induzida é dada por $\varepsilon = -\dfrac{\Delta\varphi}{\Delta t} = -\dfrac{B \cdot A}{\dfrac{T}{4}}$. A variação do fluxo de zero

até o máximo $B \cdot A$ ocorre em $\dfrac{1}{4}$ de período, ou seja, quatro vezes por volta: $\varepsilon = B \cdot A \cdot \dfrac{f}{4}$.

1. (Ufes) Uma espira gira, com velocidade angular constante, em torno do eixo AB, numa região onde há um campo magnético uniforme como indicado na figura.

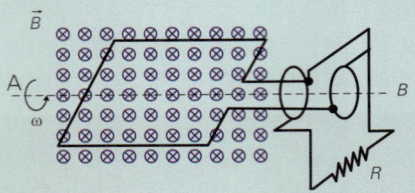

Pode-se dizer que

a) surge na espira uma corrente elétrica alternada.

b) surge na espira uma corrente elétrica contínua.

c) surge na espira uma força eletromotriz induzida constante.

d) surge na espira uma força eletromotriz, sem que corrente elétrica circule na espira.

e) a força eletromotriz na espira é nula.

2. (UFRN) Numa feira de ciências, Renata apresentou um dispositivo simples capaz de gerar energia elétrica. O dispositivo apresentado, conhecido como gerador homopolar, era constituído por um disco metálico girando com velocidade constante em um campo magnético constante e uniforme, cuja ação é extensiva a toda a área do disco, como mostrado na figura a seguir. Para ilustrar o aparecimento da energia elétrica no gerador, Renata conectou uma lâmpada entre a borda do disco e o eixo metálico de rotação.

Diagrama do gerador homopolar apresentado por Renata

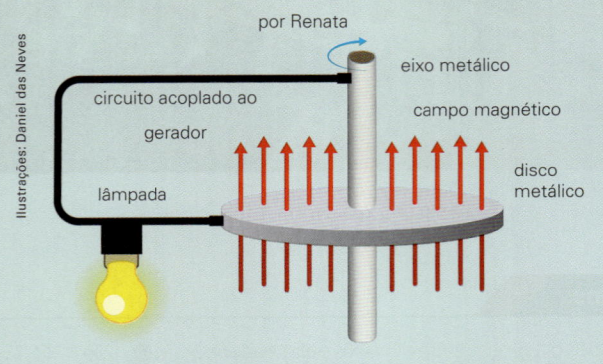

Considerando o dispositivo acima apresentado, é correto afirmar que

a) a força eletromotriz é originada devido à força de Lorentz.

b) a força eletromotriz é originada pela variação de fluxo magnético no disco.

c) a corrente que aparece no circuito acoplado ao gerador homopolar é alternada.

d) a intensidade da diferença de potencial no gerador depende do sentido de rotação do disco.

3. (UFV-MG) Um arame, dobrado em forma da letra U e com extremidades a e b, gira com velocidade angular ω em uma região onde existe um campo magnético uniforme B, perpendicular ao plano da página, como ilustrado a seguir.

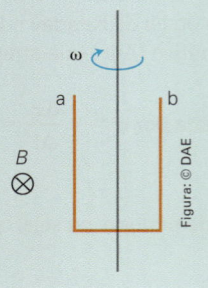

4. A transmissão da energia elétrica e a rede doméstica

CIÊNCIA, TECNOLOGIA, SOCIEDADE E AMBIENTE

Transformadores são equipamentos capazes de alterar os valores da tensão de circuitos elétricos com tensão e corrente alternadas, assim como os circuitos ligados aos geradores que vimos no item anterior.

A Figura 6.36 mostra as partes fundamentais do transformador: duas bobinas que devem ser superpostas e um núcleo opcional. A vantagem do núcleo, normalmente de material ferromagnético, é concentrar as linhas de campo magnético na região em que as duas bobinas se superpõem. O chamado circuito primário é onde se liga a **fonte de tensão**, e o secundário é onde se tem a **tensão transformada**.

transformador com núcleo

transformador sem núcleo

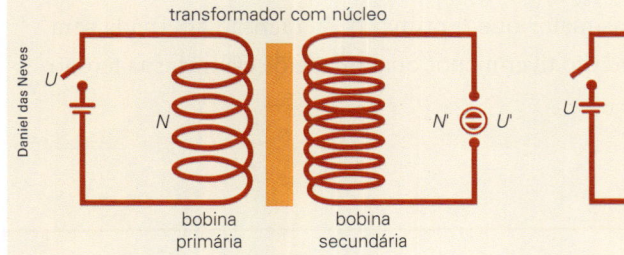
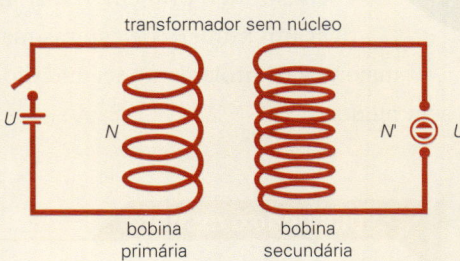

Daniel das Neves

bobina primária bobina secundária bobina primária bobina secundária

Figura 6.36: Partes fundamentais do transformador.

Para o funcionamento do transformador, deve-se trabalhar somente com tensão alternada. A tensão (U) aplicada pela fonte do circuito primário gera uma corrente alternada e consequentemente um fluxo magnético em sua bobina. O fato de a corrente ser alternada faz o fluxo variar; por isso, em cada uma de suas espiras, aparece uma tensão induzida (ε) na bobina.

Como o número total de espiras no primário é N, o fluxo magnético na primeira bobina será:

$$\varepsilon = N \cdot \frac{\Delta\Phi_1}{\Delta t} \Rightarrow \Delta\Phi_1 = \frac{\varepsilon \cdot \Delta t}{N}$$

No circuito secundário, ocorre algo semelhante: existe um fluxo magnético variável que também gera nas espiras de sua bobina uma corrente e tensão induzida (ε'). Só que no secundário o número de espiras é N' e temos:

$$\varepsilon' = N' \cdot \frac{\Delta\Phi_2}{\Delta t} \Rightarrow \Delta\Phi_2 = \frac{\varepsilon' \cdot \Delta t}{N'}$$

Para determinar o valor da tensão induzida, temos de trabalhar com os fluxos do campo magnético no interior de cada bobina, pois eles são iguais. Afinal, o fluxo gerado pela tensão alternada do primário é o que induz a tensão no secundário. Assim, sendo $\Delta\Phi_1 = \Delta\Phi_2$, temos:

$$\frac{\varepsilon \cdot \Delta t}{N} = \frac{\varepsilon' \cdot \Delta t}{N'}$$

$$\frac{\varepsilon}{N} = \frac{\varepsilon'}{N'}$$

Não podemos demonstrar com rigor, mas na situação estacionária, a tensão (U) aplicada pela fonte no circuito primário é igual à tensão total induzida (ε) em sua bobina. O mesmo acontecerá no secundário, cuja tensão de saída (U'), nas extremidades da segunda bobina, será igual ao valor da tensão induzida (ε') nele.

Isso permite reescrever a expressão acima como

$$\frac{U}{N} = \frac{U'}{N'} \Rightarrow \boxed{U' = U \cdot \frac{N'}{N}}$$

Figura 6.37: Joseph Henry (1797-1878).

O cientista estadunidense Joseph Henry (Figura 6.37) que em 1838 construiu o primeiro transformador, observou que, se o circuito secundário tiver um número de espiras maior que o primário, sua tensão alternada será maior. Se o enrolamento secundário tiver menor quantidade de espiras, sua tensão será menor.

Explorando o assunto

Vamos explorar o funcionamento de um transformador? Para isso, você vai precisar de:

- 1 lâmpada do tipo pingo d'água
- 1 LED de 3 V
- 2 m de fio de cobre esmaltado nº 22
- 1 pilha do tipo D (1,5 V)
- 1 prego ou parafuso grande

A pilha de 1,5 V é adequada para acender corretamente a lâmpada de lanterna (pingo-d'água); mas, se você tentar usar essa pilha para o LED, ele não vai acender. É aí que entra o transformador!

Pegue o fio de cobre e dê dez voltas no prego ou parafuso. Lembre-se de raspar as pontas para fazer o contato elétrico. Esse será o circuito primário de nosso transformador, no qual será ligada a pilha. Pegue outro pedaço de fio e enrole-o no mesmo prego ou parafuso, mas dê 30 voltas e também raspe as pontas. Esse será o circuito secundário do transformador; nele será ligado o LED (Figura 6.38).

No circuito primário, ligue e desligue a pilha algumas vezes e observe o LED. O que acontece? Surpreendentemente, ele pisca algumas vezes, apesar de o transformador não funcionar para a corrente contínua imposta pela pilha.

Acontece que, ao ligarmos os fios da bobina primária a uma fonte de tensão direta, como a pilha, de fato, a longo prazo, não observamos nada no circuito secundário e no LED. Isso porque rapidamente a corrente se estabiliza e o fluxo magnético nas bobinas torna-se constante. Contudo, nos instantes iniciais, o fluxo magnético passa de zero (antes de a pilha ser ligada) a um valor máximo, quando a corrente se estabiliza. Esses primeiros momentos são chamados de regime transitório, e o período seguinte de regime estacionário, quando a corrente se estabiliza. O Gráfico 6.1 mostra a variação da corrente nessas situações.

A tensão de saída do circuito secundário tem o comportamento oposto. No início, quando a corrente começa a percorrer o circuito primário, a tensão é máxima, uma vez que ela é mais intensa quanto maior for a variação do fluxo. Conforme a corrente se estabiliza, a variação do fluxo diminui até se tornar nula, assim como ocorre com a tensão induzida no circuito secundário e de saída (Gráfico 6.2).

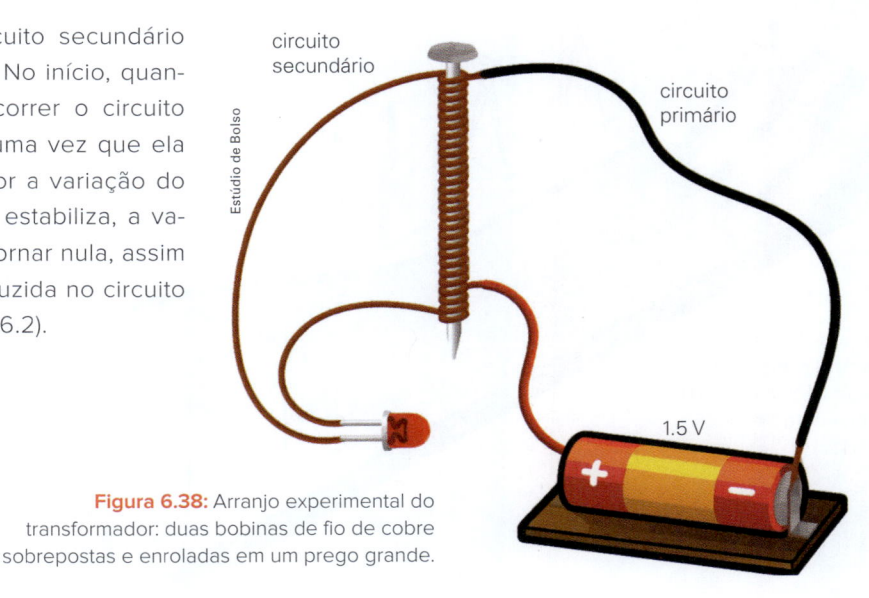

Figura 6.38: Arranjo experimental do transformador: duas bobinas de fio de cobre sobrepostas e enroladas em um prego grande.

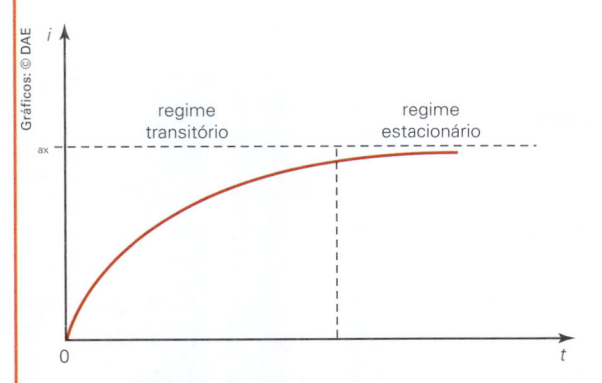

Gráfico 6.1: Corrente no circuito primário. Após o regime transitório, a corrente atinge um valor máximo e se estabiliza.

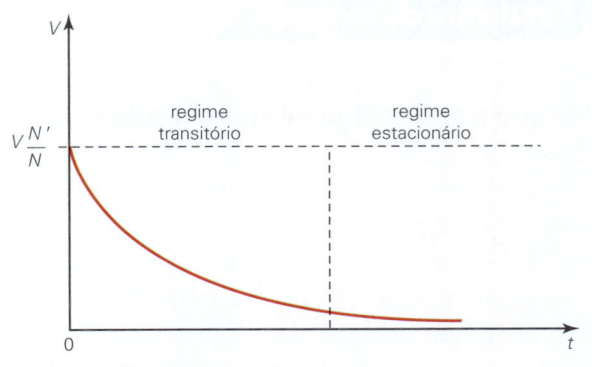

Gráfico 6.2: Variação da tensão no circuito secundário. A tensão parte de um valor máximo e diminui até se tornar nula.

Você já deve ter observado que a energia elétrica usada em sua casa é trazida através de fios e cabos condutores de uma rede elétrica pública, distribuídos por ruas, estradas e rodovias.

Essa transmissão tem início nas usinas geradoras de energia elétrica, onde a tensão produzida é de aproximadamente 10 kV. Depois, segue para uma subestação, que eleva a tensão até cerca de 700 kV, e, em seguida, é distribuída por torres de alta-tensão até outra subestação, que abaixa a tensão para cerca de só 14 kV. Na sequência, passa por linhas de média tensão até chegar aos transformadores localizados nos postes dos bairros. Como o nome já indica, os transformadores alteram a tensão da rede pública para os valores típicos das residências: 110 V e 220 V (Figura 6.39).

Os fios que chegam da rede pública passam então pelo relógio medidor do consumo de energia elétrica, conhecido como "relógio de luz". Depois são conectados ao quadro de distribuição elétrica, popularmente chamado "quadro de força" ou "quadro de luz", o qual distribui a energia elétrica pelos diversos circuitos da residência, compostos de tomadas e lâmpadas e da ligação do chuveiro (Figura 6.40).

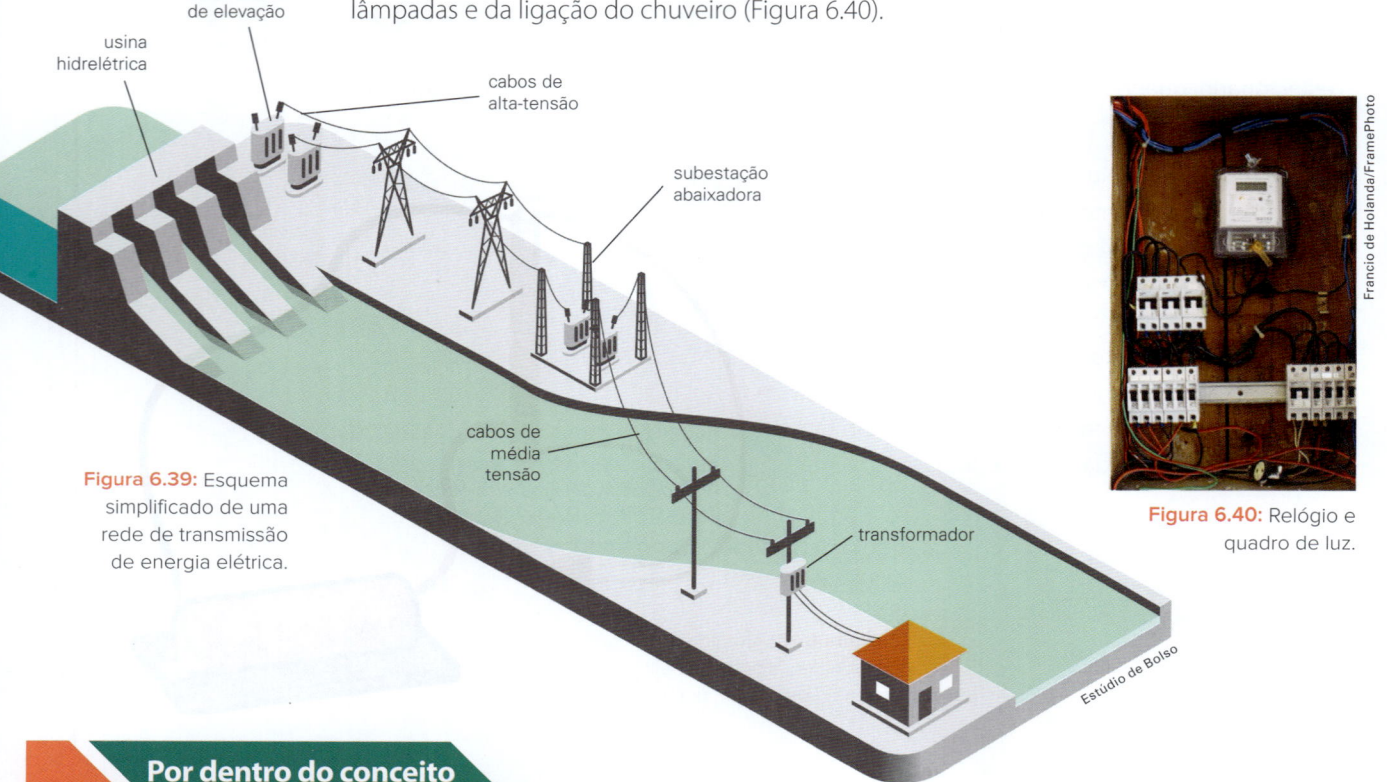

Figura 6.39: Esquema simplificado de uma rede de transmissão de energia elétrica.

Francio de Holanda/FramePhoto

Figura 6.40: Relógio e quadro de luz.

Estúdio de Bolso

Por dentro do conceito

Por que a eletricidade é transmitida com alta-tensão?

Conforme já vimos, a passagem de corrente elétrica por um condutor produz calor, fenômeno conhecido por efeito Joule. O calor perdido durante esse processo pode ser compreendido em relação à potência dissipada, obtida pela expressão $P = R \cdot i^2$. Portanto, para manter a potência constante, de forma a minimizar as perdas de energia elétrica por todo o trajeto, pode-se reduzir a resistência usando fios mais grossos, porém mais caros e pesados, ou então diminuindo a corrente.

Lembrando também que $P = i \cdot U$, deduzimos que, para um valor constante de potência, basta elevar a tensão para valores muito altos. Consequentemente, a corrente será muito pequena e, portanto, o efeito Joule será mínimo.

A grande vantagem do uso da corrente alternada é a possibilidade de diminuir as perdas quando se transporta a energia elétrica, por meio de corrente elétrica, a longas distâncias. Para ter certeza disso, é preciso lembrar que a potência (energia por tempo) em um gerador pode ser escrita da seguinte forma:

$$P_{gerador} = i \cdot U$$

Nessa expressão, U é a tensão elétrica e i é a corrente que percorre o circuito.

Como em todo circuito, a propagação da corrente implica que parte da energia elétrica seja convertida em calor por causa do efeito Joule associado à resistência elétrica. A potência dissipada pode ser expressa pela expressão:

$$P_{dissipada} = R \cdot i^2$$

Assim, efetivamente, a potência útil em nossa residência é igual a:

$$P_{útil} = P_{gerador} - P_{dissipada} = i \cdot U - R \cdot i^2$$

Nessa expressão, R é a resistência de toda a malha de transmissão.

Imagine agora que um gerador elétrico, situado numa hidrelétrica, transmita energia, por meio de fios condutores, para um centro consumidor a milhares de quilômetros de distância.

Como a resistência do fio é diretamente proporcional a seu comprimento, podemos admitir que a resistência total dos cabos de transmissão é muito grande, visto que eles abrangem grandes extensões. Por isso, a potência dissipada também é elevada.

No entanto, é possível reduzir as perdas de energia diminuindo o efeito Joule que ocorre nos fios condutores pela passagem da corrente. Basta, para isso, que a transmissão seja feita com correntes de baixa intensidade. Mantendo constante a energia (potência) transmitida, podemos diminuir a intensidade de corrente no circuito aumentando a tensão na mesma proporção. Alterar valores de tensão elétrica é justamente a função de um transformador.

Dessa forma, na maioria das linhas de transmissão, a potência elétrica apresenta alta-tensão e baixa corrente. Por essas alterações intencionais e controladas, o valor da tensão elétrica varia muito desde sua produção em uma usina (~10000 V), passando pelas linhas de alta-tensão (~700000 V), na fiação das ruas (~600 V), até chegar às tomadas de nossa residência ou da escola (110 V ou 220 V), por exemplo. O esquema da Figura 6.39 indica como a tensão é elevada na saída da usina hidrelétrica, na subestação elevadora de tensão, transmitida em alta-tensão e rebaixada em dois momentos antes de chegar aos consumidores, um na subestação rebaixadora de tensão e outro nos transformadores nos postes da rede municipal.

Uma das características mais marcantes da rede elétrica, cuja função é distribuir a energia elétrica produzida nas usinas por todo o país, é o fato de a tensão ser alternada, isto é, variar periodicamente entre um valor máximo e um mínimo, repetindo essa variação 60 vezes por segundo (60 Hz). Se acoplarmos um osciloscópio, aparelho eletrônico capaz de realizar diversas medidas elétricas, a uma tomada residencial, veremos que o comportamento da tensão elétrica em função do tempo é como uma função senoidal (Figura 6.41). O valor da tensão alterna-se a cada 1/120 s entre os valores de ±155 V. Mas, se a tensão alcança um valor máximo de 155 V, como podemos então ligar aparelhos especificados como 110 V?

Nesse caso, a tensão de 110 V é chamada tensão eficaz (U_{eficaz}), que é supostamente constante e resulta da comparação do funcionamento do aparelho num circuito de corrente alternada e num circuito de corrente contínua. Isso significa que esse aparelho pode ser ligado a uma rede de corrente alternada cuja tensão varia do valor máximo de tensão ($U_{máx}$) a zero, em que $U_{máx} = \sqrt{2} \cdot U_{eficaz}$.

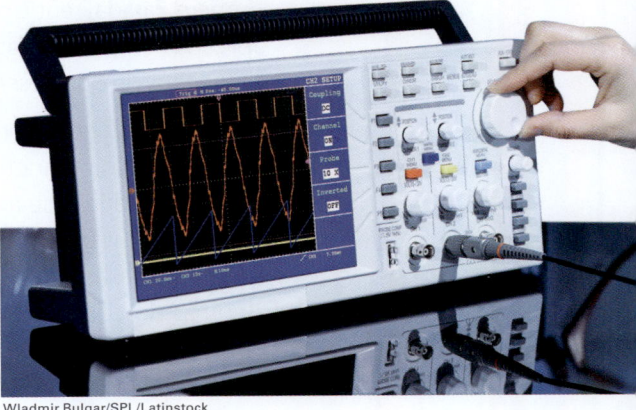

Figura 6.41: Osciloscópio acoplado a uma tomada residencial indicando variação da tensão em função do tempo.

Wladmir Bulgar/SPL/Latinstock

A tensão elétrica numa tomada é, portanto, extremamente variável, mudando de sinal (de +155 V para −155 V) a cada 1/120. Dessa forma, o funcionamento de muitos aparelhos depende tanto da tensão como da frequência. Por exemplo, um aparelho comprado em dado lugar onde a tensão é de 110 V e 50 Hz pode não funcionar em outra rede elétrica cuja tensão é de 110 V e 60 Hz, ainda que sejam usados transformadores.

Vimos que a corrente elétrica gerada por um simples alternador ou por uma usina geradora de energia é alternada. Como a corrente é uma manifestação da diferença de potencial, a explicação da corrente alternada está no fato de a tensão gerada (induzida) pela indução eletromagnética variar conforme a orientação da espira com o campo magnético externo.

Na Figura 6.42, observe que o número de linhas de campo magnético que atravessam a bobina quando esta gira no campo magnético não é constante, variando com o tempo. Quanto mais intensa a variação do fluxo magnético no interior da bobina, maior a tensão induzida. Com a rotação contínua da bobina, o fluxo magnético ora aumenta, ora diminui, pois ora aumenta o número de linhas de campo em seu interior, ora diminui. Essa variação induz uma tensão alternada de mesma frequência que a rotação da bobina.

Assim, concluímos que os princípios científicos básicos associados ao funcionamento de motores, geradores e transformadores já estavam disponíveis nos trabalhos sobre indução eletromagnética desenvolvidos nas primeiras décadas do século XIX. Mas, nesse campo, ocorreu o oposto do que aconteceu com as máquinas térmicas. Os engenheiros do século XVIII foram capazes de construir máquinas térmicas e colocá-las para funcionar antes que seus princípios científicos tivessem sido determinados, o que se verificou tempos depois com os trabalhos de Sadi Carnot e outros.

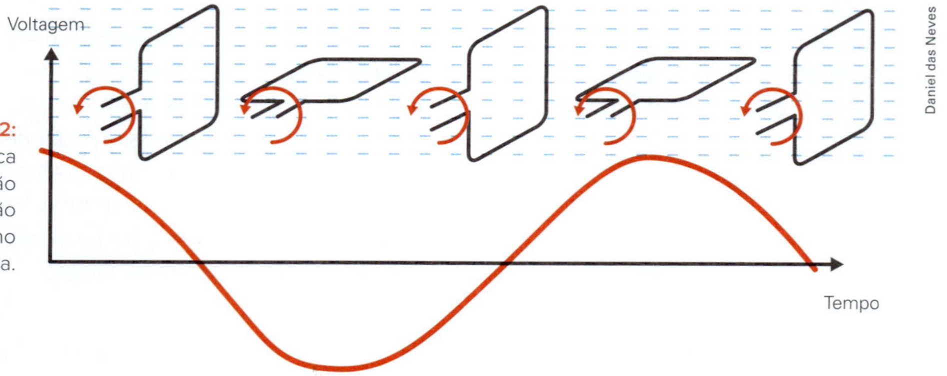

Figura 6.42: Representação gráfica da variação da tensão associada à variação do fluxo magnético no interior da bobina.

No caso dos dispositivos elétricos, o uso comercial e tecnológico tornou-se comum cerca de 50 anos depois que as bases científicas do eletromagnetismo, lançadas por Oersted, Ampère, Faraday, entre outros, foram construídas. Foi necessário o investimento de pesquisas aplicadas, empreendidas por inventores algumas vezes mais interessados em obter proveitos financeiros do que desenvolvimento científico.

É importante dizer que, para uso social, não bastava ter apenas uma espira que girasse em um campo magnético para obter um motor ou gerador. Um motor para uso industrial, como nas fábricas de roupas e em elevadores para prédios, precisaria de muitas melhorias para ser construído em larga escala. Do mesmo modo, um gerador não deveria apenas acender uma lâmpada, mas ser capaz de iluminar toda uma cidade. Podemos até dizer que algumas descobertas parecem ter sido lances de sorte, mas revelam como havia pessoas perspicazes e intuitivas trabalhando com o tema. Assim, por trás do sucesso do uso industrial da energia elétrica, está o empenho de cientistas, inventores e empreendedores.

1. Um transformador tem 300 espiras no enrolamento primário e 6 000 no secundário. Qual será a tensão obtida nos terminais do secundário se o primário for conectado a uma tensão contínua de 110 V? E se for conectado a uma tensão alternada desse valor?

Quando os terminais de um transformador são conectados a uma tensão contínua, a tensão obtida no outro terminal é nula, pois a variação do fluxo magnético é o agente responsável pelo aparecimento de tensão induzida. Na segunda conexão, a tensão induzida é proporcional à relação entre o número de espiras no primário e no secundário:

$$\frac{N_1}{N_2} = \frac{N_2}{U_2} \Rightarrow \frac{300}{6\,000} = \frac{110}{U_2} \Rightarrow U_2 = 110 \cdot 20 = 2\,200\ \text{V}$$

2. Em um transformador, o enrolamento primário é constituído por 500 espiras, e o secundário, por 2 000 espiras. A potência gerada pelo primário é de 6,0 kW quando sujeito a uma tensão alternada de 120 V. Determine a intensidade da corrente elétrica em cada enrolamento.

A corrente através do primário é obtida por:

$$i = \frac{P}{U_2} = \frac{6\,000}{120} = 50\ \text{A}$$

A tensão nos terminais do secundário é obtida pela relação:

$$\frac{U_s}{N_s} = \frac{U_P}{N_P} \rightarrow \frac{U_s}{2\,000} = \frac{120}{500} \rightarrow U_s = 480\ \text{V}$$

A potência gerada no primário é totalmente transferida ao secundário. Portanto:

$$i = \frac{6\,000}{480} = 12,5\ \text{A}$$

1. A relação de transformação de um transformador é de 20:1 (ou seja, há 20 vezes mais espiras no primário do que no secundário). A tensão no primário é de 5 000 V. Qual é a tensão no secundário?

2. (Uerj) O supermercado dispõe de um transformador de energia elétrica que opera com tensão de 8 800 V no enrolamento primário e tensões de 120 V e 220 V, respectivamente, nos enrolamentos secundários 1 e 2.

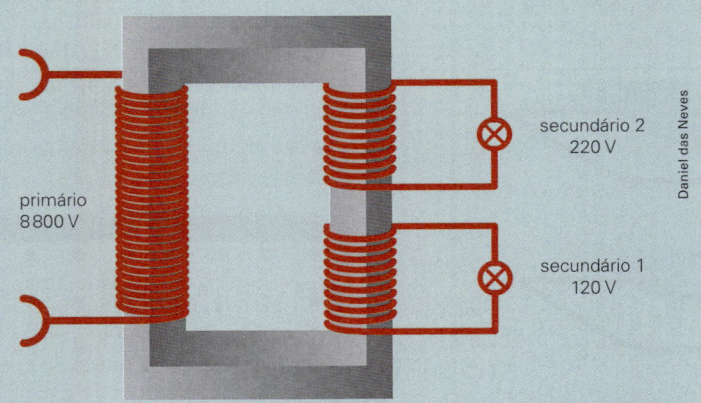

primário
8 800 V

secundário 2
220 V

secundário 1
120 V

Daniel das Neves

Considere que os valores das tensões sejam eficazes e que o transformador seja ideal.

a) Determine a relação entre o número de espiras no enrolamento primário e no secundário 2.

b) Sabendo que a potência no enrolamento primário é de 81 000 W e que a corrente no secundário 2 é 150 A, calcule a corrente elétrica no enrolamento secundário 1.

Exercícios finais

1. Uma barra retilínea, rígida e condutora de corrente, encontra-se pendurada por suas extremidades em dois fios condutores e flexíveis, como ilustra o esquema a seguir. A barra tem parte de seu comprimento imerso em um ímã em forma de ferradura.

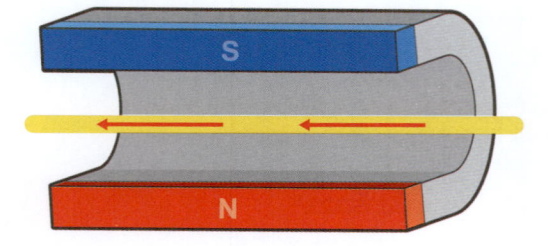

Determine a direção e o sentido da força magnética que passa a atuar sobre a barra quando ela é percorrida por uma corrente contínua no sentido indicado.

2. Determine o sentido da corrente elétrica que percorre o fio do esquema sabendo que a força magnética que age sobre ele é dirigida para cima.

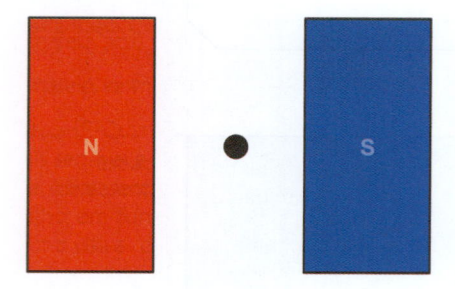

3. (UFMG) Uma bateria, ligada a uma placa metálica, cria, nesta, um campo elétrico E, como mostrado na figura I. Esse campo causa movimento de elétrons na placa.

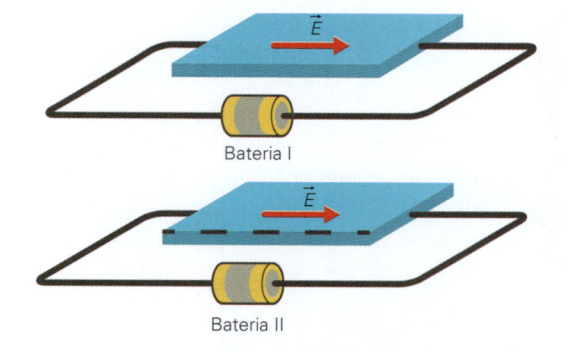

Bateria I

Bateria II

Se essa placa for colocada em uma região onde existe determinado campo magnético B, observa-se que elétrons se concentram em um dos lados dela, como mostrado na figura II.

Com base nessas informações, assinale a alternativa em que melhor estão representados a direção e o sentido do campo magnético existente nessa região.

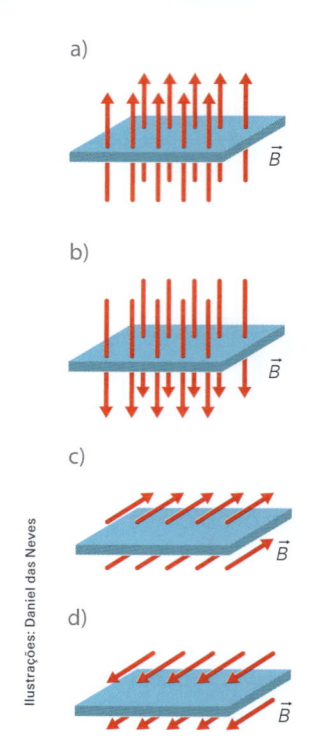

a)

b)

c)

d)

4. (UnB-DF) O funcionamento de alguns instrumentos de medidas elétricas, como, por exemplo, o galvanômetro, baseia-se no efeito mecânico que os campos magnéticos provocam em espiras que conduzem correntes elétricas, produzindo o movimento de um ponteiro que se desloca sobre uma escala. O modelo adiante mostra, de maneira simples, como campos e correntes provocam efeitos mecânicos. Ele é constituído por um fio condutor, de comprimento igual a 50 cm, suspenso por uma mola de constante elástica igual a 80 N/m e imerso em um campo magnético uniforme, de intensidade B igual a 0,25 T, com direção perpendicular ao plano desta folha e sentido de baixo para cima, saindo do plano da folha.

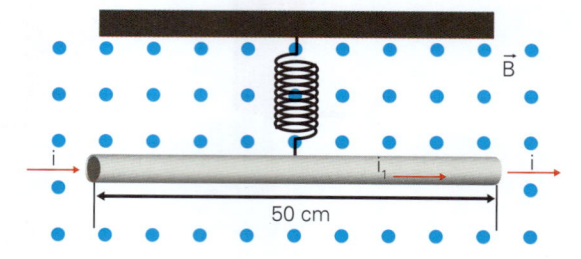

Calcule, em ampères, a corrente elétrica i que deverá percorrer o condutor, da esquerda para a direita, para que a mola seja alongada em 2,0 cm, a partir da posição de equilíbrio estabelecida com corrente nula. Desconsidere a parte fracionária do seu resultado, caso exista.

5. (UFRGS-RS) Um segmento retilíneo de fio conduz uma corrente elétrica i, em uma região onde existe um campo magnético uniforme $\vec{B}$ vetorial. Devido a este campo magnético, o fio fica sob o efeito de uma força de módulo F, cuja direção é perpendicular ao fio e à direção $\vec{B}$.

Se duplicarmos as intensidades do campo magnético e da corrente elétrica, mantendo inalterados todos os demais fatores, a força exercida sobre o fio passará a ter módulo

a) $8F$

b) $4F$

c) F

d) $F/4$

e) $F/8$

6. (PUC-RS) A figura abaixo representa um fio metálico longo e retilíneo, conduzindo corrente elétrica i, perpendicularmente e para fora do plano da figura. Um próton move-se com velocidade v, no plano da figura, conforme indicado.

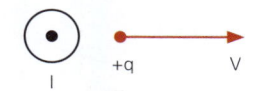

A força magnética que age sobre o próton é

a) paralela ao plano da figura e para a direita.

b) paralela ao plano da figura e para a esquerda.

c) perpendicular ao plano da figura e para dentro.

d) perpendicular ao plano da figura e para fora.

e) nula.

7. (Ufscar-SP) Quatro fios, submetidos a correntes contínuas de mesma intensidade e sentidos indicados na figura, são mantidos separados por meio de suportes isolantes em forma de X, conforme figura 1.

Observe as regiões indicadas, conforme figura 2.

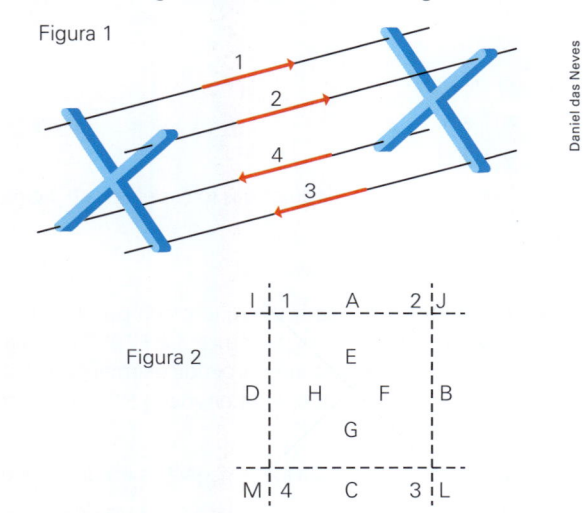

Figura 1

Figura 2

Daniel das Neves

Entre dois suportes, os fios 1, 2, 3 e 4 tendem a se movimentar, respectivamente, para as seguintes regiões do espaço:

a) A; A; C; C

b) E; E; G; G

c) D; B; B; D

d) A; B; C; E

e) I; J; L; M

8. (PUC-MG) Na figura o condutor retilíneo longo possui resistência de 3 ohms e está ligado a uma fonte de 12,0 V. Próximo existe um segundo condutor de comprimento 10 cm, que é percorrido por uma corrente de 0,1 A, paralelo ao primeiro. O sentido da corrente no condutor 2 está indicado na figura. (Dado: permeabilidade magnética do vácuo = $4\pi \cdot 10^{-7}$ Tm/A.)

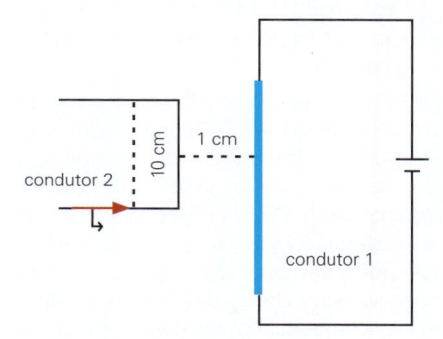

A força do campo magnético sobre o condutor 2 é de:

a) $8\pi \cdot 10^{-7}$ N para a direita

b) $6 \cdot 10^{-5}$ N para a esquerda

c) $8 \cdot 10^{-7}$ N para a esquerda

d) $12 \cdot 10^{-4}$ N para cima

9. Um solenoide de perfil quadrado é percorrido por uma corrente constante no sentido anti-horário, como indica a figura. Uma partícula α (núcleo do átomo de hélio) é lançada para seu interior perpendicularmente a um de seus lados. Esboce em seu caderno a trajetória que essa partícula deve tomar em virtude da força magnética que deve agir sobre ela.

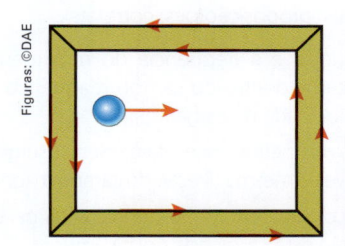

Figuras: ©DAE

10. (UFPE) A figura mostra a trajetória semicircular de uma partícula carregada que penetra, através do ponto P, numa região de campo magnético uniforme B perpendicular à página. Podemos afirmar:

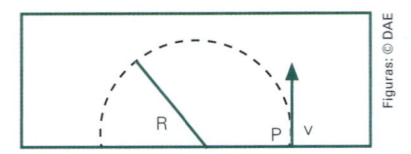

a) O campo B tem sentido para fora da página independentemente do sinal da carga.

b) O campo B tem sentido para dentro da página independentemente do sinal da carga.

c) A carga é positiva e o campo B aponta para fora da página.

d) A carga é negativa e o campo B tem sentido para dentro da página.

e) A carga é negativa e o campo B tem sentido para fora da página.

11. (UFSC) Em alguns anos, as futuras gerações só ouvirão falar em TVs ou monitores CRT por meio dos livros, internet ou museus. CRT, do inglês *cathode ray tube*, significa tubo de raios catódicos. Graças ao CRT, Thomson, em sua famosa experiência de 1897, analisando a interação de campos elétricos e magnéticos com os raios catódicos, comprovou que estes raios se comportavam como partículas negativamente carregadas. As figuras abaixo mostram, de maneira esquemática, o que acontece quando uma carga de módulo de 3 μC passa por uma região do espaço que possui um campo magnético de 6π T. A carga se move com uma velocidade de 12 · 10⁴ m/s, em uma direção que faz 60° com o campo magnético, o que resulta em um movimento helicoidal uniforme, em que o passo desta hélice é indicado na figura da direita pela letra d.

(Dado: massa da carga = 3 · 10⁻¹² kg.)

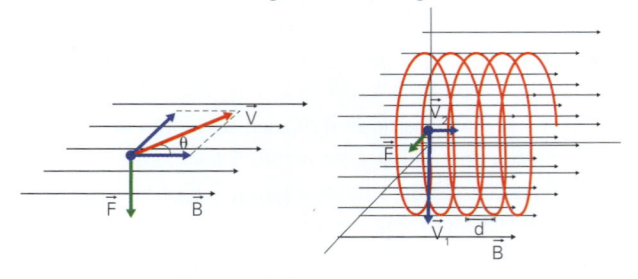

Assinale a(s) proposição(ões) correta(s).

01. O período e a frequência do movimento descrito pela carga dentro do campo magnético dependem da velocidade da carga.

02. A força magnética sobre a carga elétrica surge quando ela se move na mesma direção do campo magnético.

04. De acordo com os desenhos, a carga elétrica em questão está carregada positivamente.

08. O passo da hélice gerado pelo movimento da carga no campo magnético vale 2 · 10⁻² m.

16. No tempo de um período, a partícula tem um deslocamento igual a zero.

32. Aumentando a intensidade do vetor indução magnética, o raio da trajetória descrita pela partícula diminui na mesma proporção.

12. (Fuvest-SP) Partículas com carga elétrica positiva penetram em uma câmara em vácuo, onde há, em todo seu interior, um campo elétrico de módulo E e um campo magnético de módulo B, ambos uniformes e constantes, perpendiculares entre si, nas direções e sentidos indicados na figura. As partículas entram na câmara com velocidades perpendiculares aos campos e de módulos V_1 (grupo 1), V_2 (grupo2) e V_3 (grupo 3). As partículas do grupo 1 têm sua trajetória encurvada em um sentido, as do grupo 2, em sentido oposto, e as do grupo 3 não têm trajetória desviada. A situação está ilustrada na figura a seguir:

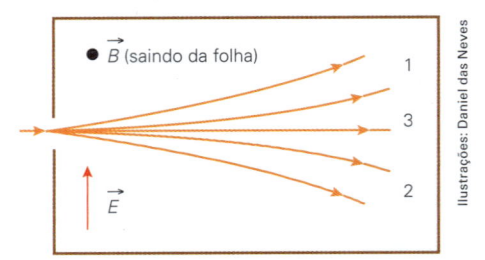

Considere as seguintes afirmações sobre as velocidades das partículas de cada grupo:

I. $V_1 > V_2$ e $V_1 > \dfrac{E}{B}$

II. $V_1 < V_2$ e $V_1 < \dfrac{E}{B}$

III. $V_3 = \dfrac{E}{B}$

Está correto apenas o que se afirma em

a) I.

b) II.

c) III.

d) I e III.

e) II e III.

Note e adote: Os módulos das forças elétrica (F_E) e magnética (F_M) são:

$$F_E = qE \qquad F_M = qVB$$

13. Admita que uma partícula α, formada por 2 prótons e 2 nêutrons, tenha carga elétrica 3,2 · 10⁻¹⁹ C e massa 6,6 · 10⁻²⁷ kg, e penetre perpendicularmente às linhas de indução do campo de intensidade 5,0 · 10⁻⁴ T, com velocidade de 5,0 · 10⁶ m/s.

a) Que intensidade da força magnética ela deve sofrer?

b) Que raio da trajetória circular a partícula descreverá?

14. (Fuvest-SP) Uma partícula de carga $q > 0$ e massa m, com velocidade de módulo v e dirigida ao longo do eixo x no sentido positivo (veja figura adiante), penetra, através de um orifício, em O, de coordenadas $(0,0)$, numa caixa onde há um campo magnético uniforme de módulo B, perpendicular ao plano do papel e dirigido "para dentro" da folha.

Sua trajetória é alterada pelo campo, e a partícula sai da caixa passando por outro orifício, P, de coordenadas (a,a), com velocidade paralela ao eixo y. Percorre, depois de sair da caixa, o trecho PQ, paralelo ao eixo y, livre de qualquer força. Em Q sofre uma colisão elástica, na qual sua velocidade é simplesmente invertida, e volta pelo mesmo caminho, entrando de novo na caixa, pelo orifício P. A ação da gravidade nesse problema é desprezível.

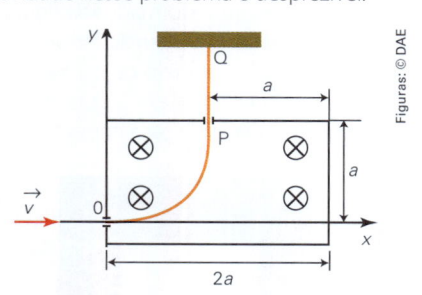

Figuras: © DAE

a) Localize, dando suas coordenadas, o ponto onde a partícula, após sua segunda entrada na caixa, atinge pela primeira vez uma parede.

b) Determine o valor de v em função de B, a e $\dfrac{q}{m}$.

15. (UFU-MG) Um objeto de massa M, carregado com uma carga positiva $+Q$, cai devido à ação da gravidade e passa por uma região próxima do polo norte (N) de um ímã, conforme mostra figura a seguir.

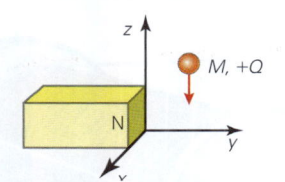

De acordo com o sistema de eixos representado acima, assinale a alternativa que contém a afirmativa correta.

a) O objeto sofrerá um desvio no sentido positivo do eixo y, devido à presença do campo magnético na região.

b) O objeto cairá verticalmente, não sofrendo desvio algum até atingir o solo, pois campos gravitacionais e magnéticos não interagem.

c) O objeto sofrerá um desvio no sentido positivo do eixo x, devido à presença do campo magnético na região.

d) O objeto sofrerá um desvio no sentido negativo do eixo x, devido à presença do campo magnético na região.

16. Um motor elétrico tem um enrolamento de 500 espiras sobrepostas, de formato quadrado de 10 cm por 10 cm, que giram em torno de um eixo que passa pelo ponto médio de lados opostos. Ao ficarem dispostas paralelamente a um campo magnético de $5,0 \cdot 10^{-2}$ T, são percorridas por uma corrente de 2,0 A. Determine o momento resultante sobre o sistema na situação proposta.

17. O solenoide retangular de um motor elétrico é composto de 100 espiras de 5,0 cm por 8,0 cm capazes de girar em torno de um eixo paralelo aos lados de maior comprimento. A resistência elétrica desse enrolamento é de 48 Ω. Uma tensão contínua de 12 V é estabelecida entre os terminais do solenoide quando disposto paralelamente às linhas de indução do campo de $2,5 \cdot 10^{-2}$ T de intensidade.

Determine o momento resultante no binário estabelecido inicialmente nesse solenoide.

18. Um motor é constituído por 40 m de fio enrolado na forma de 100 espiras quadradas de 10 cm de lado. A bitola (espessura) do fio conta com 0,2 mm de diâmetro, e a resistividade do material do fio vale $1,0 \cdot 10^{-8}$ Ωm. Inicialmente essa bobina está disposta paralelamente às linhas de indução do campo magnético de $1,0 \cdot 10^{-2}$ T de intensidade.

Calcule o torque resultante sobre o binário formado pelas forças magnéticas que agem sobre o fio quando submetido a uma tensão de 12 V em seus terminais. Use $\pi = 3$.

19. (UEL-PR) Vivemos num mundo em que a eletricidade faz parte da nossa experiência diária. A energia elétrica é facilmente transformada em outras formas de energia, como nos aquecedores, nos liquidificadores, nos aparelhos de som, nos elevadores etc.

Um dispositivo utilizado para obtenção da energia elétrica é o alternador. Em sua forma mais simples, um alternador consiste numa espira em forma de retângulo que fica imersa num campo magnético, girando em torno de um eixo perpendicular às linhas desse campo.

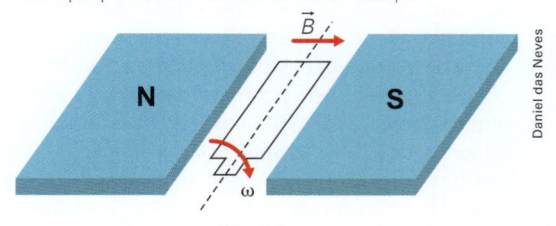

Daniel das Neves

É correto afirmar que a energia elétrica obtida no alternador, num certo intervalo de tempo,

a) não depende da velocidade de rotação ω da espira.

b) varia na razão inversa da variação da intensidade do campo magnético.

c) não depende da intensidade do campo magnético.

d) cresce com o aumento da velocidade de rotação ω da espira.

e) não depende das dimensões da espira.

Exercícios finais

20. (UFRN) Ao término da sua jornada de trabalho, Pedro Pedreiro enfrenta com serenidade a escuridão das estradas em sua bicicleta porque, a fim de transitar à noite com maior segurança, ele colocou em sua bicicleta um dínamo que alimenta uma lâmpada de 12 V.

Num dínamo de bicicleta, a parte fixa (estator) é constituída de bobinas (espiras), onde é gerada a corrente elétrica, e de uma parte móvel (rotor), onde existe um ímã permanente, que gira devido ao contato do eixo do rotor com o pneu da bicicleta.

Figura I - parte dianteira da bicicleta

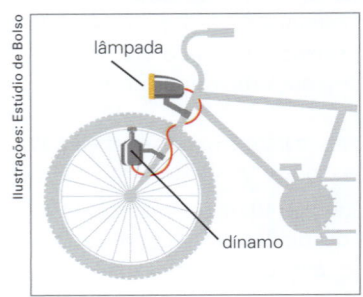

Figura II - representação esquemática, em um dado instante, do dínamo visto por dentro

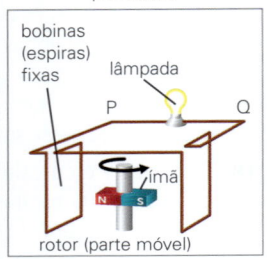

Com base na descrição acima e com o auxílio de conhecimentos de Física, pode-se afirmar:

a) A energia por unidade de tempo emitida pela lâmpada mostrada na figura I não depende da velocidade da bicicleta.

b) No instante representado na figura II, o sentido correto da corrente elétrica induzida é do ponto Q para o ponto P.

c) A conversão de energia mecânica em energia elétrica ocorre devido à variação temporal do fluxo magnético nas espiras (figura II).

d) A velocidade angular do rotor (figura II) tem que ser igual à velocidade angular do pneu da bicicleta (figura I), para a lâmpada funcionar.

21. (UnB-DF) Após ser eleito, um deputado federal mudou-se da cidade do Rio de Janeiro para Brasília. Aqui chegando, constatou a necessidade de adquirir transformadores para poder utilizar os seus eletrodomésticos na nova residência, já que a diferença de potencial, também chamada de tensão elétrica, é de 110 V, nas residências da cidade de origem, e de 220 V, nas residências de Brasília.

Um transformador é um equipamento que permite a modificação da tensão aplicada aos seus terminais de entrada, podendo produzir, nos terminais de saída, uma tensão maior ou menor do que a de entrada. Do ponto de vista construtivo por duas bobinas independentes, enroladas sobre um núcleo de ferro. A bobina ligada à fonte de tensão (tomada residencial) é chamada de "primária" e a bobina ligada aos eletrodomésticos, de "secundária".

Com o auxílio das informações contidas no texto e focalizando o transformador ligado a uma tomada para fornecer energia à geladeira da família do deputado, julgue os itens seguintes.

0. Ao alimentar a geladeira, o transformador converte energia elétrica em energia mecânica.

1. A potência que a bobina secundária do transformador fornece à geladeira é maior do que a potência que a bobina primária recebe.

2. Mesmo nos períodos em que a geladeira estiver desligada, haverá corrente elétrica circulando na bobina primária do transformador.

3. Suponha que o transformador seja desconectado da tomada e que sua bobina de 220 V seja conectada a um conjunto de 20 baterias de automóvel, de 12 V, ligadas em série. Nessa situação, a geladeira será alimentada com uma tensão igual a 120 V e funcionará normalmente.

22. (ITA-SP) Considere o transformador da figura, onde V_p é a tensão no primário, V_s é a tensão no secundário, R um resistor, N_1 e N_2 são o número de espiras no primário e secundário, respectivamente, e S uma chave. Quando a chave é fechada, qual deve ser a corrente I_p no primário?

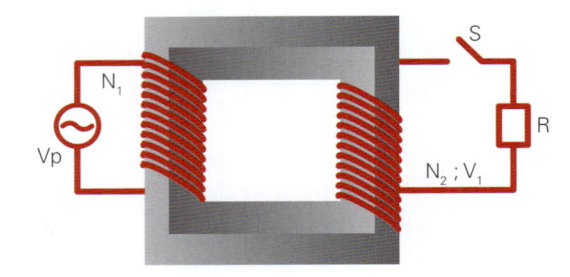

23. Um gerador de formato cilíndrico e espiras de 20 cm de raio é submetido a um campo magnético cuja intensidade varia de 1,5 T a zero em 0,05 s, como mostra a figura. O gerador pesa 150 N e está apoiado em 2 suportes quadrados de 0,5 m de lado cada.

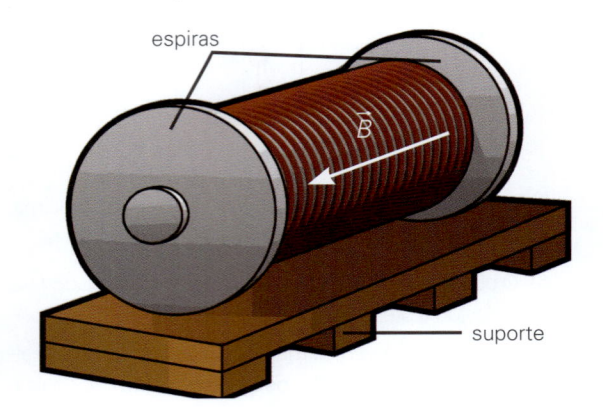

a) Determine a pressão, em N/m², exercida pelos suportes sobre o chão.

b) Determine a fem induzida em seus terminais no intervalo de tempo mencionado.

PESQUISE, PROPONHA E DEBATA

Eletricidade no Brasil e a rede de transmissão local

Mesmo que a produção da energia elétrica em grande escala já tenha cerca de 100 anos, ainda hoje há muitas regiões do país que não dispõem desse serviço. O objetivo desta atividade é investigar a universalização da energia elétrica em nosso país e sua disponibilidade no futuro. Para tanto, propomos uma pesquisa orientada para ampliarmos o conhecimento sobre geração, distribuição e utilização da energia elétrica no Brasil.

Faça uma pesquisa recorrendo a livros, manuais de instalação elétrica e bons *sites* ou procure algum profissional que possa ajudá-lo. Relatórios de agências governamentais, disponíveis na internet, são muito úteis.

Parte I – História do uso da energia elétrica no Brasil

Durante a pesquisa, tente levantar as seguintes informações:

1. Onde e quando foi instalada a primeira hidrelétrica? E a primeira termelétrica?

2. Onde e quando foi instalado o primeiro sistema de iluminação pública?

3. Quais foram as primeiras usinas geradoras e distribuidoras de energia elétrica de nosso país?

4. Que tipos de usina de produção de energia elétrica temos em nosso país? Qual é o mais abundante?

5. Pesquise quais são as atuais usinas geradoras e distribuidoras de energia elétrica de nosso país e faça um mapa do Brasil ou uma tabela por regiões indicando a localização de estados e municípios abastecidos por elas.

6. Como você avalia o acesso à energia elétrica no Brasil?

Em grupo, analise o material obtido e com suas informações organize uma linha do tempo buscando associar fatos que permitam localizar historicamente a produção e o uso da energia elétrica no Brasil. Procure relacionar os hábitos e os acontecimentos de cada época com a disponibilidade da energia elétrica – por exemplo, a Independência do Brasil, a Proclamação da República, a Primeira Guerra Mundial, entre outros.

Parte II – Rede de transmissão local

Agora vamos ampliar o conhecimento da distribuição de energia em nosso país com base em outro contexto. Nesta parte da atividade, o objetivo é descobrir como a energia elétrica gerada nas usinas chega à escola. Para investigar o trajeto que a energia elétrica percorre até chegar à sua escola, procure uma agência da companhia de energia elétrica em sua cidade para entrevistar um funcionário que trabalhe na manutenção da rede elétrica ou acesse o *site* dessa companhia para saber:

1. a tensão da fiação da rede elétrica da rua de sua escola;

2. a localização da subestação elétrica da região de sua escola;

3. a tensão elétrica que chega e sai dessa subestação;

4. a usina elétrica que alimenta essa subestação e sua potência instalada.

Com essas informações, faça um desenho destacando o caminho que a energia elétrica percorre até chegar à sua escola. Indique nesse desenho os valores da tensão elétrica em cada trecho da fiação – por exemplo, antes da subestação, na rua e dentro da escola.

Distribuição de energia elétrica gerada no Brasil, por região (2015)	
Região geográfica	**Consumo**
Norte	33 420 014 MWh
Nordeste	80 040 979 MWh
Sudeste	234 607 807 MWh
Sul	82 004 951 MWh
Centro-Oeste	34 648 191 MWh
Total Brasil	**464 721 943 GWh**

Fonte: <www.epe.gov.br>. Acesso em: 13 maio 2016.

1. O chuveiro elétrico é um dispositivo capaz de transformar energia elétrica em energia térmica, o que possibilita a elevação da temperatura da água. Um chuveiro projetado para funcionar em 110 V pode ser adaptado para funcionar em 220 V, de modo a manter inalterada sua potência. Uma das maneiras de fazer essa adaptação é trocar a resistência do chuveiro por outra, de mesmo material e com o(a):

a) dobro do comprimento do fio.

b) metade do comprimento do fio.

c) metade da área da seção reta do fio.

d) quádruplo da área da seção reta do fio.

e) quarta parte da área da seção reta do fio.

2. Medir temperatura é fundamental em muitas aplicações, e apresentar a leitura em mostradores digitais é bastante prático. O seu funcionamento é baseado na correspondência entre valores de temperatura e de diferença de potencial elétrico. Por exemplo, podemos usar o circuito elétrico apresentado, no qual o elemento sensor de temperatura ocupa um dos braços do circuito (R_S) e a dependência da resistência com a temperatura é conhecida.

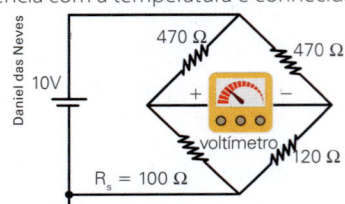

Para um valor de temperatura em que $R_S = 100\ \Omega$, a leitura apresentada pelo voltímetro será de:

a) $+6,2$ V
c) $+0,3$ V
e) $-6,2$ V

b) $+1,7$ V
d) $-0,3$ V

3. Considere a seguinte situação hipotética: ao preparar o palco para a apresentação de uma peça de teatro, o iluminador deveria colocar três atores sob luzes que tinham igual brilho, e os demais, sob luzes de menor brilho. O iluminador determinou, então, aos técnicos, que instalassem no palco oito lâmpadas incandescentes com a mesma especificação (L1 a L8), interligadas em um circuito com uma bateria, conforme mostra a figura.

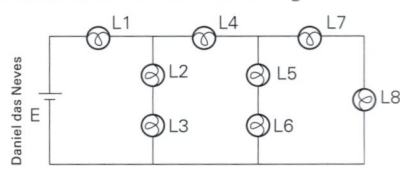

Nessa situação, quais são as três lâmpadas que acendem com o mesmo brilho por apresentarem igual valor de corrente fluindo nelas, sob as quais devem se posicionar os três atores?

a) L1, L2 e L3.
c) L2, L5 e L7.
e) L4, L7 e L8.

b) L2, L3 e L4.
d) L4, L5 e L6.

4. Uma pessoa adquiriu um chuveiro do modelo A e, ao ler o manual, verificou que precisava ligá-lo a um disjuntor de 50 ampères. No entanto, intrigou-se com o fato de que o disjuntor ao ser utilizado para uma correta instalação de um chuveiro do modelo B devia possuir amperagem 40% menor. Considerando os chuveiros de modelos A e B, funcionando à mesma potência de 4 400 W, a razão entre as suas respectivas resistências elétricas, R_A e R_B, que justifica a diferença de dimensionamento dos disjuntores, é mais próxima de:

a) 0,3
c) 0,8
e) 3,0

b) 0,6
d) 1,7

5. Um curioso estudante, empolgado com a aula de circuito elétrico a que assistiu na escola, resolve desmontar sua lanterna. Utilizando-se da lâmpada e da pilha, retiradas do equipamento, e de um fio com as extremidades descascadas, faz as seguintes ligações com a intenção de acender a lâmpada:

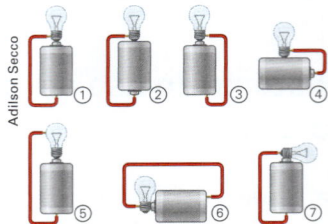

GONÇALVES FILHO, A.; BAROLLI, E. *Instalação elétrica*: investigando e aprendendo. São Paulo: Scipione, 1997 (adaptado).

Tendo por base os esquemas mostrados, em quais casos a lâmpada acendeu?

a) (1), (3), (6)
c) (1), (3), (5)
e) (1), (2), (5)

b) (3), (4), (5)
d) (1), (3), (7)

6. Para ligar ou desligar uma mesma lâmpada a partir de dois interruptores, conectam-se os interruptores para que a mudança de posição de um deles faça ligar ou desligar a lâmpada, não importando qual a posição do outro. Esta ligação é conhecida como interruptores paralelos. Este interruptor é uma chave de duas posições constituída por um polo e dois terminais, conforme mostrado nas figuras de um mesmo interruptor. Na Posição I a chave conecta o polo ao terminal superior, e na Posição II a chave o conecta ao terminal inferior.

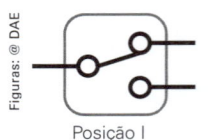 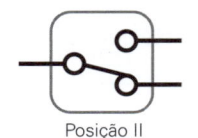

Posição I   Posição II

O circuito que cumpre a finalidade de funcionamento descrita no texto é:

a) 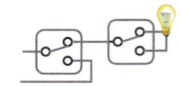   b)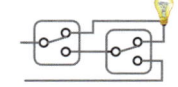

c)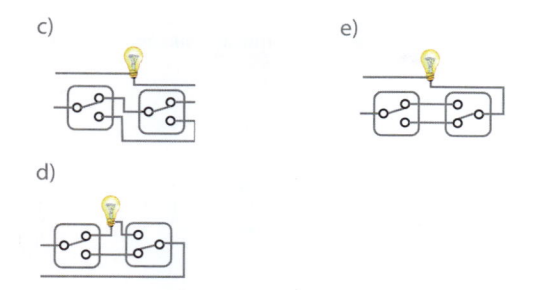

e)

d)

7. Um sistema de iluminação foi construído com um circuito de três lâmpadas iguais conectadas a um gerador (G) de tensão constante. Esse gerador possui uma chave que pode ser ligada nas posições A ou B.

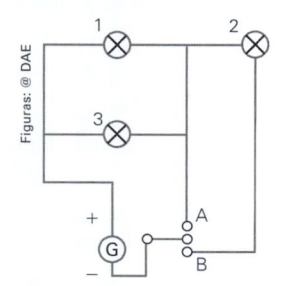

Figuras: @ DAE

Considerando o funcionamento do circuito dado, a lâmpada 1 brilhará mais quando a chave estiver na posição:

a) B, pois a corrente será maior nesse caso.

b) B, pois a potência total será maior nesse caso.

c) A, pois a resistência equivalente será menor nesse caso.

d) B, pois o gerador fornecerá uma maior tensão nesse caso.

e) A, pois a potência dissipada pelo gerador será menor nesse caso.

8. A instalação elétrica de uma casa envolve várias etapas, desde a alocação dos dispositivos, instrumentos e aparelhos elétricos, até a escolha dos materiais que a compõem, passando pelo dimensionamento da potência requerida, da fiação necessária, dos eletrodutos*, entre outras. Para cada aparelho elétrico existe um valor de potência associado. Valores típicos de potências para alguns aparelhos elétricos são apresentados no quadro seguinte:

Aparelhos	Potência (W)
aparelho de som	120
chuveiro elétrico	3 000
ferro elétrico	500
televisor	200
geladeira	200
rádio	50

*Eletrodutos são condutos por onde passa a fiação de uma instalação elétrica, com a finalidade de protegê-la.

A escolha das lâmpadas é essencial para obtenção de uma boa iluminação. A potência da lâmpada deverá estar de acordo com o tamanho do cômodo a ser iluminado. O quadro a seguir mostra a relação entre as áreas dos cômodos (em m²) e as potências das lâmpadas (em W), e foi utilizado como referência para o primeiro pavimento de uma residência.

Área do cômodo (m²)	Potência da lâmpada (W)		
	Sala/copa/ cozinha	Quarto, varanda e corredor	Banheiro
Até 6,0	60	60	60
6,0 a 7,5	100	100	60
7,5 a 10,5	100	100	100

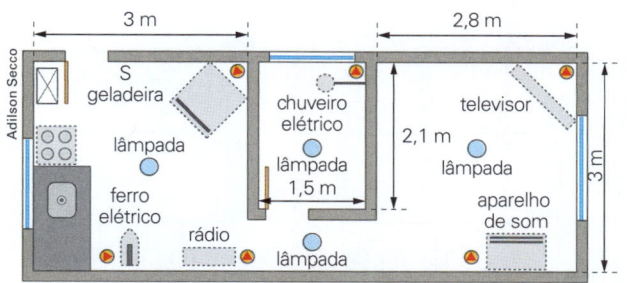

Adilson Secco

Obs.: para efeito dos cálculos das áreas, as paredes são desconsideradas.

Considerando a planta baixa fornecida, com todos os aparelhos em funcionamento, a potência total, em watts, será de:

a) 4 070. c) 4 320. e) 4 470.

b) 4 270. d) 4 390.

9. A energia elétrica consumida nas residências é medida, em quilowatt-hora, por meio de um relógio medidor de consumo. Nesse relógio, da direita para esquerda, tem-se o ponteiro da unidade, da dezena, da centena e do milhar. Se um ponteiro estiver entre dois números, considera-se o último número ultrapassado pelo ponteiro. Suponha que as medidas indicadas nos esquemas seguintes tenham sido feitas em uma cidade em que o preço do quilowatt-hora fosse de R$ 0,20.

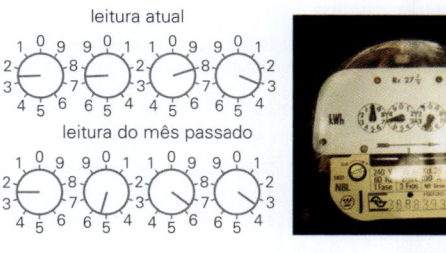

Celio Coscia/Fotoarena

GONÇALVES FILHO, A.; BAROLLI, E. *Instalação elétrica*. São Paulo: Scipione, 1997.

O valor a ser pago pelo consumo de energia elétrica registrado seria de:

a) R$ 41,80 d) R$ 43,80.

b) R$ 42,00. e) R$ 44,00.

c) R$ 43,00.

10. Um eletricista analisa o diagrama de uma instalação elétrica residencial para planejar medições de tensão e corrente em uma cozinha. Nesse ambiente existem uma geladeira (G), uma tomada (T) e uma lâmpada (L), conforme a figura. O eletricista deseja medir a tensão elétrica aplicada à geladeira, a corrente total e a corrente na lâmpada. Para isso, ele dispõe de um voltímetro (V) e dois amperímetros (A).

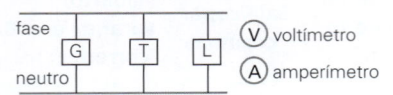

Para realizar essas medidas, o esquema da ligação desses instrumentos está representado em:

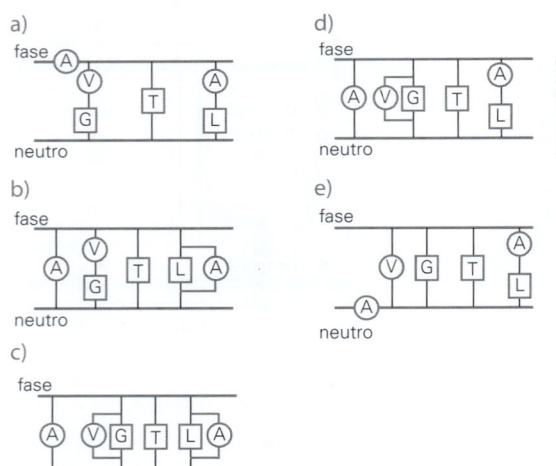

11. O alumínio se funde a 666 °C e é obtido à custa de energia elétrica, por eletrólise – transformação realizada a partir do óxido de alumínio a cerca de 1 000 °C.

A produção brasileira de alumínio, no ano de 1985, foi da ordem de 550 000 toneladas, tendo sido consumidos cerca de 20 kWh de energia elétrica por quilograma do metal. Nesse mesmo ano, estimou-se a produção de resíduos sólidos urbanos brasileiros formados por metais ferrosos e não ferrosos em 3 700 t/dia, das quais 1,5% estima-se corresponder ao alumínio.

Dados adaptados de: FIGUEIREDO, P. J. M. *A sociedade do lixo*: resíduos, a questão energética e a crise ambiental. Piracicaba (SP): Unimep, 1994.

Suponha que uma residência tenha objetos de alumínio em uso cuja massa total seja de 10 kg (panelas, janelas, latas etc.). O consumo de energia elétrica mensal dessa residência é de 100 kWh. Sendo assim, na produção desses objetos utilizou-se uma quantidade de energia elétrica que poderia abastecer essa residência por um período de:

a) 1 mês.   c) 3 meses.   e) 5 meses.

b) 2 meses.   d) 4 meses.

12. A tabela a seguir apresenta alguns exemplos de processos, fenômenos ou objetos em que ocorrem transformações de energia. Nessa tabela, aparecem as direções de transformação de energia. Por exemplo, o termopar é um dispositivo onde energia térmica é transformada em elétrica.

De Em	Elétrica	Química	Mecânica	Térmica
Elétrica	Transformador			Termopar
Química				Reações endotérmicas
Mecânica		Dinamite	Pêndulo	
Térmica				Fusão

Dentre os processos indicados na tabela, ocorre conservação de energia:

a) em todos os processos.

b) somente nos processos que envolvem transformações de energia sem dissipação de calor.

c) somente nos processos que envolvem transformações de energia mecânica.

d) somente nos processos que não envolvem energia química.

e) somente nos processos que não envolvem nem energia química nem energia térmica.

13. Lâmpadas incandescentes são normalmente projetadas para trabalhar com a tensão da rede elétrica em que serão ligadas. Em 1997, contudo, lâmpadas projetadas para funcionar com 127 V foram retiradas do mercado e, em seu lugar, colocaram-se lâmpadas concebidas para uma tensão de 120 V. Segundo dados recentes, essa substituição representou uma mudança significativa no consumo de energia elétrica para cerca de 80 milhões de brasileiros que residem nas regiões em que a tensão da rede é de 127 V.

A tabela abaixo apresenta algumas características de duas lâmpadas de 60 W, projetadas respectivamente para 127 V (antiga) e 120 V (nova), quando ambas encontram-se ligadas numa rede de 127 V.

Lâmpada (projeto original)	Tensão da rede elétrica	Potência medida (watt)	Luminosidade medida (lumens)	Vida útil média (horas)
60 W-127 V	127 V	60	750	1 000
60 W-120 V	127 V	60	920	452

Acender uma lâmpada de 60 W e 120 V em um local onde a tensão na tomada é de 127 V, comparativamente a uma lâmpada de 60 W e 127 V no mesmo local, tem como resultado:

a) mesma potência, maior intensidade de luz e maior durabilidade.

b) mesma potência, maior intensidade de luz e menor durabilidade.

c) maior potência, maior intensidade de luz e maior durabilidade.

Figuras: @ DAE

d) maior potência, maior intensidade de luz e menor durabilidade.

e) menor potência, menor intensidade de luz e menor durabilidade.

Texto para as questões 14 e 15.

A distribuição média, por tipo de equipamento, do consumo de energia elétrica nas residências no Brasil é apresentada no gráfico.

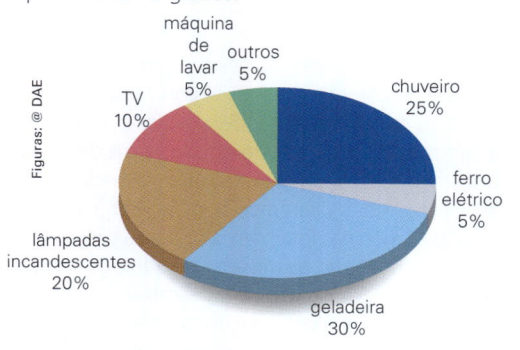

Figuras: @ DAE

14. A padronização insuficiente e a ausência de controle na fabricação podem também resultar em perdas significativas de energia através das paredes da geladeira. Essas perdas, em função da espessura das paredes, para geladeiras e condições de uso típicas, são apresentadas na tabela.

Espessuras das paredes (cm)	Perda térmica mensal (kWh)
2	65
4	35
6	25
10	15

Considerando uma família típica, com consumo médio mensal de 200 kWh, a perda térmica pelas paredes de uma geladeira com 4 cm de espessura, relativamente a outra de 10 cm, corresponde a uma porcentagem do consumo total de eletricidade da ordem de:

a) 30%.   b) 20%.   c) 10%.   d) 5%.   e) 1%.

15. Em associação com os dados do gráfico, considere as variáveis:

I. Potência do equipamento.

II. Horas de funcionamento.

III. Número de equipamentos.

O valor das frações percentuais do consumo de energia depende de:

a) I, apenas.   d) II e III, apenas.

b) II, apenas.   e) I, II e III.

c) I e II, apenas.

16. Como medida de economia, em uma residência com 4 moradores, o consumo mensal médio de energia elétrica foi reduzido para 300 kWh. Se essa residência

obedece à distribuição dada no gráfico e se nela há um único chuveiro de 5 000 W, pode-se concluir que o banho diário de cada morador passou a ter uma duração média, em minutos, de:

a) 2,5   c) 7,5   e) 12,0

b) 5,0   d) 10,0

17. Os números e cifras envolvidos, quando lidamos com dados sobre produção e consumo de energia em nosso país, são sempre muito grandes. Apenas no setor residencial, em um único dia, o consumo de energia elétrica é da ordem de 200 mil MWh. Para avaliar esse consumo, imagine uma situação em que o Brasil não dispusesse de hidrelétricas e tivesse de depender somente de termelétricas, onde cada kg de carvão, ao ser queimado, permite obter uma quantidade de energia da ordem de 10 kWh. Considerando que um caminhão transporta, em média, 10 toneladas de carvão, a quantidade de caminhões de carvão necessária para abastecer as termelétricas, a cada dia, seria da ordem de:

a) 20.

b) 200.

c) 1 000.

d) 2 000.

e) 10 000.

18. Podemos estimar o consumo de energia elétrica de uma casa considerando as principais fontes desse consumo. Pense na situação em que apenas os aparelhos que constam da tabela abaixo fossem utilizados diariamente da mesma forma.

Tabela: A tabela fornece a potência e o tempo efetivo de uso diário de cada aparelho doméstico.

Aparelho	Potência (KW)	Tempo de uso diário (horas)
Ar-condicionado	1,5	8
Chuveiro elétrico	3,3	$\dfrac{1}{3}$
Freezer	0,2	10
Geladeira	0,35	10
Lâmpadas	0,10	6

Supondo que o mês tenha 30 dias e que o custo de 1 KWh seja de R$ 0,40, o consumo de energia elétrica mensal dessa casa é de aproximadamente:

a) R$ 135.

b) R$ 165.

c) R$ 190.

d) R$ 210.

e) R$ 230.

19. As figuras apresentam dados referentes aos consumos de energia elétrica e de água relativos a cinco máquinas industriais de lavar roupa comercializadas no Brasil. A máquina ideal, quanto a rendimento econômico e ambiental, é aquela que gasta, simultaneamente, menos energia e água. Com base nessas informações, conclui-se que, no conjunto pesquisado:

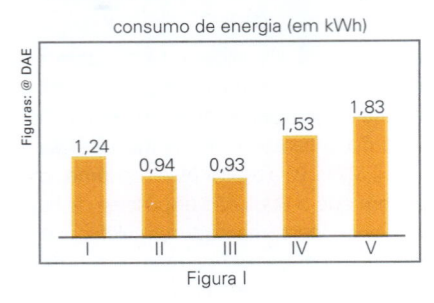

consumo de energia (em kWh)

Figura I

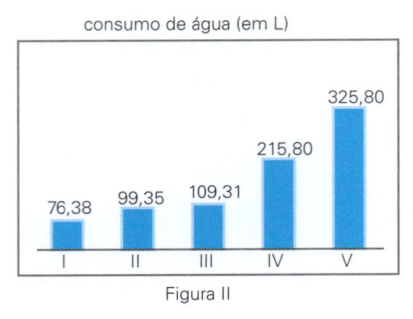

consumo de água (em L)

Figura II

Associação Brasileira de Defesa do Consumidor

a) quanto mais uma máquina de lavar roupa economiza água, mais ela consome energia elétrica.

b) a quantidade de energia elétrica consumida por uma máquina de lavar roupa é inversamente proporcional à quantidade de água consumida por ela.

c) a máquina I é ideal, de acordo com a definição apresentada.

d) a máquina que menos consome energia elétrica não é a que consome menos água.

e) a máquina que mais consome energia elétrica não é a que consome mais água.

20. Entre as inúmeras recomendações dadas para a economia de energia elétrica em uma residência, destacamos as seguintes:

• Substitua lâmpadas incandescentes por fluorescentes compactas.

• Evite usar o chuveiro elétrico com a chave na posição "inverno" ou "quente".

• Acumule uma quantidade de roupa para ser passada a ferro elétrico de uma só vez.

• Evite o uso de tomadas múltiplas para ligar vários aparelhos simultaneamente.

• Utilize, na instalação elétrica, fios de diâmetros recomendados às suas finalidades.

A característica comum a todas essas recomendações é a proposta de economizar energia na tentativa de, no dia a dia, reduzir:

a) a potência dos aparelhos e dispositivos elétricos.

b) o tempo de utilização dos aparelhos e dispositivos.

c) o consumo de energia elétrica convertida em energia térmica.

d) o consumo de energia térmica convertida em energia elétrica.

e) o consumo de energia elétrica através de correntes de fuga.

21. Duas irmãs que dividem o mesmo quarto de estudos combinaram de comprar duas caixas com tampas para guardarem seus pertences dentro de suas caixas, evitando, assim, a bagunça sobre a mesa de estudos. Uma delas comprou uma metálica, e a outra, uma caixa de madeira de área e espessura lateral diferentes, para facilitar a identificação. Um dia as meninas foram estudar para a prova de Física e, ao se acomodarem na mesa de estudos, guardaram seus celulares ligados dentro de suas caixas. Ao longo desse dia, uma delas recebeu ligações telefônicas, enquanto os amigos da outra tentavam ligar e recebiam a mensagem de que o celular estava fora da área de cobertura ou desligado. Para explicar essa situação, um físico deveria afirmar que o material da caixa cujo telefone celular não recebeu as ligações é de:

a) madeira, e o telefone não funcionava porque a madeira não é um bom condutor de eletricidade.

b) metal, e o telefone não funcionava devido à blindagem eletrostática que o metal proporcionava.

c) metal, e o telefone não funcionava porque o metal refletia todo tipo de radiação que nele incidia.

d) metal, e o telefone não funcionava porque a área lateral da caixa era maior.

e) madeira, e o telefone não funcionava porque a espessura desta caixa era maior que a espessura da caixa de metal.

22. Em usinas hidrelétricas, a queda-d'água move turbinas que acionam geradores. Em usinas eólicas, os geradores são acionados por hélices movidas pelo vento. Na conversão direta, solar-elétrica são células fotovoltaicas que produzem tensão elétrica. Além de todos produzirem eletricidade, esses processos têm em comum o fato de:

a) não provocarem impacto ambiental.

b) independerem de condições climáticas.

c) a energia gerada poder ser armazenada.

d) utilizarem fontes de energia renováveis.

e) dependerem das reservas de combustíveis fósseis.

23. "Águas de março definem se falta luz este ano." Esse foi o título de uma reportagem em jornal de circulação nacional, pouco antes do início do racionamento do consumo de energia elétrica, em 2001. No Brasil, a relação entre a produção de eletricidade e a utilização de recursos hídricos, estabelecida nessa manchete, se justifica porque:

a) a geração de eletricidade nas usinas hidrelétricas exige a manutenção de um dado fluxo de água nas barragens.

b) o sistema de tratamento da água e sua distribuição consomem grande quantidade de energia elétrica.

c) a geração de eletricidade nas usinas termelétricas utiliza grande volume de água para refrigeração.

d) o consumo de água e de energia elétrica utilizadas na indústria compete com o da agricultura.

e) é grande o uso de chuveiros elétricos, cuja operação implica abundante consumo de água.

24. Entre outubro e fevereiro, a cada ano, em alguns estados das regiões Sul, Sudeste e Centro-Oeste, os relógios permanecem adiantados em uma hora, passando a vigorar o chamado horário de verão. Essa medida, que se repete todos os anos, visa:

a) promover a economia de energia, permitindo um melhor aproveitamento do período de iluminação natural do dia, que é maior nessa época do ano.

b) diminuir o consumo de energia em todas as horas do dia, propiciando uma melhor distribuição da demanda entre o período da manhã e da tarde.

c) adequar o sistema de abastecimento das barragens hidrelétricas ao regime de chuvas, abundantes nessa época do ano nas regiões que adotam esse horário.

d) incentivar o turismo, permitindo um melhor aproveitamento do período da tarde, horário em que os bares e restaurantes são mais frequentados.

e) responder a uma exigência das indústrias, possibilitando que elas realizem um melhor escalonamento das férias de seus funcionários.

25. Na avaliação da eficiência de usinas quanto à produção e aos impactos ambientais, utilizam-se vários critérios, tais como: razão entre produção efetiva anual de energia elétrica e potência instalada ou razão entre potência instalada e área inundada pelo reservatório. No quadro seguinte, esses parâmetros são aplicados às duas maiores hidrelétricas do mundo: Itaipu, no Brasil, e Três Gargantas, na China.

Parâmetros	Itaipu	Três Gargantas
Potência instalada	12 600 MW	18 200 MW
Produção efetiva de energia elétrica	93 bilhões de kWh/ano	84 bilhões de kWh/ano
Área inundada pelo reservatório	1 400 mkm²	1 000 km²

Disponível em: <www.itaipu.gov.br>.

Com base nessas informações, avalie as afirmativas que se seguem.

I. A energia elétrica gerada anualmente e a capacidade nominal máxima de geração da hidrelétrica de Itaipu são maiores que as da hidrelétrica de Três Gargantas.

II. Itaipu é mais eficiente que Três Gargantas no uso da potência instalada na produção de energia elétrica.

III. A razão entre potência instalada e área inundada pelo reservatório é mais favorável na hidrelétrica Três Gargantas do que em Itaipu.

É correto apenas o que se afirma em:

a) I.

b) II.

c) III.

d) I e III.

e) II e III.

26. Deseja-se instalar uma estação de geração de energia elétrica em um município localizado no interior de um pequeno vale cercado de altas montanhas de difícil acesso. A cidade é cruzada por um rio, que é fonte de água para consumo, irrigação das lavouras de subsistência e pesca. Na região, que possui pequena extensão territorial, a incidência solar é alta o ano todo. A estação em questão irá abastecer apenas o município apresentado. Qual forma de obtenção de energia, entre as apresentadas, é a mais indicada para ser implantada nesse município de modo a causar o menor impacto ambiental?

a) Termelétrica, pois é possível utilizar a água do rio no sistema de refrigeração.

b) Eólica, pois a geografia do local é própria para a captação desse tipo de energia.

c) Nuclear, pois o modo de resfriamento de seus sistemas não afetaria a população.

d) Fotovoltaica, pois é possível aproveitar a energia solar que chega à superfície do local.

e) Hidrelétrica, pois o rio que corta o município é suficiente para abastecer a usina construída.

27. Segundo dados do Balanço Energético Nacional de 2008, do Ministério das Minas e Energia, a matriz energética brasileira é composta por hidrelétrica (80%), termelétrica (19,9%) e eólica (0,1%). Nas termelétricas, esse percentual é dividido conforme o combustível usado, sendo: gás natural (6,6%), biomassa (5,3%), derivados de petróleo (3,3%), energia nuclear (3,1%) e carvão mineral (1,6%). Com a geração de eletricidade da biomassa, pode-se considerar que ocorre uma compensação do carbono liberado na queima do material vegetal pela absorção desse elemento no crescimento das plantas. Entretanto, estudos indicam que as emissões de metano (CH_4) das hidrelétricas podem ser comparáveis às emissões de CO_2.

MORET, A. S.; FERREIRA, I. A. As hidrelétricas do Rio Madeira e os impactos socioambientais da eletrificação no Brasil. *Revista Ciência Hoje*, v. 45, n. 265, 2009 (adaptado).

No Brasil, em termos do impacto das fontes de energia no crescimento do efeito estufa, quanto à emissão de gases, as hidrelétricas seriam consideradas como uma fonte:

a) limpa de energia, contribuindo para minimizar os efeitos deste fenômeno.

b) eficaz de energia, tomando-se o percentual de oferta e os benefícios verificados.

c) limpa de energia, não afetando ou alterando os níveis dos gases do efeito estufa.

d) poluidora, colaborando com níveis altos de gases de efeito estufa em função de seu potencial de oferta.

e) alternativa, tomando-se por referência a grande emissão de gases de efeito estufa das demais fontes geradoras.

28. O manual de funcionamento de um captador de guitarra elétrica apresenta o seguinte texto:

Esse captador comum consiste de uma bobina, fios condutores enrolados em torno de um ímã permanente. O campo magnético do ímã induz o ordenamento dos polos magnéticos na corda da guitarra, que está próxima a ele. Assim, quando a corda é tocada, as oscilações produzem variações, com o mesmo padrão, no fluxo magnético que atravessa a bobina. Isso induz uma corrente elétrica na bobina, que é transmitida até o amplificador e, daí, para o alto-falante.

Um guitarrista trocou as cordas originais de sua guitarra, que eram feitas de aço, por outras feitas de náilon. Com o uso dessas cordas, o amplificador ligado ao instrumento não emitia mais som, porque a corda de náilon:

a) isola a passagem de corrente elétrica da bobina para o alto-falante.

b) varia seu comprimento mais intensamente do que ocorre com o aço.

c) apresenta uma magnetização desprezível sob a ação do ímã permanente.

d) induz correntes elétricas na bobina mais intensas que a capacidade do captador.

e) oscila com uma frequência menor do que a que pode ser percebida pelo captador.

29. O funcionamento dos geradores de usinas elétricas baseia-se no fenômeno da indução eletromagnética, descoberto por Michael Faraday no século XIX. Pode-se observar esse fenômeno ao se movimentar um ímã e uma espira em sentidos opostos com módulo da velocidade igual a v, induzindo uma corrente elétrica de intensidade i, como ilustrado na figura.

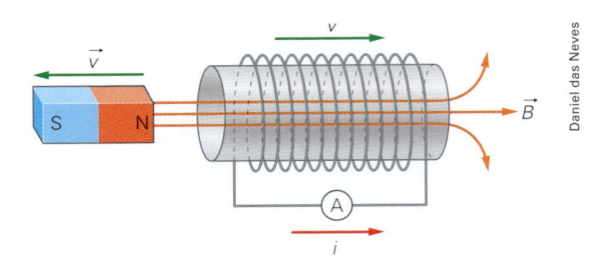

A fim de obter uma corrente com o mesmo sentido da apresentada na figura, utilizando os mesmos materiais, outra possibilidade é mover a espira para a

a) esquerda e o ímã para a direita com polaridade invertida.

b) direita e o ímã para a esquerda com polaridade invertida.

c) esquerda e o ímã para a esquerda com mesma polaridade.

d) direita e manter o ímã em repouso com polaridade invertida.

e) esquerda e manter o ímã em repouso com mesma polaridade.

30. Não é nova a ideia de extrair energia dos oceanos aproveitando-se a diferença das marés alta e baixa. Em 1967, os franceses instalaram a primeira usina "maré-motriz", construindo uma barragem equipada de 24 turbinas, aproveitando a potência máxima instalada de 240 MW, suficiente para a demanda de uma cidade com 200 mil habitantes. Aproximadamente 10% da potência total instalada são demandados pelo consumo residencial. Nessa cidade francesa, aos domingos, quando parcela dos setores industrial e comercial para, a demanda diminui 40%. Assim, a produção de energia correspondente à demanda aos domingos será atingida mantendo-se:

I. todas as turbinas em funcionamento, com 60% da capacidade máxima de produção de cada uma delas.

II. a metade das turbinas funcionando em capacidade máxima e o restante, com 20% da capacidade máxima.

III. quatorze turbinas funcionando em capacidade máxima, uma com 40% da capacidade máxima e as demais desligadas.

Está correta a situação descrita:

a) apenas em I.

b) apenas em II.

c) apenas em I e III.

d) apenas em II e III.

e) em I, II e III.

Texto para as questões 31 e 32.

O gráfico a seguir ilustra a evolução do consumo de eletricidade no Brasil, em GWh, em quatro setores de consumo, no período de 1975 a 2005.

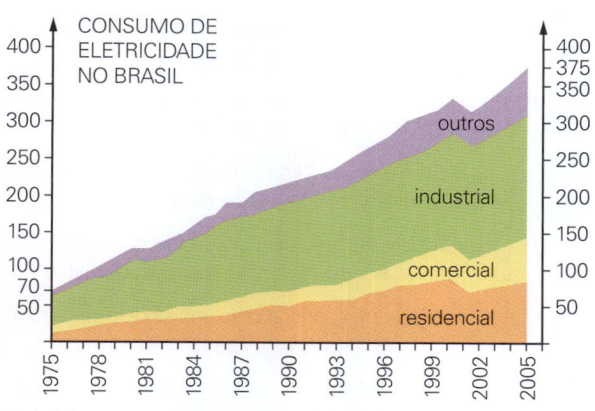

CONSUMO DE ELETRICIDADE NO BRASIL

outros
industrial
comercial
residencial

Balanço Energético Nacional. Brasília: MME, 2003 (com adaptações).

31. A racionalização do uso da eletricidade faz parte dos programas oficiais do governo brasileiro desde 1980. No entanto, houve um período crítico, conhecido como "apagão", que exigiu mudanças de hábitos da população brasileira e resultou na maior, mais rápida e significativa economia de energia. De acordo com o gráfico, conclui-se que o "apagão" ocorreu no biênio:

a) 1998-1999.   d) 2001-2002.

b) 1999-2000.   e) 2002-2003.

c) 2000-2001.

32. Observa-se que, de 1975 a 2005, houve aumento quase linear do consumo de energia elétrica. Se essa mesma tendência se mantiver até 2035, o setor energético brasileiro deverá preparar-se para suprir uma demanda total aproximada de:

a) 405 GWh.   c) 680 GWh.   e) 775 GWh.

b) 445 GWh.   d) 750 GWh.

33. Uma fonte de energia que não agride o ambiente, é totalmente segura e usa um tipo de matéria-prima infinita é a energia eólica, que gera eletricidade a partir da força dos ventos. O Brasil é um país privilegiado por ter o tipo de ventilação necessária para produzi-la. Todavia, ela é a menos usada na matriz energética brasileira. O Ministério de Minas e Energia estima que as turbinas eólicas produzam apenas 0,25% da energia consumida no país. Isso ocorre porque ela compete com uma usina mais barata e eficiente: a hidrelétrica, que responde por 80% da energia do Brasil. O investimento para construir uma hidrelétrica é de aproximadamente US$ 100 por quilowatt. Os parques eólicos exigem investimento de cerca de US$ 2 mil por quilowatt, e a construção de uma usina nuclear, de aproximadamente US$ 6 mil por quilowatt. Instalados os parques, a energia dos ventos é bastante competitiva, custando R$ 200,00 por megawatt-hora diante de R$ 150,00 por megawatt-hora das hidrelétricas e a R$ 600,00 por megawatt-hora das termelétricas.

Época, 21 abr. 2008 (com adaptações).

De acordo com o texto, entre as razões que contribuem para a menor participação da energia eólica na matriz energética brasileira, inclui-se o fato de:

a) haver, no país, baixa disponibilidade de ventos que podem gerar energia elétrica.

b) o investimento por quilowatt exigido para a construção de parques eólicos ser de aproximadamente 20 vezes o necessário para a construção de hidrelétricas.

c) o investimento por quilowatt exigido para a construção de parques eólicos ser igual a $\frac{1}{3}$ do necessário para a construção de usinas nucleares.

d) o custo médio por megawatt-hora de energia obtida após instalação de parques eólicos ser igual a 1,2 multiplicado pelo custo médio do megawatt-hora obtido das hidrelétricas.

e) o custo médio por megawatt-hora de energia obtida após instalação de parques eólicos ser igual a $\frac{1}{3}$ do custo médio do megawatt-hora obtido das termelétricas.

34. A eficiência de um processo de conversão de energia é definida como a razão entre a produção de energia ou trabalho útil e o total de entrada de energia no processo. A figura mostra um processo com diversas etapas. Nesse caso, a eficiência geral será igual ao produto das eficiências das etapas individuais. A entrada de energia que não se transforma em trabalho útil é perdida sob formas não utilizáveis (como resíduos de calor).

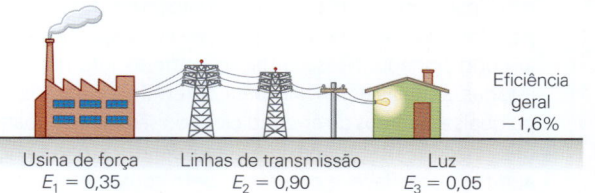

Eficiência geral −1,6%

Usina de força
$E_1 = 0,35$

Linhas de transmissão
$E_2 = 0,90$

Luz
$E_3 = 0,05$

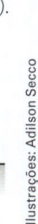
Ilustrações: Adilson Secco

Eficiência geral da conversão de energia química em energia luminosa = $E_1 \times E_2 \times E_3 = 0,35 \times 0,90 \times 0,05 = 0,018$

HINRICHS, R. A. *Energia e meio ambiente*. São Paulo: Pioneira Thomson Learning, 2003 (adaptado).

Aumentar a eficiência dos processos de conversão de energia implica economizar recursos e combustíveis. Das propostas seguintes, qual resultará em maior aumento da eficiência geral do processo?

a) Aumentar a quantidade de combustível para queima na usina de força.

b) Utilizar lâmpadas incandescentes, que geram pouco calor e muita luminosidade.

c) Manter o menor número possível de aparelhos elétricos em funcionamento nas moradias.

d) Utilizar cabos com menor diâmetro nas linhas de transmissão a fim de economizar o material condutor.

e) Utilizar materiais com melhores propriedades condutoras nas linhas de transmissão e lâmpadas fluorescentes nas moradias.

35. O manual de instruções de um aparelho de ar-condicionado apresenta a seguinte tabela, com dados técnicos para diversos modelos:

Capacidade de refrigeração kW/(BTU/h)	3,52/ (12 000)	5,42/ (18 000)	5,42/ (18 000)	6,45/ (22 000)	6,45/ (22 000)
Potência (W)	1 193	1790	2 188	1 790	2 188
Corrente elétrica – ciclo frio (A)	5,8	8,7	8,7	10,2	10,2
Eficiência energética COP (W/W)	2,95	2,95	2,95	2,95	2,95
Vazão de ar (m³/h)	550	800	800	960	960
Frequência	60	60	60	60	60

Disponível em: <http://institucional.brastemp.com.br>.
Acesso em: 13 jul. 2009 (adaptado).

Considere-se que um auditório possua capacidade para 40 pessoas, cada uma produzindo uma quantidade média de calor, e que praticamente todo o calor que flui para fora do auditório o faz por meio dos aparelhos de ar-condicionado. Nessa situação, entre as informações listadas, aquelas essenciais para determinar quantos e/ou quais aparelhos de ar-condicionado são precisos para manter, com lotação máxima, a temperatura interna do auditório agradável e constante, bem como determinar a espessura da fiação do circuito elétrico para a ligação desses aparelhos, são:

a) vazão de ar e potência.

b) vazão de ar e corrente elétrica – ciclo frio.

c) eficiência energética e potência.

d) capacidade de refrigeração e frequência.

e) capacidade de refrigeração e corrente elétrica – ciclo frio.

36. É possível, com 1 litro de gasolina, usando todo o calor produzido por sua combustão direta, aquecer 200 litros de água de 20 °C a 55 °C. Pode-se efetuar esse mesmo aquecimento por um gerador de eletricidade, que consome 1 litro de gasolina por hora e fornece 110 V a um resistor de 11 Ω, imerso na água, durante um certo intervalo de tempo. Todo o calor liberado pelo resistor é transferido à água. Considerando que o calor específico da água é igual a 4,19 J · g^{-1} · °C^{-1}, aproximadamente, qual a quantidade de gasolina consumida para o aquecimento de água obtido pelo gerador, quando comparado ao obtido a partir da combustão?

a) A quantidade de gasolina consumida é igual para os dois casos.

b) A quantidade de gasolina consumida pelo gerador é duas vezes maior que a consumida na combustão.

c) A quantidade de gasolina consumida pelo gerador é duas vezes menor que a consumida na combustão.

d) A quantidade de gasolina consumida pelo gerador é sete vezes maior que a consumida na combustão.

e) A quantidade de gasolina consumida pelo gerador é sete vezes menor que a consumida na combustão.

37. O Sol representa uma fonte limpa e inesgotável de energia para o nosso planeta. Essa energia pode ser captada por aquecedores solares, armazenada e convertida posteriormente em trabalho útil. Considere determinada região cuja insolação – potência solar incidente na superfície da Terra – seja de 800 watts/m². Uma usina termossolar utiliza concentradores solares parabólicos que chegam a dezenas de quilômetros de extensão. Nesses coletores solares parabólicos, a luz refletida pela superfície parabólica espelhada é focalizada em um receptor em forma de cano e aquece o óleo contido em seu interior a 400 °C. O calor desse óleo é transferido para a água, vaporizando-a em uma caldeira. O vapor em alta pressão movimenta uma turbina acoplada a um gerador de energia elétrica.

Steve Morgan/Alamy/Latinstock

Considerando que a distância entre a borda inferior e a borda superior da superfície refletora tenha 6 m de largura e que focaliza no receptor os 800 watts/m² de radiação provenientes do Sol, e que o calor específico da água é 1 cal/g · °C = 4 200 J/kg · °C, então o comprimento linear do refletor parabólico necessário para elevar a temperatura de 1 m³ (equivalente a 1 t) de água de 20 °C para 100 °C, em uma hora, estará entre:

a) 15 m e 21 m.

b) 22 m e 30 m.

c) 105 m e 125 m.

d) 680 m e 710 m.

e) 6 700 m e 7 150 m.

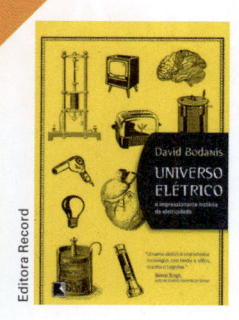

Editora Record

Título: *Universo elétrico* – A impressionante história da eletricidade

Autor: David Bodanis

Editora: Record

Resenha: O livro revela a história por trás da descoberta da eletricidade, uma odisseia de heróis e vilões, conquistas e tragédias. David Bodanis narra essa história de forma eletrizante, prendendo o leitor da primeira à última página. O livro mostra os sucessos e os fracassos de pioneiros como Alexander Graham Bell e Thomas Edison. Revela como a eletricidade foi gradualmente retirada de seus domínios ocultos para se tornar parte integrante e indispensável da vida humana. E conta o que os homens fizeram com os poderes que ela oferece. Drama, fraudes, perseguições e romance são ingredientes dessa incrível jornada. Você nunca mais vai olhar para uma torradeira da mesma maneira.

Odysseus

Título: *Faraday & Maxwell* – Luz sobre os campos

Autor: Frederico Firmo de Souza Cruz

Editora: Odysseus

Resenha: Esse volume da coleção *Imortais da Ciência* trata das descobertas de Michael Faraday e James Clerk Maxwell, que transformaram o mundo ao nos revelar a união entre eletricidade e magnetismo, considerados distintos e independentes durante milênios. Usando o gênero ficcional, seu autor, o físico Frederico Firmo de Souza Cruz, da Universidade Federal de Santa Catarina, cativa o leitor desde suas primeiras páginas ao transportá-lo para uma cidadezinha do interior do Brasil, onde folclóricos personagens revelam, diante do olhar atônito dos habitantes, as ideias inovadoras desses dois cientistas. Einstein tinha uma fotografia de Faraday em seu escritório. Faraday, que cresceu na Inglaterra do início do século XIX em um mundo sem eletricidade, acreditava profundamente em uma conexão entre eletricidade e magnetismo. E o que Faraday descobriu no laboratório, Maxwell interpretou brilhantemente por meio de sua matemática.

Warner Bros

Filme: *O grande truque*

Diretor: Christopher Nolan

Ano: 2006

País: Estados Unidos

Sinopse: Tudo começa na Londres da virada do século, período de rápidas mudanças. Num tempo em que mágicos são ídolos e celebridades de alto nível, dois jovens mágicos procuram o caminho da fama. O sofisticado e exibido Robert Angier é um homem do palco, enquanto o purista e rústico Alfred Borden é um gênio criativo que não sabe exibir suas ideias mágicas. No início, são parceiros e amigos que se admiram. Mas, quando o maior truque deles dá errado, tornam-se inimigos mortais, um tentando derrubar o outro. Truque por truque, apresentação por apresentação, surge entre eles uma feroz competição sem limites, em razão da qual chegam a utilizar os novos e fantásticos poderes da eletricidade e o brilho científico do físico sérvio Nikola Tesla, enquanto a vida das pessoas que os rodeiam corre perigo.

UNIDADE 2

ONDAS ELETROMAGNÉTICAS

O dito popular "à noite todos os gatos são pardos" exprime bem como a presença de luz, tanto natural quanto artificial, está diretamente relacionada com a percepção dos corpos ao nosso redor. Mas luz, ou radiação visível, é apenas uma ínfima parte das informações que a natureza nos transmite na forma de ondas eletromagnéticas. Nesta unidade, você será convidado a conhecer a natureza ondulatória da luz para compreender como a radiação visível interage com as superfícies e cria as cores do mundo, por que a antena de um aparelho de rádio pode ser comparada à nossa retina, como surgem os arco-íris e as diferentes tonalidades do céu e como os cientistas e os artistas interpretam a mistura das cores. Além disso, vamos estudar a composição química das estrelas analisando apenas as ondas luminosas que chegam até nós.

Colin Leonhardt/Birdseye View Photography

O arco-íris é um exemplo de espectro luminoso natural. As gotas de água funcionam como prisma, decompondo a luz "branca" do Sol nas várias cores que a formam. Nesta imagem vemos um arco-íris circular completo. Cottesloe, na Austrália. Foto de 2013.

CAPÍTULO
7

A LUZ COMO ONDA ELETROMAGNÉTICA E AS TELECOMUNICAÇÕES

MarcelC/iStockphoto.com

Bildagentur Zoonar GmbH/Shutterstock.com

Figuras 7.1 e 7.2: O colorido furta-cor da pedra opala e da bolha de sabão é resultante da refração, difração e interferência das ondas eletromagnéticas visíveis.

1. A natureza ondulatória da luz

Discutir a natureza da luz sempre foi algo complicado para os cientistas. Ao longo da história da Ciência descobriu-se que alguns fenômenos só podem ser compreendidos quando se considera a luz uma onda eletromagnética, enquanto outros só são explicados quando a luz é considerada partícula (Figuras 7.1 e 7.2). O comportamento corpuscular será tratado na próxima unidade; nosso objetivo nesta unidade será abordar o comportamento ondulatório da luz.

1.1. Ondas eletromagnéticas e suas características

De início, vale destacar que para entender o que são ondas eletromagnéticas é importante usar nossa capacidade de imaginação, um recurso fundamental em Física. Se você acredita que os cientistas nascem sabendo idealizar ou materializar por meio de analogias as situações e os conceitos, leia o que escreveu Richard P. Feynman (Figura 7.3) sobre a complexidade do processo de visualizar campos e ondas eletromagnéticas.

Eu lhes peço que imaginem os campos magnéticos e elétricos. Como fazer? Sabem como eu imagino o campo elétrico e magnético? O que eu vejo realmente? [...] Não tenho nenhuma imagem do campo eletromagnético que de algum modo seja precisa. Deve fazer algum tempo que sei o que é um campo eletromagnético – faz 25 anos que estive na mesma posição que vocês; agora tenho 25 anos a mais de experiência pensando nessas ondas serpenteantes. Quando penso em descrever o campo eletromagnético no espaço, falo dos campos **E** e **B**, e agito meus braços e imagino que posso vê-los. Vou lhes dizer o que vejo. Vejo algo como linhas borradas serpenteantes – aqui e ali há um **B** e um **E** escritos sobre elas, e de alguma forma algumas linhas têm flechas – uma flecha aqui e ali que desaparece quando olho atentamente.

FEYNMAN, Richard P.; LEIGHTON, Robert B.; SANDS, Matthew. *The Feynman Lectures on Physics* – Mainly Electromagnetism and Matter. Menlo Park: Addison-Wesley Publishing Company, 1977. (Tradução dos autores).

Shelley Gazin/Corbis/Fotoarena

Figura 7.3: Richard P. Feynman (1918-1988), Prêmio Nobel de Física em 1965.

De maneira geral, uma onda eletromagnética é resultado da oscilação de uma carga elétrica, que vai fazer o campo elétrico ($\vec{E}$) a ela associado também variar e, consequentemente, gerar um campo magnético ($\vec{B}$) oscilante, e vice-versa. Essa mútua indução eletromagnética, entre variações sucessivas de campos elétricos e magnéticos que se propagam no espaço, é chamada **onda eletromagnética**. A Figura 7.4 mostra uma representação do que seria a oscilação desses campos no tempo e no espaço.

Nos estudos de Física Ondulatória desenvolvidos nos capítulos sobre acústica do Volume 2, apresentamos as grandezas que definem uma onda: frequência (f), comprimento de onda (λ) e amplitude (A), indicadas nas Figuras 7.5 e 7.6.

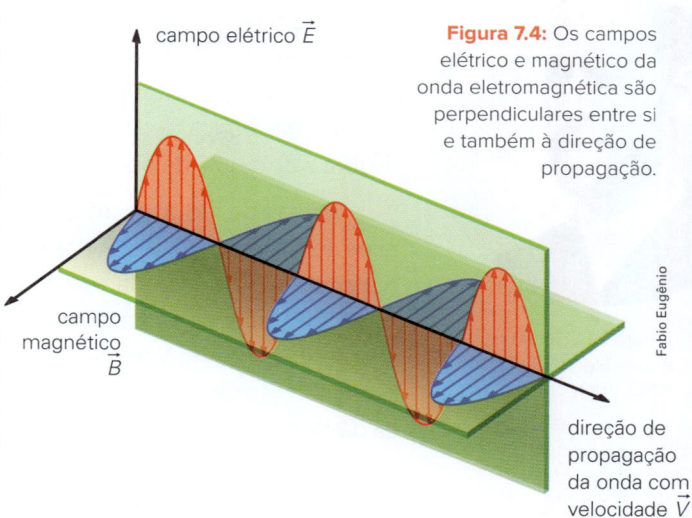

Figura 7.4: Os campos elétrico e magnético da onda eletromagnética são perpendiculares entre si e também à direção de propagação.

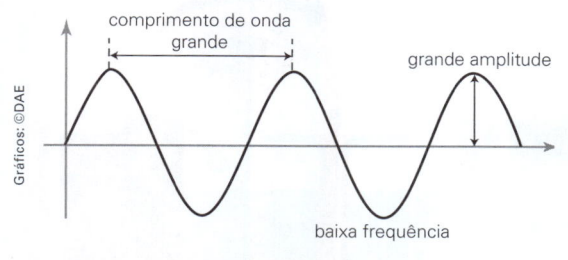
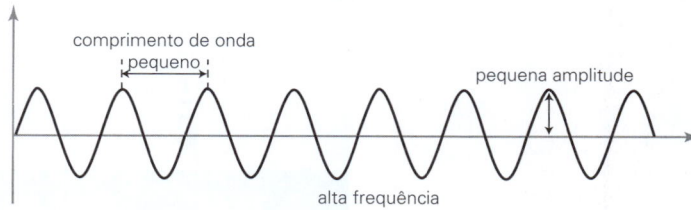

Figuras 7.5 e 7.6: Grandezas que definem uma onda.

A onda eletromagnética produzida se propagará com a mesma frequência de oscilação das cargas elétricas. Mesmo para as "baixas frequências" é usual empregar os prefixos quilo (k) ou mega (M) antes da unidade hertz (Figura 7.7):

$$1 \text{ kHz (quilo-hertz)} = 10^3 \text{ Hz}$$

$$1 \text{ MHz (mega-hertz)} = 10^6 \text{ Hz}$$

Já os valores do comprimento de onda variam desde a milionésima parte do milímetro até alguns milhares de quilômetros. Para a radiação ultravioleta, por exemplo, seu valor está entre 1 e 400 nm; para as ondas eletromagnéticas utilizadas nas telecomunicações, pode variar de 1 cm a 10^5 km. Para pequenos comprimentos de onda, é usual empregar os prefixos micro (μ) e nano (n) ou mesmo a unidade de medida **angstrom** (Å):

$$1 \text{ }\mu\text{m (micrômetro)} = 10^{-6} \text{ m}$$

$$1 \text{ nm (nanômetro)} = 10^{-9} \text{ m}$$

$$1 \text{ Å} = 10^{-10} \text{ m}$$

Outra característica é a velocidade de propagação (v). Para as ondas eletromagnéticas, também vale a relação:

$$v = \lambda \cdot f$$

A relação entre a intensidade do campo elétrico (E), a intensidade do campo magnético (B) e a velocidade de propagação (v) da onda foi descoberta pelo físico e matemático escocês James C. Maxwell no fim do século XIX:

$$\frac{E}{B} = v$$

Figura 7.7: Você já deve ter deparado com kHz e MHz ao selecionar estações de transmissão de rádio.

Anders **Jonas Ångström** (1814-1874), físico e astrônomo sueco que realizou importantes contribuições na área da espectroscopia. Uma das crateras lunares foi batizada com seu nome.

Figura 7.8: Heinrich Rudolf Hertz (1857-1894).

Essa relação permitiu ao cientista concluir que a velocidade de propagação das ondas eletromagnéticas deveria ser constante, com valor de, aproximadamente, 300 000 km/s no vácuo, o que comprovou a natureza eletromagnética da luz. Alguns anos depois, essa descoberta teórica de Maxwell foi comprovada experimentalmente por Heinrich R. Hertz (Figura 7.8), o qual dá nome à unidade de medida da frequência.

Ondas de rádio, micro-ondas, radiação ultravioleta, radiação infravermelha, raios X e raios gama também são ondas eletromagnéticas caracterizadas por diferentes frequências e comprimentos de onda, mas todas têm a velocidade de propagação de aproximadamente 300 000 km/s no vácuo (esse valor é uma constante, representada pela letra **c**, conforme já apresentamos no Volume 2 desta coleção, quando tratamos a luz como "raio luminoso", durante o estudo da reflexão e refração). Ao conjunto de sete tipos de onda eletromagnética dá-se o nome de **espectro eletromagnético** (Figura 7.9).

Figura 7.9: Espectro eletromagnético com exemplos de fontes ou detectores.

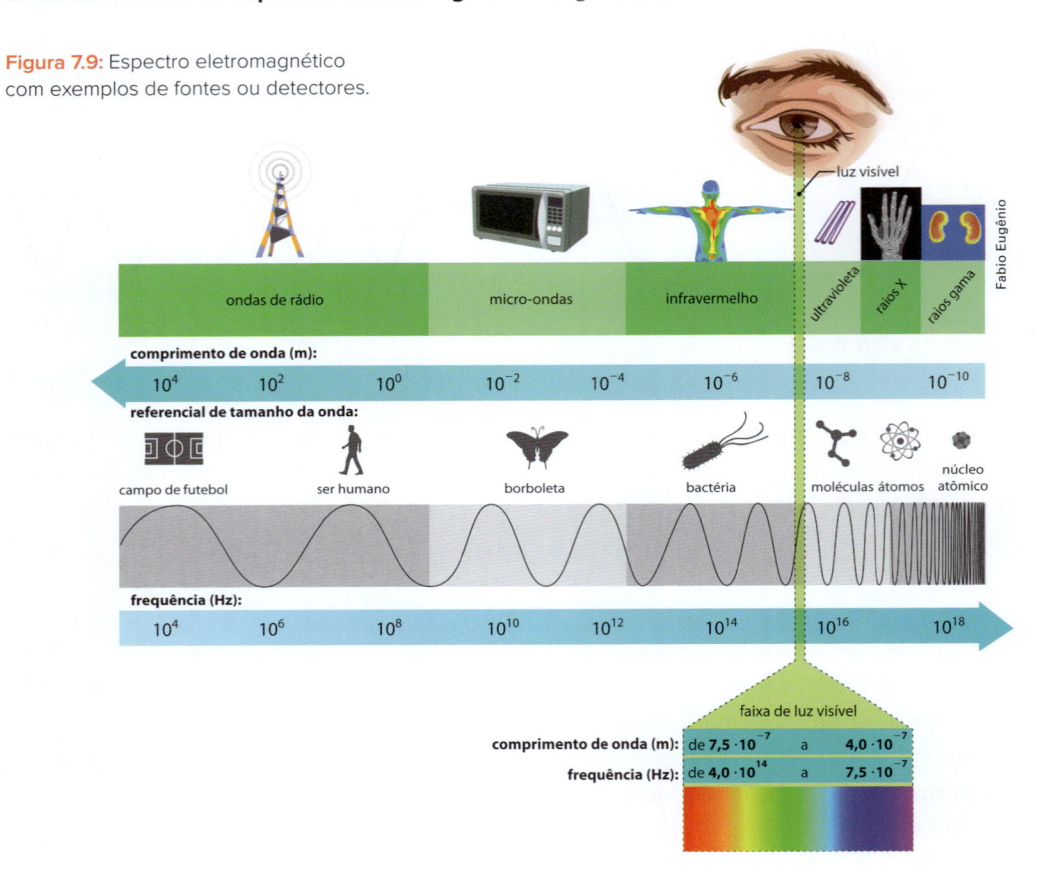

- **Raios X e raios gama**: liberados em reações nucleares, podem danificar células vivas originando tumores. No entanto, dosagens controladas e de rápida exposição podem ser usadas em radioterapia para o tratamento de cânceres e no diagnóstico de tumores em alguns órgãos do corpo, em um processo chamado cintilografia.

- **Raios X**: têm importante função na Medicina, por serem utilizados em alguns diagnósticos do interior do corpo humano (como fraturas, pneumonias e tumores) por meio de radiografias e tomografias. Em baixas e controladas exposições, são usados em radioterapia; porém, em exposições prolongadas e descontroladas, são cancerígenos.

- **Raios ou radiação ultravioleta (UV)**: uma de suas fontes é o Sol. A exposição solar moderada no início da manhã e no fim da tarde é fundamental para a saúde, pois essa radiação auxilia na síntese da vitamina D, a qual promove a absorção do cálcio, atua no sistema imunológico e na secreção de insulina. Contudo, a exposição longa em certos horários do dia pode causar câncer de pele e, a longo prazo, danos à visão.

- **Luz ou radiação visível**: é a faixa do espectro eletromagnético perceptível aos nossos olhos.

- **Raios ou radiação infravermelha (IV)**: como é emitida por qualquer corpo aquecido, é utilizada na captação de informações por óculos e câmeras de visão noturna e satélites meteorológicos. Também é usada na transmissão de sinais nos controles remotos de diversos aparelhos elétricos e portões automáticos.

- **Micro-ondas**: usadas nos fornos de micro-ondas para cozinhar ou aquecer alimentos, em satélites e em radares. Nos fornos, a frequência está entre 10^9 e 10^{11} Hz; as micro-ondas agitam as moléculas de água, elevando sua temperatura.

- **Ondas de rádio**: são utilizadas na transmissão de informações por emissoras de rádio e televisão, telefonia e internet. Cada emissora ou instituição – a polícia, por exemplo – possui faixas exclusivas de transmissão. Por isso, conseguimos sintonizar uma estação de rádio, um canal de TV ou conversar ao celular sem interferências (desde que a transmissão e a recepção do sinal sejam adequadas, é claro). As ondas de rádio também são emitidas por alguns corpos celestes, e a área da Astronomia que estuda exclusivamente essas ondas é denominada Radioastronomia.

O cientista na História

James Clerk Maxwell

James Clerk Maxwell (Figura 7.10) nasceu em 13 de junho de 1831, na zona rural da cidade escocesa de Edimburgo, e com apenas 8 anos perdeu a mãe, que faleceu de câncer. A maior parte de sua educação básica ocorreu em casa e aos 16 anos o jovem Maxwell ingressou na Universidade de Edimburgo, onde se graduou em Filosofia Natural. Posteriormente, cursou Matemática na Universidade de Cambridge, na Inglaterra.

Interessou-se e investigou diversos assuntos relacionados à Ótica, Astronomia, Termodinâmica, Mecânica e Geometria. Mas sua grande contribuição para a história da Ciência foi a unificação de todo o conhecimento sobre Eletricidade e Magnetismo adquirido até o fim do século XIX em uma única teoria, descrita por quatro equações básicas que ficaram conhecidas como equações de Maxwell. Uma das consequências mais importantes desse trabalho foi a comprovação da natureza eletromagnética da luz.

O cientista se casou com Katherine Dewar, aos 27 anos, mas nunca teve filhos. Faleceu com apenas 48 anos por causa de um tumor no abdome.

Coleção Particular

Figura 7.10: Maxwell e sua esposa, Katherine.

Coleção Particular. Foto: The Bridgeman Art Library/ Keystone Brasil

Figura 7.11: William Herschel (1738-1822).

Coleção Particular

A descoberta do infravermelho e do ultravioleta

No fim do século XVIII, o astrônomo inglês William Herschel (Figura 7.11) mediu a temperatura correspondente a cada cor do espectro visível solar, posicionando cuidadosamente um termômetro de mercúrio em cada faixa colorida. Nesse procedimento ele notou, acidentalmente, que a medida mais alta não acontecia exatamente sobre o vermelho, mas sim ao lado dessa faixa do espectro, em uma região onde já não havia luz visível. Por encontrar-se antes do vermelho, essa radiação térmica foi denominada infravermelha.

Ao conhecer a descoberta de Herschel, o químico e físico alemão Johann Ritter realizou novos experimentos buscando algo similar no outro extremo do espectro, a região do violeta. A estratégia de investigação envolveu a análise da velocidade de decomposição do cloreto de prata, uma substância que fica escura quando exposta à luz. Ritter observou que a máxima eficiência acontecia em uma região invisível, logo depois da faixa do violeta. Por isso, radiação ultravioleta foi o nome escolhido.

Figura 7.12: Johann Wilhelm Ritter (1776-1810).

Exercícios resolvidos

1. Como podemos entender uma onda eletromagnética? O que é onda eletromagnética?

Uma onda eletromagnética pode ser entendida como o resultado da alteração do campo elétrico produzido em um ponto por uma carga (fazendo-a oscilar, por exemplo); tal alteração induz um campo magnético variável nesse ponto. A mútua indução eletromagnética entre as variações do campo elétrico e do campo magnético, propagando-se no espaço, é uma onda eletromagnética.

2. Qual é a principal diferença entre as ondas mecânicas e as ondas eletromagnéticas?

As ondas eletromagnéticas, além de se propagarem em qualquer meio, podem se propagar no vácuo, dieferentemente das mecânicas, que não se propagam no vácuo.

3. Se uma carga geradora vibrar com uma frequência f em torno de um mesmo ponto, qual será a frequência de oscilação da onda eletromagnética por ela produzida?

Será a mesma frequência f.

Exercícios propostos

1. Você já tentou ligar a televisão com o controle remoto do DVD? E abrir uma garagem utilizando o controle remoto do portão de outra? Por que isso não é possível se todos esses equipamentos são geradores e receptores de ondas eletromagnéticas?

2. De que modo se pode comprovar que as ondas eletromagnéticas não precisam de meio material para se propagar?

3. Admitindo-se que a velocidade da luz no vácuo é $300\,000\,km/s$, qual deve ser a frequência de vibração de um raio luminoso cujo comprimento de onda é $5,0 \cdot 10^{-7}\,m$?

4. Uma onda eletromagnética viaja no vácuo ($c = 3 \cdot 10^8\,m/s$) e vibra com frequência de $10^{10}\,Hz$. Consulte o espectro eletromagnético, determine o tipo de onda, para que serve e seu respectivo comprimento.

5. Uma onda de rádio é emitida por uma estação transmissora e recebida por um aparelho receptor situado a alguns quilômetros de distância. Para que ocorra a propagação da onda de rádio, entre a estação transmissora e o aparelho receptor:

a) deve existir um meio material qualquer.

b) deve existir um meio material que contenha elétrons livres.

c) deve existir um meio material que contenha fótons.

d) não é necessária a presença de um meio material.

6. Dois campos, um elétrico e um magnético, geram uma onda eletromagnética, que se propaga no vácuo. O elétrico tem intensidade $60\,000\,V/m$. Qual a intensidade do magnético?

2. Interação da luz com a matéria

Chamaremos de **luz** as ondas eletromagnéticas com frequência entre $4 \cdot 10^{14}$ e $7,5 \cdot 10^{14}$ Hz e comprimento de onda entre $4 \cdot 10^{-7}$ e $7,5 \cdot 10^{-7}$ m, pois nossa retina é sensível às radiações dessa faixa de espectro eletromagnético, conforme indicado na Tabela 7.1.

Uma fonte natural de ondas luminosas é o Sol. A radiação eletromagnética emitida por essa estrela está presente em todas as faixas do espectro, com predominância na região visível. E isso não é coincidência! Pode-se dizer que houve uma seleção de indivíduos com olhos sensíveis à faixa de radiação eletromagnética mais abundante no nosso **hábitat**, ou seja, os indivíduos nessas condições tiveram maior chance de sobreviver e assim puderam transmitir suas características aos descendentes, num processo lento e contínuo, por milhares de anos.

2.1. Absorção, reflexão e refração de ondas luminosas

Vimos que, ao vibrar, uma carga elétrica emite ondas eletromagnéticas na mesma frequência de sua oscilação. No entanto, essas cargas não vibram da mesma maneira em todos os átomos ou íons; cada material tem sua frequência de oscilação natural, interagindo de forma diferente com cada tipo de radiação incidente.

Quando uma onda luminosa incide na superfície de um material, suas cargas elétricas são forçadas a vibrar. Se a frequência dessa onda eletromagnética é igual à frequência de oscilação natural das cargas que compõem os átomos, as partículas do corpo entram em ressonância e vibram com **máxima amplitude**, o que ocasiona grande número de colisões com as outras partículas da vizinhança, fazendo a energia da radiação incidente ser dissipada em forma de calor (Figura 7.13). Esse fenômeno é denominado **absorção**.

No entanto, quando a frequência da luz incidente se situa acima ou abaixo da frequência de oscilação natural, as cargas elétricas da superfície do material vibram com **pequena amplitude**, acarretando poucas colisões com os átomos da vizinhança. Com isso, a transferência de energia da onda incidente para a matéria é praticamente nula, fazendo com que a reemissão de uma onda eletromagnética seja com frequência muito próxima da radiação incidente (Figura 7.14). Esse fenômeno é chamado **reflexão**.

Nos materiais transparentes, como vidro, plástico e água, as ondas são absorvidas e reemitidas pelos átomos ou pelas moléculas do material até atravessá-lo completamente, por isso conseguimos enxergar através deles. Mas essa travessia ocasiona um pequeno atraso na propagação e, consequentemente, a velocidade da onda no material é um pouco menor que no ar, o que acarreta seu desvio ao mudar de meio (Figura 7.15). Esse fenômeno é conhecido como **refração**.

Tabela 7.1: Comprimento de onda e frequência da região visível do espectro eletromagnético

Luz	Comprimento da onda (10^{-7} m)	Frequência (10^{14} Hz)
violeta	4,0 a 4,5	6,7 a 7,5
anil	4,5 a 5,0	6,0 a 6,7
azul	5,0 a 5,3	5,7 a 6,0
verde	5,3 a 5,7	5,3 a 5,7
amarela	5,7 a 5,9	5,0 a 5,3
laranja	5,9 a 6,2	4,8 a 5,0
vermelha	6,2 a 7,5	4,0 a 4,8

Fonte: FIGUEIREDO, A; PIETROCOLA, M. *Luz e cores* – Coleção Física – Um outro lado. São Paulo: FTD, 2000.

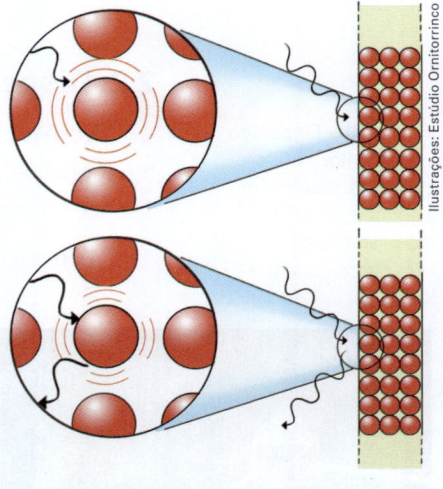

Figuras 7.13 e 7.14: Representação da absorção e da reflexão de uma onda eletromagnética. Ilustrações sem escala; cores-fantasia.

Ilustrações: Estúdio Ornitorrinco

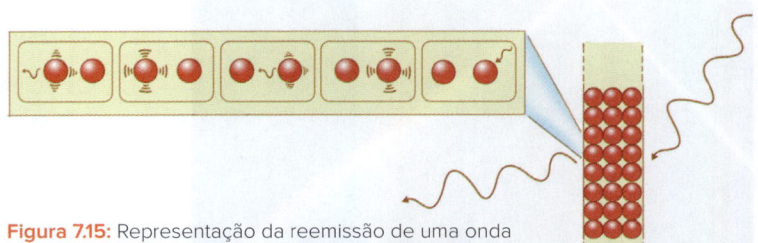

Figura 7.15: Representação da reemissão de uma onda luminosa por dois átomos, entre os inúmeros outros que compõem uma superfície de vidro. Ilustração sem escala; cores-fantasia.

Os elétrons são partículas mais externas do átomo e mais leves; por isso, podem oscilar facilmente. Já os núcleos possuem massa consideravelmente maior, isto é, grande inércia, e em virtude disso têm amplitudes de oscilação bem menores. Ambas as oscilações ocorrem com a mesma frequência, dado que o átomo vibra como um todo. Desse modo, as ondas eletromagnéticas geradas também apresentam frequências iguais, mas com amplitudes diferentes. Assim, nesse modelo de interação da luz com a matéria, a vibração do núcleo acaba sendo irrelevante em comparação à oscilação dos elétrons.

Exercícios resolvidos

1. O que determina a frequência natural de vibração de um corpo?

   A frequência com que vibram seus átomos, ou seja, a frequência de vibração de seu núcleo e de seus elétrons.

2. O que acontece com o comprimento de onda de uma radiação que, vinda do ar, refrata através de uma placa de vidro, retornando ao ar?

   Seu comprimento de onda volta a ter o mesmo valor de antes da refração.

Exercícios propostos

1. Se uma onda eletromagnética incidir sobre um corpo, quais podem ser as consequências?

2. Quais devem ser as relações entre as frequências de vibração das ondas eletromagnéticas e as frequências naturais de vibração dos corpos para que ocorram os fenômenos da absorção, da refração e da reflexão?

3. Uma onda de luz laranja, de frequência $5{,}0 \cdot 10^{14}$ Hz, incide sobre a água, de frequência natural igual a $1{,}0 \cdot 10^{10}$ Hz. Que fenômeno será observado?

2.2. Dispersão da luz

Figura 7.16: Dispersão da luz branca por um prisma. A refração na segunda superfície do prisma acentua a abertura do leque colorido.

Você já deve ter percebido que, ao observar uma lâmpada através do tubo transparente e hexagonal de uma caneta, posicionada bem próxima aos olhos, surge um misterioso colorido. Se você nunca fez isso, tente.

Como é que a luz branca pode transformar-se em listras coloridas e ficar parecida com um pequenino arco-íris? A faixa matizada que você observou indica que a luz branca é formada pela composição de ondas luminosas de diferentes frequências associadas a diferentes cores. Durante a refração no interior do material, cada frequência da luz se propaga com uma sutil diferença de velocidade no meio, por isso emerge com ângulos diversos, o que nos permite observar a separação das cores. Esse fenômeno é chamado **dispersão da luz**.

Os objetos com a melhor capacidade de dispersão são os prismas feitos de vidro ou lucite (Figura 7.16). Um feixe de luz "branca", ao atravessá-lo, divide-se nas diferentes frequências do espectro visível: vermelho, laranja, amarelo, verde, azul, anil e violeta. Por isso, a **luz branca** também é chamada **policromática** (várias cores), e as luzes que a compõem são denominadas **monocromáticas** (uma cor).

David Parker/SPL/Latinstock

A dispersão da luz pode acontecer em qualquer meio transparente, porém esse fenômeno é mais facilmente observado em determinadas condições. A geometria de um prisma, por exemplo, acentua a separação dos componentes da luz branca na forma de um leque.

Com base no índice de refração de um cristal para as luzes monocromáticas, podemos compreender a razão do desvio do violeta ser maior que o do vermelho. Por causa das diferentes velocidades de propagação no meio, os ângulos de refração de cada feixe de luz também são distintos; então, quanto menor a velocidade, maior o desvio. Veja a Tabela 7.2.

O mesmo fenômeno ocorre na formação do arco-íris (Figura 7.17). O feixe de luz dispersado contém todas as cores do espectro visível, porém, como cada frequência emerge com um ângulo diferente, o observador enxerga apenas uma cor proveniente de cada pingo de chuva. Veja que a luz vermelha é proveniente das gotas mais altas, e a luz violeta, das gotas mais baixas. Além disso, ao se propagarem em direção aos olhos do observador com ângulos variando de 42° (desvio da luz vermelha) a 40° (desvio da luz violeta), os milhares de raios monocromáticos formam um tipo de cone (Figura 7.18). Por isso, vislumbra-se um círculo composto de faixas coloridas quando se está no céu e um arco quando se está no solo.

Tabela 7.2: Índice de refração de um cristal para diferentes luzes monocromáticas	
Luz	Índice de refração de um cristal
vermelha	1,26
amarela	1,35
azul	1,60
violeta	1,94

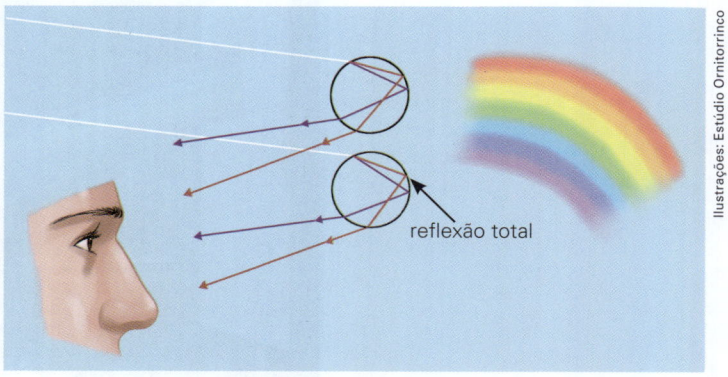

reflexão total

Ilustrações: Estúdio Ornitorrinco

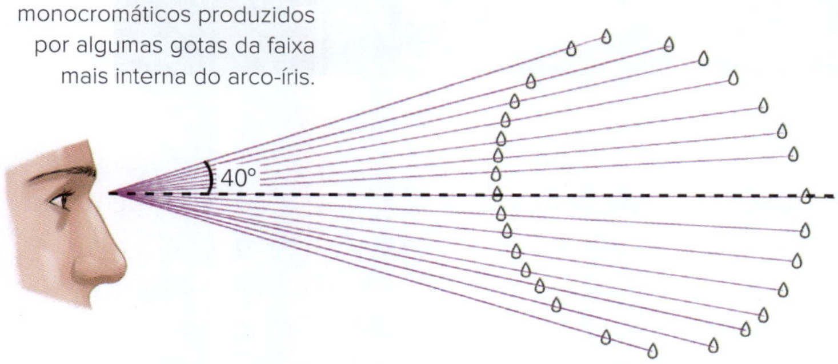

Figura 7.18: Cone de raios monocromáticos produzidos por algumas gotas da faixa mais interna do arco-íris.

40°

Figura 7.17: Representação da dispersão da luz branca do Sol em uma gota de água. Foram ilustradas apenas as cores violeta e azul para simplificar a compreensão. Note que também ocorre reflexão total no interior da gota e que as duas refrações (de entrada e de saída do raio de luz) acentuam a abertura do leque de cores.

As cores do arco-íris

O arco-íris tem cinco, seis ou sete cores? Quais são elas? Alguns afirmam que são: violeta, azul, verde, amarela, laranja e vermelha. Outros acrescentam o anil a lista. Que tal fazer um teste e analisar a figura 7.19?

Dotta

Figura 7.19: Veja quantas cores você consegue diferenciar neste espectro da luz solar. Compare suas observações com as de seus colegas. Você perceberá que alguns terão mais facilidade em distinguir as diferentes tonalidades do que outros.

Cada frequência do espectro luminoso constitui uma cor, então poderíamos dizer que o arco-íris é um contínuo de infinitas cores. O ser humano distingue em média 128 tonalidades, podendo variar, de acordo com a acuidade visual de cada pessoa.

O físico e matemático britânico Isaac Newton (Figura 7.20), que você conheceu nos estudos da dinâmica dos corpos e da gravitação universal, ao observar o espectro formado por um prisma definiu que a luz branca era formada por sete cores, usando como padrão os tons mais acentuados e também em analogia às sete notas musicais.

Diante do mesmo espectro, outros estudiosos propuseram quantidades diferentes de cores, isso demonstra que não existe uma escala absoluta, trata-se apenas de uma convenção para padronizar o estudo da luz.

Figura 7.20: Isaac Newton (1643-1727). Além da Física Mecânica, Newton fez contribuições importantes no estudo da Óptica.

Coleção Particular. Foto: The Bridgeman Art Library/Keystone Brasil

As cores do céu

A fina camada dos gases que envolvem a Terra é composta principalmente de nitrogênio e oxigênio, que juntos representam 99% da atmosfera (Figura 7.21). Quando interagem com a luz solar, as moléculas de N_2 e O_2 oscilam e reemitem radiação visível para todas as direções, principalmente na frequência do violeta (Figura 7.22). Esse fenômeno é denominado **espalhamento da luz**.

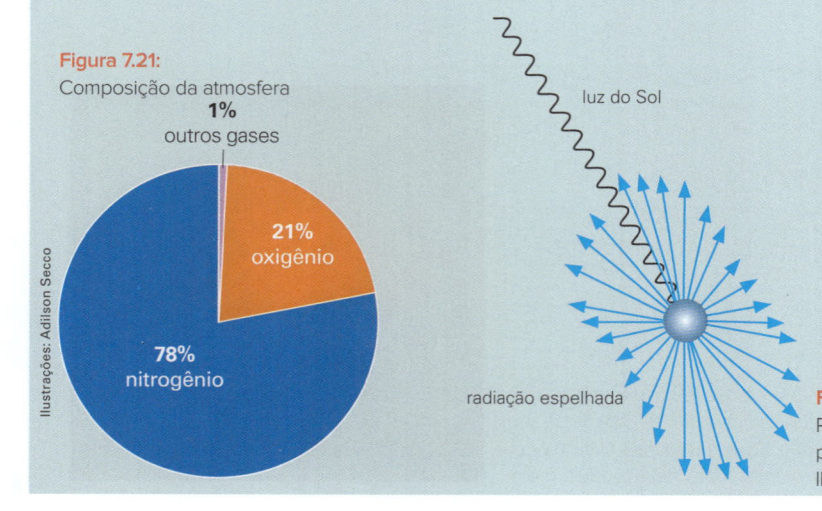

Figura 7.21: Composição da atmosfera

1% outros gases

21% oxigênio

78% nitrogênio

Ilustrações: Adilson Secco

luz do Sol

radiação espelhada

Figura 7.22: Representação do espalhamento da luz por partículas (átomos de N_2 ou O_2) da atmosfera. Ilustração sem escala; cores-fantasia.

Depois do violeta, o azul é a radiação visível mais espalhada pela atmosfera, seguido por anil, verde, amarelo, laranja e vermelho. Como nossos olhos são pouco sensíveis ao violeta, enxergamos principalmente o espalhamento do azul; por isso, temos a impressão de o céu estar tingido dessa cor. Mas, em alguns períodos do dia (nascente e poente do Sol), a luz solar, cuja incidência é rasante em relação à superfície da Terra, percorre uma distância maior dentro da atmosfera, produzindo tons alaranjados no céu. No início do caminho da luz, ocorre o espalhamento de violeta, azul, anil e verde, fazendo com que sobrem apenas a radiação amarela, a laranja e a vermelha para percorrer o restante do caminho até nossos olhos. Dessa forma, predomina uma mistura das cores mais próximas à região do vermelho (Figura 7.23).

Figura 7.23:
Representação do caminho da luz pela atmosfera. Ilustração sem escala; cores-fantasia.

A variação na composição do material particulado da atmosfera é responsável pelas diferentes tonalidades do céu. Nas grandes metrópoles, a presença de poeira, vapor de água e, sobretudo, poluição contribui para o espalhamento das radiações de baixa frequência, tornando o céu esbranquiçado durante o dia e laranja bem acentuado ou rubro durante o nascente ou poente. Quando há nuvens finas no céu, o espetáculo é ainda mais colorido ao entardecer. Já no pico das altas montanhas, na altitude de voo dos aviões comerciais ou em regiões muito secas, o céu adquire um azul muito intenso durante o dia e laranja mais uniforme na aurora ou crepúsculo. Isso acontece porque, nessas situações, há ausência de umidade, poeira ou poluentes, que raramente se concentram em altitudes superiores a mil metros.

Todo esse maravilhoso espetáculo diário de cores no céu é obra direta da nossa atmosfera. Sem ela, teríamos um céu negro com estrelas visíveis em pleno dia, similar ao representado na Figura 7.24. Esse feito pode ser visto em altitudes superiores, a aproximadamente 16 km de altura, nas quais a atmosfera é bastante rarefeita.

Figura 7.24:
Visão do céu diurno sem atmosfera.

Outra característica importante de nossa atmosfera se refere às janelas no espectro eletromagnético, isto é, a semitransparência ou baixa opacidade atmosférica para algumas faixas de frequência da radiação eletromagnética. Na Figura 7.25, pode-se observar que a atmosfera apresenta uma janela para as ondas curtas de rádio e parte das micro-ondas, ambas fundamentais para as telecomunicações por satélite e radioastronomia, outra janela na banda do infravermelho próximo, importante para a absorção e a reemissão de parte da radiação térmica solar, e também uma janela óptica, a qual nos permite receber a radiação visível do Sol.

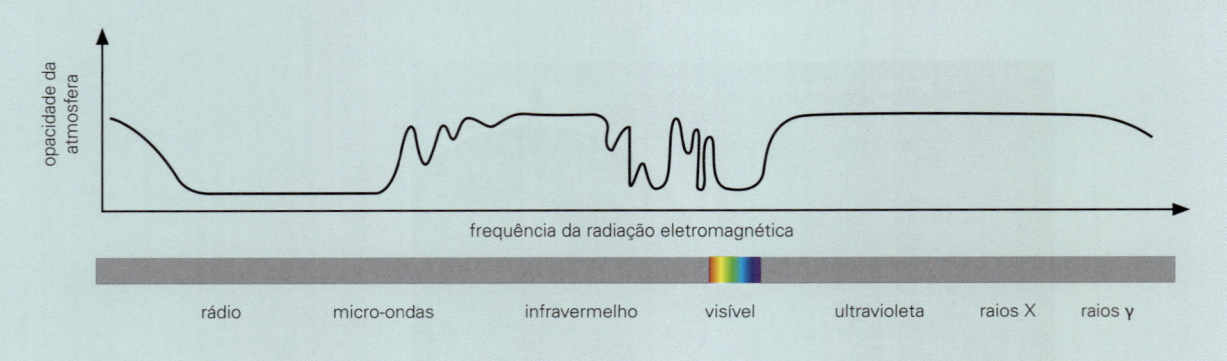

Exercícios resolvidos

1. É possível recombinar as luzes monocromáticas do espectro visível para compor a luz branca?
Sim, como é apresentado no esquema ao lado.

2. Quais são as principais características que tanto valorizam o diamante?
Sua capacidade de refletir totalmente cada raio de luz que penetra nele diversas vezes; e, quando ocorrer a refração, dispersar esse raio de luz, promovendo a cintilação que tanto se espera.

3. Como seria a cor do céu durante o dia, no nascente e no poente, se a composição de gases favorecesse o espalhamento das baixas frequências?
Teríamos dias de céu avermelhado e nascentes e poentes azulados.

Exercícios propostos

1. O que se entende por dispersão da luz? Em que situações ela ocorre?

2. Usando a lei de Snell, verifique a radiação monocromática que mais se desvia e a que menos se desvia quando a luz branca do Sol, vinda do ar, refrata através de um cristal, sob um ângulo de incidência de 30°. Os índices de refração do cristal são 1,26 para a luz vermelha e 1,94 para a luz violeta; o do ar é 1.

3. (UFMG) Um feixe de luz do Sol é decomposto ao passar por um prisma de vidro. O feixe de luz visível resultante é composto de ondas com:

a) apenas sete frequências, que correspondem às cores vermelha, alaranjada, amarela, verde, azul, anil e violeta.

b) apenas três frequências, que correspondem às cores vermelha, amarela e azul.

c) apenas três frequências, que correspondem às cores vermelha, verde e azul.

d) uma infinidade de frequências, que correspondem a cores desde a vermelha até a violeta.

4. (Fuvest-SP) Um feixe de luz é uma mistura de três cores: verde, vermelho e azul. Ele incide, conforme indicado na figura adiante, sobre um prisma de material transparente, com índice de refração crescente com a frequência. Após atravessar o prisma, a luz atinge um filme para fotografias a cores que, ao ser revelado, mostra três manchas coloridas.

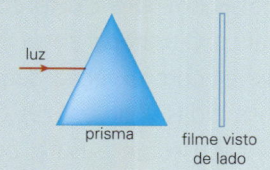

De cima para baixo, as cores dessas manchas são, respectivamente:

a) verde, vermelho e azul.

b) vermelho, azul e verde.

c) azul, vermelho e verde.

d) verde, azul e vermelho.

e) vermelho, verde e azul.

5. (Vunesp-SP) A figura representa, esquematicamente, a trajetória de um estreito feixe de luz branca atravessando uma gota de água. É dessa forma que se origina o arco-íris.

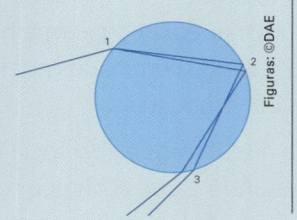

Figuras: ©DAE

a) Que fenômenos ópticos ocorrem nos pontos 1, 2 e 3?

b) Em que ponto, ou pontos, a luz branca se decompõe, e por que isso ocorre?

6. Se as gotas de água em suspensão são as responsáveis pelo aparecimento do arco-íris, não deveria haver uma infinidade de arcos no céu?

7. (UFMG) Um feixe de luz do Sol é decomposto ao passar por um prisma de vidro. O feixe de luz visível resultante é composto de ondas com:

a) apenas sete frequências, que correspondem às cores vermelha, alaranjada, amarela, verde, azul, anil e violeta.

b) apenas três frequências, que correspondem às cores vermelha, amarela e azul.

c) apenas três frequências, que correspondem às cores vermelha, verde e azul.

d) uma infinidade de frequências, que correspondem a cores desde a vermelha até a violeta.

8. Você já observou que o azul do céu durante o inverno é mais intenso? Explique esse fenômeno.

2.3. A luz e as cores do mundo

Veja as Figuras 7.26 e 7.27 e pense na relação entre a luz incidente e a cor da fruta. Não há nenhum truque nas fotos; para esse efeito foi modificada apenas a fonte de iluminação.

Em ambos os casos, a cor do melão é resultado da maneira como a superfície recebe e reemite a luz que nela incide. Na foto da esquerda, temos o melão iluminado por luz branca; portanto, a fruta tem a aparência amarela. Na foto da direita, a luz incidente é azul; por isso, a coloração está azul-acinzentada.

Figuras 7.26 e 7.27: A cor que um objeto apresenta tem relação com a fonte de iluminação.

Fotos: Dotta

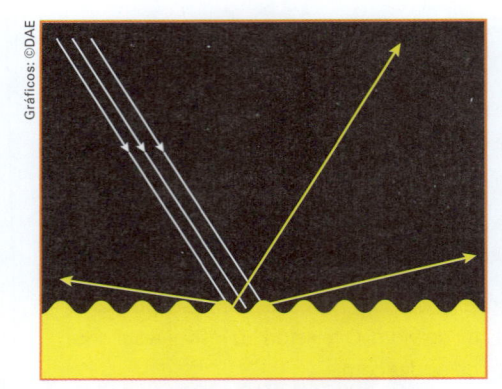

Figura 7.28: Representação simplificada da reflexão seletiva da luz por um corpo amarelo, por meio da incidência de luz branca.

Quando o melão recebe a luz policromática, ele reflete em abundância as frequências equivalentes à região amarela do espectro visível e em pequena quantidade as demais, dado que a maior parte é absorvida. Por isso, a sensação visual é a de uma fruta amarela (Figura 7.28). Esse fenômeno é denominado **reflexão seletiva**.

Na segunda imagem do melão, um filtro azul foi colocado na fonte de luz branca do estúdio fotográfico. O material absorveu a maior parte das frequências do espectro visível, com exceção daquelas referentes à região do azul que foram transmitidas (Figura 7.29). Quando essa luz praticamente monocromática incidiu sobre a fruta, boa parte foi absorvida. Por isso, observamos uma imagem de coloração azulada bem acentuada para o tom cinza.

Observe no Gráfico 7.1 como se dá a reflexão seletiva em outras superfícies e note que os três alimentos refletem com maior ou menor intensidade diversos comprimentos de onda do espectro visível. A manteiga tem reflexão acentuada a partir da região do amarelo para o laranja; o tomate maduro, na região do vermelho; e a alface fresca, na região do verde. Portanto, quando iluminados por luz branca, enxergamos esses alimentos com as cores habituais.

Depois de discutirmos a aparência de objetos coloridos, talvez você esteja se perguntando o que acontece com objetos brancos ou pretos. As superfícies brancas refletem quase toda a radiação visível incidente; já as pretas apresentam essa aparência por causa da absorção quase total da luz que incide sobre elas (Figuras 7.30 e 7.31).

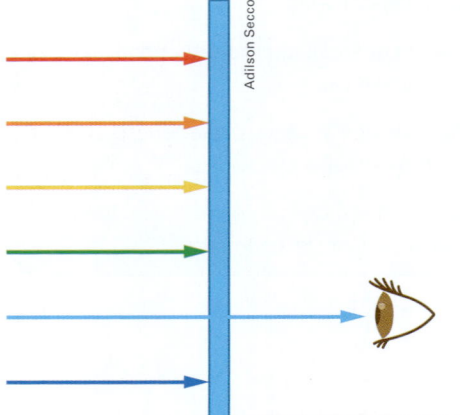

Figura 7.29: Representação simplificada de um filtro azul.

Gráfico 7.1: Reflexão seletiva de acordo com o comprimento de onda.

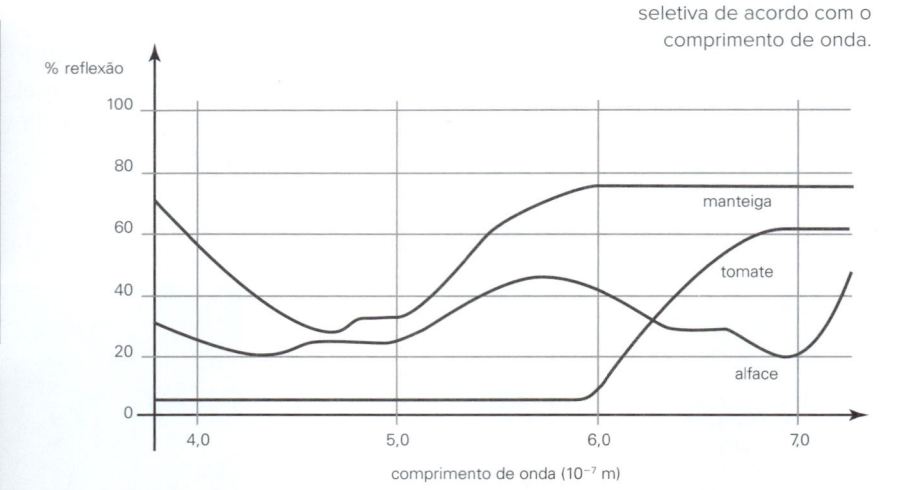

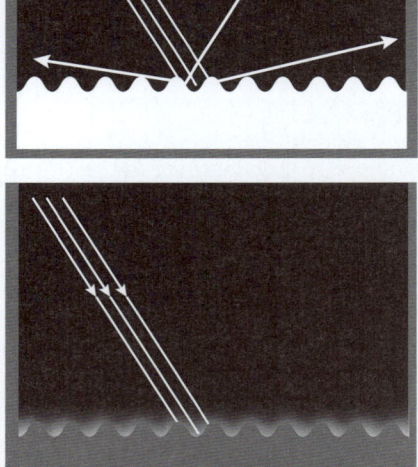

Figuras 7.30 e 7.31: Representação simplificada da reflexão e da absorção da luz por um corpo branco e por um corpo preto.

A absorção e a reflexão seletiva da luz também podem explicar a mistura dos pigmentos coloridos. Ao combinarmos pigmentações, dizemos que foi produzida uma **composição de cores por subtração**, pois as tintas subtraem apenas certa gama de frequências da luz branca incidente. Existem três pigmentos fundamentais, denominados **cores subtrativas primárias**: amarelo, ciano e magenta. Quando combinados dois a dois, esses pigmentos produzem vermelho, verde e azul; quando todos estão juntos, obtém-se o preto (Figura 7.32).

Além disso, é preciso discutir como nossos olhos percebem as cores para entendermos como funciona a mistura de luzes coloridas. No fundo do bulbo ocular está a retina, uma região com milhões de sensores ópticos denominados cones e bastonetes (Figura 7.33). Essas células contêm substâncias químicas que, ao serem iluminadas, geram impulsos elétricos, os quais são levados para o cérebro por meio do nervo óptico e, lá chegando, são interpretados como imagens.

A distinção das cores ocorre por meio dos cerca de 6 milhões de cones presentes na retina humana. Os cientistas acreditam que existe um conjunto de três receptores com sensibilidade variável para as regiões de baixas, médias ou altas frequências do espectro visível.

No Gráfico 7.2, verificamos que os picos de sensibilidade da retina são equivalentes às faixas próximas ao vermelho, ao verde e ao azul. Observe também que, apesar da existência de alguns picos, a retina é sensível a todas as frequências do espectro visível em maior ou menor grau. O estímulo combinado dos cones é responsável por nossa percepção das diversas tonalidades da natureza. A cor, portanto, é uma sensação produzida pela interação da luz com os receptores ópticos de nossos olhos.

Quando todos os cones da retina são estimulados simultaneamente, enxergamos o branco, por isso dizemos que a mistura de luzes produz uma **composição de cores por adição**. As luzes com frequências correspondentes ao **vermelho**, **verde** e **azul** são chamadas **cores aditivas primárias**, pois, quando fachos de mesma intensidade dessas três luzes são direcionados para um anteparo claro, percebemos o branco na região de superposição de todas as ondas luminosas. Nas regiões em que ocorre a combinação de duas das três cores aditivas primárias, percebemos as **cores complementares**: magenta, amarelo e ciano (Figura 7.34).

Figura: ©DAE

Figura 7.32: Mistura de pigmentos.

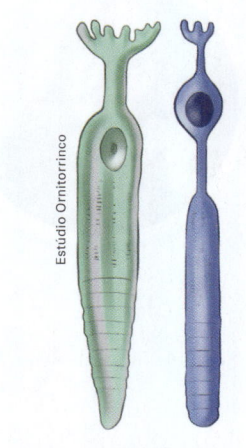

Estúdio Ornitorrinco

Eye of Science/SPL/Latinstock

Figura 7.33: Cones e bastonetes presentes na retina.

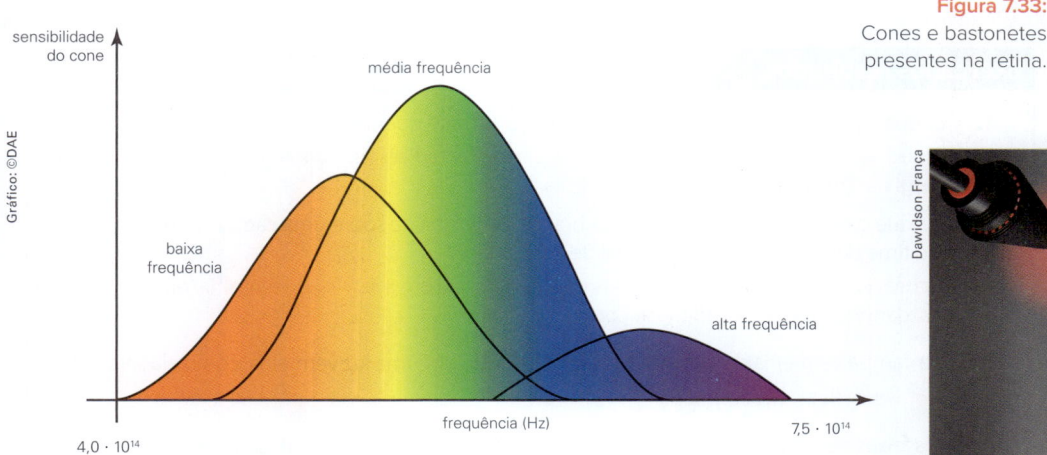

Gráfico 7.2: Sensibilidade dos três tipos de cone. Observe que para cada cone a região de sensibilidade máxima ocorre próximo de diferentes cores, como o vermelho, o verde e o azul.

Dawidson França

Figura 7.34: Mistura de luzes.

Nossos olhos ainda possuem outros receptores de luz: os bastonetes. Eles são mais sensíveis que os cones à intensidade luminosa, mas não fazem distinção de cores, só fornecem informações de claro e escuro para o cérebro. Há grande quantidade dessas células na retina – cerca de 120 milhões.

Perceba que, ao caminhar por sua residência à noite no escuro, você até consegue distinguir alguns objetos, mas não identifica suas tonalidades. Os cones precisam de maior intensidade luminosa para serem estimulados. Já os bastonetes são ativados com luz fraca.

Dessa abordagem, concluímos que a cor depende das características do objeto, da fonte de iluminação e do olho que vê o mundo.

Por dentro do conceito

Anomalias visuais relacionadas à percepção das cores

Algumas pessoas não conseguem identificar todas as cores ou, em casos mais raros, enxergam apenas em preto e branco. Essas anomalias visuais estão associadas à ausência ou a irregularidades no funcionamento dos receptores ópticos de cores. O caso mais comum é o de pessoas que não fazem distinção entre tons de vermelho e de verde. John Dalton (Figura 7.35), renomado químico inglês, era portador dessa anomalia e foi o primeiro a estudá-la, batizando-a de daltonismo no final do século XVIII.

Figura 7.35: John Dalton (1766-1844).

Testes simples podem detectar anomalias na percepção das cores. Observe a Figura 7.36, formada de várias bolinhas coloridas, e diga o número que você enxerga no centro do círculo. Caso você tenha percepção normal para as cores, enxergará o número 74; caso tenha daltonismo, verá o número 21.

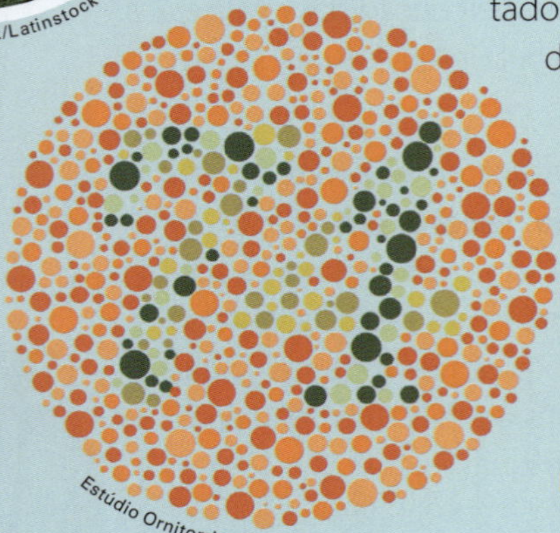

Figura 7.36: Imagem usada para teste de daltonismo.

Exercícios resolvidos

1. Por que é preferível usar roupas claras em um dia muito quente?

   Porque as roupas claras refletem a maior parte das radiações. Com isso, refletem também a energia térmica vinda com essas radiações.

2. Explique o que acontece quando a luz branca do Sol incide sobre uma camisa vermelha, como a do time de futebol do Internacional de Porto Alegre.

   As cores da luz branca são absorvidas pela camisa, exceto a radiação vermelha, que será refletida, dando-nos a sensação dessa cor.

3. Se a camisa vermelha do Internacional for iluminada por uma luz vermelha, como ela será vista?

   A cor vermelha será acentuada.

4. Dois feixes de luz verde pura e luz verde composta incidem sobre um prisma de vidro. Como se dá a emersão dessas radiações de volta para o ar?

   A radiação pura emerge verde; a radiação composta é decomposta nas cores fundamentais que a formam: amarelo e azul.

5. Olhe fixamente para a figura por cerca de 1 minuto, depois desvie rapidamente seu olhar para um papel branco. Como é possível corrigir as cores da bandeira nacional sem nenhuma tinta?

Os cones do olho ficam fatigados após o estímulo excessivo das cores magenta (vermelho + azul), ciano (azul + verde) e amarelo (vermelho + verde). Por isso, ao olhar para o papel branco apenas as tonalidades complementares estimulam os receptores da retina: o verde, o amarelo e o azul. Além disso, a faixa preta na parte central do círculo fica branca como o papel, pois os receptores do olho foram pouco estimulados por essa região.

Exercícios propostos

1. Explique o que deverá ocorrer se a luz branca do Sol incidir sobre uma parede pintada de amarelo.

2. Se a luz do Sol incidente sobre a parede amarela for filtrada por um filtro verde antes de atingir a parede, qual será a cor da parede vista por um observador? Justifique.

3. Quando um objeto é preto, o que está acontecendo com a luz branca do Sol que incide sobre ele? E quando ele é branco?

4. Um objeto ciano sob luz branca é iluminado por luz vermelha. Qual é a cor apresentada pelo objeto nessa situação?

5. Expostas à luz solar, no varal de uma casa, estão secando várias peças de roupa. Não há vento e o Sol está escaldante, pois é verão. Há peças claras, escuras e de cores neutras. Considerando duas calças iguais, distintas apenas pela cor, uma clara e outra escura, qual delas deve secar primeiro? Ou ambas secarão ao mesmo tempo?

6. O retângulo da bandeira do Brasil tem cor verde. Explique como se apresentaria essa parte da bandeira se ela fosse iluminada exclusivamente por luz:

Figura: ©DAE

a) azul pura;

b) vermelha pura;

c) amarela pura;

d) amarela composta.

3. Interferência entre ondas

Até este momento, tratamos a cor como resultado da interação entre a luz e a matéria. Agora, vamos discutir a difração, a interferência das ondas luminosas e como as cores podem surgir desse fenômeno.

Colocando uma haste vibrante em uma cuba que contenha uma fina camada de água, produzem-se ondas circulares com regiões claras e escuras, ou seja, vales e cristas, respectivamente. Quando se acrescenta mais uma haste na cuba ao lado da primeira e se colocam ambas para vibrar com a mesma frequência, percebe-se a interferência resultante da sobreposição das ondas geradas (Figura 7.37).

Figura 7.37: Padrão de interferência de ondas na água.

Berenice Abbott/Photo Researchers/Latinstock

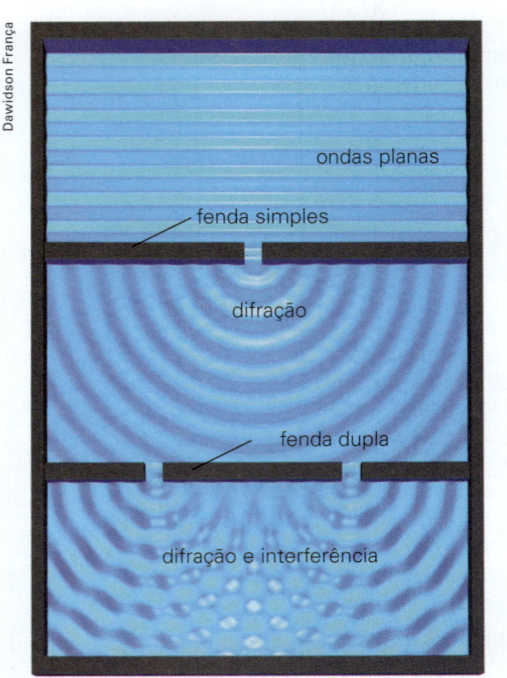

Figura 7.38: Difração e interferência das ondas na água.

Figura 7.39: Thomas Young (1773-1829).

Nas regiões completamente claras, ocorreu a sobreposição de vales e, nas partes completamente escuras, a sobreposição de cristas, gerando em ambos os casos ondulações de maior amplitude. Nesses casos, dizemos que ocorreu interferência construtiva. Já nas regiões de tonalidade intermediária, a sobreposição de cristas com vales gerou ondulações de pequena amplitude ou cancelou a perturbação. Nessa situação, ocorreu interferência destrutiva.

Se fizermos vibrar uma lâmina no lugar da haste, produziremos ondas retilíneas. Ao adicionarmos uma barreira plana com uma pequena fenda central, cuja abertura é menor que o comprimento das ondulações, observaremos a difração das ondas e seu espalhamento em todas as direções. E, no caso de uma fenda dupla, perceberemos que também ocorre interferência entre as ondas (Figura 7.38).

Esses fenômenos também se aplicam à luz, mas, como o comprimento de onda é bem menor, as investigações experimentais que podem evidenciá-lo são um pouco mais complexas. Apesar de a natureza ondulatória da luz ser discutida desde o século XVII, somente no início do século XIX o médico e linguista britânico Thomas Young (Figura 7.39) conseguiu demonstrar a interferência das ondas luminosas.

Ao passar um feixe de luz monocromática por uma fenda muitíssimo fina, Young percebeu que a difração das ondas luminosas produzia uma faixa central brilhante que gradualmente se desvanecia (Figura 7.40). Em seguida, o cientista realizou o mesmo experimento com duas fendas, também muito finas, e posicionadas bem próximo uma da outra. Assim como as ondas de água, essas ondas luminosas sofreram difração e interferência, projetando no anteparo uma série de faixas claras e escuras alternadas (Figura 7.41). Esse padrão de interferência construtiva (regiões claras) e destrutiva (regiões escuras) foi o que comprovou definitivamente a natureza ondulatória da luz.

Outra forma de produzir difração das ondas luminosas é fazê-las contornar um obstáculo muito estreito. Veja na Figura 7.42 o que acontece quando um feixe de **laser** incide sobre uma rede de difração: o padrão de interferência formado é similar ao produzido no caso das fendas finas. Em ambas as situações, chamamos as faixas claras e escuras de **franjas de interferência**.

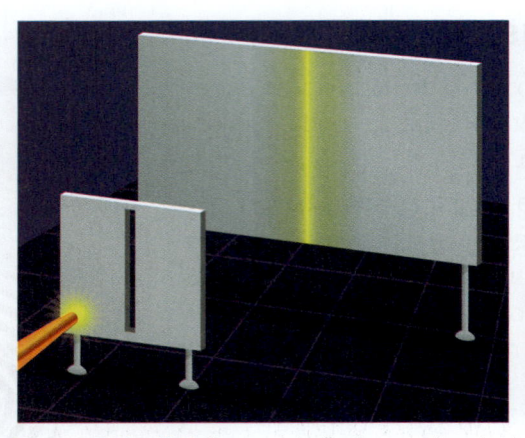
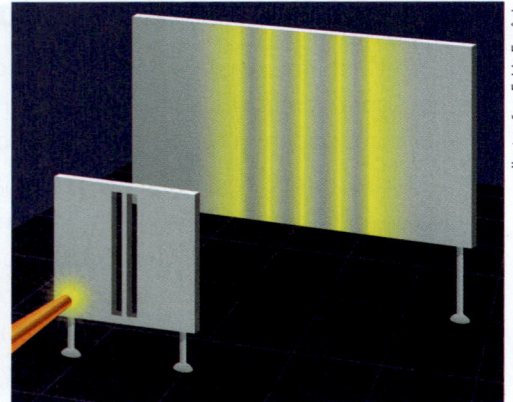

Figuras 7.40 e 7.41: Representação do experimento do Young, realizada em 1801, com fendas simples e fendas duplas.

Para qualquer ponto localizado sobre uma linha ventral (sequência de pontos de interferência construtiva), a diferença das distâncias entre esse ponto e cada uma das fendas é um número inteiro múltiplo de um comprimento de onda:

$$d = n \cdot \lambda$$

E, para qualquer ponto localizado sobre uma linha nodal (sequência de pontos de interferência destrutiva), a diferença das distâncias desse ponto às fendas é um número inteiro ímpar de meio comprimento de onda:

$$d = (2 \cdot n - 1) \cdot \frac{\lambda}{2}$$

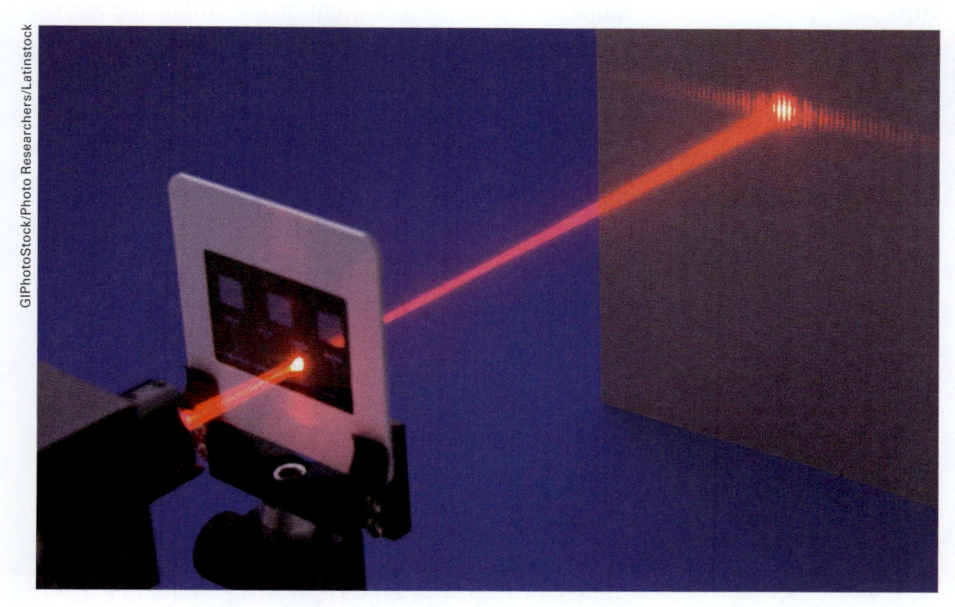

Figura 7.42: Franjas de interferência produzidas por um feixe de *laser* difratado por uma rede de difração.

Figura 7.43: Interferência da luz produzida por redes de difração – neste caso, uma lâmpada incandescente é observada através de uma tela de serigrafia.

Quando uma luz policromática atravessa uma rede de difração, as frequências do espectro visível são separadas em faixas coloridas, assim como no prisma (Figura 7.43). Em CDs e DVDs, a trilha de dados gravados, por meio de microssulcos no plástico, forma uma rede de difração (Figura 7.44). Quando as ondas luminosas que foram separadas se superpõem durante a propagação em direção aos nossos olhos, pode ocorrer interferência construtiva ou destrutiva. Em algumas partes da superfície, por exemplo, a interferência pode ser construtiva para a luz vermelha e destrutiva para a luz verde; já em outras regiões pode acontecer o inverso, resultando em um colorido matizado (Figura 7.45).

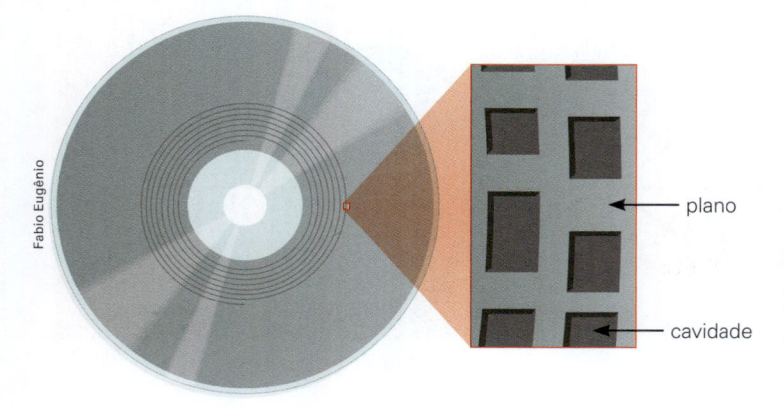

plano

cavidade

Figuras 7.44: Representação da trilha de dados de um CD.

Figura 7.45: Interferência da luz construtiva e destrutiva da luz na superfície de um CD.

Polarização da luz e projeções tridimensionais

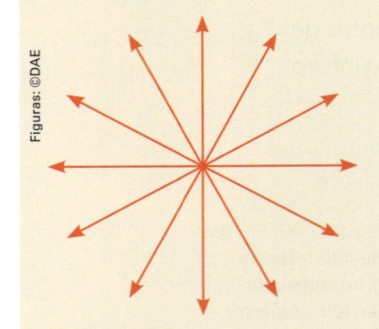

Figuras: ©DAE

Figura 7.46: Representação das direções de vibração.

Já vimos que, ao vibrar, uma carga elétrica produz um campo elétrico oscilante, no mesmo plano do movimento, o qual, por sua vez, gera um campo magnético variável e ortogonal, formando uma onda eletromagnética. As ondas luminosas emitidas pelas fontes em geral não têm uma direção preferencial de vibração, por isso sua representação é feita por um conjunto de linhas radiais (Figura 7.46).

Quando ondas luminosas atravessam alguns materiais como a calcita, popularmente chamada cristal da islândia, dois feixes emergem com velocidades e orientações diferentes (Figura 7.47). Nesse caso, dizemos que a luz foi duplamente polarizada. Definimos **polarização** como a seleção da direção de vibração dos campos elétricos e magnéticos das ondas luminosas (Figura 7.48).

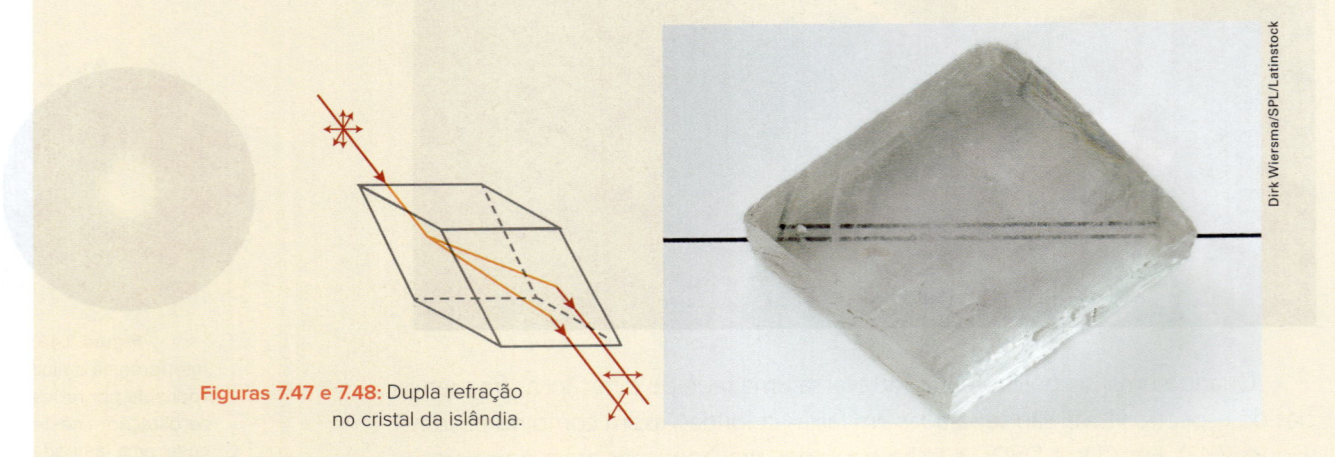

Dirk Wiersma/SPL/Latinstock

Figuras 7.47 e 7.48: Dupla refração no cristal da islândia.

Outros cristais polarizadores são a turmalina e a herapatita. Em 1928, o cientista estadunidense Edwin Herbert Land (1909-1991) impregnou uma película plástica transparente com o segundo tipo de cristal, colocou-a diante de uma fonte luminosa e percebeu que, conforme a película era rotacionada em ângulos de 90°, a intensidade da luz era modificada de um máximo a um mínimo (Figura 7.49). Assim foi inventado o filtro polarizador.

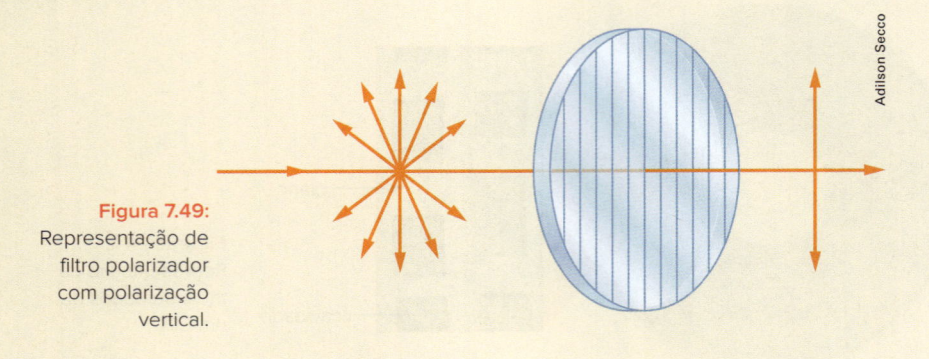

Adilson Secco

Figura 7.49: Representação de filtro polarizador com polarização vertical.

Esse tipo de filtro é muito eficiente para eliminar o excesso de brilho e o reflexo de algumas superfícies. Por isso, é aplicado em óculos escuros e usado para produzir fotografias profissionais (Figuras 7.50a e 7.50b).

Fotos: Dotta

Outro uso é nos óculos 3-D. Inicialmente, as projeções tridimensionais na tela parecem borradas por causa da sobreposição de duas imagens, com diferentes posições e polarizações, mas, ao colocar os óculos, o telespectador recebe apenas uma imagem em cada olho, por conta dos diferentes filmes polarizadores utilizados nas lentes, os quais permitem a transmissão de apenas um dos dois tipos de onda luminosa oriunda da projeção. Quando o cérebro combina essas duas imagens levemente deslocadas, é produzida a sensação de tridimensionalidade.

A ideia das projeções 3-D tomou por base o funcionamento da visão humana. Como os globos oculares estão separados por uma distância média de 5 cm, a perspectiva dos objetos ao nosso redor é levemente diferente para cada olho, mas a junção de ambas as imagens no cérebro cria a percepção de tridimensionalidade. Por isso, as filmagens são realizadas com duas câmeras, distanciadas de 5 cm a 7 cm uma da outra, gravando simultaneamente (Figura 7.51).

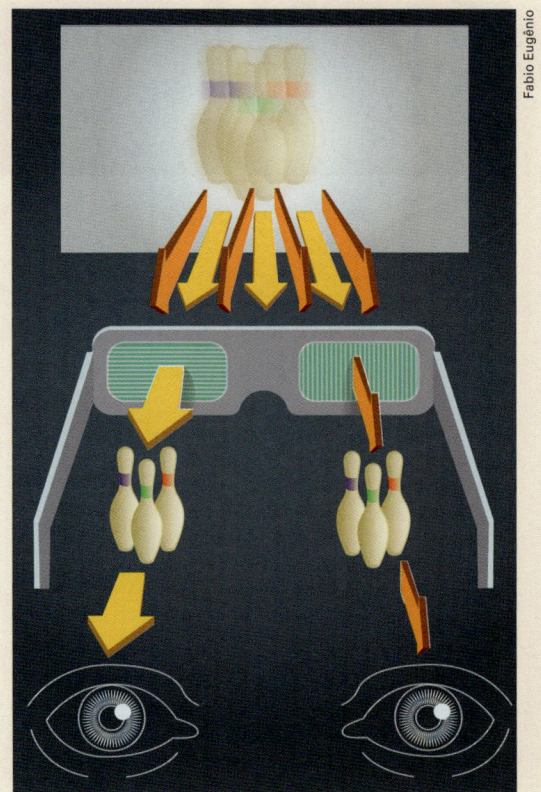

Fabio Eugênio

Figura 7.51 Produção de imagens tridimensionais.

1. Que condição deve ser satisfeita para que ocorra difração de ondas ao passarem por uma fenda?

É fundamental que a largura da fenda seja menor ou tenha, no máximo, o mesmo comprimento de onda (λ) da onda que passa por ela.

2. Na figura de interferência a seguir, S_1 e S_2 são fendas de difração que provocam a interferência das ondas difratadas. Considere que cada traço de semicircunferência representa uma crista. O que representa o cruzamento de dois traços dessas semicircunferências? O que se pode dizer acerca da região interna compreendida entre quatro daqueles traços?

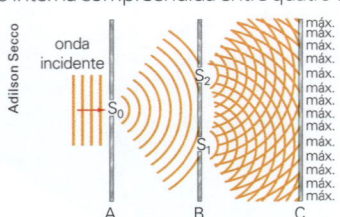

O cruzamento das semicircunferências representa o ponto de encontro de duas cristas; trata-se de um ponto de interferência construtiva com amplitude duas vezes maior do que a amplitude de cada onda isoladamente. A região central interna compreendida entre quatro traços representa o encontro de dois vales; tais pontos também são de interferência construtiva, com amplitude duas vezes maior do que a amplitude de cada onda isoladamente.

3. Na figura de interferência do exercício anterior, quando se traça uma semicircunferência pontilhada bem no meio de duas semicircunferências de linhas contínuas, preenchendo todo o espaço, podem-se observar os vales das ondas. O cruzamento de duas linhas contínuas, como você já percebeu, é o próprio encontro de dois vales. O que representa o cruzamento de uma linha contínua com uma linha pontilhada?

Representa o encontro de uma crista com um vale, ponto de interferência destrutiva.

1. (UFRGS-RS) Mediante uma engenhosa montagem experimental, Thomas Young (1773-1829) fez a luz de uma única fonte passar por duas pequenas fendas paralelas, dando origem a um par de fontes luminosas coerentes idênticas, que produziram sobre um anteparo uma figura como a registrada a seguir.

A figura observada no anteparo é típica do fenômeno físico denominado:

a) interferência.

b) dispersão.

c) difração.

d) reflexão.

e) refração.

2. (UFC-CE) Duas ondas ocupam a mesma região no espaço e têm amplitudes que variam com o tempo, conforme o gráfico a seguir.

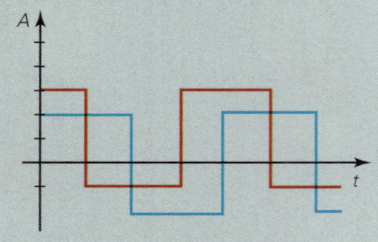

Assinale a alternativa que contém o gráfico resultante da soma dessas duas ondas.

a)

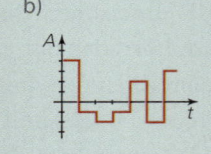

b)

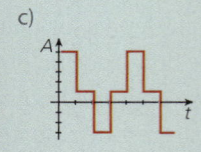

c)

d)

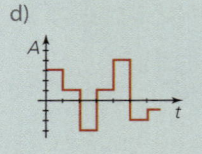

e)

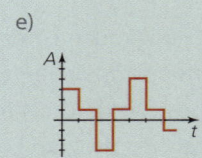

3. (UFSCar-SP) Quando se olha a luz branca de uma lâmpada incandescente ou fluorescente, refletida por um CD, pode-se ver o espectro contínuo de cores que compõem essa luz. Esse efeito ocorre nos CDs devido à:

a) difração dos raios refratados nos sulcos do CD, que funcionam como uma rede de interferência.

b) polarização dos raios refletidos nos sulcos do CD, que funcionam como um polarizador.

c) reflexão dos raios refratados nos sulcos do CD, que funcionam como um prisma.

d) interferência dos raios refletidos nos sulcos do CD, que funcionam como uma rede de difração.

e) refração dos raios refletidos nos sulcos do CD, que funcionam como uma rede de prismas.

4. Na afinação dos instrumentos para uma apresentação ao ar livre, dois músicos tocam a mesma nota musical com a mesma intensidade, de dois instrumentos idênticos. Duas pessoas estão localizadas a certa distância do palco e também entre si. Uma delas alega estar ouvindo a nota musical emitida e a outra alega não estar ouvindo nada. Ambas estão certas, pois se trata do efeito provocado pela ******** das ondas sonoras. Aponte a alternativa que preenche corretamente a lacuna.

a) difração.

d) interferência.

b) reflexão.

e) transmissão.

c) refração.

5. Na figura a seguir, há uma sequência de pontos localizados de modo equidistante das duas fendas. Eles são pontos de interferência ******** e constituem a linha ventral central. Ao lado esquerdo e ao lado direito dessa linha, abrem-se em leque duas linhas em que as ondas parecem estar "sumindo". São pontos de interferência ******** e constituem linhas nodais. Linha ventral é uma linha composta de ********, ao passo que linha nodal é composta de ********.

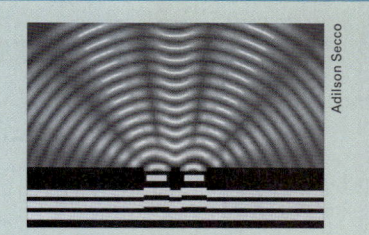

A alternativa que preenche as lacunas na ordem correspondente é:

a) construtiva, destrutiva, nós, ventres.

b) construtiva, destrutiva, ventres, nós.

c) destrutiva, construtiva, nós, ventres.

d) destrutiva, construtiva, ventres, nós.

6. Um ponto P, localizado sobre a primeira linha ventral de uma figura de interferência na água, dista 10 cm da fenda mais próxima e 11 cm da fenda mais distante. O ponto oscila com frequência de 2 Hz. Determine a velocidade de propagação dessas ondas na água.

4. Nas ondas da comunicação

O uso de ondas eletromagnéticas nas telecomunicações é fundamental nos dias de hoje, pois praticamente todo o sistema moderno de comunicação está baseado nelas (Figuras 7.52 e 7.53). A vantagem do uso das **ondas de rádio** para a comunicação deve-se à sua grande velocidade de propagação, a diversas bandas de transmissão (afinal, são usadas para rádio, televisão, internet, comunicação via satélite...), à baixa perda de intensidade da fonte emissora ao receptor e à difração para obstáculos de diversos tamanhos, dado que seu comprimento de onda varia de poucos centímetros a muitos quilômetros. Além disso, materiais como vidro, paredes de alvenaria e madeira são transparentes para esse tipo de radiação eletromagnética.

Conheça algumas características das ondas de rádio na Tabela 7.3. Repare que as duas últimas faixas pertencem à banda de transição entre ondas de rádio e micro-ondas, as quais também são usadas nas telecomunicações.

Figuras 7.52 e 7.53:
Antena emissora e antena receptora.

Tabela 7.3: Espectro das ondas de rádio			
Onda de rádio	Frequência	Comprimento de onda	Alguns usos
ELF – *Extremely Low Frequency* (frequência extremamente baixa)	3 a 30 Hz	10^5 a 10^4 km	transmissão de informações muito simplificadas, como o telégrafo
SLF – *Super Low Frequency* (frequência superbaixa)	30 a 300 Hz	10^4 a 10^3 km	comunicação militar
ULF – *Ultra Low Frequency* (frequência ultrabaixa)	300 Hz a 3 kHz	10^3 a 10^2 km	comunicação militar
VLF – *Very Low Frequency* (frequência muito baixa)	3 a 30 kHz	100 a 10 km	comunicação entre submarinos
LF – *Low Frequency* (baixa frequência)	30 a 300 kHz	10 a 1 km	comunicação entre submarinos e transmissão de informações meteorológicas
MF – *Medium Frequency* (média frequência)	300 kHz a 3 MHz	1 km a 100 m	radiodifusão, na banda AM
HF – *High Frequency* (alta frequência)	3 a 30 MHz	100 a 10 m	radioamadorismo, comunicação entre aviões e navios
VHF – *Very High Frequency* (frequência muito alta)	30 a 300 MHz	10 a 1 m	radiodifusão, na banda FM, transmissão de sinal de televisão e comunicação entre polícia, bombeiros, resgate...
UHF – *Ultra High Frequency* (frequência ultra-alta)	300 MHz a 3 GHz	1 m a 10 cm	transmissão de sinal de televisão
SHF – *Super High Frequency* (frequência superbaixa)	3 a 30 GHz	10 a 1 cm	satélites, radares, internet sem fio, telefonia móvel, Bluetooth
EHF – *Extremely High Frequency* (frequência extremamente alta)	30 a 300 GHz	1 cm a 1 mm	radioastronomia, radares e internet sem fio

Fonte: Elaborado pelos autores para fins didáticos.

Mas como o som do estúdio de rádio é convertido em ondas eletromagnéticas? Como a imagem e o som da emissora de televisão são transmitidos juntos? Todos os meios de comunicação por ondas do rádio são semelhantes?

Vamos investigar essas questões começando pelas transmissões de rádio. Apesar da atual popularização da internet como principal meio de comunicação, para muitas pessoas no Brasil e em outros países o rádio ainda é usado para a difusão de informações e lazer. Tudo começa no estúdio da emissora, onde os locutores gravam a programação usando um microfone. A vibração do diafragma desse aparelho é convertida em sinais elétricos, que variam com a mesma frequência e a mesma amplitude da onda sonora. Em seguida, em um processo chamado modulação de frequência, os sinais são codificados para transmissões em FM (frequência modulada), ou em modulação de amplitude, para transmissões em AM (amplitude modulada); depois, são transmitidos pela antena da emissora em forma de ondas eletromagnéticas. Ao serem recebidas pela antena do aparelho receptor, essas ondas são convertidas em pulsos elétricos que fazem vibrar os alto-falantes do rádio e produzem ondas sonoras com as mesmas características daquelas produzidas pelo locutor no estúdio. Considerando que a maioria dos programas de rádio é realizada ao vivo ou tem horários preestabelecidos para transmissão, você pode ter ideia de como todo esse processo é rápido, parecendo até mesmo instantâneo.

As transmissões das emissoras de televisão, feitas por antena, realizam um processo semelhante; porém, além do som, a imagem é codificada na onda eletromagnética portadora, responsável pelo transporte das informações.

O alcance das ondas de rádio depende de sua potência de emissão. Por isso, quanto mais longe estamos da antena emissora, menor é a qualidade da recepção (Figura 7.54). Essa situação é similar ao que acontece com o sinal dos telefones móveis ou da internet sem fio.

Figura 7.54: Representação da transmissão das ondas de rádio.

Ilustrações: Fabio Eugênio

A mudança na intensidade I do sinal em função da distância r da fonte de emissão com potência P se deve à energia contida na onda que se espalha pelo espaço à medida que esta se propaga. Ela pode ser obtida pela expressão:

$$I = \frac{P}{A} = \frac{P}{4 \cdot \pi \cdot r^2}$$

Nesse caso, P é medida em watt (W) e r, em metro (m); A representa a área de distribuição da onda.

Por causa da curvatura da Terra, outro fator relacionado à qualidade e ao alcance da transmissão é a interação das ondas de rádio com as camadas superiores da atmosfera. Ondas eletromagnéticas com frequências da ordem de 10 kHz a 10 MHz são refletidas pela ionosfera (camada da atmosfera localizada entre 80 e 800 km, aproximadamente), por isso podem ser recebidas a distâncias consideráveis da fonte emissora (Figura 7.55).

Aquelas com ordem de grandeza superior a 100 MHz são absorvidas pela ionosfera ou são perdidas no espaço, o que limita as regiões de recepção. Para que se amenize a perda de qualidade e se estenda o alcance da transmissão, os satélites de telecomunicações são importantes aliados, recebendo o sinal da estação transmissora e reenviando-o diretamente para os receptores.

Fabio Eugênio

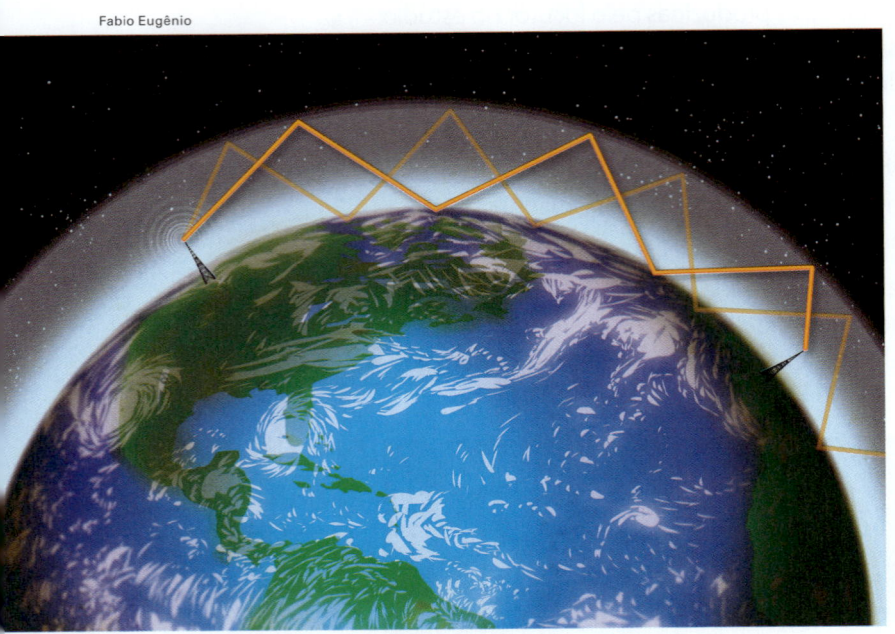

Figura 7.55: Representação da reflexão de ondas de rádio pela ionosfera. Iustração sem escala; cores-fantasia.

O cientista na História

Marconi e a primeira transmissão por ondas de rádio

Guglielmo Marconi (Figura 7.56) nasceu no dia 25 de abril de 1874, em Bolonha, na Itália. Pertencente a uma família abastada, o garoto sempre teve acesso às melhores escolas e demonstrou desde cedo interesse por Física e Engenharia, sobretudo nas áreas relacionadas ao Eletromagnetismo.

Em 1895, com base nos trabalhos de Maxwell e Hertz, Marconi montou um aparelho capaz de enviar sinais por uma distância de aproximadamente 4 km, sem a necessidade de fios. Posteriormente, ele conseguiu fazer transmissões por distâncias cada vez maiores, estabelecendo a primeira comunicação intercontinental em 1920. Faleceu em 20 de julho de 1937. Nesse dia, todas as estações de rádio do mundo fizeram um minuto de silêncio para homenageá-lo.

Apesar de Marconi ser considerado pioneiro nas transmissões a distância, existe um brasileiro, o padre e engenheiro gaúcho Roberto Landell de Moura (Figura 7.57), que realizou a mesma descoberta cerca de três anos antes dele, mas não recebeu o merecido mérito por não pertencer a nenhuma comunidade científica da época.

Universal History Archive/UIG/SPL Latinstock

Figura 7.56: Guglielmo Marconi (1874-1937).

A transmissão de Landell foi feita em São Paulo, com a distância de 8 km entre o transmissor e o receptor. Mas a patente desse e de outros experimentos só foi registrada entre 1901 e 1904. Faleceu anônimo aos 67 anos, por causa de uma tuberculose, doença sem tratamento na época.

New York Herald

Figura 7.57: Roberto Landell de Moura (1861-1928).

Exercícios resolvidos

1. Um recurso que muitos telespectadores utilizam ao assistir a jogos de futebol é abaixar completamente o volume da TV, substituindo-o pelo som do rádio. O resultado disso é uma defasagem entre a recepção do rádio e a da TV. O locutor da emissora de rádio já grita "Gooool", enquanto a TV ainda está passando o lance que vai resultar nesse lance. Qual é o motivo de tal defasagem?

Comparadas com as ondas de TV, as ondas de rádio chegam mais rapidamente ao aparelho receptor, pois são capazes de refletir-se na ionosfera, enquanto as ondas de TV necessitam da presença de satélites artificiais mais distantes da superfície terrestre para esse fim.

2. Uma garota está a 20 m de distância de um alto-falante e queixa-se de que o som emitido por ele está muito "alto". A potência de transmissão de sons desse alto-falante é de 628 MW. Qual é a intensidade sonora recebida pela jovem?

A intensidade sonora é definida pela expressão que relaciona a potência de transmissão com a área por onde a onda vai se propagar – uma superfície esférica, no caso, cuja área é dada por $4 \cdot \pi \cdot R^2$ (R é o raio da superfície esférica).

$$I = \frac{P}{A} = \frac{P}{4 \cdot \pi \cdot R^2} \Rightarrow I = \frac{628 \cdot 10^6}{4 \cdot 3,14 \cdot 20^2} = \frac{50 \cdot 10^6}{400} =$$

$$= \frac{500 \cdot 10^5}{400} = 1,25 \cdot 10^5 \text{ W/m}^2$$

Exercícios propostos

1. (UFSC) Sobre as emissões de estações de rádio, é correto afirmar:

a) as recepções em AM são pouco prejudicadas por colinas e montanhas, pois são refletidas pela atmosfera.

b) não são influenciadas pelas ondas luminosas, devido à natureza ondulatória diferente.

c) as ondas curtas, emitidas por algumas rádios AM, têm grande alcance, devido à sua grande velocidade.

d) as emissões em FM têm pequeno alcance, pois não se refletem na atmosfera.

e) nunca poderiam ser captadas por um astronauta no espaço.

f) nunca poderiam ser emitidas a partir da Lua.

2. (UFMG) Uma onda de rádio é emitida por uma estação transmissora e recebida por um aparelho receptor situado a alguns quilômetros de distância. Para que ocorra a propagação da onda de rádio entre a estação transmissora e o aparelho receptor:

a) deve existir um meio material qualquer.

b) deve existir um meio material que contenha elétrons livres.

c) deve existir um meio material que contenha fótons.

d) não é necessária a presença de um meio material.

3. (UFRN) Pedro está trabalhando na base de um barranco e pede uma ferramenta a Paulo, que está na parte de cima (ver figura). Além do barranco, não existe, nas proximidades, nenhum outro obstáculo.

Fabio Eugênio

Do local onde está, Paulo não vê Pedro, mas escuta-o muito bem porque, ao passarem pela quina do barranco, as ondas sonoras sofrem:

a) convecção.

b) reflexão.

c) polarização.

d) difração

4. Um alto-falante localizado a 10 m de um observador emite sons com potência de 4,0 MW. Qual é a intensidade do som ouvido por esse observador?

5. (UFG-GO) Ondas eletromagnéticas estão presentes no dia a dia. Por exemplo, ondas de TV, ondas de rádio, ondas de radar etc. Essas ondas são constituídas por campos elétricos e magnéticos mutuamente perpendiculares, como mostra o diagrama a seguir.

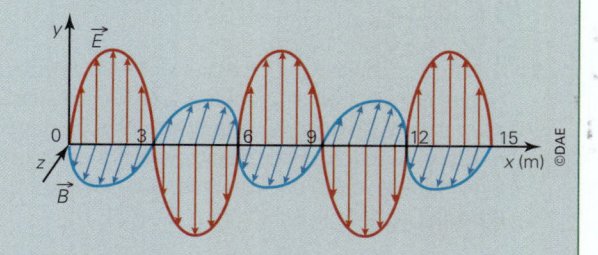

©DAE

A onda eletromagnética representada no diagrama, que está se propagando em um meio homogêneo e linear, com velocidade igual a $3,0 \cdot 10^8$ m/s,

a) possui frequência de $5 \cdot 10^7$ Hz.

b) ao passar para um outro meio homogêneo e linear, a frequência e a velocidade mudam, enquanto o comprimento de onda não.

c) pode ser gerada em fornos de micro-ondas.

d) é difratada, ao passar por uma fenda de, aproximadamente, 6 m.

Exercícios finais

1. (UFRGS-RS) O gráfico a seguir representa as intensidades luminosas relativas de duas linhas do espectro visível emitido por um hipotético elemento químico.

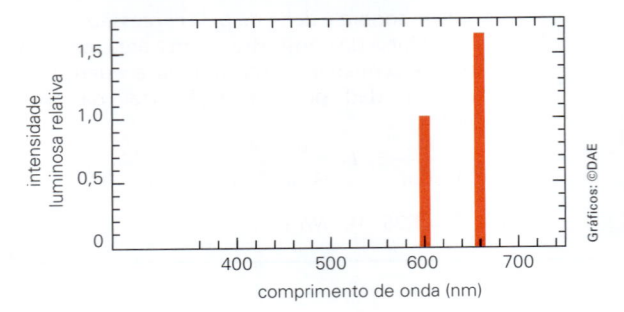

Nesse gráfico, a coluna menor corresponde a um comprimento de onda próprio da luz laranja. A outra coluna do gráfico corresponde a um comprimento de onda próprio da luz:

a) violeta.   c) verde.   e) amarela.

b) vermelha.   d) azul.

2. (UFSM-RS) São feitas as seguintes afirmações sobre os raios X:

I. Os raios X são ondas mecânicas.

II. Em módulo, a velocidade de propagação dos raios X é igual à velocidade de propagação da luz.

III. Os raios X têm frequências menores do que a da luz.

Está(ão) correta(s):

a) apenas I.   d) apenas I e II.

b) apenas II.   e) apenas II e III.

c) apenas III.

3. (UFPR) "Nos confins do Universo, há objetos celestes que se assemelham a fornalhas colossais... Emitem quantidades assombrosas de energia, na forma de jatos de matéria e radiação – luz, calor, ondas de rádio e raios X – produzindo luminosidades bilhões de vezes mais intensas que a do Sol" (Revista *Ciência Hoje* 27, número 160, p. 31).

Com relação aos tipos de radiação mencionados acima, é correto afirmar:

a) raios X e ondas de rádio têm mesma frequência.

b) ondas de rádio e luz visível têm a mesma energia.

c) raios X têm frequência maior do que a da luz visível.

d) raios X têm energia menor do que a da luz visível.

e) ondas de rádio e luz visível têm mesma frequência.

4. (UFRGS-RS) Considere as seguintes afirmações sobre emissão de ondas eletromagnéticas.

I. Ela ocorre na transmissão de sinais pelas antenas das estações de rádio, de televisão e de telefonia.

II. Ela ocorre em corpos cuja temperatura é muito alta, como o Sol, o ferro em estado líquido e os filamentos de lâmpadas incandescentes.

III. Ela ocorre nos corpos que se encontram à temperatura ambiente.

Quais estão corretas?

a) Apenas I.   d) Apenas II e III.

b) Apenas II.   e) I, II e III.

c) Apenas I e II.

5. Uma jovem estudante de Física tem um aparelho receptor em R e recebe o sinal de uma estação de rádio diretamente e por reflexão em um prédio em P, conforme a figura. A distância PR é igual a 200 m. A estação transmite com comprimento de onda de 400 m. A velocidade da luz é $c = 3,0 \cdot 10^8$ m/s.

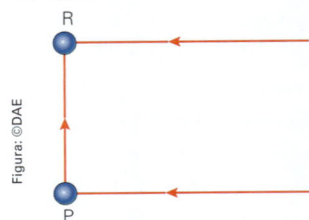

a) Qual é o atraso, em segundos, do sinal refletido em relação ao sinal direto para atingir o receptor da jovem?

b) Qual é a frequência de transmissão da emissora?

6. (Fuvest-SP) Em um ponto fixo do espaço, o campo elétrico de uma radiação eletromagnética tem sempre a mesma direção e oscila no tempo, como mostra o gráfico abaixo, que representa sua projeção *E* nessa direção fixa; *E* é positivo ou negativo conforme o sentido do campo.

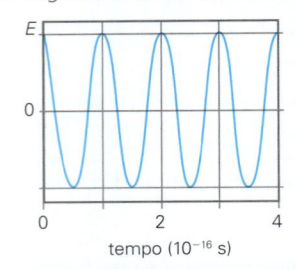

tempo (10^{-16} s)

Radiação eletromagnética	Frequência f (Hz)
rádio AM	10^6
TV (VHF)	10^8
micro-onda	10^{10}
infravermelha	10^{12}
visível	10^{14}
ultravioleta	10^{16}
raios X	10^{18}
raios γ	10^{20}

Consultando a tabela anterior, que fornece os valores típicos de frequência para diferentes regiões do espectro eletromagnético, e analisando o gráfico de E em função de tempo, é possível classificar essa radiação como:

a) infravermelha

d) raio X

b) visível

e) raio γ

c) ultravioleta

7. (Fuvest-SP) Imagens por ultrassom podem ser obtidas a partir da comparação entre o pulso de um sinal emitido e o pulso proveniente da reflexão em uma superfície do objeto que se quer analisar. Em um teste de controle de qualidade, para conferir a espessura de uma placa de plástico, são usados pulsos de ondas com frequência $f = 1,5$ MHz. Os gráficos I e II representam, respectivamente, as intensidades em função do tempo dos pulsos emitidos e dos pulsos captados no receptor, em uma certa parte da placa.

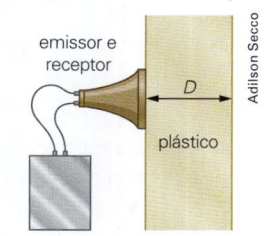

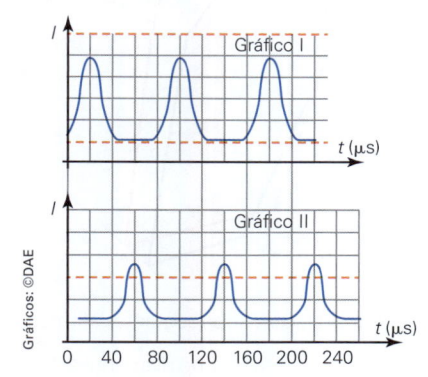

a) Determine o intervalo de tempo Δt, em μs, entre os pulsos emitidos e os pulsos captados.

b) Estime a espessura D, em mm, da placa.

c) Determine o comprimento de onda λ, em mm, das ondas de ultrassom utilizadas.

Note e adote: 1 μs = 10^{-6} s; 1 MHz = 10^6 Hz; velocidade do ultrassom no plástico = 1 200 m/s. Os gráficos representam a intensidade I em uma escala arbitrária; cada pulso é composto por inúmeros ciclos da onda de ultrassom; cada pulso só é emitido depois da recepção do pulso anterior.

8. (Unicamp-SP) Nos últimos anos, o Brasil vem implantando em diversas cidades o sinal de televisão digital. O sinal de televisão é transmitido através de antenas e cabos, por ondas eletromagnéticas cuja velocidade no ar é aproximadamente igual à da luz no vácuo.

a) Um tipo de antena usada na recepção do sinal é a log-periódica, representada na figura abaixo, na qual o comprimento das hastes metálicas de uma extremidade à outra, L, é variável. A maior eficiência de recepção é obtida quando L é cerca de meio comprimento de onda da onda eletromagnética que transmite o sinal no ar $L \sim \dfrac{\lambda}{2}$.

Encontre a menor frequência que a antena ilustrada na figura consegue sintonizar de forma eficiente e responda qual é a haste correspondente pela sintonia.

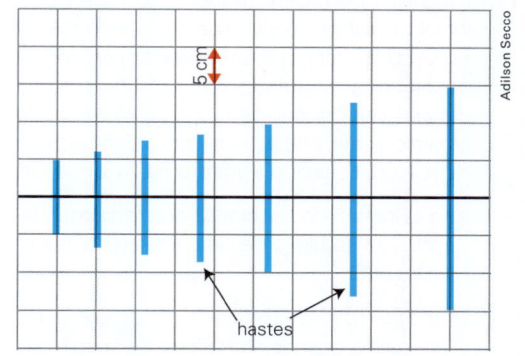

b) Cabos coaxiais são constituídos por dois condutores separados por um isolante de índice de refração n e constante dielétrica K, relacionados por $k = n^2$. A velocidade de uma onda eletromagnética no interior do cabo é dada por $v = \dfrac{c}{n}$. Qual é o comprimento de onda de uma onda de frequência $f = 400$ MHz que se propaga num cabo cujo isolante é o polietileno ($K = 2,25$)?

9. (UFPR) Com relação a ondas eletromagnéticas, é correto afirmar:

a) Ondas eletromagnéticas podem ser geradas por um circuito elétrico no qual a corrente elétrica varia com o tempo.

b) A reflexão e a refração só ocorrem com ondas eletromagnéticas para frequências correspondentes à luz visível.

c) Os campos elétrico e magnético da luz oscilam perpendicularmente à direção de propagação.

d) Interferência e difração são fenômenos que ocorrem exclusivamente com as ondas eletromagnéticas.

e) O comprimento de onda da luz vermelha na água é maior que o correspondente comprimento de onda no vácuo.

f) A formação de arco-íris pode ser explicada pela dispersão da luz solar em gotas de água na atmosfera.

10. Em que condições uma onda eletromagnética é refletida por um meio?

11. Uma onda eletromagnética, vibrando com frequência de $1,0 \cdot 10^{12}$ Hz, é absorvida por um meio material. O que se pode afirmar acerca da frequência natural de vibração das moléculas desse meio?

Exercícios finais

12. Uma onda eletromagnética que vibra com frequência de $3,5 \cdot 10^{14}$ Hz viajando no ar a uma velocidade de $3 \cdot 10^8$ m/s incide num líquido cujas moléculas vibram com frequência de $5,8 \cdot 10^9$ Hz.

a) Que consequência se observa na onda?

b) O que se pode afirmar acerca da velocidade de propagação, do comprimento de onda e da frequência da onda na nova situação?

13. (UFG-GO) Considere um estreito feixe de luz branca incidindo sobre um bloco de vidro. A refração desse feixe no vidro dá origem a um espectro colorido, no qual se observam as seguintes cores, na ordem decrescente de suas velocidades de propagação: vermelho, laranja, amarelo, verde, azul, anil e violeta. O feixe violeta refratado é, então, direcionado a um prisma. Nesse fenômeno,

a) a dispersão da luz branca ocorre, porque o índice de refração do bloco de vidro é diferente para cada uma das cores.

b) o desvio da luz violeta é menor do que o desvio da luz vermelha, quando ambas emergem do bloco de vidro.

c) o feixe violeta, ao passar pelo prisma, dará origem a um novo espectro colorido.

d) se a secção principal do prisma for um triângulo retângulo isósceles, e o feixe violeta incidir perpendicularmente sobre uma das faces, será observada a reflexão interna total. Nesse caso, considere que o ângulo limite é igual a 48°.

14. (Unifesp-SP) "Eu peguei outro prisma igual ao primeiro e o coloquei de maneira que a luz fosse refratada de modos opostos ao passar através de ambos e, assim, ao final, voltaria a ser como era antes do primeiro prisma tê-la dispersado."

Assim Newton descreve a proposta do experimento que lhe permitiu descartar a influência do vidro do prisma como causa da dispersão da luz branca. Considerando que a fonte de luz era o orifício O da janela do quarto de Newton, assinale a alternativa que esquematiza corretamente a montagem sugerida por ele para essa experiência.

a)

b)

c)

d)

e)

Figuras: ©DAE

15. (Vunesp-SP) Um feixe de luz composto pelas cores vermelha (V) e azul (A), propagando-se no ar, incide num prisma de vidro perpendicularmente a uma de suas faces. Após atravessar o prisma, o feixe impressiona um filme colorido, orientado conforme a figura. A direção inicial do feixe incidente é identificada pela posição O no filme. Sabendo-se que o índice de refração do vidro é maior para a luz azul do que para a vermelha, a figura que melhor representa o filme depois de revelado é:

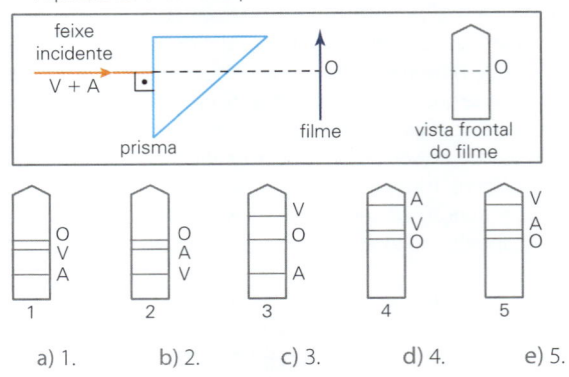

a) 1.   b) 2.   c) 3.   d) 4.   e) 5.

16. (PUC-SP) A figura mostra a trajetória de um feixe de luz branca que incide e penetra no interior de um diamante.

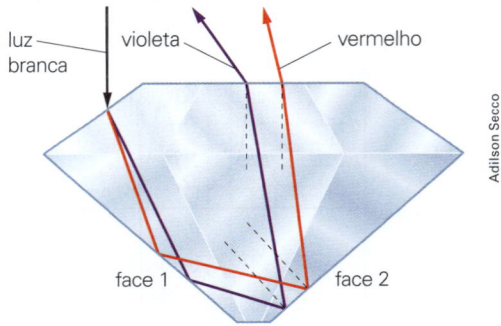

Adilson Secco

Sobre a situação fazem-se as seguintes afirmações:

I. A luz branca ao penetrar no diamante sofre refração e se dispersa nas cores que a constituem.

II. Nas faces 1 e 2 a luz incide num ângulo superior ao ângulo limite (ou crítico) e por isso sofre reflexão total.

III. Se o índice de refração absoluto do diamante, para a luz vermelha, é 2,4 e o do ar é 1, certamente o ângulo limite nesse par de meios será menor que 30°, para a luz vermelha.

Em relação a essas afirmações, pode-se dizer que:

a) são corretas apenas I e II.

b) são corretas apenas II e III.

c) são corretas apenas I e III.

d) todas são corretas.

e) nenhuma é correta.

17. (UFRN) Para explicar a formação do arco-íris, os livros didáticos de Física frequentemente apresentam uma figura como a que vem a seguir, na qual está representada uma gota de água em suspensão no ar. Um raio de luz branca está incidindo sobre a gota, e raios das várias cores que compõem o arco-íris estão dela emergindo. (Para não sobrecarregar a figura, são representados apenas os raios emergentes das cores violeta e vermelha.)

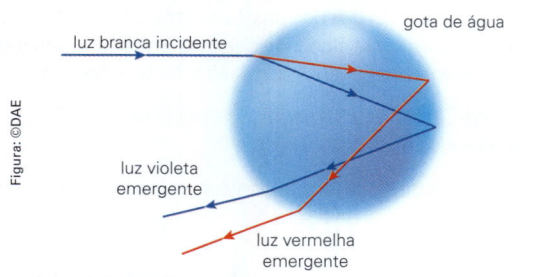

Figura: ©DAE

Pode-se concluir, dessa representação, que o fenômeno do arco-íris ocorre porque o índice de refração varia com a cor da luz e cada cor componente do raio de luz branca incidente sobre a gota de água sofre, de acordo com os raios mostrados, a seguinte sequência de fenômenos:

a) uma reflexão, uma refração e uma segunda reflexão.

b) uma refração, uma reflexão e uma segunda refração.

c) uma refração, uma segunda refração e uma reflexão.

d) uma reflexão, uma segunda reflexão e uma refração.

18. (UFJF-MG) O arco-íris é causado pela dispersão da luz do Sol que sofre refração e reflexão pelas gotas de chuva (aproximadamente esféricas). Quando você vê um arco-íris, o Sol está:

a) na sua frente.

b) entre você e o arco-íris.

c) em algum lugar atrás do arco-íris.

d) atrás de você.

e) em qualquer lugar, pois não importa a posição do Sol.

19. (ITA-SP) Com respeito ao fenômeno do arco-íris, pode-se afirmar que:

   I. Se uma pessoa observa um arco-íris na sua frente, então o Sol está necessariamente a oeste.

   II. O Sol sempre está à direita ou à esquerda do observador.

   III. O arco-íris se forma devido ao fenômeno de dispersão da luz nas gotas de água.

Das afirmativas mencionadas, pode-se dizer que:

a) todas são corretas.

b) somente a I é falsa.

c) somente a III é falsa.

d) somente II e III são falsas.

e) somente I e II são falsas.

20. (FGV-SP) Os versos a seguir lembram uma época em que a cidade de São Paulo tinha iluminação a gás:

   "Lampião de gás!
   Lampião de gás!
   Quanta saudade
   Você me traz.
   Da sua luzinha verde-azulada
   Que iluminava a minha janela
   Do almofadinha, lá na calçada
   Palheta branca, calça apertada"

                           (Zica Bergami)

Quando uma "luzinha verde-azulada" incide sobre um cartão vermelho, a cor da luz absorvida é:

a) verde e a refletida é azul.

b) azul e a refletida é verde.

c) verde e a refletida é vermelha.

d) verde-azulada e nenhuma é refletida.

e) azul e a refletida é vermelha.

21. (UFV-MG) Em uma situação, ilustrada na figura 1, uma lâmpada e um observador têm, entre si, uma lâmina de vidro colorida. Em outra situação, ilustrada na figura 2, ambos, a lâmpada e o observador, encontram-se na frente de uma lâmina de plástico colorida, lisa e opaca. Mesmo sendo a lâmpada emissora de luz branca, em ambas as situações o observador enxerga as lâminas como sendo de cor verde.

Adilson Secco

figura 1   figura 2

Pode-se, então, afirmar que, predominantemente:

a) o vidro reflete a luz de cor verde, absorvendo as outras cores, e o plástico transmite a luz de cor verde, absorvendo as outras cores.

b) o vidro absorve a luz de cor verde, transmitindo as outras cores, e o plástico absorve a luz de cor verde, refletindo as outras cores.

c) o vidro transmite a luz de cor verde, absorvendo as outras cores, e o plástico absorve a luz de cor verde, refletindo as outras cores.

d) o vidro transmite a luz de cor verde, absorvendo as outras cores, e o plástico reflete a luz de cor verde, absorvendo as outras cores.

e) o vidro absorve a luz de cor verde, transmitindo as outras cores, e o plástico reflete a luz de cor verde, absorvendo as outras cores.

Exercícios finais

22. (UFV-MG) Três feixes de luz, de mesma intensidade, podem ser vistos atravessando uma sala, como mostra a figura a seguir.

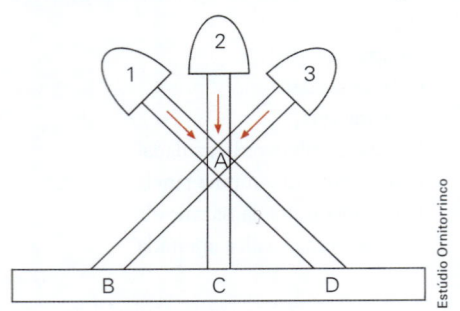

O feixe 1 é vermelho, o 2 é verde e o 3 é azul. Os três feixes se cruzam na posição A e atingem o anteparo nas regiões B, C e D. As cores que podem ser vistas nas regiões A, B, C e D, respectivamente, são:

a) branco, azul, verde, vermelho.

b) branco, branco, branco, branco.

c) branco, vermelho, verde, azul.

d) amarelo, azul, verde, vermelho.

e) amarelo, vermelho, verde, azul.

23. (Unifesp-SP) Quando adaptado à claridade, o olho humano é mais sensível a certas cores de luz do que a outras. Na figura, é apresentado um gráfico da sensibilidade relativa do olho em função dos comprimentos de onda do espectro visível, dados em nm (1,0 nm = 10^{-9} m).

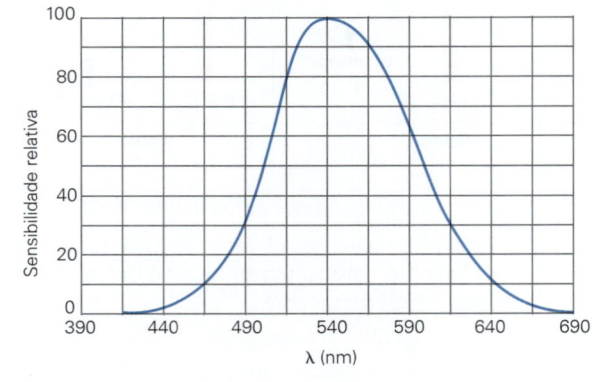

Considerando as cores correspondentes aos intervalos de frequências a seguir

Violeta – frequência (hertz) $6,9 \cdot 10^{14}$ a $7,5 \cdot 10^{14}$

Azul – frequência (hertz) $5,7 \cdot 10^{14}$ a $6,9 \cdot 10^{14}$

Verde – frequência (hertz) $5,3 \cdot 10^{14}$ a $5,7 \cdot 10^{14}$

Amarelo – frequência (hertz) $5,1 \cdot 10^{14}$ a $5,3 \cdot 10^{14}$

Laranja – frequência (hertz) $4,8 \cdot 10^{14}$ a $5,1 \cdot 10^{14}$

Vermelho – frequência (hertz) $4,3 \cdot 10^{14}$ a $4,8 \cdot 10^{14}$

assim como o valor de $3,0 \cdot 10^8$ m/s para a velocidade da luz e as informações apresentadas no gráfico, pode-se afirmar que a cor à qual o olho humano é mais sensível é o:

a) violeta.

b) vermelho.

c) azul.

d) verde.

e) amarelo.

24. Ao ser refratado por um prisma e retornar ao ar, um feixe de luz composta ficou dispersado em azul e amarelo. Determine sua cor antes de a refração ter ocorrido.

25. (Uece-CE) Na figura a seguir, C é um anteparo e S_0, S_1 e S_2 são fendas nos obstáculos A e B.

Assinale a alternativa que contém os fenômenos ópticos esquematizados na figura.

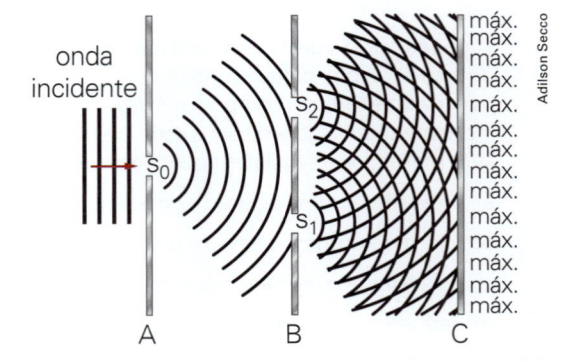

a) Reflexão e difração

b) Difração e interferência

c) Polarização e interferência

d) Reflexão e interferência

26. (ITA-SP) Considere as seguintes afirmações sobre o fenômeno de interferência da luz proveniente de duas fontes:

I. O fenômeno de interferência de luz ocorre somente no vácuo.

II. O fenômeno de interferência é explicado pela teoria ondulatória da luz.

III. Quaisquer fontes de luz, tanto coerentes quanto incoerentes, podem produzir o fenômeno de interferência. Das afirmativas mencionadas, é (são) correta(s):

a) Apenas I

b) Apenas II

c) I e II

d) I e III

e) II e III

27. (Fuvest-SP) Duas hastes, A e B, movendo-se verticalmente, produzem ondas em fase, que se propagam na superfície da água, com mesma frequência f e período T, conforme a figura.

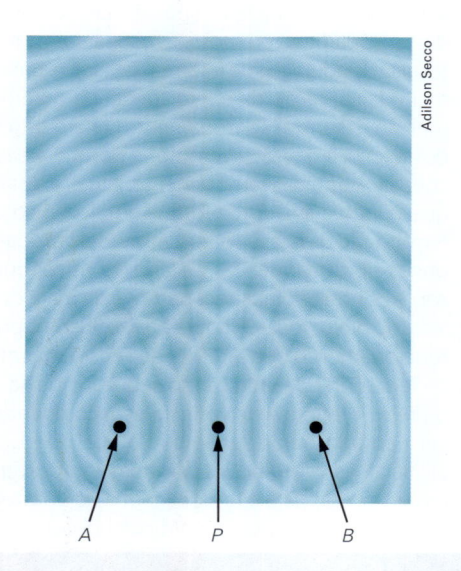

Adilson Secco

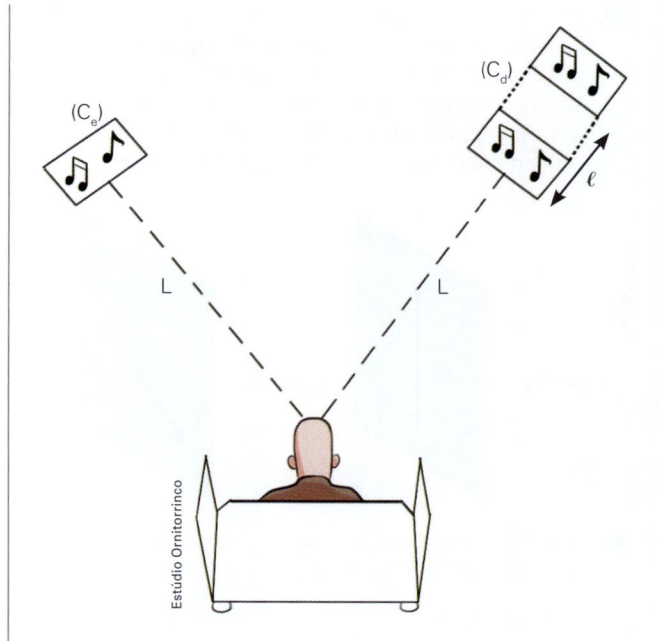

(C_e)

(C_d)

L

L

Estudio Ornitorrinco

No ponto P, ponto médio do segmento AB, uma boia sente o efeito das duas ondas e se movimenta para cima e para baixo. O gráfico que poderia representar o deslocamento vertical y da boia, em relação ao nível médio da água, em função do tempo t, é:

Gráficos: ©DAE

a)

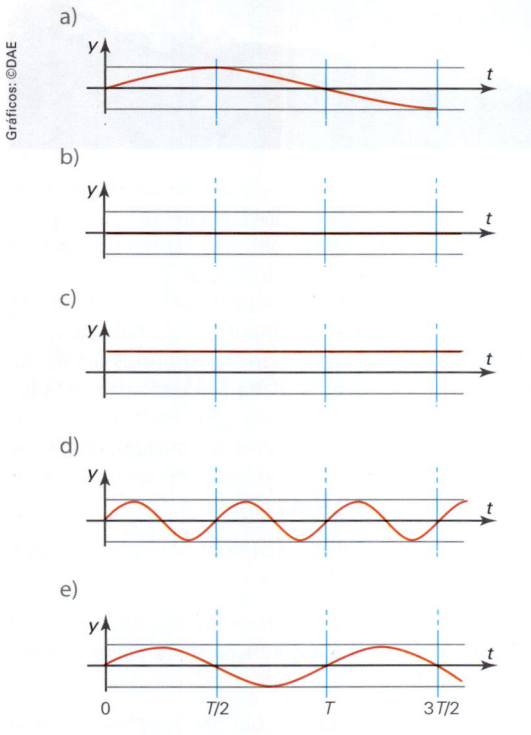

b)

c)

d)

e)

28. (Fuvest-SP) O Sr. Rubinato, um músico aposentado, gosta de ouvir seus velhos discos sentado em uma poltrona. Está ouvindo um conhecido solo de violino quando sua esposa Matilde afasta a caixa acústica da direita (C_d) de uma distância ℓ, como visto na figura a seguir.

Em seguida, Sr. Rubinato reclama: – Não consigo mais ouvir o Lá do violino, que antes soava bastante forte! Dentre as alternativas abaixo para a distância ℓ, a única compatível com a reclamação do Sr. Rubinato é:

a) 38 cm

b) 44 cm

c) 60 cm

d) 75 cm

e) 150 cm

NOTE E ADOTE: O mesmo sinal elétrico do amplificador é ligado aos dois alto-falantes, cujos cones se movimentam em fase. A frequência da nota Lá é 440 Hz. A velocidade do som no ar é 330 m/s. A distância entre as orelhas do Sr. Rubinato deve ser ignorada.

29. (ITA-SP) Considere as afirmativas:

I. Os fenômenos de interferência, difração e polarização ocorrem com todos os tipos de onda.

II. Os fenômenos de interferência e difração ocorrem apenas com ondas transversais.

III. As ondas eletromagnéticas apresentam o fenômeno de polarização, pois são ondas longitudinais.

IV. Um polarizador transmite os componentes da luz incidente não polarizada, cujo vetor campo elétrico E é perpendicular à direção de transmissão do polarizador.

Então, está(ão) correta(s):

a) nenhuma das afirmativas.

b) apenas a afirmativa I.

c) apenas a afirmativa II.

d) apenas as afirmativas I e II.

e) apenas as afirmativas I e IV.

Exercícios finais

30. Uma luz não polarizada de intensidade I_0, ao passar por um primeiro polaroide, tem sua intensidade reduzida pela metade, como mostra a figura. A luz caminha em direção a um segundo polaroide, que tem seu eixo inclinado em determinado ângulo em relação ao primeiro. O que deve ocorrer com a intensidade de luz que emerge do segundo polaroide?

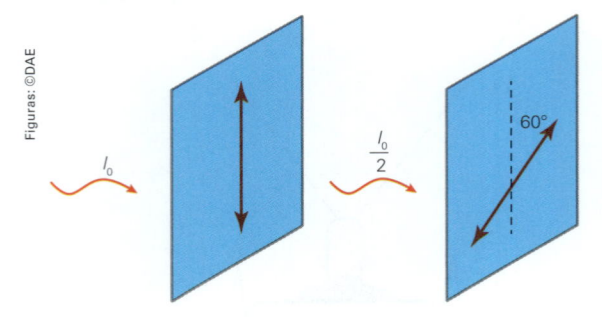

31. (PUC-PR) O fenômeno que não pode ser observado nas ondas sonoras (ondas mecânicas longitudinais) é:

a) polarização

d) difração

b) reflexão

e) interferência

c) refração

32. (UEL-PR) Há 101 anos, Marconi fez a primeira transmissão telegráfica através do Atlântico. Leia o texto sobre o assunto.

> A leitura de um artigo que sugeria o uso de ondas eletromagnéticas para transmitir sinais telegráficos motivou o jovem Guglielmo Marconi (1874-1937) a pôr em prática essa proposta revolucionária. Tais ondas haviam sido previstas pelo físico escocês James Clerk Maxwell (1831-1879), e sua existência foi comprovada experimentalmente pelo físico alemão Heinrich Hertz (1857-1894). Com visão de longo alcance, inventividade e determinação, Marconi construiu e aperfeiçoou equipamentos que lhe permitiram demonstrar a realidade da transmissão sem fio a distâncias cada vez maiores, culminando, em 1901, com a primeira transmissão telegráfica através do Atlântico. (*Ciência Hoje*, v. 28, n. 68.)

Sobre as telecomunicações, é correto afirmar:

a) Os sinais são gerados através da indução magnética e recebidos através da indução elétrica.

b) A transmissão nas telecomunicações ocorre através de sinais de corrente elétrica emitidos pelas antenas.

c) A propagação das ondas eletromagnéticas sofre influência das condições atmosféricas e, quando há ventania, o sinal é danificado.

d) Os sinais são gerados através de correntes estacionárias em circuitos de corrente contínua.

e) A transmissão e recepção nas telecomunicações são realizadas em circuitos elétricos, cuja corrente oscila com a frequência característica da estação retransmissora.

33. (OBA) Um dos principais tipos de satélites artificiais é o de sensoriamento remoto. Sensoriamento remoto é a técnica de aquisição de informações sobre um objeto por meio da captação da energia refletida ou emitida pelo mesmo. O termo "sensoriamento" refere-se à obtenção dos dados, e o termo "remoto" é porque essas informações são captadas remotamente, isto é, a distância, sem que haja contato físico. Um exemplo típico de sensor remoto são os nossos olhos. Através da propagação das ondas eletromagnéticas, na faixa do visível, que incidem sobre os nossos olhos, recebemos informações sobre objetos ao nosso redor. A figura abaixo ilustra o princípio de funcionamento dos satélites de sensoriamento remoto da Terra. Parte da radiação solar que incide na superfície da Terra é refletida de volta ao espaço podendo, assim, ser captada pelos sensores ("olhos") de um satélite artificial. As informações captadas são posteriormente retransmitidas para a Terra, na forma de sinais eletrônicos que são captados por antenas parabólicas.

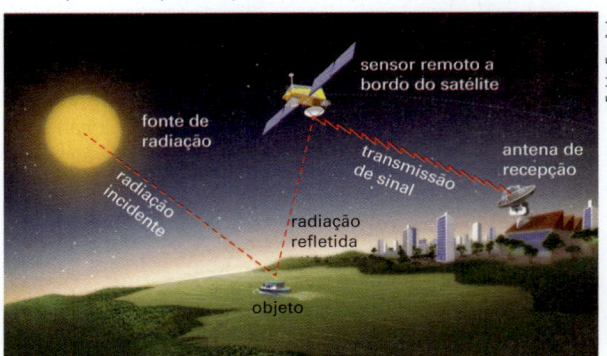

Em conjunto com a China, o Instituto Nacional de Pesquisas Espaciais (Inpe) desenvolveu o Satélite Sino-Brasileiro de Recursos Terrestres, conhecido como CBERS. Este satélite encontra-se a uma altitude de 778 km acima da superfície terrestre, completando uma volta (órbita) em torno da Terra a cada 100 minutos. Os sinais captados pelos sensores do CBERS são transmitidos à estação receptora localizada em Cuiabá, onde são processados por computadores e transformados em dados na forma de gráficos, tabelas ou mapas. Considerando estas informações, assinale, entre as alternativas abaixo, quais são verdadeiras e quais são falsas:

a) Pelo uso do sensoriamento remoto é possível avaliar o desmatamento da Amazônia.

b) A presença de nuvens entre o satélite e a superfície da Terra não atrapalha a obtenção de imagens na faixa de luz visível.

c) Considerando-se que o solo arado apresenta uma coloração avermelhada, enquanto uma área plantada apresenta uma coloração esverdeada, é possível, por meio de imagens de um satélite de sensoriamento remoto, estabelecer o percentual da área plantada em uma determinada região.

INVESTIGUE VOCÊ MESMO

Produzindo ondas eletromagnéticas

MATERIAIS

- Rádio com antena externa
- Pilha
- Fio condutor
- Fita adesiva

ROTEIRO E QUESTÕES

Nesta atividade, você vai produzir, transmitir e receber ondas eletromagnéticas com recursos simples.

Como produzir e captar ondas de rádio?

- Selecione a opção de recepção AM e ligue o rádio. Movimente o seletor de modo a ouvir apenas um chiado uniforme e sem perturbações.

- Conecte uma das pontas do fio condutor a qualquer polo da pilha e aproxime o conjunto da antena do rádio. Encoste e desencoste a outra ponta do fio no outro polo da pilha, de modo a formar um curto-circuito fechado e aberto. Cada vez que o circuito for fechado, você ouvirá um ruído sobressalente ao chiado uniforme do rádio.

- Esse sistema é rudimentar, por isso origina apenas um ruído único e só funciona a curtas distâncias.

- Discuta o experimento com os colegas e explique esse fenômeno.

Filipe Rocha

Fazendo contato

No Universo há centenas de bilhões de estrelas e, ao redor delas, planetas. Será possível existir vida (como a conhecemos) e talvez seres inteligentes em outros planetas? Impelido por essa questão, o astrônomo estadunidense Frank Drake, fundador do projeto SETI (*Search for Extraterrestrial Intelligence* – em português, "Busca por inteligência extraterrestre"), elaborou uma expressão matemática para estimar o número (N) de planetas que poderiam ter vida inteligente em nossa galáxia:

$$N = R_* \cdot f_p \cdot n_T \cdot f_v \cdot f_i \cdot f_c \cdot T$$

Nessa expressão, é a taxa de surgimento de estrelas semelhantes ao Sol, f_p é a fração dessas estrelas que tem um sistema planetário, n_T é o número de planetas semelhantes à Terra próximos a cada estrela, f_v é a fração de planetas com surgimento de vida, f_i é a fração desses planetas com vida inteligente, f_c é a fração de vida inteligente com tecnologia suficiente para se comunicar e, por fim, T é o tempo de existência de uma civilização avançada.

A falta de evidências para alguns desses fatores torna os resultados muito imprecisos. Dependendo das considerações feitas em cada um deles, o resultado da equação de Drake pode variar de $1 \cdot 10^{-12}$, equivalente a cerca de uma civilização para cada trilhão de galáxias, até $1 \cdot 10^9$, ou seja, uma civilização para cada 100 estrelas, aproximadamente.

Imagine que todo o Universo esteja habitado por civilizações alienígenas, que já desenvolveram receptores e decodificadores de ondas eletromagnéticas nas faixas utilizadas para as telecomunicações. Com base nessa ideia, discuta:

- Qual é a concepção de desenvolvimento tecnológico que essas civilizações poderiam ter da raça humana, com base nas informações que receberam pelos sinais de rádio emitidos do nosso planeta?

Apresentamos na Tabela 1 alguns momentos importantes na história das telecomunicações e na Tabela 2 as distâncias de alguns corpos celestes, a partir da Terra, para ajudá-lo no desenvolvimento inicial desse problema aberto. Porém, para discutir adequadamente a questão proposta, será preciso considerar, além dos meios de comunicação, os conteúdos das transmissões, que acontecem de forma incessante desde as primeiras difusões de ondas de rádio, no final do século XIX e início do século XX. Assim, sugerimos que você pesquise a data de eventos e descobertas cruciais na história tecnológica da humanidade. Muitos desses fatos não têm nenhuma relação com as telecomunicações, mas lembre-se de que certamente foram divulgados por meio dessas tecnologias.

Tabela 1: Alguns acontecimentos na história das telecomunicações.	
Ano	**Transmissão**
1895	O físico e inventor italiano Guglielmo Marconi envia sinais a uma distância de 4 km, sem a necessidade de fios.
1899	O padre e inventor gaúcho Roberto Landell de Moura transmite a voz humana por alguns quilômetros, também sem usar nenhum fio.
1907	O físico e inventor estadunidense Lee De Forest instala a primeira "estação-estúdio" de radiodifusão, em Nova York, e transmite o primeiro programa de rádio.
1922	Primeira transmissão radiofônica oficial no Brasil, com o discurso do presidente da República, Epitácio Pessoa (1865-1942), em comemoração ao centenário da Independência do Brasil.
1936	Primeira transmissão de televisão com boa resolução, mas ainda em preto e branco. O protagonista dessa estreia foi o ditador alemão Adolf Hitler, na abertura dos Jogos de Berlim.
1938	Uma emissora estadunidense apresenta a leitura dramatizada de *A guerra dos mundos*, com base na obra de ficção científica escrita por H. G. Wells. Estrelada e produzida pelo radialista, ator e cineasta Orson Welles, a transmissão simulou a invasão de marcianos aos Estados Unidos com tanto realismo que uma onda de pânico tomou conta do país, enquanto o locutor anunciava: "Atenção, senhoras e senhores ouvintes, os marcianos estão invadindo a Terra...". A emissora teve de interromper a programação, tamanha foi a confusão.
1948	Primeira transmissão de televisão no Brasil, que mostrou uma partida de futebol em Juiz de Fora (MG). A primeira emissora brasileira foi a TV Tupi, fundada em 1950.
1950	Surge a televisão em cores nos Estados Unidos, mas a popularidade do aparelho é alcançada somente na década de 1960.

1957	O primeiro satélite artificial, Sputnik I, é colocado em órbita e durante 22 dias emite ondas de rádio capazes de ser capturadas por qualquer radio-amador do planeta. Os sinais, com frequências entre 20 e 40 MHz, são decodificados pelos alto-falantes do rádio como um "bip".
1961	O cosmonauta russo Yuri Gagarin, o primeiro homem a viajar pelo espaço, pronuncia a célebre frase "A Terra é azul", enquanto completa uma volta ao redor de nosso planeta a bordo da Vostok I.
1962	Telstar I, o primeiro satélite de telecomunicações, é colocado em órbita por Estados Unidos, Inglaterra e França.
1969	Neil Armstrong pisa na Lua e profere a famosa frase "Este é um pequeno passo para o homem, mas um grande salto para a humanidade". Mais de 1 bilhão de pessoas acompanham esse momento histórico pela TV.
1973	Martin Cooper, engenheiro estadunidense, realiza a primeira chamada telefônica usando um aparelho portátil. Na década seguinte, os telefones celulares começam a ser comercializados.
1974	O SETI usa o radiotelescópio de Arecibo, em Porto Rico, para enviar uma mensagem codificada em direção à Constelação de Hércules. A "Mensagem de Arecibo" contém várias partes: os números binários de 1 a 10; os números atômicos dos elementos químicos fundamentais para a vida em nosso planeta: hidrogênio, carbono, nitrogênio, oxigênio e fósforo; a indicação das fórmulas moleculares das bases e açúcares dos nucleotídeos do DNA; a representação da dupla hélice do DNA com a indicação do número de nucleotídeos no centro; a representação de um ser humano no centro, com a indicação da população da Terra na época de um lado e a altura média de um ser humano do outro; um esquema do Sistema Solar com a indicação da posição do Sol; e a representação de um radiotelescópio, com a indicação do diâmetro do prato.
2001	Surge a internet sem fio, o que proporciona às pessoas o envio e a recepção de dados transportados por ondas de rádio.

Elaborado pelos autores para fins didáticos.

Tabela 7.4: Alguns astros do Universo.	
Distância da Terra	**Corpo celeste**
1,3 s-luz	Lua
5 a 11 min-luz	Mercúrio
2,3 a 14,3 min-luz	Vênus
8,3 min-luz	Sol
4,3 a 21 min-luz	Marte
35 a 56 min-luz	Júpiter
1,18 a 1,53 h-luz	Saturno
2,5 a 2,8 h-luz	Urano
4,12 a 4,3 h-luz	Netuno
5,32 a 5,6 h-luz	Plutão (planeta-anão)
10 anos-luz	Épsilon Eridani b, exoplaneta
20 anos-luz	Sistema Gliese 581, com dois exoplanetas que possuem habitabilidade, isso é, condições semelhantes ao planeta Terra.
48 anos-luz	51 Pegasi b, primeiro exoplaneta descoberto.
49 anos-luz	Sistema Gliese 163, com um exoplaneta potencialmente habitável.
1 200 anos-luz	Sistema planetário Kepler-62, com dois planetas que apresentam possível habitabilidade.
2 700 anos-luz	Sistema Kepler 69, com um exoplaneta potencialmente habitável.
25 mil anos-luz	Fomalhaut b, exoplaneta na Constelação do Peixe Austral.
30 mil anos-luz	Centro da Via Láctea.
160 mil anos-luz	Galáxia da Grande Nuvem de Magalhães.
180 mil anos-luz	Galáxia da Pequena Nuvem de Magalhães.
3 milhões de anos-luz	Galáxia de Andrômeda.
10 bilhões de anos-luz	Galáxias distantes.

Elaborado pelos autores para fins didáticos.

Dr. Seth Shostak/SPL/Latinstock

Figura 7.58: Frank Drake (1930-).

8

ESPECTROSCOPIA

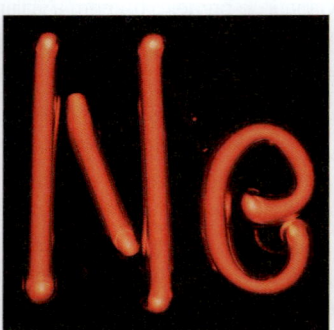
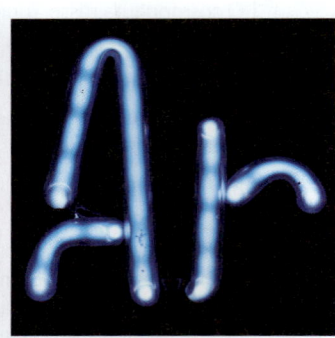
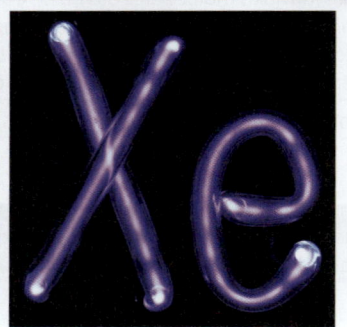

Fotos: Visuais Unlimited/Corbis/Fotoarena

Figura 8.1: A lâmpada de neon tem esse nome porque o neônio foi o primeiro elemento utilizado em sua composição, gerando a tonalidade entre vermelho e laranja. Contudo, outros gases nobres, como hélio, argônio, criptônio e xenônio, também podem ser empregados para produzir diferentes colorações.

LEMBRETE:
Neste e no próximo capítulo, as temperaturas serão apresentadas na escala absoluta, pois o Kelvin é a unidade fundamental da Termodinâmica no SI.

1. Cor e temperatura das fontes de radiação visível

Os átomos, os íons e as moléculas de qualquer corpo cuja temperatura esteja acima do zero absoluto vibram em diversas intensidades, e a oscilação regular dessas partículas gera ondas eletromagnéticas. Corpos à temperatura ambiente são emissores de radiação infravermelha, imperceptível aos nossos olhos. Já corpos com altas temperaturas emitem radiação eletromagnética com comprimentos de onda mais curtos (ou frequências mais altas), atingindo a região do visível e até do ultravioleta, por isso se tornam fonte de luz visível (Figura 8.1).

No Gráfico 8.1, denominado espectro da radiação térmica, podemos analisar os picos de intensidade e os comprimentos de onda da radiação eletromagnética emitida por um corpo de acordo com sua temperatura. Observe que, para as temperaturas mais baixas, a emissão de radiação acontece quase totalmente na região do infravermelho, mas, conforme as temperaturas se elevam, a emissão na região do visível vai se tornando um pouco mais significativa.

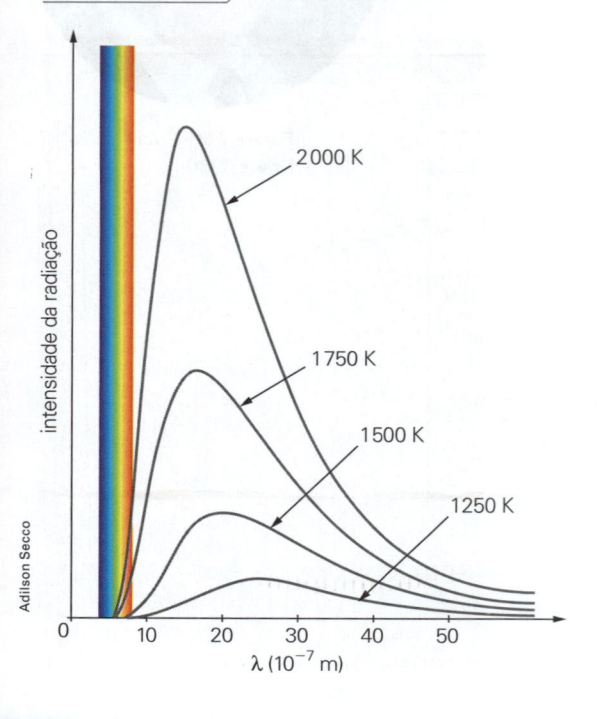

Adilson Secco

Gráfico 8.1: Intensidade de radiação eletromagnética emitida em função do comprimento de onda (medido em μm) para diferentes temperaturas (medidas em K) de um emissor ideal. As curvas desse tipo de gráfico também são chamadas curvas espectrais da radiação térmica.

Talvez você já tenha visto que o ferro, ao ser fundido, perde sua coloração escura, tornando-se alaranjado e incandescente (Figura 8.2). Nessa situação, o material atinge aproximadamente 2000 K. A curva correspondente a essa temperatura, no Gráfico 8.1, indica que o ferro, no processo de fusão, tem o pico de intensidade e a maior parte da emissão de radiação na região do infravermelho. A diminuta parcela da radiação emitida correspondente à luz visível tem seu máximo na faixa do vermelho, determinando a coloração percebida por nossos olhos.

A emissão de luz pelas lâmpadas incandescentes se dá por um processo similar. Quando o filamento de tungstênio é aquecido, por causa da passagem de corrente elétrica, ele se torna incandescente (Figura 8.3), atingindo aproximadamente 3000 K. Veja no Gráfico 8.2 que a região correspondente a essa temperatura tem pico de intensidade e maior parte da emissão de radiação na região do infravermelho (por essa razão, sentimos calor ao aproximar as mãos ou encostar os dedos no bulbo de vidro). Na região do visível, a parcela de emissão abrange todas as faixas de cores da luz, porém a intensidade é maior para os comprimentos de onda mais altos, por isso nossos olhos percebem o filamento com uma tonalidade amarelada.

Exemplos de emissores de radiação eletromagnética com máximos nas regiões do visível e do ultravioleta são as estrelas.

O Sol é uma de nossas fontes de ondas eletromagnéticas visíveis, com temperatura superficial em torno de 6000 K. Podemos observar no espectro da radiação térmica, no Gráfico 8.2, que a emissão desse astro ocorre em grande parte no infravermelho, além de abranger todo o espectro visível e uma pequena parte do ultravioleta. Note que o pico de intensidade acontece na região do visível, mais especificamente na faixa do amarelo, o que confere a coloração característica da estrela.

Já a estrela Regulus, cuja temperatura superficial é de aproximadamente 12000 K, é um exemplo de emissor com pico no ultravioleta. Observe, no mesmo gráfico, que sua emissão de radiação correspondente à região visível tem máximo nos comprimentos de onda mais curtos, o que confere a ela uma coloração branco-azulada.

Figura 8.2: Ferro à temperatura ambiente é aquecido antes de atingir a fusão. Observe as diferentes emissões desse material em temperaturas diferentes.

Figura 8.3: Lâmpada de filamento.

Gráfico 8.2: Intensidade de radiação eletromagnética emitida em função do comprimento de onda para temperaturas mais elevadas de um emissor ideal. Atenção para a escala do eixo das abscissas (eixo *x*), que está diferente em relação ao gráfico anterior.

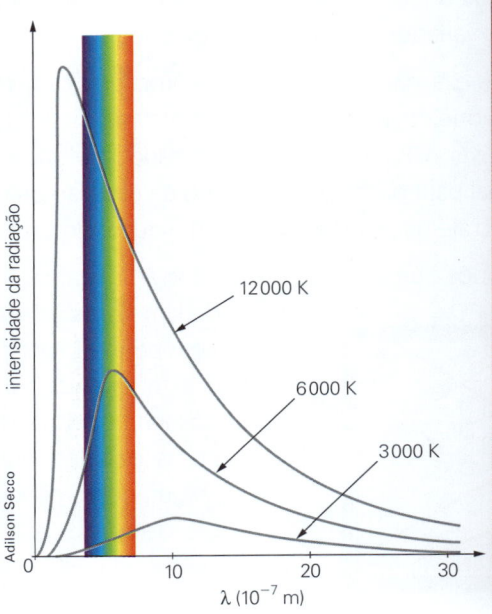

Eixo vertical: intensidade da radiação
Curvas: 12000 K, 6000 K, 3000 K
Eixo horizontal: λ (10^{-7} m) — 0, 10, 20, 30
Adilson Secco

Dotta

Nos casos tratados, você pôde notar que houve o deslocamento do pico de intensidade da radiação eletromagnética emitida de acordo com a variação da temperatura. Isto é, quanto menor o comprimento de onda, maior a temperatura correspondente, e vice-versa. Com base nisso, concluímos que estrelas de coloração azulada são mais quentes do que as avermelhadas (Figuras 8.4 e 8.5).

O físico alemão Wilhelm Wien (Figura 8.6) quantificou essa relação entre comprimento de onda e temperatura com a seguinte equação matemática:

$$\lambda_{máx} = \frac{2,9 \cdot 10^{-3}}{T}$$

Nela, o valor $2,9 \cdot 10^{-3}$ K · m é a constante de dispersão de Wien, o comprimento de onda λ é medido em m (metro) e a temperatura superficial T, em K (kelvin). Essa expressão ficou conhecida como **lei do deslocamento de Wien**.

Essas curvas espectrais da radiação térmica são válidas para qualquer emissor ideal, o qual recebe o nome de **corpo negro**, independentemente de quais forem suas características (material, volume, massa, forma e cor à temperatura ambiente).

Figuras 8.4 e 8.5: O Sol e a estrela Regulus (o coração do asterismo do Leão).

Figura 8.6: Wilhelm Wien (1864-1928).

Por dentro do conceito

Corpo negro

Um corpo negro é um caso ideal, em que toda a energia incidente é completamente absorvida e toda energia interna é perfeitamente emitida. Assim, à temperatura ambiente, tal objeto seria negro, já que absorveria toda a luz incidente, emitindo apenas radiação infravermelha. Mas a altas temperaturas ele seria incandescente, emitindo toda a radiação térmica absorvida na forma de ondas eletromagnéticas com os mais variados comprimentos de onda.

Na natureza, não existe esse tipo corpo, pois cada material pode ser melhor absorvedor do que emissor de radiação eletromagnética em certos comprimentos de onda, e vice-versa. Por isso, fez-se necessário idealizar o modelo de um absorvedor-emissor ideal para padronizar o estudo da emissão de radiação pelos corpos aquecidos. O físico alemão Gustav Kirchhoff foi quem desenvolveu a ideia de corpo negro.

Ele propôs que a absorção e a emissão de radiação térmica por um corpo negro poderiam ser estudadas por meio de uma cavidade com um pequeno orifício. Dessa maneira, quando a radiação externa entra, fica presa na cavidade e acaba sendo absorvida depois de sofrer inúmeras reflexões sobre as paredes internas (Figura 8.7). Dizemos, assim, que o orifício absorve da mesma forma

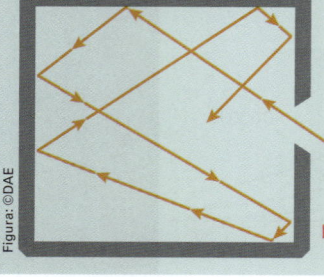

Figura 8.7: Cavidade com orifício em representação de um corpo negro.

que um corpo negro. Na situação inversa, quando a radiação interna, oriunda das paredes da cavidade, sai, dizemos que o orifício emite como um corpo negro.

Veja nas Figuras 8.8 e 8.9 um exemplo de cavidade com orifício. Fechada, a caixa parece possuir o interior negro, mas, para nossa surpresa, quando ela é aberta, percebemos que as paredes internas são brancas. A luz que entra pelo orifício acaba sendo refletida inúmeras vezes até ser completamente absorvida. Como nenhuma radiação visível chega aos nossos olhos, interpretamos o interior da cavidade como se fosse preto.

Figuras 8.8 e 8.9:
Cavidade com orifício real.

Fotos: Dotta

Nos gráficos anteriores também se nota que o aumento da área sob as curvas espectrais da radiação térmica está associado à elevação da temperatura. Essa área representa a potência total irradiada pelo corpo; portanto, é possível perceber que, dos exemplos tratados até aqui, a estrela Regulus é o corpo que apresenta maior taxa de emissão de energia por segundo.

O físico e matemático austríaco Josef Stefan (Figura 8.10) concluiu que a energia irradiada por um corpo aquecido é proporcional à quarta potência da temperatura. Posteriormente, seu aluno Ludwig Boltzmann (Figura 8.11) chegou à formulação final da expressão matemática que ficou conhecida como **lei de Stefan-Boltzmann**. Como, no caso das estrelas, a potência irradiada costuma ser chamada luminosidade (L) e esses astros podem ser considerados corpos esféricos, essa lei é escrita da seguinte forma:

$$L = \sigma \cdot T^4 \cdot 4 \cdot \pi \cdot R^2$$

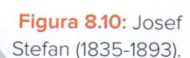

Figura 8.10: Josef Stefan (1835-1893).

SPL/Latinstock

Nessa expressão, σ é a constante de Stefan-Boltzmann, com valor de $5{,}67 \cdot 10^{-8} \dfrac{W}{m^2 \cdot K^4}$; a temperatura superficial (T) é medida em K, o raio (R) é medido em m e a luminosidade (L) é medida em W.

SPL/Latinstock

Figura 8.11: Ludwig Eduard Boltzmann (1844-1906).

Essa expressão possibilitou o que se vê no Gráfico 8.3, o qual relaciona o logaritmo da luminosidade (em unidades solares) com o logaritmo da temperatura superficial, sendo conhecido como diagrama HR (Hertzsprung-Russell), já apresentado no Volume 1 desta coleção. Outras duas informações que compõem esse diagrama são a magnitude absoluta (uma grandeza associada ao fluxo de radiação luminosa emitida) e as cores das estrelas.

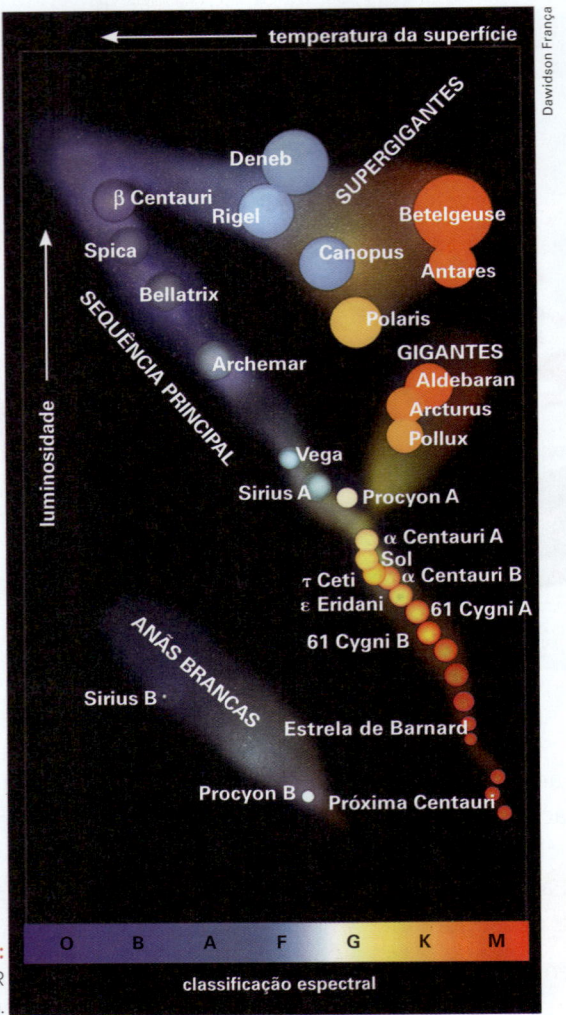

Gráfico 8.3: Diagrama HR (Hertzsprung-Russell).

Exercícios resolvidos

1. O que se entende por corpo negro?

Corpo negro é aquele que absorve praticamente todas as radiações sobre ele emitidas e emite toda a radiação térmica produzida por ele à temperatura ambiente.

2. Ao analisar a luz proveniente de uma estrela, um astrônomo percebe que o pico de intensidade ocorre em $6,3 \cdot 10^{-7}$ m. Qual é o valor aproximado para a temperatura superficial dessa estrela?

Para chegar a esse resultado, basta usar a equação do deslocamento de Wien:

$$T = \frac{2,9 \cdot 10^{-3}}{6,3 \cdot 10^{-7}} = 0,46 \cdot 10^4 = 4\,600 \text{ K}$$

3. Qual é a luminosidade da estrela Regulus? Considere o raio igual a $2 \cdot 10^9$ m.

$$L = \sigma \cdot T^4 \cdot 4 \cdot \pi \cdot R^2 =$$

$$= 5,67 \cdot 10^{-8} \cdot (1,2 \cdot 10^4)^4 \cdot 4 \cdot \pi \cdot (2 \cdot 10^9)^2 = 4,1 \cdot 10^{28} \text{ W}$$

1. Por que qualquer corpo aquecido emite radiação eletromagnética?

2. Que parte da chama da vela é mais quente: a amarela ou a azul?

3. Um emissor na faixa dos raios X tem temperatura alta ou baixa? E um emissor na faixa das ondas de rádio?

4. O pico de intensidade luminosa vinda de certa estrela, detectado por um astrônomo, tem comprimento de onda de $2,0 \cdot 10^{-7}$ m. Determine a temperatura na superfície dessa estrela.

5. Quanta energia é irradiada pelo Sol a cada segundo? Considere seu raio igual a $7 \cdot 10^8$ m.

2. Espectros luminosos

Você já notou que nas noites das grandes cidades são utilizadas diferentes fontes de luz (Figuras 8.12 e 8.13)? Há luminosos multicores (conhecidos como neons) nas publicidades e nos adornos, lâmpadas amareladas ou azuladas na iluminação pública e faróis azuis de alguns carros. Em todos esses casos, a coloração da lâmpada depende do gás utilizado em seu interior.

Você vai conhecer agora os espectros característicos de diferentes fontes luminosas e sua relação com a composição química e o estado físico do material.

Figuras 8.12 e 8.13:
Lâmpadas de vapor de sódio (amareladas), tipicamente encontradas em rodovias e avenidas, e de vapor de mercúrio (azuladas), utilizadas em ruas e alamedas.

2.1. Espectros de emissão: contínuos e discretos

Figura 8.14: Experimento de Newton.

Na segunda metade do século XVII, o físico e matemático britânico Isaac Newton (1642-1727), que você já estudou em outros capítulos pelas leis da dinâmica e da gravitação universal, começou a investigar a luz solar e realizou um de seus experimentos mais famosos: fechou todas as portas e janelas de seu aposento de estudos, deixando apenas uma fenda muito estreita, para a luz do Sol passar, e posicionou um prisma no caminho do feixe luminoso (Figura 8.14). Ele chamou de *espectrum* a faixa "fantasmagórica" de luzes coloridas que foi projetada no anteparo. Você encontrou essa denominação, que é usada até hoje, ao longo desta unidade, quando tratamos de espectro eletromagnético, espectro da luz visível, espectro da radiação térmica e também no título deste capítulo, "Espectroscopia", que significa estudo da luz.

Mesmo depois de tantos séculos, químicos, físicos e astrônomos continuam usando esse método de Newton, que consiste basicamente em fazer a luz de determinada fonte (Sol, lâmpada, chama etc.) passar através de uma fenda e direcioná-la a um elemento dispersor (prisma ou rede de difração). O espectro obtido pode ser observado diretamente ou analisado por meio de registro feito em filme fotográfico ou CCD, um sensor para captação de imagem, também usado em câmeras fotográficas digitais. Esse arranjo experimental deu origem a um instrumento hoje denominado espectroscópio (Figura 8.15). Quando utilizamos esse aparato para decompor a luz emitida pelo filamento das lâmpadas incandescentes ou de qualquer outro material denso (sólido ou líquido) altamente aquecido, observamos a formação de um espectro contínuo de emissão.

Esse fenômeno se origina da grande agitação das partículas do material aquecido a temperaturas superiores a 800 K. Ao oscilarem, as cargas elétricas emitem radiação eletromagnética com diversos comprimentos de onda, sendo uma parte delas na região do visível (conforme vimos na curva da radiação térmica da seção anterior). Por isso, a luz difratada pelo elemento dispersor forma uma série contínua de cores.

Figura 8.15: Representação simplificada de um espectroscópio e a formação de um espectro contínuo, na região do visível, originado da emissão de um sólido aquecido (filamento da lâmpada).

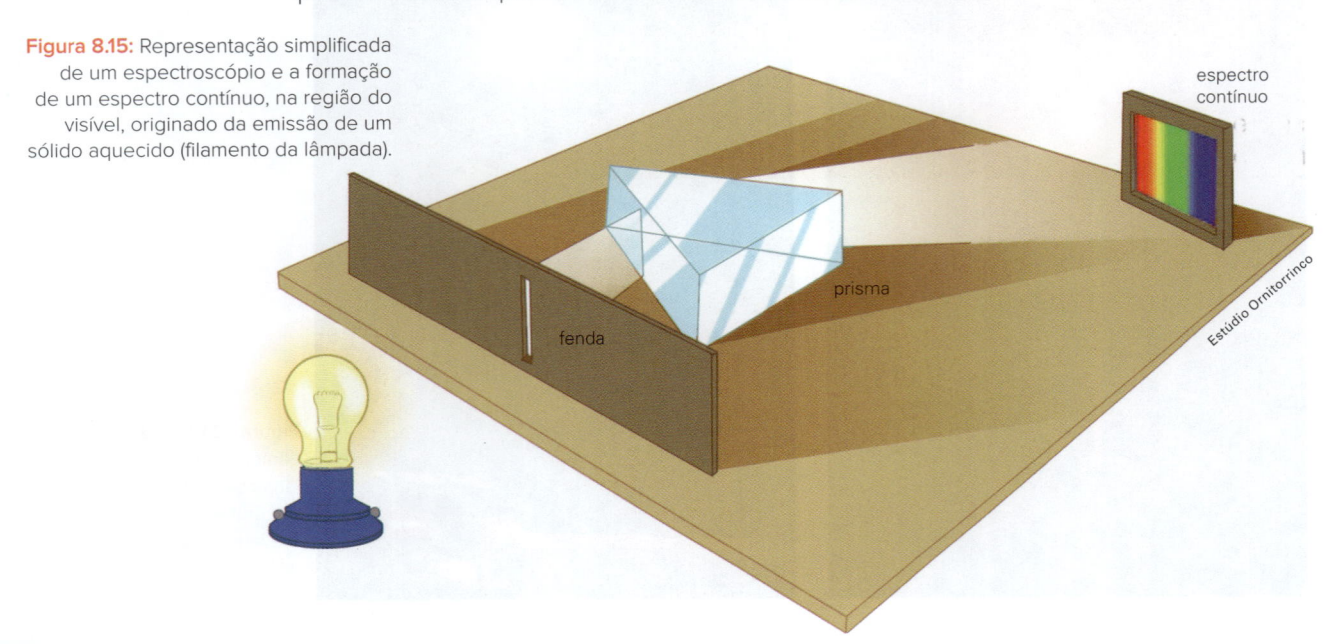

No entanto, nem todos os espectros de emissão são assim. Quando se substitui a fonte emissora por gás aquecido, que é um material pouco denso, a dispersão da luz forma um **espectro discreto** (descontínuo) de emissão, com apenas algumas linhas coloridas e separadas, correspondentes a comprimentos de onda bem específicos da radiação visível (Figura 8.16).

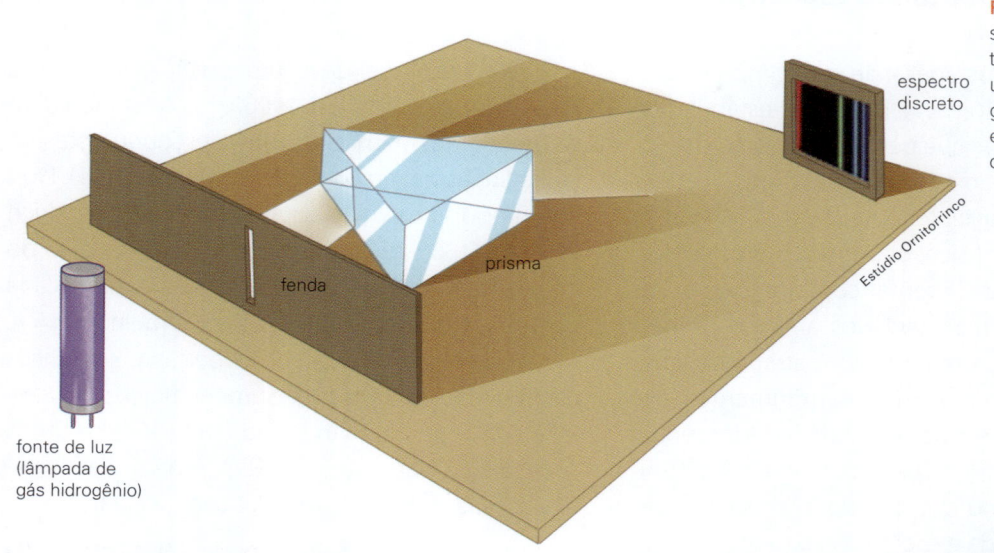

espectro discreto

prisma

fenda

fonte de luz (lâmpada de gás hidrogênio)

Estúdio Ornitorrinco

Corbis/Fotoarena

Hulton-Deutsch Collection/Corbis/Fotoarena

Ullstein Bild/Getty Images

Esse tipo de espectro, também denominado **espectro de linhas de emissão**, foi descoberto pelos astrônomos ingleses John Herschel (Figura 8.17) e William Fox Talbot (Figura 8.18), mas as pesquisas nessa área só começaram a ser rigorosamente realizadas três décadas depois por Gustav Kirchhoff, com a colaboração do químico alemão Robert Bunsen (Figura 8.19). Esses cientistas compararam vários espectros de emissão, obtidos do vapor de diferentes elementos químicos, e observaram que cada um apresentava uma configuração particular de linhas, com números e comprimentos de onda (cores) específicos para cada elemento, como se fossem uma "impressão digital" da substância. Compare alguns exemplos na Figura 8.20.

Ilustrações: Adilson Secco

He

Ca

Fe

Figura 8.20: Espectro de emissão dos elementos químicos hélio, cálcio e ferro.

Por causa do arranjo único das linhas de cada elemento químico, rapidamente foi encontrada uma aplicação para os espectros, que começaram a ser utilizados na investigação da composição de certos materiais. Mas a explicação para o fenômeno das emissões discretas foi um dos grandes enigmas da Ciência na época. Afinal, por que várias linhas eram emitidas, e não apenas uma única para cada elemento? Por que havia um conjunto específico com determinados comprimentos de onda para cada elemento?

Descrição matemática dos espectros

Alguns cientistas, apesar de não compreenderem a origem do fenômeno, buscaram estabelecer relações matemáticas que permitissem descrever o padrão de comportamento das linhas observadas. O primeiro a realizar tal feito foi o suíço Johann J. Balmer (1825-1898), físico, matemático e professor secundarista. Depois de tentar combinar os dados experimentais nos mais variados arranjos numéricos, ele encontrou uma função matemática que descreve a regularidade dos comprimentos de onda das linhas visíveis do espectro do hidrogênio. Posteriormente, o físico sueco Johannes Rydberg (Figura 8.21) mostrou que aquela formulação poderia ser generalizada e escrita da seguinte forma:

$$\frac{1}{\lambda} = R \cdot \left(\frac{1}{m^2} - \frac{1}{n^2} \right)$$

Nessa expressão, λ é medido em metros, R é a constante de Rydberg, com valor de $R \cong 1{,}10 \cdot 10^7 \ m^{-1}$, e m e n são números inteiros (com $m < n$).

Em homenagem ao cientista, a sequência das linhas visíveis do espectro do hidrogênio ficou conhecida como série de Balmer (Figura 8.22). Para este caso, $m = 2$, e n pode assumir os valores 3, 4, 5 ou 6, de acordo com o comprimento de onda da linha, isto é, $n = 3$ para H_α, $n = 4$ para H_β, $n = 5$ para H_γ e $n = 6$ para H_δ.

Previa-se que deveriam existir outras séries para $m = 1$, $m = 3$ etc. Em 1906, o físico estadunidense Theodore Lyman (1874-1954) descobriu a presença de linhas na região do ultravioleta ($m = 1$). Dois anos depois, o alemão Louis Karl Heinrich Friedrich Paschen (1865-1947) observou linhas na região do infravermelho ($m = 3$). Posteriormente, na década de 1920, outras séries para o infravermelho ($m = 4$, $m = 5$ e $m = 6$) foram descobertas pelos físicos estadunidenses Frederick Sumner Brackett (1896-1988), August Herman Pfund (1879-1949) e Curtis Judson Humphreys (1898-1986). A partir daí, as séries deixaram de ser nomeadas (Figura 8.23).

A fórmula de Balmer pode ser considerada a semente de uma nova abordagem física, pois outras relações, de emissão e absorção da radiação eletromagnética, dadas por números inteiros foram desenvolvidas nas teorias de Max Planck (1900), Albert Einstein (1905) e Niels Bohr (1913), ao apresentarem novas concepções sobre a natureza da luz e a estrutura da matéria e, por fim, explicarem o enigma dos espectros, conforme você verá na Unidade 3.

Figura 8.21: Johannes Robert Rydberg (1854-1919).

Emílio Segrè Visual Archives/American Institute of Physics/SPL/Latinstock

Ilustrações: Adilson Secco

Figura 8.22: Linhas espectrais do hidrogênio correspondentes à série de Balmer.

H_δ H_γ H_β H_α
4,10 4,34 4,86 6,56 $\lambda \ (10^{-7} \ m)$

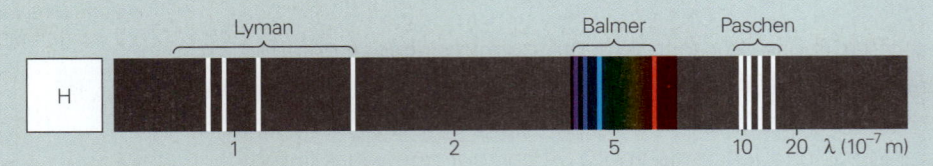

Lyman Balmer Paschen
1 2 5 10 20 $\lambda \ (10^{-7} \ m)$

Figura 8.23: Séries de linhas na região do infravermelho e do ultravioleta do espectro do hidrogênio.

2.2. Espectros de absorção

Cerca de um século e meio depois de Newton mostrar que a luz branca do Sol podia ser decomposta em diferentes frequências, o químico inglês William Wollaston (Figura 8.24) tentou separar cada uma das cores monocromáticas que a compunham, com a expectativa de observar o espectro solar dividido em vários pedaços separados. Para tanto, aprimorou alguns detalhes no arranjo de Newton. Contrariando sua expectativa, porém, a única diferença obtida foi um espectro mais definido e com algumas linhas escuras sobre o contínuo de cores (Figura 8.25).

Em 1814, o alemão Joseph von Fraunhofer (Figura 8.26), cientista e fabricante de lentes e instrumentos ópticos, realizou a mesma observação de Wollaston, de forma independente. Imagine sua surpresa ao descobrir que o espectro solar não era liso, mas cheio de fissuras, com diferentes espessuras, parecendo cores subtraídas. O cientista ficou tão intrigado que decidiu mapeá-las, catalogando quase 600 raias, as quais foram batizadas de linhas de Fraunhofer em sua homenagem. Apesar de ele não saber a origem dessas raias, a precisão de seu mapa foi fundamental para pesquisas posteriores.

Figura 8.24: William Hyde Wollaston (1766-1828).

Royal Institution of Great Britain/SPL/Latinstock

N.A.Sharp, NOAO/NSO/Kitt Peak FTS/AURA/NSF

Figura 8.25: Imagem contemporânea do espectro solar com boa resolução.

Figura 8.26: Joseph von Fraunhofer (1787-1826).

World History Archive/Alamy/Fotoarena

Décadas depois, em 1833, o químico e astrônomo britânico William Allen Miller (1817-1870) fez um feixe de luz solar atravessar os vapores de certos elementos químicos e observou que o espectro resultante apresentava linhas escuras adicionais àquelas observadas por Fraunhofer. E, em 1855, o físico francês Jean Bernard Léon Foucault (1819-1868) verificou que um par de linhas do mapeamento de Fraunhofer parecia muito próximo das linhas do espectro de emissão do sódio. Esses fatos forneceram indícios de que as linhas escuras poderiam estar relacionadas à presença de gases aquecidos no Sol.

Em seguida, Gustav Kirchhoff, usando técnicas mais apuradas para obter as informações luminosas com melhor precisão, comparou o espectro solar com o espectro de alguns elementos químicos e percebeu que as linhas escuras do primeiro correspondiam exatamente às linhas brilhantes do segundo. Assim, concluiu-se que a luz oriunda do núcleo da estrela, altamente denso e aquecido, produzia um espectro contínuo, mas, quando a radiação luminosa atravessava as camadas mais frias de sua atmosfera, alguns comprimentos de onda, equivalentes ao padrão espectral dos elementos que a compunham, eram absorvidos. Por essa razão, esse tipo de espectro ficou conhecido como **espectro de absorção** (Figura 8.27).

Depois de uma série de investigações detalhadas e cuidadosas, Kirchhoff conseguiu sintetizar todo o conhecimento adquirido durante décadas por vários cientistas em um conjunto de postulados que ficou conhecido como as três leis de Kirchhoff para espectroscopia (Figura 8.28):

- **Primeira lei**: corpos densos (sólidos, líquidos ou gases altamente comprimidos) e quentes produzem um espectro contínuo.

- **Segunda lei**: gases pouco densos e quentes produzem espectros de linhas de emissão cujos número e comprimento de onda dependem dos elementos presentes no gás.

- **Terceira lei**: quando a luz de uma fonte que emite espectro contínuo atravessa um gás a uma temperatura mais baixa, há absorção de algumas linhas cujos número e comprimento de onda dependem da composição química desse gás.

Outra contribuição das análises do cientista foi a comprovação de que a composição do Sol e da Terra tinha semelhanças, pois se detectou a presença de sódio, cálcio, magnésio e ferro na estrela. Apenas algumas substâncias não se relacionaram e exigiram mais alguns anos até serem compreendidas.

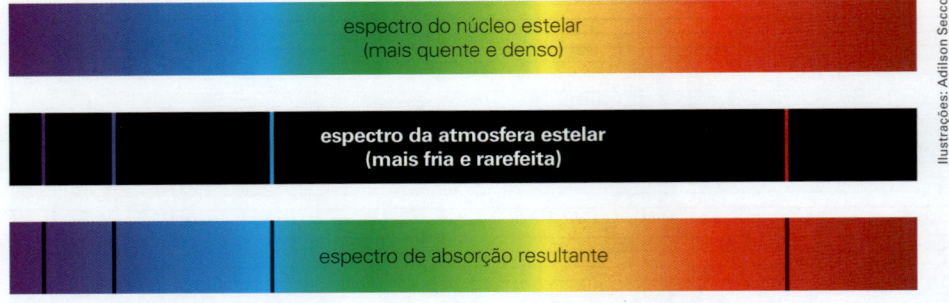

Figura 8.27: Espectro de absorção.

espectro do núcleo estelar (mais quente e denso)

espectro da atmosfera estelar (mais fria e rarefeita)

espectro de absorção resultante

Ilustrações: Adilson Secco

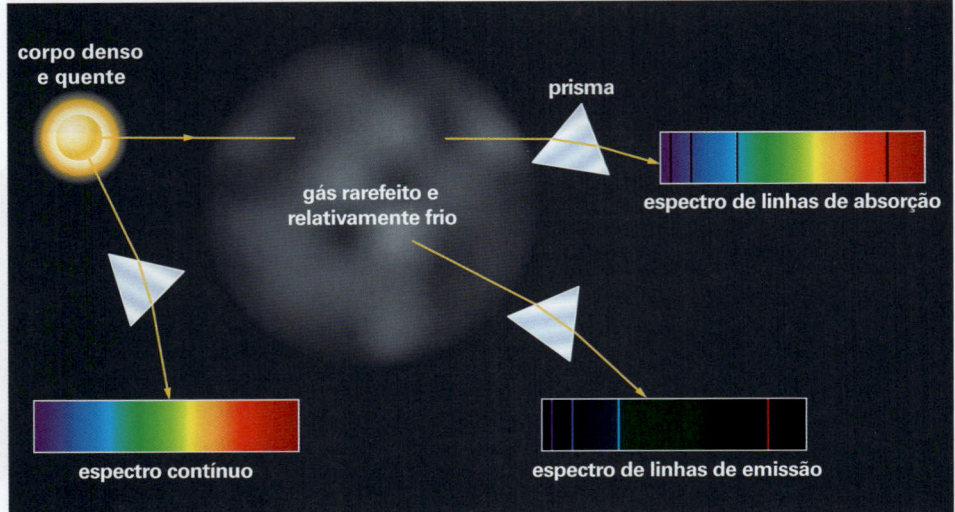

Figura 8.28: Representação esquemática das leis de Kirchhoff.

corpo denso e quente

prisma

gás rarefeito e relativamente frio

espectro de linhas de absorção

espectro contínuo

espectro de linhas de emissão

Em 1868, o astrônomo francês Pierre Jules César Janssen (1824-1907) e depois o britânico Joseph Norman Lockyer (1836-1920) observaram as protuberâncias solares (Figura 8.29), dado que a luz dessa região não podia ser absorvida pela atmosfera da estrela, e obtiveram, surpreendentemente, um espectro de emissão do Sol. Eles detectaram os mesmos elementos identificados anteriormente por Kirchhoff, enfatizaram a predominância do hidrogênio e ainda encontraram um conjunto de linhas até então desconhecido, que acreditavam indicar um novo elemento químico, o qual foi batizado de hélio, em homenagem ao nome grego do Sol (deus Hélio). Alguns cientistas não aceitavam muito bem a descoberta do elemento extraterrestre, até que em 1895 o químico escocês William Ramsay (1852-1916) comprovou que o hélio também é encontrado na Terra, extraído de depósitos de gás natural.

Gustav Kirchhoff, com seus predecessores e contemporâneos, unificou a composição do céu e da Terra. Hoje se sabe que todo o Universo é composto de uma combinação de 92 elementos naturais.

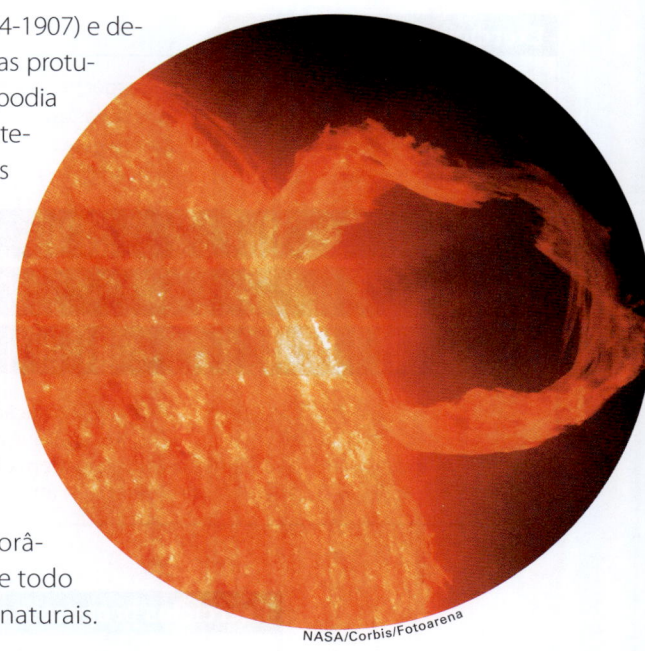

NASA/Corbis/Fotoarena

Figura 8.29: Protuberância solar.

O cientista na História

Gustav Robert Kirchhoff

Gustav Robert Kirchhoff (Figura 8.30), filho de Johanna Henriette Wittke com o advogado e funcionário público Friedrich Kirchhoff, nasceu em 12 de março de 1824, na cidade de Königsberg, atual território russo de Kaliningrado.

Aos 19 anos, ingressou na Universidade de Königsberg para estudar Matemática e Física, concluiu sua graduação em 1847 e no ano seguinte tornou-se professor adjunto da Universidade de Breslau, na atual Polônia. Foi nessa época que conheceu e iniciou sua amizade com o químico Robert Wihelm Bunsen.

Alguns anos depois, Kirchhoff aceitou o cargo de professor de Física na Universidade de Heidelberg, uma das mais antigas e prestigiadas instituições de Ensino Superior da Alemanha, e começou a trabalhar com o amigo químico. Juntos analisaram os espectros luminosos de diversos elementos químicos conhecidos e descobriram dois outros novos, que tinham como características principais séries de linhas vermelhas ou azuis marcantes. Por isso, esses elementos foram nomeados, respectivamente, como Rubídio (do latim *rubidius*, que significa vermelho) e Césio (do latim *caesius*, que significa azul-celeste).

Três anos após ingressar em Heidelberg, Kirchhoff casou-se com Clara Richelot, filha de seu professor de Matemática em Königsberg, Friedrich Julius Richelot. Tiveram cinco filhos nos poucos anos de duração do casamento, findo com o falecimento da esposa em 1869. Em 1872, casou-se com Luise Brömmel, superintendente de uma clínica médica.

Na meia-idade, teve um acidente que o obrigou a passar o restante de sua vida profissional usando muletas e cadeira de rodas. Apesar disso, sempre teve bom humor e dedicação, sendo um professor benquisto por todos. Faleceu em 17 de outubro de 1887, com apenas 63 anos, por conta da saúde debilitada.

Figura 8.30: Gustav Robert Kirchhoff (1824-1887).

National Library of Congress/SPL/Latinstock

Exercícios resolvidos

1. Comparando a posição das linhas do espectro de emissão do cromo (Cr) e do níquel (Ni) com as linhas espectrais do aço inoxidável, você consegue dizer se esses elementos químicos estão presentes na composição da liga metálica?

Observe, na figura a seguir, que a sobreposição dos três espectros revela que todas as linhas de emissão características do cromo e do níquel coincidem com as raias presentes no espectro de emissão da amostra de aço inox, indicando a presença desses dois elementos químicos em sua composição. As linhas restantes são provenientes do espectro de emissão do elemento ferro, o terceiro metal utilizado na preparação dessa liga.

2. Quando se observa um gás mais frio e rarefeito em frente a um emissor denso e mais quente, qual espectro é detectado?

Um espectro com linhas escuras de absorção sobre um fundo de radiação contínua.

Exercícios propostos

1. Qual é a diferença na obtenção de espectros de emissão contínuos e espectros de emissão discretos?

2. Quais são as características de um espectro de emissão discreto?

3. Como são gerados os espectros de absorção?

4. Como se pode distinguir um espectro de emissão discreto de um espectro de absorção?

5. Usando a expressão de Rydberg, calcule os comprimentos da primeira linha das séries de Lyman, Paschen, Brackett, Pfund e Humphreys, e indique a que região do espectro eletromagnético elas pertencem.

6. Comente a importância das investigações de Joseph von Fraunhofer, Gustav Kirchhoff e Robert Bunsen para a compreensão da composição química e das propriedades físicas dos astros celestes.

3. Escrito nas estrelas

Agora que você já estudou os espectros de absorção e sabe que podemos analisar as estrelas por meio da luz por elas emitida, vamos conhecer um pouco mais da classificação espectral de Harvard e a descoberta da expansão do Universo.

3.1. Os tipos espectrais e a série de Balmer

As estrelas têm espectros característicos, dependendo dos elementos químicos presentes em sua composição e de sua temperatura superficial. A investigação espectral de uma grande variedade de estrelas mostrou que as muito quentes e azuladas (como a Spica, da Constelação de Virgem) apresentam absorção visível das linhas correspondentes à série de Balmer. Já em estrelas mais frias e avermelhadas (como a Próxima Centauri), essas linhas muitas vezes são inexistentes. Com base nesse padrão, Annie Jump Cannon, astrônoma do Observatório da Universidade Harvard, e seu colega Edward Pickering (Figuras 8.31 e 8.32) catalogaram mais de 225 mil estrelas em grupos que ficaram conhecidos como os tipos (ou classes) espectrais de Harvard.

Figuras 8.31 e 8.32: Annie Jump Cannon (1863-1941) e Edward Charles Pickering (1846-1919), responsáveis pela atual classificação espectral.

Inicialmente, as estrelas foram agrupadas em 17 classes, nomeadas com as letras do alfabeto de acordo com a intensidade das linhas de Balmer na região visível do espectro do hidrogênio, sendo a classe A o grupo das estrelas com linhas mais fortes e Q as que apresentavam linhas mais fracas. Mas, com o desenvolvimento das pesquisas na área, descobriu-se que a intensidade dessas linhas estava diretamente relacionada à temperatura superficial das estrelas. Por isso, foi realizada uma nova organização de algumas classes espectrais, que estavam duplicadas. Estas foram então excluídas, dando origem à sequência utilizada atualmente, apresentada na Tabela 8.1.

Posteriormente, foram criadas dez subclasses com a adição dos algarismos de 0 a 9 às letras dos tipos espectrais, sendo 0 para as estrelas mais frias e 9 para as mais quentes. Assim, o Sol, cuja temperatura é próxima de 6 000 K, é uma estrela do tipo G2.

Tabela 8.1: Classificação espectral de Harvard				
Tipo espectral	Temperatura da superfície	Cor	Linhas da série de Balmer	Estrela representante do grupo
O	$\cong$ 20 000 a 40 000 K	azul	fracas	Mintaka (Constelação de Órion)
B	$\cong$ 15 000 K	branco-azulada	médias	Spica (Constelação de Virgem)
A	$\cong$ 9 000 K	branca	fortes	Sirius A (Constelação do Cão Maior)
F	$\cong$ 7 000 K	branco-amarelada	médias	Procyon B (Constelação do Cão Menor)
G	$\cong$ 5 500 K	amarela	fracas	Sol
K	$\cong$ 4 000 K	laranja	muito fracas	Aldebaran (Constelação de Touro)
M	$\cong$ 3 000 K	vermelha	fraquíssimas ou imperceptíveis	Antares (Constelação de Escorpião)

Fonte: OLIVEIRA, Kepler de; SARAIVA, Maria de Fátima. *Astronomia e Astrofísica*. São Paulo: Livraria da Física, 2004.

3.2. Os espectros das galáxias e a expansão do Universo

Como visto no Volume 2, o efeito Doppler-Fizeau é um fenômeno relacionado à mudança na percepção da frequência das ondas (mecânicas ou eletromagnéticas) em decorrência do movimento relativo entre emissor e fonte. Para o caso das ondas sonoras, quando o emissor e a fonte estão se aproximando, a frequência percebida é maior, por isso o som parece mais agudo. Quando ambos estão se afastando, a frequência parece diminuir, produzindo um som mais grave.

Esse fenômeno também ocorre com a luz. Mas, no caso das ondas luminosas, quando há aproximação entre observador e fonte, detecta-se esse efeito por meio do desvio das linhas espectrais para o azul, também conhecido como *blueshift*. Quando ocorre afastamento, há desvio para o vermelho, também denominado *redshift* (Figura 8.33). Entretanto, diferentemente do caso sonoro, o efeito Doppler para a luz só é perceptível para fontes cuja velocidade é elevada.

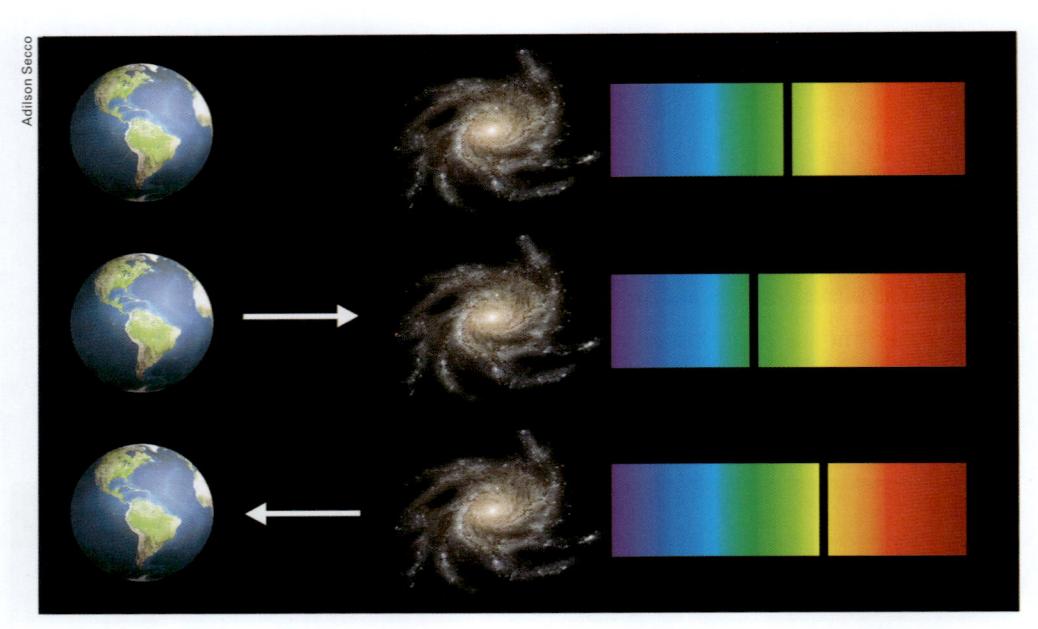

Figura 8.33: Representação do espectro de uma fonte em repouso, aproximando-se da Terra (*blueshift*) e afastando-se da Terra (*redshift*).

Explorando o assunto

Leia a tirinha (Figura 8.34) e responda se a justificativa do motorista é aceitável.

Figura 7.34

Você vai receber uma multa por ultrapassar o sinal vermelho.

Sabe o que aconteceu?... Devido ao *blueshift* eu enxerguei o sinal verde!

Então você também vai receber uma multa por excesso de velocidade.

Em 1912, o astrônomo estadunidense Vesto Melvin Slipher (Figura 8.35) observou que as linhas de absorção correspondentes à série de Balmer estavam em posição diferente da esperada em espectros provenientes de várias galáxias. Isto é, as linhas encontravam-se deslocadas em direção à região do vermelho quando comparadas com uma fonte em repouso. Esse *redshift* observado indicava o afastamento das galáxias em relação ao nosso planeta.

Figura 8.35:
Vesto Melvin Slipher (1875-1969).

Posteriormente, em 1929, foi a vez de outro astrônomo estadunidense, Edwin Hubble (Figura 8.36), observar e analisar o espectro de algumas dezenas de galáxias, com a colaboração do também astrônomo Milton La Salle Humason (Figura 8.37). Hubble concluiu que, quanto mais distantes esses astros estão, maiores são suas velocidades de afastamento (Gráfico 8.4). Isso pode ser expresso matematicamente por:

$$v = H \cdot d$$

Nesse caso, v é a velocidade da galáxia em km/s, d é a distância da galáxia ao observador, geralmente medida em megaparsec (1 Mpc = $3 \cdot 10^{19}$ km), e H é a constante de Hubble, cujo valor médio é $68 \frac{km/s}{Mpc}$. Essa expressão é conhecida como lei de Hubble, em homenagem ao cientista.

Cerca de um século depois das observações de Fraunhofer, os espectros de absorção das estrelas serviram para comprovar a expansão do Universo.

Figura 8.36: Edwin Powell Hubble (1889-1953).

Emílio Segre Visual Archives/American Institute of Physics/SPL/Latinstock

Figura 8.37: Milton La Salle Humason (1891-1972).

SPL/Latinstock

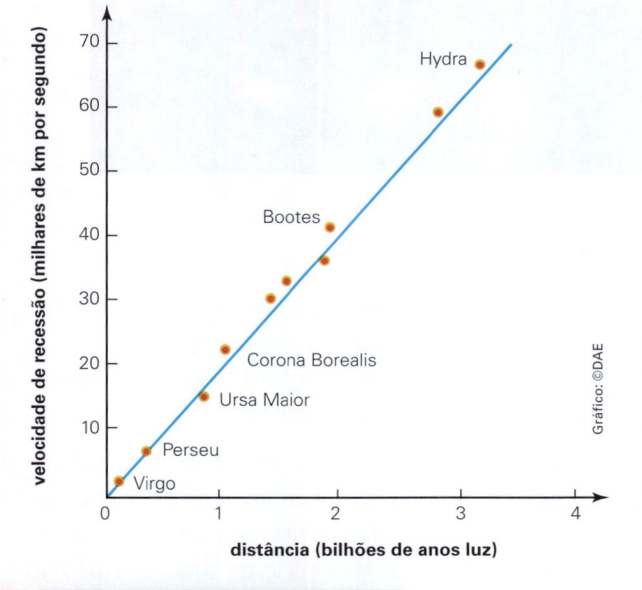

Gráfico: ©DAE

Gráfico 8.4: Gráfico da lei de Hubble, com a velocidade de afastamento das galáxias em função da distância. A inclinação da reta é igual a H.

Por dentro do conceito

Morfologia das galáxias

Edwin Hubble, com base em observações, estabeleceu um sistema de classificação para as galáxias de acordo com a forma desses objetos celestes (Figura 8.38):

- **Elípticas (E)**: apresentam forma esférica (classe E0) ou elipsoide, com variadas excentricidades (classes E1 a E7).

- **Espirais (S)**: quando vistas de frente, apresentam estrutura espiral e são divididas nas classes:

  - **Sa**: bojo maior, disco estreito e braços fechados.

  - **Sb**: bojo e disco intermediários.

  - **Sc**: bojo menor, com disco extenso e braços abertos.

- **Espirais barradas (SB):** apresentam estrutura em forma de barra, atravessando o bojo. São divididas nas classes:

  - **SBa:** bojo maior, com barra curta, disco estreito e braços fechados.

  - **SBb:** bojo, barra e disco intermediários.

  - **SBc:** bojo menor, com barra longa, disco extenso e braços abertos.

- **Galáxias irregulares (Irr):** desprovidas de forma regular, apresentando estrutura caótica ou irregular.

Figura 8.38: Diagrama de Hubble com a classificação das galáxias.

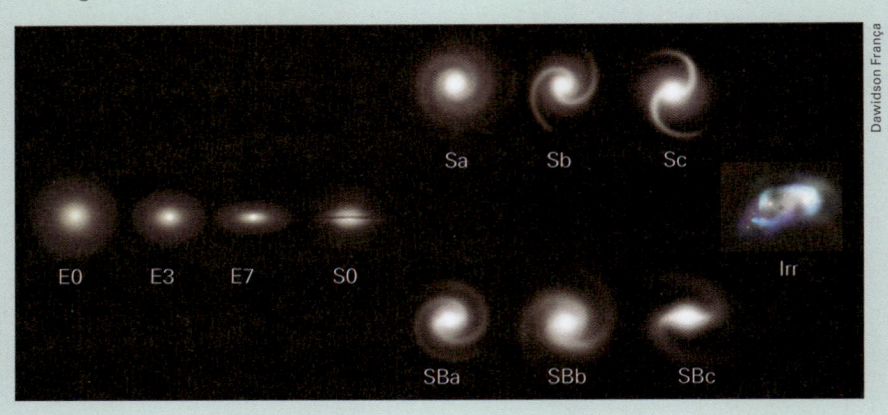

3.3. O Big Bang

A descoberta de Hubble foi fundamental para o físico ucraniano, naturalizado estadunidense, George Anthony Gamow (Figura 8.39), desenvolver a teoria do Big Bang em 1948. A proposição da "Grande Expansão Cósmica" está pautada em três pilares de sustentação:

I. Expansão do Universo: conforme indica a lei de Hubble, as galáxias estão se afastando umas das outras, portanto é razoável ponderar que em algum momento do passado elas estiveram juntas. Aliás, toda a matéria e a radiação do Universo estariam concentradas no início de tudo, só que não com as características que têm hoje (esse estado é conhecido como singularidade inicial e nele não existia tempo nem espaço). Então, a partir de certo instante, alguma perturbação teria ocorrido, causando uma expansão em todas as direções. A atual velocidade de recessão (afastamento) das galáxias é resultado desse evento inicial (Figura 8.40).

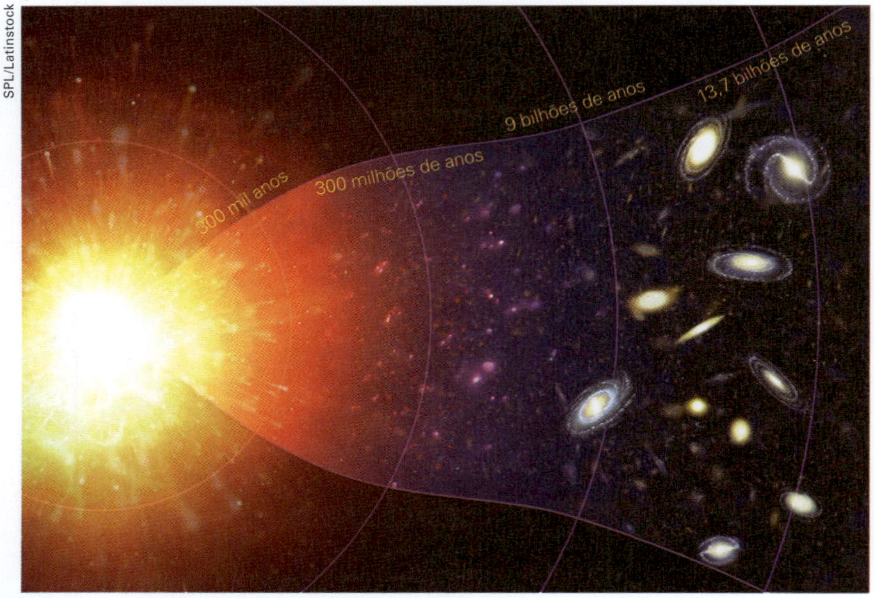

Figura 8.39: George Anthony Gamow (1904-1968).

Figura 8.40: Representação da evolução do Universo a partir do Big Bang.

II. Nucleossíntese primordial: trata-se da formação das primeiras partículas elementares e posteriormente dos primeiros elementos químicos mais leves (H, He, Li), nos instantes seguintes à expansão inicial. A partir disso, o Universo foi se desenvolvendo e foram formados agregados mais complexos de matéria, como as estrelas, as quais começaram a sintetizar outros elementos químicos mais pesados, como o oxigênio que respiramos, o cálcio que forma nossos ossos e o ferro que compõe nosso sangue.

III. Radiação cósmica de fundo: pode ser compreendida como uma espécie de "eco" da grande quantidade de energia liberada no início do Universo. A previsão teórica teve autoria principal de Gamow, mas a verificação experimental aconteceu de forma acidental. Em 1964, enquanto o astrônomo Robert W. Wilson e o físico Arno Penzias (Figura 8.41) testavam uma nova antena, com objetivo de melhorar o sistema de telefonia nos Estados Unidos, acabaram detectando um sinal muito fraco e constante, que parecia vir de todas as direções do espaço em qualquer horário. Depois de considerarem hipóteses das mais variadas, até mesmo a interferência de pombos que faziam ninhos por ali ou um defeito no aparelho, concluíram que o sinal tinha origem na radiação residual do passado remoto do Universo primordial, quando este era muito menor, denso (não existiam estrelas e galáxias, apenas elétrons e núcleos atômicos soltos) e quente (com cerca de 3 000 K). Devido à expansão, porém, ocorreu seu resfriamento, fazendo com que o pico de emissão atual dessa radiação (típica de um corpo negro) corresponda ao comprimento das micro-ondas/ondas de rádio, que é equivalente à temperatura de cerca de 3 K, conforme estimado teoricamente (Figura 8.42).

Figura 8.41: Robert Woodrow Wilson (1936-) e Arno Allan Penzias (1933-).

Roger Ressmeyer/Corbis/Fotoarena

Figura 8.42:
Mapeamento do céu ao nosso redor, indicando uma radiação cósmica de fundo, que é homogênea em grande escala.

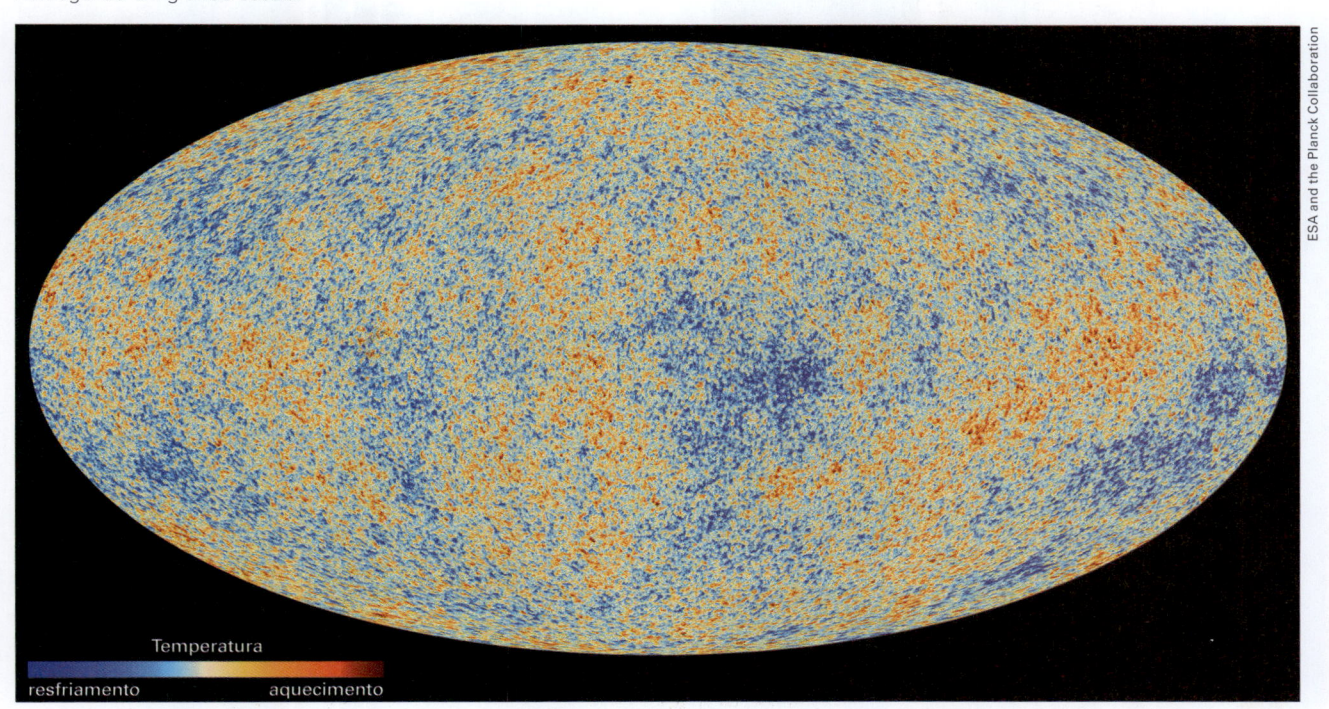

ESA and the Planck Collaboration

Temperatura

resfriamento — aquecimento

1. Cite as principais utilidades de analisar o espectro luminoso proveniente de um corpo celeste.

A análise do espectro vindo de uma estrela permite determinar a composição química de seu núcleo ou atmosfera, bem como sua temperatura. A análise da variação desse espectro ao longo do tempo revela com que velocidade e em que sentido ela se desloca.

2. Uma galáxia na Constelação de Virgem está localizada a 700 Mpc da Terra. Qual é sua velocidade de afastamento? Há quanto tempo está ocorrendo esse deslocamento? O que significa esse tempo calculado?

Pela lei de Hubble, temos que:

$v = H \cdot d = 68 \cdot 700 = 47\,600$ km/s

Temos também que:

$d = 700$ Mpc $= 700 \cdot 10^6$ pc $= 700 \cdot 10^6 \cdot 3,26$ anos-luz $= 700 \cdot 10^6 \cdot 3,26 \cdot 9,461 \cdot 10^{12}$ km $= 2,16 \cdot 10^{22}$ km

$v = 47\,600$ km/s $= 4,76 \cdot 10^4$ km/s

Assim:

$t = d/v = 2,2 \cdot 10^{22}$ km$/4,76 \cdot 10^4$ km/s $= 4,54 = 10^{17}$ s

Então, convertendo o valor para anos, temos:

$t = 4,54 \cdot 10^{17}$ s $\Rightarrow t = (4,54 \cdot 10^{17})/(3\,600$ s $\cdot 24$ h $\cdot 365$ dias) anos $\cong 14 \cdot 10^{10}$ anos

Esse tempo de aproximadamente 14 bilhões de anos é a idade do Universo.

Exercícios propostos

1. Com base na Tabela 8.1, preencha as lacunas.

A cor de uma estrela parecida com o Sol é ********. A temperatura em sua superfície fica entre ******** e ********; suas linhas de absorção de Balmer são ********; e seu tipo espectral é ********.

2. Quais são as evidências que nos fazem concluir que o Universo está em expansão?

3. A qual distância da Terra está uma galáxia cuja velocidade de afastamento é 72\,000 km/s?

4. Classifique as seguintes galáxias de acordo com o Diagrama de Hubble:

a) Galáxia M86

b) Galáxia M87

c) Galáxia M110

d) Galáxia M94

e) Galáxia M81

f) Galáxia M61

g) Galáxia M82

h) Galáxia M51

i) Galáxia M91

j) Grande Nuvem de Magalhães

k) Galáxia M95

Fotos: a. NASA; b. SPL/Latinstock; c. SPL/Latinstock; d. Dr Rudolph Schild/SPL/Latinstock; e.SPL/Latinstock; f. SPL/Latinstock; g. SPL/Latinstock; h. NASA; i. NOAO/AURA/NSF/Science Source/Latinstock; j. SPL/Latinstock; k. European Southern Observatory/SPL/Latinstock

Fotos: NASA

Exercícios finais

1. Calcule a frequência de máxima emissão da radiação acima das temperaturas de 1 500 K e 15 000 K. A qual região do espectro correspondem? Considere sua velocidade a da luz no vácuo.

2. Estima-se que, na fase de gigante vermelha, o Sol atingirá um raio cerca de 150 vezes maior que o atual, enquanto a temperatura será reduzida quase à metade. Com base nesses dados, calcule quantas vezes o Sol será mais luminoso no estágio de gigante vermelha em relação ao estágio atual, na sequência principal.

3. Quando se analisa, por meio de um espectroscópio, a luz proveniente das lâmpadas de vapor de sódio utilizadas na iluminação pública, qual tipo de espectro é observado?

   a) Emissão discreto.

   b) Emissão contínuo.

   c) Absorção.

4. O espectro da figura corresponde a qual fonte?

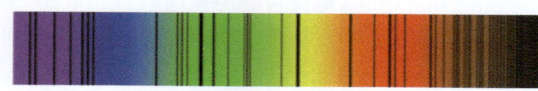

   a) Lâmpada incandescente.

   b) Bloco de ferro aquecido ao rubro.

   c) Elemento químico no estado de vapor.

   d) Estrela.

5. (OBA – Adaptado) Muitas outras características das estrelas podem ser obtidas através da análise da luz proveniente delas. [...]

   a) Na figura seguinte apresentamos o espectro simplificado de uma estrela fictícia. Identifique os elementos presentes nela, comparando os espectros.

Hidrogênio

Hélio

Lítio

Carbono

Oxigênio

Cloro

Espectro de uma estrela fictícia

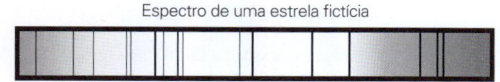

Obs.: Os elementos primordiais do Universo são basicamente hidrogênio, hélio e lítio. Isto significa que todos os demais existentes hoje, como todos aqueles necessários à vida aqui em nosso planeta, foram produzidos e espalhados no meio interestelar por meio de processos de evolução e morte estelar. Neste sentido é que dizemos que somos "poeira de estrelas", isto é, para que nós, seres com células baseadas em carbono, pudéssemos habitar um planeta rochoso com oceanos e atmosfera de nitrogênio, oxigênio e gás carbônico, foi necessário que estrelas morressem. Não é por outro motivo que a atmosfera do nosso Sol é tão rica em elementos químicos.

   b) Apenas identificando as linhas escuras de dois espectros de estrelas diferentes, um astrônomo pôde concluir que uma delas provavelmente era mais velha do que a outra. Como você acha que ele chegou a esta conclusão?

   c) Baseado nas suas duas respostas anteriores, diga se é provável, ou não, que a estrela fictícia do item **a** possa conter planetas habitáveis com vida similar à terrestre. Justifique.

6. Por muito tempo acreditou-se que a composição química dos objetos astronômicos nunca seria desvendada, afinal é impossível coletar amostras e analisá-las em laboratório. Discuta essa concepção com base no conhecimento científico do passado remoto e dos conhecimentos adquiridos a partir do século XIX.

7. O desvio de uma linha espectral pode ser relacionado à velocidade de uma galáxia pela expressão $\frac{\lambda - \lambda_0}{\lambda_0} = \frac{v}{c}$, em que λ_0 é o comprimento de onda esperado, λ é o comprimento de onda aparente, v é a velocidade da galáxia e c é a velocidade da luz no vácuo. Além disso, $\Delta\lambda > 0$ indica *redshift* e $\Delta\lambda < 0$ indica *blueshift*.

   Um astrônomo observou que no espectro de dois astros a linha Hα apresentava comprimentos de onda equivalentes a 6 561,0 e 6 566,8 Å. Indique se o movimento dos astros é de aproximação ou afastamento e suas respectivas velocidades. (Dado: o comprimento da linha Hα para uma fonte em repouso é 6 562,8 Å.)

8. (OBA) O chamado *redshift* (desvio para o vermelho), deslocamento do espectro de um astro por efeito Doppler, é um dos principais argumentos da teoria de que o Universo está em expansão. Uma ferramenta para os astrônomos determinarem a composição e as condições de um corpo celeste é a espectroscopia, que consiste em analisar a radiação eletromagnética emitida ou refletida pelo objeto, decompondo-a em um prisma. A decomposição não possui um espectro contínuo, e sim falhas que são causadas devido à absorção de certos comprimentos de onda por átomos presentes no corpo. Diga se é possível encontrar a velocidade de estrelas em relação à Terra através da espectroscopia, e por quê.

9. O céu está povoado por galáxias e estrelas de intenso brilho. Considerando um Universo infinito, para qualquer direção que olhemos deveríamos encontrar uma estrela ou galáxia emitindo luz. Então, por que a noite não é clara como o dia?

INVESTIGUE VOCÊ MESMO

Construção de um Espectroscópio Didático

MATERIAIS

- CD
- Caixa de papelão pequena
- Fita adesiva
- Fita isolante
- Cola
- Tesoura
- Estilete
- Régua
- Diversas fontes de luz: vela, lâmpada incandescente, lâmpada fluorescente, lâmpada de vapor de sódio, luz negra, Sol, entre outras
- Lápis de cor
- Tabela para anotação das observações das diferentes fontes luminosas

ROTEIRO

Com o estilete, faça uma fenda retangular bem fina, com cerca de 1 mm × 1 cm, no centro de uma das tampas da caixa de papelão. Na outra tampa faça um visor quadrado no centro, com aproximadamente 1 cm × 1 cm.

Faça um corte no CD com a tesoura e, com auxílio de um pedaço de fita adesiva, retire a película refletora.

Recorte um pedaço do CD sem a película com cerca de 2 cm × 2 cm, que servirá como a rede de difração do aparato. Utilize preferencialmente as bordas, onde as linhas de gravação (que não enxergamos) são mais paralelas, produzindo uma imagem mais definida da luz difratada.

Cole o pedaço recortado do CD no visor quadrado, feito na tampa da caixa de papelão. Para esse procedimento, use a fita adesiva ou isolante apenas nas bordas do pedaço de CD, sem cobrir seu centro. Fique atento para alinhar as linhas de gravação paralelamente à fenda do espectroscópio.

Para evitar que a luz penetre no interior da caixa por eventuais frestas, utilize fita isolante para vedar as tampas.

Posicione os olhos na abertura em que está fixado o pedaço de CD e direcione a fenda para a fonte de luz. Não é necessário chegar muito perto. Procure uma posição de observação em que você visualize o espectro da luz difratada no interior do tubo.

Com o espectroscópio pronto, é só escolher diferentes fontes de luz, realizar as observações e comparar as diferenças e semelhanças entre os espectros luminosos. Indicamos que reproduza em seu caderno a tabela a seguir, para organizar suas anotações.

Tabela para anotação das observações das diferentes fontes luminosas				
Fonte de luz	Espectro		Representação do espectro observado	Cores que se destacam
	Contínuo	Discreto		
vela				
lâmpada incandescente				
lâmpada fluorescente				
lâmpada de vapor de sódio				
luz negra				
Sol (CUIDADO! Não olhe para essa fonte diretamente!)				
lâmpada incandescente decorativa azul				
lâmpada fluorescente decorativa azul				
outras fontes que tenha à disposição (especificar quais)				

Pedaço de CD que será usado como rede de difração.

Fonte da atividade: BROCKINGTON, Guilherme. *A realidade escondida*: a dualidade onda-partícula para estudantes do Ensino Médio. Dissertação (Mestrado) – Universidade de São Paulo, São Paulo, 2005. (Adaptada).

Astrônomo mirim

MATERIAIS

- Espectros dos elementos químicos
- Cópia colorida e recortada dos espectros das estrelas fictícias

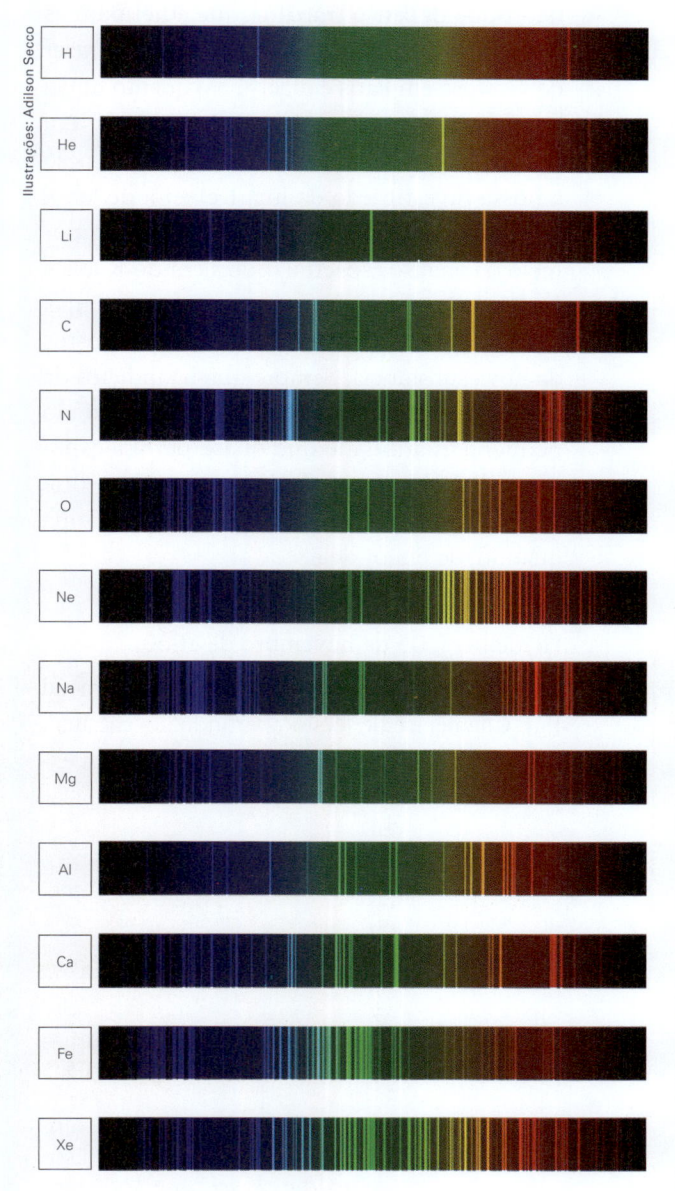

Espectros dos elementos químicos.

ROTEIRO E QUESTÕES

Analisando as linhas espectrais das estrelas e comparando-as com o espectro dos elementos químicos, os astrônomos conseguem identificar a composição desses astros tão distantes de nós.

- Sobreponha o espectro de cada estrela fictícia ao espectro de cada um dos 13 elementos químicos indicados. Fique atento: cada estrela fictícia é formada por no mínimo três e no máximo cinco elementos.
- Anote a composição de cada estrela para, no fim da investigação, comparar o resultado com o de seus colegas.

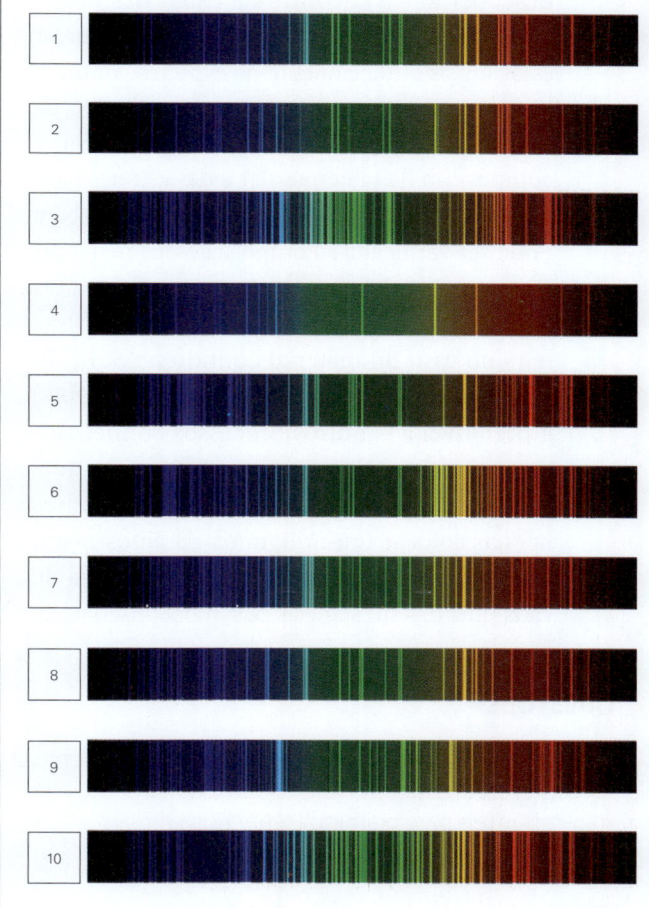

Espectros das estrelas fictícias.

Fonte: BROCKINGTON, Guilherme. *A realidade escondida*: a dualidade onda-partícula para estudantes do Ensino Médio. Dissertação (Mestrado) – Universidade de São Paulo, São Paulo, 2005. (Adaptado.)

Cartas de Bunsen e a descoberta dos espectros dos elementos químicos

Leia a seguir alguns extratos das correspondências do químico alemão Robert Bunsen (1811-1899) ao amigo e químico inglês Henry Enfield Roscoe (1833-1915), nos quais o cientista relata algumas etapas das novas descobertas realizadas por ele e pelo físico russo Gustav Robert Kirchhoff (1824-1887).

Heidelberg, 15 de novembro de 1859.

Até agora, Kirchhoff e eu estamos ocupados com uma pesquisa que nos faz passar noites sem dormir. Kirchhoff fez a mais bela e inesperada descoberta: ele encontrou a causa das linhas negras no espectro solar e foi capaz de reforçar essas linhas artificialmente no espectro contínuo de uma chama, em posições iguais às linhas de Fraunhöfer. Dessa maneira, há indícios de que a composição da matéria solar e das estrelas fixas pode ser apurada [...]. Por esse método, também pode ser verificada a composição dos materiais terrestres e realizada a distinção de suas partes constituintes, com a mesma facilidade e sutileza feita no caso do material contido no Sol [...]. Para detectar muitas substâncias, esse método é preferível aos outros processos conhecidos anteriormente. Com isso, quando temos uma mistura de Li, K, Na, Ba, Sr, Ca, precisamos apenas colocar um miligrama da amostra em nosso aparato para determinar a presença de cada uma das substâncias pela mera observação.

Heidelberg, 10 de abril de 1860.

Meu querido amigo,

Weltzien foi à Paris uma semana atrás e me pressionou para acompanhá-lo, mas infelizmente não pude deixar o trabalho que adiei para as férias, então fui obrigado a abrir mão do prazer de ver você em Paris e dizer-lhe o quanto fiquei satisfeito com sua investigação. Não se aborreça comigo, caro Roscoe, por eu não ter dado atenção a nossa investigação da luz. Deixei-a de lado, pois com toda certeza consegui encontrar, por meio da análise espectral, que além do K, Na e Li deve existir um quarto metal alcalino e ocupei meu tempo empenhado em isolar compostos da nova substância. Sempre que há indícios da presença desse elemento, ele aparece em tão pequena quantidade que quase perdi a esperança de isolá-lo, a menos que eu tenha a sorte de encontrar um material que contenha uma quantidade maior dele.

Heidelberg, 06 de novembro de 1860.

Estou realmente satisfeito com meu novo metal [...]. Chamei ele de "césio", partindo de "caesius", por conta da esplêndida linha azul em seu espectro.

ROSCOE, Henry. Bunsen Memorial Lecture. In. *Journal of Chemical Society*. Transactions 1900, v. 77, p. 531-532. (Tradução nossa.)

QUESTÕES

1. Você notou as datas das correspondências? Como você interpreta esse intervalo de tempo nos relatos de Robert Bunsen para o amigo Henry Roscoe?

2. Qual era a "causa das linhas negras no espectro solar", descoberta por Gustav Kirchhoff?

3. Ao final do primeiro extrato, Bunsen refere-se a um certo aparelho que permite a identificação da composição dos elementos químicos presentes em qualquer material. Que aparato experimental era esse? Descreva, sucintamente, seu funcionamento e liste algumas áreas da pesquisa científica em que ele é utilizado.

4. No segundo e terceiro extratos, Bunsen relata a crença na existência de um quarto metal alcalino. Esse elemento realmente existe? Em caso positivo, conte como foi descoberto. Depois, explique a origem do seu nome.

5. Qual foi o outro metal alcalino descoberto pelos cientistas? Qual a origem do nome desse elemento químico?

1. Explosões solares emitem radiações eletromagnéticas muito intensas e ejetam, para o espaço, partículas carregadas de alta energia, o que provoca efeitos danosos na Terra. O gráfico abaixo mostra o tempo transcorrido desde a primeira detecção de uma explosão solar até a chegada dos diferentes tipos de perturbação e seus respectivos efeitos na Terra.

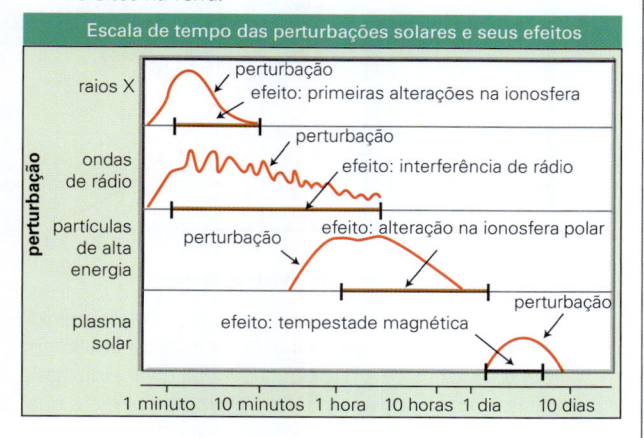

Considerando-se o gráfico, é correto afirmar que a perturbação por ondas de rádio geradas em uma explosão solar:

a) dura mais que uma tempestade magnética.

b) chega à Terra dez dias antes do plasma solar.

c) chega à Terra depois da perturbação por raios X.

d) tem duração maior que a da perturbação por raios X.

e) tem duração semelhante à da chegada à Terra de partículas de alta energia.

2. Para que uma substância seja colorida ela deve absorver luz na região do visível. Quando uma amostra absorve luz visível, a cor que percebemos é a soma das cores restantes que são refletidas ou transmitidas pelo objeto. A Figura 1 mostra o espectro de absorção para uma substância e é possível observar que há um comprimento de onda em que a intensidade de absorção é máxima. Um observador pode prever a cor dessa substância pelo uso da roda de cores (Figura 2); o comprimento de onda correspondente à cor do objeto é encontrado no lado oposto ao comprimento de onda da absorção máxima.

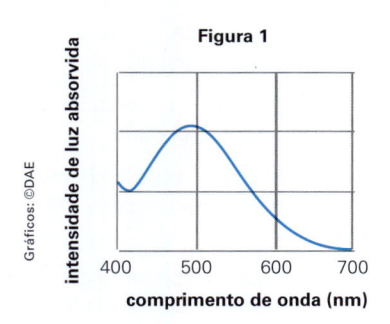

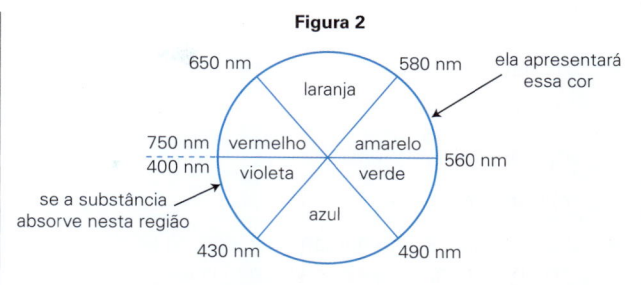

BROWN. T. *Química e Ciência Central*, 2005 (adaptado).

Qual a cor da substância que deu origem ao espectro da Figura 1?

a) Azul.

b) Verde.

c) Violeta.

d) Laranja.

e) Vermelho.

3. Nossa pele possui células que reagem à incidência de luz ultravioleta e produzem uma substância chamada melanina, responsável pela pigmentação da pele. Pensando em se bronzear, uma garota vestiu um biquíni, acendeu a luz de seu quarto e deitou-se exatamente abaixo da lâmpada incandescente. Após várias horas ela percebeu que não conseguiu resultado algum. O bronzeamento não ocorreu porque a luz emitida pela lâmpada incandescente é de:

a) baixa intensidade.

b) baixa frequência.

c) um espectro contínuo.

d) amplitude inadequada.

e) curto comprimento de onda.

4. É comum aos fotógrafos tirar fotos coloridas em ambientes iluminados por lâmpadas fluorescentes, que contêm uma forte composição de luz verde. A consequência desse fato na fotografia é que todos os objetos claros, principalmente os brancos, aparecerão esverdeados. Para equilibrar as cores, deve-se usar um filtro adequado para diminuir a intensidade da luz verde que chega aos sensores da câmera fotográfica. Na escolha desse filtro, utiliza-se o conhecimento da composição das cores-luz primárias: vermelho, verde e azul; e das cores-luz secundárias: amarelo = vermelho + verde, ciano = verde + azul e magenta = = vermelho + azul.

Disponível em: <http://nautilus.fis.uc.pt>.
Acesso em: 20 maio 2014 (adaptado).

Na situação descrita, qual deve ser o filtro utilizado para que a fotografia apresente as cores naturais dos objetos?

a) Ciano

b) Verde.

c) Amarelo.

d) Magenta.

e) Vermelho.

5. Sabe-se que o olho humano não consegue diferenciar componentes de cores e vê apenas a cor resultante, diferentemente do ouvido, que consegue distinguir, por exemplo, dois instrumentos diferentes tocados simultaneamente. Os raios luminosos do espectro visível, que têm comprimento de onda entre 380 nm e 780 nm, incidem na córnea, passam pelo cristalino e são projetados na retina. Na retina, encontram-se dois tipos de fotorreceptores, os cones e os bastonetes, que convertem a cor e a intensidade da luz recebida em impulsos nervosos. Os cones distinguem as cores primárias: vermelho, verde e azul, e os bastonetes diferenciam apenas níveis de intensidade, sem separar comprimentos de onda. Os impulsos nervosos produzidos são enviados ao cérebro por meio do nervo óptico, para que se dê a percepção da imagem. Um indivíduo que, por alguma deficiência, não consegue captar as informações transmitidas pelos cones, perceberá um objeto branco, iluminado apenas por luz vermelha, como:

a) um objeto indefinido, pois as células que captam a luz estão inativas.

b) um objeto rosa, pois haverá mistura da luz vermelha com o branco do objeto.

c) um objeto verde, pois o olho não consegue diferenciar componentes de cores.

d) um objeto cinza, pois os bastonetes captam luminosidade, porém não diferenciam cor.

e) um objeto vermelho, pois a retina capta a luz refletida pelo objeto, transformando-a em vermelho.

6. Ao sintonizarmos uma estação de rádio ou um canal de TV em um aparelho, estamos alterando algumas características elétricas de seu circuito receptor. Das inúmeras ondas eletromagnéticas que chegam simultaneamente ao receptor, somente aquelas que oscilam com determinada frequência resultarão em máxima absorção de energia. O fenômeno descrito é a:

a) difração.

b) refração.

c) polarização.

d) interferência.

e) ressonância.

7. A passagem de uma quantidade adequada de corrente elétrica pelo filamento de uma lâmpada deixa-o incandescente, produzindo luz. O gráfico a seguir mostra como a intensidade da luz emitida pela lâmpada está distribuída no espectro eletromagnético, estendendo-se desde a região do ultravioleta (UV) até a região do infravermelho.

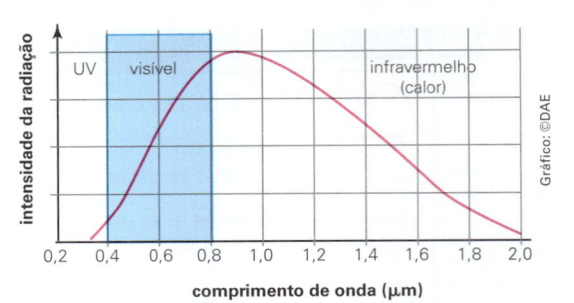

A eficiência luminosa de uma lâmpada pode ser definida como a razão entre a quantidade de energia emitida na forma de luz visível e a quantidade total de energia gasta para o seu funcionamento. Admitindo-se que essas duas quantidades possam ser estimadas, respectivamente, pela área abaixo da parte da curva correspondente à faixa de luz visível e pela área abaixo de toda a curva, a eficiência luminosa dessa lâmpada seria de aproximadamente:

a) 10%.

c) 25%.

e) 75%.

b) 15%.

d) 50%.

8. O progresso da tecnologia introduziu diversos artefatos geradores de campos eletromagnéticos. Uma das mais empregadas invenções nessa área são os telefones celulares e *smartphones*. As tecnologias de transmissão de celular atualmente em uso no Brasil contemplam dois sistemas. O primeiro deles é operado entre as frequências de 800 MHz e 900 MHz e constitui os chamados sistemas TDMA/CDMA. Já a tecnologia GSM ocupa a frequência de 1 800 MHz. Considerando que a intensidade de transmissão e o nível de recepção "celular" sejam os mesmos para as tecnologias de transmissão TDMA/CDMA ou GSM, se um engenheiro tiver de escolher entre as duas tecnologias para obter a mesma cobertura, levando em consideração apenas o número de antenas em uma região, ele deverá escolher:

a) a tecnologia GSM, pois é a que opera com ondas de maior comprimento de onda.

b) a tecnologia TDMA/CDMA, pois é a que apresenta efeito Doppler mais pronunciado.

c) a tecnologia GSM, pois é a que utiliza ondas que se propagam com maior velocidade.

d) qualquer uma das duas, pois as diferenças nas frequências são compensadas pelas diferenças nos comprimentos de onda.

e) qualquer uma das duas, pois nesse caso as intensidades decaem igualmente da mesma forma, independentemente da frequência.

PARA LER E ASSISTIR

Livraria da Física

Título: *A História da Luz*

Autor: Alfredo Roque Salvetti

Editora: Livraria da Física

Edição: 2. ed. 2008

Sinopse: No instante que se seguiu à sua formação, o Universo conteria luz e partículas elementares. A evolução posterior foi e ainda é dependente desses elementos e de como eles interagem. Ingrediente básico na composição do mundo, a luz, junto com o carbono e a água, é também um componente essencial na formação da vida. O desenvolvimento das civilizações segue o curso do conhecimento científico sobre os diferentes fenômenos envolvendo a luz. Do domínio do fogo ao uso de celulares, o ser humano aprende sobre a luz, desenvolve teorias para entender a natureza e constrói ferramentas para modificar o mundo.

UNESP

Título: *Novas janelas para o Universo*

Autores: Maria Cristina Abdalla e Thyrso Villela Neto

Editora: Unesp

Edição: 1. ed. 2005

Sinopse: Estamos vivendo uma era de descobertas astronômicas fabulosas. Percebemos, a cada dia, o quanto ainda nos resta descobrir sobre o Cosmos e o quanto as novas tecnologias têm nos ajudado nessa aventura do descobrimento, permitindo a abertura de novas janelas pelas quais podemos apreciar a beleza do Universo. Este volume da Coleção Paradidáticos tem por objetivo fazer que o leitor se sinta entusiasmado a participar dessa aventura e a aprender, cada vez mais, sobre o meio ambiente que nos cerca, que inclui, além do ar, dos mares, dos rios e das florestas, o Sol, a Lua, os planetas, as estrelas, as galáxias, os aglomerados de galáxias, os quasares, os pulsares, os buracos negros... Ou seja, descobrir o Universo com o auxílio de algumas ferramentas tecnológicas de que o ser humano dispõe.

Warner Bros.

Filme: *Contato*

Diretor: Robert Zemeckis

Ano: 1997

País: Estados Unidos

Sinopse: Contato com extraterrestres não é sinônimo de homenzinhos verdes desembarcando de um disco voador. É muito mais que isso. São sinais captados num radiotelescópio que podem conter mensagens capazes de nos fazer repensar toda a nossa concepção da vida e do Universo. Esse é o ponto de partida para Carl Sagan compor um romance que pode provocar em nós diversas reações, menos indiferença. Em *Contato*, o que está em jogo é o mundo tal como o conhecemos. Como quem faz uma aposta, Sagan nos convida a uma viagem assustadoramente fascinante pelo buraco negro que é a inteligência humana.

UNIDADE 3

RADIAÇÃO E MATÉRIA

Pierre Albouy/REUTERS/Latinstock

Será que a luz pode ser sempre bem representada como uma onda? E um elétron, é certo pensar que ele se prende ao átomo da mesma forma que a Terra ao Sol? A radiação é uma coisa que devemos temer?

As respostas a essas perguntas desafiam nosso entendimento, pois precisam levar em conta ideias que fogem à nossa percepção imediata. Veremos que um elétron em um átomo não pode ser visto como um planeta orbitando o Sol, pois se submete a níveis de energia discretos. A luz tem aspectos ondulatórios, mas também se comporta como uma partícula. E a radiação, que pode matar, é também responsável pela vida, pois sem ela não haveria como aproveitar a energia do Sol.

Nesta unidade, fecharemos nosso curso apresentando a Física Moderna, que nos últimos 120 anos trouxe uma nova maneira de conceber o Universo. Na imagem o LHC (Large Hadron Collider), considerado o maior acelerador de partículas do mundo, localizado na CERN (European Organization for Nuclear Research), na França. Foto de 2014.

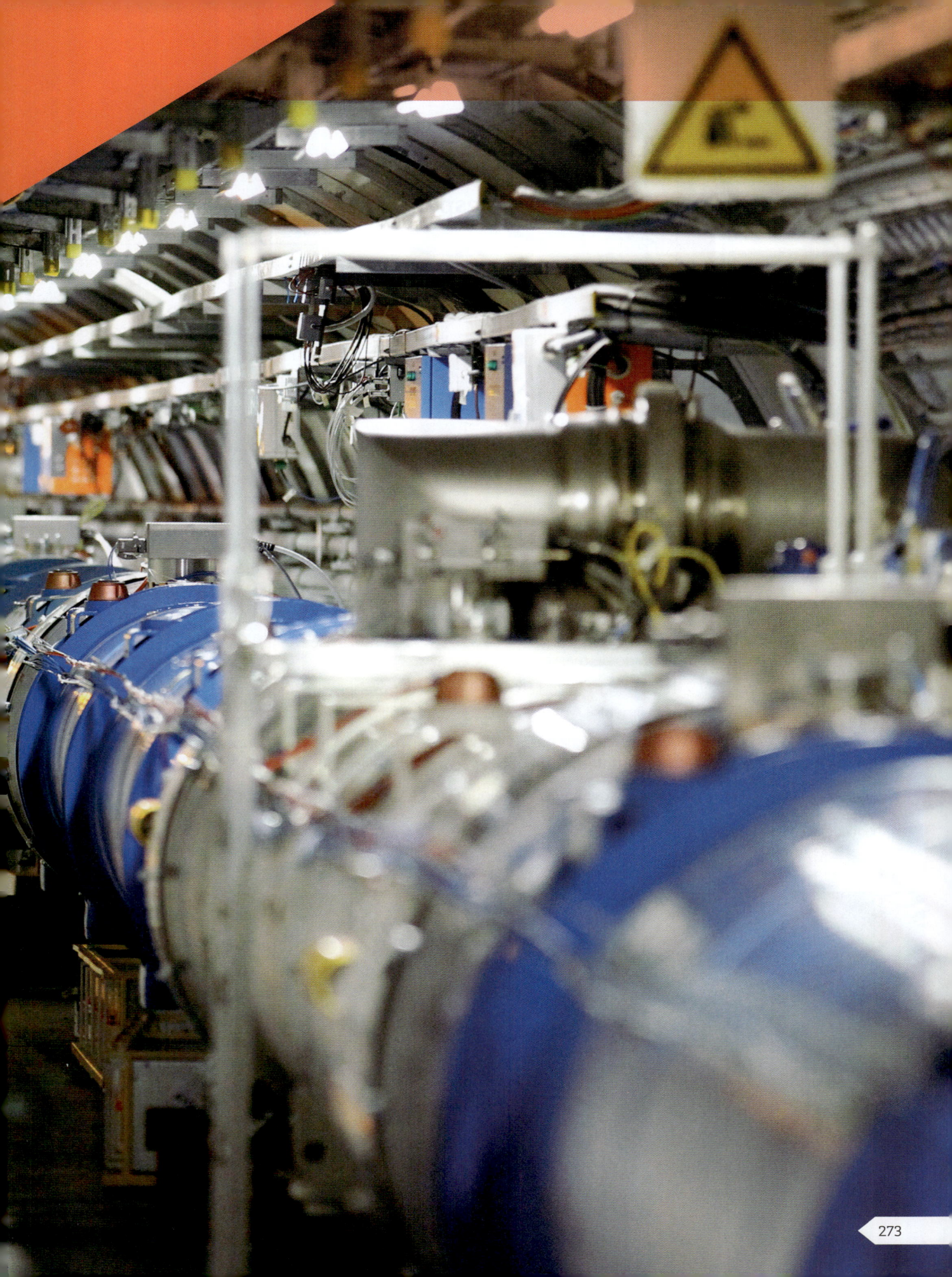

9

A NATUREZA DA LUZ

1. Controvérsias a respeito da natureza da luz

Figura 9.1: *Les demoiselles d'Avignon*, de Pablo Picasso. No início do século XX, Picasso, assim como Albert Einstein na ciência, redescobriu uma nova maneira de interpretar a realidade.

LEMBRETE:
A velocidade de propagação da luz no vácuo é constante e vale 299 792 456,2 m/s (a incerteza desse valor é igual a 0,000001%).

A velocidade da luz no vácuo é comumente indicada pela letra *c*, e o valor é aproximado para 300 000 000 m/s, ou $c = 3 \cdot 10^8$ m/s.

A discussão sobre o que é a luz acompanha o ser humano há muito tempo, com registros desde a Grécia Antiga. Para uns, ela seria formada por partículas; para outros, seria uma espécie de vibração. A busca por uma resposta definitiva sobre a identidade da luz prolongou-se por muitos séculos e discorrer sobre ela demoraria muito. Por isso, vamos retratar apenas uma parte desse movimento, destacando dois debates.

O primeiro foi uma acalorada discussão de ideias entre dois dos mais importantes personagens da Ciência ocidental, o holandês Christiaan Huygens (1629-1695) e o inglês Isaac Newton, já apresentado nos outros volumes. Podemos considerá-los representantes de duas tendências que propunham duas naturezas distintas para a luz: uma que a considerava uma **onda**, uma vibração que se propagava pelo espaço; e outra que a definia como **partícula**, um pequeno corpo dotado de massa.

No segundo episódio, cerca de um século depois, surgiram os franceses Augustin-Jean Fresnel e Siméon-Denis Poisson, que voltaram às mesmas questões do debate anterior.

Assim, cada uma dessas escolas desenvolveu um modelo para essas ideias sobre a luz: o modelo **ondulatório** e o modelo **corpuscular**, discutidos até hoje.

E você? Já se perguntou alguma vez o que é a luz? (Figuras 9.1 e 9.2).

Figura 9.2: Viajar na velocidade da luz é um sonho muito presente em nosso imaginário. Uma tecnologia como a da espaçonave Millenium Falcon, da saga Star Wars, é possível?

Explorando o assunto

Tendo em vista as duas abordagens quanto à natureza da luz, como você explicaria as situações a seguir?

- Se a luz das lanternas é composta de partículas, por que dois feixes de luz não interferem um no outro? (Figura 9.3)
- Se a luz da lanterna é uma onda, por que ela não atravessa uma barreira da mesma forma que o som? (Figura 9.4)

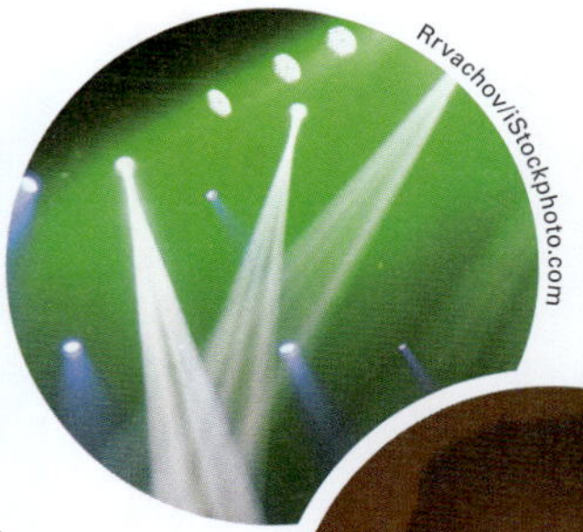

Rrvachov/iStockphoto.com

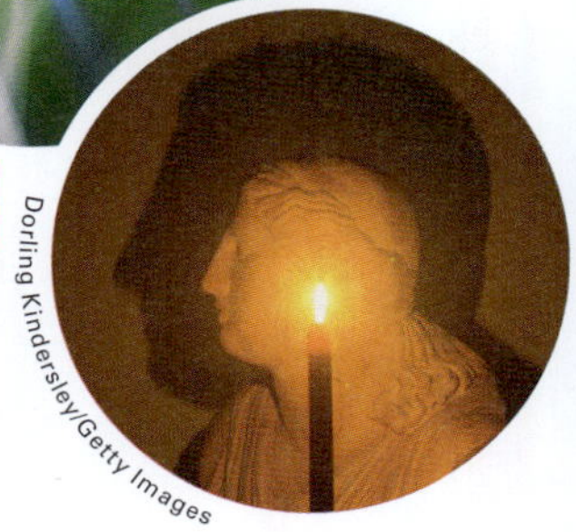

Dorling Kindersley/Getty Images

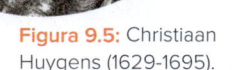

Figuras 9.3 e 9.4: Feixes de luz de duas lanternas se cruzando sem que um interfira no outro (foto superior) e fonte de luz e anteparo. Na figura inferior, observe que a luz não ultrapassa o obstáculo e forma uma sombra atrás dele.

1.1. Partícula ou onda? – Episódio I

No fim do século XVII, Newton e Huygens (Figura 9.5) travaram um duelo acerca da natureza da luz. O primeiro afirmava que ela era um feixe de partículas que tinha origem na fonte de luz. O segundo, por sua vez, acreditava que se tratava de uma perturbação que ocorria em uma suposta matéria sutil, que ele, assim como vários filósofos gregos da Antiguidade, chamava de éter. Desde os escritos de Platão, por volta do século III a.C., há registros da suposta existência de uma substância que preencheria todo o espaço.

As duas concepções sobre a natureza da luz se alicerçavam em analogias com outras situações físicas que forneciam razões para que cada um continuasse crendo na própria definição.

Vamos pensar, por exemplo, no trajeto da luz entre o Sol e a Terra. Segundo o modelo ondulatório, não seria possível a luz chegar até nós se o espaço entre os astros fosse vazio, pois não haveria suporte material para ser perturbado. Seguia-se assim um resultado já sabido na época: o som não se propaga no vácuo.

Dessa forma, dado que a luz do Sol chega à Terra e não havia resultado físico que comprovasse a existência de uma substância que serviria de suporte para sua propagação, ganhava força a versão corpuscular para a natureza da luz. Isso porque, sendo formada de partículas minúsculas, não haveria problema para a luz se propagar no vácuo. Neste exemplo, a explicação de Newton levava vantagem.

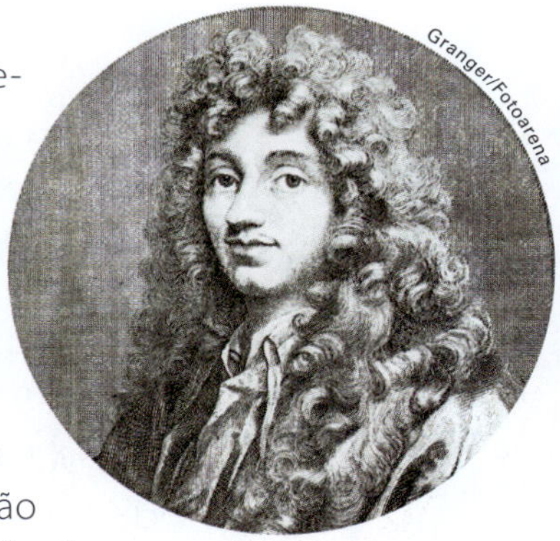

Granger/Fotoarena

Figura 9.5: Christiaan Huygens (1629-1695).

Por dentro do conceito

A concepção de luz de Newton

Nas explicações de Newton para alguns fenômenos luminosos é possível perceber que ele descreve o comportamento dos raios de luz como se fossem corpúsculos (partículas muito pequenas) emitidos pelas superfícies dos corpos. Esses corpúsculos deslocavam-se em linha reta até interagir com algum obstáculo. Dependendo das condições, eles poderiam ser refletidos, refratados ou mesmo aqueceriam o objeto.

Uma das vantagens de explicar a luz como corpúsculos naquela época era que todas as leis da mecânica propostas por Newton poderiam ser aplicadas na explicação de diversos fenômenos ópticos, como a reflexão e a refração. Newton supunha, por exemplo, que havia uma força de atração entre as partes de um corpo transparente e a luz, por isso o raio luminoso era atraído e se desviava em seu interior. Quer dizer, se os objetos são feitos de partículas, havia uma força de atração entre as partículas dos corpos transparentes e o raio de luz, pois este penetrava em seu interior.

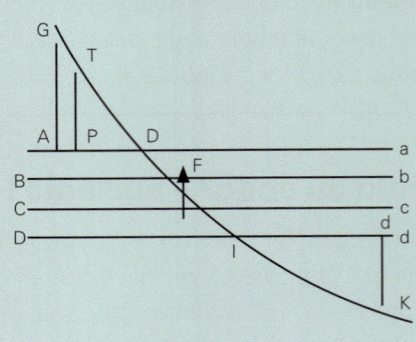

Figura 9.6: Em sua obra *Optics*, Newton explica a refração da luz por meio da atração gravitacional entre as partículas que compõem a luz e as que formam o corpo atravessado.

Figura: © DAE

Em sua obra, Newton não fala explicitamente que a luz é feita de partículas, mas as explicações dadas por ele sugeriam que os raios de luz se comportavam como se fossem feitos de corpúsculos. Isso fez os outros filósofos naturais pensarem que ele estava defendendo uma natureza corpuscular para a luz. (Figura 9.6).

FORATO, T. C. de M. *A natureza da Ciência como saber escolar*: um estudo de caso a partir da história da luz. Tese de Doutorado. São Paulo: FE-USP, 2009. v. 1 e 2.

Por outro lado, podemos pensar em uma situação na qual a explicação de Huygens teria melhor resultado. Sabemos que, quando dois feixes de luz se cruzam, o primeiro "não toma conhecimento" do segundo; ou melhor, depois da região de interseção dos feixes, ambos continuam sua propagação sem que sejam desviados ou que suas características sejam alteradas. Se a luz fosse constituída de pequenas partículas, na região de cruzamento entre os feixes elas deveriam se chocar, provocando alterações tanto nas propriedades físicas quanto no trajeto.

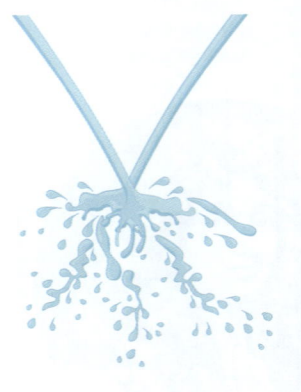

Figura 9.7: Encontro de dois feixes de partículas representados por dois jatos de água.

A Figura 9.7 representa o encontro de dois jatos de água. Observe que, depois de se cruzarem, eles perdem suas características. Nesse caso, ponto para a abordagem de Huygens!

Por dentro do conceito

A concepção de luz de Huygens

A luz para ele era um movimento que ocorria numa espécie de matéria muito sutil, que os sentidos humanos não podem captar, e que preenchia todos os espaços aparentemente vazios do Universo: o éter. Todos os corpos materiais estavam dentro do éter, imersos nele, mas ele era tão leve e rarefeito que não atrapalhava o movimento dos objetos.

Figura 9.8: Em sua obra *Tratado sobre a luz*, Huygens explica a propagação da luz emitida por uma chama por meio de ondulações provocadas por vibrações no éter.

Ilustrações: Adilson Secco

A luz é produzida pelo fogo, dizia Huygens, que contém partículas em movimento muito rápido, pois consegue fundir e dissolver corpos sólidos. "Quando a luz é concentrada por espelhos côncavos, ela tem a virtude de queimar como o fogo, de separar as partes dos corpos." Huygens afirmava que isso era sinal de movimento, eram os corpos presentes no fogo que conseguiam separar e fundir a matéria. Corpos em movimento muito rápido. Tais movimentos provocariam vibrações que se propagariam no éter. Esse movimento no éter produziria a sensação de visão quando atingisse os olhos das pessoas (Figura 9.8). A luz seria justamente esse movimento que ocorreria entre os objetos luminosos e os olhos.

Quando se considera a extrema velocidade com que a luz se espalha por todos os lados e que, quando vem de diferentes lugares, mesmo totalmente opostos, [os raios luminosos] se atravessam uns aos outros sem se atrapalharem, compreende-se que, quando vemos um objeto luminoso, isso não poderia ocorrer pelo transporte de uma matéria que venha do objeto até nós, como uma flecha ou bala atravessa o ar; pois certamente isso repugna bastante a essas duas propriedades da luz, principalmente a última.

HUYGENS. In: MARTINS, Roberto de Andrade. "Tratado sobre a luz, de Christiaan Huygens". *Cadernos de História e Filosofia da Ciência*, supl. 4, 1986, 11-99.

FORATO, T. C. de M. *A natureza da Ciência como saber escolar*: um estudo de caso a partir da história da luz. Tese de Doutorado. São Paulo: FE-USP, 2009. v. 1 e 2.

Vejamos com um pouco mais de detalhes os argumentos utilizados por Huygens e Newton nesse duelo. Pensemos na **reflexão** (Figura 9.9). A hipótese da natureza da luz como partícula explica esse fenômeno de forma simples. Por exemplo, ao colidir contra uma parede, uma bolinha segue uma trajetória de saída com ângulo idêntico ao de entrada, da mesma forma que uma bola de bilhar que acerta a lateral da mesa.

A hipótese ondulatória (Figura 9.10), por sua vez, também podia fornecer uma explicação para a reflexão, visto que, antes de Huygens, já se sabia que as ondas mecânicas, como o som e as ondas na água, se refletem com ângulo de incidência igual ao de reflexão. Nesse ponto, tanto Newton como Huygens pareciam ter razão.

Apesar de as duas propostas para a natureza da luz propiciarem explicações válidas para o fenômeno da reflexão, não se cogitava na época considerar que ambos os cientistas estavam corretos. Assim, o duelo continuava com cada lado buscando somar argumentos em defesa de sua hipótese.

Consideremos agora a **refração** (veja, na página seguinte, a Figura 9.11), fenômeno bem conhecido na época. Sua lei geral já havia sido determinada por Willebrord Snell (1580-1626) e René Descartes, conforme estudado no Volume 2. Como explicar, por exemplo, que a luz que vinha do ar e adentrava a água se aproximava da reta normal à superfície? Para a versão corpuscular de Newton, isso era obra das forças atrativas que se estabeleciam em todos os corpos, semelhantes à força gravitacional entre os planetas, que variava de maneira inversa à distância. Assim, quando uma partícula luminosa vinha do ar e se aproximava muito da superfície de separação da água, ela era atraída por uma força de atração das partículas que a compunham. A força resultante apontava na direção perpendicular à superfície, inclinando a trajetória da partícula.

Ilustrações: Adilson Secco

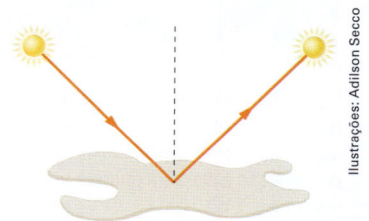

Figura 9.9: Representação de uma partícula de luz incidindo em uma superfície plana e sendo refletida: o ângulo de incidência é igual ao ângulo de reflexão.

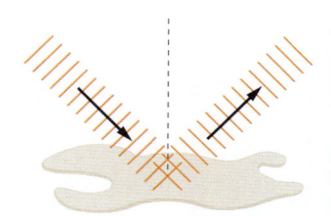

Figura 9.10: Representação de uma onda (luz) incidindo em uma superfície plana e sendo refletida: o ângulo de incidência é igual ao ângulo de reflexão e os traços representam as frentes de onda.

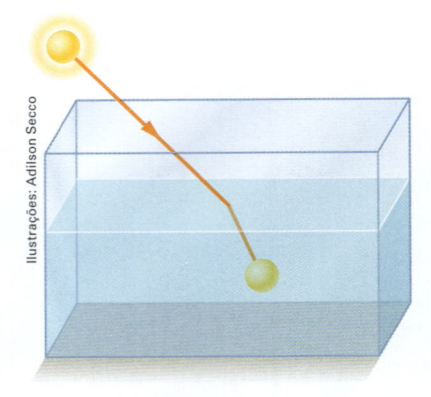

Figura 9.11: Representação de uma partícula de luz incidindo na superfície da água e sendo refratada. A alteração da direção é explicada pela atração gravitacional das partículas pela água. Nessa concepção, a velocidade de propagação da luz na água seria maior que no ar, visto que a partícula luminosa é acelerada.

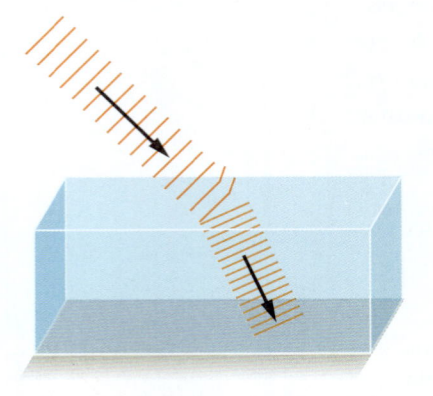

Figura 9.12: Representação de uma onda (luz) incidindo em uma superfície com água e sendo refratada: sua direção de propagação á alterada quando muda de meio.

Por meio de uma construção geométrica engenhosa, Huygens também fornecia uma explicação para a refração, considerando a luz uma onda (Figura 9.12). Antes disso, convém explicar rapidamente como ele concebia a propagação das ondas luminosas. Para esse cientista, cada ponto do meio atingido pela onda que se propaga se põe a vibrar como se fosse uma fonte pontual geradora de uma nova onda.

Para Huygens, a luz era uma sucessão de ondas que se propagavam uma após a outra, atingindo regiões do meio que ainda não vibravam. No caso da propagação de um feixe de luz, o segmento AB indica a frente de onda que se desloca. As ondas luminosas, como qualquer onda em meio homogêneo, distribuem-se em esferas concêntricas. O princípio de Huygens era que **cada partícula do meio atingido pela onda que se propaga começa a vibrar e funciona como uma fonte pontual de novas ondas**. Se tomarmos o segmento AB, cada ponto nele contido emite novas frentes de onda esférica. Veja, nas Figuras 9.13a e 9.13b a seguir, que a nova frente de onda luminosa é o segmento NB, que obtemos tornando uma reta tangente às frentes esféricas.

Para a reflexão, essa descrição funcionava muito bem. Porém, para a refração, alguns detalhes precisavam ser esclarecidos. Considere um feixe de luz idêntico ao do esboço de Huygens para a refração (Figura 9.13b), supondo que ele se direcione para a superfície da água. Na hipótese de Huygens, a propagação das ondas luminosas deveria seguir apenas o princípio exposto acima.

O ponto A representa uma partícula de água que vibra pela chegada da frente de onda. Nesse momento, Huygens acrescenta a hipótese de que a luz se propaga na água com velocidade menor que no ar. A frente de onda construída a partir de A, nesse caso, atinge uma distância menor que as construídas a partir dos outros pontos do feixe que ainda não interagiram com a água. Enquanto o trecho CB da frente de onda continua paralelo à direção original, o trecho AC foi desviado, aproximando-se da normal. A "quebra" deixa de existir quando toda a frente de onda atinge a superfície da água, e toda ela se propaga numa direção segundo um ângulo de refração menor que o de incidência.

Considerando esses fenômenos, podemos dizer que ambas as versões para a natureza da luz estavam empatadas. Entretanto, incidiam sobre a questão outros fatores, de ordem social. Tanto Newton como Huygens tiveram seguidores, isto é, cientistas dispostos a investir tempo e esforço no uso das ideias propostas. Ao longo do século XVIII, os newtonianos se destacaram ao aplicar suas teorias a novos fenômenos e ao obter resultados importantes, além de contar com a notoriedade do eminente físico inglês. A hipótese newtoniana ganhou assim a confiança da comunidade de cientistas, e por cerca de um século a natureza da luz foi tida como particulada. No início do século XIX, porém, com a descoberta do fenômeno da interferência, ela passou a ser questionada de forma relevante.

Figuras 9.13a e 9.13b: Construções geométricas do próprio Huygens que explicam a reflexão e a refração das ondas luminosas. A onda incidente é definida pelas frentes paralelas a AC; a refletida e a refratada são definidas pelas frentes paralelas a NB.

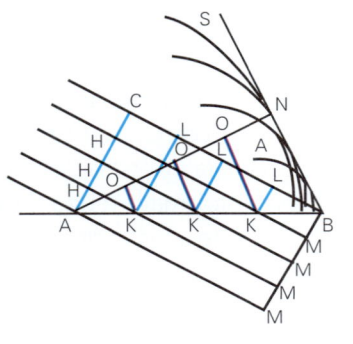
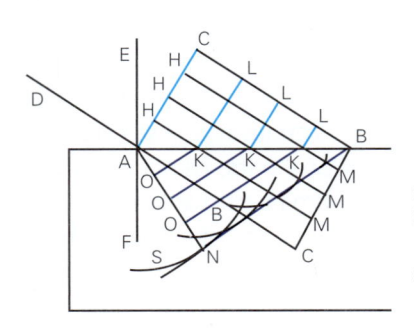

1. Como cada teoria explicava o fenômeno da reflexão da luz? E o da refração?

Pela teoria corpuscular, a reflexão da luz assemelhava-se à reflexão de uma bolinha ao colidir contra uma parede, em que o ângulo de incidência tem a mesma abertura do ângulo de reflexão. Pela teoria ondulatória, a reflexão da luz se daria da mesma maneira que a reflexão das ondas mecânicas na água e a reflexão do som em obstáculos físicos: cada ponto do espaço pelo qual a onda se propaga funciona como uma nova fonte de frentes de onda.

A refração da luz era explicada pela teoria corpuscular como sendo consequência da força atrativa entre as partículas da luz e as do meio em que ela ingressaria, provocando variação na direção e no valor da velocidade de propagação nesse meio. Pela teoria ondulatória, cada ponto da onda incidente que atinge a superfície de separação dos dois meios se comporta como uma nova frente de ondas que vai se propagar com nova velocidade e nova direção, num processo dinâmico em sucessão (princípio de Huygens).

2. "Se uma pessoa fala atrás de um muro, você pode ouvir sua voz, pois o som contorna suas extremidades, mas você não pode vê-la." Esse argumento poderia ter sido usado contra que teoria? Explique.

Poderia ter sido usado contra a teoria ondulatória, uma vez que se admitia que as partículas de som teriam a propriedade de penetrar na parede, refratando-se, ou mesmo a de contornar os obstáculos (o muro). No caso da luz, se ela fosse onda, além da refração, deveria ser capaz de contornar o muro.

Considerando os textos que você estudou e as discussões realizadas em sala, apresente:

a) um argumento para defender a teoria corpuscular;

b) um argumento para rejeitar a teoria corpuscular;

c) um argumento para defender a teoria ondulatória;

d) um argumento para rejeitar a teoria ondulatória.

1.2. Onda ou partícula? – Episódio II

Em ciência, nada é definitivo. Sua história mostra como certezas categóricas se tornaram insuficientes com o desenvolvimento contínuo de pesquisas. Um exemplo é o modelo corpuscular da luz, que foi bem delimitado pela concepção newtoniana de Universo, a qual definia as interações por meio da força gravitacional. No século XIX, a teoria ondulatória da natureza da luz ganhou força como modelo explicativo, estando ligado a esse feito o físico e engenheiro francês Augustin-Jean Fresnel (Figura 9.14). Já a natureza corpuscular da luz era defendida pelo matemático e também francês Siméon-Denis Poisson (Figura 9.15).

Antes de descrever os trabalhos de Fresnel e o renascimento do modelo ondulatório, é importante dizer que o modelo corpuscular foi ampliado e melhorado ao longo de todo o século XVIII:

Figura 9.14: Augustin-Jean Fresnel (1788-1827).

- a polarização foi descoberta e explicada considerando que a luz tivesse "polos", como havia sugerido Newton;

- a dupla refração que ocorre em alguns cristais foi explicada também em termos dessa polarização;

- houve melhorias nas explicações já existentes: refração, reflexão seletiva, cores etc.

No início do século XIX, uma corrente na comunidade científica acreditava que restava pouco a ser explicado em Óptica. O fenômeno que ainda desafiava o modelo corpuscular e o empenho dos newtonianos era a difração. Em 1818, motivada por essa lacuna, a Academia de Ciências da França lançou um prêmio para quem conseguisse explicar tal fenômeno tanto em termos experimentais quanto teóricos. A expectativa, não oficialmente manifestada pela instituição, era motivar cientistas a fornecer uma boa explicação de acordo com o modelo corpuscular. Para surpresa da maioria, o melhor trabalho inscrito foi o de Fresnel, um engenheiro de pontes e estradas da França, mas desconhecido como cientista. Ele recuperava o modelo ondulatório da luz, manifestando da seguinte forma sua proposta:

Figura 9.15: Siméon-Denis Poisson (1781-1840).

[...] a teoria das vibrações se adapta melhor que a de Newton [corpuscular] a todos os fenômenos [luminosos], e se ninguém dentro dela ainda deu uma explicação suficiente da refração, isso talvez venha do fato de não termos estudado a luz suficientemente nesse aspecto. A hipótese é simples e sente-se que ela deve ser fecunda em consequências.

FRESNEL, Augustin-Jean. In: ROSMORDUC, J. (Org.). *Histoire de la physique*: la formation de la physique classique. Paris: Tec & Doc/Lavoisier, 1987. t. 1. (Tradução nossa).

GIPhotostock/Science Source/Latinstock

Figura 9.16: Difração produzida por um disco circular opaco.

O trabalho de Fresnel era muito detalhado e descrevia a difração em várias situações diferentes, com base em equações obtidas pelo princípio de Huygens e pela interferência construtiva e destrutiva das ondas. Entretanto, isso não foi o bastante para convencer de imediato o júri do prêmio, composto principalmente de cientistas adeptos do modelo corpuscular. Um deles, Poisson, afirmou que, se as equações propostas por Fresnel estivessem corretas, a sombra de um disco deveria mostrar um ponto luminoso bem em seu centro. Isso porque as ondas luminosas, quando barradas pelo disco, seriam difratadas para o interior da sombra e interfeririam entre si, devendo haver interferência construtiva no ponto central da sombra.

Com esse argumento, Poisson pensou ter demonstrado a falsidade do trabalho de Fresnel, pois até aquela época ninguém tinha constatado um ponto luminoso no meio de uma sombra. Convicto da validade do modelo ondulatório, Fresnel tomou a observação de Poisson como um desafio e se pôs a realizar o experimento. Em 1818, quando ele apresentou uma figura de difração produzida por um disco (Figura 9.16), em que se observam a mancha luminosa no centro da sombra e as faixas de interferência construtivas (faixas luminosas) e destrutivas (faixas escuras), não houve meios de impedir que ele fosse o ganhador do prêmio.

Os trabalhos de Fresnel continuaram reinterpretando os fenômenos ópticos na perspectiva do modelo ondulatório. Por volta de 1840, com a determinação da velocidade da luz em meios translúcidos, não havia mais dúvida de que a natureza da luz era mesmo ondulatória.

Exercício resolvido

O fenômeno da difração foi descoberto pelo matemático italiano Francesco Maria Grimaldi (1618-1663). Um dos experimentos feitos por Grimaldi consistia em restringir a passagem da luz solar por um orifício estreito de uma cortina num quarto escuro. Ele colocava então no trajeto dessa luz um obstáculo opaco com um pequeno orifício. Observava em seguida que a área iluminada na parede oposta à janela era maior do que se podia esperar.

O que a teoria corpuscular previa para esse fenômeno? Por que o fenômeno da difração consistia em um desafio para a teoria corpuscular da luz?

Previa-se que os raios luminosos, compostos de corpúsculos, ao caminharem em linha reta, resultariam numa área iluminada do mesmo tamanho do orifício. Explicar esse fenômeno era um desafio para a abordagem corpuscular, porque a difração é um fenômeno característico dos movimentos ondulatórios, mas seu efeito se torna perceptível somente quando a dimensão da abertura do obstáculo não é grande quando comparada ao comprimento de onda da onda.

Exercícios propostos

1. Que melhorias o modelo ondulatório experimentou ao longo do século XVIII?

2. Em que consiste o trabalho de Fresnel e quais foram as consequências dele?

3. Qual é o cenário do inquérito sobre a natureza da luz no início do século XIX?

4. Retratamos em dois episódios uma parte da prolongada busca pela identidade da luz. Como cada um deles terminou e o que isso nos mostra sobre a ciência?

2. Éter

Para os cientistas que consideravam a natureza ondulatória da luz, havia uma pergunta muito importante a ser respondida: Se a luz fosse uma onda assim como o som, qual seria seu meio de propagação? Essa era uma pergunta muito razoável e fazia sentido tanto naquela época como hoje. Se a luz é uma vibração que se desloca pelo espaço, algo precisa vibrar, não é mesmo?

No caso do som, sabemos que o ar é posto a vibrar, e assim podemos ouvir o som emitido por determinada fonte. Para a luz, no entanto, havia problemas ao definir que material vibraria. Se ela se propagasse na atmosfera, diríamos também que era o ar que vibrava. Mas e quando ela provinha do Sol? Nesse caso, a luz precisaria percorrer todo um espaço que aparentemente não continha matéria.

Esse foi um dos grandes dilemas enfrentados pelos que defendiam a natureza ondulatória da luz. Era preciso supor a existência de um meio a preencher todo o espaço sideral. De outro modo, naquela época não haveria como imaginar uma onda se propagando.

Apesar de não existirem modelos para a descrição dessa substância, sabia-se que ela deveria apresentar certas características. Já se considerava, por exemplo, que os planetas orbitavam com períodos de translação invariáveis; assim, esse meio material não poderia ser um obstáculo a esse movimento.

Tal substância ficou conhecida como **éter**, ou, mais especificamente, **éter luminoso**, e deveria ter qualidades especiais para servir de meio para a propagação da luz:

I. Ser muito sutil para não atrapalhar o movimento dos planetas.

II. Ser capaz de transmitir ondas em alta velocidade.

III. Ser capaz de transmitir ondas transversais.

Satisfazer a todos esses requisitos parecia impossível, porque, para atender à necessidade I, o éter deveria ser muito fluido e pouco denso, como um gás. Para atender às necessidades II e III, porém, ele precisaria ser rígido e muito denso, como um sólido. Como uma mesma substância poderia apresentar propriedades tão antagônicas?

Imaginou-se, então, o éter como um meio ao mesmo tempo rarefeito e rígido: seria um sólido altamente elástico e pouco denso. Diferentemente de tudo o que se conhecia, ele era considerado uma matéria imponderável. Portanto, a luz era considerada uma vibração no éter e deveria ser estudada com base nas leis da Mecânica.

2.1. A materialidade do éter

Apesar de essa teoria sustentar a natureza ondulatória da luz, não havia uma forma segura de imaginar e descrever o éter. No início, ele foi pensado como uma substância material existente apenas no espaço, mas pouco a pouco ele foi se distanciando das substâncias conhecidas, deixando de se parecer com o que já havia sido descoberto ou produzido pela espécie humana. Alguns cientistas consideravam isso um problema fundamental para esse conceito. Lorde Kelvin (1824-1907), estudado no Volume 2, chegou a afirmar que seria difícil conceber explicações teóricas fundamentadas na existência de uma substância que não podia ser imaginada.

No entanto, o mais eficiente era representar o éter por meio das equações matemáticas. Em virtude do desenvolvimento teórico, pouco a pouco o éter foi perdendo seu caráter material para se tornar uma entidade abstrata de modelos matemáticos da época.

Em meados do século XIX, em decorrência dos trabalhos de James C. Maxwell (1831-1879), Heinrich Hertz (1857-1894) e outros, conforme tratado na Unidade 2, a luz passou a ser considerada uma onda eletromagnética. A Figura 9.17 mostra uma tentativa de Maxwell de representar os campos elétricos e magnéticos como manifestações do éter. Para ele, essa era uma forma esquemática de conceber a estrutura interna dessa substância por meio de propriedades das equações matemáticas que a definiam.

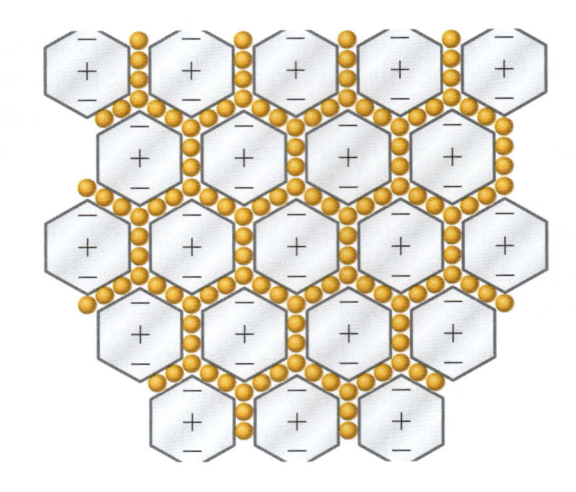

Figura 9.17: No esquema imaginado por Maxwell, se o éter fosse composto de bolinhas e hexágonos, o movimento das bolinhas (corrente elétrica) obrigaria os hexágonos a girar. Na parte superior, eles girariam no sentido anti-horário (com sinal positivo) e, na parte de baixo, no sentido horário (com sinal negativo).

Figura 9.18: François Arago (1786-1853).

World History Archive/Alamy/Fotoarena

2.2. As tentativas de evidenciar a existência do éter

No século XIX, com exceção da Mecânica e da Termologia, praticamente tudo o que se estudava em Física era a manifestação do éter. Tentar desvendar sua natureza e suas propriedades tornou-se parte do dia a dia dos cientistas. Uma série de pesquisas foi dedicada a analisar como os movimentos dos corpos em geral poderiam alterar o comportamento do éter, e vice-versa.

Em um dos primeiros experimentos realizados para esse estudo, a ideia era observar, com o auxílio de um prisma, a luz de uma estrela que se encontra no sentido do movimento terrestre e a luz de outra estrela na posição oposta. Esse experimento foi idealizado e realizado pelo físico francês François Arago (Figura 9.18).

Suponha que, de acordo com o esquema a seguir (Figura 9.19), S_1 e S_2 sejam duas estrelas e que a Terra (representada com sua atmosfera, no centro) se mova da direita para a esquerda. Um observador O na Terra se aproxima de S_1 e se afasta de S_2. A letra c representa a velocidade de propagação da onda luminosa emitida pelas duas estrelas. A pergunta é: A luz emitida pelas estrelas que atravessa um prisma (em O) será refratada da mesma maneira?

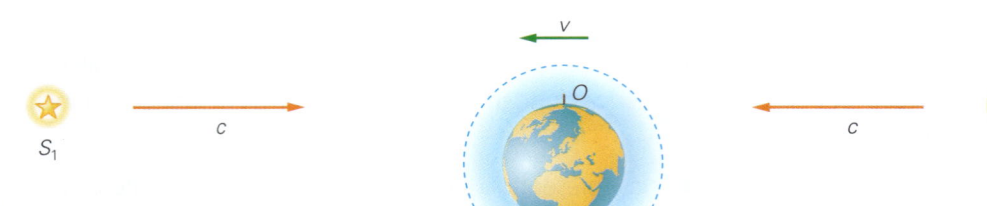

Figura 9.19: Esquema do experimento de Arago de 1810.

atmosfera

Ilustrações: Adilson Secco

Veja que, no caso de S_1, a velocidade relativa de aproximação da luz é dada por $c + V$. Para S_2, a velocidade relativa de aproximação é $c - V$. Assim, o desvio da luz de S_1 e de S_2 no prisma deveria ser diferente. No entanto, o resultado desse experimento mostrou que não havia diferença alguma entre os desvios da luz, contrariando as expectativas dos cientistas da época.

Questionamentos e suposições como os apresentados acima eram formulados pelos cientistas que buscavam realizar experimentos e interpretá-los com base na existência do éter. Entre 1810 e 1890, vários outros experimentos foram pensados e executados considerando essa ideia.

Por dentro do conceito

Experimento de Fizeau de 1851

Um dos experimentos realizados no século XIX para detectar a influência do movimento sobre fenômenos ópticos foi realizado por Fizeau em 1851. Hoje sabemos que seu resultado foi positivo porque ele não se baseou na velocidade da Terra em relação ao éter, mas no movimento da água em relação aos equipamentos de medida. Por ser um experimento que evidenciou efeitos do movimento, teve papel fundamental na proposição da teoria da relatividade.

Um feixe de luz é emitido de A e dividido em dois por um espelho semitransparente, seguindo os caminhos 1-2-3-4 e 1-5-4. A água, em uma coluna, é bombeada em alta pressão, seguindo a direção de v. Um dos feixes divididos no espelho semitransparente segue um caminho em que encontra a água no sentido oposto à sua propagação, enquanto o outro feixe segue outro caminho e encontra a água no mesmo sentido de sua propagação (Figura 9.20a).

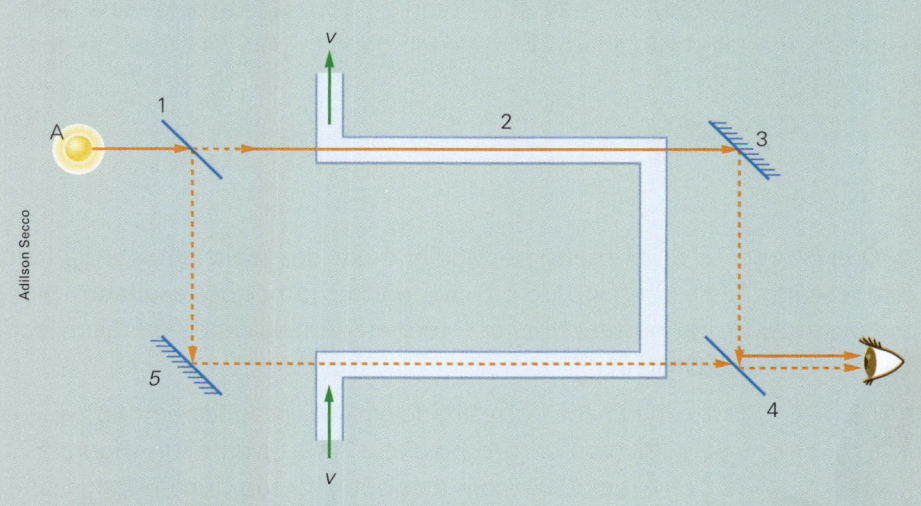

Figura 9.20a: Esquema do experimento de Fizeau, de 1851.

Um observador na posição 4 vê as franjas de interferência em duas situações: com e sem velocidade da água. Elas mostram um deslocamento muito pequeno das franjas de interferência quando a água está em repouso ($v = 0$) e quando a água está em movimento ($v \neq 0$) (Figura 9.20b).

Franjas de Interferência

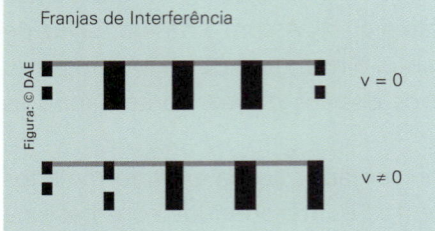

Figura: © DAE

$v = 0$

$v \neq 0$

Figura 9.20 b: Franjas de interferência observadas em cada uma das situações.

Esse experimento foi realizado com o objetivo de decidir entre as várias hipóteses existentes na época sobre o estado de movimento do éter luminoso nas proximidades de corpos em movimento. A intenção era saber se o éter tomava parte do movimento dos corpos de maneira completa ou parcial, ou se não era influenciado por esse movimento. O resultado do experimento foi interpretado por Fizeau como compatível apenas com as consequências tiradas da hipótese de Fresnel de um éter parcialmente arrastado. No entanto, Fizeau faz uma importante ressalva às conclusões de seu experimento e declara em que medida ele confirmava as ideias de Fresnel:

O sucesso desta experiência parece-me resultar na adoção da hipótese de Fresnel, ou ao menos na lei que ele encontrou para exprimir a modificação da velocidade da luz pelo efeito do movimento dos corpos; pois, ainda que esta lei sendo considerada verdadeira forneça uma prova muito forte em favor da concepção da qual ela é somente uma consequência, talvez a concepção de Fresnel parecerá tão extraordinária e, em algumas relações, tão difícil de admitir que exigirá outras provas ainda e um exame aprofundado da parte dos geômetras (matemáticos) antes de adotá-la como a expressão da realidade das coisas.

FIZEAU. Sur les hypothèses relatives à l'éther lumineux, et sur une expérience qui paraît démonter que le mouvement des corps change la vitesse avec laquelle la lumière se propage dans leur intérieur. CRAS, 1851. v. 33, p. 349. In: PIETROCOLA, M. Fresnel e o arrastamento parcial do éter: a influência do movimento da Terra sobre a propagação da luz. *Caderno Catarinense de Ensino de Física*, v. 10, n. 2, p. 157-172, 1993.

Fizeau aceitou a fórmula de Fresnel como uma verdade estabelecida pelo experimento, mas ainda duvidava da realidade descrita pela hipótese que lhe parecia extraordinária.

O experimento de Michelson e Morley é um dos mais famosos da Física e está inserido nesse contexto de estudos por ter fornecido resultados muito precisos. Ele foi posteriormente interpretado pela teoria da relatividade restrita de Einstein.

Esse experimento foi realizado em duas ocasiões: em 1881, apenas pelo físico de origem polonesa Albert Michelson (Figura 9.21); e, em 1887, com a colaboração do físico estadunidense Edward Morley (Figura 9.22). Daí ser conhecido como experimento de Michelson e Morley.

Universal History Archive/Universal Images/Fotoarena

SPL/Latinstock

Figura 9.21: Albert Abraham Michelson (1852-1931).

Figura 9.22: Edward Williams Morley (1838-1923).

A ideia básica desse estudo era obter alguma variação da velocidade da luz com relação ao éter, utilizando para isso o movimento da Terra. Um dos braços do experimento está inicialmente alinhado com a direção do movimento da Terra. Um feixe de luz é emitido por uma fonte e, ao passar por um espelho semitransparente, divide-se em dois. Um dos subfeixes continua na direção original, reflete-se num espelho e volta; o mesmo ocorre com o outro subfeixe refletido na direção perpendicular. Ao retornarem ao espelho semitransparente, esses feixes são conduzidos a um detector, onde formam uma figura de interferência. O experimento é refeito rodando-se 180° a montagem e comparando-se as figuras de interferência. Novamente, assim como nos experimentos anteriores que buscavam o mesmo propósito, não foi encontrada variação na velocidade da luz (Figura 9.23).

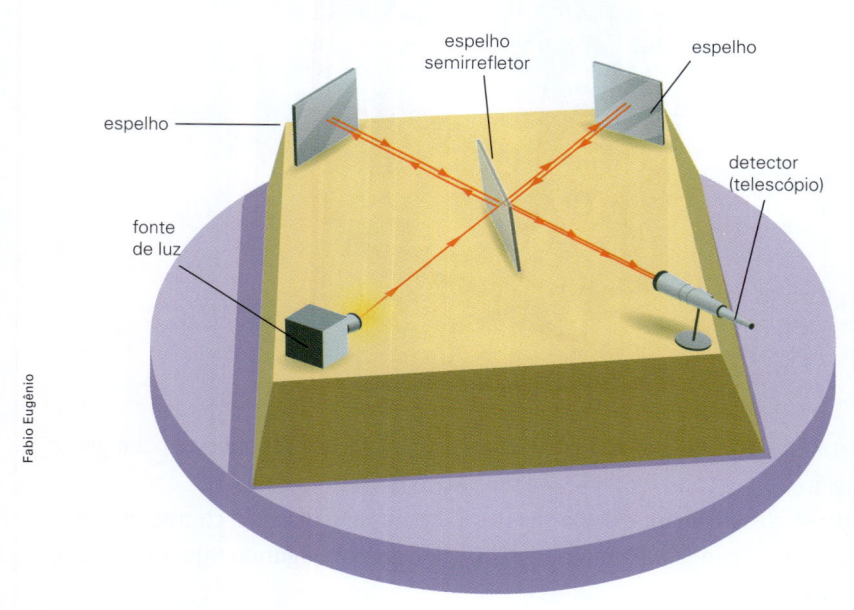

Figura 9.23: Esquema do experimento de Michelson e Morley, de 1887, na tentativa de detectar o éter.

Esses resultados contrariavam as ideias que os cientistas tinham do comportamento do éter. A expectativa inicial era de que deveria ser observado algum efeito nos fenômenos luminosos pelo fato de haver movimento em relação ao éter. Um cientista francês da época, Éleuthère Mascart (1837-1908), resumiu o resultado de suas pesquisas realizadas entre 1869 e 1874, antecipando pressupostos da teoria da relatividade:

> A conclusão geral deste Mémoire seria então [...] que o movimento de translação da Terra não tem nenhuma influência apreciável sobre os fenômenos da Óptica, [...] que esses movimentos não nos dão o meio de apreciar o movimento absoluto de um corpo e que os movimentos relativos são os únicos que nós podemos atingir.

> MASCART, Éleuthère. In: PIETROCOLA, M. *A extensão do princípio de relatividade à Óptica*. Disponível em: <www.nupic.fe.usp.br/Publicacoes/congressos/Pietrocola_A_EXTENSAO_DO_PRINCIPIO_DE_RELATIVIDADE_A_OPTICA.pdf>. Acesso em: 12 fev. 2016.

Em resumo, se o éter realmente existisse, estar ou não em movimento em relação a ele pouco importava para as leis físicas. Assim, mais um mistério associado ao éter se fazia, e a solução para esse enigma seria dada somente por Einstein, com sua teoria da relatividade.

Pode-se imaginar que os cientistas do século XIX foram pouco a pouco obrigados a deixar de conceber o éter como uma substância semelhante às demais e "vê-lo" com os olhos da mente imaginativa. Alguns propuseram que no livro *Alice no País das Maravilhas* (Figura 9.24), de 1865, havia uma situação que poderia ser comparada com o éter luminoso. Leia o extrato a seguir e responda às questões.

Figura 9.24: Gravura de John Tenniel, presente no livro *Alice no País das Maravilhas.*

"Gostaria que não ficasse aparecendo e sumindo tão de repente: deixa a gente com vertigem."

"Está bem", disse o Gato; e dessa vez desapareceu bem devagar, começando pela ponta da cauda e terminando com o sorriso, que persistiu algum tempo depois que o resto de si fora embora.

"Bem! Já vi muitas vezes um gato sem sorriso", pensou Alice; "mas um sorriso sem gato! É a coisa mais curiosa que já vi na minha vida."

CARROLL, L. *Alice*: Introdução e notas de Martin Gardner. Edição comentada. Rio de Janeiro: Zahar, 2002. p. 64-65.

1. Em sua opinião, o que motivou os cientistas a comparar o extrato do livro de Alice com o éter luminoso no século XIX?

2. Pensando na perda de materialidade do éter, escreva uma frase semelhante à última, mas tomando o éter como personagem.

Exercícios resolvidos

1. O que era o éter para os cientistas que, no século XIX, acreditavam no modelo ondulatório? E como a luz deveria se comportar nesse éter?

O éter é um meio para a propagação da luz que deve ser muito sutil para não atrapalhar o movimento dos planetas, ser capaz de transmitir ondas em alta velocidade e transmitir ondas transversais. Sendo uma onda, a luz deveria ser uma vibração no éter.

2. O que se pode concluir com o experimento de Michelson e Morley? Qual é a relação dessa conclusão com a existência ou não do éter?

O propósito era verificar se a velocidade da luz sofreria variação dependendo da velocidade do meio e o resultado obtido poderia levar a várias interpretações. Comprovou-se que a velocidade da luz é única independentemente da velocidade do meio.

1. O que comprovou o experimento de Arago e qual é a sua contribuição para o debate sobre a natureza da luz?

2. A que conclusão se chegou com o experimento de Michelson e Morley? Qual é a relação dessa conclusão com a existência ou não do éter?

3. Como era o modelo de Maxwell para o éter?

4. (UFRN) O conceito de éter surgiu na Grécia antiga, significando uma espécie de fluido sutil e rarefeito que preenchia o espaço e envolvia a Terra. Esse conceito evoluiu para representar um referencial privilegiado, a partir do qual se poderia descrever toda a Física, inclusive seria o meio material no qual se propagariam as ondas eletromagnéticas (a luz). No entanto, as experiências de Michaelson-Morley, realizadas em 1887, mostraram a inconsistência desse conceito, uma vez que seus resultados implicavam que ou a Terra estava sempre estacionária em relação ao éter ou a noção de que o éter representava um sistema de referência absoluto era errônea, devendo, portanto, ser rejeitada.

   As inconsistências do conceito de éter levaram Einstein a elaborar a teoria de que a velocidade da luz

   a) é constante para qualquer observador e dependente de qualquer movimento da fonte ou do observador.

   b) é constante para qualquer observador e independente de qualquer movimento da fonte ou do observador.

   c) é constante e dependente do observador, porém independente de qualquer movimento relativo da fonte.

   d) é constante e independente do observador, porém dependente de qualquer movimento relativo da fonte.

3. Teoria da relatividade restrita

O século XX começou com gosto de revolução na ciência. Albert Einstein (1879-1955) defendeu a necessidade de uma solução radical ao problema trazido pelo experimento de Michelson e Morley.

Em um artigo de 1905, ele sintetizou de maneira clara e definitiva reflexões isoladas e desconectadas que vinham sendo feitas por outros cientistas da época. Seu trabalho se fundamentou em duas ideias que ele elevou ao *status* de princípios (verdades aceitas por definição). O primeiro deles já havia sido proposto de forma limitada para a Mecânica, na época de Descartes, Galileu e Newton.

As implicações desses dois princípios foram muitos grandes e modificaram profundamente o panorama da ciência a partir de então.

1º) Princípio da relatividade

As leis físicas são as mesmas, independentemente do estado de movimento do observador.

2º) Princípio da constância da velocidade da luz

A velocidade da luz no vácuo é uma constante universal para qualquer observador.

▶ Você já deve ter ouvido isto alguma vez: "Tudo é relativo, como diria Einstein!". Mas, se traduzíssemos os dois princípios anteriores apresentados para a vida cotidiana, como seria exatamente essa frase?

▶ Imagine que você está num trem em movimento retilíneo e uniforme e com as janelas fechadas. Você sente que o trem se move, mas gostaria de evidenciar esse movimento por meio de um experimento. O que você poderia fazer?

3.1. Tempo e espaço relativos

Segundo a teoria de Einstein, medidas de tempo e espaço de um mesmo fenômeno, feitas por dois observadores que têm movimentos relativos, não são iguais. Essa afirmação é profundamente anti-intuitiva, ou seja, foge do senso comum. Por isso, ela é difícil de ser aceita. Mais ainda: a diferença na medida, apesar de sempre existir, depende da velocidade relativa entre os dois personagens. Ao considerar o movimento relativo entre dois referenciais, a teoria da relatividade mostra que a descrição de um fenômeno é diferente para cada referencial.

Para ilustrarmos esses conceitos, apresentamos a você dois personagens, João e Maria, que participarão das várias situações descritas a seguir. As grandezas que cada um deles mede ou observa são rotuladas com suas iniciais, J e M, e Δt_J e Δt_M representam os respectivos intervalos de tempo observados por ambos.

3.2. Tempo relativo

Suponha que João esteja numa estação de trem e Maria se encontre dentro do trem que se desloca com velocidade v em relação à plataforma (Figura 9.25). Fixa ao chão do vagão, há uma fonte de luz f, e, fixo ao teto do vagão, há um espelho plano E. Tanto Maria quanto o espelho e a fonte de luz estão em repouso em relação ao vagão; portanto, com a mesma velocidade v do vagão em relação à plataforma.

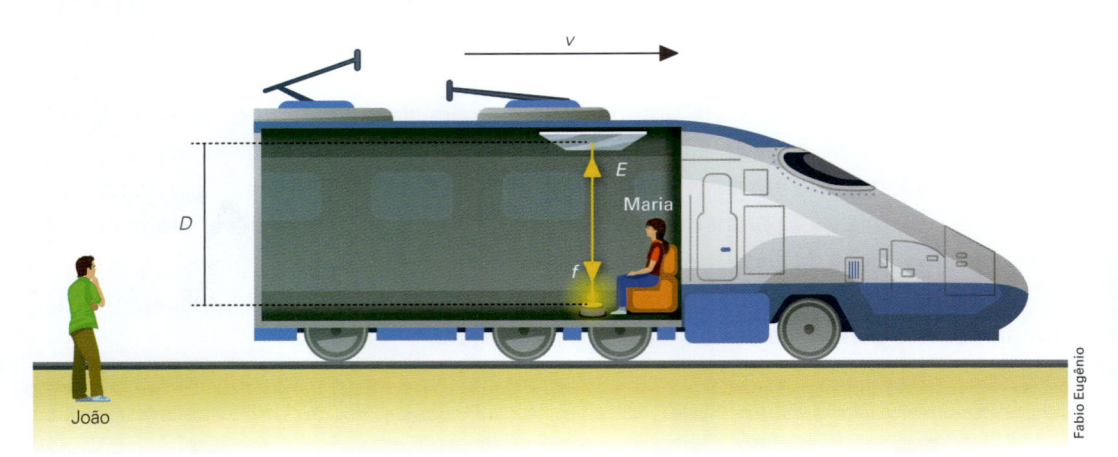

Figura 9.25: João na estação e Maria no interior do trem com velocidade v.

Fabio Eugênio

Um cálculo simples pode ser efetuado por Maria para medir o intervalo de tempo em que um pulso de luz emitido pela fonte f vai até o espelho E e volta até a fonte f. Sendo D a distância entre a fonte de luz e o espelho e $2 \cdot D$ a distância percorrida pelo pulso de luz, temos:

$$v_m = \frac{\Delta p}{\Delta t} \Rightarrow \Delta t = \frac{\Delta p}{v} \Rightarrow \Delta t_M = \frac{\Delta p}{v} = \frac{2 \cdot D}{c}, \text{ em que } c \text{ é a velocidade da luz.}$$

Na teoria da relatividade, a observação e a medida efetuadas por Maria são chamadas **próprias**, pois foram feitas em relação ao referencial dela. Observe que o intervalo de tempo medido por Maria é o mesmo da Mecânica Clássica.

Já João, que está parado na plataforma, vai medir um intervalo de tempo diferente para o pulso de luz no trem com velocidade v (Figura 9.26).

Na Figura 9.27, observe que no referencial de João o caminho percorrido pelo pulso de luz é maior, descrito pelos triângulos retângulos semelhantes de altura D e base igual à distância d percorrida pelo trem (e pela fonte de luz) nesse intervalo de tempo. O pulso de luz percorre um caminho igual a $2 \cdot h$, equivalente à hipotenusa dos triângulos representados na figura.

Figura 9.26: Posição do vagão no momento em que o pulso é emitido por f.

Posição do vagão no momento em que o pulso chega no espelho E.

Posição do vagão no momento em que o pulso volta à fonte f.

Ilustrações: Fabio Eugenio

Figura 9.27: Representação do caminho percorrido pelo pulso de luz a partir do referencial de João.

Pelo segundo princípio da relatividade, a velocidade da luz é constante; por isso, não podemos compô-la com a velocidade do trem. Como para João o percurso descrito pela luz é maior, o intervalo de tempo para ela sair da fonte f, refletir-se no espelho E e voltar ao ponto de partida também será maior. Usando o Teorema de Pitágoras, a distância percorrida pelo pulso de luz pode ser calculada da seguinte maneira:

$$h^2 = d^2 + D^2 \text{ (I)}$$

As distâncias descritas no triângulo da figura acima podem ser relacionadas com a velocidade da luz (c), e a velocidade do trem (v) com o intervalo de tempo decorrido:

$$v_m = \frac{\Delta p}{\Delta t} \Rightarrow c = \frac{2 \cdot h}{\Delta t_J} \Rightarrow h = \frac{c \cdot \Delta t_J}{2}$$

$$v_m = \frac{\Delta p}{\Delta t} \Rightarrow v = \frac{2 \cdot d}{\Delta t_J} \Rightarrow d = \frac{v \cdot \Delta t_J}{2}$$

Substituindo essas relações na expressão (I), temos:

$$h^2 = d^2 + D^2$$

$$\left(\frac{c \cdot \Delta t_J}{2}\right)^2 = \left(\frac{v \cdot \Delta t_J}{2}\right)^2 + D^2$$

$$\frac{c^2 \cdot \Delta t_J^2}{4} = \frac{v^2 \cdot \Delta t_J^2}{4} + D^2$$

$$\frac{\Delta t_J^2}{4} \cdot (c^2 - v^2) = D^2$$

$$\Delta t_J^2 = \frac{4 \cdot D^2}{(c^2 - v^2)} \Rightarrow \sqrt{\Delta t_J^2} = \sqrt{\frac{4 \cdot D^2}{(c^2 - v^2)}} \Rightarrow \Delta t_J = \frac{2 \cdot D}{\sqrt{(c^2 - v^2)}} \Rightarrow \Delta t_J = \frac{2 \cdot D}{\sqrt{c^2 \cdot \left(1 - \dfrac{v^2}{c^2}\right)}} \Rightarrow$$

$$\Rightarrow \Delta t_J = \frac{2 \cdot D}{c \cdot \sqrt{1 - \dfrac{v^2}{c^2}}} \Rightarrow \Delta t_J = \frac{2 \cdot D}{c} \cdot \frac{1}{\sqrt{1 - \dfrac{v^2}{c^2}}}$$

Observe que $2 \cdot \dfrac{D}{c}$ é o intervalo de tempo medido por Maria. Podemos, então, escrever a expressão que fornece a relação entre os dois períodos:

$$\Delta t_J = \Delta t_M \cdot \frac{1}{\sqrt{1 - \dfrac{v^2}{c^2}}}$$

Esse resultado indica que, segundo os princípios da relatividade, o tempo não é absoluto. Maria e João medem diferentes intervalos de tempo para a emissão-reflexão-retorno do pulso de luz. Essa diferença se deve ao movimento relativo e à não composição da velocidade da luz com a do trem. Assim, o fluxo do tempo não é o mesmo para todos os observadores, mas depende do referencial.

Os intervalos Δt_M e Δt_J se diferem pelo fator $\dfrac{1}{\sqrt{1 - \dfrac{v^2}{c^2}}}$, e essa importante relação é chamada γ. Desse modo:

$$\Delta t_J = \Delta t_M \cdot \gamma$$

Na relatividade, a velocidade relativa v entre dois referenciais deve ser sempre menor que c. Consequentemente:

$$0 \leqslant \frac{v^2}{c^2} < 1 \Rightarrow \gamma \geqslant 1$$

Por isso, Δt_J será sempre maior ou igual a Δt_M. Em outras palavras, Maria, para quem o relógio de luz está parado, mede um intervalo de tempo Δt_M, enquanto outro observador, João, que percebe o mesmo relógio se mover com velocidade v, medirá um intervalo dado por $\gamma \cdot \Delta t_M$. Como $\gamma \geqslant 1$, o intervalo de tempo medido pelo observador que mede o relógio em movimento será sempre maior do que Δt_M.

O **intervalo de tempo próprio** (Δt_0) é o intervalo de tempo de duração de determinado evento medido por um relógio em repouso em relação a um referencial. Logo, qualquer outro **intervalo de tempo** ($\Delta t'$), medido em qualquer outro sistema de referência que se move em relação ao sistema de referência em que o corpo está em repouso, será **maior** do que o intervalo de tempo próprio. Esse efeito é chamado **dilatação do tempo**.

Por isso, dizemos que o tempo se dilata para alguém que não mede o tempo próprio.

Explorando o assunto

Qual seria o intervalo de tempo medido por João se o trem estivesse parado na estação quando o pulso de luz fosse emitido?

3.3. Espaço relativo

Retomemos o caso de João e Maria. Imagine que Maria observa uma régua-padrão que João coloca na plataforma (Figura 9.28). João, parado na plataforma com a régua, mede o **comprimento próprio** dessa régua, igual a L_J.

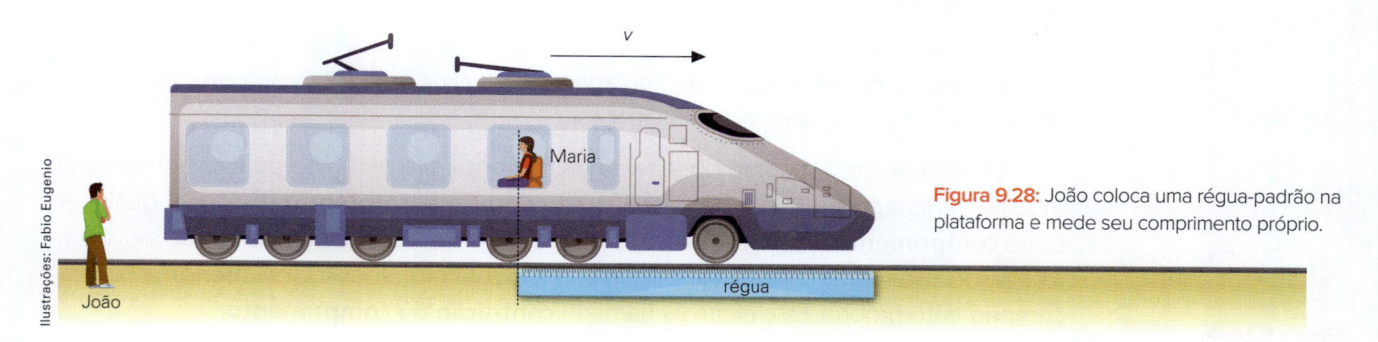

Figura 9.28: João coloca uma régua-padrão na plataforma e mede seu comprimento próprio.

Quando o trem passa pela régua com velocidade v (Figura 9.29), João também pode fazer a medida do comprimento da régua medindo o tempo que determinado ponto do trem leva para percorrer uma distância equivalente à régua, ou seja:

$$v_m = \frac{\Delta p}{\Delta t} \Rightarrow \Delta p = v \cdot \Delta t \Rightarrow L_J = v \cdot \Delta t_J$$

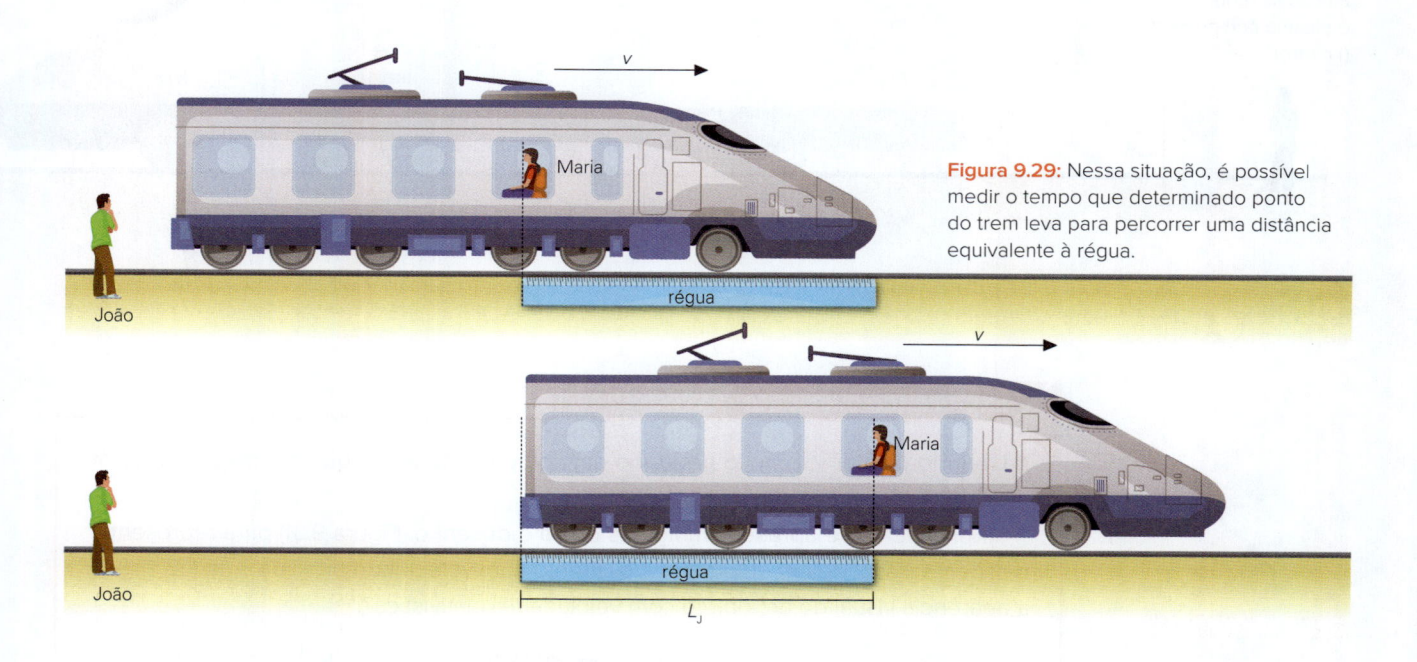

Figura 9.29: Nessa situação, é possível medir o tempo que determinado ponto do trem leva para percorrer uma distância equivalente à régua.

Para o referencial em movimento, Maria, o evento acontece como se a régua estivesse em movimento com velocidade relativa v, em sentido oposto. Ela poderia obter a medida da régua da mesma maneira que João, mas utilizando o respectivo intervalo de tempo que obteve:

$$v_m = \frac{\Delta p}{\Delta t} \Rightarrow \Delta p = v \cdot \Delta t \Rightarrow L_M = v \cdot \Delta t_M$$

Sabemos que existe uma relação entre o intervalo de tempo de cada observador nos dois referenciais, $\Delta t_J = \Delta t_M \cdot \gamma$. Assim, podemos escrever uma relação para os comprimentos:

$$\frac{L_{\text{J}}}{L_{\text{M}}} = \frac{v \cdot \Delta t_{\text{J}}}{v \cdot \Delta t_{\text{M}}} \Rightarrow \frac{L_{\text{J}}}{L_{\text{M}}} = \frac{\gamma \cdot \Delta t_{\text{M}}}{\Delta t_{\text{M}}} \Rightarrow \frac{L_{\text{J}}}{L_{\text{M}}} = \gamma \Rightarrow L_{\text{M}} = \frac{L_{\text{J}}}{\gamma}$$

Como $\gamma \geqslant 1$, Maria observará o comprimento da régua diminuído, apesar de ele não ter sido alterado.

Não se deixe levar pelo aparente absurdo da frase acima. A régua não é apenas vista por Maria como contraída; é, de fato, menor para ela. Ou seja, os comprimentos, assim como os intervalos de tempo, são relativos.

O comprimento medido no sistema de referência em que o corpo está em repouso (o sistema de repouso do corpo) é chamado **comprimento próprio** (L_0). Logo, qualquer outro **comprimento** (L') medido em qualquer outro sistema de referência que se move em relação ao sistema de referência em que o corpo está em repouso será **menor** do que o comprimento próprio. Esse efeito é chamado **contração do comprimento**.

É importante apontar que são contraídos apenas os comprimentos paralelos à direção do movimento. Direções perpendiculares não são afetadas (Figura 9.30).

Figura 9.30: As duas réguas estão em direções perpendiculares à direção da velocidade relativa de modo que, para qualquer valor de *v*, tanto João quanto Maria concluem que ambas as réguas têm o mesmo comprimento (1 metro).

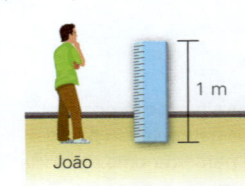

Fabio Eugênio

João — 1 m

1 m — v

Explorando o assunto

▶ Quando o valor *v* é muito pequeno em comparação a *c*, o que ocorre com o valor de γ? Quais são as implicações disso?

Tipicamente se apresentam figuras como o desenho (Figura 9.31) para representar o aspecto visual de um objeto em movimento com velocidade próxima à da luz. Esta é a aparência visual de um objeto com velocidade relativística?

Adilson Secco

Figura 9.31: Representação típica de um objeto em movimento com velocidade próxima à da luz.

Transformações de Lorentz

A contração dos comprimentos é também conhecida como contração de Lorentz-FitzGerald, fenômeno em que um corpo, quando atinge uma velocidade comparável à da luz, sofre distorção, contraindo-se na direção de seu deslocamento. Esse fenômeno foi, de maneira simultânea e independente, imaginado pelo físico irlandês George Francis FitzGerald (Figura 9.32) e pelo físico holandês Hendrik Antoon Lorentz (Figura 9.33) para explicarem os resultados negativos da experiência de Michelson-Morley, mas sem justificá-los.

Defensor do éter, mesmo caminhando em sentido contrário ao exposto pela relatividade e usando apenas a teoria eletromagnética, Lorentz chegou, anos antes, aos mesmos resultados que Einstein.

Uma consequência prática e importante dos trabalhos de Lorentz são as equações usadas na passagem de um referencial a outro que, em sua homenagem, foram chamadas **transformações de Lorentz**. Elas permitem que coordenadas cartesianas de tempo e espaço sejam linearmente transformadas em outro conjunto de coordenadas e estas seriam apropriadas a um observador que se deslocasse a uma velocidade comparável à da luz. Ou seja, essas equações permitem transformações de coordenadas entre dois sistemas S e S' de referencial inercial (Figuras 9.34 e 9.35).

Figuras 9.32: George Francis FitzGerald (1851-1901).

Figuras 9.33: Hendrik Antoon Lorentz (1853-1928).

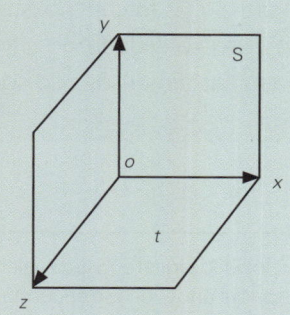
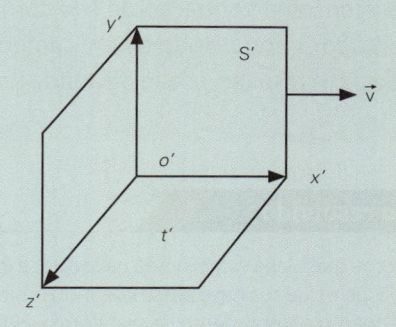

Figuras 9.34 e 9.35: As transformações de Lorentz permitem que coordenadas cartesianas sejam linearmente transformadas em outro conjunto de coordenadas apropriadas a um observador que se deslocasse a uma velocidade comparável à da luz.

Observe os sistemas S e S' representados na figura com suas respectivas coordenadas espaciais e temporais (x, y, z, t) e (x', y', z', t'). As transformações entre os sistemas $(x, y, z, t) \rightarrow (x', y', z', t')$ pressupõem algumas condições que devem ser consideradas:

1) Se, em relação a S o movimento é retilíneo uniforme, ele também deve ser em S' e vice-versa;

2) Se $v = 0 \rightarrow x = x'; y = y'; z = z'; t = t';$

3) Se $v << c$, vale a transformação de Galileu Galilei em que o tempo é uma variável absoluta, independentemente do referencial; $x' = x - vt; y = y'; z = z'; t = t'$.

4) Se a velocidade v aumentar muito, de modo que $v/c \neq 0$, as relações entre S e S' se darão pelas transformações de Lorentz.

Considerando um pulso de luz emitido em $O = O'$ e em $t = t' = 0$, sua velocidade de propagação será c tanto em S quanto em S'. Desse modo:

$$x^2 + y^2 + z^2 - c^2t^2 = 0 \Leftrightarrow x'^2 + y'^2 + z'^2 - c^2t'^2 = 0$$

Mas, se a velocidade v aumentar muito, de modo que $\dfrac{v}{c} \neq 0$, as relações entre S e S' se complicarão.

A transformação geral, necessariamente linear, que satisfaz a essas condições pode ser demonstrada, mas utiliza ferramentas matemáticas que optamos por não apresentar, pois isso implicaria abordar conceitos e usar habilidades matemáticas que estão além dos objetivos deste curso.

A solução encontrada por Lorentz para o movimento relativo entre S e S', no caso de o sistema S' mover-se com velocidade v na direção x', foi:

$$x' = y \cdot (x - v \cdot t)$$
$$y' = y$$
$$z' = z$$
$$t' = y \cdot \left[t - \left(\dfrac{v}{c^2} \right) \cdot x \right]$$

Ao utilizar essas transformações para explicar o experimento de Michelson--Morley, Lorentz considerava que o braço do interferômetro que aponta na direção do éter sofria contração de seu comprimento. Para ele, as forças moleculares aumentavam, contrariando dinamicamente os corpos. Na relatividade, no entanto, a contração é resultado da relatividade do espaço e não das dimensões do corpo.

Exercício resolvido

Imagine que Maria esteja numa nave que se desloca com velocidade igual a 75% da velocidade c no vácuo e que sua nave passe beirando uma plataforma espacial onde João se encontra parado. Para João, o comprimento da plataforma é 200 m.

a) Qual deve ser o comprimento da plataforma para Maria?

O comprimento da plataforma para Maria será dado por $L_M = \dfrac{L_J}{\gamma}$, em que:

$$\gamma = \dfrac{1}{\sqrt{1 - \left(\dfrac{v}{c} \right)^2}} = \dfrac{1}{\sqrt{1 - \left(\dfrac{0{,}75c}{c} \right)^2}} = \dfrac{1}{\sqrt{1 - 0{,}5625}} = \dfrac{1}{\sqrt{0{,}4375}} \cong \dfrac{1}{0{,}66} \cong 1{,}5$$

Então, a plataforma terá o comprimento:

$$L_M = \dfrac{L_J}{\gamma} = \dfrac{200}{1{,}5} = 133 \text{ m}$$

b) Em quanto tempo João vê Maria passar pela plataforma?

Para João, Maria passará pela plataforma num intervalo de tempo dado por:

$$v = \frac{\Delta p}{\Delta t} \Rightarrow \Delta t_J = \frac{\Delta p}{v} = \frac{200}{0,75c} = \frac{200}{0,75 \cdot 3 \cdot 10^8} = \frac{200}{2,25 \cdot 10^8} = 8,9 \cdot 10^{-7}s$$

c) Em quanto tempo Maria passa pela plataforma?

Para Maria, o intervalo de tempo é dado por:

$$\Delta t_M = \frac{\Delta t_J}{\gamma} = \frac{8,9 \cdot 10^{-7}}{1,5} = 5,9 \cdot 10^{-7}s$$

Exercícios propostos

1. Com base no que você aprendeu sobre a Teoria da Relatividade Restrita, responda:

a) Com que comprimento apareceria uma régua de 1 m se ela estivesse se movimentando como se fosse uma lança arremessada a 99,5% da velocidade da luz?

b) Qual seria o comprimento da régua se ela estivesse se deslocando com seu comprimento sendo perpendicular à direção do movimento? Justifique.

c) Se você estivesse viajando numa nave espacial a 99,5% da velocidade da luz com a régua no interior da nave, como ela pareceria a você?

2. Dois jovens estudantes de Física, Albertino e Roberto, pretendem analisar a velocidade relativa com que Albertino estaria em relação a Roberto, este em repouso na Terra, se o intervalo de tempo relativo à duração de um experimento fosse $\Delta t_A = 2 \cdot \Delta t_R$. Concluíram, corretamente, que a velocidade de A (Albertino) teria de ser (c = velocidade da luz no vácuo):

a) 50% da velocidade da luz no vácuo.

b) 87% da velocidade da luz no vácuo.

c) 105% da velocidade da luz no vácuo.

d) 20% da velocidade da luz no vácuo.

3.4. Cone de luz

Uma consequência da teoria da relatividade é que a velocidade da luz é o máximo de rapidez no Universo: nada pode superar 300 000 km/s! Isso tem muitas implicações intrigantes, pois impõe limites aos eventos que acontecem no mundo.

Por exemplo, se o Sol, por algum motivo, desaparecesse exatamente neste instante, nenhum dos habitantes da Terra, mesmo os cientistas dos laboratórios mais avançados, teria como saber instantaneamente que isso havia acontecido. Tudo porque, sendo c a velocidade máxima de qualquer informação proveniente do Sol, para esta percorrer a distância até nosso planeta é necessário um tempo mínimo de:

$$v_m = \frac{\Delta p}{\Delta t} \Rightarrow \Delta t = \frac{\Delta p}{v_m} = \frac{1,5 \cdot 10^8 \text{ km}}{3,0 \cdot 10^5 \text{ km/s}} = 500 \text{ s} = 8,33 \text{ min}$$

Assim, 8 min 20 s seria o tempo necessário para que tivéssemos acesso ao evento ocorrido no Sol.

Existe uma boa forma de representar o que pode ser acessado como informação no Universo e tratar situações como essa, em que o valor-limite da velocidade de propagação da luz é um dado importante. Vamos utilizar uma representação geométrica que integra o espaço e o tempo e leva em consideração esse limite. Nessa representação, as

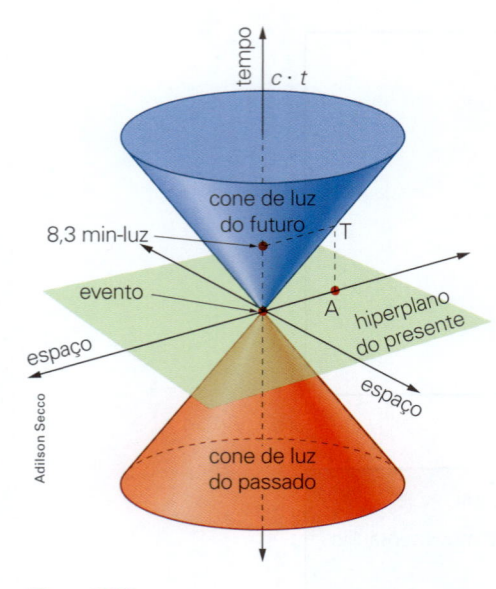

Figura 9.36:
Representação do cone de luz com duas dimensões espaciais e uma dimensão temporal. A linha lateral do cone descrito representa a trajetória de um raio de luz no espaço-tempo. Observe que ela faz um ângulo de 45°, pois, como viaja com velocidade c, a coordenada espacial é igual à coordenada $c \cdot t$.

três coordenadas do espaço (x, y, z) se juntam a uma quarta coordenada associada ao tempo. Mas, para que seja de fato uma geometria do espaço-tempo, utilizamos o produto $c \cdot t$ para essa coordenada, que tem unidade de comprimento (m/s $\cdot$ s = m).

Na Figura 9.36, representamos um sistema de coordenadas do espaço-tempo. Por limitações no desenho, apenas duas das coordenadas espaciais foram reproduzidas. Dessa forma, nosso espaço-tempo a seguir tem três dimensões: duas espaciais e uma temporal.

Suponha que o evento do desaparecimento do Sol ocorresse no instante $t = 0$ (origem das coordenadas). Pode-se tomar conhecimento desse evento do interior de um cone (azul) definido pela distância percorrida pela luz. No instante em que o Sol desaparecesse, nós na Terra estaríamos bem fora desse cone (posição A, distante $1,5 \cdot 10^8$ km do desaparecimento). Mas, com o passar do tempo (exatamente 8,3 min), entraríamos no cone no ponto T.

Essa representação permite definir a região de percepção de um evento. Ela é chamada **cone de luz**. A área azul desse cone é chamada zona futura do cone de luz.

Suponhamos outro evento, levando em conta essa mesma representação. Um sinal eletromagnético, ocorrido no instante $t = 0$, é detectado por uma antena do projeto Search for Extraterrestrial Intelligence (Seti). Mesmo não sabendo de onde ele partiu exatamente, podemos afirmar que a fonte de emissão só pode existir no interior do cone de luz passado.

3.5. Paradoxo dos gêmeos

Para explicar os efeitos da dilatação do tempo, em 1911, o físico francês Paul Langevin (1872-1946) criou uma situação imaginária cujos personagens eram dois gêmeos. Um permaneceria em seu local de nascimento e outro partiria em viagem em um veículo espacial com velocidade muito alta, próxima à da luz. No reencontro, ambos teriam idades diferentes, estando mais velho o gêmeo que permaneceu na Terra.

Para entender esse experimento de pensamento, temos de analisar a trajetória de cada um dos gêmeos no espaço-tempo. Mas antes é preciso ter em mente que:

- pelo fato de um deles viajar com velocidade muito alta, devem-se considerar os efeitos relativísticos sobre o tempo;

- o paradoxo ocorre do fato de, à primeira vista, haver simetria de pontos de vista: para o irmão que ficou na Terra e para o irmão gêmeo que se desloca rapidamente. Isso porque, na perspectiva do irmão no veículo espacial, é o irmão na Terra que se desloca rapidamente no sentido contrário.

Vamos desvendar esse paradoxo, que pode ser entendido em dois sentidos: um em relação ao senso comum e outro em relação ao conhecimento físico. Comecemos pelo segundo caso.

Seguindo um raciocínio físico, se o movimento é relativo, do ponto de vista do gêmeo viajante foi seu irmão na Terra quem se deslocou em alta velocidade. Dessa forma, ele é que ficaria mais jovem?

Parece haver uma simetria de movimento entre o gêmeo que viajou e seu irmão na Terra. Mas isso **não** é verdade! O gêmeo viajante parte da Terra (referencial 1) e começa a viajar em alta velocidade (referencial 2). Em seguida, para e retorna em sentido contrário (referencial 3), para finalmente reencontrar o irmão. O gêmeo na Terra permanece o tempo todo na Terra (referencial 1, apenas). **Não há simetria entre os dois.**

Para o senso comum, pelo fato de terem nascido no mesmo dia e ano, gêmeos sempre terão a mesma idade. Mostraremos a seguir que isso pode não ser verdade se levarmos em conta os efeitos relativísticos.

Vamos tomar como exemplo a situação de duas gêmeas, Joana e Maria, que estão juntas na futura estação do trem-bala que unirá São Paulo ao Rio de Janeiro. Para facilitar os cálculos, suponhamos que haja dois trens, um em cada sentido, e que ambos sejam muito longos (Figura 9.37).

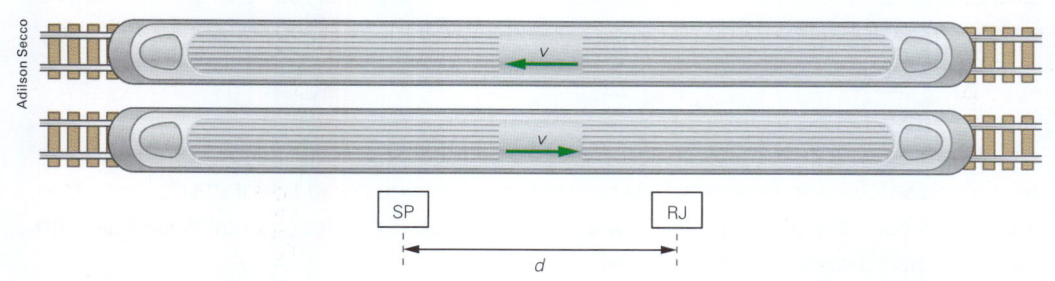

Figura 9.37: Vista aérea da situação descrita no texto, a partir de um referencial na Terra.

As duas meninas estão na estação. Maria vai viajar e Joana foi acompanhá-la para despedir-se. Em determinado instante, Maria pula para dentro do trem que segue para o Rio de Janeiro com velocidade v (evento O). Ao chegar ao Rio, Maria pula no outro trem e retorna à estação em São Paulo (evento A). Ao retornar a São Paulo, Maria salta do trem de volta para a estação em São Paulo (evento B).

Para representar essa situação de Maria e Joana, vamos lançar mão da geometria espaço-tempo apresentada anteriormente, em que cada evento representa um ponto com coordenada $(c \cdot t; x)$ (Gráfico 9.1). Aqui, descreveremos os dois eventos vistos apenas do referencial ligado à estação de São Paulo, onde Joana ficou.

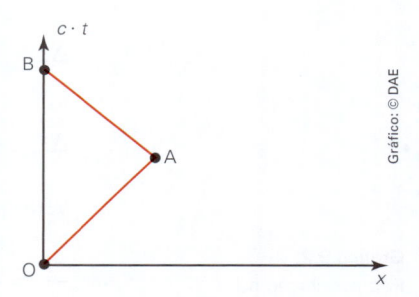

Gráfico 9.1: Sistema de coordenadas do espaço-tempo associado ao referencial ligado à estação de São Paulo, onde Joana permaneceu. Veja que o evento O coincide com a origem do sistema.

Antes de continuarmos, é importante observar que os deslocamentos nesse espaço não seguem o que aprendemos para o espaço clássico (euclidiano). Nesse deslocamento, ele será dado por:

$$\Delta p = \sqrt{(c \cdot \Delta t)^2 - \Delta x^2}$$

Veja que o cálculo do deslocamento é similar ao cálculo da hipotenusa num triângulo retângulo, mas com sinal negativo.

Da mesma forma, pode-se obter o tempo decorrido nesse espaço-tempo:

$$\Delta t = \frac{\Delta p}{c}$$

Isso posto, vamos calcular as coordenadas dos eventos considerados no espaço-tempo.

O) Maria pula no trem enquanto Joana permanece na estação em São Paulo

Tanto Joana como Maria encontram-se no mesmo local e no mesmo instante de tempo. Assim, a coordenada do evento O é:

$$O = (0; 0)$$

A) Maria chega à estação no Rio de Janeiro

A coordenada desse evento será:

$$A = \left(c \cdot \frac{d}{v} ; d \right)$$

A razão $\frac{d}{v}$ é o tempo que o trem levou para percorrer a distância entre as duas cidades medido no referencial das estações São Paulo e Rio de Janeiro.

Observe os dois eventos O e A representados no espaço-tempo com os respectivos valores de suas coordenadas no Gráfico 9.2.

Vamos agora verificar o tempo decorrido entre os eventos para cada gêmea. No caso de Joana, a resposta é bem simples. Embora não o tenha presenciado, ela assume que o evento A – Maria chegar à estação no Rio de Janeiro – aconteceu como previsto. Isso porque, como ela permaneceu na estação em São Paulo, não mudou de referencial. Portanto, o tempo medido por Joana é dado por:

$$\Delta t_{\text{Joana}} = \frac{d}{v}$$

O problema é determinar o tempo próprio de Maria (t_{Maria}), que viajou com o trem em alta velocidade. Em seu referencial, ela também permaneceu parada (sentada no trem), mas seu tempo não será o mesmo de Joana. Podemos calcular o deslocamento de Maria no espaço-tempo usando a expressão abaixo:

$$\Delta p_{\text{Maria}} = \overline{OB} = \sqrt{\left(c \cdot \frac{d}{v} \right)^2 - d^2} = d \cdot \sqrt{\frac{c^2}{v^2} - 1}$$

O tempo decorrido para Maria é obtido pelo deslocamento encontrado acima dividido pela velocidade da luz:

$$\Delta t_{\text{Maria}} = \frac{\Delta p_{\text{Maria}}}{c} = \frac{d \cdot \sqrt{\frac{c^2}{v^2} - 1}}{c} = d \cdot \sqrt{\frac{c^2}{v^2 \cdot c^2} - \frac{1}{c^2}} = d \cdot \sqrt{\frac{1}{v^2} - \frac{1}{c^2}}$$

$$\Delta t_{\text{Maria}} = \frac{d}{v} \cdot \sqrt{1 - \frac{v^2}{c^2}} \rightarrow \leqslant \frac{d}{v}$$

Veja que o tempo decorrido para Joana é maior que o de Maria:

$$\frac{d}{v} > \frac{d}{v} \cdot \sqrt{1 - \frac{v^2}{c^2}}$$

B) Maria chega à estação em São Paulo e reencontra a irmã

Na volta, acontecerá o mesmo que na ida, e as gêmeas se reencontrarão no ponto B do espaço-tempo (Gráfico 9.2). No trajeto de ida e volta, temos:

$$\Delta t_{\text{Maria / ida – volta}} = 2 \cdot \frac{d}{v}$$

$$\Delta t_{\text{Joana / ida – volta}} = 2 \cdot \frac{d}{v} \cdot \sqrt{1 - \frac{v^2}{c^2}}$$

Observe que Joana será mais nova que Maria, pois, durante esse trajeto São Paulo-Rio de Janeiro-São Paulo, o tempo decorrido para ela foi menor.

Fonte de pesquisa: ROBILOTTA, M. R.; SALÉM, S. *Apostila de Física 4*. São Paulo: IF-USP, 1981.

Gráfico 9.2:
Representação no espaço-tempo dos eventos O e A com os respectivos valores de suas coordenadas.

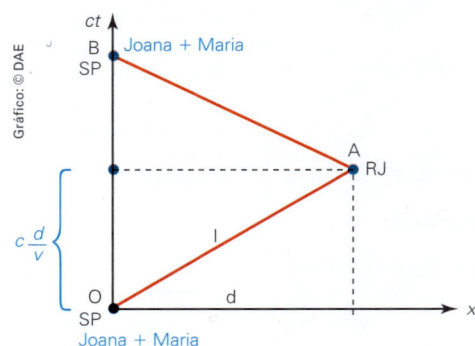

1. Murilo e Jivago são dois irmãos gêmeos com gostos bem diferentes. Enquanto Murilo é caseiro e não gosta de viajar, Jivago gosta de fortes emoções e decide subir numa nave espacial que deve ir a um planeta X. Vamos supor que a aceleração de Jivago seja muito grande e ele adquira uma velocidade $u = 0,8 \cdot c$, próxima à velocidade da luz, e viaje durante dez anos para o planeta X. Ao chegar lá, ele decide rapidamente voltar para a Terra e novamente adquire a mesma velocidade u, agora no sentido da Terra. Com o referencial na Terra, Jivago viajou 12,5 anos em cada sentido (10 anos-luz/0,8 $\cdot$ c = 12,5 anos). Qual é a idade de Jivago no próprio referencial? Qual será a diferença de idade entre os irmãos quando Jivago regressar a Terra?

Considerando o referencial de Murilo, Jivago viajou durante 12,5 anos, e, como a viagem de volta também levou 12,5 anos, Murilo estará 25 anos mais velho. No referencial de Jivago, no entanto, o espaço está contraído e o tempo, dilatado. Logo, o tempo de viagem no referencial de Jivago é

$$\Delta t_M = \Delta t_J \frac{1}{\sqrt{1 - \dfrac{v^2}{c^2}}} \Rightarrow 12,5 = \frac{\Delta t_J}{\sqrt{1 - \dfrac{(0,8c)^2}{c^2}}} \Rightarrow$$

$$\Rightarrow 12,5 = \frac{\Delta t_J}{\sqrt{1 - 0,64}} \Rightarrow \Delta t_J = 12,5 \cdot 0,6 = 7,5 \text{ anos}$$

Jivago estará apenas 15 anos mais velho. Temos, portanto, uma diferença de 10 anos entre os dois irmãos gêmeos.

2. Suponha que vivemos numa época em que a ficção científica se tornou realidade e você é dono de uma nave espacial que atinge 0,866 $\cdot$ c de velocidade. O comprimento próprio de sua nave é 10 m e o fator de Lorentz é dado por $\gamma = 2,0$. Ao entrar num estacionamento:

a) qual será o comprimento de sua nave para o vigilante em repouso nesse recinto?

Para o vigilante, sua nave tem o comprimento contraído e igual a:

$$L = \frac{L_0}{\gamma} = \frac{10}{2} = 5 \text{ m}$$

b) se o vigilante fechar a porta da garagem assim que, para ele, você tiver entrado com sua nave, qual será o comprimento da garagem para você?

O vigilante verifica que a garagem é exatamente do tamanho de sua nave e a fecha quando você entra. Assim, para você, a garagem de 5 m tem extensão de:

$$L = \frac{L_0}{\gamma} = \frac{5}{2} = 2,5 \text{ m}$$

c) como pode sua nave espacial, que mede 10 m, caber em uma garagem com o comprimento calculado no item b?

Esse é um paradoxo relacionado à contração do comprimento que ficou conhecido como o paradoxo da garagem. Para compreendê-lo, precisamos entender o conceito de medida do comprimento. O comprimento próprio de sua nave espacial é obtido com ela em repouso. E, estando em repouso, o tempo da medida **não é** um fator importante. Quando você está com velocidade próxima à da luz, o tempo da medida é um fator importante. Isso porque não é possível medir as extremidades da nave no mesmo instante. Segundo o conceito de relatividade da simultaneidade, o que é simultâneo para o vigilante do estacionamento não necessariamente é simultâneo para você dentro da nave a uma velocidade próxima à da luz.

1. Suponha que tenhamos tecnologia suficiente para fazer viagens interplanetárias com naves que atingem 80% da velocidade da luz. Considere dois irmãos gêmeos univitelinos, Jorge e Pedro. Jorge resolve fazer um "bate e volta" para conhecer um planeta que fica na órbita da estrela Alfa, da Constelação de Centauro, que dista 4 anos-luz da Terra.

a) Para Pedro, que fica na Terra, quanto tempo dura esse "bate e volta"?

b) Para Jorge, qual é o comprimento total de sua viagem (ida e volta)?

c) Quanto tempo durará a viagem para Jorge?

2. (UFRN) Bastante envolvida com seus estudos para a prova do vestibular, Sílvia selecionou o seguinte texto sobre teoria da relatividade para mostrar à sua colega Tereza:

À luz da teoria da relatividade Especial, as medidas de comprimento, massa e tempo não são absolutas quando realizadas por observadores em referenciais inerciais diferentes. Conceitos inovadores como massa relativística, contração de Lorentz e dilatação temporal desafiam o senso comum. Um resultado dessa teoria é que as dimensões de um objeto são máximas quando medidas em repouso em relação ao observador. Quando o objeto se move com velocidade V, em relação ao observador, o resultado da medida de sua dimensão paralela à direção do movimento é menor do que o valor obtido quando em repouso. As suas dimensões perpendiculares à direção do movimento, no entanto, não são afetadas.

Depois de ler esse texto para Tereza, Sílvia pegou um cubo de lado L^3 que estava sobre a mesa e fez a seguinte questão para ela:

Como seria a forma desse cubo se ele estivesse se movendo, com velocidade relativística constante, conforme direção indicada na figura 1?

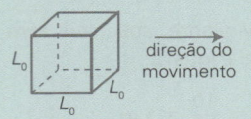

direção do movimento

A resposta correta de Tereza a essa pergunta foi:

a)
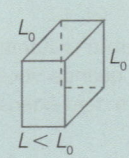
$L < L_0$

b)
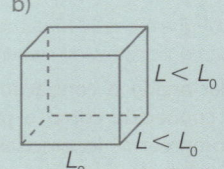
$L < L_0$
$L < L_0$
L_0

c)
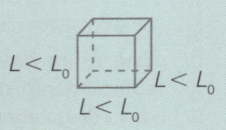
$L < L_0$
$L < L_0$
L_0

d)
$L < L_0$
$L < L_0$
$L < L_0$

Figuras: © DAE

3. (UFMG) Observe esta figura:

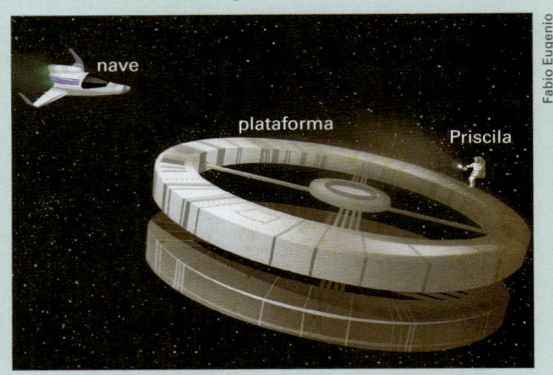

nave

plataforma

Priscila

Fabio Eugenio

Paulo Sérgio, viajando em sua nave, aproxima-se de uma plataforma espacial, com velocidade de $0,7c$, em que c é a velocidade da luz.

Para se comunicar com Paulo Sérgio, Priscila, que está na plataforma, envia um pulso luminoso em direção à nave.

Com base nessas informações, é correto afirmar que a velocidade do pulso medida por Paulo Sérgio é de

a) $0,7\,c$

b) $1,0\,c$

c) $0,3\,c$

d) $1,7\,c$

O cientista na História

Albert Einstein

Você, muito provavelmente, já ouviu falar do cientista escolhido pela revista norte-americana *Time* como o homem do século XX, Albert Einstein. A fotografia irreverente em que ele mostra a língua, tirada no aniversário de 72 anos de Einstein, tornou-se um ícone, estampando até camisetas; as frases do cientista são citadas em programas de televisão; e sua fórmula $E = mc^2$ é, para muitos, sinônimo de ciência avançada.

Filho mais velho de Pauline e Hermann Einstein, Albert Einstein nasceu em 14 de março de 1879, em Ulm, no sul da Alemanha. Antes de ser o gênio que conhecemos, Einstein era considerado uma pessoa estranha. Há muitas histórias e folclores sobre sua vida. Uma dessas histórias se refere à demora para ele começar a falar. Conta-se que, após Einstein dizer suas primeiras palavras, com mais de 3 anos de idade, seus pais teriam lhe perguntado por que não havia falado antes, e ele teria respondido: "Não senti necessidade". Hoje, o diagnóstico para crianças que iniciam a fala tardiamente é chamado síndrome de Einstein.

Figura 9.38: Einstein com sua segunda esposa, Elsa, e sua enteada Margot, em Berlim, 1929.

Ullstein bild/Getty Images

Outra história muito disseminada é a de que ele teria sido um mau aluno e reprovado em seu primeiro exame de ingresso na universidade. Na verdade, Einstein era um excelente aluno, principalmente em Matemática e Ciências, mas tinha pouco interesse por disciplinas que exigiam memorização. Tinha dificuldade em aprender idiomas, declarava detestar grego e suportar latim somente por sua estrutura gramatical lógica. Ele prestou seu primeiro exame de ingresso na universidade dois anos antes de terminar o Ensino Secundário (que hoje corresponde ao Ensino Médio). Apesar de não ter se saído bem nos temas relacionados às Ciências Humanas, seus conhecimentos de Matemática e Física impressionaram a banca examinadora. Depois de se formar no ensino secundário, estudou no Instituto Politécnico de Zurique, na Suíça, onde se formou em 1900 como professor de Matemática e Física.

Da mãe, Pauline, que era professora de piano, Einstein herdou o gosto pela música. Ele tocava violino e seu compositor preferido era Mozart. Mas seu talento não era tão grande quanto seu entusiasmo. Einstein lia muito, particularmente sobre Ciências Exatas e Filosofia, gosto herdado do pai, Hermann. Em suas notas autobiográficas, Einstein conta que, ao conhecer o teorema de Pitágoras, depois de muito esforço, conseguiu prová-lo pela semelhança de triângulos. Além disso, ficou impressionado com um livro de Geometria Plana que ganhou de seu tio aos 12 anos.

Maja, irmã de Einstein, que era dois anos mais jovem que ele, escreveu uma bibliografia carinhosa sobre ele, na qual conta que um dos passatempos preferidos do irmão era montar pirâmides de cartas que chegavam a ter 14 andares e que, quando ele tinha explosões de raiva, ficava com a bochecha vermelha e o nariz amarelo.

Einstein era considerado um homem calmo e explosões como essas podem ser lembradas em duas circunstâncias. Em 1920, depois de ler em um jornal as críticas que físicos nazistas faziam às suas teorias, em parte por serem inovadoras, em parte por ele ser judeu, Einstein rasgou o jornal e jogou-o no chão. As perseguições a Einstein incluíram livros de sua autoria que queimados pelos nazistas em 1933, além do confisco de suas propriedades, levando-o a emigrar para os Estados Unidos, onde recebeu uma posição vitalícia na Universidade de Princeton. Outro ataque de raiva de Einstein foi presenciado por um de seus amigos, o físico Nathan Rose, quando ele obteve o parecer de seu trabalho sobre ondas gravitacionais. A crítica, que pedia a revisão de alguns pontos, foi recebida por Einstein com palavrões, rasgada e jogada no lixo. Muitos afirmam que o parecerista tinha razão ao fazer críticas ao artigo.

Einstein casou-se em 1903 com Mileva, com a qual já tinha uma filha, Lieserl, e teve mais dois filhos, Hans Albert e Eduard. O casamento durou 17 anos. Histórias sobre a contribuição de Mileva para a teoria da relatividade são contadas. As cartas trocadas entre o casal indicam que Einstein e Mileva conversavam sobre Física, trocavam ideias sobre o assunto e que talvez ela tenha colaborado com os trabalhos científicos do marido nos primeiros anos de casamento.

O ano do nascimento de Hans (1904) foi muito feliz para Einstein. Ele trabalhava no escritório de patentes, onde podia estudar Física no tempo livre. Lá ele escreveu seus famosos artigos publicados em 1905. Vizinhos contavam que o viam passear com o filho e, de tempos em tempos, retirar um bloco de papel e uma caneta do carrinho do bebê e tomar notas, que possivelmente incluíam ideias sobre a relatividade.

A repercussão das contribuições científicas de Einstein só pode ser comparada às de Isaac Newton. Os anos 1666 e 1905 são conhecidos, na História da Ciência, como *anos miraculosos*. Na primeira data, Newton estabeleceu sua versão do cálculo diferencial-integral, a teoria das cores e a teoria da gravitação. Na segunda, Einstein apresentou suas

Figura 9.39: Einstein com cientistas norte-americanos, 1931.

Bettmann/Getty Images

teorias da relatividade restrita, do efeito fotoelétrico e do movimento browniano, com as duas primeiras sendo responsáveis por mudar os rumos da Física do século XX. Em 1921, ele ganhou o prêmio Nobel pelo seu trabalho sobre o efeito fotoelétrico.

Michel Paty, físico e filósofo francês, escreveu sobre Einstein: "Há obras que ficaram e autores que são considerados por sua contribuição intelectual, mas que, do ponto de vista humano, não são realmente gente muito interessante. Esse não é, de modo algum, o caso de Einstein". A dimensão filosófica e política da obra de Einstein revela que ele foi um consciente, arguto e bem preparado pensador, que refletia sobre seu fazer científico com propriedade e em seus últimos dez anos amargurou sua participação, mesmo que indireta, no desenvolvimento da bomba atômica.

Além de seus trabalhos revolucionários, que conduziram a um novo conceito científico, a parte final de sua carreira lhe trouxe bastante prestígio. Ele se tornou uma personalidade e um conferencista bastante requisitado. Era até mesmo querido pelas crianças, que lhe escreviam cartas. Em uma delas, uma criança diz: "Meu pai e eu vamos construir um foguete para ir a Marte ou Vênus. Queremos que o senhor vá porque precisamos de um bom cientista, que saiba guiar o foguete".

Albert Einstein faleceu de ataque cardíaco no dia 18 de abril de 1955, sete dias depois de assinar o manifesto pacifista e antinuclear idealizado e conduzido pelo filósofo Bertrand Russel. Deixou muitas publicações, algumas de leitura árdua, mas todas igualmente excelentes, e certamente aqueles que as lerem vão querer conhecer mais sobre cientista de cuja história aqui deixamos um "gostinho".

4. Teoria da relatividade geral

Como vimos, a teoria da relatividade provocou mudanças profundas na maneira de conceber o espaço e o tempo. Assim, em 1907, pouco tempo depois de seu trabalho original, Einstein ampliou suas ideias partindo de dois aspectos:

I. Como conceber a gravitação em termos de um movimento relativo?

II. Por que limitar o princípio de relatividade apenas aos movimentos retilíneos e uniformes?

Pensando nessas duas questões, Einstein iniciou o que viria a ser a generalização da teoria da relatividade. Para entender isso, consideremos uma situação imaginária no interior de um foguete totalmente fechado. Para que essa situação se aproxime da linha de raciocínio de Einstein, imaginemos que a pessoa dentro do foguete, que não sabe o que acontece com ele, está interessada em estudar o movimento de uma pedra abandonada em seu interior. A queda da pedra é uma alusão direta aos estudos de Galileu sobre a queda dos corpos.

Vamos interpretar o que acontece quando a pedra é abandonada em duas situações: na primeira, o foguete está parado próximo da superfície da Terra (Figura 9.40); na segunda, ele está sendo puxado para cima com aceleração de 10 m/s², mas está muito distante da Terra e de qualquer outro corpo (Figura 9.41).

O que a pessoa dentro do foguete vê acontecer com a pedra em cada uma das situações? Em ambos os casos, a pedra cai, em relação à pessoa, com aceleração de 10 m/s². Como você explica a causa da queda? Na situação 1, ela se deve ao campo gravitacional da Terra; na situação 2, a pedra não "cai", o foguete é que sobe acelerado.

Figuras 9.40 e 9.41: Representação das duas situações em que a pedra é abandonada.

Situação 1

Situação 2

Estúdio Ornitorrinco

Para quem está fora do foguete, é possível diferenciar as duas situações. Já a pessoa trancada dentro dele não consegue distinguir uma da outra. Isso indica que para ela as duas explicações são indiferentes.

Explicações como as apresentadas para esse caso são chamadas **equivalentes**. Em Física, usamos a expressão **princípio de equivalência local** para dizer que, dentro do foguete fechado, não há como distinguir uma explicação da outra. Dentro desse foguete, um campo gravitacional é equivalente a um referencial em movimento acelerado.

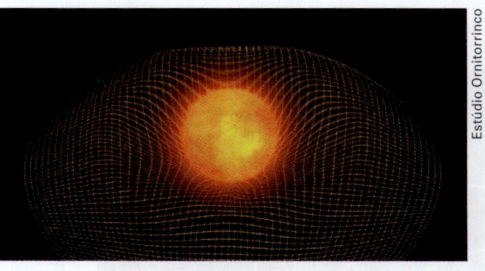

Imagem fora de escala; cores-fantasia.

Estúdio Ornitorrinco

Por essa razão, a teoria da relatividade generalizada torna desnecessária a ideia de campo gravitacional existente em determinado ponto: bastaria o conhecimento das propriedades do movimento acelerado do corpo nesse ponto do espaço. No entanto, as propriedades do espaço não se resumem às coordenadas (x, y, z), mas a um sistema de coordenadas mais complexo, dadas por uma matriz tensorial do tipo:

$$d \cdot S^2 = \Sigma g_{mv} \cdot dx_m \cdot dx_v$$

Nela, dx_m e dx_v são coordenadas generalizadas e g_{mv} representa uma métrica do espaço, que tem relação com a massa dos corpos (Figura 9.42).

Figuras 9.42:
A presença de massas altera a métrica do espaço. Por isso, muitas vezes se diz que ele se "encurva" nas proximidades de grandes astros como o Sol. Pode-se entender a órbita dos planetas como uma "obrigação" destes de deslizar num espaço curvo.

Explorando o assunto

Uma das consequências mais intrigantes do princípio de equivalência da relatividade geral é resolver uma antiga coincidência existente na mecânica newtoniana. Duas das leis propostas por Newton para lidar com o movimento dos corpos, a lei da gravitação universal e a segunda lei de Newton, referem-se à massa de um corpo.

Vamos imaginar que um corpo, um tijolo, caia do alto de um muro. A lei da gravitação universal permite escrever a expressão desta forma:

$$F_{grav} = G \cdot \frac{M_{grav} \cdot m_{grav}}{R^2}$$

F_{grav} é o módulo da força gravitacional atuando sobre o tijolo; G, a constante universal da gravitação; M, a massa da Terra; m, a massa do tijolo; e R, a distância entre os centros de massa da Terra e do tijolo. A Terra e o tijolo são atraídos um ao outro pela ação gravitacional, que é diretamente proporcional à massa de ambos. Por isso, na expressão acima identificamos as massas com o índice *grav*, de gravitacional.

A segunda lei, princípio fundamental da Dinâmica, afirma que a manifestação de uma força resultando sobre um corpo é a aceleração dele. Aplicando-a ao tijolo, temos:

$$F = m_{inercial} \cdot a$$

Nesse caso, F é o módulo da força resultante aplicada sobre o tijolo, a é o módulo da aceleração que resultará da aplicação dessa resultante e m é a massa do tijolo. A massa da expressão acima é a constante de proporcionalidade entre a força resultante e a aceleração resultante; é como uma medida da inércia do tijolo em ter seu estado de movimento alterado. Por isso, adicionamos o índice *inercial* na massa.

Se supusermos que o tijolo caia no vácuo, livre da ação de qualquer outra força que não a interação gravitacional, diremos que:

I. A força que age no tijolo é a força gravitacional.

$$F_{grav} = F$$

II. A aceleração de queda será a própria aceleração da gravidade.

$$a = g$$

Dessa forma, temos que:

$$G \cdot \frac{M_{grav} \cdot m_{grav}}{R^2} = m_{inercial} \cdot g$$

Como $g = G \cdot \frac{M_{grav}}{R^2}$, precisamos aceitar que a massa gravitacional é igual à massa inercial, $m_{grav} = m_{inerc}$. Ou, ainda, que a quantidade que mede sua resistência em ser colocado em movimento é igual à sua capacidade de interagir gravitacionalmente com a Terra.

Essa igualdade de massas sempre foi considerada uma coincidência para Newton, pois nada no Universo obrigaria essas massas a serem iguais.

Na teoria da relatividade, não há diferenciação entre massa inercial e massa gravitacional, pois, pelo princípio de equivalência, um campo gravitacional é equivalente a um sistema acelerado.

4.1. Três importantes contribuições da relatividade geral

Existem três fenômenos que são explicados e descritos apenas quando aplicados os postulados e as equações da relatividade geral.

I. A órbita do planeta Mercúrio (Figura 9.43). Sabia-se que o movimento desse pequeno e rápido planeta apresentava um avanço em seu periélio (ponto mais próximo ao Sol) ao longo do tempo, cerca de 43' de arco por século. Essa medida foi feita pelo astrônomo francês Urbain le Verrier (1811-1877) em meados do século XIX, mas não era possível interpretar seu resultado com as leis da Mecânica Celeste conhecidas na época.

Esse resultado só foi entendido com a teoria da relatividade geral, pois, pelo fato de Mercúrio estar muito próximo do Sol, efeitos particulares distorcem a métrica do espaço-tempo nessa região.

II. O desvio dos raios de luz por um campo gravitacional. Esse efeito foi previsto por Einstein e posteriormente constatado em 1919 durante a observação de um eclipse solar na Ilha do Príncipe, no Golfo da Guiné, na África, e no Brasil, na cidade de Sobral, no Ceará.

A luz emitida por uma estrela ou galáxia mais ao fundo é desviada ao passar nas proximidades de um grande corpo massivo (estrela ou mesmo galáxia) mais próximo antes de chegar à Terra. O espaço encurvado por essas massas funciona como uma "lente gravitacional" e cria uma posição aparente para a estrela (Figuras 9.44 e 9.45).

Figura 9.43:
Representação da órbita do planeta Mercúrio ao longo dos séculos.

Imagem sem escala; cores-fantasia.

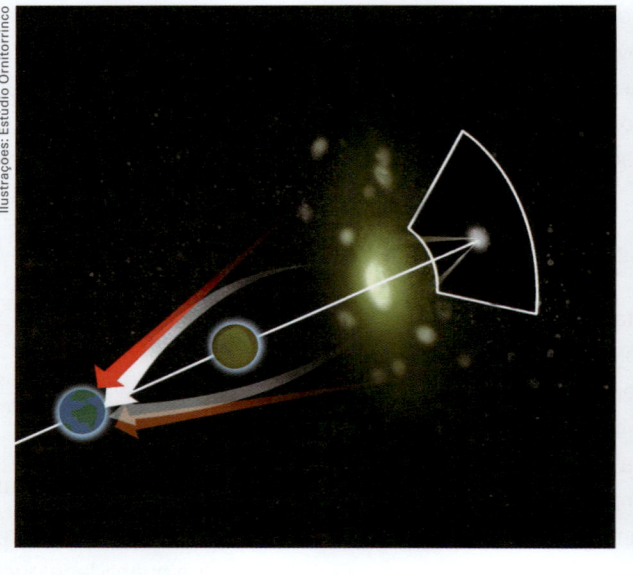

Ilustrações: Estúdio Ornitorrinco

Figuras 9.44 e 9.45:
O esquema indica a presença de quatro imagens distorcidas aparentes da mesma galáxia. Na imagem, vemos a célebre cruz de Einstein do distante Quasar (Q2237+0305), com suas quatro imagens.

Esse fenômeno da posição aparente das estrelas, que se deve à curvatura do espaço, foi um dos resultados decisivos para a aceitação da teoria da relatividade geral.

III. Deslocamento do comprimento de onda da luz para o vermelho na presença de um campo gravitacional. Tratamos do efeito Doppler da luz na Unidade 2 mostrando o fato de os astros se aproximarem da Terra e sofrerem o efeito do *blueshift*, e se afastarem, pelo efeito de *redshift*. Esses desvios são referentes a linhas dos espectros de determinado elemento quando comparado ao seu espectro em repouso. Nesse caso, a relatividade geral indica que o efeito gravitacional sobre o espaço deve gerar um desvio para o vermelho, como se o astro estivesse se afastando.

Ondas gravitacionais

Em 1916, após propor a teoria da relatividade geral, Einstein previu a possibilidade que ondas gravitacionais existissem. Como o espaço-tempo é modificado pela presença da massa, se houvesse uma mudança repentina de massa, haveria modificação que seria estendida para todo o Universo como uma uma onda.

Há 1,3 bilhão de anos, em uma galáxia muito distante, dois buracos negros orbitavam entre si. A força gravitacional que os uniu acabou por fazê-los fundir em um único objeto com uma massa enorme (62 vezes a massa do Sol). A presença desse objeto liberou uma quantidade de energia enorme, 50 vezes maior que a potência emitida por todas as estrelas brilhantes no céu. As enormes ondulações no espaço-tempo a sua volta se propagaram até chegar a Terra (Figura 9.46).

A teoria

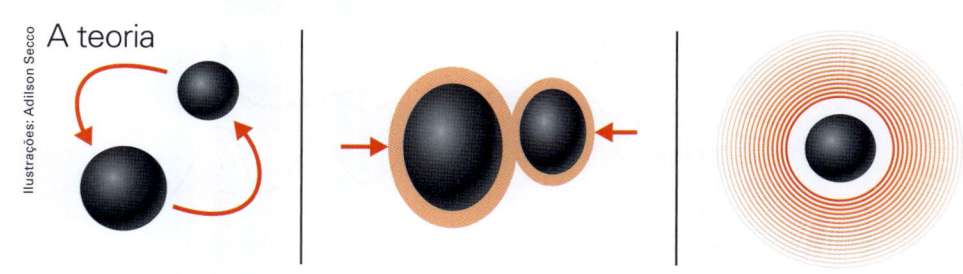

Ilustrações: Adilson Secco

Figura 9.46: A força gravitacional uniu dois buracos negros em uma massa única.

Como a onda que chegou até nós teve de percorrer uma distância muito grande, sua amplitude aqui é muito pequena. A onda foi detectada em dois laboratórios, distantes 3000 km, contendo em cada um deles um experimento óptico (Figuras 9.47 e 9.48).

Locais dos testes

Hanford

EUA

3 mil km

Livingston

Figura 9.47: O Observatório de Livingstone fica no estado americano da Louisiana.

O experimento

① Um raio *laser* único é decomposto e atravessa dois túneis dispostos em forma de L, com 4 km de comprimento cada.

②

espelho

①

raio *laser*

①

detector

② No fim dos tubos, os raios idênticos são refletidos de volta a um detector de luz.

②

Figura 9.48: Esquema de funcionamento dos tubos de *laser* do observatório.

As luzes emitidas por *laser* interferiam produzindo um padrão bem regular (Figura 9.49). A passagem da onda gravitacional deformou a distância no interior do experimento e produziu modificações no padrão da interferência (Figura 9.50). No dia 14 de setembro de 2015 os detectores dos experimentos mediram as primeiras vibrações dessas ondas com um intervalo de tempo de 7 milissegundos.

**O alinhamento perfeito dos raios
faz com que se anulem.**

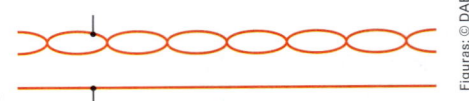

Figuras: © DAE

Figura 9.49: Padrão regular.

**Quando os raios se recombinam não há mais
alinhamento e por isso não se anulam.**

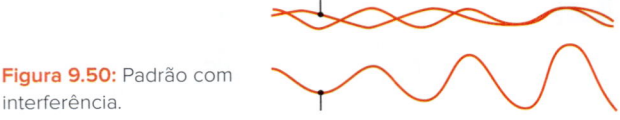

Figura 9.50: Padrão com interferência.

Existem outros projetos que visam detectar as ondas gravitacionais. O projeto Lisa da Nasa, pretende reproduzir o experimento do projeto acima no espaço usando *laser* embarcado em sondas espaciais (http://lisa.nasa.gov).

Fonte: Figuras adaptadas do jornal *O Estado de S.Paulo*, 12 fev 2016. A14.

Responda:

1. Explique por que o experimento teve de ser feito em dois laboratórios diferentes.

2. Por que o experimento precisa ser feito com interferência?

3. Qual a velocidade média de propagação da onda gravitacional medida aqui na Terra?

4. Por que foram necessários cem anos para se detectar as ondas gravitacionais?

▶ O cientista na História

Einstein no Brasil

Cientistas puderam comprovar as ideias de Einstein sobre a teoria da relatividade geral (gravitação) por meio de um eclipse solar que ocorreu em 1907 pouco depois de ela ser apresentada (1905). Algumas tentativas foram frustradas, mas esse eclipse total, que durou cerca de cinco minutos, com o Sol passando pelo aglomerado de Hyades, na constelação de Touro, no dia 29 de maio de 1919, foi decisivo.

Duas expedições científicas foram organizadas para observar o eclipse solar total. Uma era inglesa, seguiu para a Ilha do Príncipe, na África e foi comandada por sir Arthur Eddington (1882-1984). Outra era brasileira e rumou para a cidade de Sobral, no Ceará, destino indicado pelo então diretor do Observatório Nacional no Rio de Janeiro, o astrônomo Henrique Morize (1860-1930). Essa expedição foi coordenada pelos ingleses Andrew Claude de la Cherois Crommelin (1865-1939) e Charles Rundle Davidson (1875-1970).

Em Sobral, foi possível registrar 12 estrelas em torno do Sol que estavam, de fato, encobertas por ele. A medida da deflexão da luz estava dentro do valor previsto por Einstein e confirmou que a luz das estrelas é desviada ao passar por um corpo massivo.

Einstein visitou o Brasil. Entre os dias 4 e 12 de maio de 1925, no Rio de Janeiro, ele fez palestras, visitou o Museu Nacional, o Instituto Oswaldo Cruz e o Observatório Nacional (Figura 9.51), falou na Rádio Sociedade e percorreu pontos turísticos da cidade. Em entrevista ao então jovem jornalista brasileiro Assis Chateaubriand, o Chatô, Einstein declarou: "A questão que minha mente formulou foi respondida pelo radiante céu de Sobral".

Figura 9.51: Einstein durante sua visita ao Observatório Nacional, no Rio de Janeiro, em 1925.

Exercício resolvido

Imagine que um Galileu do futuro refizesse o suposto experimento da torre de Pisa, de onde dois corpos de massas diferentes são abandonados. Mas agora sua torre é, na verdade, uma nave espacial. Descreva as condições físicas dessa nave para que ela produza os mesmos efeitos sobre os corpos abandonados da torre de Pisa na Terra.

Essa nave deve estar longe dos efeitos do campo gravitacional da Terra e acelerada no sentido contrário ao da queda dos corpos com aceleração igual à da gravidade.

Exercícios propostos

1. Como se pode conceituar massa inercial e massa gravitacional?
2. Se massa inercial fosse diferente de massa gravitacional, o que mudaria no suposto experimento da torre de Pisa, onde dois corpos de massas diferentes são abandonados de uma mesma altura?
3. Quais foram os três fenômenos explicados somente pelos postulados da relatividade geral?

5. Efeito fotoelétrico

O éter luminoso e as experiências baseadas no movimento da Terra em relação a ele levaram a uma profunda mudança nas formas de conceber a Física, o que culminou na teoria da relatividade. Graças a ela, determinou-se que grandezas comuns, como o espaço, o tempo e a massa, modificam-se quando aceleradas a altas velocidades. O estudo da luz, ou melhor, das ondas eletromagnéticas em geral, ofereceu outra oportunidade para a Ciência rever seus pressupostos básicos, contando também com a participação de Einstein. Em um artigo de 1905, ele tratou de um fenômeno conhecido na época, mas ainda sem explicação, a fotoemissão, que ficou conhecida como efeito fotoelétrico. Vamos analisar esse efeito.

5.1. Previsão clássica

Figura 9.52: Philipp Lenard (1862-1947)

Em 1888, quando Heinrich Hertz realizou as experiências que confirmaram a existência das ondas eletromagnéticas previstas por James Clerk Maxwell, observou que o aparecimento de faíscas entre dois eletrodos dentro de uma ampola de vidro aumentava a sensibilidade do detector. O físico alemão Philipp Lenard (Figura 9.52), que trabalhava com Hertz, descobriu que tal fenômeno era provocado pela incidência de radiação ultravioleta sobre a superfície metálica, já que alguns elétrons podem ser ejetados dessa superfície. Esse fenômeno, conhecido como **efeito fotoelétrico**, é compreendido de modo qualitativo do ponto de vista do Eletromagnetismo, pois se sabe que a radiação eletromagnética é uma perturbação no campo elétrico e magnético, e que esses campos podem transferir energia aos elétrons dentro do metal, causando sua emissão.

Durante esses estudos, porém, verificaram-se alguns aspectos desse fenômeno que não se adaptavam à visão clássica tradicional (teoria ondulatória da luz) do que deveria acontecer.

I. Para uma frequência fixa de luz incidente, observou-se que, independentemente de quão intensa seja a radiação incidente, a energia cinética dos elétrons será sempre a mesma. Mas o número de elétrons emitidos varia com a intensidade.

Previsão clássica: a luz de alta intensidade é portadora de alta energia. Portanto, uma onda eletromagnética deve ter associada a ela intensos campos elétricos, aumentando a energia cinética dos elétrons emitidos. Em outras palavras, a teoria clássica previa que, à medida que se aumentasse a intensidade da radiação, mais intensa seria a energia com que os elétrons seriam ejetados.

II. Se a radiação incidente (luz) tiver uma frequência muito baixa, nenhum elétron será emitido, independentemente da intensidade da radiação. Para frequências acima desse valor mínimo, a energia cinética dos elétrons emitidos é proporcional à frequência da luz.

Previsão clássica: esperava-se que os elétrons fossem emitidos em qualquer frequência se a intensidade da luz fosse alta o suficiente para que isso ocorresse. Mas os dados experimentais diferiam dos valores classicamente previstos.

A relação entre as teorias clássica e quântica para a emissão de luz pode ser investigada com base no arranjo experimental científico representado na Tabela 9.1.

A luz da fonte de radiação eletromagnética, que no caso do arranjo experimental apresentado é uma lâmpada de vapor de mercúrio (Figura 9.53), incide na rede de difração que decompõe o feixe original. Esse procedimento tem como objetivo selecionar as frequências de luz visível a incidir na fenda da caixa que contém a fotocélula. Quando a luz de determinada frequência incide na célula fotoelétrica, elétrons são emitidos e acelerados por uma diferença de potencial (ddp), definindo uma corrente elétrica.

A energia (E_c) de um elétron é proporcional a essa ddp, que é conhecida como potencial de corte (V_c), sendo e a carga do elétron:

$$E_c = e \cdot V_c$$

Estúdio Ornitorrinco

pressione para descarregar o instrumento

aparato do experimento *h/e*

chave liga-desliga

conexão com o voltímetro

conjunto lente e rede de difração

fonte de luz

configuração experimental que usa uma fonte luminosa de mercúrio

Figura 9.53: Configuração experimental usando uma fonte luminosa de mercúrio.

Figura 9.54: Lâmpada de mercúrio.

Fotos: Coleção dos autores

Figura 9.55: Caixa com fotocélula

Dispositivo com uma fenda para a entrada de radiação eletromagnética e uma fotocélula em seu interior. A fotocélula, também chamada célula fotoelétrica, é um dispositivo sensível à radiação eletromagnética na região vizinha à visível. Ela delimita essa região de maneira que, quando sobre ela incide essa radiação, é gerada uma corrente.

Figura 9.56: Fonte de radiação eletromagnética

Dispositivo que emite radiação eletromagnética. No experimento, é utilizada como fonte uma lâmpada de vapor de mercúrio que a emite em várias frequências, do vermelho ao ultravioleta próximo.

Rede de difração

Dispositivo óptico que consiste numa placa de material óptico transparente. Em sua superfície, traçam-se linhas paralelas muito próximas umas das outras e equidistantes, difratando a radiação eletromagnética incidente.

Figura 9.57: Filtro de intensidade de radiação

Dispositivo que absorve parte da radiação incidente e transmite a restante.

Figura 9.58: Picoamperímetro

Dispositivo graduado em picoampères e destinado a medir corrente elétrica de intensidades da ordem de 10212 A, indicada pela posição da agulha.

Fonte: HOUAISS, Antônio. *Dicionário Houaiss de Física*. Rio de Janeiro: Objetiva, 2005.

Um amperímetro registra a chegada dos elétrons, medindo uma corrente elétrica de baixa intensidade. Quanto maior a intensidade da corrente elétrica (i), maior a quantidade de carga (ΔQ) que atravessa o amperímetro.

Esse arranjo experimental também permite variar a intensidade da luz incidente. Para isso, coloca-se um filtro de intensidade de radiação em frente à fenda da caixa com fotocélula. Esse filtro de intensidade é similar ao *insulfilm* que, colocado nos vidros dos carros, absorvem parte da radiação incidente e transmitem a restante.

Depois da realização do experimento, percebe-se que:

- sem a fonte de radiação eletromagnética, a corrente elétrica é zero;
- ocorre a liberação de elétrons da fotocélula e a formação de uma corrente elétrica somente a partir de uma frequência da radiação $f_{mín}$ da radiação incidente;
- para frequências abaixo do valor $f_{mín}$, independentemente da intensidade da luz incidente, a corrente elétrica é zero. (Não há efeito fotoelétrico.)
- para frequências acima do valor $f_{mín}$, independentemente da intensidade da luz incidente, há um aumento da energia E_c dos elétrons com o aumento da frequência;
- para frequências acima do valor $f_{mín}$, ao variar a intensidade de radiação que incide na fotocélula, observa-se um aumento da corrente elétrica.

Esses pontos podem ser resumidos em dois gráficos, que mostram: a variação da energia do elétron em função da frequência da radiação (Gráfico 9.3); e a variação da corrente elétrica em função do potencial que acelera os elétrons (Gráfico 9.4).

O comportamento da energia cinética (E_c) do elétron (ou do potencial de corte V_c) em função da frequência (f) da luz incidente pode ser observado no Gráfico 9.3. Quando se selecionam diversas frequências da luz da lâmpada de vapor de mercúrio dispersa pela rede de difração, observa-se que abaixo de $f_{mín}$ não há produção de fotoelétrons e que, acima desse valor, maior é o valor de E_c. Isso indica que a energia cinética depende da frequência da luz incidente.

O comportamento da corrente elétrica i em função da diferença de potencial V pode ser observado no Gráfico 9.4. Representamos duas curvas, ambas para a mesma frequência da luz incidente, porém de intensidades diferentes ($I_a > I_b$). Observe que, independentemente da intensidade da luz, o potencial de corte (V_c) é o mesmo, pois a intensidade não influencia a energia cinética dos elétrons.

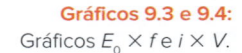
Gráficos 9.3 e 9.4: Gráficos $E_0 \times f$ e $i \times V$.

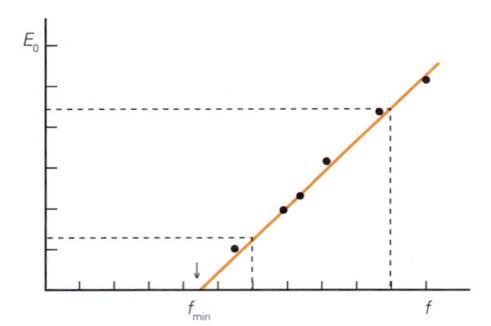
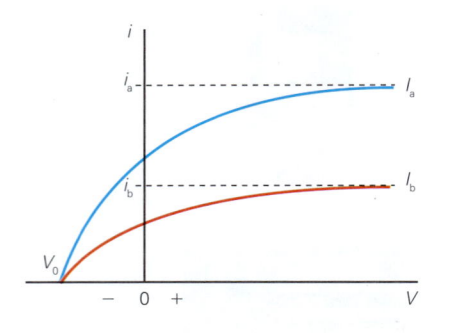

Gráficos: © DAE

Que tal observarmos o efeito fotoelétrico? Para isso, precisamos de um eletroscópio de folhas e de uma fonte de luz ultravioleta. Carregue o eletroscópio com um canudo eletrizado, de modo que suas folhas estejam abertas. Coloque a fonte de luz ultravioleta sobre o eletroscópio (Figura 9.58). O que ocorre? Por que luz ultravioleta? Explique.

Figura 9.59: Eletroscópio de folhas carregado e exposto a uma fonte de luz ultravioleta.

Ilustrações: Estudio Ornitorrinco

Aplicações do efeito fotoelétrico

O conhecimento do efeito fotoelétrico permitiu que se desenvolvessem dispositivos que transformam luz em sinal elétrico. Câmeras de vídeo ou máquinas fotográficas digitais, tanto amadoras como profissionais, utilizam um CCD (*charge--couple device*, ou dispositivo de carga acoplada). Esse dispositivo detector de luz é formado por sensores fotoelétricos feitos de material semicondutor (Figura 9.60).

O CCD tem formato quadrado e seus sensores fotoelétricos são distribuídos em linhas e colunas. Os pontos dessa matriz são os *pixels*. Na prática, sabemos que uma câmera digital com mais *pixels* dá origem a imagens mais nítidas. Isso ocorre porque cada *pixel* corresponde a um sensor fotoelétrico que dará origem a um "pedaço" da imagem; quando somados, eles compõem a imagem digital final.

O conjunto de lentes da câmera digital faz a captação óptica, conjuga a imagem real e a projeta sobre o CCD. Por meio do efeito fotoelétrico, um elétron é liberado quando um fóton atinge um desses sensores. Mais elétrons são liberados se mais fótons atingirem o sensor. A luz incidente excita os *pixels*, e estes, por meio do efeito fotoelétrico, produzem uma corrente de elétrons. Por meio de um sistema eletrônico, registra-se e armazena-se onde o elétron foi liberado e quantos elétrons foram liberados, *pixel* a *pixel*. Assim conseguimos a imagem digital.

Comparado ao olho humano e aos filmes fotográficos, o CCD é muito mais eficiente na captação de fótons.

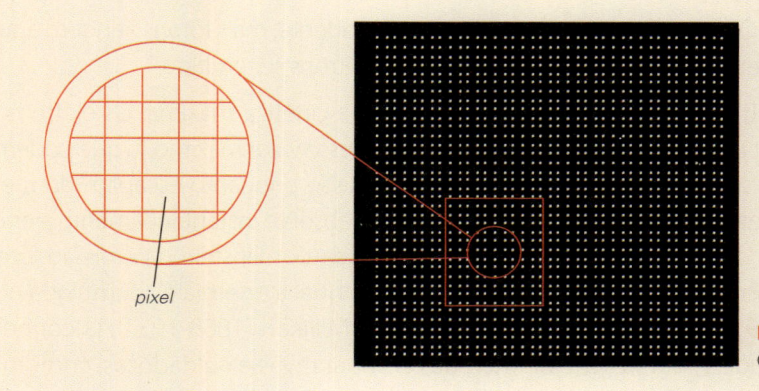

Figura 9.60: Representação do CCD e seus sensores fotoelétricos.

5.2. Interpretação de Einstein: luz como partícula

Em 1905, Einstein propôs a teoria do efeito fotoelétrico, que concordava com os resultados experimentais até então obtidos e depois com medidas mais precisas feitas por outros pesquisadores. Ele afirmou que a radiação eletromagnética de frequência f continha "pacotes" de energia de intensidade diretamente proporcional à sua frequência. A esses "pacotes", deu-se posteriormente o nome de fótons, e para sua energia determinou-se que:

$$E = h \cdot f$$

Nessa expressão, E é a energia radiante, f é a frequência da radiação e h é uma constante fundamental da natureza. A constante h é conhecida como constante de Planck e vale $6{,}63 \cdot 10^{-34}$ J · s. Foi o físico alemão Max Planck (1858-1947) quem primeiro considerou a energia total da radiação eletromagnética como a soma das energias de unidades (pacotes) quantizadas, os fótons. Estes são partículas em constante movimento que, no vácuo, se propagam com a velocidade da luz (c) e não possuem massa. Podemos associar aos fótons energia (E) e quantidade de movimento (Q).

LEMBRETE:

A unidade de medida no SI para a energia do fóton é o joule:

$$E = h \cdot f \Rightarrow E =$$
$$= 1 \cdot J \cdot s \cdot 1 \, Hz =$$
$$= 1 \, J \cdot s \cdot 1/s = 1 \, J$$

Outra unidade muito utilizada para a energia do elétron é o elétron-volt (eV), em que:

$$1 \, eV = 1,6 \cdot 10^{-19} \, J$$
$$ou \ 1 \, J = 6,25 \cdot 10^{18} \, eV$$

Os elétrons dentro de um metal estão ligados, ou confinados, dentro do material. Para causar sua ejeção fotoelétrica, é necessária certa energia mínima (U_0), conhecida como função trabalho. Einstein afirmou que, quando um elétron é ejetado, ele absorve toda a energia de um único fóton. Como a energia é conservada no processo, a energia (E) fornecida pelo fóton de luz deve ser igual à soma da energia necessária para remover os elétrons da superfície do material (função trabalho, U_0) com a energia cinética máxima dos fotoelétrons emitidos (E_c). Assim:

$$E = h \cdot f = E_c + U_0$$

A explicação proposta implica que cada processo de ejeção ocorre por causa de algum evento microscópico em que um elétron absorve um fóton e depois deixa a superfície.

Para entender como os aspectos observados são explicados por esse modelo, vamos analisar a equação acima. Se a frequência da radiação incidente for muito pequena, em particular menor que U_0/h, os fótons terão energia menor que a função trabalho, ou seja, o elétron pode absorver o fóton, aumentando sua energia, mas não o suficiente para deixar o metal. Isso explica por que existe uma frequência limiar, abaixo da qual não existe nenhuma ejeção de elétrons. Acima desse limite, a ejeção de elétrons ocorre independentemente da intensidade da radiação incidente, sendo a energia cinética máxima dos elétrons ejetados dada por $E_c = h \cdot f - U_0$. Acima da frequência-limite, essa energia máxima aumenta linearmente com a frequência.

Quanto maior a intensidade da luz incidente, mais fótons atingem a superfície do metal, fazendo um número maior de elétrons ser emitido.

É importante frisar que E_c é a energia cinética máxima. Os elétrons podem deixar a superfície com energia menor que esse valor máximo, já que podem perder parte de sua energia em processos de colisão enquanto escapam do metal. Essa rapidez da ejeção ocorre porque o elétron absorve instantaneamente a energia do fóton e deixa a superfície. A explicação dada por Einstein da emissão fotoelétrica não requer intervalo de tempo durante o qual a energia é acumulada no metal. Em 1916, o físico estadunidense Robert Millikan (1868-1953), já conhecido da Unidade 1, numa série de medidas comparativas e cuidadosas, confirmou essa teoria e apresentou resultados como os ilustrados no Gráfico 9.5.

Gráfico 9.5: Gráfico E_c dos elétrons em função da f da luz incidente para diferentes metais emissores.

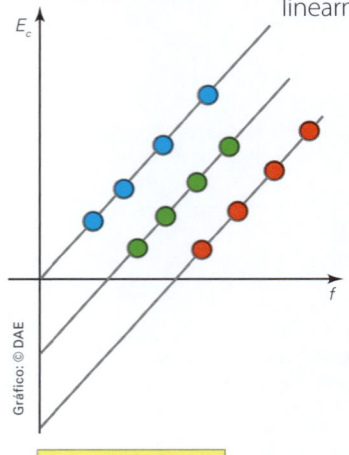

Gráfico: © DAE

- 🟢 metal emissor I
- 🟩 metal emissor II
- 🔴 metal emissor III

Explorando o assunto

Uma longa cauda pode ser considerada a marca registrada dos cometas. Por que os cometas têm cauda? Qual é a relação com o comportamento da luz com partícula?

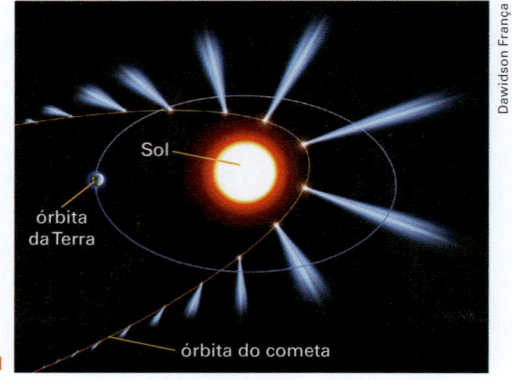

Dawidson França

Figura 9.61

Nesse gráfico estão representados os valores de energia cinética (E_c) dos elétrons em função da frequência (f) da luz incidente para diferentes metais emissores. Segundo a equação prevista por Einstein, esperava-se um gráfico linear (função de 1º grau). O coeficiente angular da reta é igual à constante de Planck; o ponto que cruza o eixo das frequências ($E_c = 0$) corresponde à frequência mínima; e o ponto que a reta cruza o eixo das energias ($f = 0$) indica a função trabalho (U_0) do metal correspondente.

Exercícios resolvidos

1. O que se entende por função trabalho?

É a energia mínima necessária para remover elétrons da superfície metálica sobre a qual incide radiação eletromagnética.

2. Um elétron, ao retornar de uma órbita mais afastada do núcleo para uma órbita mais próxima dele, emite uma luz visível de frequência igual a $4{,}0 \cdot 10^{14}$ Hz. Qual é o valor da energia dessa luz emitida?

$E = h \cdot f = 6{,}63 \cdot 10^{-34} \cdot 4{,}0 \cdot 10^{14} = 2{,}65 \cdot 10^{-19}$ J.

3. (UFC-CE) A função trabalho de um dado metal é 2,5 eV.

a) Verifique se ocorre emissão fotoelétrica quando sobre esse metal incide luz de comprimento de onda $\lambda = 6{,}0 \cdot 10^{-7}$ m. A constante de Planck é $h = 4{,}2 \cdot 10^{-15}$ eVs e a velocidade da luz no vácuo é $c = 3{,}0 \cdot 10^8$ m/s.

$$E_c = h \cdot f - W = \frac{h \cdot c}{\lambda} - W =$$

$$= \frac{4{,}2 \cdot 10^{-15} \cdot 3{,}0 \cdot 10^8}{6{,}0 \cdot 10^{-7}} - 2{,}5 = 2{,}1 \text{ J}$$

Sim, ocorre a emissão de um fotoelétron com energia cinética de 2,1 J.

b) Qual é a frequência mais baixa da luz incidente capaz de arrancar elétrons do metal?

Para que ocorra emissão do elétron, é necessário que:
$E_c = h \cdot f - W \geqslant 0$
$h \cdot f - W \geqslant 0$
Então,
$$f \geqslant \frac{W}{h} = \frac{2{,}5}{4{,}2 \cdot 10^{-15}} = 0{,}60 \cdot 10^{15} = 6{,}0 \cdot 10^{14} \text{ Hz}$$

4. Um fotoelétron do cobre é retirado com uma energia cinética máxima de 4,2 eV. Qual é a frequência do fóton que retirou esse elétron, sabendo-se que a função trabalho (W) do cobre é de 4,3 eV? (Considere 1 eV $= 1{,}6 \cdot 10^{-19}$ J.)

Utilizando a equação fotoelétrica de Einstein e sabendo que $E_{c(máx)} = 4{,}2$ eV e $W = 4{,}3$ eV, temos:

$$E = W + E_{c(máx)} \Rightarrow E = 4{,}3 \text{ eV} + 4{,}2 \text{ eV} \Rightarrow E = 8{,}5 \text{ eV}$$

O fóton associado a essa energia terá uma frequência de:

$$E = h \cdot f \Rightarrow 8{,}5 \cdot 1{,}6 \cdot 10^{-19} = 6{,}63 \cdot 10^{-34} \cdot f \Rightarrow$$

$$\Rightarrow f = \frac{8{,}5 \cdot 1{,}6 \cdot 10^{-19}}{6{,}63 \cdot 10^{-34}} = 2{,}21 \cdot 10^{15} \text{ Hz}$$

Exercícios propostos

1. Quais são os princípios básicos resultantes descobertos por Einstein nas experiências feitas com efeito fotoelétrico?

2. (UFRGS-RS) Considere as seguintes afirmações sobre o efeito fotoelétrico.

I. O efeito fotoelétrico consiste na emissão de elétrons por uma superfície metálica atingida por radiação eletromagnética.

II. O efeito fotoelétrico pode ser explicado satisfatoriamente com a adoção de um modelo corpuscular para a luz.

III. Uma superfície metálica fotossensível somente emite fotoelétrons quando a frequência da luz incidente nessa superfície excede um certo valor mínimo, que depende do metal.

Quais estão corretas?

a) Apenas I.

b) Apenas II.

c) Apenas I e II.

d) Apenas I e III.

e) I, II e III.

3. (UFC-CE) O gráfico mostrado a seguir resultou de uma experiência na qual a superfície metálica de uma célula fotoelétrica foi iluminada, separadamente, por duas fontes de luz monocromática distintas, de frequências $f_1 = 6{,}0 \cdot 10^{14}$ Hz e $f_2 = 7{,}5 \cdot 10^{14}$ Hz, respectivamente. As energias cinéticas máximas, $K_1 = 2{,}0$ eV e $K_2 = 3{,}0$ eV, dos elétrons arrancados do metal, pelos dois tipos de luz, estão indicadas no gráfico. A reta que passa pelos dois pontos experimentais do gráfico obedece à relação estabelecida por Einstein para o efeito fotoelétrico, ou seja,

$K = hf - U$

onde h é a constante de Planck e U é a chamada função trabalho, característica de cada material.

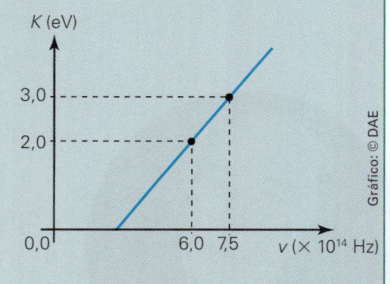

Baseando-se na relação de Einstein, o valor calculado de U, em elétrons-volts, é:

a) 1,3

b) 1,6

c) 1,8

d) 2,0

e) 2,3

6. O que é a luz, afinal?

Você chegou ao final deste capítulo, talvez com a sensação de que, em vez de apresentar definitivamente a natureza da luz, com tantas idas e vindas, o assunto ficou ainda mais complicado.

Vamos relembrar!

Primeiro, a luz começou a ser pensada como composta de partículas, de acordo com os trabalhos de Newton e seus seguidores. Quando os estudos pareciam se encaminhar para o triunfo dessa ideia, por volta de 1810, Fresnel e outros reverteram o jogo e convenceram seus contemporâneos de que a luz era realmente uma onda que se propagava em um meio material chamado éter. Passados 90 anos, o éter foi questionado por não ser medido em nenhum experimento, não havendo sentido, portanto, considerar uma onda se movendo em relação a ele. Logo, a luz foi considerada uma onda eletromagnética que pode se propagar no vácuo. Finalmente, o efeito fotoelétrico voltava a sugerir que a luz e todas as ondas eletromagnéticas se comportavam como pacotes de energia, ou seja, como partículas bem delimitadas se propagando no espaço.

Dessa maneira, com a proposta corpuscular de Einstein, devemos voltar a considerar a natureza da luz particulada? Mais ou menos. O que devemos ter em mente é que precisamos das duas representações para tratar da natureza da luz. Em alguns fenômenos, ela se apresenta como onda; em outros, como partícula. É o que chamamos em Física de natureza dual da luz ou, ainda, de **dualidade onda-partícula**.

Note que, ao tentar responder à questão sobre a natureza da luz, chegamos a outras questões importantes: essas teorias explicam a realidade ou são modelos que, em determinadas condições, se adaptam melhor à descrição da realidade?

Estudamos neste capítulo modelos teóricos e empíricos, ou ambos, construídos e desconstruídos com o passar dos anos com o objetivo de explicar a natureza da melhor maneira possível. Podemos até mesmo dizer que todos esses modelos são aceitáveis na medida em que explicam certa gama de resultados experimentais e fenômenos. Por que negar um modelo em função do outro se, juntos, eles explicam os fenômenos luminosos? Como lidar com esses dois quadros, muitas vezes contraditórios, da realidade?

É importante dizer que a dificuldade na representação da luz não é um problema da própria luz, mas um dos meios que a Ciência e, em particular, a Física tem para descrever fenômenos e situações. Parece razoável assumir uma natureza dual para a luz. Ela pode apresentar-se como onda ou como partícula, dependendo do fenômeno que está sendo estudado e de como se impõe a medida sobre o objeto de estudo. É importante frisar que o modelo é que se adapta à situação, e não a luz que se transforma em partícula ou onda.

A dupla natureza da luz foi resultado direto da proposição de Einstein sobre a quantização da radiação eletromagnética e a proposição do fóton. O físico dinamarquês Niels Bohr (Figura 9.62) propôs o princípio de complementaridade, considerando que a luz se comporta como partícula ou como onda. Nunca como ambas simultaneamente.

Nesse sentido, a dualidade onda-partícula e a questão sobre a relatividade do espaço e do tempo servem de alerta aos limites de nosso intelecto em lidar com a complexidade da natureza além do mundo cotidiano.

Album/Fotoarena

Figura 9.62:
Niels Bohr (1885-1962)

O físico austríaco Ludwig Mach (1868-1951) e o físico alemão Ludwig Zehnder (1854-1949) desenvolveram independentemente, por volta de 1892, o arranjo experimental sobre interferência de ondas. O interferômetro de Mach-Zehnder (Figura 9.63), como ficou conhecido, é composto de um *laser* (fonte de luz monocromática), dois vidros semirrefletores (S_1 e S_2), dois espelhos (E_1 e E_2) e dois detectores (D_1 e D_2).

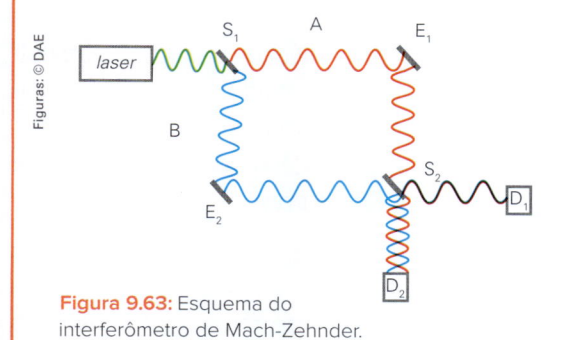

Figuras: © DAE

Figura 9.63: Esquema do interferômetro de Mach-Zehnder.

Um feixe de luz monocromática, ao passar pelo vidro semirrefletor S_1, é dividido em dois componentes: um transmitido A, que reflete no espelho E_1; outro refletido B, que reflete no espelho E_2. No vidro semirrefletor S_2, esses componentes se cruzam, interferem um no outro, recombinam a parte transmitida com a refletida e rumam para os detectores D_1 e D_2.

Poderíamos esperar que cada detector medisse 50% da intensidade do feixe original. Mas observa-se que, sendo a distância percorrida pelo componente A a mesma percorrida pelo componente B e os espelhos E_1 e E_2 perfeitamente alinhados, o detector D_1 mede 100% e o detector D_2 mede 0%.

Apesar de surpreendente, esse fato decorre da interferência construtiva e destrutiva. Em D_1, ocorre uma superposição construtiva entre o componente A, que reflete em E_1 e em S_2, e o componente B, que reflete em S_1 e em E_2. Em D_2, ao contrário, ocorre uma superposição destrutiva por causa de uma diferença na fase das ondas que interferem em S_2. Isso porque o componente B reflete duas vezes, uma em S_1 e outra em E_2, e o componente A reflete uma vez em E_1.

Se quisermos aprimorar o arranjo experimental, podemos acrescentar entre E_1 e S_2 uma lâmina de vidro transparente que reduza a velocidade do componente A quando este o atravessar (Figura 9.64).

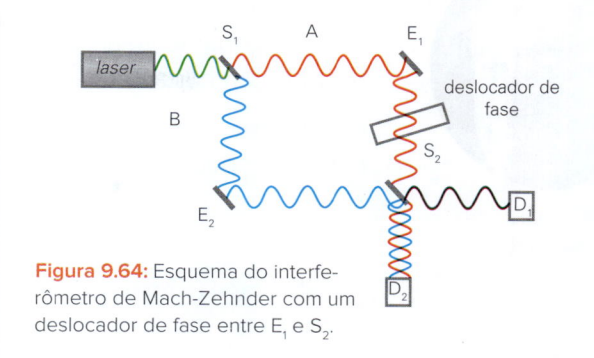

Figura 9.64: Esquema do interferômetro de Mach-Zehnder com um deslocador de fase entre E_1 e S_2.

Ao deslocarmos a fase da onda do componente A, o detector D_2 passa a registrar 100% e o detector D_1, 0%. Segundo esse experimento, observamos que a luz se comporta como onda.

E se emitirmos um único fóton em vez de um feixe de luz? O que os detectores D_1 e D_2 vão registrar? Considere a montagem sem a lâmina transparente.

Assim como no caso do feixe de luz monocromática, o fóton não chega ao detector D_2. Supondo que o fóton esteja em A, podemos retirar o vidro semirrefletor S_1; supondo que ele esteja em B, podemos substituir o vidro semirrefletor S_1 por um espelho. Em qualquer um dos experimentos, ele chega ao detector D_1. Sendo o fóton uma partícula, como isso é possível?

Esse resultado pode ter quatro interpretações: ondulatória, corpuscular, dualista realista e complementaridade.

Segundo a interpretação **ondulatória**, um fóton é um "pacote de onda" que talvez, em S_1, se divida em dois "meios fótons", que se recombinam em S_2. No entanto, até hoje não se detectou um "meio fóton".

Na interpretação **corpuscular**, sendo o fóton uma partícula, não há uma boa explicação para o fenômeno observado. Pode-se tentar justificar dizendo que a lógica do mundo quântico é diferente da lógica do mundo macroscópico, e o fóton pode ser e não ser uma partícula ao mesmo tempo.

A interpretação **dualista realista** explica que a luz se divide em duas partes: uma partícula e uma onda, com a posição da partícula dependendo da frequência da onda.

Segundo a interpretação da **complementaridade**, a luz pode ser onda ou partícula, nunca as duas ao mesmo tempo. Desse modo, o resultado desse experimento indica um fenômeno ondulatório, no qual a luz não segue um caminho bem definido. Assim, não faz sentido perguntar onde está o fóton.

Figura 9.65: Louis de Broglie (1892-1987).

6.1. A natureza ondulatória da matéria: hipótese de De Broglie

O físico francês Louis de Broglie (Figura 9.65) mostrou, em 1924, que uma partícula tem comportamento análogo à luz; um elétron, por exemplo, também apresenta caráter dual: ora comportamento ondulatório, ora comportamento de partícula.

Quando uma partícula com massa tem comportamento ondulatório, seu comprimento de onda (λ) e sua frequência (f) podem ser calculados por:

$$\lambda = \frac{h}{Q} \quad \text{e} \quad f = \frac{E}{h}$$

Nessas expressões, Q é a quantidade de movimento de uma partícula e E é a energia da partícula.

As ondas eletromagnéticas podem ser interpretadas por meio de equações matemáticas já conhecidas e têm o respectivo comprimento de onda definido. Entretanto, se quisermos saber a quantidade de movimento de uma onda eletromagnética, não podemos aplicar a expressão clássica da Mecânica, $Q = m \cdot v$, pois a radiação não tem massa. Neste caso, a quantidade de movimento de qualquer radiação é dada por:

$$Q = \frac{h \cdot f}{c}$$

Essa hipótese, conhecida como hipótese de De Broglie, completou o que foi chamado de dualidade onda-partícula para objetos microscópicos.

Pouco mais de um ano depois, o comportamento ondulatório dos elétrons foi verificado experimentalmente. Os físicos estadunidenses Clinton Joseph Davisson (1881-1958) e Lester Halbert Germer (1896-1971) realizaram um experimento com difração de elétrons, medindo a interferência de um feixe de elétrons passando entre duas fendas, tal qual uma onda (Figura 9.66).

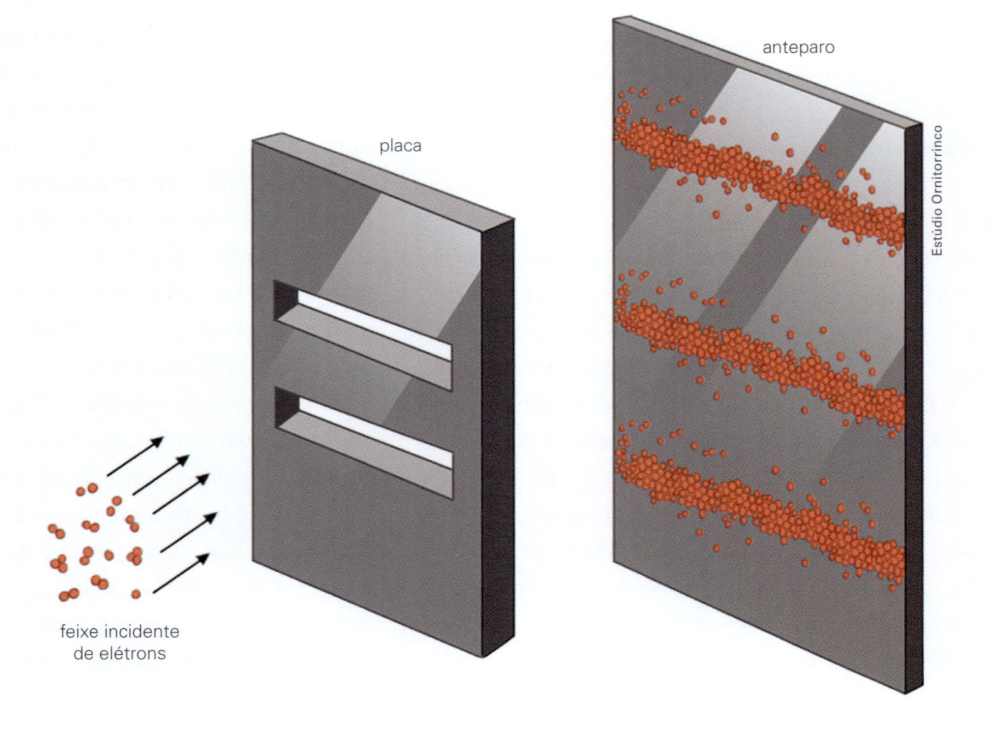

anteparo

placa

Estúdio Ornitorrinco

feixe incidente de elétrons

Figura 9.66: Representação do experimento da interferência de elétrons.

De modo semelhante às ondas eletromagnéticas no experimento de difração, os elétrons sofrem interferência, obedecem ao princípio de superposição e são consistentes com uma onda de comprimento de onda $\lambda = \dfrac{h}{Q}$.

E o que dizer das partículas em escala macroscópica? Por que a dualidade onda-partícula não é percebida por nós? A constante de Planck vale $6{,}63 \cdot 10^{-34}$ J · s, ou seja, é muito pequena, associando também grandezas muito pequenas. Por exemplo, um grão de areia de 0,1 mm de tamanho, com velocidade igual a 1,0 m/s, tem um comprimento de onda associado da ordem de 10^{-26} m. Os efeitos quânticos são imperceptíveis e desprezíveis em nível macroscópico. As propriedades corpusculares serão mais evidentes quanto maior for a frequência e consequentemente maior a energia e a quantidade de movimento dessa partícula.

Exercícios resolvidos

1. Observe a ilusão de óptica representada abaixo. Ela representa duas situações distintas que dependem do plano de fundo que escolhemos para ora observar uma taça, ora a silhueta de dois rostos.

Estúdio Ornitorrinco

Como podemos fazer um paralelo entre a figura e o ponto de vista quântico da natureza da luz?

Assim como na imagem, em que o plano de fundo define o que vemos, na Física Quântica o experimento realizado de certa forma define o comportamento da luz que observamos. Em determinados experimentos, por exemplo, podemos definir a luz como onda eletromagnética; em outros, a definimos como partícula. As características corpusculares e ondulatórias observadas vão depender dos objetivos e da medida que se deseja efetuar.

2. O que quer dizer o princípio da complementaridade?

O princípio, proposto por Niels Bohr, considera que a luz apresenta comportamentos excludentes: ora comportamento ondulatório, ora comportamento de partícula, mas nunca ambos simultaneamente.

Exercícios propostos

1. O que representa a expressão $Q = \dfrac{h}{\lambda}$?

2. Qual é o comprimento de onda de De Broglie para um próton movendo-se na velocidade da luz ($3 \cdot 10^8$ m/s) e cuja massa vale $1{,}7 \cdot 10^{-27}$ kg?

3. (Projeto Pró-Universitário) Imagine um elétron que tem massa de $9{,}1 \cdot 10^{-31}$ kg, viajando com uma velocidade de $3 \cdot 10^6$ m/s. Agora, uma pessoa adulta de massa 70 kg e que anda com velocidade de 1 m/s. Determine o comprimento de onda de De Broglie para o elétron e para a pessoa.

Exercícios finais

1. (UFMG) A natureza da luz é uma questão que preocupa os físicos há muito tempo. No decorrer da história da Física, houve o predomínio ora da teoria corpuscular – a luz seria constituída de partículas –, ora da teoria ondulatória – a luz seria uma onda.

   a) Descreva a concepção atual sobre a natureza da luz.

   b) Descreva, resumidamente, uma observação experimental que sirva de evidência para a concepção descrita no item anterior.

2. (PUC-RS) O dualismo onda-partícula refere-se a características corpusculares presentes nas ondas luminosas e a características ondulatórias presentes no comportamento de partículas, tais como elétrons. A natureza nos mostra que características corpusculares e ondulatórias não são antagônicas, mas, sim, complementares. Dentre os fenômenos listados, o único que não está relacionado com o dualismo onda-partícula é:

   a) o efeito fotoelétrico.

   b) a ionização de átomos pela incidência de luz.

   c) a difração de elétrons.

   d) o rompimento de ligações entre átomos pela incidência da luz.

   e) a propagação, no vácuo, de ondas de rádio de frequência média.

3. (UFRGS-RS) Assinale a alternativa que preenche corretamente a lacuna do parágrafo abaixo.

   "O ano de 1900 pode ser considerado o marco inicial de uma revolução ocorrida na Física do século XX. Naquele ano, Max Planck apresentou um artigo à Sociedade Alemã de Física, introduzindo a ideia da ******** da energia, da qual Einstein se valeu para, em 1905, desenvolver sua teoria sobre o efeito fotoelétrico."

   a) conservação

   b) quantização

   c) transformação

   d) conversão

   e) propagação.

4. Qual é a importância do experimento realizado por Fizeau em 1851?

5. (UFSC) "Eu medi os céus, agora estou medindo as sombras. A mente rumo ao céu, o corpo descansa na terra."

   Com esta inscrição, Johannes Kepler encerra sua passagem pela vida, escrevendo seu próprio epitáfio. Kepler, juntamente com outros grandes nomes, foi responsável por grandes avanços no que se refere à mecânica celeste.

   No que se refere à história e à ciência por trás da mecânica celeste, assinale a(s) proposição(ões) correta(s).

   01. O astrônomo Cláudio Ptolomeu defendia o sistema geocêntrico, com a Terra no centro do sistema planetário. Já Nicolau Copérnico defendia o sistema heliocêntrico, com o Sol no centro do sistema planetário. Tycho Brahe elaborou um sistema no qual os planetas giravam em torno do Sol e o Sol girava em torno da Terra.

   02. A teoria da gravitação universal, de Newton, é válida para situações nas quais as velocidades envolvidas sejam muito grandes (próximas à velocidade da luz) e o movimento não ocorra em campos gravitacionais muito intensos.

   04. Kepler resolveu o problema das órbitas dos planetas quando percebeu que elas eram elípticas, e isso só foi possível quando ele parou de confiar nas observações feitas por Tycho Brahe.

   08. O movimento de translação de um planeta não é uniforme; ele é acelerado entre o periélio e o afélio, e retardado do afélio para o periélio.

   16. Galileu Galilei foi acusado de herege, processado pela Igreja Católica e julgado em um tribunal por afirmar e defender que a Terra era fixa e centralizada no sistema planetário.

   32. A teoria da relatividade geral de Einstein propõe que a presença de uma massa deforma o espaço e o tempo nas suas proximidades, sendo que, quanto maior a massa e menor a distância, mais intensos são seus efeitos. Por isso a órbita de Mercúrio não pode ser explicada pela gravitação de Newton.

6. (Ufop-MG) Na figura são representadas duas naves, N_1 e N_2, viajando em sentido contrário com velocidade 12 000 m/s e 10 000 m/s, respectivamente.

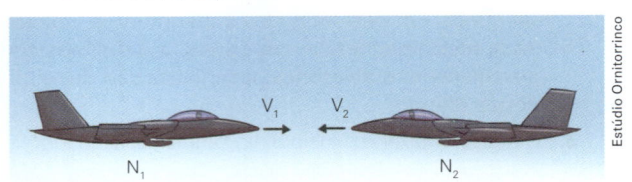

Estúdio Ornitorrinco

   Medidas da velocidade da luz emitida pelo farol da nave N_2 realizadas nas naves N_1 e N_2, respectivamente, dão estes valores:

   a) 300 022 000 m/s e 300 000 000 m/s.

   b) 300 000 000 m/s e 300 000 000 m/s.

   c) 300 012 000 m/s e 299 990 000 m/s.

   d) 300 022 000 m/s e 299 990 000 m/s.

7. (UFPA) O comprimento de uma barra, com velocidade *v*, é 80% de seu comprimento, medido em repouso. Com a mesma velocidade *v*, a massa desta barra em relação a sua massa em repouso, aumenta de:

a) 80%   c) 36%   e) 12%.

b) 64%   d) 25%

8. (UFC-CE) Uma fábrica de produtos metalúrgicos do Distrito Industrial de Fortaleza consome, por mês, cerca de $2{,}0 \cdot 10^6$ kWh de energia elétrica (1 kWh = $3{,}6 \cdot 10^6$ J). Suponha que essa fábrica possui uma usina capaz de converter diretamente massa em energia elétrica, de acordo com a relação de Einstein, $E = m_0 c^2$. Nesse caso, a massa necessária para suprir a energia requerida pela fábrica, durante um mês, é, em gramas:

a) 0,08   c) 8   e) 800

b) 0,8   d) 80

9. (UFPE) Um astronauta é colocado a bordo de uma espaçonave e enviado para uma estação espacial a uma velocidade constante $v = 0{,}8c$, onde c é a velocidade da luz no vácuo. No referencial da espaçonave, o tempo transcorrido entre o lançamento e a chegada à estação espacial foi de 12 meses. Qual o tempo transcorrido no referencial da Terra, em meses?

10. (UFC-CE) De acordo com a teoria da relatividade, de Einstein, a energia total de uma partícula satisfaz a equação $E^2 = p^2 c^2 + m_0^2 c^4$, onde p é a quantidade de movimento linear da partícula, m_0 é sua massa de repouso e c é a velocidade da luz no vácuo. Ainda de acordo com Einstein, uma luz de frequência f pode ser tratada como sendo constituída de fótons, partículas com massa de repouso nula e com energia $E = hf$, onde h é a constante de Planck. Com base nessas informações, você pode concluir que a quantidade de movimento linear p de um fóton é:

a) $p = hc$

b) $p = hc/f$

c) $p = 1/hc$

d) $p = hf/c$

e) $p = cf/h$

11. Qual deve ser a velocidade de João relativamente a Maria para que ela observe que o relógio de João anda 10 vezes mais devagar do que o seu próprio? E 100 vezes? E 1 000 vezes?

12. (UFMG) Utilizando um controlador, André aumenta a intensidade da luz emitida por uma lâmpada de cor vermelha, sem que esta cor se altere.

Com base nessas informações, é correto afirmar que a intensidade da luz aumenta porque

a) a frequência da luz emitida pela lâmpada aumenta.

b) o comprimento de onda da luz emitida pela lâmpada aumenta.

c) a energia de cada fóton emitido pela lâmpada aumenta.

d) o número de fótons emitidos pela lâmpada, a cada segundo, aumenta.

13. (UFSC) Assinale a(s) proposição(ões) correta(s):

01. Devido à alta frequência da luz violeta, o "fóton violeta" é mais energético do que o "fóton vermelho".

02. A difração e a interferência são fenômenos que somente podem ser explicados satisfatoriamente por meio do comportamento ondulatório da luz.

04. O efeito fotoelétrico somente pode ser explicado satisfatoriamente quando consideramos a luz formada por partículas, os fótons.

08. A luz, em certas interações com a matéria, comporta-se como uma onda eletromagnética; em outras interações, ela se comporta como partícula, como os fótons no efeito fotoelétrico.

16. O efeito fotoelétrico é consequência do comportamento ondulatório da luz.

14. (UFC-CE) Quanto ao número de fótons existentes em 1 joule de luz verde, 1 joule de luz vermelha e 1 joule de luz azul, podemos afirmar, corretamente, que:

a) existem mais fótons em 1 joule de luz verde que em 1 joule de luz vermelha e existem mais fótons em 1 joule de luz verde que em 1 joule de luz azul.

b) existem mais fótons em 1 joule de luz vermelha que em 1 joule de luz verde e existem mais fótons em 1 joule de luz verde que em 1 joule de luz azul.

c) existem mais fótons em 1 joule de luz azul que em 1 joule de luz verde e existem mais fótons em 1 joule de luz vermelha que em 1 joule de luz azul.

d) existem mais fótons em 1 joule de luz verde que em 1 joule de luz azul e existem mais fótons em 1 joule de luz verde que em 1 joule de luz vermelha.

e) existem mais fótons em 1 joule de luz vermelha que em 1 joule de luz azul e existem mais fótons em 1 joule de luz azul que em 1 joule de luz verde.

15. (UFSC) Em um experimento semelhante aos realizados por Hertz, esquematizado na figura abaixo, um estudante de Física obteve o seguinte gráfico da energia cinética (E) máxima dos elétrons ejetados de uma amostra de potássio em função da frequência (f) da luz incidente.

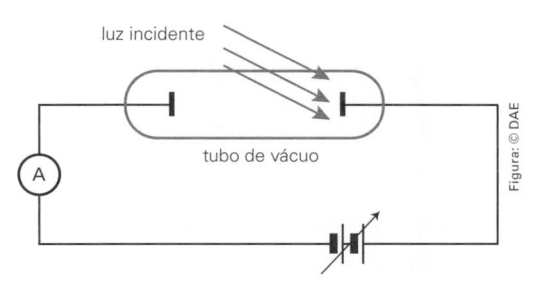

Exercícios finais

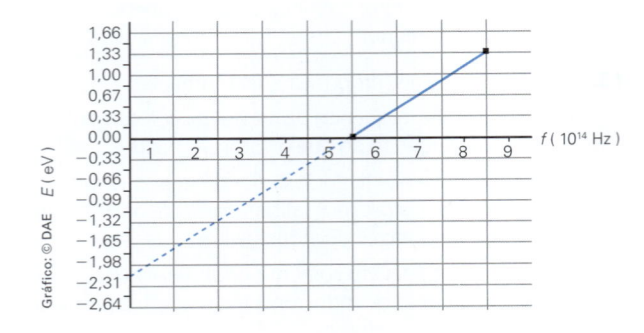

Gráfico: © DAE

Com base nas características do fenômeno observado e no gráfico, assinale a(s) proposição(ões) correta(s).

01. O valor da constante de Planck obtida a partir do gráfico é de aproximadamente $4{,}43 \cdot 10^{-15}$ eVs.

02. A função trabalho do potássio é maior que 2,17 eV.

04. Para frequências menores que $5{,}0 \cdot 10^{14}$ Hz, os elétrons não são ejetados do potássio.

08. O potencial de corte para uma luz incidente de $6{,}0 \cdot 10^{14}$ Hz é de aproximadamente 0,44 eV.

16. Materiais que possuam curvas de E (em eV) em função de f (em Hz) paralelas e à direita da apresentada no gráfico possuem função trabalho maior que a do potássio.

32. A energia cinética máxima dos elétrons emitidos na frequência de $6{,}5 \cdot 10^{14}$ Hz pode ser aumentada, aumentando-se a intensidade da luz incidente.

16. (UFPE) Determine a menor frequência da radiação capaz de ionizar um átomo de hidrogênio a partir do seu estado fundamental, cuja energia é igual a $-13{,}6$ eV. Considere a constante de Planck $h = 4{,}1 \cdot 10^{-15}$ eV · s.

a) $1{,}1 \cdot 10^{15}$ Hz

b) $2{,}2 \cdot 10^{15}$ Hz

c) $3{,}3 \cdot 10^{15}$ Hz

d) $4{,}4 \cdot 10^{15}$ Hz

e) $5{,}5 \cdot 10^{15}$ Hz

17. (Fuvest-SP) Em um laboratório de Física, estudantes fazem um experimento em que radiação eletromagnética de um comprimento de onda $\lambda = 300$ nm incide em uma placa de sódio, provocando a emissão de elétrons. Os elétrons escapam da placa de sódio com energia cinética máxima $E_c = E - W$, sendo E a energia de um fóton da radiação e W a energia mínima necessária para extrair um elétron da placa. A energia de cada fóton é $E = h \cdot f$, sendo h a constante de Planck e f a frequência da radiação. Determine:

a) a frequência f da radiação incidente na placa de sódio;

b) a energia E de um fóton dessa radiação;

c) a energia cinética máxima E_c de um elétron que escapa da placa de sódio;

d) a frequência f_0 da radiação eletromagnética, abaixo da qual é impossível haver emissão de elétrons da placa de sódio.

Note e adote:
Velocidade da radiação eletromagnética:
$c = 3 \cdot 10^8$ m/s.
1 nm $= 10^{-9}$ m.
$h = 4 \cdot 10^{-15}$ eV · s.
W (sódio) = 2,3 eV.
1 eV $= 1{,}6 \cdot 10^{-19}$ J.

18. (Fuvest-SP) A primeira medida da velocidade da luz, sem o uso de métodos astronômicos, foi realizada por Hippolyte Fizeau, em 1849. A figura abaixo mostra um esquema simplificado da montagem experimental por ele utilizada. Um feixe fino de luz, emitido pela fonte F, incide no espelho plano semitransparente E_1. A luz refletida por E_1 passa entre dois dentes da roda dentada R, incide perpendicularmente no espelho plano E_2, que está a uma distância L da roda, é refletida e chega ao olho do observador. A roda é então colocada a girar em uma velocidade angular tal que a luz que atravessa o espaço entre dois dentes da roda e é refletida pelo espelho E_2 não alcance o olho do observador, por atingir o dente seguinte da roda. Nesta condição, a roda, com N dentes, gira com velocidade angular constante e dá V voltas por segundo.

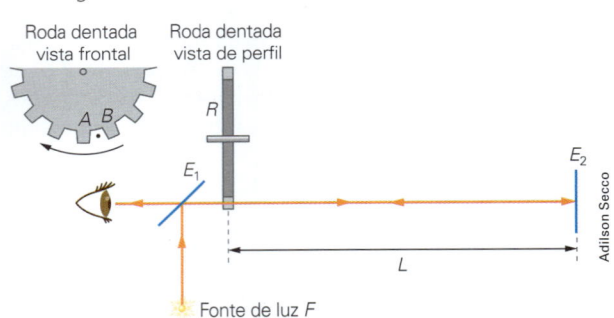

Roda dentada vista frontal   Roda dentada vista de perfil

Fonte de luz F

Adilson Secco

a) Escreva a expressão literal para o intervalo de tempo Δt em que a luz se desloca da roda até E_2 e retorna à roda, em função de L e da velocidade da luz c.

b) Considerando o movimento de rotação da roda, escreva, em função de N e V, a expressão literal para o intervalo de tempo Δt decorrido entre o instante em que a luz passa pelo ponto central entre os dentes A e B da roda e o instante em que, depois de refletida por E_2, é bloqueada no centro do dente B.

c) Determine o valor numérico da velocidade da luz, utilizando os dados abaixo.

Note e adote: No experimento de Fizeau, os dentes da roda estão igualmente espaçados e têm a mesma largura dos espaços vazios.

$L = 8\,600$ m; $N = 750$; $V = 12$ voltas por segundo.

19. (Unicamp-SP – Adaptado) Raios X, descobertos por Röntgen em 1895, são largamente utilizados como ferramenta de diagnóstico médico por radiografia e tomografia. Além disso, o uso de raios X foi essencial em importantes descobertas científicas, como na determinação da estrutura do DNA.

a) Em um dos métodos usados para gerar raios X, elétrons colidem com um alvo metálico perdendo energia cinética e gerando fótons de energia $E = h \cdot v$, sendo $h = 6,6 \cdot 10^{-34}$ J · s e v a frequência da radiação. A figura (a) abaixo mostra a intensidade da radiação emitida em função do comprimento de onda, λ. Se toda a energia cinética de um elétron for convertida na energia de um fóton, obtemos o fóton de maior energia. Nesse caso, a frequência do fóton torna-se a maior possível, ou seja, acima dela a intensidade emitida é nula. Identifique na figura o comprimento de onda correspondente a este caso e calcule a energia cinética dos elétrons incidentes.

a)

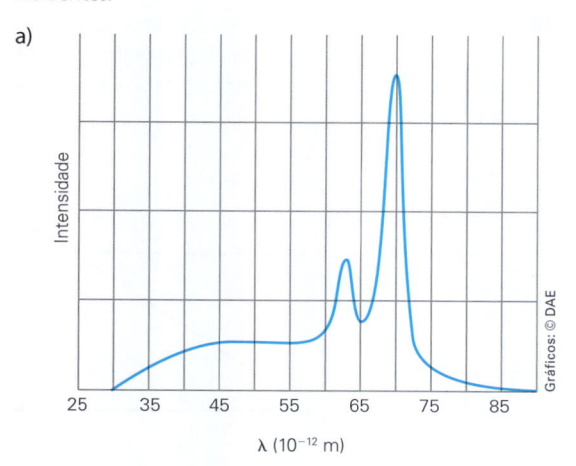

λ (10⁻¹² m)

Gráficos: © DAE

b) o arranjo atômico de certos materiais pode ser representado por planos paralelos separados por uma distância d. Quando incidem nestes materiais, os raios X sofrem reflexão especular, como ilustra a figura (b) abaixo. Uma situação em que ocorre interferência construtiva é aquela em que a diferença do caminho percorrido por dois raios paralelos, $2 \cdot L$, é igual a λ, um comprimento de onda da radiação incidente. Qual é a distância d entre planos para os quais foi observada interferência construtiva em $\theta = 14,5°$ usando-se raios X de 0,15 nm?

(Dados: sen 14,5 = 0,25° e cos 14,5° = 0,97.)

b)

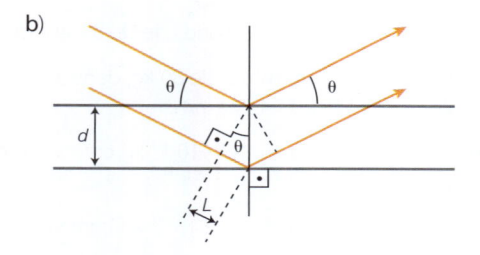

20. (UFSC)

01. Corpo negro ideal é todo corpo capaz de absorver toda a radiação que nele incide. Quando um corpo negro é aquecido, ele é uma fonte ideal de radiação térmica.

02. O efeito fotoelétrico só ocorre se a frequência da luz incidente sobre o metal for superior a um valor mínimo f_{min} e a emissão de cargas elétricas deste material independe da intensidade da radiação incidente.

04. A teoria da relatividade Especial, proposta por Einstein, está baseada em dois postulados, sendo que um deles é enunciado da seguinte forma: "As leis da Física são as mesmas em todos os referenciais inerciais. Ou seja, não existe nenhum sistema de referência inercial preferencial".

08. A apresentação do trabalho do físico Maxwell sobre a quantização da energia é considerada hoje como o marco oficial da fundação da Física Moderna.

16. A teoria da relatividade Restrita tem como consequência a contração espacial e a dilatação temporal.

32. O fenômeno da radiação do corpo negro é explicado pela Física Clássica e pela Moderna como sendo uma distribuição contínua de energia de um sistema.

64. O comportamento dualístico de uma onda-partícula é descrito e aceito pela Física Clássica, sendo mais aprofundado e explicado pela Física Quântica.

21. (UFRGS-RS) "De acordo com a teoria formulada em 1900 pelo físico alemão Max Planck, a matéria emite ou absorve energia eletromagnética de maneira ******** emitindo ou absorvendo ********, cuja energia é proporcional à ******** da radiação eletromagnética envolvida nessa troca de energia."

Assinale a alternativa que, pela ordem, preenche corretamente as lacunas:

a) contínua – *quanta* – amplitude

b) descontínua – prótons – frequência

c) descontínua – fótons – frequência

d) contínua – elétrons – intensidade

e) contínua – nêutrons – amplitude

22. (UFRGS-RS) Quando a luz incide sobre uma fotocélula ocorre o evento conhecido como efeito fotoelétrico. Nesse evento,

a) é necessária uma energia mínima dos fótons da luz incidente para arrancar os elétrons do metal.

b) os elétrons arrancados do metal saem todos com a mesma energia cinética.

c) a quantidade de elétrons emitidos por unidade de tempo depende do *quantum* de energia da luz incidente.

d) a quantidade de elétrons emitidos por unidade de tempo depende da frequência da luz incidente.

e) o *quantum* de energia de um fóton da luz incidente é diretamente proporcional a sua intensidade.

Exercícios finais

23. (UFRGS-RS) No efeito fotoelétrico ocorre a variação da quantidade de elétrons emitidos por unidade de tempo e da sua energia quando há variação de certas grandezas características da luz incidente na fotocélula.

Associe as variações descritas na coluna da direita com as grandezas da luz incidente, mencionadas na coluna da esquerda.

1. Frequência 2. Velocidade 3. Intensidade	(***) variação da energia dos elétrons emitidos (***) variação do número de elétrons emitidos por unidade de tempo

A relação numérica, de cima para baixo, da coluna da direita, que estabelece a sequência de associações corretas é:

a) 1 – 2   c) 2 – 1   e) 3 – 1

b) 1 – 3   d) 2 – 3

24. (PUC-MG) O efeito fotoelétrico é um fenômeno pelo qual:

a) elétrons são arrancados de certas superfícies quando há incidência de luz sobre elas.

b) as lâmpadas incandescentes comuns emitem um brilho forte.

c) as correntes elétricas podem emitir luz.

d) as correntes elétricas podem ser fotografadas.

e) a fissão nuclear pode ser explicada.

25. Nos gráficos seguintes, E_c é a energia cinética máxima dos elétrons ejetados, f é a frequência da radiação incidente, i é a corrente elétrica definida pelo movimento dessas elétrons e U a diferença de potencial que gera a corrente. Aponte o gráfico do qual se pode obter a constante de Planck.

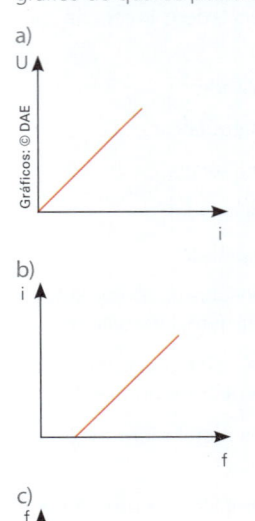

a)

b)

c)

d)

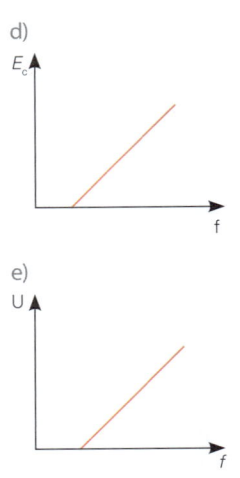

e)

26. O gráfico seguinte representa a energia cinética máxima de elétrons ejetados de uma placa metálica num processo fotoelétrico, em função da frequência da radiação incidente sobre a placa.

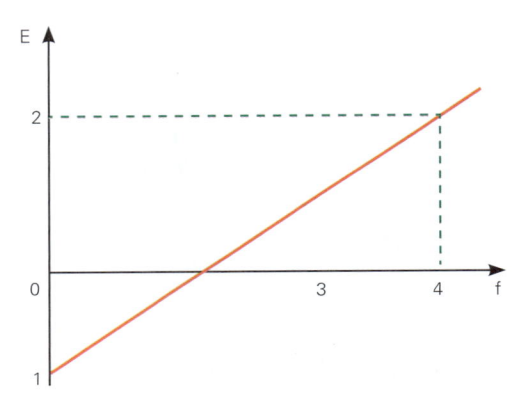

O ponto que representa a função trabalho nesse gráfico é o ponto

a) 0

b) 1

c) 2

d) 3

e) 4

27. Calcule o comprimento de onda de De Broglie de:

a) uma pessoa com massa de 80 kg, dentro de um carro, com velocidade $v = 72$ km/h;

b) um próton de $m_p = 1,7 \cdot 10^{-27}$ kg com velocidade de 20 m/s;

c) um elétron de $m_e = 9,1 \cdot 10^{-31}$ kg com velocidade de 20 m/s.

A relatividade da Arte

Nesta atividade, vamos conhecer algumas expressões artísticas e nos inspirar na Física para interpretar as pinturas. Tanto a Arte como a Ciência são manifestações humanas que descrevem a realidade de maneiras bem diferentes.

Discussão

1. No final do século XIX, com a invenção da máquina fotográfica, novas formas de representar foram experimentadas pelos artistas. A fotografia, assim como a pintura, é uma representação da realidade. Mas, a partir do momento em que a fotografia se encarrega de representar momentos e retratos, a pintura destes dá lugar a novas expressões artísticas.

A sequência de quadros, feita por Monet, da Catedral de Rouen é um exemplo. Mas por que pintar várias vezes a mesma coisa?

Sequência de quadros de Claude Monet.

2. Observe uma obra de um movimento artístico que ficou conhecido como Cubismo, atuante principalmente entre 1907 e 1914.

Jean Metzinger. *Hora do chá (mulher com colher de chá).* 1911. Óleo sobre tela.

a) Para você, o que esse movimento procurava representar?

b) Como está representada a monalisa do cubismo pintada por Jean Metzinger?

c) Como podemos interpretar essa tela pelo viés da teoria da relatividade?

3. No *jazz*, cada músico toca a própria melodia e os improvisos obedecem às leis da harmonia. Como podemos comparar o *jazz* com o princípio da complementaridade da luz?

Quanta

Nesta atividade, você terá a oportunidade de estudar trechos de um texto redigido pelo próprio Albert Einstein. Desde que foi escrito, há mais de 70 anos, a Física desenvolveu-se e progrediu. Mas, ao escrever *A evolução da Física*, Einstein apresentou "tentativas da mente humana de encontrar uma conexão entre o mundo das ideias e o mundo dos fenômenos" (Einstein, A.; Infeld, L. *A Evolução da Física*. Rio de Janeiro: Zahar, 1962).

Separamos uma das "conversas amenas e despretensiosas" em que trata sobre o *Quanta*. Leia atentamente, pense, discuta e responda às questões a seguir.

Parte I – Continuidade-descontinuidade

Editora Zahar

ALBERT EINSTEIN
LEOPOLD INFELD

A Evolução da Física

ZAHAR

Um mapa da cidade de Nova York e seus arredores está aberto diante de nós. Perguntamos: que pontos desse mapa podem ser atingidos por trem? Após determinar esses pontos em um horário ferroviário, marcamo-los no mapa. Alteramos agora a nossa questão e perguntamos: que pontos podem ser atingidos por automóvel? Se traçarmos linhas no mapa representando todas as estradas de rodagem partindo de Nova York, todos os pontos dessas estradas podem, de fato, ser atingidos por automóvel. Em ambos os casos temos conjuntos de pontos. No primeiro, estão separados uns dos outros e representam as diversas estações ferroviárias, e, no segundo, são os pontos ao longo das linhas que representam as rodovias. A nossa próxima pergunta é sobre a distância de Nova York e cada um desses pontos, ou com mais rigor, de certo ponto daquela cidade. No primeiro caso, certos números correspondem aos pontos de nosso mapa. Esses números mudam a passos largos irregulares mas sempre finitos. Dizemos: as distâncias de Nova York aos lugares que podem ser atingidos por trem mudam apenas de modo descontínuo. As distâncias aos lugares que podem ser atingidos por automóvel podem, contudo, mudar por passos tão pequenos quanto queiramos, podem variar de modo contínuo. As alterações da distância podem ser tornadas arbitrariamente pequenas, no caso de um automóvel, mas não no caso de um trem.

[...]

Arguido sobre a quantidade de dinheiro que tem no bolso, um homem pode citar um número contendo apenas duas decimais. Uma soma em dinheiro só pode mudar aos saltos, de modo descontínuo. Nos Estados Unidos, o menor troco permissível, ou, como poderemos chamar, o "quantum elementar" do dinheiro norte-americano, é um centavo. O quantum elementar do dinheiro inglês é um *farthing*, que vale apenas uma metade do quantum elementar norte-americano. Temos aqui um exemplo de dois quanta elementares cujos valores mútuos podem ser comparados. A razão de seus valores tem um sentido definido, porquanto um deles é o dobro do outro.

Podemos dizer: algumas quantidades podem mudar continuamente e outras apenas descontinuamente, por passos que não poderão reduzir-se. Esses passos indivisíveis são chamados quanta elementares da quantidade a que se referem.

Podemos pesar grandes quantidades de areia e considerar sua massa contínua, muito embora sua estrutura granular seja evidente. Mas, se a areia se tornasse muito preciosa e as balanças muito sensíveis, teríamos de considerar o fato de a massa sempre mudar em números múltiplos de um grão. A massa desse grão seria o nosso *quantum* elementar. Vemos, desse exemplo, como o caráter descontínuo de uma quantidade, até então considerada contínua, pode ser detectado aumentando a precisão de nossas medições.

Se tivéssemos de caracterizar a ideia principal da teoria quântica em uma sentença, poderíamos dizer: deve ser admitido que algumas quantidades físicas até agora consideradas contínuas são compostas de "quanta" elementares.

EINSTEIN, Albert; INFELD, Leopold. A Evolução da Física. Rio de Janeiro: Zahar, 1962. p. 201-2.

▸ QUESTÕES

1. O que é uma grandeza contínua? E uma grandeza descontínua?

2. Quais exemplos Einstein apresenta para explicar essas grandezas?

3. Omitimos um terceiro exemplo apresentado por Einstein. Refere-se ao rendimento de uma mina de carvão e ao número de mineiros empregados. Nesse exemplo, qual grandeza é contínua e qual é descontínua? Explique.

4. O que é o *quantum* elementar?

5. Qual é o *quantum* elementar da moeda brasileira?

6. Quais entidades físicas podem exemplificar a sentença elaborada por Einstein para caracterizar a ideia principal da teoria quântica? Explique.

Parte II – Os *quanta* de luz

Neste mesmo livro, Einstein explica o efeito fotoelétrico e argumenta sobre a dualidade da luz, onda-partícula, a partir do seguinte exemplo:

"Consideremos uma muralha construída ao longo da orla marítima. As ondas do mar castigam continuamente a muralha, desgastam um pouco de sua superfície, recuam e deixam o caminho livre para as que vêm a seguir. A massa da muralha diminui e podemos perguntar quanto é carregado em, digamos, um ano. Mas imaginemos agora um processo diferente. Queremos diminuir a massa da muralha da mesma quantidade que antes, porém de modo diferente. Atiramos contra a muralha, rachando-a nos pontos em que as balas a atingem. A massa da muralha será diminuída e bem podemos imaginar que a mesma redução de massa seja conseguida nos dois casos. Mas poderíamos, pela aparência da muralha, determinar se esteve agindo a onda contínua do mar ou a chuva descontínua de balas. Será útil à compreensão dos fenômenos que estamos prestes a descrever, termos em mente a diferença entre as ondas do mar e a chuva de balas."

EINSTEIN, Albert; INFELD, Leopold. A Evolução da Física. Rio de Janeiro: Zahar, 1962. p. 208.

▸ QUESTÕES

1. Quais experimentos e argumentos estudados neste capítulo podem ser compreendidos a partir das analogias com:

a) a ação contínua de uma onda?

b) a chuva descontínua de balas?

2. No que diz respeito ao interferômetro de Mach-Zehnder, podemos aplicar esse exemplo? Olhamos para a massa da muralha ou para a aparência da muralha? Explique.

CAPÍTULO 10

ESTRUTURA DA MATÉRIA

1. Pensando sobre o muito pequeno

Vivemos em um mundo que se define basicamente por aquilo que somos capazes de perceber com nossos sentidos. No "mundo das coisas pequenas", podemos encontrar dentro de uma casa, por exemplo, alfinetes, grãos de feijão, grãos de areia. Talvez consigamos ver grãos de poeira. Corpos menores do que esses são mais difíceis de identificar. Para vê-los, podemos usar uma lupa, que nos ajuda a enxergar corpos menores com mais conforto e detalhes.

Mas até onde podemos ir na vontade de enxergar coisas muito pequenas? Um microscópio, daqueles encontrados em lojas de brinquedos, permite que enxerguemos detalhes cada vez menores: por exemplo, pequenos objetos flutuando numa gota de água de orvalho aparentemente cristalina. Num laboratório escolar, um microscópio com maior definição nos auxilia a ver células em folhas de vegetais (Figura 10.1).

Pensando nisso, podemos nos perguntar: usando aparelhos modernos, seríamos capazes de ver um átomo? A resposta é não. Não podemos ver um átomo como vemos as células de uma folha, porém há meios indiretos de perceber a natureza atômica da matéria (Figuras 10.2 e 10.3).

O mesmo valeria se quiséssemos utilizar outros de nossos sentidos como meio para lidar com a matéria. Qual é o cheiro de um átomo de ouro? Qual é o som produzido pelo movimento de elétron acelerado num tubo de televisão? Perguntas como essas não fazem sentido, certo? Mas elas revelam a pretensão do ser humano de querer acessar a dimensão microscópica da natureza como parte do mundo cotidiano.

Figura 10.2: O detector de neutrinos, Super Kamiokande, localizado a 1000 m no subsolo da mina Kamioka, no Japão. Foto de 2006.

The Asahi Shimbun/Getty Images

Dennis Drenner/Visuals ilimitados/Corbis/Fotoarena

Figura 10.1: Mesmo com microscópios simples é possível visualizar as células que constituem a folha de um vegetal.

Cleuci Ronzella/Fotoarena

Figura 10.3: Uma técnica utilizada para determinar a idade de objetos como os encontrados no Parque Nacional da Serra da Capivara, Piauí, é a datação por carbono-14, um isótopo radioativo com meia-vida em torno de 5700 anos. Foto de 2013.

Uma pergunta interessante é como e quando passamos a descrever a matéria por átomos, núcleos atômicos e elétrons. Decerto não foi consequência de algum instrumento maravilhoso com o qual seria possível observá-los diretamente. A construção desse modelo, assim como a da grande maioria dos modelos que estudamos durante nosso curso, foi complicada e intermediada por problemas, experimentos e hipóteses que pouco a pouco foram sendo aperfeiçoados e confirmados pela Ciência.

Para entender esse processo, precisamos ressaltar que usamos modelos para lidar com aquilo que nossos sentidos não podem acessar diretamente. Já tratamos de modelos em outras situações – no Capítulo 9, por exemplo, dedicamos algumas páginas para mostrar como a natureza da luz foi construída em onda-partícula. Também já abordamos a questão dos fluidos térmicos e elétricos, as primeiras abordagens no tratamento de calor e eletricidade.

No caso da matéria, parece não haver muita discussão sobre o fato de a areia ser composta de grãos! Pense, no entanto, na pergunta que pode ser feita em seguida: do que são feitos os grãos de areia? Se olharmos um grão de areia pelas lentes de uma lupa ou de um microscópio, veremos com mais detalhes sua forma geométrica, a cor com mais nitidez, o tipo da superfície, mas pouco saberemos sobre sua estrutura interna. Se quebrássemos um grão de areia em duas partes, o que veríamos? E em quatro partes? Se continuássemos assim, aonde chegaríamos?

1.1. Átomo

Ao dividirmos um material qualquer, como um pedaço de granito, chegamos a algo que, diferentemente do granito, podemos dizer que são suas partes? Ou, pelo contrário, chegamos ao granito fundamental?

Perguntas como essas foram feitas pelos gregos muitos séculos atrás. Eles aplicavam esse pensamento a todos os tipos de corpo e objeto. Algumas substâncias já tinham definida sua composição, como a madeira, tida como a mistura de terra, fogo e ar, os quais, com a água, compunham os elementos básicos da natureza. Isso porque a madeira, ao ser queimada, libera chamas (fogo e ar) e deixa cinzas (terra). Mas e os corpos não compostos desses elementos básicos, como a água? Se dividíssemos uma porção de água, chegaríamos a que arranjo de matéria? Os gregos acreditavam que havia um elemento muito pequeno associado à água que não poderia ser dividido. Nascia, assim, o conceito de átomo.

O **átomo** representa a unidade básica que compõe a matéria. São os tijolos fundamentais que combinados formam tudo que conhecemos. A tabela periódica, estudada amplamente em Química, oferece a lista dos mais de 100 átomos naturais conhecidos hoje. De forma simplificada, entende-se um átomo como um corpo material muito pequeno que está na origem da matéria. Quando associado a outro átomo, forma moléculas e retículos cristalinos que proporcionam as mais diferentes características às substâncias. Por exemplo, o valor do diamante se deve à maneira como os átomos de carbono se organizam. Do mesmo modo, o carvão, que tem pouco valor comercial, mas muita utilidade prática em churrascos e outras atividades que envolvem calor, é resultado da forma como esses mesmos átomos de carbono se organizam.

Até agora tratamos o átomo de acordo com sua concepção original: *a-tomo* ou sem partes. Mas, como já discutimos nesta coleção, os átomos têm estrutura interna, são formados de núcleo e eletrosfera. Conforme veremos adiante, a primeira indicação de que poderia haver partículas ainda menores na composição dos átomos foi obtida pelo físico inglês William Crookes (Figura 10.4), ao estudar raios misteriosos, chamados por ele de raios X.

Figura 10.4: William Crookes (1832-1919).

SSPL/Getty Images

História da estrutura da matéria

"Tudo começou há aproximadamente 2 500 anos, quando o homem iniciou o seu questionamento sobre a estrutura da matéria, ou seja, qual era a matéria-prima ou substância primordial que compunha o Universo. No início das investigações, as concepções filosóficas se dividiam em dois grupos. De um lado, os filósofos que acreditavam que o Universo era formado por um único elemento – monista; por outro, aqueles que acreditavam nos vários elementos que formam o Universo – pluralista.

Dentro da corrente monista, podemos destacar os seguintes filósofos: Tales de Mileto (624-546 a.C.), que acreditava que o elemento primordial era a água; Anaxímenes de Mileto (570-500 a.C.), seria o ar, uma vez que o mesmo se reduziria a água por compressão. Para Xenófenes da Jônia (570-460 a.C.) era a terra. Porém, Heráclito de Éfeso (540-480 a.C.) era o fogo o elemento primordial.

Em meados do século V a.C., surge um novo movimento que tenta explicar a matéria-prima sendo uma porção única, subdividida em diminutas partes. Essa era a forma como Anaxágoras de Clazômena (500-428 a.C.) imaginava o Universo. Para ele, a matéria-prima seria uma espécie de semente (homeomerias) contendo outras sementes em seu interior e, essas, por sua vez teriam outras e assim infinitamente, semente dentro de semente.

Ao contrário da visão de Anaxágoras, Leucipo de Mileto (460-370 a.C.) e seu discípulo Demócrito de Abdera (470-380 a.C.) acreditavam que todas as coisas eram formadas por um único tipo de partícula: o átomo (indivisível, em grego), eterno e imperecível, que se movimenta no vazio. Propunham também uma explicação para as diversas propriedades das substâncias, através das diferenças geométricas na forma e na posição do átomo.

Paralelamente a essa ideia atomista, tinha-se a corrente pluralista, destacando-se Empédocles de Akragas (490-431 a.C.), que acreditava no Universo formado por quatro elementos: água, terra, fogo e ar, podendo combinar-se para formar as diversas substâncias. Esses elementos estariam em constante movimento que seria intermediado pelo amor ou amizade que os uniam, e do ódio ou inimizade que os separavam.

Mais tarde, Aristóteles de Estagira (384--322 a.C.) propunha outros elementos: frio, quente, úmido e seco, que agrupados de dois a dois formavam os elementos de Empédocles da seguinte forma: seco e frio daria a terra; seco e quente, o fogo; úmido e quente, o ar; e úmido e frio, a água.

Depois de algum tempo, a ideia atomista foi retomada por Epícuro de Samos (341--270 a.C.) e levada às últimas consequências por Titocaro de Lucrécio (96-55 a.C.), que acreditava que todos os objetos da natureza eram constituídos de átomos, inclusive o corpo e a alma. [...]

Entretanto, em 1647, o filósofo e matemático francês Pierre Gassendi (1592-1655) publicou um livro distinguindo pela primeira vez átomo de molécula (distinção estabelecida oficialmente no 1o Congresso Internacional de Química, em 4 de setembro de 1860) e, parecia propor que o átomo seria uma parte real da substância, porém invisível e indivisível.

Já em 1789, foi editada a primeira tabela periódica contendo 30 elementos, elaborada pelo químico francês Antoine Laurent Lavoisier (1743-1794). Ele se baseava no princípio de que "cada elemento de um composto pesa menos do que o composto como todo".

Alguns anos depois, em 1814, o físico-químico Jöns Jakob Berzelius (1779-1848) introduziu a nomenclatura atual dos elementos químicos.

Vários outros cientistas, como o inglês John Dalton (1766-1844), o francês Joseph-Louis Gay-Lussac (1778-1850) e o italiano Amadeo Avogadro (1776-1856), começaram a investigar melhor as substâncias com a finalidade de determinar as massas dos átomos e seus volumes. Desta forma, foram formuladas algumas leis que ajudaram a classificar melhor as substâncias na tabela periódica.

Foi então que em 1869 o russo Dimitri Ivanovich Mendeleiev (1834-1907) e em 1870 o alemão Julius Lothar Meyer (1830-1895) chegaram, independentemente, à tabela periódica dos 63 elementos, relacionando o peso atômico com suas propriedades, seguindo a sequência 2, 8, 8, 18, 18, 36 indicando cada período, o número de elementos que apresentavam as mesmas propriedades e assim Mendeleiev previu a existência de mais alguns elementos que foram detectados posteriormente.

Mas foi devido às experiências relacionadas ao eletromagnetismo que o caráter indivisível do átomo foi posto em dúvida. Para o físico francês André Marie Ampère (1775-1836) e o dinamarquês Hans Christian Oersted (1777-1851), era uma questão de tempo mostrar que o átomo tinha constituintes de carga elétrica. Em 1828, o físico alemão Gustav Theodor Fechner (1801-1887) propôs o modelo de que o átomo consistia de uma parte central massiva que atraia gavitacionalmente uma nuvem de partículas quase imponderáveis. Esse modelo foi melhorado por seu conterrâneo Wilhelm Eduard Weber (1804-1891), colocando a força elétrica no lugar da gravitacional.

A primeira evidência experimental sobre a estrutura do átomo foi verificada pelo físico e químico Michael Faraday (1791-1867) ao descobrir, em 1833, o fenômeno da eletrólise (ação química da eletricidade). Ele observou que a passagem da corrente elétrica através de soluções químicas fazia com que os metais de tais soluções se depositassem nas barras metálicas introduzidas nessas soluções. Essa evidência foi corroborada com a teoria iônica desenvolvida pelo químico Svante August Arrhenius (1859-1927) em 1884, segundo a qual os íons que constituíam a corrente através da solução, nada mais eram do que átomos carregados de eletricidade."

SIQUEIRA, M. R. da P. *Do visível ao indivisível*: uma proposta de Física de Partículas para o Ensino Médio. Dissertação de Mestrado. São Paulo: IF-USP, 2006.

2. Átomo e níveis de energia

O modelo atômico proposto por Ernest Rutherford (Figura 10.5) teve muita importância no desenvolvimento da Ciência. A aproximação com o modelo planetário, que imaginava os elétrons orbitando o núcleo, foi uma forma interessante de pensar a estrutura interna do átomo, mas vejamos algumas de suas implicações (Figura 10.6).

Na Unidade 2, vimos que cargas elétricas aceleradas emitem radiação (onda eletromagnética). No caso do modelo de Rutherford, um elétron em órbita ao redor de um núcleo, por estar constantemente acelerado, deve emitir radiação, perdendo energia de modo gradativo. Isso está parcialmente de acordo com a existência dos espectros eletromagnéticos, pois sabemos que estes são emissões dos elétrons em órbita em torno de um núcleo atômico. Mas aqui temos dois problemas a serem enfrentados por esse modelo.

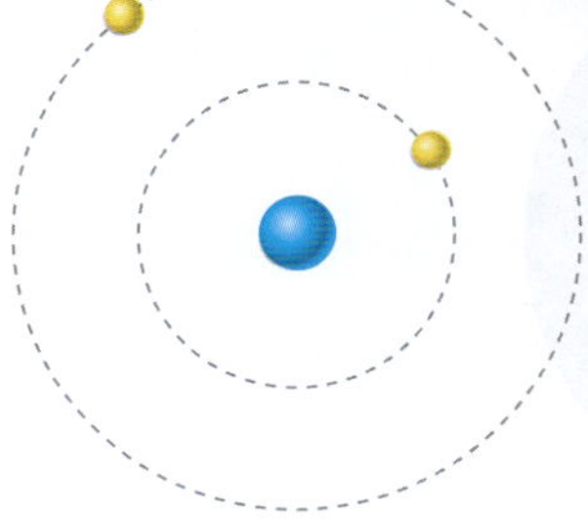

Granger/Fotoarena

Figura 10.5: O físico e químico neozelandês naturalizado britânico Ernest Rutherford (1871-1937).

Figura 10.6: Modelo atômico planetário de Rutherford – o átomo tem um núcleo positivo e muito pequeno ao redor do qual giram os elétrons.

Problema 1 Como explicar os espectros de linha (Figura 10.7), ou seja, o fato de algumas substâncias, como os gases a baixa pressão, só emitirem ondas eletromagnéticas em determinadas frequências? Se a estrutura do átomo fosse como a descrita por Rutherford, deveria haver sempre um espectro contínuo, independentemente da substância emissora.

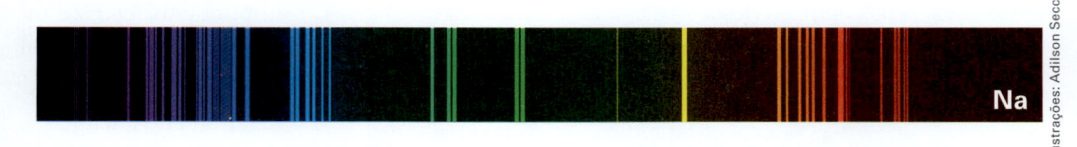

Na

Figura 10.7: Linhas espectrais do sódio.

Problema 2 Se o elétron emite ondas eletromagnéticas, a energia total do sistema (no caso, consideramos o par núcleo-elétron) deve diminuir. Se a energia cinética fosse reduzida, o elétron passaria a descrever uma nova órbita ao redor do núcleo, com raio menor. Como esse processo é indefinido, o elétron deveria descrever uma espiral em direção do núcleo do átomo até colidir com ele (Figura 10.8). Resumindo: o átomo de Rutherford seria instável, pois o elétron descreveria uma trajetória em espiral até atingir o núcleo. Por exemplo, um átomo de diâmetro 10^{-10} m colapsaria em aproximadamente 10^{-12} s.

Logo se percebeu que esse modelo era apenas uma primeira aproximação e que, com o desenvolvimento das pesquisas em Física Atômica, outros modelos mais complexos e aprimorados seriam apresentados. Era necessário um novo modelo para representar o átomo corretamente.

Figura 10.8: Um elétron acelerado em torno do núcleo deveria descrever uma trajetória em espiral e colidir com ele.

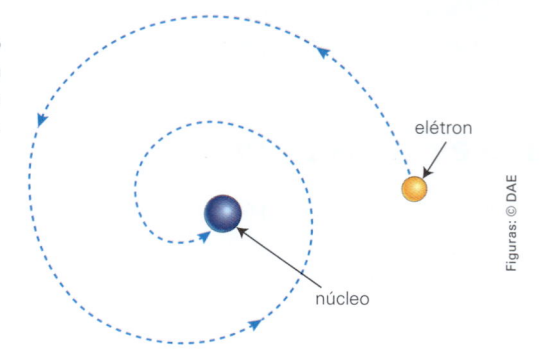

elétron

núcleo

2.1. Modelo atômico de Bohr

Um novo modelo foi proposto em 1913 pelo físico dinamarquês Niels Bohr. Em seu modelo atômico, Bohr utilizou a estrutura do modelo planetário de Rutherford e incluiu algumas ideias propostas por Max Planck (Figura 10.9) sobre a quantização da energia para interpretar o processo de emissão e absorção de radiação pela matéria.

Figura 10.9: Max Planck (1858-1947).

Bohr tomou como base de estudo o problema do espectro de emissão descontínuo do átomo de hidrogênio. Sua expectativa era explicar as linhas de emissão do átomo desse elemento, considerado o mais simples dos átomos, composto de apenas um elétron movendo-se em torno de um próton. Apesar de facilmente aplicáveis ao átomo de hidrogênio, suas ideias, descritas como uma série de postulados, podiam ser transpostas e atribuídas aos outros átomos. São elas:

I. O elétron descreve uma órbita circular ao redor do núcleo pela ação da força elétrica, obedecendo às leis da Mecânica Clássica.

II. O elétron se move somente em órbitas cujo momento angular é múltiplo inteiro da constante de Planck dividida por $2 \cdot \pi$. Com isso, o elétron não pode ocupar infinitas órbitas ao redor no núcleo, e sim apenas algumas particulares.

III. O elétron em órbita do núcleo, apesar de acelerado, não emite nenhum tipo de radiação, assim sua energia total permanece constante.

IV. Quando ocorre a transição de um elétron entre uma órbita e outra, há emissão de radiação eletromagnética, cuja frequência é dada pela razão entre a diferença de energia entre as camadas que cada raio orbital define e a constante de Planck, $f = \Delta E/h$ (Figura 10.10).

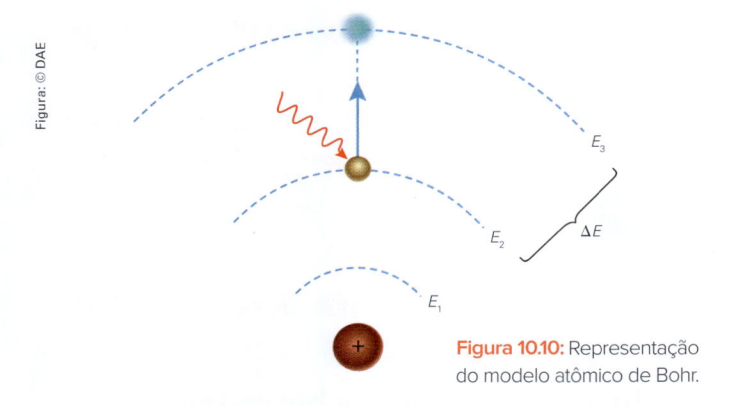

Figura: © DAE

Figura 10.10: Representação do modelo atômico de Bohr.

Apoiando-se na quantização da energia, Bohr sugere a quantização dos raios orbitais com os elétrons ocupando determinados raios orbitais (r_n), dados pela expressão:

$$r_n = n^2 \cdot \frac{\varepsilon_0 \cdot h^2}{\pi \cdot m \cdot Z \cdot e^2}$$

Nela, ε_0 é a permissividade elétrica do vácuo ($8{,}85 \cdot 10^{-12}$ C²/Nm), h é a constante de Planck ($6{,}63 \cdot 10^{-34}$ J $\cdot$ s), m é a massa do elétron ($9{,}1 \cdot 10^{-31}$ kg), e é o módulo do valor de sua carga elétrica ($1{,}6 \cdot 10^{-19}$ C) e Z é o número atômico (número de prótons) do átomo considerado.

As órbitas foram chamadas por Bohr de **estados estacionários**; diz-se, portanto, que o elétron está em um estado estacionário, ou nível de energia, cujas órbitas são caracterizadas por um **número quântico (n)**, natural, que pode assumir valores inteiros entre 1, 2, 3... Para cada um desses raios orbitais, o elétron possui uma quantidade de energia E, dada pela expressão:

$$E_n = -\frac{1}{n^2} \cdot \frac{m \cdot Z^2 \cdot e^4}{8 \cdot \varepsilon_0^2 \cdot h^2}$$

LEMBRETE:
No Sistema Internacional, a unidade de energia é o joule (J). Você pode conferir essa unidade pela expressão $\Delta E = h \cdot f$, verificando que a unidade da constante de Planck é J · s e a frequência é dada em hertz (Hz).

Entretanto, dada a unidade de medida das outras grandezas envolvidas, é muito comum adotarmos a unidade elétron-volt (eV) para a energia na Física Atômica. Assim:

$1\ eV = 1,6 \cdot 10^{-19}\ J$ ou
$1\ J = 6,25 \cdot 10^{18}\ eV$

Podemos obter a constante de Planck também em elétron-volt:

$h = 6,63 \cdot 10^{-34}\ J \cdot s \cdot$
$\cdot\ 6,25 \cdot 10^{18}\ eV =$
$= 4,1 \cdot 10^{-15}\ eV \cdot s$

Lembre-se de que um elétron que permanece em dado estado estacionário não emite energia, tendo energia constante. A passagem de um elétron de uma órbita para outra pressupõe absorção ou emissão de determinada quantidade de energia. A energia é absorvida ou liberada na forma de radiação eletromagnética, sendo calculada pela expressão:

$$\Delta E = h \cdot f \quad \text{ou} \quad E_f - E_i = h \cdot f$$

Nela, E_i e E_f são, respectivamente, a energia do elétron nos estados de energia inicial n_i e final n_f. A variável f corresponde à frequência da onda eletromagnética emitida ou absorvida (Figura 10.11).

Quando o próprio Bohr e outros cientistas tentaram aplicar esse modelo a outros átomos, porém, verificaram que ele não apresentava resultados tão precisos. A conclusão é que deveria haver outros fatores para a descrição dos átomos mais pesados. De qualquer forma, esse modelo teve uma grande importância, pois introduziu a ideia de quantização de energia no estudo do átomo.

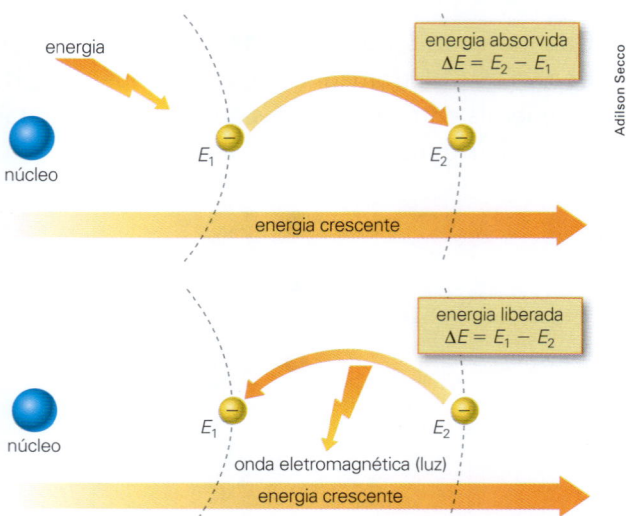

Figura 10.11: Representação de uma transição eletrônica entre dois níveis sucessivos de energia. Quando o átomo recebe energia, o elétron passa a um estado de maior energia e ocupa uma órbita de maior raio. Ao emitir energia na forma de radiação, o elétron passa a um estado de menor energia e menor raio orbital.

2.2 O modelo de Bohr aplicado ao átomo de hidrogênio

Vamos aplicar o modelo de Bohr para descrever o átomo de hidrogênio, composto de um próton no núcleo, $Z = 1$, e um elétron em órbita na eletrosfera. A ideia é calcular os raios orbitais e os níveis de energia.

O primeiro nível, definido para $n = 1$, recebe o nome de estado fundamental e todos os outros níveis podem ser descritos em relação a ele.

Da expressão para o raio orbital r_n, descobre-se que o raio para a órbita do estado fundamental r1, chamado de raio de Bohr, é $5,2 \cdot 10^{-11}$ m ou 0,52 Å.

$$r_1 = n^2 \cdot \frac{\varepsilon_0 \cdot h^2}{\pi \cdot m \cdot Z \cdot e^2} = 1^2 \cdot \frac{8,85 \cdot 10^{-12} \cdot (6,63 \cdot 10^{-34})^2}{3,14 \cdot 9,1 \cdot 10^{-31} \cdot 1 \cdot (1,6 \cdot 10^{-19})^2} = \frac{384,8 \cdot 10^{-80}}{73,15 \cdot 10^{-69}} =$$

$$= 5,2 \cdot 10^{-11}\ m = 0,52\ \text{Å}$$

Os raios para as demais órbitas podem ser generalizados pela expressão:

$$r_n = n^2 \cdot r_1$$

Pode-se substituir os valores numéricos das variáveis nessa expressão, para obter o valor de cada raio orbital:

$$r_2 = 2^2 \cdot \frac{\varepsilon_0 \cdot h^2}{\pi \cdot m \cdot Z \cdot e^2} = 4 \cdot r_1 = 4 \cdot 0,52 = 2,08\ \text{Å}$$

$$r_3 = 3^2 \cdot \frac{\varepsilon_0 \cdot h^2}{\pi \cdot m \cdot Z \cdot e^2} = 9 \cdot r_1 = 9 \cdot 0,52 = 4,68 \text{ Å}$$

A energia no estado fundamental E_1 do hidrogênio vale $-13,6$ eV e pode ser obtida pela expressão da energia:

$$E_1 = -\frac{1}{n^2} \cdot \frac{m \cdot Z^2 \cdot e^4}{8 \cdot e_0^4 \cdot h^2} = -\frac{1}{1^2} \cdot \frac{9,1 \cdot 10^{-31} \cdot 1^2 \cdot (1,6 \cdot 10^{-19})^4}{8 \cdot (8,85 \cdot 10^{-12})^2 \cdot (6,63 \cdot 10^{-34})^2} = -\frac{59,64 \cdot 10^{-107}}{27,54 \cdot 10^{-89}} =$$

$$= -2,16 \cdot 10^{-18} = -13,6 \text{eV}$$

Para simplificar, podemos escrever os demais estados de energia a partir do estado fundamental:

$$\boxed{E_n = \frac{E_1}{n^2} = -\frac{13,6}{n^2}}$$

A energia dos níveis 2 e 3 pode ser obtida pela expressão acima:

$$E_2 = -\frac{1}{2^2} \cdot \frac{m \cdot Z^2 \cdot e^4}{8 \cdot \varepsilon_0^2 \cdot h^2} = -\frac{E_1}{4} = -\frac{13,6}{4} = -3,4 \text{ eV}$$

$$E_3 = -\frac{1}{3^2} \cdot \frac{m \cdot Z^2 \cdot e^4}{8 \cdot \varepsilon_0^2 \cdot h^2} = -\frac{E_1}{9} = -\frac{13,6}{9} = -1,5 \text{ eV}$$

Transição eletrônica

No modelo de Bohr, se um elétron recebe a energia adequada, ele passa para um estado de maior energia, chamado estado excitado, mas permanece nesse estado por um curtíssimo intervalo de tempo. Isso porque rapidamente ele emitirá uma quantidade de energia na forma de um fóton e voltará para o estado fundamental. Na Figura 10.12, apresentamos um diagrama com os níveis de energia para o átomo de hidrogênio.

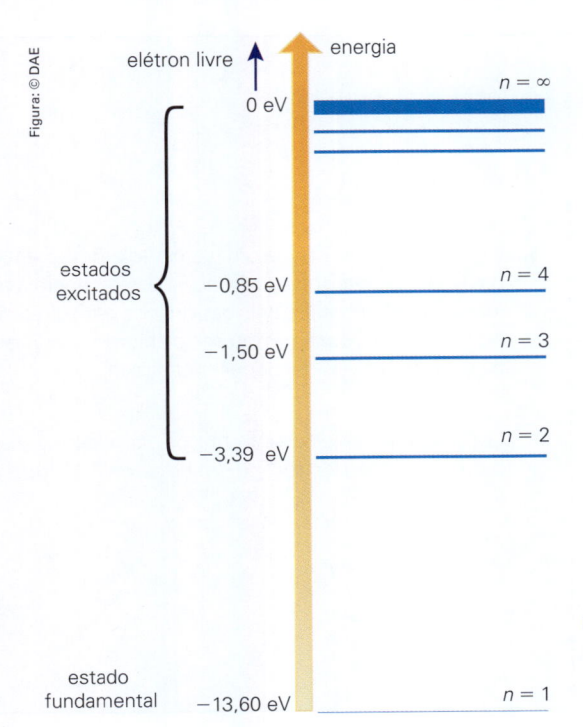

Figura: ©DAE

Figura 10.12: Níveis de energia do átomo de hidrogênio. Cada nível é associado a um raio orbital do elétron na eletrosfera.

1. O que ocorre quando fótons incidem sobre um átomo?

Se a energia da radiação tiver um valor equivalente à diferença entre dois níveis do átomo, ela será absorvida, e o elétron desse átomo ganhará energia. Se o valor não corresponder a nenhuma transição do elétron, não vai acontecer nada, e a radiação passará pelo átomo sem ser absorvida.

2. Considere que o elétron no átomo de hidrogênio "salte" do nível de energia $n = 3$ para o estado fundamental, $n = 1$. Com base no diagrama de níveis para o átomo de hidrogênio, responda às questões.

a) Ao realizar essa transição, o elétron absorveu ou emitiu energia? Qual é o valor, em elétrons-volts, dessa energia envolvida?

Realizando a transição do nível de maior energia ($n = 3$) para o de menor energia ($n = 1$), segundo o modelo de Bohr, ocorre a emissão de energia na forma de radiação eletromagnética, ou de um fóton. A energia irradiada ΔE é calculada pela diferença entre as energias de cada nível da transição. Pelo diagrama de níveis de energia, para o hidrogênio temos:
$E_3 = -1,50$ eV e $E_1 = -13,60$ eV
$\Delta E = E_3 - E_1$
$\Delta E = -1,50 - (-13,60)$
$\Delta E = 12,10$ eV

b) Qual é o valor da energia, em joules, e da frequência do fóton ao realizar essa transição de níveis?

Como a energia do fóton emitido se relaciona com a diferença de energia entre os níveis ΔE, temos de converter a energia em elétron-volt para joule:
$\Delta E = 12,10$ eV $= 12,10 \cdot 1,6 \cdot 10^{-19} =$
$= 19,36 \cdot 10^{-19}$ J

Assim:
$\Delta E = h \cdot f \Rightarrow f = \dfrac{\Delta E}{h} = \dfrac{19,36 \cdot 10^{-19}}{6,63 \cdot 10^{-34}} \Rightarrow$
$\Rightarrow f = 2,92 \cdot 10^{15}$ Hz

3. (ITA-SP) Um átomo de hidrogênio tem níveis de energia discretos dados pela equação $E = -13,6/n^2$ eV, em que $\{n = 1, 2, 3...\}$.

Sabendo que um fóton de energia 10,19 eV excitou o átomo do estado fundamental ($n = 1$) até o estado p, qual deve ser o valor de p? Justifique.

Para o acréscimo de energia de 10,19 eV do elétron, verificamos que seu estado final tem energia de:
$\Delta E = E_f - E_i$
$10,19 = -\dfrac{13,6}{n^2} - \left(-\dfrac{13,6}{1^2}\right)$
$0,75 = -\dfrac{1}{p^2} + \dfrac{1}{1^2}$
$\dfrac{1}{p^2} = 0,25$
$p = \sqrt{\dfrac{1}{0,25}} = \dfrac{1}{0,5} = 2$

1. (UFRGS-RS) Considere as seguintes afirmações sobre a estrutura do átomo:

I. A energia de um elétron ligado a um átomo não pode assumir qualquer valor.

II. Para separar um elétron de um átomo é necessária uma energia bem maior do que para arrancar um próton do núcleo.

III. O volume do núcleo de um átomo é aproximadamente igual à metade do volume do átomo todo.

Quais estão corretas?

a) Apenas I
b) Apenas II
c) Apenas I e III
d) Apenas II e III
e) I, II e III

2. Qual é o valor da energia emitida por um átomo de hélio ionizado quando seu elétron decai da terceira para a segunda camada? A expressão dos níveis de energia do átomo de hélio é dada por $E = 13,6 \cdot 2^2/n^2$.

a) 13,60 eV
b) 10,20 eV
c) 8,53 eV
d) 7,56 eV
e) 1,89 eV

3. (UFJF-MG) A presença de um elemento atômico em um gás pode ser determinada verificando-se as energias dos fótons que são emitidos pelo gás, quando este é aquecido. No modelo de Bohr para o átomo de hidrogênio, as energias dos dois níveis de menor energia são:

$E_1 = -13,6$ eV $E_2 = -3,40$ eV

Considerando-se essas informações, um valor possível para a energia dos fótons emitidos pelo hidrogênio aquecido é

a) 17,0 eV
b) 3,40 eV
c) 8,50 eV
d) 10,2 eV

2.3. Espectros de emissão e absorção

O grande triunfo do modelo atômico de Bohr foi explicar e descrever precisamente os espectros de linhas, as emissões e as absorções de radiação pela matéria. No Capítulo 8, estudamos que os espectros de linhas são registros das ondas eletromagnéticas (radiação) emitidas ou absorvidas pela matéria.

Espectros de emissão

O mecanismo para a produção de um espectro de linhas na interação da radiação com a matéria pode ser agora mais bem explicado com o auxílio do modelo de Bohr. O esquema a seguir (Figura 10.13) exemplifica o espectro de emissão do hidrogênio excitado.

Figura 10.13: Arranjo experimental e descrição esquemática do processo de emissão de radiação por um átomo de hidrogênio excitado e espectro de emissão resultante.

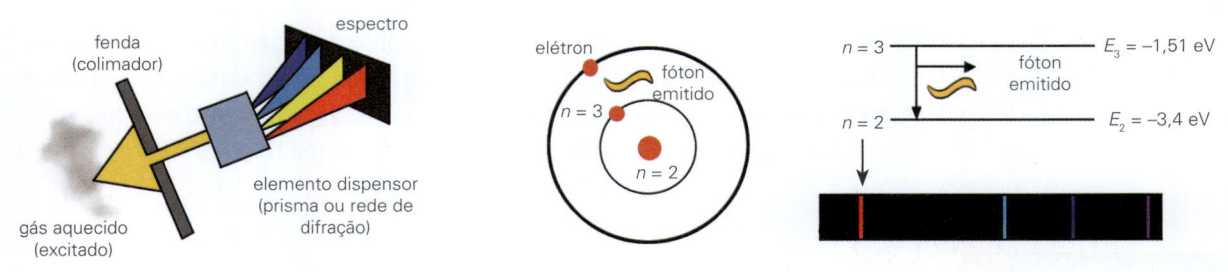

Na amostra de hidrogênio aquecido, um elétron no nível $n = 2$ passa a ocupar o nível $n = 3$. Ao retornar para o nível inicial, $n = 2$, emite a energia eletromagnética, ou um fóton. Como a energia do nível $n = 3$ é $E_3 = -1{,}51$ eV e a energia do nível $n = 2$ é $E_2 = -3{,}4$ eV, calculamos a frequência do fóton emitido pela diferença de energia dividida pela constante de Planck:

$$\Delta E = h \cdot f \Rightarrow f = \frac{|\Delta E|}{h} = \frac{|E_2 - E_3|}{h} = \frac{|-3{,}4 - (-1{,}51)|}{4{,}1 \cdot 10^{-15}} \Rightarrow f = 4{,}6 \cdot 10^{14}\,Hz$$

Podemos registrar essa radiação (fótons) e outras que sejam emitidas e obter um espectro de emissão do gás em questão.

Espectros de absorção

Um espectro de absorção se produz quando o gás absorve parte da radiação proveniente de uma fonte mais excitada que ele. No esquema a seguir (Figura 10.14), a amostra de hidrogênio é atravessada por um feixe de radiação que emite radiação em todos os comprimentos de onda ou frequências. Os elétrons presentes no gás de hidrogênio podem absorver apenas a energia (fótons) suficiente para proporcionar ao elétron uma transição entre níveis de energia permitidos, enquanto outros passarão sem ser absorvidos.

Figura 10.14: Arranjo experimental e descrição esquemática do processo de absorção de radiação por um átomo de hidrogênio e espectro de absorção resultante.

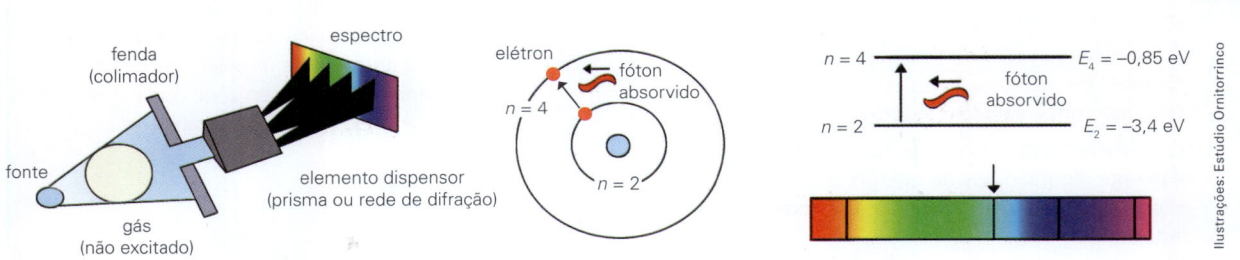

Ilustrações: Estúdio Ornitorrinco

Na situação representada, um elétron que ocupa o nível $n = 2$, de energia $E_2 = -3,4$ eV, absorve determinado fóton da radiação incidente e passa para um nível mais afastado, por exemplo, $n = 4$, com energia $E_4 = -0,85$ eV. Nesse caso, a frequência do fóton absorvido será:

$$\Delta E = h \cdot f \Rightarrow f = \frac{|\Delta E|}{h} = \frac{|E_4 - E_2|}{h} = \frac{|-0,85 - (-3,4)|}{4,1 \cdot 10^{-15}} \Rightarrow f = 6,2 \cdot 10^{14}\,\text{Hz}$$

Se registrarmos o espectro final, veremos que aparecerão linhas escuras sobre um fundo luminoso. Isso mostra que os fótons de certas frequências convenientes foram absorvidos do feixe incidente pelo átomo. Essa frequência conveniente é a mesma referente à frequência da energia entre os dois níveis. Como houve absorção de energia, esse espectro recebe o nome de espectro de absorção.

Assim, as linhas dos espectros de emissão e absorção ocupam a mesma posição, pois estão associadas a uma mesma frequência. A diferença fundamental é que as linhas de emissão correspondem a fótons emitidos em uma transição, enquanto as linhas escuras de absorção correspondem a fótons absorvidos durante uma transição.

Exercícios resolvidos

1. Qual a frequência do fóton que passou de um nível onde sua energia era de –0,85 eV para outro em que sua energia passou a ser –1,51 eV? Esse fóton foi emitido ou absorvido?

A frequência será dada por:

$$f = \frac{\Delta E}{h} \Rightarrow f = \frac{-1,51 - (-0.85)}{4,1 \cdot 10^{-15}} \Rightarrow$$

$$\Rightarrow f = \frac{0,66}{0,41 \cdot 10^{-14}} = 1,61 \cdot 10^{14}\,\text{Hz}$$

Como sua energia diminuiu, ele foi emitido.

2. (UFMG) A luz emitida por uma lâmpada de gás hidrogênio é aparentemente branca, quando vista a olho nu. Ao passar por um prisma, um feixe dessa luz divide-se em quatro feixes de cores distintas: violeta, anil, azul e vermelho. Projetando-se esses feixes em um anteparo, eles ficam espaçados como ilustrado na Figura I.

violeta anil azul vermelho

Figura I

a) Explique por que, ao passar pelo prisma, o feixe de luz branca se divide em feixes de cores diferentes.

O índice de refração do prisma é diferente para diferentes frequências. Por isso, cada cor será refratada pelo prisma em ângulos diferentes.

b) Considere, agora, a Figura II, que ilustra esquematicamente alguns níveis de energia do átomo de hidrogênio. As setas mostram transições possíveis para este átomo.

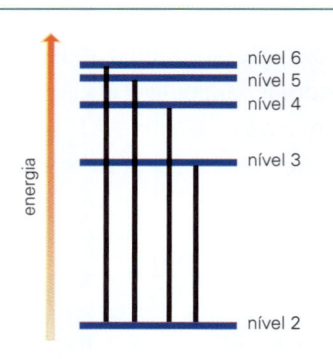

energia

nível 6
nível 5
nível 4

nível 3

nível 2

Figuras: © DAE

Figura II

Relacione as informações contidas na Figura II com as cores da luz emitida pela lâmpada de gás hidrogênio mostradas na Figura I. Justifique sua resposta.

Um elétron emite energia quando sofre a transição de um nível mais energético para um menos energético. A energia emitida é exatamente a diferença entre os níveis pelos quais o elétron transitou.

Na Figura I, há fótons de quatro frequências diferentes (cor) sendo emitidos, cada um correspondendo a uma transição. A frequência é proporcional à energia do fóton. Como o comprimento de onda da luz emitido é inversamente proporcional à diferença de energia entre os níveis, quanto maior a energia, menor o comprimento de onda. Assim, as cores representarão as seguintes transições:

violeta: $6 \rightarrow 2$

anil: $5 \rightarrow 2$

azul: $4 \rightarrow 2$

vermelho: $3 \rightarrow 2$

1. (UFRGS-RS) Os modelos atômicos anteriores ao modelo de Bohr, baseados em conceitos da Física clássica, não explicavam o espectro de raias observado na análise espectroscópica dos elementos químicos. Por exemplo, o espectro visível do átomo de hidrogênio – que possui apenas um elétron – consiste de quatro raias distintas, de frequências bem definidas.

   No modelo que Bohr propôs para o átomo de hidrogênio, o espectro de raias de diferentes frequências é explicado

   a) pelo caráter contínuo dos níveis de energia do átomo de hidrogênio.

   b) pelo caráter discreto dos níveis de energia do átomo de hidrogênio.

   c) pela captura de três outros elétrons pelo átomo de hidrogênio.

   d) pela presença de quatro isótopos diferentes numa amostra comum de hidrogênio.

   e) pelo movimento em espiral do elétron em direção ao núcleo do átomo de hidrogênio.

2. O comprimento de onda do azul está na faixa de valores entre 450 e 500 Nm. Sabe-se que um átomo de hidrogênio emite uma onda azul quando decai para o segundo nível atômico. A partir de qual nível o elétron decai? Baseie-se na figura do exercício resolvido.

   a) Sexto.

   b) Quinto.

   c) Quarto.

   d) Terceiro.

   e) Primeiro.

3. (UFRN) A natureza do processo de geração da luz é um fenômeno essencialmente quântico. De todo o espectro das ondas eletromagnéticas, sabemos que a luz visível é a parte desse espectro detectada pelo olho humano. No cotidiano vemos muitas fontes de luz BRANCA, como o Sol e as lâmpadas incandescentes que temos em casa. Já uma luz VERMELHA monocromática – por exemplo, de um *laser* – temos menos oportunidade de ver. Esse tipo de luz *laser* pode ser observado tanto em consultório de dentistas quanto em leituras de códigos de barras nos bancos e supermercados. Nos exemplos citados, envolvendo luz branca e luz vermelha, muitos átomos participam do processo de geração de luz.

   Com base na compreensão dos processos de geração de luz, podemos dizer que a

   a) luz vermelha monocromática é gerada pelo decaimento simultâneo de vários elétrons entre um mesmo par de níveis atômicos.

   b) luz branca é gerada pelo decaimento simultâneo de vários elétrons entre um mesmo par de níveis atômicos.

   c) luz vermelha monocromática é gerada pelo decaimento simultâneo de vários elétrons entre vários pares de níveis atômicos.

   d) luz branca é gerada pelo decaimento sucessivo de um elétron entre vários pares de níveis atômicos.

4. O que são materiais fosforescentes? Como e por que alguns *displays* de relógios, interruptores e brinquedos brilham no escuro?

5. Qual é o segredo do "branco mais branco" de alguns detergentes de roupa?

Laser

Uma simples ponteira de *laser*, que, nos dias de hoje, é facilmente encontrada e adquirida, está entre as inovações mais importantes da segunda metade do século XX. Inventado na década de 1960, o *laser* teve sua aplicação ampliada para as mais diversas áreas tecnológicas e de pesquisa.

A sigla *laser* (*light amplification by stimulated emission of radiation*) significa, em português, "luz amplificada pela emissão estimulada de radiação". Essa nomenclatura foi dada porque a radiação emitida no processo é resultado de um fenômeno denominado **emissão estimulada** e o princípio de funcionamento se baseia nas leis fundamentais da interação da radiação com a matéria.

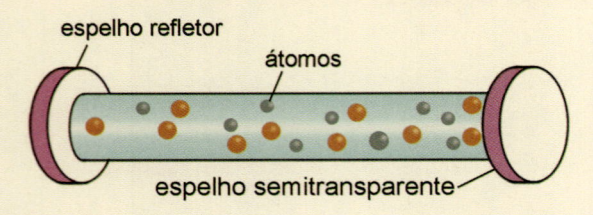

Figura 10.15:
Esquema do interior de um *laser*.

Imagine um átomo qualquer e suponha que um de seus elétrons esteja com excesso de energia, ou seja, em um estado excitado de energia E_2. Já estudamos que, quando é excitado, quase instantaneamente, o elétron volta para seu estado fundamental de energia E_1, emitindo um fóton de energia $E_2 - E_1$. Essa transição pode ter sua escala de tempo reduzida: o retorno desse elétron ao estado fundamental pode ser antecipado pela presença de outro fóton. Por meio da emissão estimulada, ocorre a emissão de dois fótons idênticos, um emitido pelo elétron excitado ao voltar ao seu estado de energia mais baixo e outro que, estando presente no meio, estimulou o primeiro processo. A radiação emitida pelo *laser* provém justamente do processo da emissão estimulada.

Para entender a emissão da radiação do *laser*, considere um gás que contenha inúmeros átomos excitados no interior de um tubo (uma cavidade óptica) com um espelho em uma das extremidades e um espelho semitransparente na outra (Figura 10.15).

Para descrever o mecanismo completo do funcionamento do *laser*, considere a sucessão de eventos a seguir (Figura 10.16), que resultam na emissão da radiação.

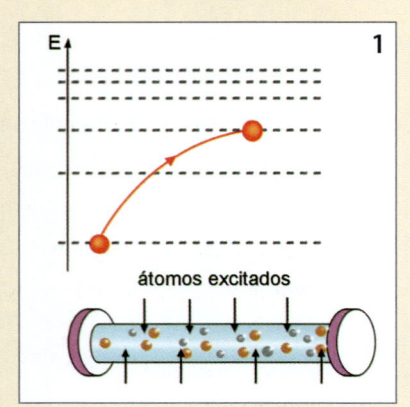
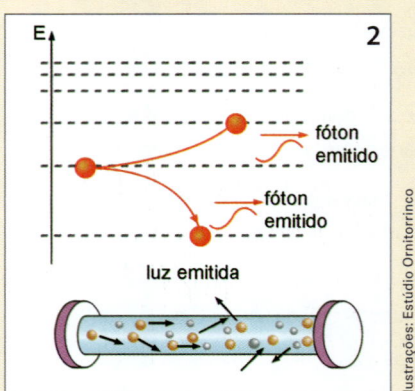

Ilustrações: Estúdio Ornitorrinco

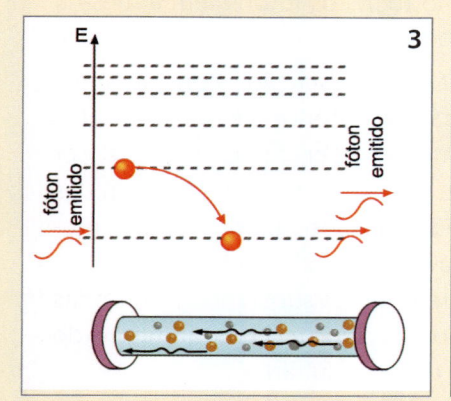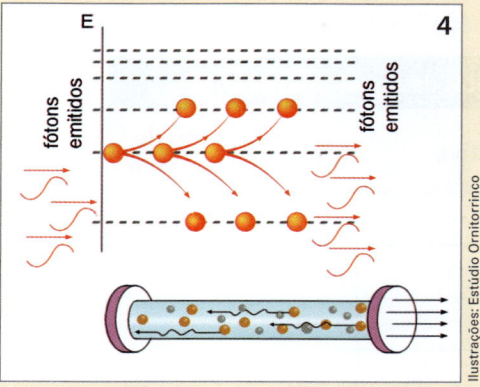

Ilustrações: Estúdio Ornitorrinco

Figura 10.16: Eventos que resultam na emissão da radiação do laser.

1. Um elétron recebe um fóton com energia ($E = h \cdot f$) equivalente à diferença de energia entre o estado fundamental E_1 e o estado excitado E_3, sendo levado a esse último estado.

2. Como o estado excitado é instável, o elétron tende a voltar para o nível de energia mais baixo. Assim, ele pode tanto retornar diretamente ao estado fundamental E_1 como decair para um estado de menor energia E_2 e posteriormente para E_1. Nesse último caso, o átomo vai emitir um fóton com energia correspondente à diferença $E_3 - E_2$ e, no segundo decaimento à diferença $E_2 - E_1$.

3. Pela emissão estimulada, esse último fóton, por sua vez, estimula outro elétron a decair para o estado fundamental E_1 e a emitir outro fóton idêntico ao primeiro. Em uma reação em cadeia, os dois fótons estimulam outros dois elétrons a decair para o estado fundamental. Nesse momento, outros dois fótons se somam aos primeiros e esse processo se repete, sucessivamente, até haver uma enorme quantidade de radiação emitida idêntica emergindo do tubo.

   Esses fótons se mantêm dentro do gás e podem estimular outros elétrons, pois são refletidos pelo espelho refletor ou pelo espelho semitransparente nas extremidades do tubo.

4. Ao produzir determinada quantidade de radiação com as mesmas características, os fótons formam um feixe de luz fino concentrado na direção do eixo principal do tubo. Esse feixe de luz, que apresenta uma intensidade considerável e atravessa (refração parcial) o espelho semitransparente, é o laser.

   Isso acontece porque alguns materiais possuem um estado excitado, por exemplo, o E_2, denominado metaestável, no qual os elétrons demoram mais a decair. Com mais elétrons nesse estado excitado do que no estado fundamental, ocorre a inversão de população, iniciando-se uma reação em cascata até que o sistema comece a emitir radiação e atinja um estado de equilíbrio (veja a Figura 10.17d).

No processo de autoestimulação, parte desses fótons sempre reflete (reflexão parcial) e volta para dentro da cavidade óptica. Assim, o feixe produzido por um laser é coerente (todos os fótons são de mesma frequência), estreito (é concentrado e direcional) e intenso. Além disso, como todos os fótons têm a mesma frequência, o feixe de luz laser é sempre monocromático.

Nessa descrição, consideramos um gás no interior de um tubo. No entanto, o laser também pode ser produzido com substâncias líquidas e sólidas que possuam o estado metaestável. A Tabela 10.1 apresenta tipos de laser, as substâncias utilizadas para produzi-los e o comprimento de onda da luz resultante.

A sigla YAG é usada para designar uma pedra sintética que se assemelha ao diamante. Para que essa pedra seja utilizada em laser, são adicionadas pequenas porções de outros elementos químicos na estrutura da pedra. Esse procedimento é conhecido por dopar a substância.

Tabela 10.1: Características de alguns tipos de *laser*		
Tipo de *laser*	**Meio ativo**	**Comprimento de onda de operação**
gasoso	hélio-neônio (He-Ne)	0,63 μm, 1,15 μm
	gás carbônico (CO_2)	10,6 μm
	argônio (Ar)	0,488 μm, 0,514 μm
	nitrogênio (N)	0,337 μm
	álcool	
sólido	rubi (A + $_2O_3$ – Cr_2O_3)	0,694 μm
	neodímio-YAG	1,06 μm
	érbio-YAG	2,94 μm
	neodímio-YAG – dobrado	0,532 μm
	hólmio-YAG	2,10 μm
	arseneto de gálio (Ga-As)	0,6-1,1μm
líquido	corantes	todo o espectro

Fonte: BAGNATO, Vanderlei Salvador. *O magnífico* laser. *Ciência Hoje*, Rio de Janeiro, n. 222, 1º dez. 2005.

3. Núcleo atômico

3.1. Estabilidade nuclear

O modelo de Bohr, diferentemente dos modelos atômicos que o antecederam, garantiu a estabilidade dos elétrons girando em órbitas estacionárias ao redor do núcleo positivo. Mas e a estabilidade no núcleo? Nele só há cargas positivas! Um próton deve repelir bruscamente outro próton. Imagine um átomo como o oxigênio, que tem 8 prótons e 8 nêutrons em seu núcleo. Os prótons todos muito juntos devem se repelir fortemente.

Diante desse problema, os físicos lançaram mão de outra força de interação fundamental na matéria: a **força (nuclear) forte**, ou **interação forte**. Essa força age entre as partículas constituintes do núcleo, os prótons e os nêutrons, chamadas também genericamente de núcleons, por estarem presentes no núcleo. Diferentemente de outras interações que estudamos, como a gravitacional, a elétrica e a magnética, a interação forte é muito intensa, mas de curtíssimo alcance. Sendo sempre atrativa, consegue manter os núcleons fortemente atraídos.

Considere nesse esquema (Figura 10.17) que o próton A atrai o próton B, por causa da força nuclear e, ao mesmo tempo, o repele por causa da força elétrica. O mesmo acontece com os prótons A e C, mas, como a força nuclear perde intensidade mais drasticamente com a distância que a força elétrica, o resultado da interação entre eles é uma atração menos intensa. Assim, quanto maior for a distância entre os prótons A e C, mais importante será o papel da força elétrica, tornando o núcleo mais instável. Isso mostra que os núcleos maiores são mais instáveis que os menores.

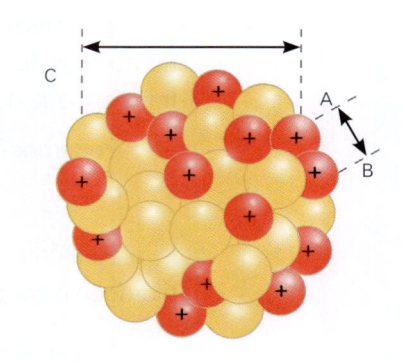

Raio do núcleo

Qual é o tamanho de um núcleo? A força nuclear forte é a grande responsável por determinar essa dimensão. Se imaginarmos que os núcleons se atraem mútua e fortemente por causa da força forte, podemos admitir que sua forma seja esférica. Os experimentos revelam que o raio r do núcleo depende do número de massa A, soma do número de prótons e nêutrons, e é determinado aproximadamente pela seguinte expressão:

$$r = 1{,}2 \cdot 10^{-15} \cdot \sqrt[3]{A}$$

Usando essa expressão, podemos calcular, por exemplo, o raio do átomo de alumínio ($A = 27$):

$$r = 1{,}2 \cdot 10^{-15} \cdot \sqrt[3]{A} = 1{,}2 \cdot 10^{-15} \cdot \sqrt[3]{27} = 1{,}2 \cdot 10^{-15} \cdot 3 = 3{,}6 \cdot 10^{-15}\,\text{m}$$

Fusão nuclear

No interior do Sol, reações nucleares transformam quantidades enormes de núcleos de átomos de hidrogênio, que se combinam e produzem núcleos de átomos de hélio, liberando energia. Esse processo envolve basicamente cinco etapas, e o resultado dessa cadeia de fusões é que quatro núcleos de átomos de hidrogênio se convertem em um núcleo de átomo de hélio (Figura 10.18).

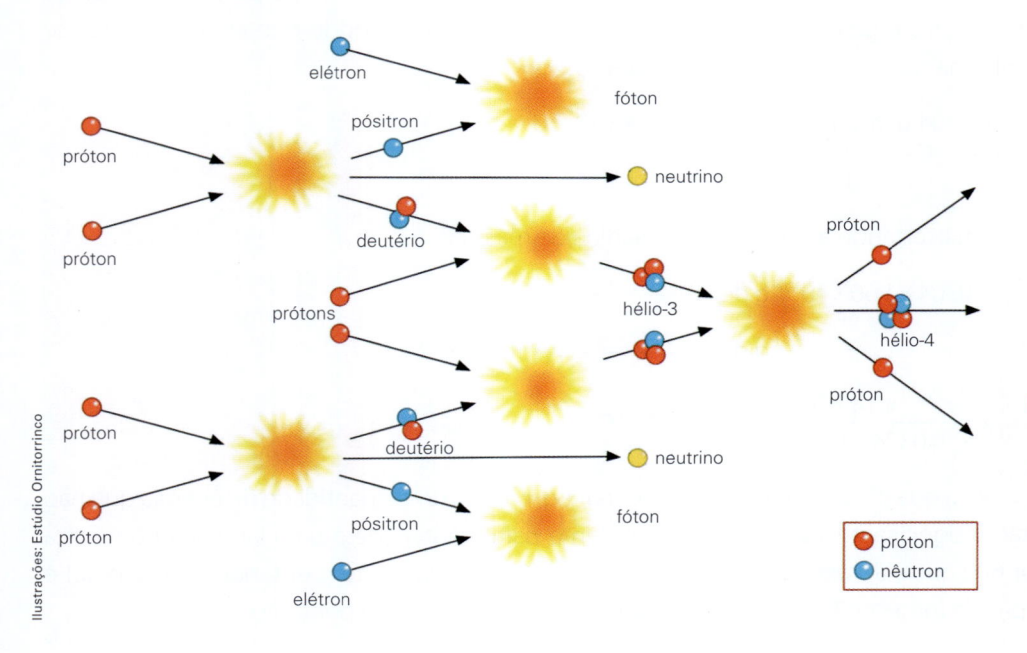

Ilustrações: Estúdio Ornitorrinco

Figura 10.18: Representação da fusão do hidrogênio em hélio. Nesse processo, a energia é liberada na forma de radiação (ondas eletromagnéticas) e outras partículas.

Ilustração sem escalas; cores-fantasia.

O núcleo de átomo de hélio tem uma massa ligeiramente menor que a soma dos quatro núcleos de hidrogênio. Isso significa que nessas reações existe uma redução de massa, transformada de maneira equivalente em energia.

Podemos esquematizar a reação de fusão no Sol resumidamente da seguinte maneira:

$$4\,H \rightarrow He + energia$$

Para entendermos a diferença de massa, podemos comparar a massa dos átomos de hidrogênio com o de hélio produzido:

Massa de 4 prótons (núcleos de átomos de hidrogênio)	= 4,0304 u.m.a.
Massa de um núcleo de átomo de hélio + outras partículas	= 4,0027 u.m.a.
Diferença de massa	= 0,0277 u.m.a.

Como 1 u.m.a. (unidade de massa atômica) equivale a $1{,}66 \cdot 10^{-27}$ kg, a diferença de massa identificada acima equivale a $4{,}5982 \cdot 10^{-29}$ kg.

Essa redução de massa pode ser convertida em energia, e podemos quantificar uma equivalência entre uma e outra pela expressão:

$$E = m \cdot c^2$$

Assim, calculamos a quantidade de energia produzida para a diferença de massa considerada na reação:

$$E = m \cdot c^2 = 4{,}5982 \cdot 10^{-29} \cdot (3 \cdot 10^8)^2 = 4{,}14 \cdot 10^{-12}\,J$$

Você pode estar achando esse valor extremamente pequeno, e de fato é, mas considere que é a energia produzida na fusão de apenas quatro átomos de hidrogênio. No entanto, essa reação, conhecida como **ciclo pp** (próton-próton), ocorre milhares de vezes por segundo no interior do Sol.

Para que você tenha uma noção da ordem de grandeza do balanço energético dessa reação e do Sol, façamos um pequeno cálculo. Podemos obter a quantidade de energia produzida na fusão de 1 g de hidrogênio por meio de uma regra de três simples. Para isso, vamos considerar que 4,0304 u.m.a de hidrogênio resultaram numa perda de massa de 0,0277 u.m.a e gerou uma quantidade de $4{,}14 \cdot 10^{-12}$ J. Supondo que essa proporção se mantenha no caso da fusão de 1 g, teremos:

$$4{,}0304\ \text{u.m.a de H} \rule[0.3em]{2em}{0.4pt} 4{,}14 \cdot 10^{-12}\,J$$

$$1\ \text{g de H} \rule[0.3em]{2em}{0.4pt} x$$

Ou acertando as unidades de medida de massa:

$$4{,}0304 \cdot 1{,}66 \cdot 10^{-24}\ \text{g de H} \rule[0.3em]{2em}{0.4pt} 4{,}14 \cdot 10^{-12}\,J$$

$$1\ \text{g de H} \rule[0.3em]{2em}{0.4pt} x$$

$$x = \frac{4{,}14 \cdot 10^{-12}}{4{,}0304 \cdot 1{,}66 \cdot 10^{-24}} = 0{,}62 \cdot 10^{12}\,J$$

Veja que a massa apesar de pequena, 1 g, produz uma quantidade de energia que não é tão insignificante. Essa energia é suficiente para manter acesa uma lâmpada doméstica por 600 anos, aproximadamente. As reações de fusão permitem entender como o Sol é capaz de fornecer $3{,}5 \cdot 10^{27}$ J/s constantemente para o espaço por tantos anos.

Em estrelas com massa e temperatura superior ao Sol, ocorrem cadeias de fusão que produzem outros elementos:

- Fusão de hélio $\Rightarrow$ carbono (C), oxigênio (O) e neônio (Ne).

- Fusão de carbono, oxigênio e neônio $\Rightarrow$ elementos químicos com número atômico menor que o do silício (Si).

- Fusão de silício $\Rightarrow$ todos os elementos com número atômico menor que o do ferro (Fe).

Elementos mais pesados que o ferro são formados durante a explosão de supernovas e, ao serem lançados no espaço, participam de outros processos cósmicos, como a formação do Sistema Solar.

As reações de fusão nuclear poderiam resolver todos os atuais problemas de demanda de energia para fins domésticos e comerciais. Porém, algumas características desse tipo de reação dificultam sua utilização em usinas. Por exemplo, para que ocorra a fusão dos átomos, tal como no interior das estrelas, é preciso uma alta temperatura. No interior do Sol, estima-se que a temperatura seja da ordem de 15 milhões de graus Celsius. Ainda não se conseguiu métodos controlados e seguros de manter essa temperatura por longos períodos dentro de um limite razoável.

Infelizmente, as reações de fusão nuclear pelo ser humano têm sido usadas principalmente para fins militares, como nas explosões das bombas de hidrogênio.

3.2. Linha de estabilidade

Para que um núcleo seja estável, é preciso que a repulsão elétrica entre os prótons seja compensada pela atração nuclear entre eles e os nêutrons. Em núcleos pequenos, em geral a estabilidade é garantida com um número de nêutrons igual ao número de prótons (o hidrogênio foge à regra, por ter apenas um próton em seu núcleo). Em núcleos maiores, o aumento do número de prótons (Z) deve ser acompanhado de um aumento maior do número de nêutrons (N) para que a estabilidade seja mantida. Há cerca de 260 núcleos estáveis de átomos e centenas de outros instáveis, como veremos mais adiante. Em Física usamos uma representação gráfica útil que relaciona o número de nêutrons N em função do número de prótons Z. Veja a seguir que a cada ponto corresponde um núcleo hipotético de massa atômica $A = Z + N$. Muitos deles não correspondem a nenhum núcleo atômico conhecido: por exemplo, o ponto ($Z = 10$; $N = 140$) ou ($Z = 100$; $N = 50$). Outros pontos, porém, correspondem a núcleos de átomos reais, sendo estáveis ou instáveis. Os núcleos instáveis são chamados radioativos e podem ser naturais ou artificiais.

Todos os núcleos existentes ocupam uma região limitada, demarcada com uma mancha mais clara no Gráfico 10.1.

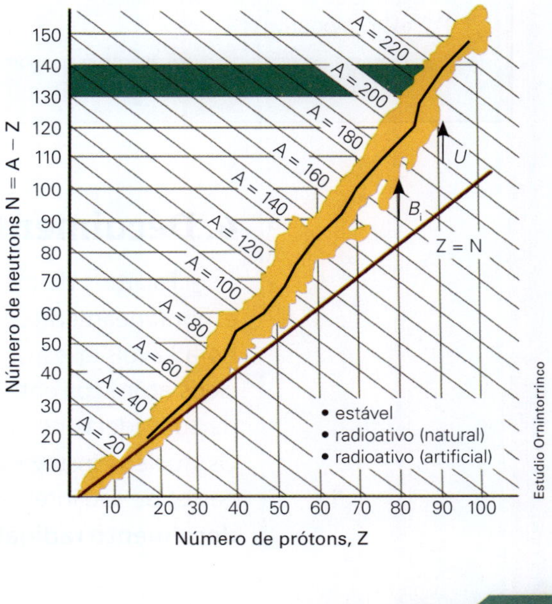

Gráfico 10.1: Relação entre o número de nêutrons e prótons de alguns núcleos.

A linha vermelha representa os pontos em que $N = Z$, indicando elementos cujo núcleo tem número de prótons e nêutrons igual. Repare que o início dessa reta mostra que existem átomos estáveis "leves", com o mesmo número de prótons e nêutrons. Mas, à medida que aumenta o número de prótons Z, os pontos do gráfico que representam núcleos estáveis se afastam cada vez mais dessa reta, e é preciso um número relativo de nêutrons cada vez maior para compensar a repulsão elétrica de muitos prótons.

O núcleo estável com maior número de prótons ($Z = 83$) é o bismuto, que contém 126 nêutrons. Todos os núcleos com mais de 83 prótons – por exemplo, o urânio ($Z = 92$) – são instáveis e se desintegram espontaneamente até se tornarem átomos com núcleos estáveis. Essa desintegração espontânea é denominada **radioatividade**.

Exercícios resolvidos

1. Existe interação nuclear entre nêutrons e prótons? Justifique.

A força de interação forte age em curto alcance, entre prótons e prótons e entre prótons e nêutrons. Essa força atrativa é muito intensa e contribui para a estabilidade do núcleo atômico.

2. O que significa dizer que um átomo é estável? Qual é o papel do nêutron na constituição nuclear?

Se o núcleo é estável, a atração entre os núcleons por causa da interação nuclear compensa a repulsão elétrica entre os prótons. Em núcleos pequenos, em geral, a estabilidade é garantida com um número de nêutrons igual ao número de prótons.

3. Considere o Gráfico 10.1. Ele mostra o número de nêutrons N em função do número de prótons Z para os núcleos conhecidos. A reta inferior indica $N = Z$.

a) O que significa a mancha amarela indicada no gráfico?

A mancha amarela representa a curva de estabilidade dos mais de 220 núcleos estáveis.

b) Por que com o aumento do número de massa os pontos e a reta inferior vão se separando?

Porque, quanto maior a massa atômica, para que o núcleo se mantenha estável, são necessários mais nêutrons para compensar a repulsão elétrica entre os prótons. Com $N > Z$, há um distanciamento da reta $N = Z$.

Exercícios propostos

1. Qual é o valor do raio atômico do átomo de menor número de massa estável, o de hidrogênio ($A = 1$), e o de maior número de massa estável, o de bismuto ($A = 209$)?

2. (UFRGS-RS) Considere as seguintes afirmações sobre a estrutura nuclear do átomo:

I. O núcleo de um átomo qualquer tem sempre carga elétrica positiva.

II. A massa do núcleo de um átomo é aproximadamente igual à metade da massa de todo o átomo.

III. Na desintegração de um núcleo radioativo, ele altera sua estrutura para alcançar uma configuração mais estável.

Quais estão corretas?

a) Apenas I

b) Apenas II

c) Apenas I e III

d) Apenas II e III

e) I, II e III

4. Decaimento radioativo

Falamos da existência de núcleos estáveis e instáveis e que estes se desintegram espontaneamente. Eis uma questão intrigante: eles se desintegram e sobra o quê? Embora Lavoisier estivesse longe das preocupações dos cientistas que estudavam os núcleos atômicos entre o final do século XIX e o início do século XX, podemos usar parte de suas ideias nessa reflexão, com sua famosa frase: "Na natureza tudo se transforma". Os núcleos instáveis se desintegram, mas isso não significa que somem. Eles emitem partes de seu interior, que se transformam em outros núcleos. Esse processo é chamado **decaimento radioativo**.

A ideia de que os átomos se transformam em outros átomos teve origem nos trabalhos de alguns cientistas dessa época.

Em 1895, o físico prussiano Wilhelm Conrad Röntgen (Figura 10.19) começou a investigar as propriedades dos raios catódicos emitidos pelo tubo de Crookes (Figura 10.20). Esse tubo de vidro lacrado contém um gás com densidade muito baixa e um eletrodo próximo a cada uma das extremidades. Quando os eletrodos são conectados a uma fonte de alta-tensão, o gás no interior pode passar a emitir certa luminosidade; gases diferentes brilham com cores diferentes.

Figura 10.19: Wilhelm Conrad Röntgen (1845-1923).

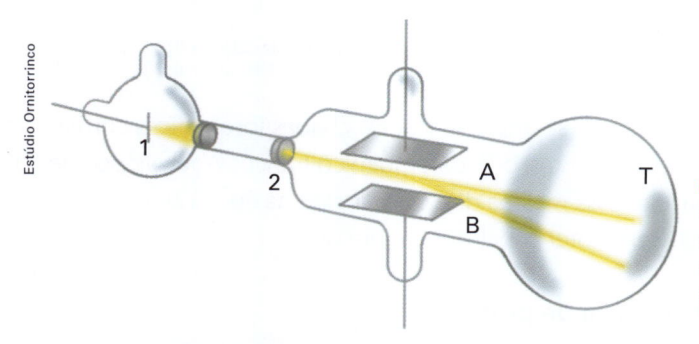

Estúdio Ornitorrinco

Figura 10.20: Tubo de Crookes, formado por: (1) cátodo, (2) colimador e (A e B) placas defletoras.

Os experimentos realizados com esses tubos, que podiam conter placas metálicas carregadas que serviam de defletores, além de fendas, mostraram que a emissão luminosa do gás era causada por um tipo de raio que vinha do eletrodo negativo, o cátodo (1). Com a ajuda de colimadores (2), esses raios ficavam mais estreitos e podiam ser direcionados às placas defletoras A e B. Com a regulagem da voltagem nessas placas, os raios poderiam ser desviados para qualquer região da parte final do tubo. Em particular, quando os raios incidiam em uma tela (T), pintada com material fosforescente, faziam-na cintilar. Esse dispositivo foi chamado tubo de raios catódicos, pois estes pareciam ser oriundos do cátodo. Como os raios podiam ser desviados na presença de campos elétricos ou magnéticos, logo se sugeriu que esses raios seriam formados por partículas negativas, as quais mais tarde todos saberiam se tratar de elétrons.

Figura 10.21: Uma das primeiras radiografias da história, obtida por Röntgen.

Röntgen observou que, quando um feixe incidia em um alvo sólido, havia uma segunda emissão. Sem saber a natureza dessa emissão, denominou-a raios X. Ao estudar as propriedades desse novo tipo de radiação, elaborou experimentos que mostravam que os raios X têm grande poder de penetração, sendo capazes de passar por substâncias opacas à luz e excitar substâncias fosforescentes e fluorescentes, além de ionizar o ar.

Quando apresentou o resultado de seu trabalho, em 1896, Röntgen demonstrou como os raios X podiam atravessar o corpo de uma pessoa, exceto os ossos. Aparecia então a primeira radiografia da história, mostrando uma mão humana (Figura 10.21). No fim desse ano, mais de mil trabalhos foram publicados sobre o tema.

Em 1901, Röntgen recebeu o primeiro Prêmio Nobel de Física. O impacto de seu trabalho foi tremendo na medicina, mas ele recusou todo e qualquer ganho financeiro por seu feito, declarando que as descobertas científicas deveriam ser distribuídas livremente para todos.

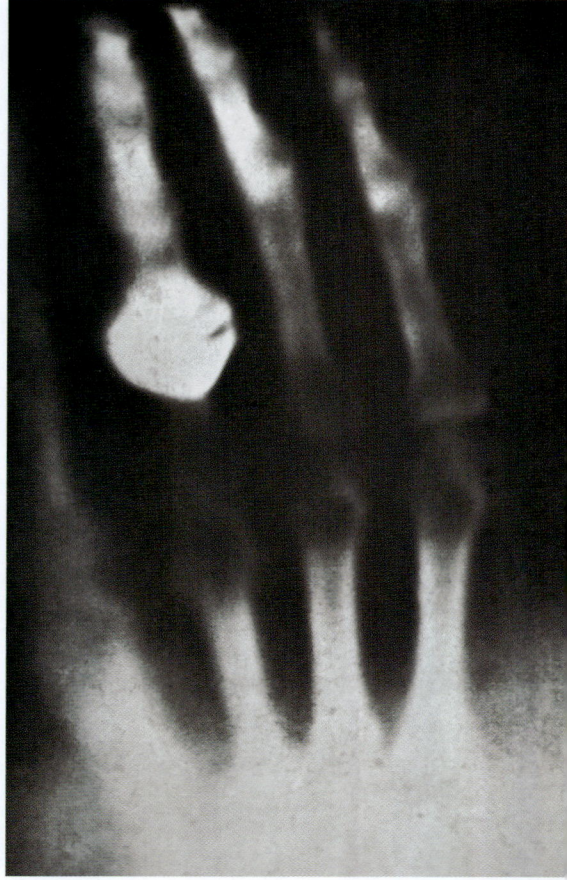

SPL/Latinstock

Ao tomar conhecimento dos raios X, o físico francês Henri Becquerel (Figura 10.22) estabeleceu que sais de urânio emitiam radiações análogas a esses raios e também impressionavam chapas fotográficas.

O próprio Becquerel escreveu sobre sua expectativa ao verificar os raios X emitidos por uma amostra de urânio:

> O Sol não apareceu nos dias seguintes, e eu revelei as chapas fotográficas no dia 1º de março de 1896, esperando encontrar somente imagens muito fracas que apareceram, contudo, com grande intensidade.

In: CHESMAN, C.; ANDRÉ, C.; MACÊDO, *A. Física Moderna experimental e aplicada*. 2. ed. São Paulo: Editora Livraria da Física, 2004. p. 165.

Figura 10.22: Henri Becquerel (1852-1908).

Essa não foi a primeira vez que se impressionaram chapas fotográficas com as radiações de sais de urânio. Trinta anos antes, o físico e químico francês Abel Niépce de Saint--Victor (1805-1870) já havia feito essa mesma descoberta, mas na época ainda não existiam conhecimentos que permitissem obter conclusões sobre isso.

Os efeitos colaterais da ciência de ponta

As pesquisas sobre radioatividade, emissões de partículas e radiação por átomos instáveis feitas por Becquerel o levaram à morte, pois ele ficou constantemente exposto ao material radioativo.

O casal Curie, que entrou em cena dois anos depois do trabalho de Becquerel, teve particular importância na ideia de que, quando prótons, nêutrons ou elétrons são emitidos na forma de radiação, o núcleo de um átomo se transforma no núcleo de outro. Estava lançada a ideia da transmutação atômica.

> **LEMBRETE:**
> Na Química e na Física Atômica, o número de prótons de um átomo é representado pela letra Z e recebe também o nome de número atômico.

Dissemos que, no decaimento radioativo, o núcleo emite partículas ou radiação (ondas eletromagnéticas). Na emissão de partículas, altera-se o número de prótons e/ou de nêutrons do núcleo atômico, transmutando o átomo original em outro átomo. Como é o número de prótons que define o nome do átomo, se esse número não se altera após a emissão, continuamos a chamá-lo pelo mesmo nome, identificando-o como **isótopo** por ter quantidades diferentes de nêutrons. Muitas vezes, porém, o decaimento implica a alteração do número de prótons do núcleo, que é transmutado em outro.

Na **transmutação**, um átomo radioativo se transforma espontaneamente em outro elemento por meio de três processos naturais: decaimento α (alfa), decaimento β (beta) e fissão espontânea. Neles, os núcleos podem emitir quatro tipos diferentes de radiação: alfa, beta, gama e um nêutron.

Figura 10.23: O casal Pierre Curie (1859-1906) e Marie Curie (1867-1934).

O francês Pierre Curie e a polonesa Marie Curie (Figura 10.23), graças à pesquisa científica que desenvolveram no laboratório da Escola Industrial de Física e Química da França, explicaram a radioatividade, palavra proposta por Marie Curie como uma propriedade atômica. Pela ionização do ar, eles determinaram a intensidade de radiação de elementos radioativos. Assim, examinaram todos os elementos químicos conhecidos na época, descobrindo que outros elementos além do urânio emitiam radiação espontânea. No dia 12 de abril de 1889, publicaram na Academia de Ciências de Paris que o tório apresenta características semelhantes ao urânio.

Em julho de 1898, descobriram mais um elemento, que em homenagem à pátria de Marie Curie foi batizado de polônio (Po), um átomo radioativo cerca de 400 vezes mais ativo que o urânio. Em dezembro desse mesmo ano, descobriram o rádio (Ra), também mais radioativo que o urânio. Outra descoberta importante dos Curie foi que uma substância radioativa desaparece espontaneamente, reduzindo-se à metade sempre no mesmo intervalo de tempo.

Em 1903, com Becquerel, o casal Curie foi agraciado com o Prêmio Nobel. Marie Curie ganhou sozinha outro Nobel em 1911.

Por dentro do conceito

Isótopos dos elementos

Os diferentes tipos de elementos encontrados na natureza são objeto de estudo da Física e da Química. Com o desenvolvimento desse conhecimento, foi possível organizá-los em uma tabela de maneira que formassem grupos ou famílias de elementos com as mesmas propriedades. Na tabela periódica, cada elemento é caracterizado principalmente por seu número atômico, ou seja, pelo número de prótons presentes no núcleo, e por seu número de massa, que é a soma do número de prótons e nêutrons. Em um átomo neutro, existe o mesmo número de prótons e elétrons.

Dado determinado elemento com o seu respectivo número de prótons, o número de nêutrons pode variar dentro de um intervalo. A esses elementos damos o nome de isótopos naturais, que significa "mesmo lugar" (em grego: *iso* = mesmo; *topo* = lugar). Os isótopos naturais de determinado elemento químico contém o mesmo número de prótons do elemento natural, com a inclusão (ou exclusão) de alguns poucos nêutrons. O nome *mesmo lugar* faz menção à posição ocupada pelo isótopo na tabela periódica, visto que possuem o mesmo número de prótons. A Tabela 10.2 a seguir é uma forma de mostrar alguns isótopos de alguns elementos e recebe o nome de tabela de isótopos ou tabela de nuclídeos.

O hidrogênio, o átomo mais simples da natureza, é um exemplo de elemento que apresenta vários isótopos. Um deles é o hidrogênio-2, ou deutério, composto do átomo de hidrogênio com a inclusão de um nêutron em seu núcleo. Outro exemplo é o hidrogênio-3, ou trítio, com a inclusão de dois nêutrons no núcleo. Esse elemento é radioativo, decaindo espontaneamente em hélio-3 pelo decaimento β.

Z→ / N↓	0 (n)	1 (H)	2 (He)	3 (Li)	4 (Be)	5 (B)	6 (C)	7 (N)	8 (O)	9 (F)	10 (Ne)	11 (Na)	12 (Mg)	13 (Al)	14 (Si)
0		^{1}H	^{2}He												
1	^{1}n	^{2}H	^{3}He	^{4}Li	^{5}Be										
2	^{2}n	^{3}H	^{4}He	^{5}Li	^{6}Be	^{7}B	^{8}C								
3		^{4}H	^{5}He	^{6}Li	^{7}Be	^{8}B	^{9}C	^{10}N							
4	^{4}n	^{5}H	^{6}He	^{7}Li	^{8}Be	^{9}B	^{10}C	^{11}N	^{12}O						
5		^{6}H	^{7}He	^{8}Li	^{9}Be	^{10}B	^{11}C	^{12}N	^{13}O	^{14}F					
6		^{7}H	^{8}He	^{9}Li	^{10}Be	^{11}B	^{12}C	^{13}N	^{14}O	^{15}F	^{16}Ne				
7			^{9}He	^{10}Li	^{11}Be	^{12}B	^{13}C	^{14}N	^{15}O	^{16}F	^{17}Ne	^{18}Na			
8			^{10}He	^{11}Li	^{12}Be	^{13}B	^{14}C	^{15}N	^{16}O	^{17}F	^{18}Ne	^{19}Na	^{20}Mg		
9				^{12}Li	^{13}Be	^{14}B	^{15}C	^{16}N	^{17}O	^{18}F	^{19}Ne	^{20}Na	^{21}Mg	^{22}Al	
10					^{14}Be	^{15}B	^{16}C	^{17}N	^{18}O	^{19}F	^{20}Ne	^{21}Na	^{22}Mg	^{23}Al	^{24}Si
11						^{16}B	^{17}C	^{18}N	^{19}O	^{20}F	^{21}Ne	^{22}Na	^{23}Mg	^{24}Al	^{25}Si
12							^{18}C	^{19}N	^{20}O	^{21}F	^{22}Ne	^{23}Na	^{24}Mg	^{25}Al	^{26}Si
13								^{20}N	^{21}O	^{22}F	^{23}Ne	^{24}Na	^{25}Mg	^{26}Al	^{27}Si
14									^{22}O	^{23}F	^{24}Ne	^{25}Na	^{26}Mg	^{27}Al	^{28}Si
15										^{24}F	^{25}Ne	^{26}Na	^{27}Mg	^{28}Al	^{29}Si
16											^{26}Ne	^{27}Na	^{28}Mg	^{29}Al	^{30}Si
17												^{28}Na	^{29}Mg	^{30}Al	^{31}Si
18													^{30}Mg	^{31}Al	^{32}Si
19														^{32}Al	^{33}Si
20															^{34}Si

Seleção de alguns elementos conhecidos e classificados pelo número de prótons no eixo horizontal e pelo número de nêutrons no eixo vertical.

Tabela 10.2: Seleção de alguns elementos conhecidos e classificados pelo número de prótons no eixo horizontal e pelo número de nêutrons no eixo vertical.

4.1. Tipos de decaimento

O método experimental comum no início do século XX consistia em uma caixa fechada de chumbo com um pequeno orifício. Em seu interior, era colocada uma amostra do material radioativo que seria estudado. Como se tratava de um elemento instável, partículas e/ou radiação eram emitidas através do orifício. Com a aplicação de um campo elétrico ao longo da trajetória dessa emissão, observou-se que o feixe inicial, que dependia do material depositado, era dividido em três radiações distintas (Figura 10.24).

A distância que uma partícula percorre até parar é denominada alcance. Rutherford e sua equipe, para a caracterização da radioatividade, observaram que cada radiação tinha um poder de penetração diferente, e que para barrá-las eram necessárias placas de diferentes materiais, uma delas sendo de chumbo de alguns centímetros de espessura.

Ao término de seu trabalho com o urânio, Rutherford constatou que o feixe inicial se dividia em dois tipos distintos de radiação emitidos pelo núcleo. Ele chamou essas radiações desconhecidas de "alfa" e "beta". Na França, Paul Ulrich Villard (1860-1934) trabalhando em seu laboratório descobriu que o feixe inicial se dividia em três radiações distintas, e não em duas como indicado por Rutherford. Essa terceira radiação foi denominada radiação "gama", e era ainda mais penetrante que os raios X.

Esses três tipos de radiação, que vamos estudar nesta seção, têm diferentes origens e diferem pelos desvios causados pelo campo elétrico e por seu poder de penetração.

Figura 10.24: Arranjo experimental para a detecção dos três tipos de radiação emergente da caixa de chumbo com amostra radioativa.

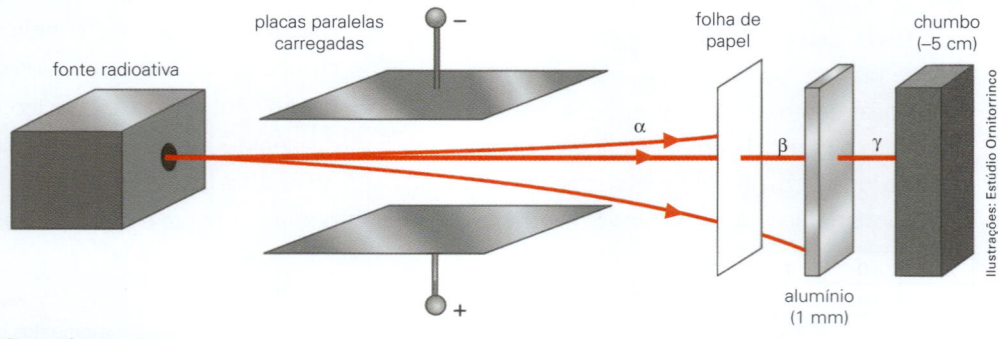

Decaimento α

Figura 10.25: Representação do decaimento α, em que o núcleo ejeta uma partícula α, formada por dois prótons e dois nêutrons, e radiação. Ocorre aí uma transmutação atômica, pois o núcleo do átomo resultante é diferente do núcleo

No decaimento de alguns átomos radioativos, pares de prótons e nêutrons são ejetados do núcleo, que se transforma em outro. No caso do urânio-238, o núcleo original perde dois prótons, transformando-se no tório-234, com 90 prótons e 144 nêutrons. Os pares de prótons e nêutrons são chamados partículas α.

$$^{238}_{92}U \rightarrow {}^{234}_{90}Th + {}^{4}_{2}He + \gamma$$

A seta indica que o urânio, ao ejetar uma partícula α, se transformou em um átomo de tório (Figura 10.25). Avaliando o balanço energético desse decaimento, a energia final do sistema é constituída de três formas: radiação γ (onda eletromagnética de grande intensidade, alta frequência; representada pela letra grega gama), energia cinética da partícula α e energia cinética do núcleo de tório.

O alcance das partículas α é muito pequeno, já que elas têm um pequeno poder de penetração. Ao incidir sobre o corpo humano, são detidas pela camada de células mortas da pele, podendo, no máximo, causar queimaduras.

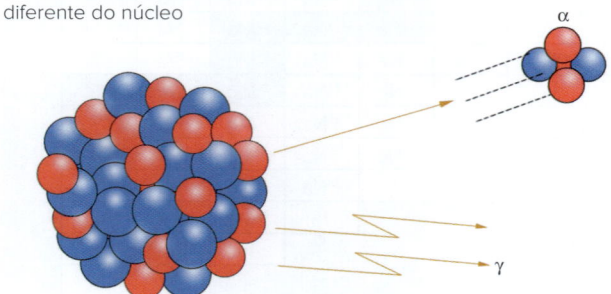

Decaimento β

O decaimento β ocorre quando um núcleo atômico tem um número insuficiente ou excessivo de nêutrons para se manter estável. Nesse caso, um nêutron se transforma em um próton, um elétron e um antineutrino. O próton permanece no núcleo e o elétron e o antineutrino são emitidos para o exterior do núcleo. O elétron emitido em elevada velocidade recebe o nome de partícula β. Note que (Figura 10.26), nesse decaimento, o núcleo "ganha" um próton, por isso é transmutado em um elemento de número atômico maior por uma unidade.

O caso mais simples de decaimento β é o de um nêutron livre, que decai em um próton, um elétron e um antineutrino (Figura 10.27), e pode ser representado pela expressão:

$$n \rightarrow p + \beta^- + \overline{\nu}_e$$

As partículas β têm médio poder de penetração. Ao incidirem sobre o corpo humano, podem penetrar até 2 cm e causar sérios danos.

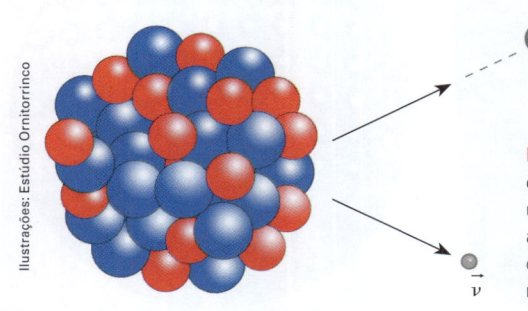

Ilustrações: Estúdio Ornitorrinco

Figura 10.26: Representação do decaimento β, em que o núcleo ejeta um elétron e um antineutrino. Ocorre aí a transmutação atômica, pois o núcleo do átomo resultante é diferente do núcleo do átomo original.

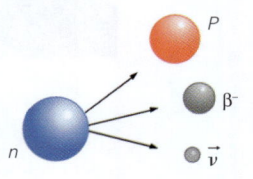

Figura 10.27: Representação do decaimento de um nêutron livre.

Por dentro do conceito

O neutrino do elétron

O neutrino (ν) é uma partícula sem carga proposta em 1930, por Wolfgang Pauli, para explicar a aparente violação do princípio da conservação da energia em um decaimento β. Observações experimentais mostraram que a energia cinética dos elétrons emitidos no decaimento β não era compatível com a energia prevista pela teoria.

Trata-se de uma partícula leve, neutra, menor que um nêutron e que interage muito pouco com a matéria. Como não tem carga elétrica, o neutrino, nome sugerido pelo físico italiano Enrico Fermi, não era detectado pelos instrumentos de medida. Para se ter ideia do poder de penetração do neutrino, ele pode atravessar uma parede de chumbo com cerca de 50 anos-luz de espessura!

A existência dessa partícula neutra apresentou a necessidade de uma nova interação nuclear, que em 1933, Fermi denominou **força fraca**. Esse nome foi dado por essa força ser menos intensa que a força forte e que a força eletromagnética. Além

disso, ela interage de modo diferente, é conhecida durante o processo de decaimento β e atua em pequenas distâncias, da ordem de 10^{-18} m. Em 1960, uma nova teoria foi apresentada pelos físicos Sheldon L. Glashow (1932-), Steven Weinberg (1933-) e Abdus Salam (1926-1996), em que as interações fraca e eletromagnética foram apresentadas como manifestações diferentes de uma única força, a **força eletrofraca**.

Por interagir fracamente com a matéria e ser uma partícula neutra, ou seja, não sensível à força eletromagnética, o neutrino foi muito difícil de ser detectado. Isso aconteceu, de maneira indireta, em 1956; em 1957, ele foi pela primeira vez observado.

Hoje os neutrinos são estudados em laboratórios como o Super Kamiokande, no Japão. Localizado a 1 km abaixo da terra, esse laboratório levou seis anos para ser construído (1991-1996) e é operado por uma cooperação internacional que inclui pessoas e institutos do Japão, Estados Unidos, Coreia, China, Polônia e Espanha.

Trata-se de um grande tanque de aço inoxidável com 39 m de diâmetro e 42 m de altura preenchido com 50 mil toneladas de água pura. Nas paredes, são instalados fotomultiplicadores com o propósito de revelar as propriedades dos neutrinos por meio da interação dos neutrinos solares e atmosféricos com a água (Figura 10.28). Esse tipo de observação permite que conheçamos as reações dentro do Sol e os mecanismos da explosão das estrelas.

Hoje, sabe-se da existência de três tipos de neutrino: um associado ao elétron (ν_e), um associado ao múon (ν_μ), e um associado ao tau (ν_τ); este último ainda não tendo sido observado experimentalmente.

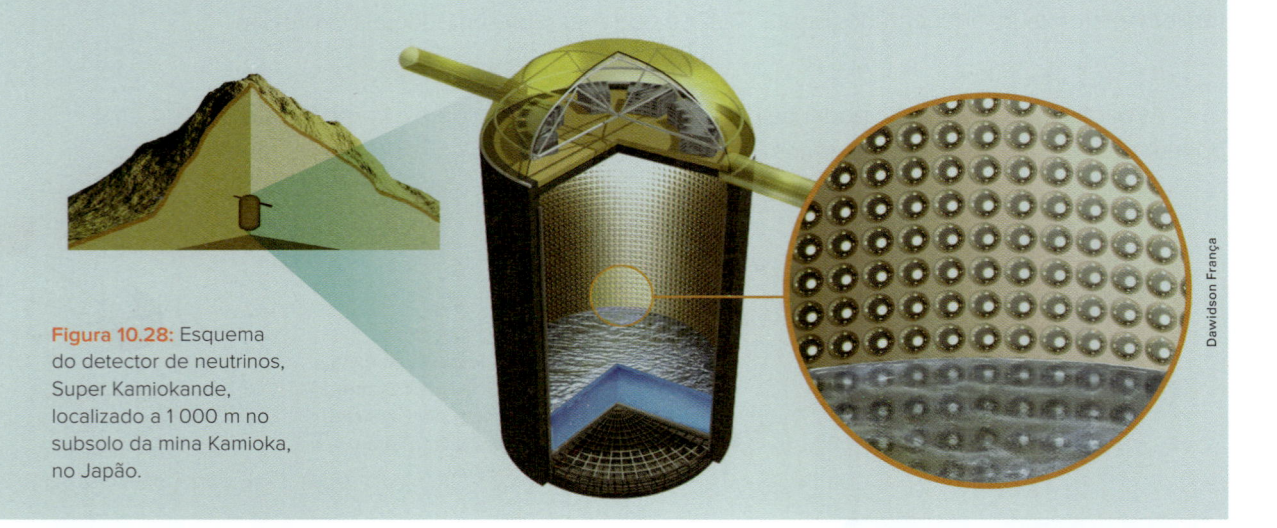

Figura 10.28: Esquema do detector de neutrinos, Super Kamiokande, localizado a 1 000 m no subsolo da mina Kamioka, no Japão.

Dawidson França

O cientista na História

Marie Sklodowska Curie

Marie Sklodowska nasceu no dia 7 de novembro de 1867, na Varsóvia, antiga capital da Polônia. Filha caçula da pianista, cantora e professora Bronislawa e do professor de Matemática e Física Vladislav Sklodowski, Manya como era carinhosamente chamada, herdou dos pais o patriotismo e o valor atribuído ao conhecimento.

Na época em que Manya nasceu, a Polônia estava dividida entre Áustria, Prússia e Rússia czarista. Morava com a família na parte da Varsóvia controlada pelo czar, que esperava acabar com o nacionalismo polonês que mantinha o povo ignorante de sua cultura e língua. Por seu patriotismo declarado, os pais de Manya enfrentaram muitas dificuldades. Quando Marie tinha apenas 8 anos, a família começou a receber pensionistas para que pudesse pagar as despesas. Foi assim que sua irmã mais velha pegou febre tifoide de um pensionista e faleceu. Três anos depois, foi a mãe que perdeu a batalha de cinco anos com a tuberculose, aos 42 anos de idade.

Vladislav fez o melhor para educar os filhos, José, Bronya, Hela e Marie. Ao concluir o secundário no Liceu Russo, Marie ganhou uma medalha de ouro. Como mulheres eram proibidas de estudar na Universidade de Varsóvia, até sua entrada na Universidade de Sorbonne em 1891, Marie estudou Química escondida num 'museu' que na verdade era um laboratório ilegal para cientistas poloneses. Apesar dos riscos de punição, caso as autoridades russas descobrissem, foi tutora de filhos de trabalhadores locais.

Em Paris, apesar de não se sentir tão preparada quanto os outros estudantes, Marie se esforçou muito e obteve as licenciaturas em Física (1893) e Matemática (1894). Sobre esses anos, ela conta:

> "Toda a minha mente estava centrada em meus estudos, que, especialmente no início, eram difíceis. Na verdade, eu não estava suficientemente preparada para seguir o curso de Ciências Físicas na Sorbonne, pois, apesar de todos os meus esforços, eu não tinha conseguido adquirir na Polônia uma preparação tão completa como a dos estudantes franceses para seguir o mesmo rumo. Então, eu era obrigada a suprir essa deficiência, principalmente em Matemática. Eu dividia meu tempo entre aulas, trabalhos experimentais e estudo na biblioteca."

CURIE, Marie. *Pierre Curie with Autobiographical Notes*. New York: Macmillan, 1923. p. 171. (Tradução dos autores).

Decaimento γ

No decaimento γ, um núcleo em um estado excitado decai para um estado de menor energia, emitindo um fóton muito energético (alta frequência). Ao contrário do que ocorre nos decaimentos α e β, o núcleo atômico continua a ser o mesmo, não havendo transmutação (Figura 10.29).

No decaimento do césio-137 em bário-137, por exemplo, temos duas etapas:

$$^{137}_{55}\text{Cs} \rightarrow \ ^{0}_{-1}\beta + \ ^{137}_{56}\text{Ba}_{(\text{instável})} \rightarrow \ ^{0}_{0}\gamma + \ ^{137}_{56}\text{Ba}_{(\text{estável})}$$

Na primeira etapa, o césio é transmutado em bário pela emissão de uma partícula β^-. Sendo instável, o bário decai em radiação γ, radiação (fótons) de elevada frequência e energia.

Os raios γ são mais penetrantes que os raios X, pois têm comprimentos de onda bem menores, variando entre 0,1 e 0,001 Å. Um fóton de radiação γ pode perder toda, ou quase toda, energia numa única interação, e a distância que ele percorre até interagir não pode ser prevista. Esse tipo de radiação tem o poder de atravessar completamente o corpo humano, causando danos irreparáveis (Figura 10.30, na próxima página).

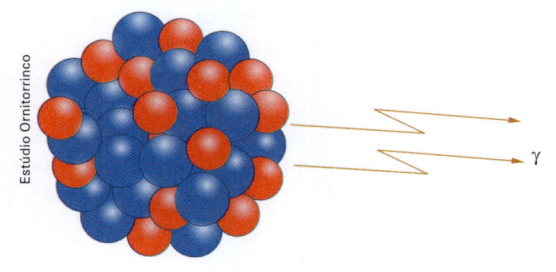

Estúdio Ornitorrinco

Figura 10.29: Os raios γ são ondas eletromagnéticas com as frequências mais altas que conhecemos. Por isso, são bem energéticos e têm alto poder de penetração.

Tabela 10.3: Principais características das partículas α, β e γ				
Radiação	Representação	Carga	Poder de penetração	Poder de ionização
α	$_2^4$He ou $_2^4$α	+2e	pequeno	grande
β	$_{-1}^{0}$β	−1e	moderado	moderado
	$_{+1}^{0}$β	+1e		
γ	$_0^0$γ	nula	grande	pequeno

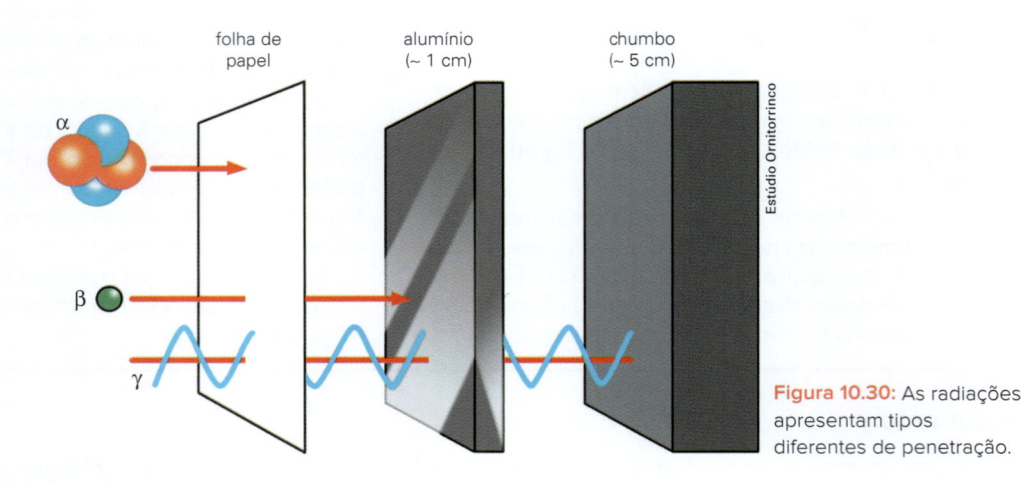

folha de papel — alumínio (~ 1 cm) — chumbo (~ 5 cm)

Estúdio Ornitorrinco

Figura 10.30: As radiações apresentam tipos diferentes de penetração.

Exercícios resolvidos

1. O que quer dizer decaimento radioativo?

Decaimento radioativo é o processo em que ocorre a desintegração do núcleo atômico de elementos instáveis.

2. Determine o número atômico e o número de massa do elemento resultante de duas etapas do processo de desintegração de urânio $_{92}^{235}$U:

a) em uma partícula α;

Em um decaimento α, com emissão de um núcleo de hélio, o número atômico é reduzido em duas unidades, e o número de massa, em quatro unidades. Assim:

$$_{92}^{235}U \rightarrow {}_{90}^{231}X + {}_2^4\alpha$$

Podemos recorrer a uma tabela da série de actínio e identificar que o elemento radioativo X, com número de massa 231 e número atômico 90 é o tório.

b) em uma partícula β.

Para um decaimento β do tório-231, em que ocorre a emissão de um elétron por meio do decaimento de um nêutron em próton, o número atômico aumenta em 1 e o número de massa não se altera. Logo:

$$_{90}^{231}Th \rightarrow {}_{91}^{231}Y + {}_{-1}^{0}\beta$$

O elemento radioativo Y é o protactínio (Pa).

3. Qual é o elemento resultante da emissão sucessiva de uma partícula α, duas partículas β e três raios γ pelo $_{92}^{235}$U?

Emissão de uma partícula α:

$$_{92}^{235}U \rightarrow {}_{90}^{231}X + {}_2^4\alpha$$

Duas partículas β:

$$_{90}^{231}X \rightarrow {}_{92}^{231}Y + 2\,{}_{-1}^{0}\beta$$

Três raios γ:

$$_{92}^{231}Y \rightarrow {}_{92}^{231}Z + 3{}_0^0\gamma$$

O elemento resultante, $_{92}^{231}$Z, é o $_{92}^{231}$U.

4. Qual é o comportamento dos raios α, β e γ quando expostos a um campo magnético uniforme?

Os raios α e β são desviados em sentidos opostos, e os raios γ não são desviados. Isso ocorre porque as partículas α são íons de hélio carregados positivamente. As partículas β são elétrons, dotados de carga negativa, e os raios γ são ondas eletromagnéticas de frequência muito alta.

1. (Vunesp-SP) O decaimento beta ocorre quando um nêutron dá origem a um próton (carga $+e$), a um elétron (carga $-e$) e uma terceira partícula. Na figura, as setas mostram as direções iniciais e os sentidos de movimento do próton e do elétron depois do decaimento de um nêutron em repouso. A figura omite a terceira partícula.

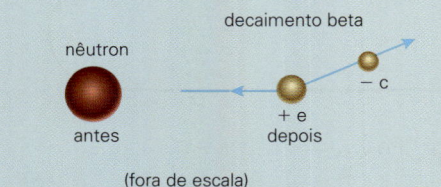

decaimento beta

nêutron

$-c$

$+e$

antes

depois

(fora de escala)

A partir destes dados, pode-se dizer que a direção e a carga elétrica da terceira partícula são respectivamente:

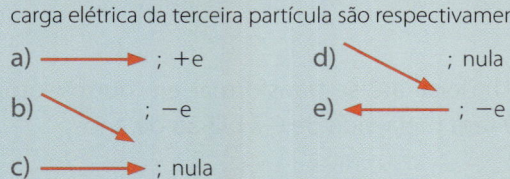

a) ———➤ ; $+e$ d) ➘ ; nula

b) ➘ ; $-e$ e) ◄——— ; $-e$

c) ———➤ ; nula

2. (UFRGS-RS) Partículas alfa, partículas beta e raios gama podem ser emitidos por átomos radioativos. As partículas alfa são íons de hélio carregados positivamente. As partículas beta são elétrons. Os raios gama são ondas eletromagnéticas de frequência muito alta. Na desintegração de $_{88}Ra^{226}$ resultando na formação de um núcleo $_{86}Rn^{222}$, pode-se inferir que houve a emissão:

a) apenas de raios gama.

b) de uma partícula alfa.

c) de uma partícula beta.

d) de duas partículas beta e duas partículas alfa.

e) de raios gama e de duas partículas beta.

3. (Vunesp-SP) O primeiro isótopo radioativo artificialmente produzido foi o $_{15}^{30}P$, através do bombardeio de lâminas de alumínio por partículas alfa, segundo a reação (I)

$$(I)\ _{13}^{27}AL + \alpha \rightarrow\ _{15}^{30}P + \text{partícula } x$$

O isótopo formado, $_{15}^{30}P$, por sua vez emite um pósitron, segundo a reação (II)

$$(II)\ _{15}^{30}P \rightarrow\ _{n}^{b}y +\ _{1}^{0}\beta$$

Balancear as equações (I) e (II), identificando a partícula x e fornecendo os números atômicos e de massa do elemento y formado.

4.2. Lei do decaimento radioativo

Um ponto fundamental a respeito dos átomos radioativos é sua instabilidade. Mas quanto tempo um átomo instável de urânio permanece como tal? E o tório resultante desse decaimento, como é sua "vida" em relação ao urânio?

Existe uma lei geral que descreve esse tipo de decaimento: é a **lei de desintegração radioativa**, ou **lei do decaimento radioativo**. Ela foi proposta por Rutherford e trata do decaimento coletivamente e em termos estáticos. Sua formulação é:

$$N = N_0 \cdot e^{-\lambda t}$$

Nela, t é o tempo; N_0 é o número de partículas no instante $t = 0$; λ é a constante de desintegração ($\lambda = 1/\tau$); e τ é a meia-vida do elemento, intervalo de tempo durante o qual ½ dos átomos da amostra tenham decaído (Gráfico 10.2).

Alguns elementos são naturalmente radioativos, outros são produzidos pelo ser humano em laboratórios e também podem se desintegrar. O urânio é o exemplo mais clássico, o elemento radioativo mais pesado encontrado na natureza. A **radioatividade natural** ocorre em três séries de átomos que geram os seguintes elementos instáveis: polônio, ástato, radônio, frâncio, rádio, actínio, tório e protactínio.

número de átomos radioativos e presentes da amostra (N)

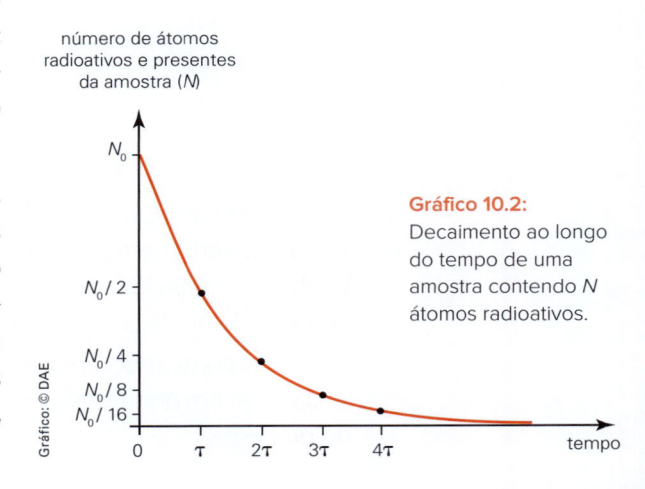

Gráfico 10.2: Decaimento ao longo do tempo de uma amostra contendo N átomos radioativos.

- O isótopo de urânio-238 ($^{238}_{92}U$) decai em outros átomos até se transformar em um isótopo estável de chumbo ($^{206}_{82}Pb$). O urânio-238 tem meia-vida de 4,5 bilhões de anos.

Série de Urânio (4n + 2)

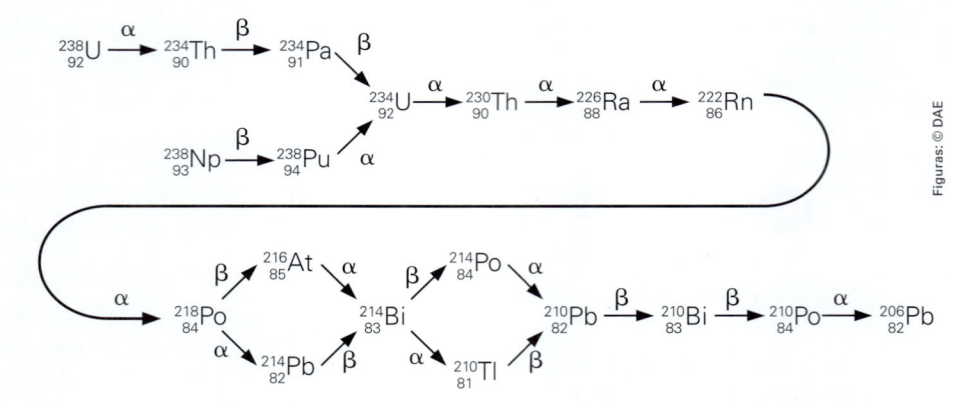

Figura 10.31: Série do urânio.

- O isótopo de urânio-239 ($^{239}_{92}U$) decai até se transformar em outro isótopo de chumbo ($^{207}_{82}Pb$). O urânio-239 tem meia-vida de 0,7 bilhão de anos.

Série de Actínio (4n + 3)

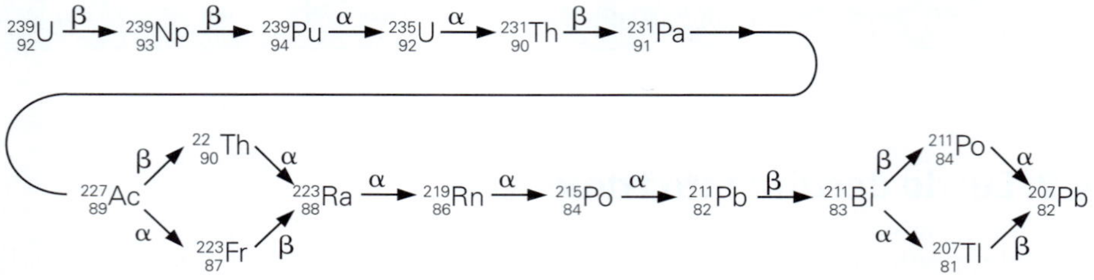

Figura 10.32: Série do actínio.

- O isótopo de tório-232 ($^{232}_{90}Th$) decai até se transformar em um isótopo de chumbo ($^{208}_{82}Pb$). O tório-232 tem meia-vida de 14 bilhões de anos.

Série de Tório (4n)

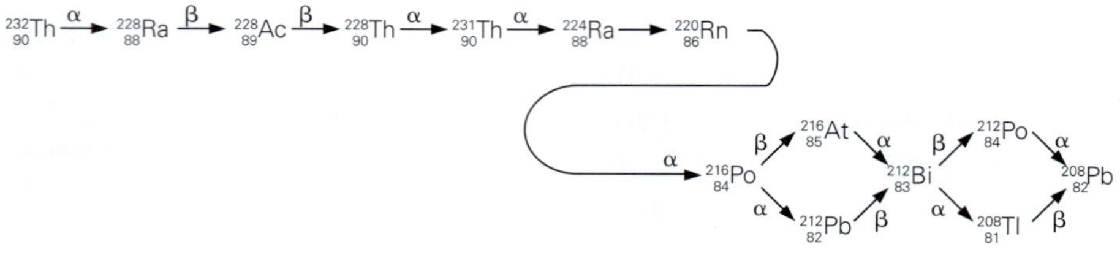

Figura 10.33: Série do tório.

As tabelas acima, são chamadas **famílias radioativas** (Figuras 10.31 a 10.33) e apresentam a série de transformações que ocorre até que o núcleo se estabilize. Elas são, também, conhecidas como **série de cada elemento**. Observe que, quanto maior é a quantidade de decaimentos, menor é a meia-vida da substância radioativa.

Mesmo quando um caminho se divide, ou seja, nos casos em que os decaimentos se dividem em dois tipos, ambos os caminhos levam ao mesmo elemento químico no fim do processo.

4.3. Fissão nuclear e produção de energia

Você já deve ter ouvido falar em energia nuclear. Para muitas pessoas, o termo "nuclear" remete a lembranças ruins, como Hiroshima e Nagasaki, Chernobyl, Goiânia, além de outros acidentes envolvendo radiação. Existe até mesmo uma música de Vinicius de Moraes, cantada pelo extinto grupo Secos e Molhados, que faz menção às crianças vítimas da bomba: "Pensem nas crianças mudas, telepáticas [...] Da rosa de Hiroshima, a rosa hereditária, a rosa radioativa, estúpida e inválida".

Toda essa carga negativa gerou certo medo e desconfiança em relação a tudo o que se relaciona à radiação e à questão nuclear. No Brasil, esses reflexos se fizeram sentir no momento em que foi anunciada a construção das usinas nucleares Angra I e Angra II, em Angra dos Reis, no Rio de Janeiro.

Para que você possa formar uma opinião sobre essa delicada questão, é fundamental conhecer a energia nuclear e o modo como é manuseada nos reatores das usinas. Com essas informações iniciais, você saberá mais sobre o tema e poderá se posicionar.

Conhecimento técnico

No caso das estrelas, em particular o Sol, vimos que os átomos de hidrogênio e de outros elementos leves, como hélio, carbono e oxigênio, se combinam num processo chamado **fusão nuclear** e irradiam luz e calor. Nas reações de **fissão nuclear**, tal como ocorre nas usinas, temos o oposto: em vez de se fundirem, os átomos mais pesados são quebrados, formando muitos núcleons. Tanto na fissão como na fusão há diminuição da massa do núcleo, que é transformada em energia.

A fissão nuclear foi descoberta pelos alemães Otto Hahn (1879-1968) e Fritz Strassmann (1902-1980) e nomeada pelo biólogo estadunidense William A. Arnold (1904-2001) pela associação com os processos biológicos de divisão celular. Sobre essa descoberta, Hahn declarou:

> Em particular, Fermi concluiu que, ao irradiar urânio com nêutrons, ele havia formado elementos transurianos, isto é, elementos com número atômico mais elevado que o do urânio. A senhorita Lise Meitner, Fritz Strassmann e eu decidimos repetir e ampliar estas experiências muito interessantes. Nós nos considerávamos bem qualificados para realizá-las. Os físicos, Lise Meitner e eu havíamos trabalhado juntos em problemas de radioatividade durante mais de trinta anos. Fritz Strassmann, meu amigo, possuía uma experiência única em Química Analítica Inorgânica, e eu havia estado no campo da radioquímica desde os primeiros dias do começo do século, faz já muitos anos, com resultados muito bons.
>
> Durante os quatro anos de trabalho em conjunto, desde 1934 até 1938, publicamos numerosos trabalhos – Meitner, Hahn e Strassmann –, acreditando que havíamos isolado isótopos dos elementos 93 e 96, e nossos resultados foram geralmente aceitos. Mas, no final do ano de 1938, quando Lise Meitner se viu obrigada a sair da Alemanha e emigrou para a Suécia, Dr. Strassmann e eu chegamos à espantosa conclusão de que o impacto do nêutron sobre o núcleo de urânio produzia sua fissão em dois núcleos de tamanho médio, processo que previamente não seria considerado possível. Esses resultados que nós publicamos com alguma vacilação foram prontamente confirmados por físicos da Dinamarca, Estados Unidos e outros países.

MARTINS, J. B. A *história do átomo*: de Demócrito aos quarks. Rio de Janeiro: Ciência Moderna, 2001. p. 135.

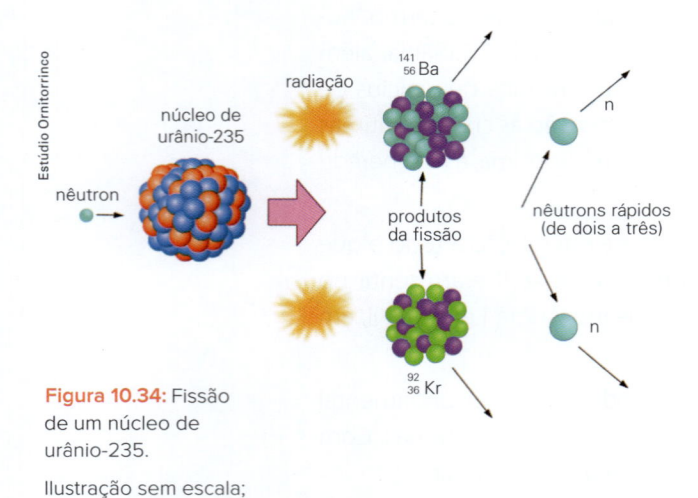

Figura 10.34: Fissão de um núcleo de urânio-235.

Ilustração sem escala; cores-fantasia.

A comunicação da fissão foi apresentada no dia 22 de dezembro de 1938. Um ano depois, Niels Bohr e o físico estadunidense John A. Wheeler (1911-2008) desenvolveram a teoria da fissão. Uma das possíveis reações de fissão do urânio é a seguinte (Figura 10.34):

$$^{235}_{92}U + 1 \text{ nêutron} \rightarrow {}^{141}_{56}Ba + {}^{92}_{36}Kr + 3 \text{ nêutrons}.$$

A presença do bário, fragmento da fissão, foi identificada como produto do bombardeamento do urânio por nêutron. Esse processo é denominado fissão induzida por nêutrons.

O átomo de urânio foi quebrado em duas partes: um átomo de bário e um átomo de criptônio. Nessa reação há a produção de $3 \cdot 10^{-11}$ J, o que equivale à perda de 0,215 u.m.a. ou a $35,7 \cdot 10^{-26}$ g.

Nessa reação, o urânio teve de ser bombardeado com nêutrons para se dividir. Não imagine a quebra do urânio como um impacto do nêutron, como acontece com uma vidraça sendo espatifada por uma pedra. O processo ocorre por causa da instabilidade gerada no núcleo do urânio ao receber um nêutron adicional.

Existem átomos que têm núcleos instáveis por natureza. A fissão espontânea é muito rara – por exemplo, a fissão espontânea do urânio-238 (^{238}U) tem meia-vida igual a 10^{16} anos.

A compreensão do mecanismo da fissão nuclear e de como controlá-la foi rapidamente aplicada à construção de usinas nucleares. Nesse tipo de usina, a reação de fissão do urânio-235 pela reação com nêutrons rápidos é utilizada, de modo controlado, para gerar energia elétrica. Como a amostra de urânio-235 não contém apenas um átomo, ocorre o que chamamos **reação em cadeia** (Figura 10.35). A partir do momento em que um átomo se fissiona e libera mais nêutrons, estes reagem com outros átomos de urânio da amostra, que também se fissionam. Quase instantaneamente uma grande quantidade de energia é gerada pela fissão nuclear.

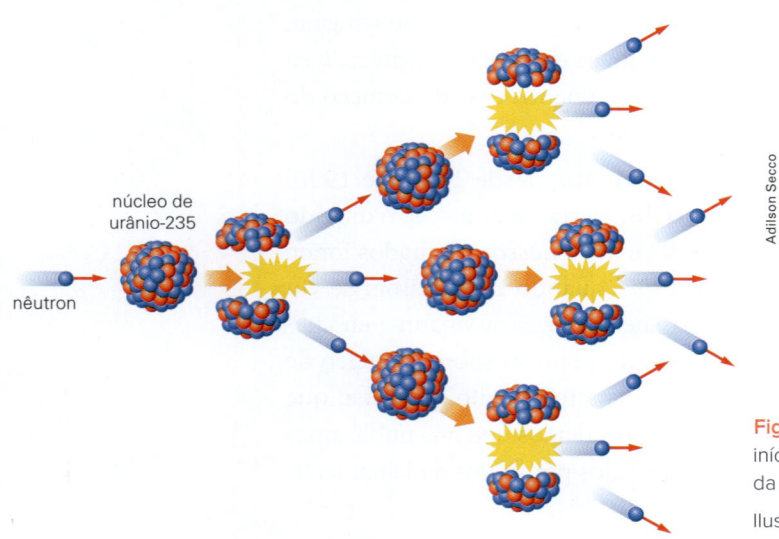

Nas usinas, o número de fissões por segundo é controlado pela inserção de hastes de comando feitas de cádmio e boro, materiais que absorvem nêutrons. A estrutura de detenção, em geral composta de espessas paredes de concreto e barras de chumbo, é construída para impedir que os nêutrons e a radiação produzida escapem.

Figura 10.35: Representação do início de uma reação em cadeia da fissão do átomo de urânio-235.

Ilustração sem escala; cores-fantasia.

O processo de fissão nuclear começa no reator, e a energia liberada é utilizada para aquecer a água (tubulação em tom avermelhado), que é então conduzida ao gerador de vapor. Ao esquentar e ebulir a água, o vapor produzido sob alta pressão é direcionado para a turbina, que entra em movimento. Acoplado a ela encontra-se um gerador que, ao ser acionado, produz energia elétrica. Podemos considerar as usinas nucleares semelhantes às usinas termelétricas, com exceção da fonte de energia primária, que nas usinas nucleares são reações nucleares e nas usinas termelétricas são reações químicas (Figura 10.36).

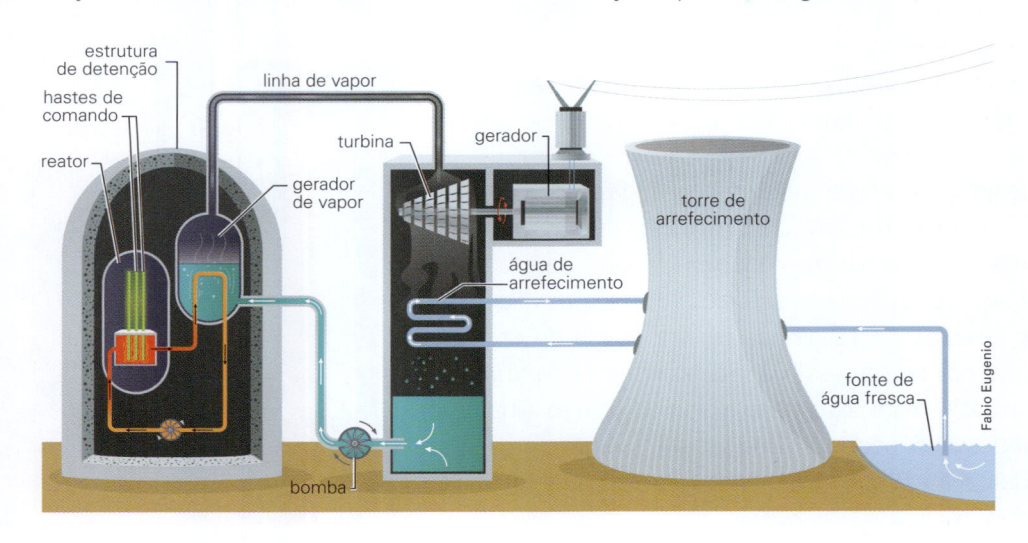

Figura 10.36: Esquema do funcionamento de uma usina nuclear.

Atualmente, no Brasil, as usinas de Angra I e Angra II estão em funcionamento e geram 657 MW e 1 350 MW de potência elétrica, respectivamente (Figuras 10.37 e 10.38). Uma terceira usina, Angra III, que tem previsão de entrar em operação comercial em 2018, chegará a produzir 1 405 MW. As três usinas em funcionamento deverão gerar um total de energia de 26 milhões de MWh por ano, suficientes para abastecer cerca de 58% do estado do Rio de Janeiro. A usina de Angra I entrou em funcionamento em 1985.

Figuras 10.37 e 10.38: Sala de controle e usinas Angra I e II. Fotos de 2013.

Enriquecimento do urânio

O minério de urânio encontrado nas formações rochosas é composto de cerca de 99,3% do isótopo ^{238}U, que possui 92 prótons e 146 nêutrons. O que corresponde a 0,7% do isótopo ^{235}U ($Z = 92$, $N = 143$), necessário nas usinas nucleares.

As etapas do enriquecimento de urânio consistem em aumentar a quantidade do isótopo do ^{235}U, passando a ser de 2% a 5% do isótopo presente na amostra.

Essas etapas de enfraquecimento utilizam centrífugas e devem-se ao fato de o isótopo ^{235}U ser bem mais leve que o ^{238}U, que tem maior massa. Sendo mais leve, o urânio-235 se difunde com maior velocidade e facilita o processo de centrifugação, onde ocorre a separação dos isótopos. Para isso, um gás (hexafluoreto de urânio, UF_8) é injetado em alta velocidade na centrífuga; como as moléculas do isótopo mais leve se concentram na parte inferior dela, podem ser coletadas. O material coletado é prensado em pastilhas, que são o combustível nuclear enriquecido, e pode ser utilizado tanto nas usinas elétricas quanto na fabricação de bombas de fissão nuclear (Figura 10.39).

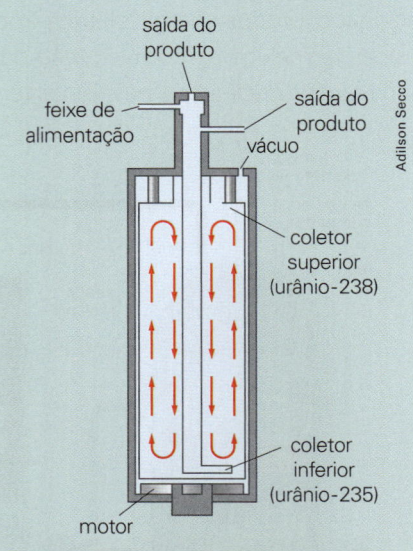

Figura 10.39: Esquema de uma centrífuga de enriquecimento isotópico.

CIÊNCIA, TECNOLOGIA, SOCIEDADE E AMBIENTE

O contexto tecnológico e social

No entreguerras do século XX, a polêmica do desenvolvimento das pesquisas em Física Nuclear foi muito grande, dividindo as pessoas com relação a esse investimento. Argumentos a favor e contra não faltaram. Os partidários dessas pesquisas justificavam seu ponto de vista apontando a crescente demanda de energia e a abundante fonte obtida nas reações nucleares. Consideravam também o custo inferior na produção de energia se comparado às outras usinas. Os argumentos contrários, por sua vez, abordavam o risco de vazamento e contaminação, a questão do lixo nuclear e a possibilidade do uso da tecnologia para fins militares.

Se a discussão ficasse apenas em torno da produção de energia elétrica por meio da energia nuclear, ela não seria menos acalorada, mas certamente seria mais fácil. Teríamos a fonte perfeita de energia, pois com uma pequena porção de átomos de urânio geraríamos quantidades enormes de energia, sem o alagamento de grandes áreas para a construção das hidrelétricas ou a poluição da queima dos combustíveis fósseis.

O grande problema na utilização das reações de fissão nuclear para a produção de energia são seus nêutrons extremamente velozes e suas radiações nocivas aos seres vivos. Essa radiação, em contato com organismos, pode danificar as células e causar diversos males. Mesmo quando não mata os órgãos diretamente, ela deixa sequelas no sistema de reprodução das células (DNA) que com o tempo podem levar à morte.

Do ponto de vista técnico, outro problema com o uso da energia nuclear é o processo de enriquecimento do urânio, pois se usa o ^{235}U, não encontrado na natureza em grande quantidade. Além disso, o material radioativo que sobra no processo deve ser cuidadosamente armazenado, para evitar contaminação. Existem ainda riscos de acidente com vazamento de material radioativo, que pode contaminar extensas áreas urbanas. Outro problema que deve ser considerado no funcionamento das usinas nucleares é que elas não podem ser "desligadas" a qualquer momento. Uma vez iniciada uma reação de fissão, é muito difícil extingui-la instantaneamente, pois sua taxa de desintegração só pode ser diminuída gradativamente. Por isso, a utilização das reações de fissão para a produção de energia com fins comerciais deve ser muito bem planejada.

No Brasil, houve um exemplo negativo de descuido com material radioativo, em 1987, com o vazamento de uma fonte de césio-137 em Goiânia, no estado de Goiás. Uma fonte radioativa desativada foi jogada num depósito de materiais, onde ocorreu a manipulação indevida que causou a desastrosa contaminação (Figura 10.40).

Portanto, embora haja vantagens enormes no uso dessa tecnologia, os riscos também são grandes. É preciso pesar isso tudo antes de ter uma opinião a respeito do assunto.

Figura 10.40: Quando o símbolo da radioatividade está impresso em alguma embalagem ou equipamento, temos de tomar cuidado com seu manuseio.

Woradech samerjai/Shutterstock.com

Exercícios resolvidos

1. (UFMG) Após ler uma série de reportagem sobre o acidente com césio-137 que aconteceu em Goiânia, em 1987, Tomás fez uma série de anotações sobre a emissão de radiação por césio:

- O césio-137 transforma-se em bário-137, emitindo uma radiação beta.
- O bário-137, assim produzido, está em um estado excitado e passa para um estado de menor energia, emitindo radiação gama.
- A meia-vida do césio-137 é de 30,2 anos e sua massa atômica é de 136,90707 u, em que u é a unidade de massa atômica (1 u = 1,6605402 · 10^{-27} kg).
- O bário-137 tem massa de 136,90581 u e a partícula beta, uma massa de repouso de 0,00055 u.

Com base nessas informações, faça o que se pede:

a) Tomás concluiu que, após 60,4 anos, todo o césio radioativo do acidente terá se transformado em bário. Essa conclusão é verdadeira ou falsa? Justifique sua resposta.

A conclusão é falsa. A desintegração é exponencial com o tempo. Logo, após 60,4 anos, ainda temos 1/4 da massa original como césio-137.

b) O produto final do decaimento do césio-137 é o bário-137. A energia liberada por átomo, nesse processo, é da ordem de 10^6 eV, ou seja, 10^{-13} J. Explique a origem desta energia.

A massa total do produto do decaimento é:
$m_{Ba} + m_\beta = 136,90636$ u
A massa total do átomo original é:
$m_{Cs} = 136,90707$ u
A diferença de massa é convertida em energia na forma de radiação γ, de acordo com a equação de Einstein: $\Delta E = \Delta m \cdot c^2$

c) Responda. Nesse processo, que radiação – beta ou gama – tem maior velocidade? Justifique sua resposta.

A radiação γ, pois ela consiste em uma radiação eletromagnética que se propaga à velocidade da luz. A radiação β, por ser matéria, não pode alcançar essa velocidade.

2. (Fuvest-SP) O ano de 2005 foi declarado o Ano Internacional da Física, em comemoração aos 100 anos da Teoria da Relatividade, cujos resultados incluem a famosa relação $E = \Delta mc^2$. Num reator nuclear, a energia provém da fissão do urânio. Cada núcleo de urânio, ao sofrer fissão, divide-se em núcleos mais leves, e uma pequena parte, Δm, de sua massa inicial transforma-se em energia. A Usina de Angra II tem uma potência elétrica de cerca 1 350 MW, que é obtida a partir da fissão de urânio-235. Para produzir tal potência, devem ser gerados 4 000 MW na forma de calor Q. Em relação à Usina de Angra II, estime a:

Note e adote:
Em um dia, há cerca de 9 · 10^4 s; 1 MW = 10^6 W;
$c = 3 \cdot 10^8$ m/s

a) quantidade de calor Q, em joules, produzida em um dia.
$$P_{ot} = \frac{Q}{\Delta t} \Rightarrow Q = P_{ot} \cdot \Delta t$$
$$Q = 4\,000 \cdot 10^6 \cdot 9 \cdot 10^4 = 3,6 \cdot 10^{14} \text{ J}$$

b) quantidade de massa Δm que se transforma em energia na forma de calor, a cada dia.
$$\Delta E = \Delta m \cdot c^2$$
$$3,6 \cdot 10^{14} = \Delta m \cdot (3 \cdot 10^8)^2 \Rightarrow \Delta m = 4,0 \cdot 10^{-3} \text{ kg}$$

c) massa M_U de urânio-235, em kg, que sofre fissão em um dia, supondo que a massa Δm, que se transforma em energia, seja aproximadamente 0,0008 (8 · 10^{-4}) da massa M_U.
$$\Delta m = 0,0008 \cdot M_U \Rightarrow M_U = \frac{\Delta m}{0,0008} = \frac{4,0 \cdot 10^{-3}}{8 \cdot 10^{-4}} = 5 \text{ kg}$$

1. (UFMT) O termo meia-vida refere-se ao intervalo de tempo em que a quantidade original de um dado elemento radioativo é reduzida à metade. A partir dessa definição, julgue os itens:

a) Quanto menor a meia-vida de um elemento, maior será a quantidade de radioatividade emitida num dado intervalo de tempo, se a quantidade original desse elemento for 1 mol.

b) Considerando que a meia-vida do césio-137 (^{137}Cs) é de 30 anos, a quantidade desse elemento, após 90 anos, será um terço do original.

c) Levando-se em conta que a meia-vida do isótopo mais abundante do urânio é de bilhões de anos, pode-se afirmar que a quantidade de urânio na Terra permanece, há milhares de anos, praticamente constante.

d) A quantidade de radioatividade emitida por um elemento depende de sua meia-vida, mas não da quantidade de átomos desse elemento.

2. (Fuvest-SP) A seguinte notícia foi veiculada por ESTADAO. COM.BR/Internacional na terça-feira, 5 de abril de 2011:
TÓQUIO – A empresa Tepco informou, nesta terça-feira, que, na água do mar, nas proximidades da usina nuclear de Fukushima, foi detectado nível de iodo radioativo cinco milhões de vezes superior ao limite legal, enquanto o césio-137 apresentou índice 1,1 milhão de vezes maior.
Uma amostra recolhida no início de segunda-feira, em uma área marinha próxima ao reator 2 de Fukushima, revelou uma concentração de iodo-131 de 200 mil becquerels por centímetro cúbico.

Se a amostra fosse analisada, novamente, no dia 6 de maio de 2011, o valor obtido para a concentração de iodo-131 seria, aproximadamente, em Bq/cm³,

a) 100 mil

b) 50 mil.

c) 25 mil.

d) 12,5 mil.

e) 6,2 mil.

Note e adote: Meia-vida de um material radioativo é o intervalo de tempo em que metade dos núcleos radioativos existentes em uma amostra desse material decai. A meia-vida do iodo-131 é de 8 dias.

3. (Fuvest-SP) Uma substância radioativa sofre desintegração ao longo do tempo, de acordo com a relação $m(t) = c \cdot a^{-kt}$, em que a é um número real positivo, t é dado em anos, $m(t)$ é a massa da substância em gramas e c, k são constantes positivas. Sabe-se que m_0 gramas dessa substância foram reduzidos a 20% em 10 anos. A que porcentagem de m_0 ficará reduzida a massa da substância, em 20 anos?

a) 10%   c) 4%   e) 2%

b) 5%   d) 3%

4. (OBA) Assim como todas as estrelas, o Sol pode ser considerado uma grande "usina nuclear", já que quase toda sua energia resulta de reações nucleares que estão se processando no seu núcleo. Em relação ao Sol, especificamente, sua energia provém da fusão (ou "queima") de átomos de hidrogênio em átomos de hélio. Felizmente para nós, no caso do Sol, trata-se de uma "usina nuclear" autorregulável, ou seja, ela controla por si só as reações nucleares que acontecem no seu interior. A radiação eletromagnética, seja ela luz, micro-ondas ou outro tipo qualquer, é composta de 'pacotes concentrados' de energia chamados de fótons. Albert Einstein (1879-1955), ao propor que a luz e todo tipo de radiação eletromagnética é composta de fótons, postulou também que cada um desses "pacotes" de energia é, na realidade, uma partícula que se propaga no vácuo com uma velocidade constante **c**, a velocidade da luz, e tem uma quantidade discreta de energia (**E**), chamada também de quantum, dada por **E = h · f**, onde **h** é a constante de Planck e **f** é a frequência da radiação eletromagnética em questão. A energia produzida no núcleo do Sol leva cerca de 170 mil anos para atingir sua superfície, isso porque os fótons interagem com a matéria gasosa que constitui o interior do Sol, sofrendo um elevadíssimo número de desvios em suas trajetórias; em outras palavras, entre o núcleo e a superfície do Sol os fótons são absorvidos pela matéria e ao mesmo tempo reemitidos um número muito grande de vezes. Isso faz que o caminho de cada fóton no interior do Sol seja um verdadeiro zigue-zague quase infinito. Entretanto, para os neutrinos que são partículas sem massa ou com massa quase nula, mas que possuem a velocidade da luz, também produzidos no núcleo solar durante as reações nucleares, o interior do Sol é transparente, ou seja, os neutrinos não interagem com a matéria gasosa constituinte do interior solar. Obs.: Considere o raio do Sol aproximadamente 700 000 km, a velocidade da luz igual a 300 000 km/s e a distância do Sol à Terra 150 000 000 km.

a) Qual deve ser a trajetória dos neutrinos no interior do Sol, ou seja, entre o núcleo do Sol e a sua superfície?

b) Quanto tempo os neutrinos devem levar para percorrer a distância entre o centro do Sol e sua superfície?

c) Quanto tempo neutrinos e fótons devem levar para percorrer a distância entre o Sol e a Terra? Despreze os raios do Sol e da Terra neste item.

Exercícios finais

1. (PUC-MG) Leia atentamente o texto abaixo e escolha entre as opções seguintes a sequência que corretamente completa o texto:

"A experiência de espalhamento de partículas alfa realizada por Rutherford e seus pesquisadores permitiu que se formulasse uma hipótese sobre a constituição dos átomos. Levando em conta os dados experimentais, Rutherford conjecturou que as cargas ******** ficariam ******** na região ******** do átomo e que as cargas ******** ficariam ******** na região ********."

a) negativas, espalhadas, central, positivas, espalhadas, central.

b) negativas, concentradas, central, positivas, espalhadas, periférica.

c) positivas, concentradas, central, negativas, concentradas, periférica.

d) positivas, concentradas, central, negativas, espalhadas, periférica.

e) positivas, concentradas, central, negativas, concentradas, central.

2. (UFRGS-RS) Selecione a alternativa que preenche corretamente as lacunas no texto abaixo.

A chamada experiência de Rutherford (1911-1913) consistiu essencialmente em lançar, contra uma lâmina muito delgada de ouro, um feixe de partículas emitidas por uma fonte radioativa. Essas partículas, cuja carga elétrica é ********, são conhecidas como partículas ********.

a) positiva – alfa

b) positiva – beta

c) nula – gama

d) negativa – alfa

e) negativa – beta

3. (Fuvest-SP) Uma unidade industrial de raios X consiste em uma fonte X e um detector R, posicionados de forma a examinar cilindros com regiões cilíndricas ocas (representadas pelos círculos brancos), dispostos em uma esteira, como vistos de cima na figura. A informação é obtida pela intensidade I da radiação X que atinge o detector, à medida que a esteira se move com velocidade constante. O Gráfico 1 representa a intensidade detectada em R para um cilindro teste homogêneo.

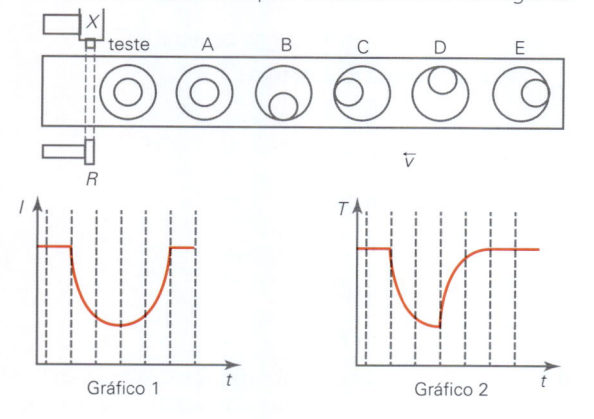

Gráfico 1   Gráfico 2

Quando no detector R for obtido o Gráfico 2, é possível concluir que o objeto em exame tenha uma forma semelhante a:

a) A   b) B   c) C   d) D   e) E

4. (PUC-MG) Escolha, entre os modelos atômicos citados nas opções, aquele (aqueles) que, na sua descrição, incluiu (incluíram) o conceito de fóton:

a) Modelo atômico de Thomson.

b) Modelo atômico de Rutherford.

c) Modelo atômico de Bohr.

d) Modelos atômicos de Rutherford e de Bohr.

e) Modelos atômicos de Thomson e de Rutherford.

5. (UFJF-MG) A figura abaixo mostra os níveis de energia do átomo de hidrogênio.

Se inicialmente o elétron está no estado quântico fundamental (de menor energia), qual a sua energia cinética após o átomo ter sido ionizado por um fóton de energia 20 eV?

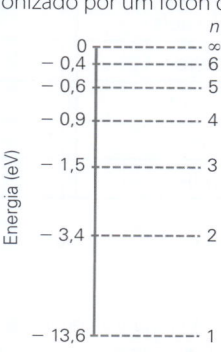

a) 33,6 eV

b) 13,6 eV

c) 6,4 eV

d) 10,2 eV

6. (PUC-RS) Um átomo excitado emite energia, muitas vezes em forma de luz visível, porque:

a) um de seus elétrons foi arrancado do átomo.

b) um dos elétrons desloca-se para níveis de energia mais baixos, aproximando-se do núcleo.

c) um dos elétrons desloca-se para níveis de energia mais altos, afastando-se do núcleo.

d) os elétrons permanecem estacionários em seus níveis de energia.

e) os elétrons se transformam em luz, segundo Einstein.

7. (UFPE) Determine a menor frequência da radiação capaz de ionizar um átomo de hidrogênio a partir do seu estado fundamental, cuja energia é igual a $-13{,}6$ eV. Considere a constante de Planck $h = 4{,}1 \cdot 10^{-15}$ eV $\cdot$ s.

a) $1{,}1 \cdot 10^{15}$ Hz

b) $2{,}2 \cdot 10^{15}$ Hz

c) $3{,}3 \cdot 10^{15}$ Hz

d) $4{,}4 \cdot 10^{15}$ Hz

e) $5{,}5 \cdot 10^{15}$ Hz.

Exercícios finais

8. (Uniube-MG) Considere dois níveis de energia de um átomo de sódio, representados no diagrama.

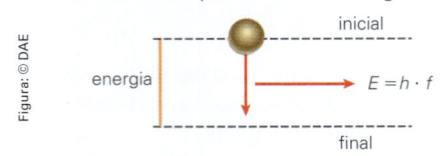

Figura: © DAE

A diferença de energia entre os níveis (inicial e final) é igual a $3,4 \cdot 10^{-19}$ J e a energia do fóton é igual a hf, em que h é a constante de Planck ($6,6 \cdot 10^{-34}$ Js) e f é a frequência do fóton emitido. Considerando os dados apresentados e utilizando a tabela abaixo como referência, marque a alternativa que representa a cor da luz emitida nessa transição eletrônica.

Cor	Frequência (10^{14} Hz)
vermelha	4,0 – 4,4
laranja	4,4 – 4,6
amarela	4,6 – 5,0
verde	5,0 – 5,7
azul	5,7 – 5,9
anil	5,9 – 6,2
violeta	6,2 – 7,0

a) vermelha c) violeta e) verde

b) amarela d) azul

9. (Fuvest-SP) A seguinte declaração foi divulgada no jornal eletrônico *FOLHA.com – Mundo* em 29/05/2010: *"A vontade do Irã de enriquecer urânio a 20% em seu território nunca esteve sobre a mesa de negociações do acordo assinado por Brasil e Turquia com Teerã, afirmou nesta sexta-feira o ministro das Relações Exteriores brasileiro Celso Amorim"*. Enriquecer urânio a 20%, como mencionado nessa notícia, significa

a) aumentar, em 20%, as reservas conhecidas de urânio de um território.

b) aumentar, para 20%, a quantidade de átomos de urânio contidos em uma amostra de minério.

c) aumentar, para 20%, a quantidade de ^{238}U presente em uma amostra de urânio.

d) aumentar, para 20%, a quantidade de ^{235}U presente em uma amostra de urânio.

e) diminuir, para 20%, a quantidade de ^{238}U presente em uma amostra de urânio.

Note e adote: As porcentagens aproximadas dos isótopos ^{238}U e ^{235}U existentes em uma amostra de urânio natural são, respectivamente, 99,3% e 0,7%.

10. Por que a sala de radiografia e tomografia, obtidas com raios X, costuma não ter janelas e ser fechada com uma porta de chumbo?

11. (UFRGS-RS) Os raios X são produzidos em tubos de vácuo, nos quais elétrons são submetidos a uma rápida desaceleração ao colidir contra um alvo metálico. Os raios X consistem em um feixe de

a) elétrons.

b) fótons.

c) prótons.

d) nêutrons.

e) pósitrons.

12. (PUC-RS) Considere as afirmações:

I. Elétron-volt (eV) é uma unidade de energia.

II. Os raios X são radiações eletromagnéticas de comprimento de onda maior que o da luz visível.

III. A energia equivalente à massa de repouso de uma partícula é igual ao produto da massa (em repouso) da partícula pelo quadrado da velocidade da luz.

São corretas:

a) somente a afirmação I.

b) somente as afirmações I e II.

c) somente as afirmações I e III

d) somente as afirmações II e III.

e) todas as afirmações.

13. (PUC-MG) Escolha a opção que se refira àquela onda eletromagnética que estiver associada a fótons de maior energia:

a) onda longa de rádio

b) ondas de TV

c) micro-ondas

d) raios X

e) raio gama

14. (UFRGS-RS) Entre as partículas alfa (α), beta (β) e gama (γ), indique:

a) a que tem maior poder de penetração

b) as que têm cargas elétricas

	a)	b)
a)	α	β, γ
b)	α	α, β
c)	β	β, γ
d)	γ	α, β
e)	γ	α, γ

15. (UFMG) Em um tipo de tubo de raios X, elétrons acelerados por uma diferença de potencial de $2,0 \cdot 10^4$ V atingem um alvo de metal, onde são violentamente desacelerados. Ao atingir o metal, toda a energia cinética dos elétrons é transformada em raios X.

a) Calcule a energia cinética que um elétron adquire ao ser acelerado pela diferença de potencial.

b) Calcule o menor comprimento de onda possível para raios X produzidos por esse tubo.

16. Um núcleo de polônio-204 (^{204}Po), em repouso, transmuta-se em um núcleo de chumbo-200 (^{200}Pb), emitindo uma partícula α com energia cinética E_α. Nessa reação, a energia cinética do núcleo de chumbo é igual a

a) E_α

b) $\dfrac{E_\alpha}{4}$

c) $\dfrac{E_\alpha}{50}$

d) $\dfrac{E_\alpha}{200}$

e) $\dfrac{E_\alpha}{204}$

Note e adote	
Núcleo	**Massa** (u)
^{204}Po	204
^{204}Pb	200
α	4
1 u = 1 unidade de massa atômica.	

17. (UFRN) No decaimento radioativo de um núcleo atômico, podem ser emitidos, por exemplo, três tipos de radiação: alfa (núcleo do átomo de hélio), beta (elétron ou pósitron) e gama (fóton). O uso de energia nuclear pode ter implicações maléficas ou benéficas. Um dos benefícios é seu uso na Medicina, através da radioterapia, na qual a energia proveniente da emissão radioativa é usada para destruir células cancerosas. É possível medir o poder de penetração, nos tecidos humanos, do próprio núcleo atômico radioativo (se lançado sobre tais tecidos) e das radiações alfa, beta e gama. Constata-se que o poder de penetração de cada uma das quatro entidades varia bastante de uma para outra, quando elas são lançadas com igual energia cinética (por exemplo, 1 MeV). Tomando como base apenas o poder de penetração nos tecidos humanos, pode-se concluir que, na radioterapia, para tratamento de tumores profundos, deve ser lançado sobre o tumor:

a) radiação gama

b) partícula beta

c) partícula alfa

d) núcleo radioativo

18. (UFBA) Investigando a estrutura do núcleo atômico, Rutherford conseguiu, pela primeira vez, transformar artificialmente um elemento em outro, fazendo um feixe de partículas alfa passar através de uma camada de nitrogênio gasoso. A transformação ocorrida, de nitrogênio em oxigênio, está representada, de maneira sintética, na figura a seguir. Com base nessas informações, na análise da figura e nos conhecimentos sobre física nuclear, é correto afirmar:

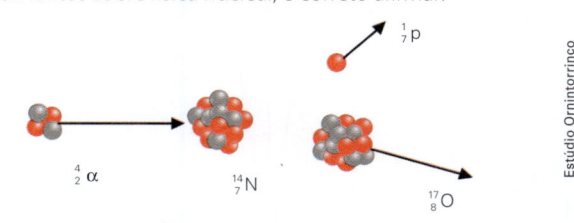

a) a estabilidade dos núcleos atômicos se mantém pela ação de força de natureza eletromagnética.

b) a partícula alfa é formada por dois núcleons.

c) o nitrogênio libera um próton mediante reação nuclear espontânea.

d) o oxigênio obtido é resultante de um processo de transmutação.

e) a conservação do número de massa ocorre em reações nucleares.

f) a carga elétrica total, antes da reação, é igual à carga elétrica total após a reação.

19. (Fuvest-SP) Núcleos atômicos instáveis, existentes na natureza e denominados isótopos radioativos, emitem radiação espontaneamente. Tal é o caso do carbono-14 (^{14}C), um emissor de partículas beta (β^-). Neste processo, o núcleo de ^{14}C deixa de existir e se transforma em um núcleo de nitrogênio-14 (^{14}N), com a emissão de um antineutrino n e uma partícula β^-.

$$^{14}C \Rightarrow {}^{14}N + \beta^- + \bar{\nu}$$

Os vetores quantidade de movimento das partículas, em uma mesma escala, resultantes do decaimento beta de um núcleo de ^{14}C, em repouso, poderiam ser mais bem representados no plano do papel, pela figura:

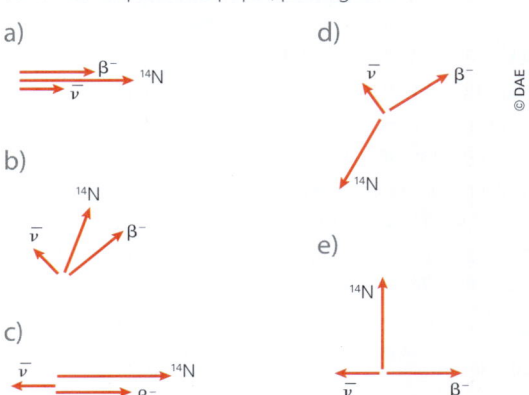

Exercícios finais

20. (UFRGS-RS) Uma fonte radioativa de urânio emite radiações alfa, beta e gama. Quando essas radiações passam por um campo elétrico uniforme, quais das trajetórias indicadas na figura são percorridas por elas?

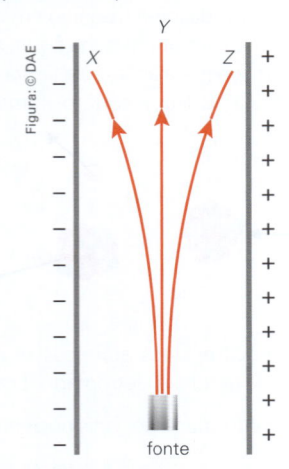

a) a trajetória X é percorrida pelas três radiações.

b) a trajetória Y é percorrida pelas três radiações.

c) a trajetória Y é percorrida por duas radiações, e a Z, por uma.

d) a trajetória Z é percorrida por duas radiações, e a X, por uma.

e) cada trajetória é percorrida por uma radiação.

21. (UFRGS-RS) Num reator, núcleos de ^{235}U capturam nêutrons e então sofrem um processo de fragmentação em núcleos mais leves, liberando energia e emitindo nêutrons. Este processo é conhecido como

a) fusão.

b) fissão.

c) espalhamento.

d) reação termonuclear.

e) aniquilação.

22. (PUC-RS) Os avanços tecnológicos referentes ao uso da energia nuclear para produzir eletricidade são notáveis. A legislação pertinente pune severamente as empresas responsáveis por quaisquer danos pessoais e ambientais. Mas os acidentes continuam acontecendo, como os do segundo semestre de 1999 na Ásia. O grau de risco dessa atividade é alto porque todas as usinas:

  I. dependem do processo de fusão nuclear.

  II. empregam água pesada (ou deuterada), que é originalmente radioativa.

  III. empregam materiais físseis, que permanecem radioativos por longos períodos de tempo.

Analisando-se os três fatores acima, deve-se concluir que é correta a alternativa:

a) somente I

b) somente III

c) somente I e II

d) somente I e III

e) I, II e III

23. (Fuvest-SP) Um centro de pesquisa nuclear possui um cíclotron que produz radioisótopos para exames de tomografia. Um deles, o Flúor-18 (^{18}F), com meia-vida de aproximadamente 1h30min, é separado em doses, de acordo com o intervalo de tempo entre sua preparação e o início previsto para o exame. Se o frasco com a dose adequada para o exame de um paciente A, a ser realizado 2 horas depois da preparação, contém N_A átomos de ^{18}F, o frasco destinado ao exame de um paciente B, a ser realizado 5 horas depois da preparação, deve conter N_B átomos de ^{18}F, com:

a) $N_B = 2 N_A$

b) $N_B = 3 N_A$

c) $N_B = 4 N_A$

d) $N_B = 6 N_A$

e) $N_B = 8 N_A$

24. (UFMT) A maioria das usinas nucleares utiliza a fissão do isótopo U-235 para a produção de energia elétrica. Sabendo-se que a energia cinética dos fragmentos da fissão de cada átomo de U-235 é 200 milhões de eV, calcule quantos anos durariam 4,7 kg desse isótopo, admitindo-se que essa quantidade fosse responsável por manter o fornecimento de energia de 1 MW. Arredonde o resultado para o número inteiro mais próximo, se necessário. (Dados: 1 eV = $1,6 \cdot 10^{-19}$ J, número de Avogadro = $6 \cdot 10^{23}$ átomos por mol, número de segundos num ano = 32 milhões.)

25. (UFRGS-RS) Em 1989 os noticiários destacaram por um certo período a realização de pesquisas sobre maneiras alternativas de obter a fusão nuclear. Tais alternativas, contudo, não se confirmaram. O que se sabe comprovadamente hoje é o que já se sabia até aquela época: a fusão nuclear é obtida a temperaturas tão altas quanto às existentes ******** e, ao contrário da fissão nuclear utilizada nas centrais nucleares, ******** dejetos nucleares.

Assinale a alternativa que preenche de forma correta as duas lacunas, respectivamente.

a) na superfície da Terra – produz

b) na superfície da Lua – produz

c) na superfície da Lua – não produz

d) no centro do Sol – não produz

e) no centro do Sol – produz

26. (UFMG) O principal processo de produção de energia na superfície do Sol resulta da fusão de átomos de hidrogênio para formar átomos de hélio. De forma bem simplificada, esse processo pode ser descrito como a fusão de quatro átomos de hidrogênio ($m_H = 1,67 \cdot 10^{-27}$ kg) para formar um átomo de hélio ($m_{He} = 6,65 \cdot 10^{-27}$ kg).

Suponha que ocorram 1 038 reações desse tipo a cada segundo.

a) Considerando essas informações, EXPLIQUE como essa reação pode produzir energia.

b) Com base nas suposições feitas, CALCULE a quantidade de energia liberada a cada segundo.

PESQUISE, PROPONHA E DEBATA

Anjos e demônios da Física Nuclear

Nesta atividade, vamos dar continuidade ao estudo da estrutura da matéria sob outras perspectivas. Vamos pesquisar fatos, reunir argumentos e debater as consequências do conhecimento sobre a estrutura do átomo no início do século XX.

Em diferentes momentos discutimos "os anjos e os demônios" da Física Nuclear, isto é, os benefícios e os prejuízos da aplicação desse conhecimento científico. A sala de hospital ou a cozinha de nossa casa, por exemplo, podem conter bons argumentos para a utilização da energia nuclear. Em contrapartida, em qualquer debate ou protesto teremos alguns argumentos contrários. Em muitas dessas ocasiões possivelmente não externamos opiniões concretas e nem sequer percebemos presente a questão da energia nuclear.

Parte I – A face dos demônios

Em 1919, quando Rutherford publicou o artigo de seus estudos sobre as partículas α, no qual trata da primeira desintegração nuclear, o físico italiano Emilio Segrè (1905-1989) declarou ser "um sonho dos alquimistas em uma forma moderna". Alguns anos depois, no dia 16 de julho de 1945, na cidade de Los Álamos, uma centena de cientistas assistiu à primeira explosão nuclear. Na ocasião, Segrè narrou:

> Logo depois da explosão, Fermi se levantou e deixou cair alguns pedaços de papel, como pequenos confetes. Havia preparado uma experiência simples para medir a energia da explosão. Os pedaços de papel caíram verticalmente no ar parado, mas com a chegada da onda de choque (alguns segundos depois da luminosidade da explosão), em lugar de caírem verticalmente sofreriam um pequeno deslocamento de alguns centímetros na propagação da onda de choque. Conhecida a distância da fonte que produzia a onda de choque e o valor deste deslocamento, era possível calcular a energia da explosão. Fermi já havia preparado previamente uma tabela com os resultados destes cálculos, de tal maneira que,

com esta medida grosseira, mas simples, foi possível avaliar a energia liberada na explosão. O resultado obtido foi bem aproximado do resultado final, no qual foram utilizados meios muito mais elaborados e complexos.

> MARTINS, J. B. A *história do átomo*: de Demócrito aos quarks. Rio de Janeiro: Ciência Moderna, 2001. p. 152.

Após esse sucesso, houve uma divisão entre os cientistas: lançar ou não lançar a bomba. Nós sabemos quem venceu. Uma bomba de urânio e outra de plutônio foram lançadas em território japonês, nas cidades de Hiroshima e Nagasaki, respectivamente. Essa é uma parte da história de que temos conhecimento, muito antes de estudarmos Física e, em particular, a estrutura da matéria. Vamos agora ampliar esse estudo, recorrer a livros e páginas da internet sobre História, Geopolítica, Física e Química para conhecê-la um pouco mais. Organize sua pesquisa incluindo informações como:

- o princípio da bomba atômica;
- as pessoas envolvidas em seu desenvolvimento e as razões que declararam, principalmente cientistas e líderes políticos;
- as ações e reações dessas pessoas antes e após o lançamento das bombas;
- os rumos das pesquisas nucleares durante a Segunda Guerra Mundial e depois dela.

Corbis/Fotoarena

Explosão de bomba atômica sob a água no Atol de Bikini, no Oceano Pacífico, em 1946.

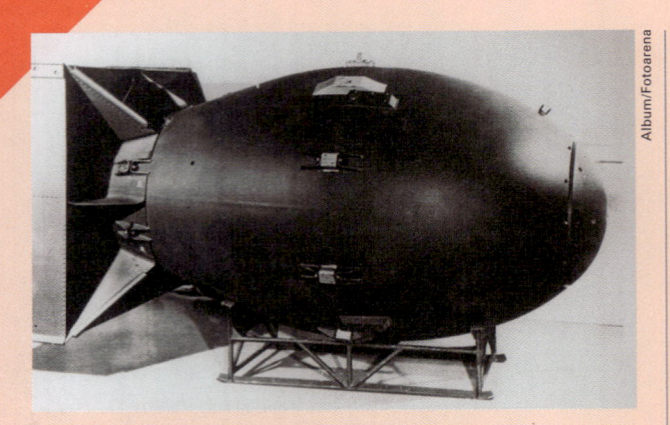

Modelo de bomba "Fat Man" lançada sobre Nagasaki, no Japão, em 1945.

Parte II – A face dos anjos

A transformação de energia nuclear em energia elétrica é um exemplo de aplicação pacífica desse conhecimento. O desafio dos cientistas era controlar a reação nuclear em cadeia. O primeiro reator nuclear com uma reação em cadeia autossustentável entrou em operação em 1942. Com entusiasmo, o físico estadunidense Arthur Compton (1892-1962) descreveu:

> Entramos no balcão, em um extremo da sala. No balcão, uma dezena de cientistas estava observando os instrumentos e manejando os controles. No outro lado da sala, havia uma grande pilha cúbica de blocos de grafite e urânio, na qual esperávamos que se desenvolvesse a reação nuclear em cadeia. Inseridas nos orifícios da pilha estavam as barras de controle e segurança. Depois de umas provas preliminares, Fermi deu a ordem de elevar as barras de controle um outro pé, sabíamos que íamos fazer a prova real. Os contadores Geiger que registravam a radioatividade dos nêutrons no reator começaram a soar cada vez mais rápidos até que o som se transformou num ruído. Então começávamos a ver o raio de luz refletido pelo galvanômetro, que media a corrente de ionização, iniciar um movimento. A princípio lentamente, depois rápido e ainda mais rápido. A reação cresceu até um ponto em que poderia haver perigo na radiação que atingia a plataforma onde nós estávamos. "Introduzir as barras de segurança", foi a ordem de Fermi. Foi possível ver como o ponteiro voltava ao zero. O ruído dos contadores se reduziu a uma série lenta de sons. Pela primeira vez se havia liberado energia atômica, e ela havia sido controlada e estancada. Somente meio watt de energia, infinitesimal, mas demonstrou-se que o homem tinha sob seu domínio a grande energia da fissão atômica. Alguém deu a Fermi uma garrafa de vinho e foram ouvidas algumas palmas.

MARTINS, J. B. *A história do átomo*: de Demócrito aos quarks. Rio de Janeiro: Ciência Moderna, 2001. p. 150.

Apresentamos neste capítulo alguns dos conceitos envolvidos na produção de energia elétrica por meio de energia nuclear. Agora, complemente sua pesquisa organizando informações sobre:

- o funcionamento e os tipos de reator nuclear;
- o acidente nuclear de Chernobyl;
- a produção de energia nuclear no Brasil;
- as aplicações das pesquisas nucleares na medicina, na agricultura e na exploração do petróleo;
- o lixo nuclear e o acidente de Goiânia com o césio-137;
- o acidente de Fukushima.

Turbina e gerador responsáveis pela primeira geração de energia elétrica por meio de energia atômica, Estados Unidos, 1951.

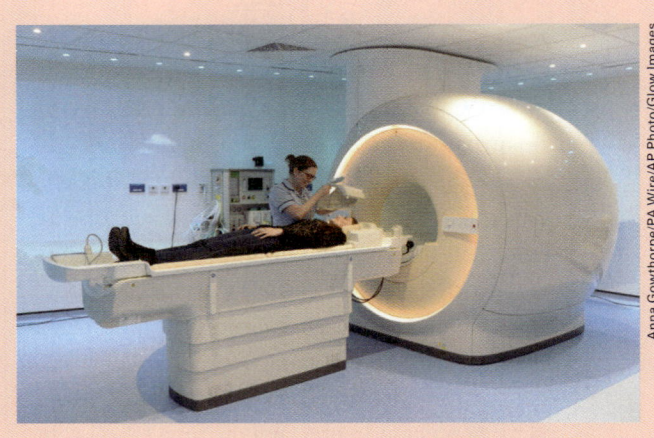

Aplicação da energia nuclear e elementos radioativos em exames médicos. Sheffield Children's Hospital, Reino Unido. Foto de 2016.

PARTÍCULAS ELEMENTARES

Quando estudamos os constituintes da matéria no capítulo anterior, deparamos com algumas partículas que agora ganharão o devido destaque e uma grande família. Vamos descrever como a matéria e a energia se comportam no nível subatômico. Além disso, apresentaremos e discutiremos algumas das principais propriedades das partículas.

Como as pesquisas sobre partículas precisam de altas energias, estudaremos os famosos aceleradores e detectores de partículas, que revelam as estruturas mais elementares do átomo conhecidas atualmente, assim como algumas reações e decaimentos (Figuras 11.1 e 11.2).

1. O mundo das partículas

No Capítulo 10, mostramos o esforço engenhoso e criativo dos cientistas na busca dos constituintes da matéria. Ao longo desse capítulo, analisamos o conceito de átomo em sua versão moderna e como as diversas propriedades da matéria podem ser explicadas por meio dele. Constatamos que o átomo não pode ser considerado a menor parte da matéria, pois em seu interior existe uma estrutura mais fina composta de um núcleo e uma eletrosfera. Com base nesse modelo, falamos de elétrons, prótons, nêutrons, fótons, neutrinos, pósitrons, entre outras partículas. Naquele momento, não destacamos a existência dessas várias partículas, mas agora cabe a pergunta: será que todas elas existem? Se são ainda menores que o átomo, quais foram os meios usados para detectá-las? Há uma maneira de organizá-las, em um tipo de "tabela periódica" de partículas?

O objetivo deste capítulo é responder a essas perguntas e alimentar a constante curiosidade dos seres humanos de saber como funciona o Universo e do que as coisas são feitas. Vale salientar, de início, que a área de estudos que trata das partículas é muito vasta, viva e dinâmica, composta de uma grande comunidade de cientistas que trabalham em rede em todo o mundo. Dessa forma, faremos apenas uma introdução ao tema, fornecendo material para aprofundamentos futuros.

Na Tabela 11.1 apresentamos algumas das partículas já citadas ao longo desta unidade e suas propriedades.

Algumas das propriedades dessas partículas serão discutidas neste capítulo. São as partículas mais estáveis, e o mundo percebido por nós é basicamente composto delas.

Figura 11.1: Os resultados de centros de pesquisa repercutem de diversas formas em nosso cotidiano, por exemplo, os coletores solares de tela plana foram desenvolvidos a partir de tecnologias presentes em aceleradores de partículas do CERN.

Figura 11.2: Qual o destino do Universo? Por que o Universo é feito de matéria e não de antimatéria? Como as partículas elementares sem massa ganharam massa após o Big Bang? Algumas das questões básicas que regem a existência do Universo participam das pesquisas da física de partículas.

Tabela 11.1: Características das partículas já estudadas						
Natureza da partícula	Nome (símbolo)	Ano da descoberta	Carga elétrica	Spin	Massa (MeV/c^2)	Vida-média (s)
elementar	fóton (γ)	1923*	0	1	0	estável
elementar	elétron (e$^-$)	1897	−1		0,511	estável
elementar	pósitron (e$^+$)	1931	+1		0,511	estável
elementar	neutrino (ν)	1930	0		~0	estável
	próton (p)	1919	+1		938,26	estável
	nêutron (n)	1932	0	½	939,55	900**

* A descoberta teórica do fóton foi em 1905.

** Esse é o tempo de vida-média do nêutron livre. Embora ele não seja estável no sentido lato, 900 segundos é um tempo de vida muito longo para uma partícula. Por isso, podemos considerá-la estável para nossos fins. Quando está no núcleo, o nêutron é estável.

Antes de começarmos nossa visita ao mundo das partículas, é necessário esclarecer que este estudo tem o objetivo de descrever como a matéria e a energia se comportam no nível subatômico. Para isso, vamos apresentar e discutir algumas das principais propriedades das partículas.

1.1. Elementar ou não elementar?

Uma classificação simples leva em conta a natureza das partículas, inicialmente separadas em elementares e não elementares.

Definir de modo preciso o que são as partículas elementares não é nada fácil. O próton, o nêutron e o elétron são partículas subatômicas, mas apenas este último é uma partícula elementar. Isso porque os prótons e os nêutrons podem ser divididos, "quebrados", em outras partículas.

Neste capítulo, vamos nos referir de modo intuitivo às partículas elementares, mas não podemos esquecer de que elas são objetos físicos extremamente complexos.

> Toda partícula que pode ser dividida não é elementar, enquanto toda partícula que não possui um constituinte é considerada elementar.

1.2. Estável ou não estável?

Outra maneira importante de caracterizar as partículas é tratar de sua estabilidade. Abordamos esse conceito no Capítulo 10, quando falamos de radioatividade, decaimentos e meia-vida dos átomos. Vimos que o decaimento se refere à transformação de partículas em outras partículas, e a meia-vida é o tempo necessário para que metade de uma amostra de partículas decaia (se transforme) espontaneamente em outras.

O decaimento das partículas é diferente do decaimento dos núcleos atômicos, porque o produto final não é uma parte menor da partícula inicial, e sim partículas totalmente novas. Veja um exemplo do decaimento do nêutron e o aparecimento de três outras partículas, um próton, um elétron e um neutrino:

$$n^0 \rightarrow p^+ + e^- + v^0$$

1.3. Carregadas ou não carregadas eletricamente?

As partículas podem se apresentar com carga positiva ou negativa, ou ser neutras. As partículas mais conhecidas têm carga elétrica: o elétron é negativo e o próton é positivo. Existem outras partículas que também têm carga elétrica, como o pósitron, de carga positiva. O mais interessante é que o valor da carga elétrica em todos esses exemplos é o mesmo: $1,6 \cdot 10^{-19}$ C.

O nêutron, por sua vez, tem carga elétrica zero, assim como o neutrino. Isso significa que não são carregados eletricamente.

Outro fato importante relacionado ao mundo das partículas é que existem outros tipos de carga além da elétrica, como a carga-cor, de que trataremos adiante.

1.4. *Spin*

O *spin* é uma propriedade difícil de ser interpretada fora do domínio da teoria quântica. Já nos referimos brevemente a ele nos estudos sobre as leis de Ampère e de Faraday, no Capítulo 6, e talvez você também já o tenha conhecido nas aulas de Química. O *spin* de uma partícula foi usado para explicar orientações diferentes de elétrons na presença de campos magnéticos. Por isso, muitas vezes ele é ligado à rotação de cargas elétricas. De maneira formal, o *spin* está associado ao momento angular intrínseco de cada partícula. No caso do elétron, ele equivale a $\frac{1}{2}$ ou $-\frac{1}{2}$, mas existem outros valores de *spin*: $0, \frac{1}{2}, 1, \frac{3}{2}, 2, \frac{5}{2}$... todos múltiplos de $\frac{1}{2}$.

1.5. Energia e quantidade de movimento das partículas

É importante também tratar da energia e da quantidade de movimento associadas a cada partícula. Mas aqui vale um lembrete! Apesar de as partículas não poderem ser pensadas como pequenos corpos, algumas relações usadas para a descrição dos corpos macroscópicos podem ser aplicadas a elas, como os conceitos de energia, em particular a **energia cinética**, e de **quantidade de movimento**.

Vimos que, para corpos em movimento, definimos essas grandezas da seguinte forma:

$$E_c = \frac{1}{2} \cdot m \cdot v^2 \text{ e } Q = m \cdot v$$

Em várias situações, as relações para essas grandezas podem ser usadas para tratar fisicamente o comportamento das partículas. Para partículas sem massa, essas grandezas são dadas por outras relações, como vimos no capítulo anterior.

Por dentro do conceito

Partículas ondulatórias

Neste capítulo, vamos tratar das partículas subatômicas como se fossem objetos com posição e velocidade definidas. Mas o comportamento das partículas pode ser descrito segundo grandezas probabilísticas. A Mecânica Quântica é o ramo da Física que explica o comportamento dessas partículas em termos matemáticos e probabilísticos.

No Capítulo 9, vimos brevemente o conceito da dualidade onda-partícula. No caso das partículas, há situações e descrições desse tipo. Embora de início tenhamos a impressão de que os objetos subatômicos são partículas, todos têm propriedades ondulatórias. A Figura 11.3 tenta representar esse comportamento, em que o próton tem uma densidade de probabilidade para sua posição.

Como as partículas também têm comportamento ondulatório, é impossível saber, ao mesmo tempo, sua posição e sua velocidade. Segundo a Física Quântica, é um engano pensar as partículas – por exemplo, os prótons e os nêutrons – como esferas pequenas e definidas. Elas são mais bem exemplificadas como regiões onde há maior ou menor probabilidade de determinar a posição da partícula.

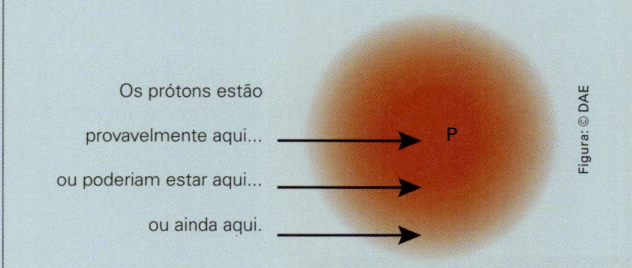

Os prótons estão provavelmente aqui...

ou poderiam estar aqui...

ou ainda aqui.

P

Figura: © DAE

Figura 11.3: Representação da densidade de probabilidade para a posição do próton.

1.6. Caráter relativístico

É importante dizer que, em geral, as partículas se deslocam em alta velocidade, próxima à velocidade da luz. Portanto, precisam ser tratadas relativisticamente.

Espaço e tempo

Em situações de movimento com velocidade próxima à da luz, tanto o espaço quanto o tempo são relativos, sendo preciso considerar suas variações. Assim, para partículas de altas velocidades, temos:

$$t = t_0 \cdot \cfrac{1}{\sqrt{1 - \cfrac{v^2}{c^2}}} \text{ ou } t = \gamma \cdot t_0 \qquad\qquad x = x_0 \cdot \cfrac{1}{\sqrt{1 - \cfrac{v^2}{c^2}}} \text{ ou } x = \gamma \cdot x_0$$

Massa

A massa é uma grandeza relativística. Ela é expressa da seguinte forma:

$$m = m_0 \cdot \cfrac{1}{\sqrt{1 - \cfrac{v^2}{c^2}}} \text{ ou } m = \gamma \cdot m_0$$

Quantidade de movimento

Pelo fato de a massa ser relativística, somente a velocidade não caracteriza o estado de movimento de partículas relativísticas. Assim, o melhor é tratá-la por meio da quantidade de movimento. Na forma relativística, basta substituir a expressão da massa relativística na expressão da quantidade de movimento:

$$Q = m_0 \cdot v \cdot \cfrac{1}{\sqrt{1 - \cfrac{v^2}{c^2}}} \text{ ou } Q = \gamma \cdot m_0 \cdot v$$

Energia

Como massa e energia estão ligadas, uma partícula relativística tem sua energia associada apenas à massa relativística da seguinte forma:

$$E = m \cdot c^2$$

$$E = m_0 \cdot c^2 \cdot \cfrac{1}{\sqrt{1 - \cfrac{v^2}{c^2}}} \text{ ou } E = \gamma \cdot m_0 \cdot c^2$$

Em algumas situações, é conveniente escrever a energia total em função da quantidade de movimento:

$$E = \sqrt{(m_0 \cdot c^2)^2 + (Q \cdot c)^2}$$

Explorando o assunto

Você já parou para pensar que o televisor antigo, de tubo, poderia ser uma fonte de estudos de partículas relativísticas? Nos televisores tradicionais (com exceção dos de plasma), existe um tubo de raios catódicos que aceleram elétrons em direção à tela, revestida de três diferentes sais de fósforo. Cada um desses sais é excitado pelo choque dos elétrons acelerados com a energia apropriada e correspondentes às cores primárias de luz: azul, vermelho e verde. A energia com que os elétrons chegam à tela pode excitar um, dois ou até mesmo os três diferentes sais.

As diferentes cores que vemos nas imagens da televisão, inclusive o branco, correspondem às emissões simultâneas de fótons por diferentes sais (Figuras 11.4a e 11.4b).

Figura 11.4a:
Tubo de um televisor antigo.

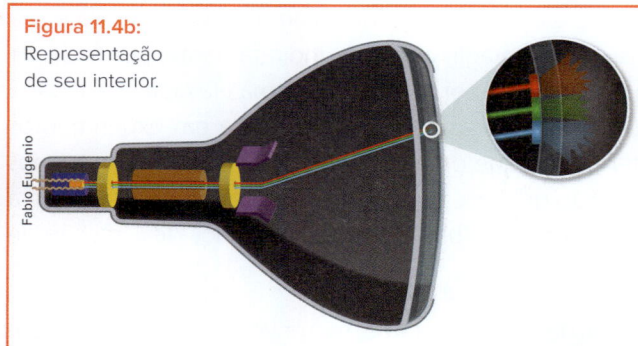

Figura 11.4b: Representação de seu interior.

Fabio Eugenio

Para saber se esses elétrons acelerados chegam a velocidades próximas à velocidade da luz, em que os efeitos relativísticos passam a ser considerados, temos de fazer algumas continhas... que incluem sua energia cinética.

Assim como na Física Nuclear, na Física de Partículas se utiliza com muita frequência a energia medida em elétron-volt (Figura 11.5).

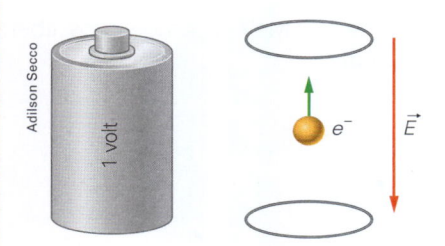

Adilson Secco

1 volt

e^- $\vec{E}$

Figura 11.5: Um elétron-volt é definido como a energia ganha por um elétron, de carga elétrica $e = 1,6 \cdot 10^{-19}$ C, que se move no vácuo submetido a uma diferença de potencial (ddp) de 1 V.

$$E = q \cdot U$$
$$1 \text{ eV} = 1,6 \cdot 10^{-19} \text{ C} \cdot 1 \text{ V} = 1,6 \cdot 10^{-19} \text{ J}$$

Por exemplo, se a diferença de potencial entre o cátodo e o ânodo do tubo de raios catódicos de uma televisão é de 2000 V, quando um elétron é emitido pelo cátodo e passa pelo tubo acelerador, ele ganha a quantidade de energia equivalente a:

$$E = q \cdot U$$
$$E = 1,6 \cdot 10^{-19} \cdot 2000 = 3,2 \cdot 10^{-16} \text{ J, ou simplesmente } 2000 \text{ eV}$$

Desse modo, quando esse elétron chega à tela da televisão, sua velocidade é:

$$E_c = q \cdot U$$
$$\frac{1}{2} \cdot m \cdot v^2 = q \cdot U$$
$$\frac{1}{2} \cdot 9,0 \cdot 10^{-31} \cdot v^2 = 1,6 \cdot 10^{-19} \cdot 2000$$
$$v = 2,65 \cdot 10^7 \text{ m/s}$$

Note que, apesar de elevado, o valor da velocidade não chega a ser considerado relativístico. Para o valor de $2,65 \cdot 10^7$ m/s, o fator de Lorentz (γ) equivale a 1,01. Sendo assim, os televisores não fornecem energia suficiente para que possamos considerar os elétrons relativísticos. Somente quando $v \cong c$ é que temos de considerar as transformações para espaço, tempo e massa.

Na Física de Partículas, a unidade eV também é utilizada como unidade de massa, uma vez que massa e energia obedecem à relação $E = m \cdot c^2$.

1.7. Partículas... onde?

Vivemos cercados por partículas! Subprodutos dos raios cósmicos e extremamente energéticas, algumas delas se chocam com núcleos atômicos ao penetrarem a atmosfera da Terra e produzem muitas outras partículas e radiação que chegam ao solo terrestre a todo instante (Figura 11.6).

Então, por que vivemos como se a maioria delas não existisse?

Isso acontece porque nem todas as partículas interagem com o corpo humano. Por exemplo, os neutrinos passam por nosso corpo sem nenhuma interação com ele. Assim como a luz, que quase não interage com o vidro ao atravessá-lo, nosso corpo é transparente para algumas partículas. Isso indica que as interações de partículas dependem de condições específicas.

Fabio Eugenio

Figura 11.6: Agora mesmo estamos sendo bombardeados por várias partículas que atravessam nosso corpo a cada segundo.

Um dos fatores mais importantes a considerar na interação de uma partícula é sua energia. Para que se evidencie, ela deve interagir, direta ou indiretamente, por meio de radiação, com a matéria que compõe um detector, o que exige uma elevada quantidade de energia. A maioria das partículas subatômicas só pode ser obtida em experimentos que usam altas energias. Para entender de que ordem de grandeza de energia estamos falando, basta saber que em uma reação química, que inclui apenas átomos, temos cerca 5 eV de energia. Para evidenciarmos partículas subatômicas, precisamos de 1 milhão de vezes mais energia!

- O decaimento (tipo α, β ou γ) de um átomo radioativo envolve energias da ordem de 1 MeV (10^6 eV) e pode evidenciar elétrons, pósitrons e neutrinos (Figura 11.7).

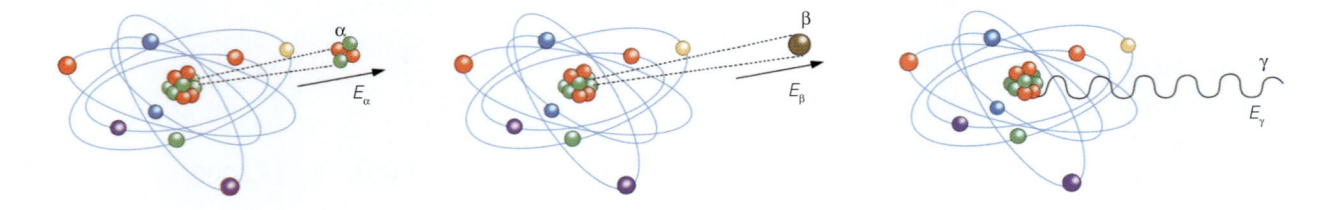

- Uma fissão nuclear envolve energia da ordem de 200 MeV e, como vimos, libera nêutrons, elétrons e outras partículas (Figura 11.8).

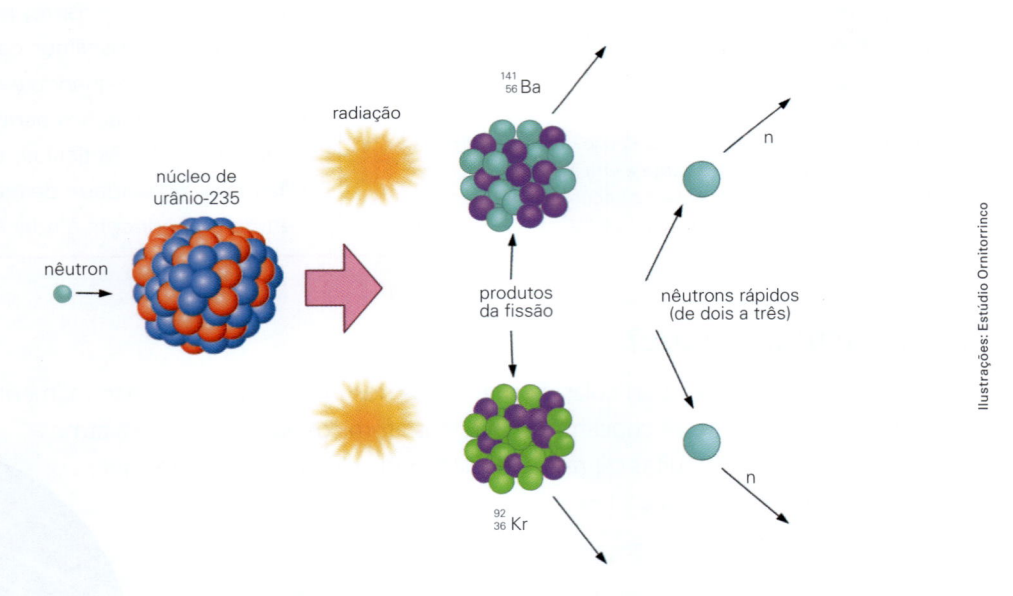

Figura 11.8: A energia envolvida nas fissões nucleares, por ser mais elevada que a dos decaimentos, é capaz de evidenciar outras partículas.

Ilustrações: Estúdio Ornitorrinco

Por conta do alto valor das energias envolvidas (acima de 100 MeV), costuma-se chamar a área da Física de Partículas também como Física de Altas Energias.

A Tabela 11.2 apresenta uma pequena relação das partículas já detectadas. Hoje, conhecemos mais de 300 partículas subatômicas, grande parte delas fruto de pesquisas realizadas em aceleradores como os que estudaremos na próxima seção. Observe que algumas têm carga elétrica positiva, outras têm carga negativa, e outras são neutras. Por não ser estável, a maioria delas decai rapidamente em outras partículas.

Essas partículas têm vida-média, em geral, muito curta, o que explica, em parte, por que são tão difíceis de ser detectadas. A última coluna da tabela indica os modos principais de decaimento de cada uma das partículas não estáveis. A massa também pode variar muito de uma partícula para outra: a massa do elétron, por exemplo, é cerca de 3 mil vezes menor que a massa do ômega.

Tabela 11.2: Características das partículas						
Nome (símbolo)	Ano da descoberta	Carga elétrica	*Spin*	Massa (MeV/c^2)	Vida-média (s)	Modos de decaimentos
neutrino do elétron (v_e)	1956	0	½	$< 3 \; eV/c^2$	estável	não decai
neutrino do múon $(v\mu)$	1962	0	½	$< 0,17$	estável	não decai
neutrino do tau $(v\tau)$	2000	0	½	< 18	estável	não decai
múon (μ^+)	1962	−1	½	105,7	$2,20 \cdot 10^{-6}$	$e^\pm + v + \bar{v}$
tau (τ^-)	1975	−1	½	1 777	$3,00 \cdot 10^{-13}$	μ^- ou e^-
píon (π^+)	1947	+1	0	140,0	$2,60 \cdot 10^{-8}$	μ^+
píon (π^0)	1949	0	0	135,0	$0,80 \cdot 10^{-16}$	2γ
píon (π^-)	1947	−1	0	140,0	$2,60 \cdot 10^{-8}$	μ^-
káon (K^+)	1947	+1	0	493,7	$1,24 \cdot 10^{-8}$	μ^+ ou $\pi^0 + \pi^+$
káon (Ks^0)	1947	0	0	498,0	curta: $0,89 \cdot 10^{-10}$ longa: $5,00 \cdot 10^{-8}$	$\pi^+ + \pi^-$ ou $2\pi^0$
káon (KL^0)	1947	0	0	497,7	$5,20 \cdot 10^{-8}$	$\pi^+ + e^-$ ou $\pi^- + e^+$ ou $3\pi^0$
lambda (Λ^0)	1951	0	½	$1 \; 115,6 \; GeV/c^2$	$2,60 \cdot 10^{-10}$	$p + \pi^-$ ou $n + \pi^0$
sigma (Σ^+)	1953	+1	½	$1 \; 189,4 \; GeV/c^2$	$0,80 \cdot 10^{-10}$	$p + \pi^0$ ou $n + \pi^+$
sigma (Σ^0)	1956	0	½	$1 \; 192,5 \; GeV/c^2$	$6,00 \cdot 10^{-20}$	$\Lambda^0 + \gamma$
sigma (Σ^-)	1953	−1	½	$1 \; 197,3 \; GeV/c^2$	$1,50 \cdot 10^{-10}$	$n + \pi^-$
xi (Ξ^0)	1959	0	½	$1 \; 315 \; GeV/c^2$	$2,90 \cdot 10^{-10}$	$\Lambda^0 + \pi^0$
xi (Ξ^-)	1953	−1	½	$1 \; 321 \; GeV/c^2$	$1,64 \cdot 10^{-10}$	$\Lambda^0 + \pi^-$
ômega (Ω^-)	1964	−1	½	$1 \; 672 \; GeV/c^2$	$0,82 \cdot 10^{-10}$	$\Xi^0 + \pi^0$ ou $\Lambda^0 + K^+$

Fontes de pesquisa: SERWAY, R.; JEWETT JR., J. *Princípios de Física*. São Paulo: Thomson, 2004; EISBERG, R.; RESNICK, R. *Física Quântica*: átomos, moléculas, sólidos, núcleos e partículas. Rio de Janeiro: Elsevier, 1979.

Não se preocupe com essa grande quantidade de partículas e dados, pois a ideia não é decorar o nome e as propriedades de todas elas. São tantas que mesmo os físicos têm dificuldade para memorizá-las. O físico italiano naturalizado estadunidense Enrico Fermi (1901-1954) uma vez disse a seu aluno (e futuro Prêmio Nobel) Leon Lederman (1922-): "Jovem, se eu conseguisse lembrar o nome dessas partículas, teria sido um botânico!".

1. Observe a Tabela 11.1. O que há em comum entre as partículas que estudamos até agora? O que isso indica?

As partículas listadas na tabela são estáveis. No caso do nêutron, ele é estável quando aprisionado no núcleo. Isso indica que se trata de partículas estáveis, que não decaem. Além disso, das seis partículas que conhecemos, quatro delas (fóton, elétron, pósitron e neutrino) são elementares, ou seja, não podem ser divididas e não têm outras partículas em sua constituição.

2. O múon, uma partícula fundamental, é formado em uma colisão nas altas camadas da atmosfera. Aparentemente, ele não deveria chegar aos detectores no solo, pois, como seu tempo de vida-média é 2,2 μs, ele deveria decair em outras partículas antes de atingir a superfície de nosso planeta. Mesmo considerando que o múon tenha velocidade de 0,99c, ele só deveria se deslocar uns 700 m. No entanto, um número considerável de múons chega às altas montanhas onde estão os laboratórios e os detectores. Como isso é possível?

Para explicar a detecção dos múons, é preciso recorrer à teoria da relatividade. O tempo de vida-média de 2,2 μs é o tempo próprio do múon (t_0), medido no sistema de referência do múon. Se o múon tivesse um relógio, esse seria o tempo medido por ele. Mas o detector de partículas está na Terra e seu sistema de referência está em repouso.

Assim, para um observador na Terra, o tempo do múon se dilata:

$$t = t_0 \cdot \frac{1}{\sqrt{1 - \frac{v^2}{c^2}}} = 2,2 \cdot 10^{-6} \cdot \frac{1}{\sqrt{1 - \frac{(0,99c)^2}{c^2}}} =$$

$$= 2,2 \cdot 10^{-6} \cdot \frac{1}{\sqrt{1 - 0,98}} = 2,2 \cdot 10^{-6} \cdot 7 = 15,5 \cdot 10^{-6}\,s$$

Desse modo, com sua velocidade de 0,99c, o múon alcança uma distância muito maior, quase 5 km, podendo ser detectado nas altas montanhas antes de decair.

$$\Delta p = v \cdot \Delta t = 0,99 \cdot 3 \cdot 10^8 \cdot 15,5 \cdot 10^{-6} = 46 \cdot 10^2 = 4\,600\,m$$

3. Com que velocidade um feixe de 10 milhões de elétrons colide com a tela de um aparelho de TV se a ddp entre o cátodo e o ânodo do tubo desse aparelho é de 2 000 V? Considere $e = 1,6 \cdot 10^{-19}$ C e $m = 9,0 \cdot 10^{-31}$ kg.

Se a ddp entre o cátodo e o ânodo é 2 000 V, a energia potencial elétrica será convertida em energia cinética na tela da TV:

$E = q \cdot U = n \cdot e \cdot U = 10^7 \cdot 1,6 \cdot 10^{-19} \cdot 2 \cdot 10^3 =$
$= 3,2 \cdot 10^{-9}$ J

$$E = m \cdot \frac{v^2}{2} \Rightarrow v^2 = 2 \cdot \frac{E}{m} = 2 \cdot \frac{3,2 \cdot 10^{-9}}{10^7} \cdot 9,0 \cdot 10^{-31} =$$

$$= 0,71 \cdot 10^{15} = \sqrt{7,1 \cdot 10^{14}} \Rightarrow v = 2,67 \cdot 10^7 \text{ m/s}$$

1. (Fuvest-SP) O avanço científico-tecnológico permitiu identificar e dimensionar partículas e sistemas microscópicos e submicroscópicos fundamentais para o entendimento de fenômenos naturais macroscópicos. Desse modo, tornou-se possível ordenar, em função das dimensões, entidades como cromossomo (C), gene (G), molécula de água (M), núcleo do hidrogênio (N) e partícula alfa (P).

Assinale a alternativa que apresenta essas entidades em ordem crescente de tamanho.

a) N, P, M, G, C.

b) P, N, M, G, C.

c) N, M, P, G, C.

d) N, P, M, C, G.

e) P, M, G, N, C.

2. Qual é a quantidade de movimento de um elétron acelerado no tubo de raios catódicos de uma televisão? A diferença de potencial entre o cátodo e o ânodo do tubo é de 2 000 V.

3. Em um tubo de raios X, um feixe de elétrons é acelerado por uma diferença de potencial de 20 000 V. Ao atingirem um bloco de metal, os elétrons são violentamente desacelerados, emitindo raios X, em um fenômeno chamado radiação de *bremsstrahlung*. Além disso, toda a energia cinética dos elétrons é transformada nessa radiação. Calcule:

a) a energia cinética que um elétron adquire ao ser acelerado pela diferença de potencial;

b) a velocidade do elétron quando atinge o alvo de metal;

c) o menor comprimento de onda possível para raios X produzidos por esse tubo.

2. Aceleradores

Como as partículas precisam de altas energias para serem evidenciadas, os cientistas construíram aceleradores, que são equipamentos que aceleram feixes de núcleos atômicos e partículas, um em direção ao outro, a velocidades próximas à da luz, com o objetivo de fazê-los colidir. Essa colisão de alta energia permite estudar as reações e os decaimentos das partículas originadas e, assim, desvendar o mundo das partículas subatômicas.

Nossos olhos são capazes de enxergar objetos no intervalo entre 10^8 m e 10^{-3} m. Para objetos distantes, usamos telescópios ou radiotelescópios, que captam a radiação emitida por estrelas e galáxias a milhões de anos-luz de distância. Para objetos menores, usamos ampliadores de imagens, como o microscópio. Até o nível da estrutura do DNA, considerada uma grande molécula, podemos usar microscópios eletrônicos.

Para atingirmos o nível das partículas (10^{-16} m), porém, precisamos dos aceleradores de partículas, como o famoso LHC, sigla em inglês para o Grande Colisor de Hádrons, que entrou em operação em 2008 no CERN (*Conseil Européen pour la Recherche Nucléaire*, que em português significa Centro Europeu de Pesquisas Nucleares), na fronteira entre França e Suíça (Figura 11.9).

Cern/Handout/DPA/Zuma Press/Fotoarena

Figura 11.9: Vista aérea externa do LHC. A linha circular representa o duto subterrâneo onde os feixes são acelerados. Foto de 2011.

Aceleradores são equipamentos caros. O LHC, por exemplo, custou aproximadamente 6 bilhões de dólares, demorou oito anos para ser construído e contou com a participação de 20 países. Afinal, será que máquinas como essas são realmente necessárias?

2.1. A energia dos aceleradores

Dissemos que a Física de Partículas é sinônimo de altas energias. Um dos primeiros aceleradores, construído no Laboratório Nacional de Brookhaven, em Nova York, acelerava partículas a cerca de 3 GeV (3 bilhões de eV) (Figura 11.10). Mas quão elevada é uma quantidade de energia dessa magnitude?

A energia das partículas aceleradas no acelerador de Brookhaven, em joule, é:

$$E = q \cdot U = 1{,}6 \cdot 10^{-19}\,C \cdot 3 \cdot 10^9\,V = 4{,}8 \cdot 10^{-10}\,J$$

Essa energia é aparentemente pequena, não é mesmo? Uma bolinha de gude lançada num jogo tem energia maior que essa, que depende basicamente da velocidade do lançamento feito pela mão do jogador. Se calcularmos a energia da bolinha de gude, supondo massa (m) de 5 g e velocidade (v) de 5 cm/s, teremos:

$$E_c = \frac{1}{2} \cdot m \cdot v^2 = \frac{1}{2} \cdot 5{,}0 \cdot 10^{-3} \cdot (5{,}0 \cdot 10^{-2})^2 = 62{,}5 \cdot 10^{-7} = 6{,}25 \cdot 10^{-6}\,J$$

Veja que a bolinha de gude tem cerca de 10 mil vezes mais energia cinética do que as partículas aceleradas em Brookhaven. Será, então, que um simples jogo de bolinhas de gude pode ser considerado um acelerador de partículas relativístico?

SPL/Latinstock

Figura 11.10: Acelerador de partículas do Laboratório Nacional de Brookhaven, em Nova York.

Nada disso! Sabemos que elas podem se quebrar, mas certamente nada ocorre em nível atômico: os átomos e/ou moléculas que compõem o vidro mantêm sua integridade, não havendo nenhum aparecimento de partículas.

Isso acontece porque a alta energia considerada nesses experimentos é medida sobre cada partícula. Para tanto, precisamos avaliar quanto cada átomo e/ou molécula presente nas bolinhas de gude tem da energia total da bolinha em movimento.

Para os cálculos, vamos admitir que o vidro seja composto basicamente de sílica (SiO_2), que tem número de massa 60 ($28 + 32 = 60$). Assim, podemos estimar que em uma bolinha de vidro de 5 g existam:

60 g de sílica ——————— $6,02 \cdot 10^{23}$ moléculas

5 g de sílica ——————— n moléculas

$$n = \frac{6,02 \cdot 10^{23} \cdot 5}{60} = 5,0 \cdot 10^{22} \text{ moléculas}$$

Em duas bolinhas serão $1,0 \cdot 10^{23}$ moléculas ($2 \cdot 5,0 \cdot 10^{22}$ moléculas). Portanto, a energia cinética por molécula será:

$$e_c = \frac{E_c}{n} = \frac{62,5 \cdot 10^{-6}}{1,0 \cdot 10^{23}} = 62,5 \cdot 10^{-29} \text{ J/molécula}$$

Por meio desses cálculos, fica claro que as energias envolvidas nas interações dos objetos no dia a dia não são capazes de revelar a existência de partículas.

2.2. Tipos de acelerador e seu funcionamento

Vimos que nos aceleradores é preciso isolar partículas para, em seguida, acelerá-las e finalmente fazê-las colidir. Existem várias maneiras de projetar um acelerador, cada um com características particulares e adaptadas a objetivos específicos. Um componente básico de qualquer acelerador é a fonte de íons, sendo a ionização dos átomos de hidrogênio a maneira mais fácil de produzi-los. Depois, é formado um feixe de íons, que é injetado no equipamento para a aceleração e colisão.

Podemos classificar os aceleradores em função de alguns parâmetros, de que trataremos a seguir.

Tipos de partícula acelerada

Em geral, os aceleradores aceleram prótons, elétrons ou núcleos de átomos como o ouro. Os elétrons podem ser arrancados de um metal por aquecimento, que é a maneira mais simples de obtê-los. Os prótons podem ser isolados ionizando-se um gás de hidrogênio (na forma H_2) por meio de descarga elétrica.

Tipos de trajetória

Há basicamente dois meios de acelerar as partículas: fazendo-as descrever uma trajetória retilínea ou uma trajetória circular.

Nos **aceleradores lineares** (Figura 11.11), as partículas são submetidas a uma diferença de potencial e aceleram sob a ação de um campo elétrico.

A outra maneira é fazendo-as descrever uma circunferência, por meio de um campo magnético que as obriga a realizar uma curva e de um campo elétrico que as acelera. Isso acontece em **aceleradores circulares** (Figura 11.12), conhecidos como **cíclotrons** ou **síncrotrons**.

A vantagem de um acelerador circular sobre um linear é que as partículas dão muitas voltas, recebendo múltiplos impulsos a cada volta. Portanto, os síncrotrons são capazes de fornecer partículas de alta energia sem ter um enorme comprimento. Além disso, o fato de as partículas darem muitas voltas significa que há muitas chances de ocorrer colisão nos lugares onde os feixes de partículas se cruzam.

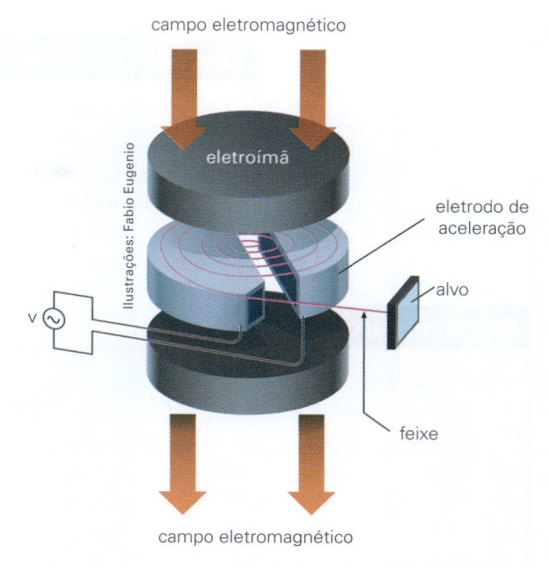

campo eletromagnético

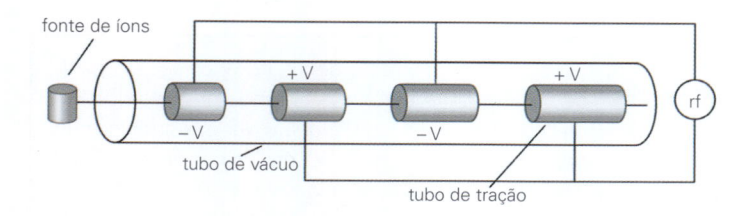

fonte de íons · tubo de vácuo · tubo de tração

Ilustrações: Fábio Eugenio

Figuras 11.11 e 11.12: Esquema de um acelerador linear e de um acelerador circular.

Tipos de colisão

O feixe de partículas aceleradas a alta velocidade é o veículo de transporte das altas energias. Há duas maneiras de transferir essa energia, dependendo do tipo de colisão. A colisão pode ocorrer contra um alvo fixo (Figura 11.13) ou entre dois feixes, acelerados em sentidos opostos (Figura 11.14).

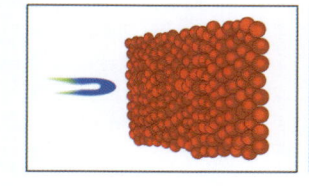

Figuras 11.13 e 11.14: Colisão com um alvo fixo e entre feixes de partículas acelerados em sentidos opostos.

No Brasil, existem aceleradores em diversas instituições. Podemos encontrar aceleradores lineares no Centro Brasileiro de Pesquisas Físicas (CBPF), no Rio de Janeiro, no Instituto de Física da Universidade de São Paulo (IF-USP), em São Paulo, e em muitos hospitais. Já os aceleradores circulares são encontrados no Instituto de Energia Nuclear (IEN), no Rio de Janeiro, no Instituto de Pesquisas Nucleares (Ipen), em São Paulo, e no Laboratório Nacional de Luz Síncrotron (LNLS), em Campinas (SP) (Figura 11.15).

MÁRCIO FERNANDES/ESTADÃO CONTEÚDO

Figura 11.15: Acelerador circular na Universidade Estadual de Campinas (Unicamp). Foto de 2013.

Exercícios propostos

1. (Fuvest-SP) Um consórcio internacional, que reúne dezenas de países, milhares de cientistas e emprega bilhões de dólares, é responsável pelo *Large Hadrons Collider* (LHC), um túnel circular subterrâneo, de alto vácuo, com 27 km de extensão, no qual eletromagnetos aceleram partículas, como prótons e antiprótons, até que alcancem 11000 voltas por segundo para, então, colidirem entre si. As experiências realizadas no LHC investigam componentes elementares da matéria e reproduzem condições de energia que teriam existido por ocasião do Big Bang.

   a) Calcule a velocidade do próton, em km/s, relativamente ao solo, no instante da colisão.

   b) Calcule o percentual dessa velocidade em relação à velocidade da luz, considerada, para esse cálculo, igual a 300000 km/s.

   c) Além do desenvolvimento científico, cite outros dois interesses que as nações envolvidas nesse consórcio teriam nas experiências realizadas no LHC.

2. (Fuvest-SP) Com o objetivo de criar novas partículas, a partir de colisões entre prótons, está sendo desenvolvido, no CERN (Centro Europeu de Pesquisas Nucleares), um grande acelerador (LHC). Nele, através de um conjunto de ímãs, feixes de prótons são mantidos em órbita circular, com velocidades muito próximas à velocidade c da luz no vácuo. Os feixes percorrem longos tubos, que juntos formam uma circunferência de 27 km de comprimento, onde é feito vácuo. Um desses feixes contém $N = 3,0 \cdot 10^{14}$ prótons, distribuídos uniformemente ao longo dos tubos, e cada próton tem uma energia cinética E de $7,0 \cdot 10^{12}$ eV. Os prótons repassam inúmeras vezes por cada ponto de sua órbita, estabelecendo, dessa forma, uma corrente elétrica no interior dos tubos. Analisando a operação desse sistema, estime:

   a) A energia cinética total E_c, em joules, do conjunto de prótons contidos no feixe.

   b) A velocidade v, em km/h, de um trem de 400 toneladas que teria uma energia cinética equivalente à energia do conjunto de prótons contidos no feixe.

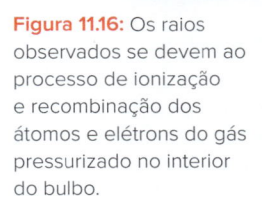

Eric Boucher/Shutterstock.com

3. Dispositivos de detecção de partículas

Já pudemos perceber que nossos olhos não são capazes de detectar a maioria das partículas. Mas a imaginação científica é poderosa e foi capaz de encontrar meios de compensar as limitações de nossa percepção.

Existem muitas maneiras de rastrear as partículas. Em meados dos anos 1920, Robert Andrews Millikan (1868-1953) desenvolveu, no Instituto de Tecnologia da Califórnia (Caltech, sigla para *California Institute of Technology*), um equipamento que registrava numa fita de papel as marcações de um eletrômetro, instrumento capaz de revelar a presença de partículas. Em sua maioria, os detectores mostram o momento em que uma partícula ioniza um átomo. Isso significa que, graças à interação entre a partícula e um átomo, sabemos da existência e da trajetória dela. Em condições particulares, os íons formados podem ser revelados por rastros fotografados durante o processo de detecção.

Figura 11.16: Os raios observados se devem ao processo de ionização e recombinação dos átomos e elétrons do gás pressurizado no interior do bulbo.

A ionização revela a presença de partículas no interior de um plasma. Você já deve ter visto uma foto como a apresentada ao lado (Figura 11.16). As cargas elétricas produzidas no centro do bulbo se deslocam em direção ao vidro, ionizando o gás. Ao voltarem ao seu estado normal, os átomos do gás emitem luz, produzindo um belo espetáculo.

3.1. Rastreando as partículas

Os dispositivos mais utilizados na detecção das partículas são aqueles que produzem registros visuais, tanto reais como digitais. Apresentaremos a seguir três deles, muito usados em pesquisas científicas desde 1910. Utilizados em conjunto com câmaras fotográficas ultrarrápidas, esses detectores forneceram "retratos" dos rastros deixados pelas partículas, quando estas ionizam gases e líquidos previamente preparados.

Câmara de Wilson (ou de névoa)

Foi um dos primeiros dispositivos com registro visual que os físicos utilizaram para o estudo das partículas (Figura 11.17). É composto basicamente de um tanque com vapor de água submetido a uma expansão rápida, que o torna supersaturado. O rastro deixado por uma partícula pode ser pensado, de forma análoga, como o risco branco deixado no céu por um avião. Nesse caso, em grandes altitudes, a passagem do avião, e a consequente liberação de gases por suas turbinas, gera condensação do vapor de água da atmosfera, evidenciando seu movimento (Figuras 11.18 e 11.19).

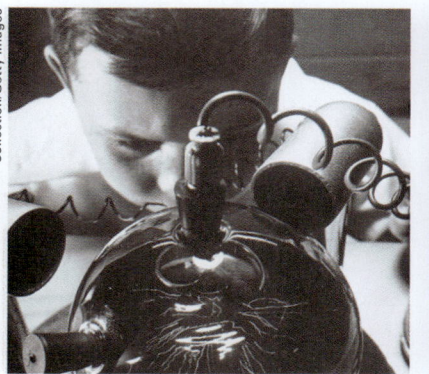
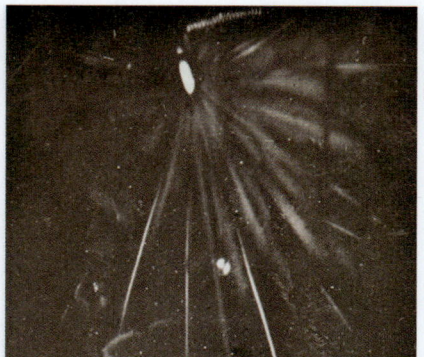

Figura 11.17: O físico escocês Charles Thomson Rees Wilson (1869-1959) ganhou o Prêmio Nobel em 1927 pela invenção da câmara batizada com seu sobrenome.

Figuras 11.18 e 11.19: Câmara de Wilson e uma das primeiras fotografias dos rastros de partículas ionizadas nesse dispositivo em 1911.

Câmara de bolhas

Esse detector utiliza líquido superaquecido (submetido a alta pressão e rapidamente despressurizado, levando-o próximo à temperatura de ebulição) em vez de vapor supersaturado. Tal procedimento permite o aumento em mais de mil vezes na densidade da câmara, possibilitando um maior número de colisões entre as partículas ionizantes (interagentes) e os alvos (átomos constituintes do líquido da câmara). As primeiras bolhas se formarão quando uma partícula carregada passar através da câmara, produzindo uma fila de íons ao longo do trajeto, o que faz com que o líquido entre em ebulição. A trajetória da partícula é vista quando se fotografa essa fila de bolhas antes que desapareçam do local onde se formaram (isso dura cerca de 1 milésimo de segundo) (Figura 11.20).

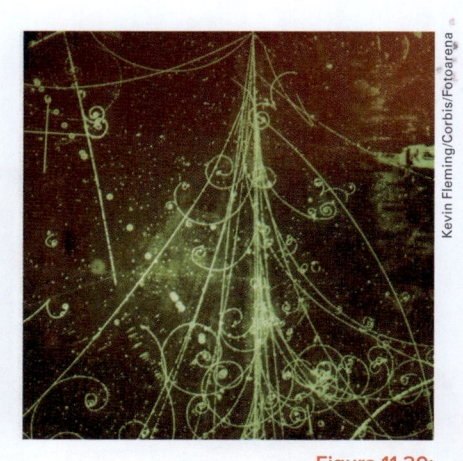

Figura 11.20: Rastros de partículas registrados no escâner de uma câmara de bolhas.

Embora mais precisa que a câmara de névoa, pois permite uma figura completa da interação das partículas com os átomos do líquido, a câmara de bolhas tem uma desvantagem: está limitada à presença do líquido superaquecido, que só é conseguido por meio de uma expansão rápida que precisa acontecer antes da passagem das partículas pela câmara.

Aceleradores e detectores no CERN

Fundado em 1954, o CERN é um dos maiores centros de pesquisa científica do mundo, onde se localizam os maiores e mais complexos instrumentos científicos para estudo das partículas elementares. Oito aceleradores de partículas compõem o complexo acelerador do CERN, o que permite obter energias cada vez maiores.

Uma sucessão de aceleradores é responsável por aumentar a velocidade de um feixe de partículas antes de injetá-lo na sequência seguinte. O esquema da Figura 11.21 indica as sequências de aceleradores para a colisão entre prótons, íons, nêutrons, antiprótons, neutrinos e elétrons, e para a conversão de prótons em antiprótons.

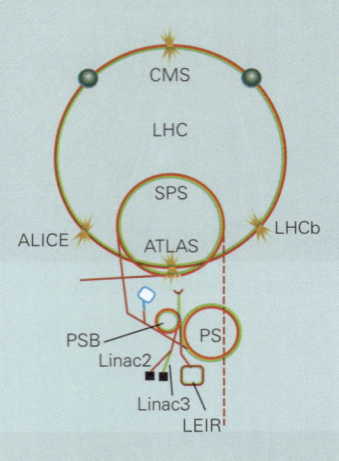

Figura 11.21: Esquema dos aceleradores e dos detectores do CERN.

Acelerador	Energia
LHC	7 TeV
SPS	450 GeV
PS	28 GeV
PSB	1,4 GeV
Linac	50 MeV

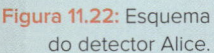

Figura 11.22: Esquema do detector Alice.

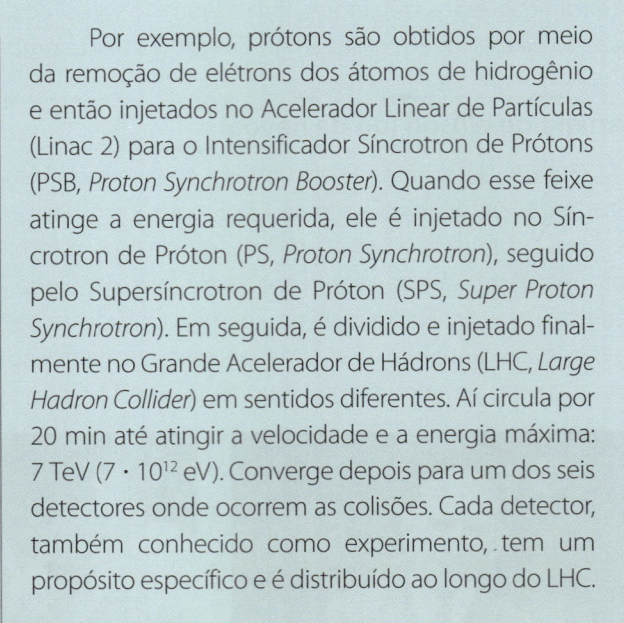

Por exemplo, prótons são obtidos por meio da remoção de elétrons dos átomos de hidrogênio e então injetados no Acelerador Linear de Partículas (Linac 2) para o Intensificador Síncrotron de Prótons (PSB, *Proton Synchrotron Booster*). Quando esse feixe atinge a energia requerida, ele é injetado no Síncrotron de Próton (PS, *Proton Synchrotron*), seguido pelo Supersíncrotron de Próton (SPS, *Super Proton Synchrotron*). Em seguida, é dividido e injetado finalmente no Grande Acelerador de Hádrons (LHC, *Large Hadron Collider*) em sentidos diferentes. Aí circula por 20 min até atingir a velocidade e a energia máxima: 7 TeV ($7 \cdot 10^{12}$ eV). Converge depois para um dos seis detectores onde ocorrem as colisões. Cada detector, também conhecido como experimento, tem um propósito específico e é distribuído ao longo do LHC.

▶ **Alice**

Como era a matéria no primeiro segundo de vida do Universo? Esse experimento visa explorar as condições do primeiro instante do Universo, o estágio primordial da matéria, por meio da colisão de íons de ferro a 1 300 TeV, que se espera que se desfaçam em uma mistura de quarks e glúons.

Esse detector é constituído de um espectrômetro de múons e uma câmara de projeção de tempo (TPC). Inventada por David Nygren, essa câmara coleta informações suficientes do movimento de partículas carregadas que permitem ao computador reconstruir uma imagem tridimensional dos rastros (Figura 11.22).

▶ **Atlas e CMS**

Esses detectores têm objetivos gerais de pesquisa. Destinam-se, por exemplo, a responder perguntas como: Existem princípios desconhecidos na natureza? Como podemos resolver o mistério da energia escura? Existem dimensões extras do espaço? O que é a matéria escura? Como o Universo surgiu?

Com 46 m de comprimento, 25 m de largura e 25 m de altura, o Atlas (Figura 11.23) é o maior detector do CERN. Em seu interior, há um rastreador que, com uma precisão de cerca de 1 centésimo de milímetro, registra as posições das partículas eletricamente carregadas, permitindo que computadores reconstruam suas trilhas e revelem sua dinâmica. Na câmara seguinte, projetada para detectar a energia de muitos tipos de partícula, há um calorímetro de duas partes. A primeira registra as energias de elétrons e fótons, e a segunda, as de hádrons. Por último, há um espectrômetro, que mede o momento de cada múon.

O que dizer de partículas neutras? Como podem ser detectadas? Partículas neutras poderiam passar pelo rastreador, pelos calorímetros e pelo espectrômetro de múons inteiramente despercebidas. No entanto, somando-se os momentos medidos para todas as outras partículas, pode-se inferir sua existência.

Mais compacto, o CMS é também mais pesado (12 500 toneladas), em parte por causa do maior ímã supercondutor para um detector já construído (Figura 11.24). Sua energia de 2,5 milhões de joules seria suficiente para derreter 18 toneladas de ouro.

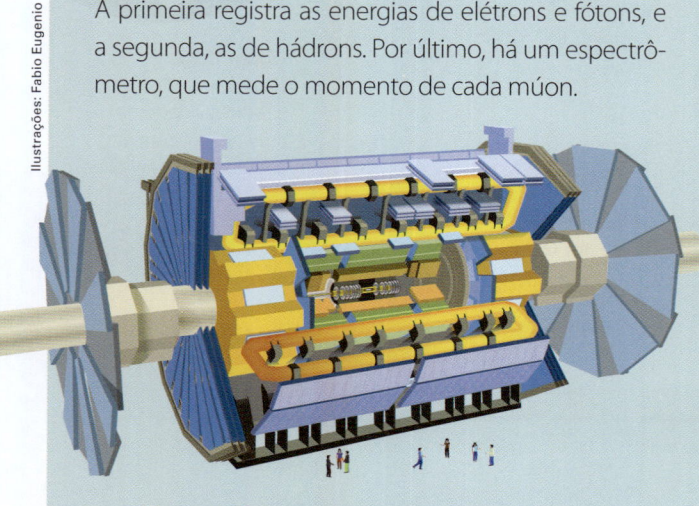

Figura 11.23: Esquema do detector Atlas.

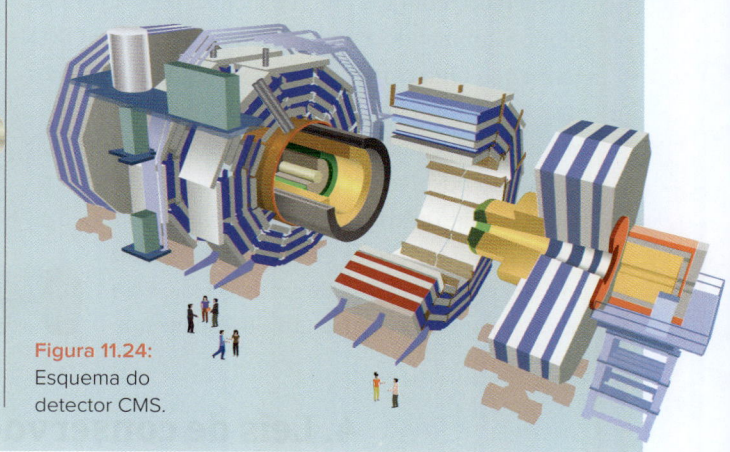

Figura 11.24: Esquema do detector CMS.

Exercício resolvido

Com relação aos dispositivos de detecção, responda.

a) O que há de semelhante entre a maioria dos detectores de partículas?

Na maioria dos detectores, a existência e a trajetória de uma partícula são detectadas pela interação dessa partícula com os átomos do detector, em geral pela ionização destes.

b) O que o avanço na câmara de bolhas permitiu no estudo das partículas? Como é possível detectar partículas neutras, que não deixam rastros de ionização?

A câmara de bolhas permitiu aos cientistas analisar figuras completas da interação das partículas com os átomos do líquido no interior da câmara. A aplicação da lei de conservação de energia e da quantidade de movimento permite inferir a existência das partículas neutras. Ou seja, somando-se os momentos medidos para todas as outras partículas que deixaram rastros, determina-se a presença de partículas neutras.

Exercícios propostos

1. A quais questões os cientistas que trabalham nos aceleradores buscam responder?

2. Por que a câmara de detecção de Wilson é também conhecida como câmara de névoa?

Detector Geiger-Miller

Talvez você já tenha escutado o som característico de um contador Geiger num filme de suspense em que haja algum tipo de contaminação radioativa. Esse foi um dos primeiros equipamentos desenvolvidos para detectar radiação, fosse ela partícula ou onda eletromagnética, e se mostrou muito útil nas pesquisas do início do século XX no estudo das partículas, como os raios cósmicos. Um detector Geiger-Miller se parece muito com uma lâmpada fluorescente. Consiste de um cilindro metálico com gás argônio a baixa pressão em seu interior, submetido a uma tensão de cerca de 1 000 V. Assim que uma partícula (por exemplo, um raio cósmico) adentra o interior do tubo e ioniza o gás, o elétron então produzido é atraído para o extremo positivo do tubo. Acelerado pelo potente campo elétrico no interior, esse elétron acaba arrancando outros elétrons e produzindo uma intensa faísca capaz de ser detectada. Essa faísca, pulso elétrico, ativa um alto-falante que produz o "clique", o som familiar do contador Geiger. Cada clique corresponde a determinado número de partículas. Desse modo, o Geiger-Miller é um poderoso amplificador de elétrons (Figuras 11.25 e 11.26).

Figura 11.25: Cientista verificando a radioatividade de um material com um contador Geiger-Miller.

Figura 11.26: Esquema de um detector Geiger-Miller.

radiação ionizante

e^-

1000V

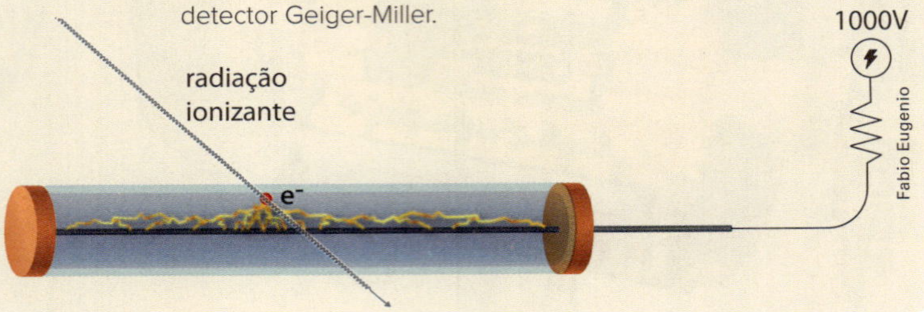

4. Leis de conservação

Dissemos que alguns dos conceitos usados para lidar com os corpos à nossa volta também servem, com algumas ressalvas, para tratar das partículas subatômicas. O mesmo vale para leis e princípios da Física. Vamos agora aplicar algumas leis de conservação, que já conhecemos, nas reações entre partículas e apresentar outras leis próprias às partículas subatômicas.

4.1. Conservação da carga elétrica

Uma das leis mais importantes no estudo das partículas é o princípio de conservação da carga elétrica. Quando ocorre uma reação, isto é, a transformação de uma ou mais partículas em outras, a quantidade de carga total antes e depois da reação deve ser a mesma. Veja estes exemplos:

$$\pi^- + p^+ \rightarrow \Lambda^0 + K^0$$

$$\Sigma^- \rightarrow n + \pi^-$$

No primeiro caso, um píon negativo interage com um próton positivo. A quantidade total de carga elétrica é zero, pois a soma de um inteiro positivo com um negativo é nula: $(+1) + (-1) = 0$. Verificando o resultado da reação, temos duas partículas: um lambda e um káon. Uma vez que ambas são neutras, como indicado pelo índice zero, o resultado também será nulo $(0 + 0 = 0)$.

No segundo caso, a partícula inicial é a sigma, negativa. Após a reação, um decaimento espontâneo, a sigma se transforma em um nêutron, sem carga, e um píon negativo. Em ambos os casos, a quantidade de carga é conservada, pois o valor inicial é igual ao valor final.

4.2. Conservação da massa-energia

Ao longo do curso, vimos que uma das principais leis de conservação é que, em sistemas fechados, a energia se conserva. Essa lei continua válida para as partículas, mas cuidado: a massa pode ser transformada em energia, e vice-versa.

Assim, para partículas livres, a energia total é dada pela expressão:

$$E_{total} = E_{massa-repouso} + E_{cinética}$$

Nela, a energia de repouso está associada à massa.

$$E_{total} = m_0 \cdot c^2 + E_{cinética}$$

4.3. Conservação da quantidade de movimento

A conservação da quantidade de movimento é uma lei válida para as partículas elementares.

Vale lembrar que essa grandeza física é expressa em sua forma mais genérica por vetores e relaciona a evolução de um sistema físico antes e depois de dado evento por meio da seguinte expressão:

$$\vec{Q}_{antes} = \vec{Q}_{depois}$$

Exercícios resolvidos

1. Que cuidado se deve ter quando se aplica a lei de conservação de energia às partículas elementares?

As partículas se deslocam em alta velocidade, próxima à velocidade da luz; portanto, precisam ser tratadas relativisticamente. Sendo a massa uma grandeza relativística associada à energia, a lei de conservação de energia continua válida para as partículas, e a massa pode ser transformada em energia, e vice-versa.

2. Qual deve ser a energia mínima de um fóton que, ao interagir com um material, cria um par elétron-pósitron? Desenhe a trajetória dos fótons e do par elétron-pósitron.

A quantidade de energia necessária para a criação do par elétron-pósitron é dada pela equação de Einstein ($E = m_0 \cdot c^2$), em que E será igual à soma da massa das partículas multiplicada pelo quadrado da velocidade da luz. Como $m_{0\,elétron} = m_{0\,pósitron} = 0{,}511$ MeV/c^2, temos:

$$E = 2 \cdot m_0 \cdot c^2 = 2 \cdot 0{,}511 \text{ MeV}/c^2 \cdot c^2 = 1{,}022 \text{ MeV}$$

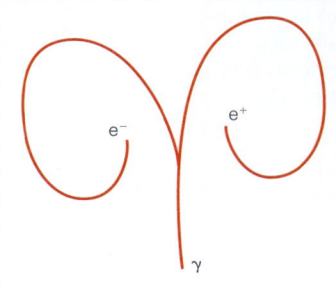

Exercícios propostos

1. Determine a energia mínima do fóton para que as seguintes reações ocorram (use a Tabela 11.2):

a) $\gamma \rightarrow \pi^- + \Lambda$

b) $\gamma \rightarrow p + p^-$

c) $\gamma \rightarrow \mu^+ + \mu^-$

2. Qual das reações apresentadas a seguir pode ocorrer, pois não violam o princípio de conservação da carga elétrica?

a) $\pi^- + p^+ \rightarrow \Lambda^0 + K^0$

b) $K^+ + n \rightarrow \Lambda^0 + \pi^-$

c) $\pi^0 + n \rightarrow K^+ + \Sigma^-$

d) $\Sigma^- \rightarrow n + \pi^-$

e) $n^+ + \pi^0 \rightarrow p^+ + \pi^+$

f) $K^+ + \pi^- \rightarrow p^+ + n$

g) $n \rightarrow p^+ + e^-$

3. Analise as transformações a seguir e veja quais delas respeitam a conservação massa-energia.

a) $n \rightarrow p + \beta^- + \overline{\nu}_e$

b) $p \rightarrow n + \beta^+ + \nu_e$

c) $p + \beta^- \rightarrow n + \nu_e$

d) $\mu^+ \rightarrow e^+ + \nu_e + \overline{\nu}_u$

e) $\pi^- \rightarrow \mu^- + \overline{\nu}_u$

f) $\pi^0 \rightarrow \mu^- + e^+ + \nu_e$

5. Identificando partículas em fotografias

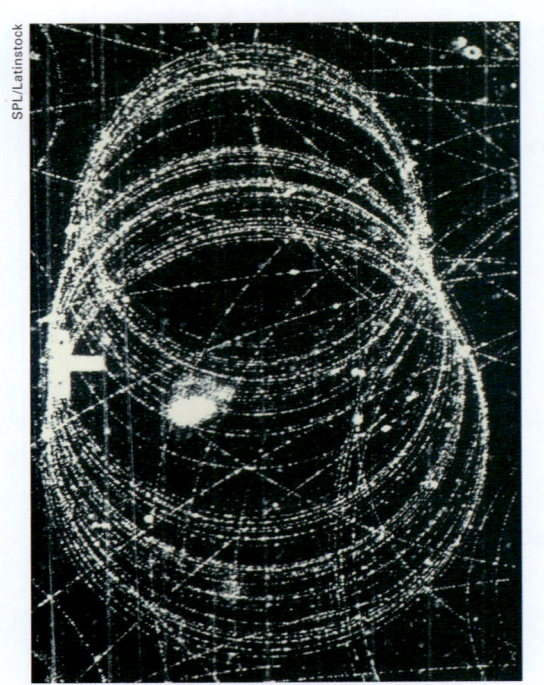

Figura 11.27: Rastro deixado por uma partícula registrada em uma câmara de névoa.

Ser capaz de ver os traços de uma partícula nos detectores é uma das necessidades de um físico de partículas. Veja na fotografia ao lado (Figura 11.27) que o registro do rastro evidencia que existem partículas se deslocando. Mas, logo após a primeira observação, podemos nos perguntar: Quantas são? Quais são essas partículas?

O cotidiano da Física de Partículas se dividia em obter bons registros e interpretá-los à luz das teorias vigentes. Para dar um pouco mais de realismo científico, podemos nos imaginar na época em que elétrons, prótons e nêutrons já haviam sido detectados, mais ou menos por volta dos anos 1930.

Alguém poderia se perguntar então: Existem outras partículas além dessas? Apesar de os cientistas ainda não saberem disso naquele momento, a resposta é sim. A maior parte dessas partículas tem um tempo de vida muito curto; logo, o estudo do caminho percorrido pela partícula na câmara de bolhas foi o que permitiu descobrir suas características, como massa e carga elétrica.

A figura a seguir (Figura 11.28), criada a partir de uma fotografia tirada com filme analógico, representa o traço deixado por uma partícula ao penetrar no interior de uma câmara de bolhas. Para compreendê-la, precisamos conhecer alguns dados do experimento no qual a imagem foi obtida.

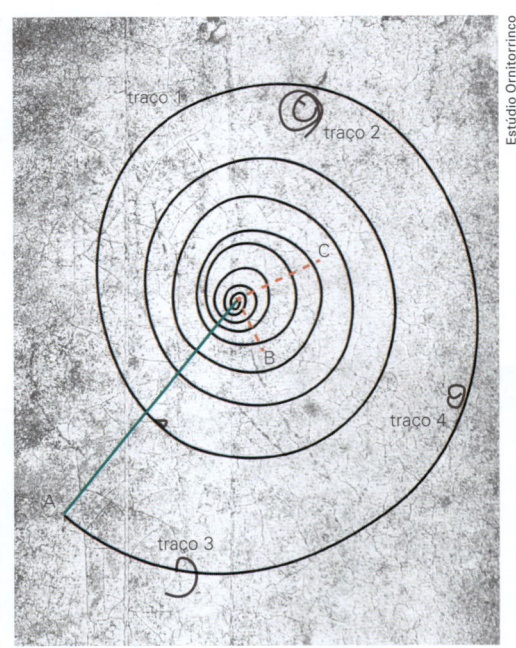

Figura 11.28: Representação da fotografia do traço de uma partícula ao penetrar em uma câmara de bolhas.

Contexto: A fotografia escolhida foi a que mostra a partícula se deslocando no plano da folha.

Equipamento: câmara de bolhas.

Região: próxima à superfície da Terra.

Interação: campo magnético com direção perpendicular à folha e "saindo" (⊙), cuja intensidade é 1,2 Wb/m^2.

Analisando os rastros deixados pelas partículas, responda às questões.

a) Quantas partículas carregadas estão presentes na foto?

Vamos lá! Sabemos que os traços registrados pela fotografia de uma câmara de bolhas indicam a ionização causada por uma partícula carregada. Note que existem vários traços. Descartando borrões e manchas, um deles chama nossa atenção: o de grande extensão que ocupa quase toda a fotografia e se parece com uma espiral (traço 1). Semelhantes a ele, porém de extensão menor, existem mais três traços em espira (traços 2, 3 e 4). Assim, podemos estimar que foram registradas quatro partículas carregadas.

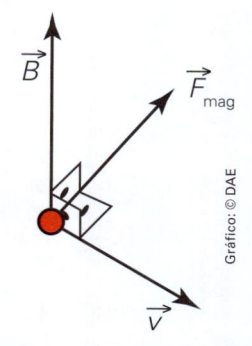

b) Por onde as partículas adentram a câmara?

O traço 1 parece indicar que essa partícula entra na câmara de bolhas pelo lado esquerdo inferior da foto (ponto A) e começa a descrever uma espiral em direção à parte superior da fotografia.

As outras partículas, que aparecem dentro da câmara, provavelmente foram criadas em seu interior e, por enquanto, não vamos tratar delas.

c) Por que a trajetória da partícula 1 é curva?

No Capítulo 6 discutimos a trajetória de uma partícula carregada ao penetrar em uma região onde há campo magnético. Mostramos que ela sofre ação de uma força magnética, perpendicular à sua velocidade, que age como uma resultante centrípeta, descrevendo um movimento circular (Figura 11.29).

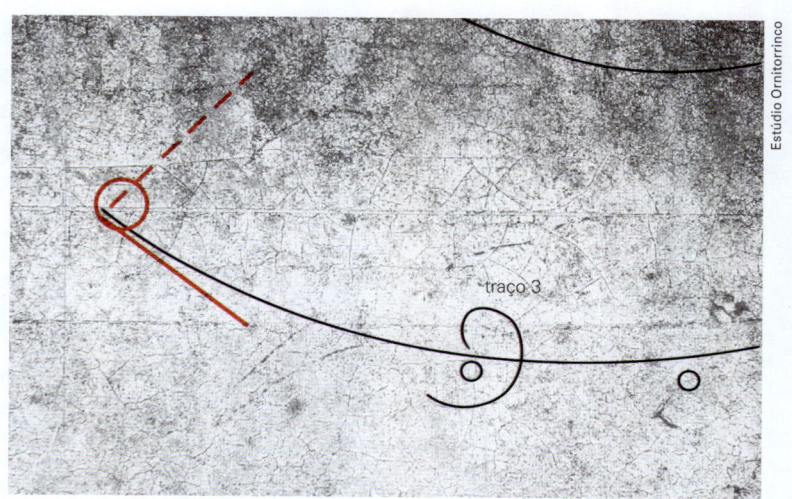

Figura 11.29: Ilustração do detalhe da fotografia da câmara de bolhas. A linha pontilhada indica a direção e o sentido da força magnética e a linha cheia indica a direção e o sentido da velocidade.

Assim, da interação da partícula carregada em movimento com o campo magnético imposto pelo equipamento, surge uma força magnética que altera a trajetória da partícula a cada instante.

d) Qual é a carga da partícula?

Essa pergunta é fácil. Usando a regra da mão esquerda, verificamos que a carga da partícula 1 é negativa. Nesse caso, trata-se de um elétron.

Considerando o campo perpendicular à folha do papel e a orientação de v no ponto A, notamos que, se a partícula fosse positiva, a força magnética seria para baixo. Levando em conta a primeira parte do traço 1, em que a espiral é ascendente, para que a força tenha o mesmo sentido que na questão anterior, a carga precisa ser negativa.

e) Qual é a quantidade de movimento inicial do elétron?

Sabemos que a trajetória curva do elétron se deve à ação da força magnética. Portanto, podemos escrever:

$$F_{mag} = m \cdot \frac{v^2}{R} \quad (1)$$

Nessa expressão, R é o raio de curvatura, v é a velocidade inicial e m é a massa relativística da partícula.

Essa mesma força, oriunda da interação da carga elétrica em movimento com o campo magnético, pode ser escrita como:

$$F_{mag} = q \cdot v \cdot B \quad (2)$$

Nesse caso, q é o módulo da carga da partícula – o elétron (e), em nosso exemplo – e B é a intensidade do campo magnético.

Igualando as expressões (1) e (2), temos:

$$m \cdot \frac{v^2}{R} = e \cdot \vec{v} \cdot R$$

$$m \cdot v = e \cdot B \cdot R \quad (3)$$

Lembre-se de que o produto $m \cdot v$ é a quantidade de movimento Q:

$$Q = e \cdot B \cdot R \quad (4)$$

Para sabermos o valor de R, podemos medi-lo diretamente na figura, usando uma régua e tomando o ponto de entrada na câmara (ponto A) e o centro da espiral (ponto B):

$$R = 3,6 \text{ cm} = 3,6 \cdot 10^{-2} \text{ m}$$

Sendo B a intensidade do campo magnético ($B = 1,2$ Wb/m^2), e a carga elétrica ($e = 1,6 \cdot 10^{-19}$ C) e R o raio ($3,6 \cdot 10^{-2}$ m), podemos calcular a quantidade de movimento da partícula em MeV pela expressão:

$$Q = 3 \cdot 10^2 \cdot B \cdot R \quad (5)$$

Para obter a expressão na forma apresentada, recorre-se a uma manipulação matemática que leva em consideração o aspecto dimensional das grandezas envolvidas. Portanto:

$$Q_{inicial} = 3 \cdot 10^2 \cdot 1,2 \cdot 3,6 \cdot 10^{-2}$$

$$Q_{inicial} = 12,97 \text{ MeV}$$

f) Qual é a quantidade de movimento da partícula na última volta? Por que a espiral se fecha com o movimento da partícula?

Vamos primeiro calcular a quantidade de movimento do elétron na última volta. Para tanto, usaremos a expressão acima, mas com raio menor, agora considerando a distância entre os pontos B e C.

Usando novamente a régua, obtemos o valor de aproximadamente 0,1 cm. Assim:

$$R = 0,1 \text{ cm} = 0,1 \cdot 10^{-2} \text{ m}$$

Podemos, então, utilizar a expressão (5) para efetuar o cálculo da quantidade de movimento final da partícula:

$$Q_{final} = 3 \cdot 10^2 \cdot 1,2 \cdot 0,1 \cdot 10^{-2}$$

$$Q_{final} = 0,36 \text{ MeV}$$

Comparando os resultados, notamos que houve uma redução no valor da quantidade de movimento e explica o fechamento da espiral.

A espiral se fecha, pois o elétron dissipa energia em seu movimento por causa da interação da partícula com o hidrogênio da câmara de bolhas. Isso faz com que a força magnética agindo sobre ele seja capaz de curvar mais a trajetória do elétron. No final, ele provavelmente é capturado por algum átomo de hidrogênio presente no líquido no interior da câmara.

(UFMG) A figura mostra um elétron que entra em uma região onde duas forças atuam sobre ele: uma deve-se à presença de um campo magnético; a outra resulta de interações do elétron com outras partículas e atua como uma força de atrito. Nessa situação, o elétron descreve a trajetória plana e em espiral representada na figura.

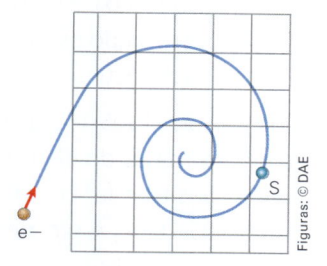

Despreze o peso do elétron.

a) Represente e identifique as forças que atuam sobre o elétron no ponto S.

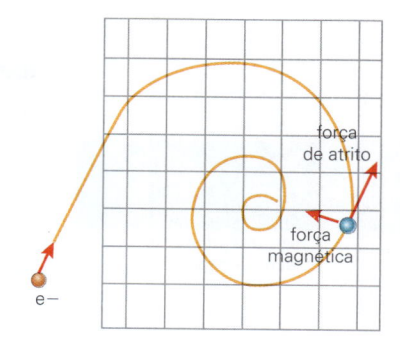

b) Determine a direção e o sentido do campo magnético existente na região sombreada. Explique seu raciocínio.

Por meio da regra da mão esquerda, para a força magnética indicada e uma velocidade tangente à trajetória, temos que o campo magnético é perpendicular ao plano da figura e orientado para dentro deste (B).

(Vunesp-SP) Duas cargas de massas iguais e sinais opostos, com a mesma velocidade inicial, entram pelo ponto A em uma região com um campo magnético uniforme, perpendicular ao plano xy e apontando para "cima". Sabe-se que a trajetória 2 possui um raio igual ao dobro do raio da trajetória 1.

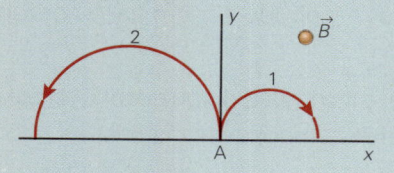

Analisando a figura e desprezando a interação entre as duas cargas, pode-se concluir que a carga da partícula 2 tem sinal:

a) negativo e o módulo da carga 1 é o dobro da 2.

b) negativo e o módulo da carga 2 é o dobro da 1.

c) positivo e o módulo da carga 1 é o dobro da 2.

d) positivo e o módulo da carga 2 é o dobro da 1.

e) positivo e o módulo da carga 2 é o triplo da 1.

6. Três partículas especiais: pósitron, píon e os raios cósmicos

6.1. As antipartículas e a descoberta do pósitron

Imagine-se andando na rua. De repente, você olha para o lado e vê, na outra calçada, uma pessoa muito parecida com você, mas uma característica nela é oposta: a repartição do cabelo está invertida, por exemplo. É possível acontecer isso em nosso dia a dia? Com as partículas elementares, não! A ideia de partículas quase idênticas, opostas somente em uma propriedade, começou a ser formulada em 1928, quando o inglês Paul Dirac (Figura 11.30) elaborou uma expressão relativística para a função de onda do elétron.

Figura 11.30: Paul Adrien Maurice Dirac (1902-1984).

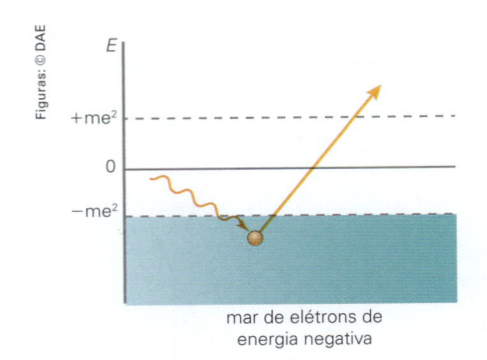

Figuras: © DAE

mar de elétrons de
energia negativa

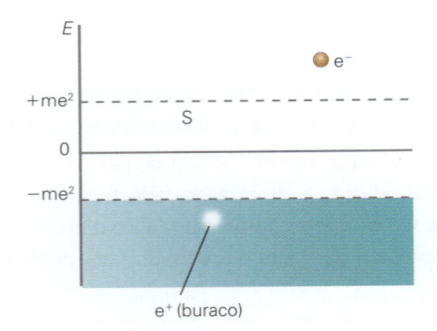

e⁻

S

e⁺ (buraco)

Gráficos 11.1 e 11.2:
Representação inicial do
conceito de antipartícula.

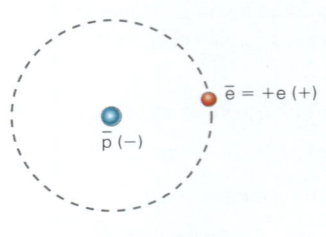

$\bar{e} = +e\ (+)$

$\bar{p}\ (-)$

Figura 11.31:
Representação do
anti-hidrogênio.

Dirac notou que essa expressão admitia duas soluções, uma com energia positiva e a outra com energia negativa, e não a descartou. Quando um elétron, que ocupa um dos estados negativos, fosse excitado e transitasse para um estado positivo, deixaria um "buraco". Esse buraco se comportaria como uma partícula de carga positiva e energia positiva (Gráficos 11.1 e 11.2).

O candidato a ser essa partícula era o próton, a única partícula positiva conhecida na época. No entanto, a equação previa que essa partícula deveria ter a mesma massa do elétron. O mistério estava armado: a teoria parecia indicar a existência de uma nova partícula.

O americano Carl David Anderson (1905-1991) detectou experimentalmente partículas com a mesma massa do elétron, porém de carga positiva. Elas foram denominadas **pósitron** (e⁺) por Richard Feynman (1918-1988) e Ernst Stueckelberg (1905-1984), e propuseram a ideia de antipartículas. Para eles, para cada partícula existe uma antipartícula com a mesma massa e carga de sinal contrário. Assim, a nova teoria previa também antiprótons e antinêutrons, por exemplo. Essas partículas puderam ser detectadas respectivamente em 1955 e 1956, com a construção de aceleradores de partículas mais potentes.

A característica mais notável que envolve uma antipartícula é que, quando encontra sua partícula equivalente, ambas se aniquilam, transformando-se em energia (Figura 11.31). Hoje em dia, a produção de anti-hidrogênio (antipróton + pósitron) é rotineiramente feita para pesquisa em grandes aceleradores.

Na Tabela 11.3, apresentamos alguns exemplos de antipartículas. Você pode comprovar, nas tabelas anteriores, que apenas a carga elétrica dessas partículas é contrária à da partícula original. O símbolo das antipartículas é indicado por um traço horizontal sobre o símbolo da partícula original.

A ideia de antimatéria é estranha e parece ir contra tudo que conhecemos, ainda mais porque o Universo todo parece ser inteiramente composto de matéria.

Tabela 11.3: Características de algumas antipartículas					
Nome (símbolo)	**Ano da detecção**	**Carga elétrica**	***Spin***	**Massa**	**Vida-média** (s)
pósitron (e⁺)	1932	+1	½	0,511 MeV	estável
antimúon ($\bar{\mu}^-$)	1937	+1	½	105,7 MeV	$2,20 \cdot 10^{-6}$
antitau ($\bar{\tau}^+$)	1975	+1	½	1 777 GeV	$3,0 \cdot 10^{-13}$
antineutrino do elétron ($\bar{\nu}_e$)	1956	0	½	< 3 eV	estável
antineutrino do múon ($\bar{\nu}_\mu$)	1962	0	½	< 0,17 MeV	estável
antineutrino do tau ($\bar{\nu}_\tau$)	2000	0	½	< 18 MeV	estável
antipróton ($\bar{p}$)	1955	−1	½	938,3 MeV	estável
antinêutron ($\bar{n}$)	1956	0	½	939,6 GeV	no núcleo estável livre: 15 min.
antilambda ($\bar{\lambda}$)	1958	0	½	1 115 GeV	$2,6 \cdot 10^{-10}$

Fonte de pesquisa: CLOSE, F.; MARTEN, M.; SUTTON, C. *The particle odyssey*: a journey to the heart of matter. New York: Oxford University Press, 2002.

O píon (méson π) e a Ciência brasileira

Uma das partículas que interagem entre prótons e nêutrons no interior do núcleo atômico é o **píon**, ou **méson π**, proposto teoricamente pelo físico japonês Hideki Yukawa (1907-1981) em 1937 e detectada somente em 1947. Por ter um curto raio de ação e sua massa ser de cerca de 135-140 MeV/c², sua detecção foi difícil e constituiu um enigma para os pesquisadores por mais de dez anos. Essa seria mais uma partícula descoberta pelos cientistas, como tantas vezes aconteceu na primeira metade do século XX, se não fosse por um fato particular: o físico brasileiro César Lattes (1924-2005) foi um dos principais envolvidos em sua detecção. Tal fato contribui para o grande desenvolvimento da Física no Brasil no contexto pós-guerra. Dentre os trabalhos relacionados à detecção do méson π, dois se destacaram, tanto pela importância para a Física de Partículas quanto pela repercussão internacional. Um foi a detecção da partícula na natureza por meio de raios cósmicos; o outro, a detecção do píon produzido artificialmente em um acelerador de partículas. A descoberta do méson π rendeu ao coordenador da equipe de pesquisa experimental, o inglês Cecil Powell (1903-1969), o Prêmio Nobel de Física em 1950.

Cesare Mansueto Giulio Lattes nasceu em Curitiba, Paraná, e graduou-se em Matemática e Física na Universidade de São Paulo, em 1943. Lattes fez parte de um grupo de jovens estudantes que foram completar seus estudos em centros importantes da Europa. Assim, foi levado a Bristol, Inglaterra, em 1946, por Giuseppe Occhialini (1907-1993), com quem já havia colaborado no Brasil construindo câmaras de detecção de partículas. Occhialini, que havia sido professor na Universidade de São Paulo em 1937, seguiu em 1944 para Bristol para trabalhar com Powell.

Nessa época, o laboratório de Powell estava recrutando alunos. Foi então que Occhialini sugeriu a Powell que recrutasse o brasileiro (Figura 11.32).

A grande ideia de Lattes foi identificar que o composto tetraborato de sódio (bórax), misturado às emulsões, era capaz de alongar o tempo de retenção das imagens fotográficas. Isso viabilizou as exposições de longa duração, necessárias à detecção de partículas produzidas por raios cósmicos. Depois de Occhialini ter feito uma exposição frustrada das chapas nos Pireneus, a 2 800 m de altitude, Lattes expôs as chapas no Monte Chacaltaya, nos Andes bolivianos, a 5 500 m de altitude (mais perto do topo da atmosfera e com ar mais rarefeito), e detectou rastros do píon, ou méson π, deixados nas emulsões.

Figura 11.32: José Leite Lopes (1918-2006) (à esquerda) e César Lattes na Unicamp, Campinas (SP), 1987.

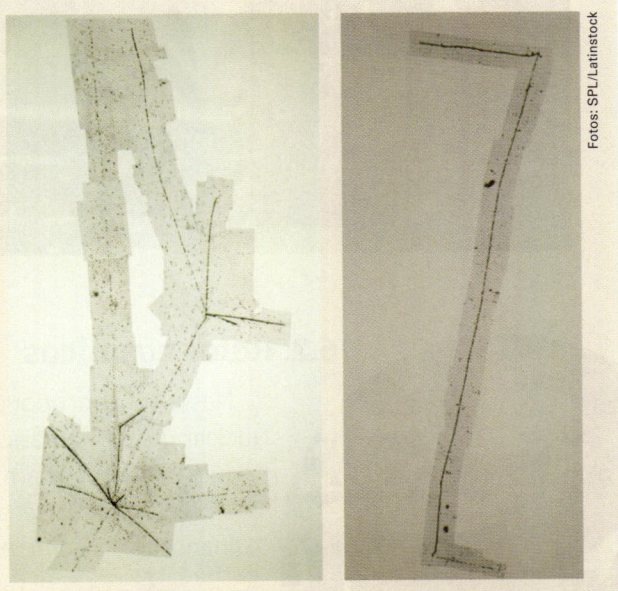

Figura 11.33: A foto da esquerda, obtida em 1947 por Lattes e Powell, é uma das primeiras observações do méson π. A foto da direita, obtida em 1948 por Powell, mostra o decaimento píon--múon-elétron.

Os eventos selecionados na Figura 11.33, descobertos pelo grupo em que trabalhou Lattes, tratavam da nova partícula. Esses eventos não poderiam ser atribuídos a qualquer radiação conhecida na época.

Logo, as novas partículas foram batizadas como méson π e méson μ.

Os trabalhos feitos em Bristol com raios cósmicos, embora tenham sido capazes de evidenciar a existência do píon, não foram suficientes para demonstrar que essa era a partícula proposta por Yukawa, responsável pelas interações nucleares. Os mésons π não existem normalmente no interior dos núcleos, eles são criados e emitidos durante colisões de projéteis externos com os núcleos.

A demonstração experimental conclusiva foi realizada em 1948 pelo físico estadunidense Eugene Gardner e por Lattes (Figura 11.34) ao acelerarem partículas alfa de 380 MeV utilizando um sincrociclotron da Universidade da Califórnia em Berkeley, Estados Unidos. As partículas α, ao incidirem sobre os prótons e os nêutrons de um átomo de carbono, produziram os mésons π. Suas trajetórias foram registradas em emulsões nucleares colocadas no interior do equipamento. Por mais de um ano, os físicos de Berkeley tentaram detectar os mésons, mas não conseguiram por desconhecimento do método apropriado de utilização das emulsões nucleares e porque procuravam uma partícula mais leve.

Dessa forma, César Lattes e o méson π foram considerados pela opinião pública brasileira um símbolo de esperança coletiva, uma vez que a Física, em meados do século XX, estava associada à ideia de progresso e se traduzia como aliada na busca do desenvolvimento.

SPL/Latinstock

Figura 11.34: César Lattes (à esquerda) e Eugene Gardner (1901-1986).

6.2. Raios cósmicos

Corbis/Fotoarena

Nesse contexto, por volta de 1946, os cientistas só faziam experimentos de Física Nuclear utilizando basicamente os aceleradores de partículas. Mesmo assim, esses equipamentos tinham limitações. Portanto, para mais partículas serem descobertas, mais energia seria necessária. Isso sem levar em conta todo o investimento financeiro e a complexidade na construção dessas máquinas.

Entre 1911 e 1913, o balonista e físico austríaco Victor Hess (Figura 11.35) se arriscou em dez voos, levando detectores a quilômetros de altura. Notou, por exemplo, que a 5 km de altitude o nível de radiação era 16 vezes maior que no solo.

Figura 11.35: Victor Franz Hess (1883-1964).

Em um dos voos, durante um eclipse solar, os resultados se repetiram. Sua conclusão foi postular a existência de uma "radiação etérea", vinda do espaço, não do Sol. Em 1936, Hess ganhou o Nobel de Física pela descoberta dos raios cósmicos, como foram batizados em meados da década de 1920, por virem do espaço (Figura 11.36).

Características

Os raios cósmicos são partículas de alta energia e velocidade que provêm de locais distantes do espaço e atingem a Terra em todas as direções. Cerca de 200 dessas partículas secundárias atingem cada metro quadrado (m^2) da superfície terrestre a cada segundo, com energia em torno de 1 MeV (10^6 eV, milhões de elétron-volt). Em menor número, há também poucas partículas mais energéticas, da ordem de 1 TeV (10^{18} eV, teraelétron-volt). Apenas uma destas por semana chega à Terra, numa área de 1 km^2.

Meios de detecção: o Observatório Pierre Auger

Com o objetivo de capturar raios cósmicos, há um projeto de colaboração internacional chamado Observatório de Raios Cósmicos Pierre Auger. Serão dois observatórios, um no Hemisfério Sul e outro no Hemisfério Norte. O primeiro deles – localizado na Argentina, aos pés da Cordilheira dos Andes, no deserto Pampa Amarilla – celebrou, em 2015, 15 anos de conquistas e a assinatura de um novo acordo internacional para os próximos dez anos.

A maior instalação voltada para o estudo das partículas energéticas cobre uma área de 3 000 km^2, com 1 660 estações detectoras formando um gigantesco retículo. Cada uma dessas estações tem 3,6 m de diâmetro, é preenchida com 12 000 L de água pura e dista 1,5 km uma da outra (Figura 11.37). Desse modo, o detector mede cerca de 50 raios cósmicos por ano com energias acima de 1 020 eV, além de um grande número de eventos com energias menores.

Figura 11.36: Na colisão de um raio cósmico com os átomos da atmosfera, outras partículas são produzidas. Se nossos olhos fossem capazes de detectá-las, seria um espetáculo maravilhoso. Talvez nem fosse necessário lançar fogos de artifício em dias festivos, pois o céu seria naturalmente enfeitado pela chuva de partículas.

Explorando o assunto

O que são os "raios cósmicos"?

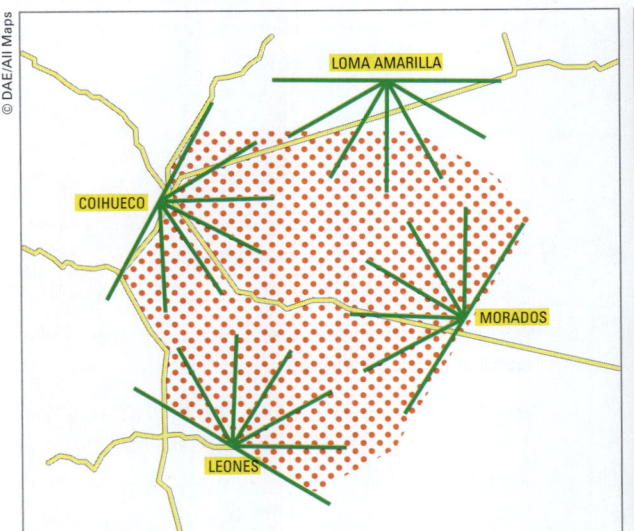

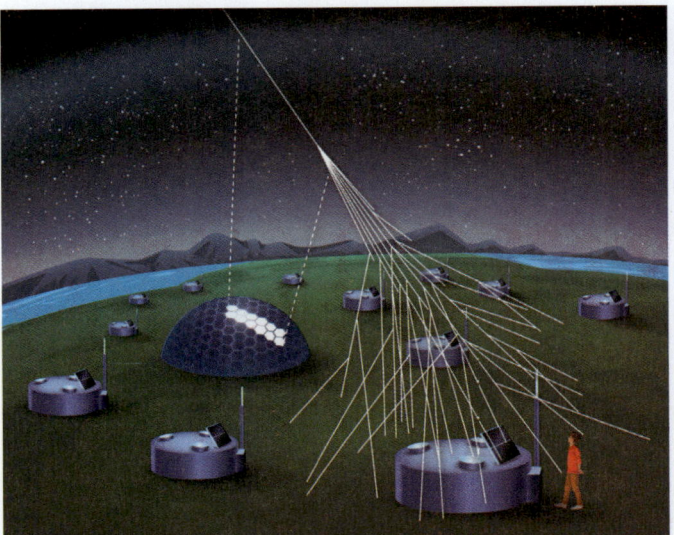

Figura 11.37: Área e projeto do Observatório Pierre Auger, na Argentina.

Um segundo sistema de detecção (como o representado no centro da Figura 11.37) será utilizado em noites escuras e sem Lua, em locais ermos e secos. Trata-se de sensores de luz sensibilíssimos e calibradíssimos que serão utilizados para medir fluorescência das colisões das partículas com as moléculas dos gases da atmosfera durante o desenvolvimento do chuveiro (basicamente o mesmo processo físico que produz a luz em uma lâmpada fluorescente).

Exercícios resolvidos

1. Qual é a importância do trabalho do brasileiro César Lattes para a Ciência de sua época?

A partícula detectada por Lattes e o grupo no qual trabalhava, o píon, ou méson π, havia sido proposta teoricamente pelo físico japonês H. Yukawa dez anos antes e reforçou a confiança no modelo de partículas que estava em desenvolvimento.

2. Explique a vantagem de realizar o experimento que permitiu a detecção do píon, ou méson π, no Monte Chacaltaya, a 5 500 m, e nos Pireneus, a 2 800 m. Por que o ar mais rarefeito é melhor nesse tipo de experimento?

O píon é uma partícula de curto raio de ação, por sua massa ser de cerca de 10^{-15} m_e. Além disso, sendo o ar rarefeito, é menor a possibilidade de essa partícula interagir com outras partículas do ar.

3. Quais são as vantagens e as desvantagens das emulsões quando comparadas à câmara de Wilson?

Além do registro contínuo, as emulsões apresentam sobre as câmaras de Wilson a vantagem de serem muito mais leves e portáteis, podendo ser transportadas sem dificuldades em voos de balão ou até estações em montanhas elevadas. Já as emulsões têm a desvantagem de requererem um microscópio para as observações, tornando-as cansativas e lentas.

Exercícios propostos

1. Na figura abaixo, temos representada a fotografia da trajetória de três partículas numa câmara de bolhas. Na região, age um campo magnético B, perpendicular ao plano e orientado para cima.

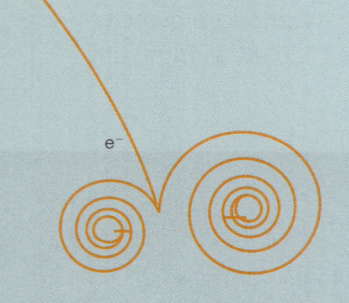

Figura: © DAE

a) Observe o rastro deixado pelas partículas não indicadas na figura. Qual é a carga dessas partículas?

b) Qual(is) dela(s) deve(m) ter sido produzida(s) no interior da câmara de bolhas?

c) Que tipo de partícula deve ter produzido o fenômeno na câmara de bolha e qual é sua trajetória?

d) Qual é a resultante das cargas originadas nessa colisão?

2. Qual é a energia mínima liberada na aniquilação de um elétron e um pósitron? Desenhe a trajetória do par elétron-pósitron e dos fótons.

3. O eletroscópio é um aparelho utilizado para detectar cargas elétricas. Ele é constituído de uma placa metálica ligada a duas lâminas metálicas finas por uma haste condutora elétrica. As duas lâminas podem se movimentar, afastando-se ou aproximando-se uma da outra. Suponha que subamos num balão levando um eletroscópio descarregado, como o representado na Figura 1. Ao estabilizarmos o balão a 300 m de altitude, o eletroscópio ficará carregado, como representado na Figura 2.

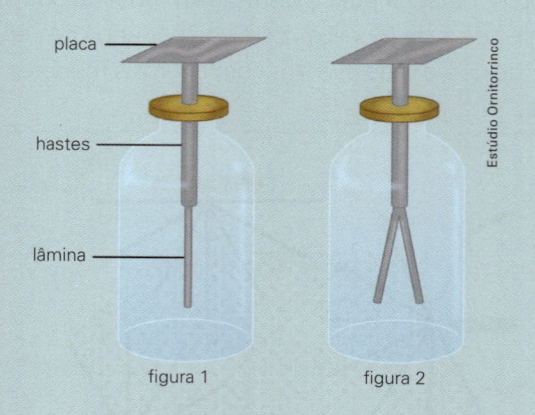

placa

hastes

lâmina

figura 1   figura 2

Estúdio Ornitorrinco

a) Por que as lâminas de um eletroscópio se separam quando ele está carregado?

b) Com base no estudo desta seção, como podemos explicar o fato de o eletroscópio ficar carregado a 300 m de altitude?

c) Depois de responder ao item **b**, explique por que isso não ocorre na superfície da Terra.

7. Famílias de partículas e os *quarks*

Começamos este capítulo repensando a ideia dos tijolos básicos da matéria. Notamos que até o momento a quantidade de partículas só aumentou. Às poucas partículas abordadas até o Capítulo 10, acrescentamos várias outras e dissemos que hoje são conhecidas mais de 300. Mas será que não há nada de realmente elementar na natureza?

Questionamento semelhante tiveram os cientistas ao longo do século XX, mas aparentemente a resposta definitiva estava distante, pois a cada novo acelerador construído, mais energético, novas partículas eram descobertas. No entanto, algumas ideias intuitivas pareciam não ser aplicadas às partículas. Por exemplo, poderia se pensar que as partículas menores pudessem ser candidatas naturais ao posto de elementares. Mas alguns resultados contradiziam isso, pois existiam partículas muito pesadas que não revelavam uma estrutura interna, enquanto outras mais leves podiam revelar.

7.1 Uma primeira classificação

Quando a coleção de exemplares é grande, uma alternativa é tentar organizá-las com base em determinado critério. Assim, foram criadas as famílias de partículas. O termo *família* é uma metáfora, no sentido de que são um coletivo com alguma semelhança. Inicialmente, tentou-se usar a massa delas como critério de organização, criando-se três famílias:

- **bárions**: palavra grega que significa *pesado*; seria a família composta das partículas com maior massa, como o próton e o nêutron de massa aproximada de 939 MeV/c^2.

- **léptons**: palavra grega que significa *leve*; seria a família composta das partículas de menor massa, como o elétron, de massa 0,511 MeV/c^2.

- **mésons**: de massa intermediária; seria a família composta das partículas com massa entre as das outras duas famílias anteriores, como o méson, de massa 135 MeV/c^2.

7.2 Revendo a classificação

A classificação proposta mostrou-se inadequada, pois algumas características muito importantes não eram compartilhadas pelos membros de uma mesma família. Por exemplo, como ser ou não ser sensível à interação forte.

Para ilustrar esse exemplo, vamos utilizar o elétron, o múon e o tau. Apesar de todos eles terem como propriedade não manifestar a interação forte, e, por isso, deveriam pertencer à mesma família, foram classificados em famílias diferentes pelo valor de suas massas.

Um caminho para a classificação das partículas veio com a percepção de que as forças nucleares não distinguiam prótons de nêutrons no interior do núcleo. Ou seja, poder-se-ia considerar a força forte como um critério para a classificação das famílias.

Hádrons

Passaram a pertencer à família *hádron* as partículas que manifestam a interação forte e estão presentes no núcleo atômico. Como exemplos de hádrons, temos o próton, o nêutron e o píon.

Léptons

As partículas que não manifestam interação forte, ou seja, não são encontradas no núcleo atômico, passaram a pertencer à família *lépton*. A quantidade de partículas que fazem parte dos léptons, como o elétron, o neutrino e o múon, é bem menor que a quantidade das partículas dos hádrons.

7.3 Quarks

Mesmo com essas duas famílias já servindo para organizar as centenas de partículas existentes, duas categorias ainda eram insuficientes para o detalhamento das teorias. Buscaram-se então outras formas de classificar as partículas com o intuito de obter categorias com mais detalhes.

Na década de 1960, os físicos Murray Gell-Mann (1929-) e George Zweig (1937-) postularam a existência de três **partículas elementares** que poderiam compor todos os hádrons. Essa proposta, inicialmente pensada apenas como entidade matemática e auxiliar para tratar de tantas partículas, começou a constituir uma teoria física. Posteriormente, a existência dessas partículas foi comprovada de modo experimental.

Segundo a proposta de Gell-Mann e Zweig, os *quarks* – nome atribuído às partículas elementares constituintes dos núcleos atômicos – existiriam apenas agrupados em dois ou três na composição dos hádrons, permanecendo confinados neles e **nunca se apresentando individualmente**.

Inicialmente foram propostos três tipos de *quarks*: o *quark up* (u), o *quark down* (d) e o *quark strange*, ou *quark* estranho (s).

Alguns anos depois, mais três *quarks* foram acrescentados: o *quark charm*, ou quark charmoso (c), o *quark bottom* (b) e o *quark top* (t), que se constituíam de partículas produzidas como resultado de colisões entre outras partículas.

A descoberta do *quark top*, último dos seis *quarks* previstos, ocorreu em 2 de março de 1995, no Fermilab, um laboratório de Física de Partículas de Altas Energias, em Chicago, Estados Unidos. A busca havia começado em 1977, quando os físicos desse laboratório encontraram o quinto *quark*, o *bottom*, e levou tanto tempo porque o *quark top* era muito mais pesado do que se esperava originalmente, sendo então necessária uma quantidade maior de energia para evidenciá-lo.

Embora o *quark top* decaia rápido demais para ser observado, ele deixa para as partículas que evidenciam sua existência uma espécie de "assinatura". Além disso, ele pode decair de várias maneiras, mas aparece apenas uma vez em vários bilhões de colisões.

Naturalmente, conhecendo-se a existência das antipartículas, aos seis *quarks* acima temos de acrescentar outros seis, os **antiquarks**. Com isso, são ao todo 12: seis *quarks* e seis antiquarks, a base para formar todas as outras partículas que interagem por meio da força forte, os hádrons.

Dessa forma, a classificação em **hádrons** e **léptons** passou a ter outras categorias. Os **hádrons** classificam-se em **bárions**, que são constituídos de três *quarks*, e **mésons** ou partículas fundamentais, formadas por dois *quarks*, na verdade, por um *quark* e um antiquark de cor oposta, conforme veremos mais adiante. Por sua vez, os léptons, como o elétron, não são formados por *quarks*.

7.4. Propriedades dos quarks

Carga elétrica

Os *quarks* também têm dois tipos de carga, a positiva e a negativa. Entretanto, eles possuem cargas semi-inteiras, isto é, uma fração da carga do elétron, antigamente considerada elementar.

As cargas elétricas dos *quarks* são fracionárias e podem ser $\frac{2}{3}$ e ou $-\frac{1}{3}$ e.

Carga-cor

Além da carga elétrica, os *quarks* têm uma propriedade chamada carga de cor, ou simplesmente carga-cor. Diferentemente da carga elétrica, que se manifesta de apenas duas formas, positiva ou negativa, a carga-cor pode se manifestar de três maneiras: vermelha, verde e azul, que são as cores primárias. Mas não se iluda: os quarks não são coloridos. Foram identificados como cores apenas para designar uma propriedade quântica da matéria que pode ser de três tipos. Cada *quark* pode ter uma dessas três cores.

Os antiquarks também têm carga-cor, mas, por serem antipartículas, essa propriedade deve assumir um efeito inverso. Para indicar sua cor, escolheram-se as cores complementares: ciano, magenta e amarelo.

A Tabela 11.4 oferece uma síntese bem-humorada dos seis *quarks* e dos seis antiquarks, com a indicação de suas cargas elétricas e suas cargas-cores.

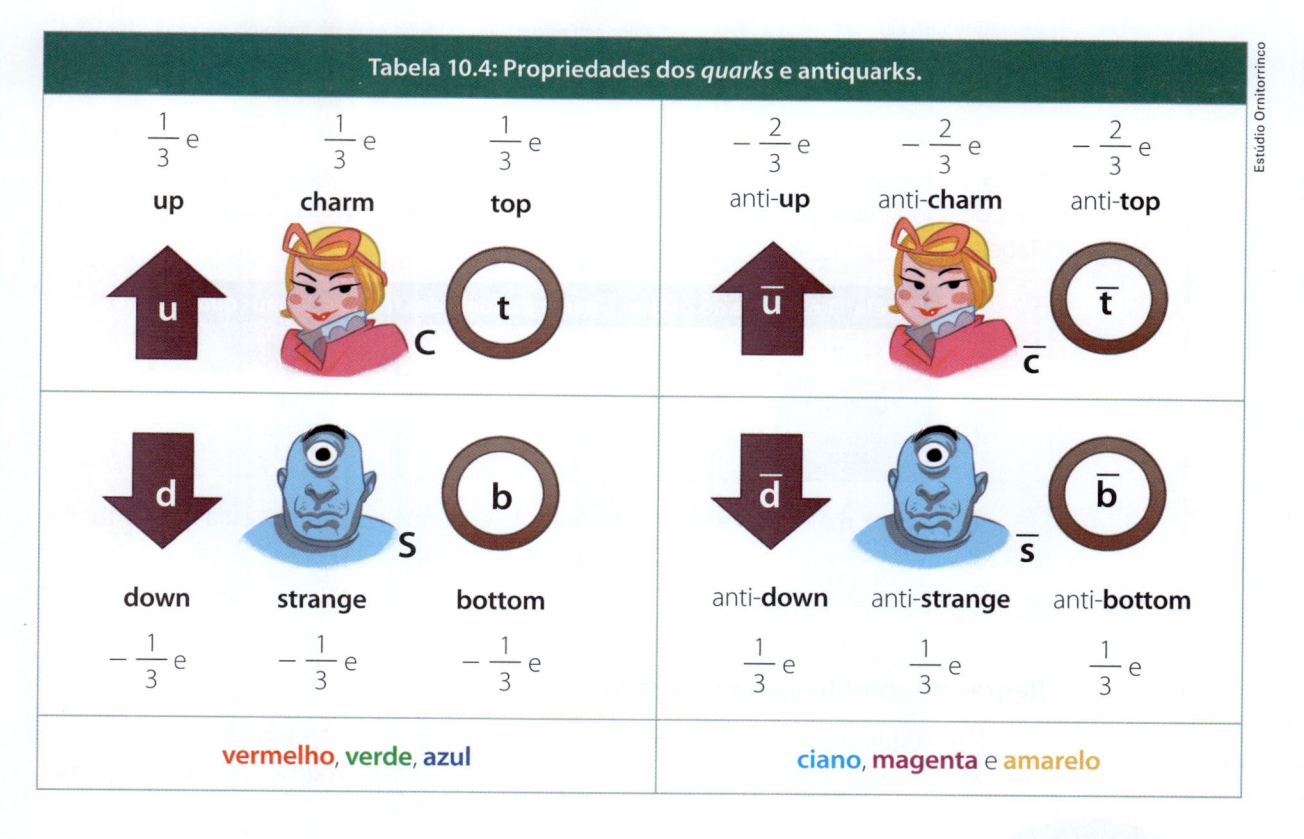

Tabela 10.4: Propriedades dos *quarks* e antiquarks.

Estúdio Ornitorrinco

Embora estejam listados 12 tipos de *quarks*, atualmente o Universo é formado apenas pelos tipos *up* e *down*. Os outros – *strange*, *charm*, *bottom* e *top* – só existiram no Universo mais primordial, quando a temperatura e a energia eram muito mais altas. Essas partículas só são detectadas em experimentos realizados nos grandes aceleradores.

Massa dos *quarks*

Ao contrário dos léptons, os hádrons possuem *quarks* confinados em seu interior que não são detectados como partículas físicas isoladas. Portanto, massa dos *quarks* não pode ser medida diretamente, mas deve ser determinada indiretamente, por meio de sua influência sobre as propriedades dos hádrons. A massa calculada só faz sentido no contexto limitado de um modelo de *quark* particular e não pode ser relacionada diretamente à partícula do modelo padrão. Portanto, não se pode tratar da massa dos *quarks* como se trata da massa das demais partículas, havendo estimativas da assim chamada "massa corrente" (Tabela 11.5).

Tabela 11.5: Massa corrente dos *quarks*	
Quark	**Massa corrente (MeV/c^2)**
u	~5
d	~10
s	~100
c	1 500
b	4 700
t	170 000*

* Valor estimado, sem evidências experimentais seguras.

Fonte de pesquisa: CLOSE, F.; MARTEN, M.; SUTTON, C. *The particle odyssey*: a journey to the heart of matter. New York: Oxford University Press, 2002.

Um fato curioso sobre os hádrons é que apenas uma parte muito pequena de sua massa se deve à massa dos *quarks* que os constituem. Por exemplo, um próton, formado por dois *quarks up* e um *down* (uud), tem massa superior à soma das massas de seus *quarks* (Tabela 11.6).

Tabela 11.6: Massa do próton a partir da soma das massas de seus *quarks*				
				Resultado
Quark	u	u	d	próton
Massa	3	3	6	12 MeV/c^2

Veja que a maior parte da massa que observamos no próton, cuja massa total é 938,26 MeV/c^2, vem de sua energia cinética e potencial. Essas energias são convertidas na massa do hádron, como é descrito pela equação de Einstein, que relaciona energia e massa: $E = m \cdot c^2$.

Regras de combinação dos *quarks*

Vimos que os *quarks* compõem os hádrons e podem se combinar em número de dois ou três para compor cada hádron. Essa associação de *quarks* obedece a algumas regras, das quais vamos apresentar duas:

I. A soma das cargas elétricas deve ser um número inteiro entre $-2e$ e $+2e$. Ou seja, a carga final de um hádron deve ter um dos seguintes valores: $-2e$, $-1e$, 0, 1e ou 2e.

II. A soma da carga-cor deve resultar em branco, considerado carga-cor nula (Figura 11.38).

vermelho + verde + azul = branco

vermelho + verde = amarelo

vermelho + azul = magenta

verde + azul = ciano

cor + cor – complementar = branco

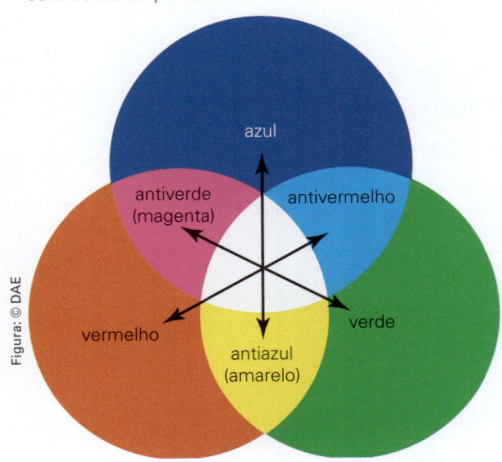

Figura 11.38: Analogia com as cores primárias.

Figura: © DAE

Tabela 11.7: Combinações de *quarks* dos bárions e os mésons

Bárions (símbolo)	*Quarks*	Mésons (símbolo)	*Quarks*
próton (p)	uud	píon (π^+)	$u\bar{d}$
nêutron (n)	udd	píon (π^-)	$d\bar{u}$
lambda (Λ^0)	uds	káon (K$^+$)	$\bar{u}s$
delta (Δ^{++})	uuu	káon (K^0)	$d\bar{s}$
sigma (Σ^+)	uus	káon ($\bar{K}_0$)	$s\bar{d}$
sigma (Σ^0)	uds	káon (K$^-$)	$\bar{u}s$
sigma (Σ^-)	dds	J/ψ	$c\bar{c}$
xi (Ξ^0)	uss	D$^+$	$c\bar{d}$
xi (Ξ^-)	dss	D^0	$c\bar{u}$
ômega (Ω^-)	sss	D$_s^+$	$c\bar{s}$
lambda (Λ_c^0)	udc	B$^+$	$u\bar{b}$
sigma (Σ_c^{++})	uuc	$\bar{B}_0$	$\bar{d}b$
sigma (Σ_c^+)	udc	B^0	$d\bar{b}$
xi (Ξ_c^+)	usc	B$^-$	$\bar{u}b$

Fonte de pesquisa: CLOSE, F.; MARTEN, M.; SUTTON, C. *The particle odyssey*: a journey to the heart of matter. New York: Oxford University Press, 2002.

Figura 11.39: Detalhe do cartaz "Estrutura elementar da matéria". O número dentro dos parênteses indica a escala de tamanho dos elementos.

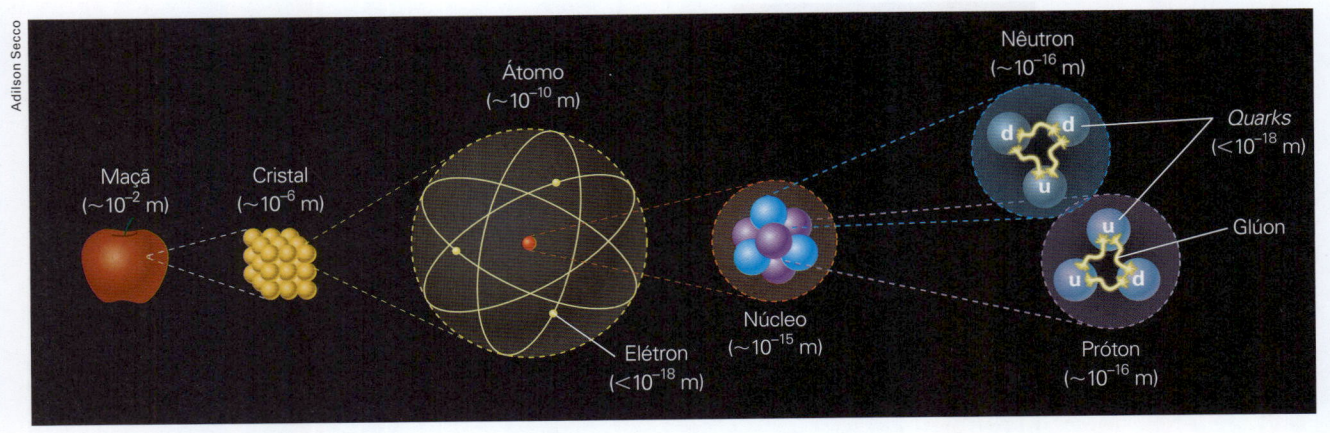

Adilson Secco

Fonte: Centro Regional de Análise de São Paulo (Sprace), com apoio do Conselho Nacional de Desenvolvimento Científico e Tecnológico (CNPq) e da Universidade Federal do ABC (UFABC). Disponível em: <www.sprace.org.br/eem/home/Cartaz>. Acesso em: 16 jan. 2016.

1. Qual é a carga elétrica de um próton?

O próton é formado por três *quarks*: uud. Pela soma das cargas dos *quarks* que o constituem, temos:

quark	u	u	d	**total**
carga	$+2/3$	$+2/3$	$-2/3$	$+1e$

2. Quais são as cores possíveis para cada um dos *quarks* que constituem um próton?

Como são três *quarks* e a soma da carga-cor tem de ser branco, cada um deles precisa ser de uma cor primária, por exemplo, vermelho, verde, azul. Nenhum *quark* pode ter carga-cor complementar.

Representação de hádrons formados por três *quarks* ligados pela interação forte.

1. Toda partícula formada de *quarks* deve ter uma carga elétrica que seja um número inteiro entre −2 e 2 e uma carga de cor branca. Para obter uma partícula com essas características, é preciso combinar dois ou três *quarks* com a soma da carga-cor para formar uma partícula dando o branco. Com base nessas regras, responda.

a) Quais são as possíveis combinações de *quarks* que dão esse resultado?

b) É possível formar uma partícula de quatro *quarks*? Justifique.

2. Por que partículas como o próton não podem ser formadas por apenas dois *quarks*?

3. Por que o conjunto proposto de *quarks* não poderia se limitar a seis?

4. Um elétron pode ser atraído por outro elétron, assim como ocorre entre um par de prótons presente no núcleo atômico? Justifique.

5. Se um pósitron se transformasse num próton, que regra seria violada?

8. Partículas mediadoras e o modelo padrão

A introdução dos *quarks* permitiu enorme simplificação no campo das partículas elementares, que pôde ser dividido em dois grupos: os **hádrons**, constituídos por *quarks*, e os **léptons**, que **não** são constituídos por *quarks* e são considerados elementares.

8.1. Partículas mediadoras

Além dessas duas famílias de partículas, a evolução das pesquisas em Física de Partículas determinou a classe das partículas **mediadoras**, responsáveis por intermediar as interações nucleares, forças forte e fraca e a eletromagnética (Tabela 11.8). Elas aparecem durante os decaimentos e são as portadoras das interações.

Tabela 11.8: Partículas mediadoras					
Mediador	**Símbolo**	**Carga**	**Tempo de vida**	**Interação**	**Interage em**
glúon	g	0	estável	forte	*quarks*
fóton	γ	0	estável	eletromagnética	cargas
bósons intermediários	$W^\pm$	± 1	desconhecido	fraca	*quarks* e léptons
	Z^0	0	desconhecido	fraca	*quarks* e léptons

Fonte de pesquisa: CLOSE, F.; MARTEN, M.; SUTTON, C. *The particle odyssey*: a journey to the heart of matter. New York: Oxford University Press, 2002.

O conceito de partículas mediadoras substitui os clássicos conceitos de campo e força como mediadores das interações. Por exemplo, a repulsão elétrica entre dois prótons seria interpretada na perspectiva das partículas como uma troca de fótons. Estes seriam emitidos por um próton e absorvidos pelo outro enquanto a interação se mantivesse (Figura 11.40).

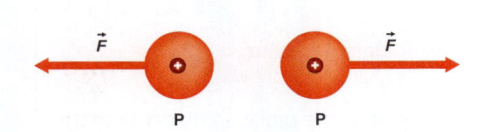 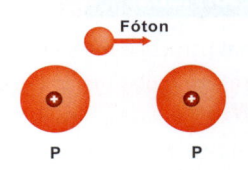

Figura 11.40: Em (a), dois prótons interagem pela ação da força elétrica que age em ambos. Em (b), os prótons interagem trocando fótons, partículas mediadoras da interação eletromagnética.

Assim, a interação forte pode ser vista como a troca de glúons, partículas mediadoras da interação forte, entre os *quarks* de dois prótons no interior de um núcleo atômico (Figura 11.41).

Um ponto importante sobre as partículas transportadoras de interação é que uma partícula mediadora, de um tipo particular de interação, só pode ser absorvida ou emitida por partículas afetadas por essa interação. Por exemplo, elétrons e prótons têm carga elétrica; portanto, eles podem produzir e absorver as transportadoras de forças eletromagnéticas, ou seja, os fótons. Neutrinos, por outro lado, não têm carga elétrica, então não podem absorver ou produzir fótons.

Se você reparar na tabela das partículas de interação, vai sentir falta da força gravitacional. Ela não é uma das forças existentes no Universo? Não é responsável por manter os planetas girando em torno do Sol? Sem dúvida, a força gravitacional é uma das interações fundamentais, mas ainda não tem lugar na Física de Partículas. Embora toda partícula com massa esteja sujeita à ação da força gravitacional, o gráviton, suposta partícula mediadora da interação gravitacional, ainda não foi observado.

Figura 11.41: Troca de glúon entre *quarks* de dois prótons.

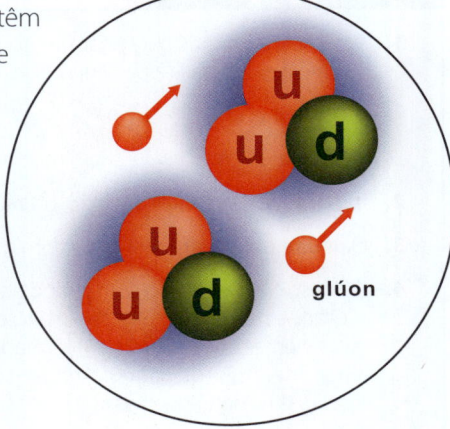

8.2. Modelo padrão

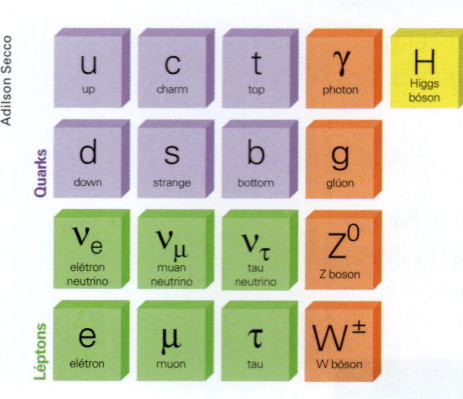

Figura 11.42:
Modelo padrão.

As partículas mediadoras completam o quadro sintético da maneira de conceber as partículas. Temos, assim, três tipos de partícula: os *quarks* (presentes em todos os hádrons), os léptons e as partículas mediadoras. Isso permite organizar as partículas conhecidas neste pequeno quadro, que recebe o nome de **modelo padrão** (Figura 11.42):

As previsões obtidas por meio dele foram confirmadas por experimentos com precisão incrível, e todas as partículas previstas por essa teoria já foram encontradas. Contudo, ele não fornece explicações seguras para alguns fatos. Por exemplo, o que causa a geração e a distribuição de massas entre as partículas e por que elas são tão diferentes? Para poder responder a perguntas como essa, os físicos teorizaram a existência de outra partícula, chamada bóson de Higgs. Em 2012, eles anuciaram que o bóson de Higgs foi pela primeira vez detectado pelo LHC (Grande Colisor de Hádrons).

Além da questão da massa das partículas, existem estas questões em aberto:

- Por que há mais matéria do que antimatéria no Universo?

- Como a gravidade se encaixa no modelo padrão?

- O que é a matéria escura, que parece permear todo o Universo, interagir gravitacionalmente e não ser detectada?

- Os *quarks* e os léptons são realmente elementares ou são constituídos de partículas mais fundamentais?

Exercícios resolvidos

1. Alguma das partículas mediadoras interagem com a luz?
Somente as partículas mediadoras com carga elétrica interagem com a luz. Como o W^- e o W^+.

2. Qual das quatro forças de interação deve estar envolvida no seguinte processo de decaimento β: $n \rightarrow p + e^- + \bar{v}_e$?
A força fraca, pois ela interage com os *quarks* e os léptons.

3. Qual núcleo não interage com fóton? Por quê?
O nêutron, porque não possui carga elétrica.

Exercícios propostos

1. Se usarmos glúons para ligar um *quark up* a um *quark antistrange*, qual seria a partícula resultante?

a) próton   c) elétron

b) nêutron   d) méson

2. Indique três partículas que não interagem com glúons.

3. O neutrino do elétron interage com fótons? Explique.

4. (Vunesp-SP) De acordo com o modelo atômico atual, os prótons e os nêutrons não são mais considerados partículas elementares. Eles seriam formados de 3 partículas ainda menores, os *quarks*. Admite-se a existência de 12 *quarks* na natureza, mas só 2 deles formam os prótons e os nêutrons, o *quark up* (u), de carga elétrica positiva, igual a $\frac{2}{3}$ do valor da carga elétron, e o *quark down* (d), de carga elétrica negativa, igual a $\frac{1}{3}$ do valor da carga do elétron. Com base nessas informações, assinale a alternativa que apresenta corretamente a composição do próton e do nêutron.

I – próton e II – nêutron

a) (I) d,d,d (II) u,u,u   d) (I) u,u,u (II) d,d,d

b) (I) d,d,u (II) u,u,d   e) (I) d,d,d (II) d,d,d

c) (I) d,u,u (II) u,d,d

Exercícios finais

1. (UFMT) Na figura abaixo é representado um desenho esquemático que retrata um projeto possível de um aparelho de televisão.

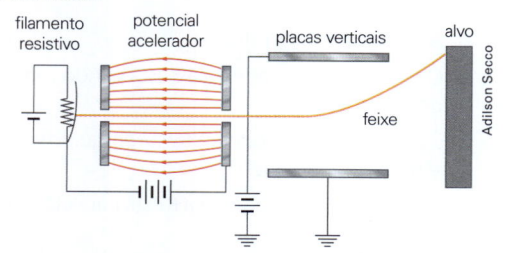

O conjunto completo consiste de um filamento que deve ser aquecido para atuar como fonte de elétrons, que formam um feixe acelerado por um potencial acelerador e posteriormente desviado por um campo elétrico perpendicular à trajetória original do feixe que varia em função do sinal recebido pelo aparelho vindo de uma emissora de TV. O desvio faz com que os elétrons atinjam seletivamente pontos do alvo (a tela da TV), formando uma imagem. Sobre os princípios físicos envolvidos no funcionamento de tal aparelho de televisão, julgue os itens.

a) Os elétrons que constituem o feixe são emitidos pela emissora de TV e captados por meio da antena do aparelho de televisão.

b) O feixe representado na figura foi desviado na direção da parte superior desta folha de papel, o que significa que a placa vertical superior deve estar carregada negativamente.

c) O feixe de elétrons deve se deslocar no vácuo, pois o aparelho de televisão deve ser termicamente isolado.

d) O projeto do aparelho de TV apresentado na figura é coerente com as equações gerais do eletromagnetismo, estabelecidas por James Maxwell.

2. (UFMT) Em relação ao funcionamento de um aparelho de televisão, considere:

a) O tempo médio necessário para o acendimento de um pixel da tela do aparelho de TV é igual ao tempo médio gasto pelo elétron entre o potencial acelerador e o alvo.

b) É constante a velocidade dos elétrons, na trajetória entre o potencial acelerador e o alvo.

c) A distância média entre o potencial acelerador e o alvo é de 50 cm.

d) A energia cinética adquirida pelo elétron no potencial acelerador é igual ao produto entre a carga do elétron ($1,5 \cdot 10^{-19}$ C) e a diferença de potencial nas placas aceleradoras, cujo valor é de 300 V. A energia cinética do elétron antes do potencial acelerador pode ser desprezada.

e) A massa do elétron é de $9 \cdot 10^{-31}$ kg.

f) A tela do aparelho de TV é constituída de 800 colunas e 500 linhas.

Calcule, a partir das considerações, quantas vezes por segundo os elétrons devem varrer a tela de um aparelho de televisão.

3. (Fuvest-SP) Segundo uma obra de ficção, o Centro Europeu de Pesquisas Nucleares, CERN, teria recentemente produzido vários gramas de antimatéria. Sabe-se que, na reação de antimatéria com igual quantidade de matéria normal, a massa total m é transformada em energia E, de acordo com a equação $E = mc^2$, onde c é a velocidade da luz no vácuo.

Note e adote:

1 MW = 10^6 W.

A explosão de "Little Boy" produziu $60 \cdot 10^{12}$ J (15 quilotons).

1 mês $\cong 2,5 \cdot 10^6$ s.

Velocidade da luz no vácuo, $c = 3,0 \cdot 10^8$ m/s.

a) Com base nessas informações, quantos joules de energia seriam produzidos pela reação 1 g de antimatéria com 1 g de matéria?

b) Supondo que a reação matéria-antimatéria ocorra numa fração de segundo (explosão), a quantas "Little Boy" (a bomba nuclear lançada em Hiroshima, em 6 de agosto de 1945) corresponde a energia produzida nas condições do item a?

c) Se a reação matéria-antimatéria pudesse ser controlada e a energia produzida na situação descrita em a fosse totalmente convertida em energia elétrica, por quantos meses essa energia poderia suprir as necessidades de uma pequena cidade que utiliza, em média, 9 MW de potência elétrica?

4. (ITA-SP) Um elétron e um pósitron, de massa $m = 9,11 \cdot 10^{-31}$ kg, cada qual com energia cinética de 1,20 MeV e mesma quantidade de movimento, colidem entre si em sentidos opostos. Neste processo colisional, as partículas aniquilam-se, produzindo dois fótons, γ_1 e γ_2. Sendo dados: constante de Planck $h = 6,63 \cdot 10^{-34}$ J · s; velocidade da luz $c = 3 \cdot 10^8$ m/s; 1 eV = $1,6 \cdot 10^{-19}$ J; 1 fentômetro = 1 fm = $1 \cdot 10^{-15}$ m, indique os respectivos valores de energia E e do comprimento de onda λ dos fótons.

a) $E = 1,20$ MeV; $\lambda = 2\,435$ fm

b) $E = 1,20$ MeV; $\lambda = 1\,035$ fm

c) $E = 1,71$ MeV; $\lambda = 726$ fm

d) $E = 1,46$ MeV; $\lambda = 0,28 \cdot 10^{-2}$ fm

e) $E = 1,71$ MeV; $\lambda = 559$ fm

5. (Unicamp-SP) A Física de Partículas nasceu com a descoberta do elétron, em 1897. Em seguida foram descobertos o próton, o nêutron e várias outras partículas, dentre elas o píon, em 1947, com a participação do brasileiro César Lattes.

a) Num experimento similar ao que levou à descoberta do nêutron, em 1932, um nêutron de massa m desconhecida e velocidade $v_0 = 4 \cdot 10^7$ m/s colide frontalmente com um átomo de nitrogênio de massa $M = 14$ u (unidade de massa atômica) que se encontra em repouso. Após a colisão, o nêutron retorna com velocidade V' e o átomo de nitrogênio adquire uma velocidade $V = 5 \cdot 10^6$ m/s. Em consequência da conservação da energia cinética, a velocidade de afastamento das partículas é igual à velocidade de aproximação. Qual é a massa m, em unidades de massa atômica, encontrada para o nêutron no experimento?

b) O Grande Colisor de Hádrons (*Large Hadron Collider*-LHC) é um acelerador de partículas que tem, entre outros propósitos, o de detectar uma partícula, prevista teoricamente, chamada bóson de Higgs. Para esse fim, um próton com energia de $E = 7 \cdot 10^{12}$ eV colide frontalmente com outro próton de mesma energia produzindo muitas partículas. O comprimento de onda (λ) de uma partícula fornece o tamanho típico que pode ser observado quando a partícula interage com outra. No caso dos prótons do LHC, $E = hc/\lambda$, onde $h = 4 \cdot 10^{-15}$ eV $\cdot$ s e $c = 3 \cdot 10^8$ m/s. Qual é o comprimento de onda dos prótons do LHC?

6. Suponha que uma partícula carregada positivamente descreva uma trajetória no sentido ABCD, como indicado na figura.

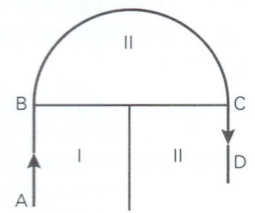

Figuras: © DAE

Durante o percurso, a partícula passa pelas regiões I, II e III, demarcadas pelas linhas tracejadas. Em cada região existe, obrigatoriamente, um campo elétrico uniforme (E) ou um campo magnético uniforme (B). O módulo da velocidade $|v|$ da partícula nos pontos A, B e C é igual e no ponto D é inferior.

Quais são a direção e o sentido do campo elétrico (E) ou do campo magnético (B) em cada região?

7. (PUC-SP) A figura mostra a trajetória de partículas carregadas eletricamente, movendo-se com velocidades iniciais de mesmo módulo em uma região na qual existe um campo magnético. As partículas são elétron, próton e pósitron (partícula de massa igual à do elétron, mas de carga positiva).

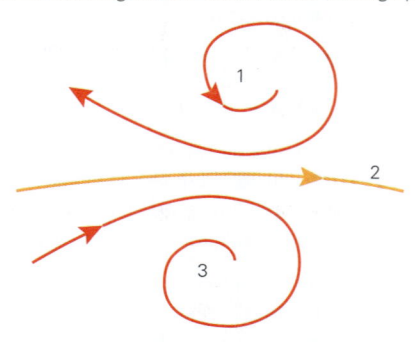

A respeito desse fato são feitas as seguintes afirmações:

I. A partícula 1 é o elétron.

II. A partícula 1 é o pósitron.

III. A partícula 2 é o próton.

IV. O vetor indução magnética B está saindo verticalmente do plano do papel.

V. O vetor indução magnética B está entrando verticalmente no plano do papel.

VI. O vetor indução magnética B está paralelo ao plano do papel.

É correto o que foi afirmado apenas em

a) I e III.

b) II.

c) I, III e IV.

d) II e V.

e) III e VI.

8. (UFRN) Um processo de aniquilação de matéria, ou equivalentemente, de conservação de massa de repouso em energia, ocorre na interação entre um elétron (de massa m e carga $-e$) e um pósitron (de mesma massa m e carga $+e$). Como consequência desse processo, o elétron e o pósitron são aniquilados, e, em seu lugar, são criados dois fótons gama (γ), que se deslocam em sentidos opostos. O processo de aniquilação descrito pode ser representado por $e^- + e^+ \rightarrow \gamma + \gamma$. Pode-se dizer que as grandezas físicas que se conservam nesse processo são:

a) a massa de repouso, a carga elétrica e a energia

b) a massa de repouso, a energia e o momento linear

c) a carga elétrica, o momento linear e a energia

d) a carga elétrica, a massa de repouso e o momento linear

9. (Vunesp-SP) Em 1990 transcorreu o cinquentenário da descoberta dos "chuveiros penetrantes" nos raios cósmicos, uma contribuição da física brasileira que alcançou repercussão internacional [*O Estado de S. Paulo*, 21/10/90, p. 30]. No estudo dos raios cósmicos são observadas partículas chamadas "píons". Considere um píon com carga elétrica 1 e se desintegrando (isto é, se dividindo) em duas outras partículas: um "múon" com carga elétrica $+e$ e um "neutrino". De acordo com o princípio da conservação da carga, o "neutrino" deverá ter carga elétrica

a) $+e$

b) $-e$

c) $+2e$

d) $-2e$

e) nula

10. Por que podemos comparar a radiação cósmica com os aceleradores de partículas?

11. (Vunesp-SP) De acordo com o modelo atômico atual, os prótons e os nêutrons não são mais considerados partículas elementares. Eles seriam formados de 3 partículas ainda menores, os *quarks*. Admite-se a existência de 12 *quarks* na natureza, mas só 2 deles formam os prótons e os nêutrons, o *quark up* (u), de carga elétrica positiva, igual a 2/3 do valor da carga elétron, e o *quark down* (d), de carga elétrica negativa, igual a 1/3 do valor da carga do elétron. Com base nessas informações, assinale a alternativa que apresenta corretamente a composição do próton e do nêutron.

I – próton e II – nêutron

a) (I) d, d, d (II) u, u, u

b) (I) d, d, u (II) u, u, d

c) (I) d, u, u (II) u, d, d

d) (I) u, u, u (II) d, d, d

e) (I) d, d, d (II) d, d, d

12. (Unicamp-SP) Com um pouco de capacidade de interpretação do enunciado, é possível entender um problema de Física moderna, como o exposto abaixo, com base nos conhecimentos de Ensino Médio. O positrônio é um átomo formado por um elétron e sua antipartícula, o pósitron, que possui carga oposta e massa igual à do elétron. Ele é semelhante ao átomo de hidrogênio, que possui um elétron e um próton. A energia do nível fundamental desses átomos é dada por:

$$E_1 = \frac{-13{,}6}{\left(1 + \dfrac{m_e}{m_p}\right)} \text{ eV}$$

onde m_e é a massa do elétron e m_p é a massa do pósitron, no caso do positrônio, ou a massa do próton, no caso do átomo de hidrogênio. Para o átomo de hidrogênio, como a massa do próton é muito maior que a massa do elétron, $E_1 = -13{,}6$ eV.

a) Calcule a energia do nível fundamental do positrônio.

b) Ao contrário do átomo de hidrogênio, o positrônio é muito instável, pois o elétron pode se aniquilar rapidamente com a sua antipartícula, produzindo fótons de alta energia, chamados raios gama. Considerando que as massas do elétron e do pósitron são $m_e = m_p = 9 \cdot 10^{-31}$ kg, e que, ao se aniquilarem, toda a sua energia, dada pela relação de Einstein $E_p + E_e = m_e c^2 + m_p c^2$, é convertida na energia de dois fótons gama, calcule a energia de cada fóton produzido. A velocidade da luz é $c = 3{,}0 \cdot 10^8$ m/s.

13. De acordo com o estudo das partículas elementares, analise cada uma das afirmativas a seguir e indique se ela é verdadeira ou falsa.

a) Os léptons são formados por três *quarks*.

b) Os prótons interagem entre si por meio da interação forte.

c) Para a formação de um par partícula-antipartícula, é necessário um fóton de energia igual a $m \cdot c^2$.

d) O pósitron é a antipartícula do próton.

e) Os elétrons pertencem à família dos léptons.

f) Todos os bárions são hádrons.

g) O fóton é a partícula associada à interação gravitacional.

h) Existem seis tipos de *quarks* e seis tipos de antiquarks.

i) Os elétrons são formados por três *quarks*.

j) Uma antipartícula tem mesma massa que sua partícula.

14. (UFMT) Em 1947, na Universidade de Bristol (Inglaterra), Cesar Lattes, físico brasileiro, idealizou uma série de experiências que culminou com a descoberta do méson, partícula responsável pela força de interação nuclear forte. Essa força é responsável pela:

a) existência dos núcleos atômicos.

b) atração entre a Terra e a Lua.

c) queima de petróleo.

d) transparência de materiais vítreos.

e) catástrofe do ultravioleta nas radiações de corpos negros.

15. (Uerj) Considere as seguintes informações do Modelo Padrão da Física de Partículas:

• prótons e nêutrons são constituídos por três *quarks* dos tipos u e d;

• o *quark* u tem carga elétrica positiva igual a 2/3 do módulo da carga do elétron;

• um próton p é constituído por dois *quarks* u e um *quark* d, ou seja, p = u u d.

Determine o número de *quarks* u e o número de *quarks* d que constituem um nêutron n.

16. (UFRGS) O alcance de partículas a de 4 MeV no ar é 2,4 cm (massa específica do ar: $1{,}25 \cdot 10^{-3}$ g/cm³). Admitindo-se que o alcance seja inversamente proporcional a massa específica do meio, o alcance das partículas a de 4 MeV na água (massa específica: 1,00 g/cm³) é

a) $1{,}92 \cdot 10^3$ cm

b) 3 cm

c) 1,92 cm

d) $3 \cdot 10^{-1}$ cm

e) $3 \cdot 10^{-3}$ cm

PESQUISE, PROPONHA E DEBATA

Um 'ciclotron' pelos aceleradores

O que acha de pegarmos uma carona com os fótons da rede mundial de computadores pelos rastros dos aceleradores de partículas?

Nesta atividade, vamos conhecer o projeto dos principais aceleradores de partículas. Atualmente, alguns são obsoletos e podem ser considerados peças de museu, outros estão em funcionamento pleno, e ainda existem os que estão somente no papel, em projetos que ainda estão sendo construídos.

ROTEIRO E QUESTÕES:

1. Com base no conhecimento técnico apresentado neste capítulo, você deverá pesquisar em enciclopédias, páginas da internet confiáveis e revistas de divulgação científica dados de alguns aceleradores de partículas. Elabore fichas técnicas com as seguintes características:
   - Nome do acelerador
   - Localização
   - Ano de ativação
   - Energia do feixe
   - Partículas aceleradas
   - Meio de aceleração
   - Partículas detectadas
   - Tipo de detectores

2. Defina um dos itens como parâmetro, defina cores para identificar e organizar as fichas elaboradas. Este pode ser, por exemplo, a energia do feixe. Aceleradores com feixes entre 1 e 30 GeV a é ficha verde, entre 31 e 60 GeV, amarela etc. Podem também escolher a partícula acelerada (se acelera prótons ou elétrons ou...), meio de aceleração (linear ou circular ou...) etc. O critério é seu.

3. Faça um gráfico da energia utilizada nos aceleradores ao longo do tempo. Inclua os novos projetos. Qual a perspectiva futura dos experimentos de colisão de partículas a altas energias?

AP Photo/Glow Images

▶ **Nome do acelerador**
Cosmotrão

▶ **Localização**
Brookhaven National Laboratoy, Long Island, New York, USA

▶ **Ano de ativação**
1954

▶ **Energia do feixe**
3 GeV

▶ **Partículas aceleradas**
Prótons

▶ **Meio de aceleração**
Circular

▶ **Partículas detectadas**
Σ^0

B W Marsh/Getty Images

▶ **Nome do acelerador**
SLAC

▶ **Localização**
Universidade de Stanford, Stanford, California, USA

▶ **Ano de ativação**
1967

▶ **Energia do feixe**
20 - 50 GeV

▶ **Partículas aceleradas**
Elétrons e Pósitrons

▶ **Meio de aceleração**
Linear

▶ **Partículas detectadas**
c e t

Fermi National Accelerator Laboratory/Getty Images

▶ **Nome do acelerador**
Tevatron

▶ **Localização**
Fermilab, Illinois, USA

▶ **Ano de ativação**
1972

▶ **Energia do feixe**
1 trilhão de eV

▶ **Partículas aceleradas**
Prótons e Anti-Prótons

▶ **Meio de aceleração**
Circular

▶ **Partículas detectadas**
t

INVESTIGUE VOCÊ MESMO

Descobrindo novas partículas

Nos filmes de suspense, policiais ou mesmo em um faroeste antigo, é comum os personagens utilizarem diferentes estratégias para descobrir o percurso feito por alguém – observar, por exemplo, os rastros que este deixou. Esses indícios podem ser impressões digitais, pegadas, testemunhas, entre outros.

Vimos que os físicos de partículas seguem um procedimento semelhante. Afinal, eles tentam descobrir a natureza de determinada partícula pelos rastros deixados nos detectores. Nesta atividade, você também deverá descrever o evento ocorrido tendo como base somente alguns rastros.

PARTE I – RASTROS E PEGADAS

▶ Observe a figura. Ela representa pegadas deixadas em um local.

Adilson Secco

1. Use a imaginação e relate uma história fictícia que forneça uma explicação aos rastros observados. Compare sua versão com a de seus colegas de classe.

2. O que se pode concluir com base nas várias histórias ou explicações dadas?

PARTE II – NO RASTRO DAS PARTÍCULAS

▶ Você deve ter percebido que, por meio dos rastros, é possível construir uma explicação para determinado evento que você não presenciou.

O objetivo agora é analisar como podemos obter informações sobre partículas quando estas passam por uma câmara de bolhas e deixam seu rastro nela. Veja as figuras a seguir. Elas mostram os rastros deixados por um káon positivo (K^+) e por um píon negativo (π^-).

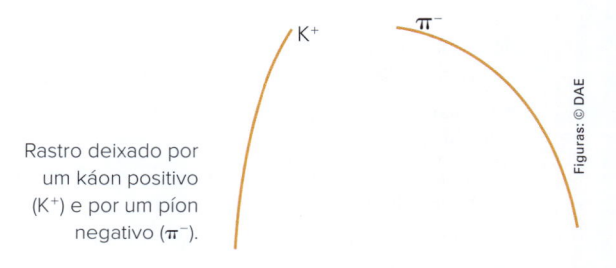

Figuras: © DAE

Rastro deixado por um káon positivo (K^+) e por um píon negativo (π^-).

QUESTÕES

1. Por que as partículas apresentam uma trajetória curva? Argumente.

2. Como podemos explorar esse comportamento? Que informações identificamos sobre a partícula?

3. Por que as partículas, nas mesmas condições iniciais, apresentam diferente sentido e diferente ângulo de curvatura? O que isso nos permite inferir delas?

4. Que outros estudos podem ser feitos por meio da observação dos rastros de uma partícula na câmara de bolhas?

Fonte da atividade: Ivã Gurgel. SECRETARIA DA EDUCAÇÃO DO ESTADO DE SÃO PAULO. *Caderno do Professor*: Física, Ensino Médio – 3ª série, 4º bimestre. São Paulo: SEE, 2008.

Filipe Rocha

1. A figura mostra o tubo de imagens dos aparelhos de televisão usado para produzir as imagens sobre a tela. Os elétrons do feixe emitido pelo canhão eletrônico são acelerados por uma tensão de milhares de volts e passam por um espaço entre bobinas onde são defletidos por campos magnéticos variáveis, de forma a fazerem a varredura da tela.

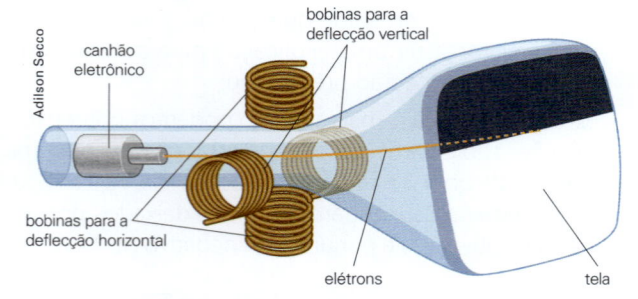

Nos manuais que acompanham os televisores é comum encontrar, entre outras, as seguintes recomendações:

I. Nunca abra o gabinete ou toque as peças no interior do televisor.

II. Não coloque seu televisor próximo de aparelhos domésticos com motores elétricos ou ímãs.

Estas recomendações estão associadas, respectivamente, aos aspectos de

a) riscos pessoais por alta-tensão/perturbação ou deformação de imagem por campos externos.

b) proteção dos circuitos contra manipulação indevida/ perturbação ou deformação de imagem por campos externos.

c) riscos pessoais por alta-tensão/sobrecarga dos circuitos internos por ações externas.

d) proteção dos circuitos contra a manipulação indevida/sobrecarga da rede por fuga de corrente.

e) proteção dos circuitos contra manipulação indevida/ sobrecarga dos circuitos internos por ação externa.

2. O código de barras, contido na maior parte dos produtos industrializados, consiste num conjunto de várias barras que podem estar preenchidas com cor escura ou não. Quando um leitor óptico passa sobre essas barras, a leitura de uma barra clara é convertida no número 0 e a de uma barra escura, no número 1. Observe abaixo um exemplo simplificado de um código em um sistema de código com 20 barras.

Figura: © DAE

Se o leitor óptico for passado da esquerda para a direita irá ler: 01011010111010110001.

Se o leitor óptico for passado da direita para a esquerda irá ler: 10001101011101011010.

No sistema de código de barras, para se organizar o processo de leitura óptica de cada código, deve-se levar em consideração que alguns códigos podem ter leitura da esquerda para a direita igual à da direita para a esquerda, como o código 00000000111100000000, no sistema descrito.

Em um sistema de códigos que utilize apenas cinco barras, a quantidade de códigos com leitura da esquerda para a direita igual à da direita para a esquerda, desconsiderando-se todas as barras claras ou todas as escuras, é

a) 14.

b) 12.

c) 8.

d) 6.

e) 4.

3. Os núcleos dos átomos são constituídos de prótons e nêutrons, sendo ambos os principais responsáveis pela sua massa. Nota-se que, na maioria dos núcleos, essas partículas não estão presentes na mesma proporção. O gráfico mostra a quantidade de nêutrons (N) em função da quantidade de prótons (Z) para os núcleos estáveis conhecidos.

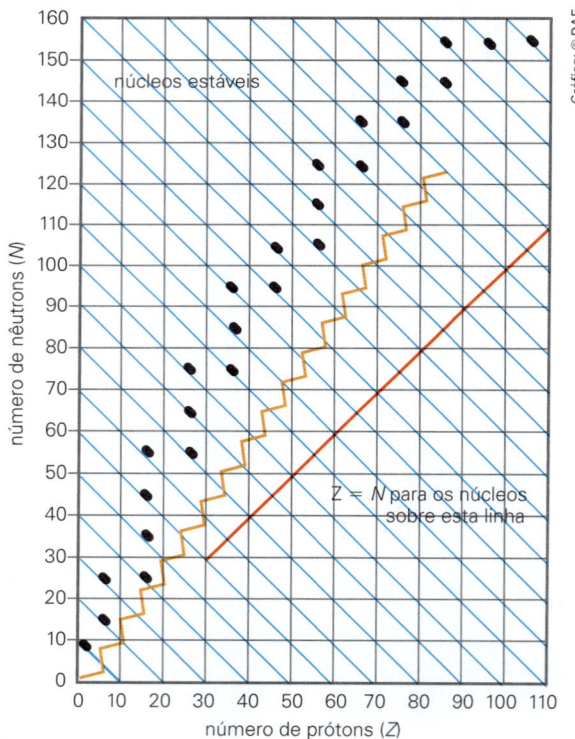

Gráfico: © DAE

O antimônio é um elemento químico que possui 50 prótons e possui vários isótopos – átomos que só se diferem pelo número de nêutrons. De acordo com o gráfico, os isótopos estáveis do antimônio possuem

a) entre 12 e 24 nêutrons a menos que o número de prótons.

b) exatamente o mesmo número de prótons e nêutrons.

c) entre 0 e 12 nêutrons a mais que o número de prótons.

d) entre 12 e 24 nêutrons a mais que o número de prótons.

e) entre 0 e 12 nêutrons a menos que o número de prótons.

4. Considere um equipamento capaz de emitir radiação eletromagnética com comprimento de onda bem menor que a radiação ultravioleta. Suponha que a radiação emitida por esse equipamento foi apontada para um tipo específico de filme fotográfico e entre o equipamento e o filme foi posicionado o pescoço de um indivíduo. Quanto mais exposto à radiação, mais escuro se torna o filme após a revelação. Após acionar o equipamento e revelar o filme, evidenciou-se a imagem mostrada na figura abaixo:

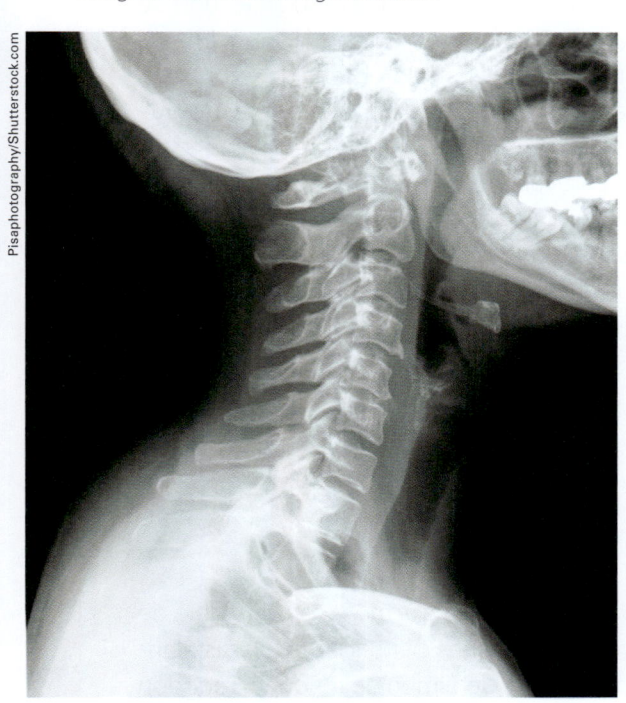

Pisaphotography/Shutterstock.com

Dentre os fenômenos decorrentes da interação entre a radiação e os átomos do indivíduo que permitem a obtenção desta imagem inclui-se a:

a) absorção da radiação eletromagnética e a consequente ionização dos átomos de cálcio, que se transformam em átomos de fósforo.

b) maior absorção da radiação eletromagnética pelos átomos de cálcio que por outros tipos de átomos.

c) maior absorção da radiação eletromagnética pelos átomos de carbono que por átomos de cálcio.

d) maior refração ao atravessar os átomos de carbono que os átomos de cálcio.

e) maior ionização de moléculas de água que de átomos de carbono.

5. O efeito fotoelétrico contrariou as previsões teóricas da física clássica porque mostrou que a energia cinética máxima dos elétrons, emitidos por uma placa metálica iluminada, depende:

a) exclusivamente da amplitude da radiação incidente.

b) da frequência e não do comprimento de onda da radiação incidente.

c) da amplitude e não do comprimento de onda da radiação incidente.

d) do comprimento de onda e não da frequência da radiação incidente.

e) da frequência e não da amplitude da radiação incidente.

Glaser e a garrafa de cerveja

A câmara de bolhas, importante detector de partículas, foi desenvolvida pelo jovem físico norte-americano Donald Arthur Glaser (1926-2013) na década de 1950. Responsável pelo crescimento das pesquisas da Física de Altas Energias, essa brilhante invenção, que permite tornar visíveis os rastros de partículas que passam por um líquido, foi concebida em uma garrafa de cerveja.

Ao abrir uma garrafa de cerveja, a queda na pressão provoca as bolhas e o líquido sobe pela garrafa. Quando temos um líquido a baixa pressão e perto de seu ponto de ebulição, ao baixamos mais sua pressão rapidamente (expansão), ele permanecerá líquido, mesmo estando acima de seu ponto de ebulição. Dizemos então que está superaquecido, o que não significa que está com a temperatura elevada. Trata-se de um estado instável; por isso, quando partículas carregadas atravessam o líquido, desencadeia o processo de fervura em que ionizam os átomos do líquido ao longo do caminho da partícula.

O primeiro teste foi efetuado por Glaser no outono de 1952, na Universidade de Michigan, onde ele trabalhava. Apesar de ser rápido, o processo pôde ser fotografado e repetido. O líquido utilizado foi o éter etílico e sua primeira câmara de bolhas tinha 3 centilitros de líquido. Poucos anos mais tarde, foi construída uma câmara com 50 cm de largura, 40 cm de profundidade e 180 cm de comprimento, e o líquido utilizado foi o hidrogênio. Por essa técnica, Glaser recebeu o premio Nobel de Física em 1960.

Título: *O incrível mundo da Física Moderna*

Autor: George Gamow

Editora: Ibrasa

Resenha: Neste livro, um dos maiores físicos nucleares do mundo transforma os problemas capitais da Física Atômica numa história alegremente contada, em que a precisão científica se mistura com uma dose de ficção, o que permite aprender melhor o essencial dos fenômenos e dos conceitos.

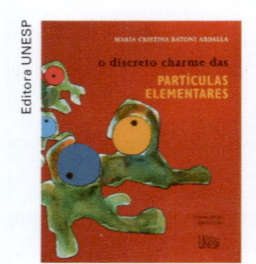

Título: *O discreto charme das partículas elementares*

Autora: Maria Cristina Batoni Abdalla

Editora: Unesp

Resenha: Desde a teoria atomística dos gregos até o modelo atômico elaborado no século XX, houve substanciais mudanças em relação ao estudo do átomo e de suas partículas. Atualmente, conhecem-se partículas realmente elementares, das quais toda a matéria do Universo observada é formada. Assim, a Física das Partículas Elementares foi evoluindo até chegar ao que é denominado hoje modelo padrão da física de partículas. É sobre essas discretas, estranhas e charmosas partículas e suas descobertas, sobre as forças existentes entre elas, os modelos que as explicam, os aceleradores e os detectores que as fazem visíveis aos olhos humanos e o papel que elas desempenharam no início da formação do Universo que a autora discorre nas páginas deste livro.

Título: *Anjos e demônios*

Diretor: Ron Howard

Ano: 2009

País: Estados Unidos

Sinopse: Baseado na obra de Dan Brown, *Anjos e demônios* é uma obra de ficção que mescla o suspense com informações científicas, religiosas e históricas. Tudo começa quando o professor de Simbologia Robert Langdon é chamado para analisar o símbolo de uma sociedade secreta considerada extinta há 400 anos, os Illuminati, marcado a fogo no peito do físico de partículas Leonard Vetra, assassinado no maior instituto de pesquisa científica do mundo, o CERN.

Bibliografia

ABDALLA, M. C. B. *O discreto charme das partículas elementares*. São Paulo: Ed. da Unesp, 2006.

ALLDAY, J. The nature of force in particle physics. *Physics Education*, v. 32, n. 5, p. 327-332, set. 1997.

ALVES, G. et al. *O mundo das partículas de hoje e de ontem*. Rio de Janeiro: CBPF, 2000.

ASTOLFI, J. P.; DEVELAY, M. *A didática das Ciências*. Campinas: Papirus, 1995.

BALDINATO, J. O. *A química segundo Michael Faraday*: um caso de divulgação científica no século XIX. Dissertação (Mestrado), Universidade de São Paulo, São Paulo, 2009.

BLACKWOOD, O. H.; HERRON, W. B.; KELLY, W. C. *Física na escola secundária*. Tradução de José Leite Lopes e Jayme Tiomno. São Paulo: Instituto Nacional de Estudos Pedagógicos (Inep) do Ministério da Educação e da Cultura,1962.

BRAGA, M.; GUERRA, A.; REIS, J. C. *Breve história da Ciência moderna*. Rio de Janeiro: Jorge Zahar, 2003/2004/2005. 3 v.

BRASIL. Ministério da Educação. Secretaria de Educação Média e Tecnológica. *Parâmetros Curriculares Nacionais*: Ensino Médio. Brasília, 1999.

_____. PCN+ Ensino Médio: orientações educacionais complementares aos Parâmetros Curriculares Nacionais. *Ciências Naturais, Matemática e suas Tecnologias*. Brasília, 2002.

BRAZ JR., D. *Física Moderna*: tópicos para o Ensino Médio. Campinas: Companhia da Escola, 2002.

BROCKINGTON, G. *A realidade escondida*: a dualidade onda-partícula para estudantes do Ensino Médio. Dissertação (Mestrado) – USP. São Paulo, 2005.

BUNGE, M. *Teoria e realidade*. São Paulo: Perspectiva, 1974.

CACHAPUZ, A. et al. (Org.). *A necessária renovação do ensino das Ciências*. São Paulo: Cortez, 2005.

CARROLL, L. *Alice*. Edição comentada. Introdução e notas de Martin Gardner. Rio de Janeiro: Jorge Zahar, 2002.

CARUSO, F. et al. *Partículas elementares*: 100 anos de descoberta. Manaus: Editora da Universidade Federal de Manaus, 2005.

_____; SANTORO, A. *Do átomo grego à Física das interações fundamentais*. 2. ed. Rio de Janeiro: Aiafex, 2000.

CARVALHO, A. M. P. et al. *Ensino de Física*. São Paulo: Cengage Learning, 2010.

CASTRO, R. S. *História e epistemologia da Ciência*: investigando suas contribuições num curso de Física de Segundo Grau. Dissertação (Mestrado), Universidade de São Paulo, São Paulo, 1993.

CHESMAN, C.; ANDRÉ, C.; MACÊDO, A. *Física Moderna experimental e aplicada*. 2. ed. São Paulo: Livraria da Física, 2004.

CLOSE, F. et al. *The particle odyssey*: a journey to the heart of matter. New York: Oxford University Press, 2002.

COHEN, I. B. *O nascimento de uma nova Física*. São Paulo: Edart, 1967.

CURIE, M. *Pierre Curie with autobiographical notes*. New York: Macmillan, 1923.

CUSTÓDIO, J. F.; PIETROCOLA, M. Princípios físicos e a construção de modelos. In: *Atas do VII Encontro de Pesquisa em Ensino de Física*. Florianópolis: 2000.

DELIZOICOV, D. *Conhecimento, tensões e transições*. Tese (Doutorado), Universidade de São Paulo, São Paulo, 1991.

_____. Problemas e problematizações. In: PIETROCOLA, M. (Org.). *Ensino de Física*: conteúdo, metodologia e epistemologia numa concepção integradora. Florianópolis: Ed. da UFSC, 2001.

_____; ANGOTTI, J. A. *Metodologia do ensino de Ciências*. São Paulo: Cortez, 1992.

DIAS, V. S.; MARTINS, R. de A. Michael Faraday: o caminho da livraria à descoberta da indução eletromagnética. *Ciência & Educação*, Bauru (SP), v. 10, n. 3, 2004, p. 517-530.

DION, S. M. Michael Faraday e o manuscrito *Matter*: uma solução metafísica para o problema da ação a distância. *Scientiæ Studia*, São Paulo, v. 4, n. 4, 2006, p. 615-620. Disponível em: <www.scientiaestudia. org.br/revista/PDF/04_04_04.pdf>. Acesso em: 26 abr. 2016.

EINSTEIN, A. *Notas autobiográficas*. Tradução de Aulyde S. Rodrigues. 4. ed. Rio de Janeiro: Nova Fronteira, 1982.

_____; INFELD, L. *A evolução da Física*. Rio de Janeiro: Jorge Zahar, 1962.

EISBERG, R.; RESNICK, R. *Física quântica*: átomos, moléculas, sólidos, núcleos e partículas. 24. ed. Rio de Janeiro: Elsevier, 1979.

FARADAY, M. *Experimental researches in electricity*. London, 1855. 3 v.

_____. *A história química de uma vela*: as forças da matéria. Tradução de Vera Ribeiro. Rio de Janeiro: Contraponto, 2003.

_____. *Física em seis lições*. 6. ed. Rio de Janeiro: Ediouro, 2001.

FEYNMAN, R. P.; LEIGHTON, R. B.; SANDS, M. *Lições de física de Feynman*: a edição definitiva. Porto Alegre: Bookman, 2008. 3 v.

FIGUEIREDO, A.; PIETROCOLA, M. *Física, um outro lado*: luz e cores. São Paulo: FTD, 2000.

FIZEAU, H. Sur les hypothèses relatives à l'éther lumineux, et sur une expérience qui paraît démontrer que le mouvement des corps change la vitesse avec laquelle la lumière se propage dans leur intérieur. *Cras*, v. 33, p. 349, 1851. Apud PIETROCOLA, M. Fresnel e o arrastamento parcial do éter: a influência do movimento da Terra sobre a propagação da luz. *Caderno de Ensino de Física*, Florianópolis, v. 10, n. 2, 1993.

FORATO, T. C. de M. *A natureza da Ciência como saber* escolar: um estudo de caso a partir da história da luz. Tese (Doutorado), Universidade de São Paulo, São Paulo, 2009. v. 1 e 2.

FOUREZ, G. *Alphabétisation scientifique et technique*. Bruxelas: De Boeck Université, 1994.

_____. *A construção das Ciências*. São Paulo: Ed. da Unesp, 1995.

FRESNEL, A. lettre d'Augustin Fresnel à François Arago sur l'influence du mouvement terrestre dans quelques phénomènes d'optique. *Annales de Chimie et de Physique*, 1818. Republicado em: *Oeuvres complètes*. Apud ROSMORDUC, J. (Org.). *Histoire de la Physique*: la formation de la physique classique. Paris: Tec & Doc/Lavoisier, 1987. t. 1.

GAMOW, G. *Biografia da Física*. Rio de Janeiro: Jorge Zahar, 1963.

GRAF, R. F. *Fafe and simple electrical experiments*. New York: Dover, 1964.

GREF (Grupo de Reelaboração do Ensino de Física). *Física 3*: Eletromagnetismo. São Paulo: Edusp, 1999.

GUERRA, A. et al. Uma abordagem histórico-filosófica para o Eletromagnetismo no Ensino Médio. *Caderno Brasileiro de Ensino de Física*, v. 21, n. 2, ago. 2004. Disponível em: <https://periodicos.ufsc.br/index. php/fisica/article/view/6433/13267>. Acesso em: 26 abr. 2016.

HAWKING, S. *Os gênios da Ciência*: sobre os ombros de gigantes. Rio de Janeiro: Campus, 2005.

HEISENBERG, W. *Física e filosofia*. Brasília: Ed. da UnB, 1981.

HEWITT, P. G. *Física conceitual*. 9. ed. Porto Alegre: Bookman, 2002.

HOLTON, G.; ROLLER, D. H. D. *Fundamentos de la* física moderna: introducción histórico-filosófica al estudio de la Física. Barcelona: Editorial Reverté, 1963.

HOUAISS, A.; VILLAR, M. S. *Dicionário Houaiss da língua portuguesa*. Rio de Janeiro: Objetiva, 2001.

LENOBLE, R. A natureza mágica. In: _____. *História da ideia de natureza*. Tradução de Teresa Louro Perez. Lisboa: Edições 70, 1969.

LONGMIRE, W. A. *Primer on learning objects*. Virginia: American Society for Training & Development, 2001.

LUCIE, P. *A gênese do método científico*. Rio de Janeiro: Campus, 1977.

MÁRQUEZ, G. G. *Cem anos de solidão*. 39. ed. Rio de Janeiro: Record, 1994.

MARTINS, J. B. *A história do átomo*: de Demócrito aos *quarks*. Rio de Janeiro: Ciência Moderna, 2001.

MARTINS, R. A. A dinâmica relativística antes de Einstein. *Revista Brasileira de Ensino de Física*, São Paulo, v. 27, n. 1, p. 11-26, jan.-mar. 2005. Disponível em: <www.sbfisica.org.br/rbef/pdf/martins.pdf>. Acesso em: 26 abr. 2016.

_____. Ørsted e a descoberta do eletromagnetismo. *Cadernos de História e Filosofia da Ciência*, Campinas, v. 10, 1986.

_____. *Tratado sobre a luz*, de Christiaan Huygens (A commented translation of Huygens' *Traité de la lumière*). *Cadernos de História e Filosofia da Ciência*, Campinas, supl. 4, p. 1-99, 1986.

MASCART apud PIETROCOLA, M. A extensão do princípio de relatividade à Óptica. In: Anais Do Seminário Nacional Da Sociedade Brasileira De História Da Ciência, Caxambu, MG : SBHC, 1993. Disponível em: <www.nupic.fe.usp.br/Publicacoes/congressos/ Pietrocola_a_extensao_do_principio_de_relatividade_a_optica. pdf>. Acesso em: 25 abr. 2016.

MILLER, A. I. On Lorentz's methodology. *The british journal for the philosophy of science*, v. 25, n. 1, p. 29-45, mar. 1974.

MOREIRA, I. C.; VIDEIRA, A. A. P. (Org.). *Einstein e o Brasil*. Rio de Janeiro: Ed. da UFRJ, 1995.

MOREIRA, M. A. Partículas e interações. *A Física na Escola*, v. 5, n. 2, p. 10-14, out. 2004.

_____. Um mapa conceitual sobre partículas elementares. *Revista Brasileira de Ensino de Física*, São Paulo, v. 11, p.114-129, dez. 1989.

OERSTED, H. C. Experiências sobre o efeito do conflito elétrico sobre a agulha magnética. Tradução de Roberto de A. Martins. *Caderno de História e Filosofia da Ciência*, Campinas, v. 10, p. 115-122, 1986.

OLIVEIRA, K.; SARAIVA, M. F. *Astronomia e Astrofísica*. São Paulo: Livraria da Física, 2004.

OSTERMANN, F. Um texto para professores do Ensino Médio sobre partículas elementares. *Revista Brasileira de Ensino de Física*, São Paulo, v. 21, n. 3, p. 415-436, set. 1999.

_____. *Partículas elementares e interações fundamentais*. Porto Alegre: Instituto de Física-UFRGS, 2001. (Textos de Apoio ao Professor de Física, n. 12).

OSTERMANN, F.; CAVALCANTI, C. Física Moderna e Contemporânea no Ensino Médio: elaboração de material didático, em forma de pôster, sobre partículas elementares e interações fundamentais. *Caderno de Ensino de Física*, Florianópolis, v. 16, n. 3, p. 267-286, dez. 1999.

PASACHOFF, Naomi. *Marie Curie and the Science of Radioactivity*. New York/Oxford: Oxford University Press, 1996.

PATY, M. *La Physique du XX*e *siècle*. França: EDP Sciences, 2003.

PESSOA JUNIOR., O. *Conceitos de Física Quântica*. São Paulo: Livraria da Física, 2003.

PIETROCOLA, M. et al. As ilhas de racionalidade e o saber significativo: o ensino de Ciências através de projetos. *Ensaio – Pesquisa em Educação em Ciências*, Belo Horizonte, v. 2, n. 1, p. 99-122, mar. 2000.

_____. *Atualização dos currículos de Física no Ensino Médio de escolas estaduais*: a transposição das teorias modernas e contemporâneas para a sala de aula. Projeto temático financiado pela Fapesp – Fundação de Amparo à Pesquisa do Estado de São Paulo. Processo 03/00146-3, 2003. Disponível em: <www.nupic.fe.usp.br>. Acesso em: abr. 2016.

_____. Construção e realidade: modelizando o mundo através da Física. In: PIETROCOLA, M. (Org.). *Ensino de Física*: conteúdo, metodologia e epistemologia numa concepção integradora. Florianópolis: Ed. da UFSC, 2001.

_____. *Ensino de Física*: conteúdo, metodologia e epistemologia numa concepção integradora. Florianópolis: Ed. da UFSC, 2001.

PROJECTO FISICA. *Unidade IV*: luz e eletromagnetismo. Lisboa: Fundação Calouste Gulbenkian, 1987.

_____. *Unidade Suplementar A*: partículas elementares. Lisboa: Fundação Calouste Gulbenkian, 1987.

PROJETO DE ENSINO DE FÍSICA. *Eletricidade*. São Paulo: USP/MEC/Fename/Premen, 1971.

_____. *Eletromagnetismo*. São Paulo: USP/MEC/Fename/Premen, 1971.

ROBILOTTA, M. *O cinza, o branco e o preto*: da relevância da história da Ciência no ensino de Física. São Paulo: IF-USP, 1986.

_____; SALÉM, S. *Apostila de Física 4*. São Paulo: IF-USP, 1981.

ROCHA, J. F. (Org.). *Origens e evoluções das ideias da Física*. Salvador: Ed. da UFBA, 2002.

RONAN, C. A. *História ilustrada da Ciência*. Rio de Janeiro: Jorge Zahar, 1987/1988/1990. v. I, II e III. 3 v.

ROSCOE, H. Bunsen memorial lecture. *Journal of Chemical Society, Transactions*, v. 77, p. 531-532, 1900.

ROUXINOL, E. *A história da Física no Brasil e o ensino de Ciências*. Dissertação (Mestrado), Universidade de São Paulo, São Paulo, 2004.

SÃO PAULO (Estado). Secretaria da Educação. Água hoje e sempre: consumo sustentável. São Paulo, 2004.

SEGRE, E. *Dos raios X aos quarks*: f – Físicos modernos e suas descobertas. Brasília: Ed. da UnB, 1982.

SERWAY, R.; JEWETT JR., J. *Princípios de Física*. São Paulo: Thomson, 2004.

SILVA, C. C. *A teoria das cores de Newton*: um estudo crítico do Livro 1 do *Opticks*. Dissertação (Mestrado), Universidade Estadual de Campinas, São Paulo, Campinas (SP), 1996.

SIMMONS, J. *Os 100 maiores cientistas da História*. Rio de Janeiro: Difel, 2002.

SIQUEIRA, M. R. da P. *Do visível ao indivisível*: uma proposta de Física de Partículas para o Ensino Médio. Dissertação (Mestrado) Universidade de São Paulo, São Paulo, 2006.

SOUZA, A. M. C. *Tópicos de Física Contemporânea*: teoria da relatividade, Mecânica Quântica, teoria do caos. Sergipe: Gráfica J. Andrade, 2002.

TAYLOR, L. W. *Physics, the pioneer science*: light, electricity. New York: Dover, 1941. v. II.

TIPLER, P.A. *Física para cientistas e engenheiros*. 4. ed. Rio de Janeiro: LTC, 2000. v. 2.

WALKER, J. *O circo voador da Física*. 2. ed. Rio de Janeiro: LTC, 2008.

_____. *O grande circo da Física*. 2. ed. Lisboa: Gradiva, 2001.

WILLIAMSON, S. J.; CUMMINS, H. Z. *Light and color in nature and art*. New York: John Wilwy and Sons, 1983.

Gabarito
(das questões numéricas e de múltipla escolha)

Capítulo 1

Página 20

2) $+8,0 \cdot 10^{-11}$ C

4) $2,7 \cdot 10^{24}$ prótons e

$2,7 \cdot 10^{24}$ elétrons

5) $1,42 \cdot 10^{24}$ elétrons e

$1,42 \cdot 10^{24}$ prótons

Página 26

2) E; C; E; E; C

3) a

4) d

Página 28

1) e

2) b

Página 31

2) b

3) c

Página 32

1) c

2) b

3) a

4) $2,7 \cdot 10^{25}$ elétrons

5) b

6) b, c, d

Página 33

7) e

8) b

10) d

11) e

12) a

Página 34

13) d

14) d

15a) Ponto 0

15b) $x = +a$ e $x = -a$

16) c

17) $tg\ \theta = \dfrac{F_e}{P} = \dfrac{k \cdot q^2}{(m \cdot g \cdot d)^2}$

18) b

Capítulo 2

Página 39

1) 30 kA

2) $1,0 \cdot 10^{-6}$ C; 10^{13} elétrons

3) 30 000 C; $1,9 \cdot 10^{23}$ elétrons

Página 42

1) $4,8 \cdot 10^{5}$ V

3) $5 \cdot 10^{-7}$ m

4) 12 V

Página 48

1) 3,2 mm²

2) $5,0 \cdot 10^{-2}\ \Omega \cdot m$

3) 5 000 m

5) $4,8 \cdot 10^{-3}\ \Omega \cdot m$

6) $5,1 \cdot 10^{-7}$ m²

7) $\cong 16$ A

9) $\cong 23$ W

10) 34,56 J

Página 49

1) 150 Ω

2b) 0,05 A

Página 51

1) 0,60 A; 2,4 V; 3,6 V; 6,0 V

2a) 12 mA

2b) 1,8 V

2c) $1,44 \cdot 10^{-2}$ W;

$2,16 \cdot 10^{-2}$ W; $3,6 \cdot 10^{-2}$ W

3a) $0,33 \cdot 10^{-3}$ A

3b) 18 kΩ

Página 54

1a) 7,5 Ω

1b) 6,0 A; 6,0 A; 4,0 A

1c) 720 W; 720 W; 480 W

2a) 8,0 V

2b) 6,4 W

3a) 5,83 kW

3b) 26,5 A

3c) 8,3 Ω

Página 56

1) 20 Ω; $i = 6,0$ A;

$i' = 1,2$ A; $i'' = 4,8$ A

2) 24 Ω; $i' = 0,10$ A; $i'' = 0,40$ A

3) $\dfrac{20}{3}\ \Omega$; $i' = i'' = i''' = 0,60$ A

Página 59

1a) 22,5 Ω

1b) $U = 1,59 - 22,5 \cdot i$

1c) 0,070 A

1d) 94%

2a) 9,47 V; 0,16 Ω

2b) 3 A

2c) 59,2 A

3a) 10 V; 1,0 Ω

3b) $U = 10 + 1,0 \cdot i$

4a) 4,5 V; 1,0 Ω

4b) 6,75 W; 2,25 W

Página 61

1) $1,44 \cdot 10^{7}$ kWh; $5,2 \cdot 10^{13}$ J

2) 0,08 A; 0,036 kWh

3) 60 W; $5,4 \cdot 10^{4}$ J

5) e

Página 64

2) $3,2 \cdot 10^{-11}$ A

3) b

4) c

5) e

6) $9 \cdot 10^{9}$ V

7) $3,125 \cdot 10^{-9}$ m

8) $7,5 \cdot 10^2$ V/m

9) a

10) d

Página 65

11) e

12a) 14 Ω

12b) 144 Ω

13a) 10,0 A

13b) 22,0 Ω

13c) 2,20 m

14a) 5,0 Ω

14b) $1,0 \cdot 10^3$ A

14c) $5,0 \cdot 10^6$ W

16) a

17) 0,89 A

18) e

19) e

20) e

Página 66

21) a

22) a, b, f

23) d

24) b

Página 67

26a) 0,20 A

26b) 15 lâmpadas.

27) 90 W; 7,5 A; 1,60 Ω

28b) $R_1 = 30\ \Omega$ e $R_2 = 20\ \Omega$ ou $R_1 = 20\ \Omega$ e $R_2 = 30\ \Omega$

29) b

30) c

31) c

32) d

Página 68

33) e

34) 6,0 V; 1,5 Ω

35) e

36) 93,75 J

38) b

Página 69

39) b

40a) R$ 2,80

40b) 24 °C

41a) $6,0 \cdot 10^4$ J

41b) 100 s

42) d

43) d

44) 90 J

45) Em paralelo: 11,0 kW; em série: $\cong$ 27,3 kW.

46) b

Página 70

47) e

49) 33 lâmpadas

50a) 7,15 kWh

50b) Fase 1: $i = 29,0$ A; fase 2: $i = 30,0$ A

50c) 1,0 A

Capítulo 3

Página 79

1) d

2) e

3) b

4) e

5) b

Página 90

1) c

2) a

3) d

4) a

Página 91

10) 16

11) c

12) d

13) d

Capítulo 4

Página 104

1) $\dfrac{\vec{E}}{g} = \dfrac{m}{q}$

2) Negativa, $5,0 \cdot 10^{-7}$ N/C

Página 105

3a) $2,25 \cdot 10^7$ N/C (horizontal para a direita)

3b) $8,45 \cdot 10^6$ N/C (horizontal para a esquerda)

3c) $11,25 \cdot 10^6 \cdot \sqrt{2}$ N/C

(direção e sentido sudeste)

4) 345 600 km

5) 20 cm à direita de Q_2

Página 106

1) e

2) e

3) e

Página 111

2a) $1,0 \cdot 10^{-6}$ C, não sendo possível indicar o sinal da carga elétrica.

2b) $2,25 \cdot 10^5$ N/C

3) 02 + 04 = 06

Página 114

1) c

3) a

4) 8,0 N

5) d

6a) $1,25 \cdot 10^{-3}$ C

6b) 1,5 mm

7a) $5,4 \cdot 10^6$ N/C

7b) $2,16 \cdot 10$ N

8) b

Página 115

9) b

10) $1,08 \cdot 10^5$ N/C; $1,4 \cdot 10^5$ N/C

11a) $2,25 \cdot 10^{-1}$ N

11b) $E_{res} = E_1 = E_2 = 0$

12) b

13a) $v = \sqrt{\dfrac{k \cdot Q \cdot q}{m \cdot R}}$

13b) $T = 2 \cdot \pi \cdot \sqrt{\dfrac{m \cdot R^3}{k \cdot Q \cdot q}}$;

$f = \dfrac{1}{2 \cdot \pi} \cdot \pi \cdot \sqrt{\dfrac{k \cdot Q \cdot q}{m \cdot R^3}}$

14) $\sqrt{\dfrac{k}{G}}$

15) 0,38 N; 7,6 m/s²

16) b

Capítulo 5

Página 124

1) b

2) b

Página 125

3) d

4) d

5) a

Página 136

1) a

2a) $3 \cdot 10^{-5}$ T, no sentido horário.

2b) tg θ = 0,5

3) b

4) d

5) $1,5 \cdot 10^{-2}$ T

6) b

7) 12 800 T

Página 141

2) b

3) c

Página 145

2a) Horário

2b) Não varia o fluxo e a corrente é nula

2c) Anti-horário

3) d

Página 147

1a) $8 \cdot 10^{-5}$ Wb

1b) $1,6 \cdot 10^{-3}$ A

Página 148

1) b

2) c

3) b

Página 149

4) a

6) $8,3 \cdot 10^{-7}$ T

7b) 16 m

Página 150

10) c

11) a

12) $3,98 \cdot 10^3$ A

13) $\dfrac{i_1}{i_2} = 0,16$

14) d

15a) 9,0 V

15b) $8,0 \cdot \pi \cdot 10^{-5}$ T

Página 151

16a) B = 4,0 T

16b) Tfm = $4,2 \cdot 10^{-3}$ J

17) b

18) c

19) c

Página 152

20) e

21) d

22) d

23) a

Página 153

24) c

25a) 0,018 Wb e 0,072 Wb

25b) 1,35 V

26a) Sentido anti-horário

26b) 0,01 V

26c) 2 s

Página 154

28) e

29) a

Página 155

30a) 1,2 V

30b) $2,64 \cdot 10^{-1}$ Wb

30c) 0,22 s

31) 08 + 16 = 24

Capítulo 6

Página 162

1) d

2) b

3) V, F, F, V

Página 166

1) 35 mA

2a) 2N

2c) 60 V

3) e

Página 167

4) a

Página 171

1) d

Página 172

2) d

3) b

4a) $F = q \cdot v \cdot B = 1,6 \cdot 10^{-17}$ N, no sentido do eixo x.

5) 01 + 02 + 08 = 11

Página 177

1) V, F, V, V

2) $1,0 \cdot 10^{-2}$ Nm

3) $1,92 \cdot 10^{-3}$ Nm

Página 184

1) a

2) a

3) e

Página 238

13) V, F, F, F

14) a

15) d

16) d

Página 239

17) b

18) d

19) e

20) d

21) d

Página 240

22) a

23) d

25) b

26) e

27) e

Página 241

28) a

29) a

Página 242

31) a

32) e

33) V, F, V

Capítulo 8

Página 251

4) 14 500 K

5) $4,5 \cdot 10^{26}$ J/s

Página 264

1) Amarela, 5000 K e 7000 K; fracas; G

3) 1125 Mpc

4a) S0

4b) E0

4c) E5

4d) Sa

4e) Sb

4f) SBc

4g) Irr

4h) Sc

4i) SBb

4j) Irr

4k) SBa

Página 265

1) $1,6 \cdot 10^{14}$ Hz (região do infravermelho); $1,6 \cdot 10^{15}$ Hz (região do ultravioleta)

2) 625 vezes

3) a

4) d

7) $-82\,281,9$ m/s (aproximação); $182\,848,8$ m/s (afastamento)

Página 269

1) d

2) e

3) b

4) d

Página 270

5) e

6) e

7) c

8) e

Capítulo 9

Página 287

4) b

Página 295

1a) 10 cm

2) b

Página 299

1a) 10 anos

1b) 4,8 anos-luz

1c) 6 anos

2) a

3) b

Página 313

2) e

3) d

Página 317

2) $1,3 \cdot 10^{-15}$ m

3) $2,4 \cdot 10^{-10}$ m; $9,4 \cdot 10^{-36}$ m

Página 318

2) e

3) b

5) 01 + 32 = 33

6) b

7) d

Página 319

8) a

9) 20 meses

10) d

11) $c \cdot \sqrt{0,99}$

12) d

13) 01 + 02 + 04 + 08 = 15

14) b

15) 01 + 02 + 04 + 16 = 23

Página 320

16) c

17a) $f = 1,0 \cdot 10^{15}$ Hz

17b) $E = 4,0$ eV ou $E = 6,4 \cdot 10^{-19}$ J

17c) $E_c = 1,7$ eV ou $E_c = 2,72 \cdot 10^{-19}$ J ou $E_c \cong 2,7 \cdot 10^{-19}$ J

17d) $f_0 = 5,75 \cdot 10^{14}$ Hz ou $f_0 \cong 5,8 \cdot 10^{14}$ Hz

18a) $\Delta t = \dfrac{2 \cdot L}{c}$

18b) $\Delta t = \dfrac{1}{(2 \cdot N \cdot V)}$

18c) $c \cong 3,1 \cdot 10^8$ m/s

Página 321

19a) $6,6 \cdot 10^{-15}$ J

19b) $0,30$ nm $= 3,0 \cdot 10^{-10}$ m

20) 01 + 04 + 16 = 21

21) c

22) a

Página 322

23) b

24) b

25) d

26) b

27a) $4,14 \cdot 10^{-37}$ m

27b) $1,95 \cdot 10^{-8}$ m

27c) $3,64 \cdot 10^{-5}$ m

Capítulo 10

Página 334

1) a

2) d

3) d

Página 337

1) b

2) c

3) a

Página 344

1) $1,2 \cdot 10^{-15}$ m; $7,12 \cdot 10^{-15}$ m

2) c

Página 353

1) d

2) b

3) $_{1}^{0}x$; $_{14}^{30}y$

Página 360

1) F, V, F, V

2) d

3) c

4b) 2,5 s

4c) 500 s ou 8,3 min

Página 361

1) d

2) a

3) e

4) c

5) c

6) b

7) c

Página 362

8) e

9) d

11) a

12) e

13) e

14) d

15a) $3,2 \cdot 10^{-15}$ J

15b) $6,2 \cdot 10^{-11}$ m

Página 363

16) c

17) a

18) e

19) d

Página 364

20) e

21) b

22) b

23) c

24) 12 anos

25) d

Capítulo 11

Página 374

1) a

2) $6,32 \cdot 10^{-16}$ kg · m/s

3a) $3,2 \cdot 10^{-15}$ J

3b) $8,43 \cdot 10^{-7}$ m/s

3c) $6,2 \cdot 10^{-11}$ m

Página 378

1a) $2,97 \cdot 10^{5}$ km/s

1b) 0,99 ou 99%

2a) $2,1 \cdot 10^{27}$ eV

2b) 148 km/h

Página 383

1a) 1 115 140 MeV

1b) 1 876,52 MeV

1c) 211,4 MeV

2) a, c, d e g.

Página 387

Alternativa a.

Página 392

2) 1,022 MeV

Página 400

1) d

2) Elétron, fóton e tau

4) c

Página 401

1) F, F, F, V

2) 50 vezes/segundo

3a) $1,8 \cdot 10^{14}$ J

3b) 3

3c) 8 meses

4) c

5a) 0,93 u

5b) $1,7 \cdot 10^{-19}$ m

Página 402

7) c

8) c

9) d

Página 403

11) c

12a) $-6,8$ eV

12b) $8,1 \cdot 10^{-14}$ J

13) F, V, F, F, V, V, F, V, F, V

14) a

16) e

Página 406

1) a

2) d

3) d

Página 407

4) b

5) e